Petzorke MARE
Northcaep
Finmarchia
LAPPIA
Sinus Gravicus al: Mare Album
Boddicus Sinus
Finlandia
Finnicus sinus
Mare
OOST ZEE Svevicum
MESCHORA
CARGAPOLIA
Wologda
Mosco
Moskoua
VIA
Resan
Tartaria Pr
sis regnum
Liuonia
Prussen
Pomeren
Polonia
Lituania
Podolia
Cremea
Meotis palus
Pontus Euxinus, Mare Ma
Græcis M. Nigrum, Turcis Caradenis. Cujus aqua semper ex
in Propontidem confluit. introrsum salsum est ac magna piscium
copia abundat.
Hungaria
Trassylvania
Moldavia
Croatia
SLAVONIA
Dalmatia
Golfo di Venetia: olim Adriaticum et Superum mare
Bulgaria
Albania
Macedonia
Thracia
Archipelagus
Morea Peloponesus
Sicilia
Candia
Cyprus
Rhodus
NATOLIA
ASIA MI
NEUM

FELIPE FERNÁNDEZ ARMESTO

WHO IS WHO

LAND UND LEUTE IN EUROPA

Aus dem Englischen von
Dr. Carla Meyer

bettendorf

Die Deutsche Bibliothek – CIP Einheitsaufnahme
Fernández-Armesto, Felipe:
Who is Who, Land und Leute in Europa / Felipe Fernández-Armesto.
Aus dem Engl. von Carla Meyer
München ; Essen ; Ebene Reichenau : Bettendorf, 1998
Einheitssacht.: Guide to the peoples of Europe <dt.>
ISBN 3-88498-122-6

Die englische Originalausgabe erschien
unter dem Titel
GUIDE TO THE PEOPLES OF EUROPE
bei Times Books, London

ISBN 3-88498-122-6

Gesetzt aus der Baskerville
Satz: DTP Team Mayer & Ryll, München
Druck und Bindung: Wiener Verlag, Himberg
Karten: © Falk-Verlag AG, München
© Kartographie GeoData, Stuttgart
(Ausschnitt aus Verwaltungskarte Europa)
Printed in Austria 1998

Inhalt

Einleitung

Europa erlebt derzeit die Wiedergeburt von Völkern und Volksgruppen, die längst der Geschichte anheimgegeben schienen. Seit einigen Jahren finden diese wieder zu ihrer ursprünglichen Identität zurück und bemühen sich, eine neue Eigenständigkeit, Autonomie oder gar Unabhängigkeit zu erlangen – sei es mittels politischer Forderungen oder auch militärischer Auseinandersetzungen. Der sowohl nach dem Ersten wie auch dem Zweiten Weltkrieg von oben verfügten Festsetzung der Grenzen Europas widersprechen heute vielerorts Revisionsbestrebungen von unten, in denen deutlich wird, mit welch erstaunlicher Zähigkeit eine historisch gewachsene Identität selbst unter völlig entgegengesetzten Rahmenbedingungen lebendig bleibt: unter dem zentralistischen Despotismus der Vergangenheit brütete diese Identität vor sich hin – im Zuge föderativer Prozesse wie der Neuordnung der heutigen Europäischen Union gedeiht sie zu neuem Leben. Als die Staaten der Europäischen Union sich 1992 in Maastricht zu einer zukünftigen Einheit Europas verpflichteten, mutmaßte die Welt, daß Ost- und Westeuropa verschiedene Wege einschlagen würden: Spaltung im Osten, Zusammenschluß im Westen. Tatsächlich jedoch unterlaufen separatistische Strömungen und Bewegungen auf dem gesamten Kontinent die großen politischen Einheitsbestrebungen von Maastricht.

Europa ist ohne Kenntnisse und Wissen der Geschichte seiner vielen verschiedenen Völker nicht zu verstehen: wer sind sie, wo leben sie, was unterscheidet sie von ihren Nachbarn, worin liegt ihre jeweilige Identität, wie fügten und fügen sie sich – auch im Zusammenhang der Neugestaltung Europas – in die politische Landschaft dieses Kontinents ein. Vorliegendes Buch stellt einen Versuch dar, Antworten auf diese Fragen zu finden, im Interesse all derer, die in diesen verwirrenden Aufbruch der europäischen

Völker eingebunden sind, aber auch jener, die als Außenstehende die Europäer verstehen oder mit ihnen in Beziehung, zum Beispiel geschäftlicher Art, treten wollen.

In diesem Buch wird der Begriff Völker nicht in jenem technischen Sinne benutzt, den er in manchen anderen Zusammenhängen hat. Wir haben versucht, alle einst historisch gewachsenen und nach wie vor existierenden Völker und Volksgruppen Europas, die heute in den Medien oder auch der wissenschaftlichen Diskussion eine Rolle spielen, zu berücksichtigen und dem Leser einen kurzen Überblick über deren jeweilige Identität, gemäß ihrem eigenen Selbstverständnis zu geben. Alle diese Völker oder auch Volksgruppen hier einzeln anzuführen, bedeutet nicht, ihnen Eigenstaatlichkeit beziehungsweise Souveränität zuzuerkennen, sondern lediglich anzuerkennen, daß sie über unterschiedliche Identitäten verfügen. Dies wird versucht, hier darzulegen und ins Bewußtsein zu heben. Die unterschiedliche Identität einzelner Völker oder Volksgruppen muß zudem nicht zwangsläufig im Widerspruch zu ihrer tatsächlichen, möglichen oder auch erwünschten Zugehörigkeit zu einer größeren Gemeinschaft oder einem größeren Gemeinwesen stehen. Gleichzeitig gibt es eine ganze Reihe Nationen, von denen hier ebenfalls die Rede ist, deren Selbstbewußtsein mit einer äußerst präsenten, nie völlig untergegangenen historischen Identität belegt ist; in anderen Fällen, in denen es scheint, daß so etwas wie historische Identität nicht mehr vorhanden oder am Verschwinden ist, werden die Betreffenden im Zusammenhang mit der jeweils übergeordneten Gruppe oder auch Nation, der sie angehören, abgehandelt: zum Beispiel im Rahmen einer französischen oder deutschen Identität, entstanden aus der Verschmelzung verschiedener, historisch existenter Volksgruppen, die heute jedoch assimiliert sind. Im Zweifelsfalle lassen wir uns jedoch vom Prinzip der Zugehörigkeit leiten. Denn es gibt immer wieder unterschiedliche Aspekte, die zu beachten sind, so zum Beispiel im Hinblick auf die Elsässer, die Bretonen oder auf die Bayern oder Schwaben. Wo die Grenzen Europas unklar sind, legen wir eine umfassende Definition des Kontinents zugrunde und schließen im Westen die Inselvölker von Island bis zu den Kanaren in unsere Abhandlung mit ein, sowie im Osten die Aserbaidschaner.

Dennoch gibt es auch viele Gruppen, die nicht berücksichtigt werden: Schwarze und Migranten aus Nordafrika und Asien, die erst in den letzten Jahren nach Europa gekommen sind. Das bedeutet selbstverständlich nicht, daß diese nun »weniger« zu Europa gehörten als jene Volksgruppen und Völker, die hier bereits seit längerem leben. Denn auch einige erst seit – in historischen Dimensionen betrachtet – relativ kurzer Zeit in Europa heimisch gewordene Migranten wie die Juden, die Magyaren oder die Sinti und Roma hatten und haben einen vitalen Anteil an der Herausbildung und Entwicklung Europas, und es gibt keinen Grund zu unterstellen, daß das gleiche nicht auch eines Tages für ihre erst kürzlich eingetroffenen Nachfolger gelten wird. Es ist jedoch noch nicht möglich, irgendeine aussagekräftige Verallgemeinerung zu treffen bezüglich der Identität so vieler unterschiedlicher Gruppen, die über so viele unterschiedliche Regionen verstreut sind, sich zudem in ganz unterschiedlichen Phasen der Integration befinden.

Die in diesem Buch vorgenommenen Zuordnungen basieren auf geographischen Prinzipien, sie haben den Vorteil, moralisch neutral und – so hoffen wir – etwas weniger subjektivistisch zu sein als politische, ethische, kulturelle oder »Rasse« – Kategorien. Darüber hinaus unterstreichen sie jedoch auch unser Anliegen, die Aufmerksamkeit des Lesers darauf zu lenken, wie sich Europa heute, auf dem Hintergrund einer zunehmenden regionalen Annäherung von benachbarten Völkern und Volksgruppen, und zwar auf beiden Seiten der politischen Fronten, darstellt. Entsprechend haben wir auch im Rahmen der weitgesteckten geographischen Grenzen, innerhalb derer die verschiedenen Völker angesiedelt sind, sozusagen »Untergruppen« zusammengefaßt, und zwar entlang kultureller oder politischer Kategorien, allerdings nur, sofern diese allgemein anerkannt sind. So sind zum Beispiel die meisten spanischsprechenden Volksgruppen gemeinsam abgehandelt, ebenfalls jene, die zum italienischen Staat gehören, und dies geschieht ohne jegliches Urteil darüber, inwieweit die existierenden politischen Systeme Europas unverrückbar sind oder nicht. Und auch dort, wo geographische Gliederungen Staatsgrenzen überschreiten, wird die Integrität des betreffenden Staates nicht in Frage gestellt. Gleichermaßen soll nicht suggeriert werden, daß einige Völker, die unter einem gemeinsamen Themenschwerpunkt abgehandelt werden, wie etwa die historische Bevölkerung von Irland oder die der Spanischen Levante, im politischen Sinne zusammengehören. Aufgrund der Tatsache, daß auch geographische Gliederungen oftmals nicht scharf voneinander getrennt verlaufen und auch kulturelle und politische Gemeinsamkeiten eine Rolle spielen, gehören einige Volksgruppen somit auch zu mehr als nur einer Region. Um Wiederholungen zu vermeiden, werden diese Fälle mit Querverweisen abgehandelt.

Identität ist, wie auch immer man es betrachtet, eine sehr vielschichtige Angelegenheit. Ein einzelnes Individuum kann sich sowohl als ungarisch und jüdisch, als bulgarisch und slawisch, als katalanisch und spanisch fühlen. Ein Tatar kann große Loyalität gegenüber der Russischen Föderation empfinden, ebenso ein Russe gegenüber dem litauischen Staat, ohne dabei jedoch auf die kulturelle Zugehörigkeit zu seiner eigenen Volksgruppe zu verzichten. Unter den heutigen Bedingungen der ökonomischen Konkurrenz zwischen einzelnen Regionen ist es möglich, daß auch zwischen Volksgruppen, einzelnen Gemeinwesen oder Regionen, die bislang über keine gemeinsamen politischen Strukturen verfügten, neue Vorstellungen von Zugehörigkeit entstehen.

Das Studium der Identität ist keine exakte Wissenschaft, und somit sind die Leser dieses Buch dazu aufgefordert, jenen Reiz der verführerischen Vielfalt von Identität mit all ihren offensichtlichen Widersprüchen zu erkennen und zu erfassen. Die Herangehensweise und Analyse der Beiträge variieren entsprechend den jeweils beschriebenen Völkern oder Volksgruppen, denn auch diese sind alle unterschiedlich, und die Darstellung dieser Unterschiede ist der eigentliche Gegenstand dieser Abhandlung. Gleichzeitig ist es notwendig, auch auf Gemeinsamkeiten Wert zu legen. Von ganz offensichtlicher Bedeutung für die heutige Zeit ist nämlich die Frage, inwieweit das Gefühl einer europäischen Identität existiert, an der alle oder fast alle Völker, die in diesem Buch abgehandelt werden, teilhaben können: die folgenden Kapitel versuchen, diesen schwer zu definierenden Begriff zur Sprache zu bringen.

Einleitung

Das plötzliche Auftauchen eines Volkes, von dem man bislang nichts wußte, hat es in Europa seit dem Zerfall des Römischen Reiches nicht mehr gegeben. In dem uns so vertrauten Europa der modernen Geschichte, mit seinen Nationen, Staaten und politischen Lagern, verschieben die Völker heute jedoch das bisherige Gefüge und gestalten es in ganz neuen Zusammenhängen. Auch die Sprache, in der wir die politischen Gegebenheiten des Kontinents beschreiben, ist dabei, sich zu revolutionieren. Ungewohnte Begriffe wie etwa ein Europa »der Völker« oder »der Regionen« oder auch »historisch gewachsener Volksgruppen« dringen in den allgemeinen Sprachgebrauch ein. Die Namen von Volksgruppen, die im letzten Viertel dieses Jahrhunderts nur noch Volkskundlern bekannt waren, sind heute Schlüsselwörter des politischen Diskurses. Die Renaissance einer historischen Identität scheint zudem einen seit langem gewohnten Trend umzukehren: jenen des Eintauchens kleiner Völker in große Staaten und Superstaaten. In einem faszinierendem Kontrast zu früheren Umwälzungen vollzieht sich der heutige Umbruch – die Revision von Grenzen, das Trauma der ethnischen Säuberung, die Entwicklung regionaler Gemeinschaften über die Grenzen etablierter Staaten hinweg – im Sog der europäischen Integration. Die auf Annäherung abzielende Weltpolitik zwischen Brüssel und Moskau erscheint zunehmend vergleichbar mit jenen amöbenhaft kleinen, mikropolitischen Prozessen, die sich im Kaukasus oder den Pyrenäen abzeichnen. Die Geschichte Europas seit dem Zweiten Weltkrieg scheint zu zeigen, daß das Gefühl einer historisch gewachsenen Identität um so besser gedeiht, je mehr es bedroht ist – durch Abnutzung und Schwächung.

Gleichgültig, ob Europa zusammenfällt oder sich neu konstituiert, die Steine dieses Gebäudes sind sichtbar. Die Zukunft Europas, wie auch immer sie aussehen mag – als ein föderatives Super-Europa, ein durcheinander geschütteltes, verrückt komplexes Vielvölkergemisch oder ein abgewandeltes System traditioneller Staaten, ihrerseits zurückgeworfen in die Krise – wird von jenen geformt werden, die den eigentlichen Gegenstand dieses Buches darstellen: den Völkern Europas. Bevor wir jedoch Details erläutern, müssen wir uns zunächst beschränken und versuchen, Europa im Ganzen zu sehen.

Eine Europäische Identität?

»Europa«, schrieb Strabo, »ist ebenso vielfältig in seinem Erscheinungsbild wie auf bewundernswerte Art von der Natur begünstigt, und zwar für seine herausragenden Menschen und Regierungen.« Strabos Einschätzung wurde oft zitiert, jedoch nie wirklich bewiesen. Der Begriff Europa ist seit mehr als zweieinhalb Jahrtausenden geläufig, dennoch hat sich bis heute keine allgemein gültige Definition hierfür gefunden. Als geographischer Begriff ist er nur begrenzt brauchbar. Als Begriff für eine kulturelle oder politische Realität inspiriert er lediglich eine Hoffnung, die sich jedoch nicht auf eine entsprechende Erfahrung stützen kann. Menschen dieses Kontinents stritten und streiten sich über ihre entsprechend unterschiedlichen Auffassungen von Europa. Außenstehende haben diesen Kontinent, ganz abgesehen von möglichen Vorbehalten oder auch Neid, nur selten im Ganzen betrachtet. Seine Grenzen haben sich ausgedehnt oder sind geschrumpft, je nachdem, aus welchem Blickwinkel man es betrachtete. Landkarten wurden und werden derart gestaltet, daß sie kulturellen Erwägungen Nachdruck verleihen oder kurzfristige politische Ziele rechtfertigen. Politische Definitionen wurden und werden formuliert, um Unerwünschte aus der europäischen Gemeinschaft auszuschließen oder um Rivalitäten zwischen einzelnen Nationen zu konstatieren. Und so ist es – in einem Buch über die Völker Europas – zwar ernüchternd, aber dennoch wichtig anzuerkennen, wie schwierig es ist, zu erklären, was nun eigentlich europäisch sein bedeutet. Die Suche nach einer europäischen Identität jener Völker, die Gegenstand dieses Buches sind, wird also dadurch erschwert, eine solche Identität zunächst überhaupt zu definieren, um sie dann entsprechend benennen zu können. Im tiefsten Innern der europäischen Identität schlummert ein Widerspruch: denn im Grunde sind die Europäer eine Mischung verschiedenster Völker und Volksgruppen, und nur der Pluralismus kann sie einen.

Einleitung

Ein europäischer Kontinent?

Die Stichhaltigkeit des geographischen Begriffs Europa wurde bereits in Frage gestellt, als dieser zum erstenmal formuliert wurde, und inzwischen ist es nahezu ein Allgemeinplatz, wenn man sagt, Europa sei nicht viel mehr als ein rauhes Vorgebirge Asiens. Während alle anderen Kontinente offensichtlich ein Ganzes darstellen, ist Europa von Asien durch äußerst unscharfe Grenzen getrennt. Der Ural ist ein bergiges Ungetüm. Die Steppe, die ihn im Süden flankiert, erstreckt sich bis zu den Karpaten und zum Balkan. Wie geradezu elastisch jene Grenzen Europas sind, die nicht eindeutig durch das Meer bestimmt sind, hat sich erst kürzlich wieder bei dem zeitweise erfolgreichen Versuch sowjetischer Geographen gezeigt, aus politischen Erwägungen heraus den deutlich sichtbaren Kaukasus als eine sogenannte Manych Depression (Wortspiel, das sich darauf bezieht, daß der Kaukasus im Norden von der Manytsch-Niederung begrenzt wird; zu deutsch etwa: many-t-sche Depression; Anm. d. Übers.) von der europäischen Landkarte zu verdrängen.

Innerhalb der Grenzen, über die allgemein Übereinkunft besteht, kann man Europa als eine Vielzahl von Regionen charakterisieren, die eingebettet sind in ein weites, bogenförmiges Flachland, das sich fast nahtlos vom Atlantik bis zum Ural erstreckt. Zwischen diesem und den großen Flußgebieten im Süden liegen das russische Hochland sowie die Karpaten, ein Gebirgszug, der von hier bis zum Zentralmassiv reicht und die Ungarische Ebene sowie die Täler der oberen Donau und der oberen Rhône begrenzt, während der gebirgige Süden rund um das Mittelmeer nur von zwei großen Tälern, der Po- und Ebroebene unterbrochen wird. Diese südliche Berglandschaft findet ihr Pendant im Nordwesten Europas in den niedrigeren und älteren Gebirgszügen Skandinaviens und der Britischen Inseln, die ihrerseits von Seen und Fjorden durchbrochen sind. Der Begriff Kontinent, der auch in diesem Buch, allerdings so sparsam wie möglich, für Europa benutzt wird, läßt sich dadurch rechtfertigen, daß er den bestehenden Traditionen und Konventionen entspricht.

Eine europäische Rasse?

Im Vergleich mit den Bewohnern anderer Kontinente weisen die Europäer eine nicht unerhebliche Körperbehaarung auf. Dies ist das verbreitetste oder prägnanteste Merkmal, das es anzuführen gälte, wollte man von einer »europäischen Rasse« sprechen. Die europäische Ausweitung hat dieses physische Merkmal – gemeinhin als kaukasisch bezeichnet – in andere Teile der Welt übertragen: der gleiche Typ hat sich auch in Nordamerika, in Teilen von Süd- und Mittelamerika, in Teilen des Pazifiks und der großen russischen Kolonie in Asien, nämlich in Sibirien, durchgesetzt. Entsprechend gibt es sehr viele kaukasische Menschen außerhalb der gemeinhin anerkannten Grenzen Europas, während Nichtkaukasier, vor allem Schwarze, Nordafrikaner, Vorderasiaten und Südasiaten, in Europa erst seit dem späten 20. Jahrhundert nichts ungewöhnliches mehr sind, beziehungsweise sich zunehmend integriert haben. Eine europäische Identität kann also nicht auf »rassischen« Merkmalen beruhen, außer man schließt von vornherein alle diese Völker aus. Im Grunde gilt, was schon der Historiker H.A.L. Fisher bemerkte: »Eine Reinheit der Rasse gibt es nicht. Europa ist ein Kontinent robuster Mischlinge.«

Die Vorherrschaft der indogermanischen Sprachen, die vor etwa 4.000 Jahren von Asien aus nach Westen vordrangen, war in historischer Zeit ein markantes Charakteristikum Europas. Einige Völker jedoch, die in der europäischen Kultur eine herausragende Rolle gespielt haben – einschließlich Basken, Finnen, Esten und Ungarn – sprechen völlig andere Sprachen, während wiederum indogermanischen Sprachen auch in vielen Teilen Asiens anzutreffen sind. Zudem gibt es auch keine stichhaltigen Gründe dafür, einzelne Völker, die seit dem Aussterben des Neandertalers vor etwa 30.000 Jahren im Zuge von sehr frühen, bislang historisch unbekannten oder unerforschten Völkerwanderungen nach Europa kamen, aus dessen Darstellung auszuschließen (statt sie in diese Darstellung zu integrieren). Die Angehörigen der meisten europäischen Völker haben einige gemeinsame Merkmale: viele von ihnen haben den Bluttyp Rhesus negativ, sowie innerhalb der AB0-Serie den Typ A2 – vor allem die Lappen, bei denen diese Gruppe bis zu 50 Prozent der

Bevölkerung ausmacht. Typ 0 ist, ausgenommen in Randgebieten, relativ selten, verglichen mit der hohen Rate dieses Typs in ganz Amerika; Typ B ist, verglichen mit Asien, wiederum sehr schwach vertreten. Diese Merkmale haben zu gewissen Zeiten dazu geführt, den Begriff einer »europäischen Rasse« zu rechtfertigen; man findet sie jedoch derart willkürlich über Europa verteilt und zudem auch innerhalb Europas durch viele weitere Typisierungsmerkmale unterschieden, so daß sich das Blut als ein Kriterium der Identitätsfindung als völlig wertlos erweist, es sei denn, man verfällt in schlimmsten Rassismus. Zudem kann eine europäische Identität nicht auf dem Hintergrund von Bluttypisierungen definiert werden, ohne daß man hierbei eine Vielzahl von Menschen, die ganz offensichtlich, wenn auch auf ganz andere Art und Weise, Europäer sind, ausschließt. Darüber hinaus hängt die Klassifikation von ethnischen Gruppen auf Grundlage des Blutes auch davon ab, inwieweit andere Kriterien zur Unterscheidung dieser Gruppen zur Verfügung stehen.

Ein europäisches Erbe?

1991, als bei der Unabhängigkeitserklärung Sloweniens die »Ode an die Freude« gespielt und bei antisowjetischen Demonstrationen in St. Petersburg die europäische Flagge geschwenkt wurde, zeigte dies mit aller Deutlichkeit, wie kraftvoll und gleichzeitig diffus sich jenes Gefühl einer europäischen Identität darstellt. Auf den ersten Blick scheint die Suche nach einer gemeinsamen europäischen Kultur also ein hoffnungsloses Unterfangen zu sein. Der größte Teil des Kontinents ist von Völkern bewohnt, die seit langem schon in »ihren« Ländern leben, zusammen mit einem verwirrenden Aufgebot an Mikrokulturen, wie sie typischerweise jede »Alte Welt« charakterisieren. Europa ist außerdem geprägt von seit langer Zeit bestehenden, tiefgreifenden kulturellen Unterschieden, die zum einen die Menschen der romanischen, germanischen und slawischen Sprachen voneinander trennt, sowie zum anderen die Angehörigen der römischen, orthodoxen und protestantischen Glaubensgemeinschaften. Historische Erfahrungen – zum Teil jahrhundertealt – haben zudem »nationale« Grenzen oder auch Barrieren der Feindschaft hervorgebracht zwischen Nachbarn, die andererseits der gleichen Kultur angehören, so etwa zwischen Portugal und Galizien, Norwegen und Schweden, Serbien und Kroatien, Down und Dundalk in Irland.

Zwei Bezugspunkte im Hinblick auf eine kulturelle Einheit Europas haben vielleicht genügend Ausstrahlungskraft, um diese Differenzen zu überwinden: erstens das Erbe – ein Anspruch, der nicht exklusiv, aber nach wie vor einzigartig ist – der Kultur und Zivilisation der klassischen Antike; zweitens der prägende Einfluß des Christentums auf die meisten Kulturen Europas. Ersteres ist vielleicht vielversprechender. Denn die griechisch-römische Zivilisation ist alles in allem – mit Ausnahme für jene, für die das alte Athen eine Art dunkle Vorzeit darstellt – ein ausschließlich europäisches Produkt, wohingegen das Christentum eine Religion ist, deren Ursprünge im Nahen Osten liegen und die nur durch Zufall »europäisch« und lediglich qua eigenem Anspruch »universell« ist.

Strabo legte dar, daß der größte Teil Europas unter römischen Einfluß stand. Dies ist eine kühne Übertreibung, die jedoch, aufgrund eines merkwürdigen Widerspruchs, nach dem Zusammenbruch des römischen Weltreichs, tatsächlich wahr wurde. Innerhalb der Grenzen des Reiches erwies sich der römische Einfluß als eine erstaunlich mächtige und beherrschende Kraft, und dies selbst in abgelegenen Gebieten, in denen eine römische Kolonialisierung kaum stattgefunden hatte. In Conimbriga (heute Coimbra, Portugal) trotzen Villen, von sehr weltmännischem Stil geprägt und ausgestattet mit herrlichen Mosaiken, dem Atlantik. Das Kloster von St. Gallen in der Schweiz verfügt über klassische Manuskripte, aus denen später die Renaissance ihr Wissen schöpfte. Im Kloster Jarrow bei Newcastle träumte Beda von Rom und malte auf Griechisch vor sich hin. Die romanische Sprache prägt bis heute Dakien, obwohl es nur für kurze Zeit ein Stützpunkt des Römischen Reiches außerhalb dessen eigentlicher Grenzen darstellte. Die Franken drangen nach Gallien vor, lange nachdem die Römer es verlassen hatten, doch nahmen sie hier die lateinische Sprache an und statteten ihre Könige nun derart aus, daß sie römischen Gouverneuren glichen.

Innerhalb und außerhalb der Grenzen des Römischen Reiches wurde jenes Gefühl der Kontinuität der klassischen Zivilisation stets besonders tief empfunden, und noch jede Renaissance, jedes Wiederbeleben der Klassik hat zur Verbreitung der klassische Kultur sowie ihres Erbes beigetragen. Als das Mittelalter seine dunkelsten Zeiten erlebte, wurden die klassischen Disziplinen in Irland bewahrt, dort, wo die Römer niemals herrschten. Die frühesten Vorboten der Renaissance, allgemein als erste Anzeichen zur Überwindung des Mittelalters gewertet, finden sich vor allem in Northumbia und Aachen konzentriert, letzteres – im zehnten und elften Jahrhundert – tief im damaligen Sachsen gelegen, das die Römer auch niemals erreicht haben, wo aber Hrotsvit (Roswita) von Gandersheim Komödien im Stil von Terenz schrieb, während gleichzeitig die ottonischen Herrscher beanspruchten, das Erbe des Augustus zu verwalten. Später beherbergte die ungarische Stadt Viségrad eine Nachbildung der Villa des Plinius, Prag wurde Hauptstadt der römischen Herrscher, Moskau wurde das Dritte Rom und Edinburgh das Athen des Nordens. Klassischer Geschmack, humanistische Werte, die der klassischen Antike zugeschrieben wurden, sowie das Studium der griechischen und lateinischen Literatur und Geschichte verband im 18. und 19. Jahrhundert die Gebildeten Europas. Man kann davon ausgehen, daß das klassische Erbe maßgeblich den Begriff der westlichen wie der europäischen Kultur geprägt hat, und daß man in Virginia (USA) wie in Wilna (Litauen) gleichermaßen einen neoklassizistischen Architekturstil antreffen kann. Grundsätzlich war und ist die Verbreitung des griechisch-römischen Erbes über die Grenzen des Kontinents hinaus jedoch abhängig von den Europäern selbst.

Doch wenn das klassische Erbe in der Vergangenheit auch noch so viel dazu beigetragen hat, eine gemeinsame europäische Kultur hervorzubringen, so kann es heute dennoch nicht mehr die Basis darstellen für jenes Gefühl einer europäischen Identität. Die Europäer waren zu erfolgreich darin, die Klassik als ein universelles Erbe der gesamten Menschheit zu projektieren, um heute noch einen Alleinvertretungsanspruch hierfür reklamieren zu können. Darüber hinaus hat auch die erst relativ kurz zurückliegende Streichung von Griechisch und Latein aus den meisten

Lehrplänen der Schulen dazu geführt, daß diese lang tradierten Sprachen der Antike nun wirklich tote Sprachen sind. Die postmoderne Architektur, mit ihrer Vorliebe für Giebel und Säulen in unglaublichsten Materialien, kann zwar noch so etwas wie den Anspruch erheben, eine letzte Erinnerung an die Klassik darzustellen, jedoch ist in den meisten dieser Beispiele der klassische Einfluß derart flach und deren eigentliche Botschaft so schlecht wiedergegeben, daß diese eher die fortschreitende Schwäche jener Tradition demonstrieren, als deren fortdauernde Stärke.

Eine europäische Wirtschaft?

Europa mag aus geographischer Perspektive keine Einheit darstellen. Eine gemeinsame europäische Kultur ist wohl gleichermaßen schwer faßbar oder sogar ein Mythos. Doch Europa verfügt – seit fast einem halben Jahrhundert – über ein Netzwerk der wirtschaftlichen Zusammenarbeit. Die europäische Wirtschaft war eine bemerkenswerte Errungenschaft. Schwierig auf den Weg zu bringen, hatte sie eine wechselvolle Geschichte und ist auch heute noch in Entwicklung begriffen. Zwischen den drei europäischen Achsen eines seit langem bestehenden Warenaustauschs – dem Mittelmeer, dem Atlantik und der Wolga – sind die Verbindungen schwierig und die Entfernungen riesig. Der wirtschaftliche Zusammenschluß vollzog sich denn auch in zwei Phasen: in einer ersten Phase entwickelte sich die westeuropäische Wirtschaft, die jene des Mittelmeers und des Atlantiks miteinander verband; dann erfolgte in einer zweiten Phase die Integration der osteuropäischen Wirtschaft in das System des Westens. In beiden Prozessen spielten die kleineren Wirtschaftsgebiete, deren Basis der Warenaustausch über die innerhalb Europas gelegenen Meere, das Baltische und das Schwarze Meer, darstellte, eine bedeutende Rolle.

Berge, gleichzeitig auch Wasserscheiden, trennen die Mittelmeerländer von den weiten Gebieten Nordwesteuropas, die sich zum Atlantik und der Nordsee hin erstrecken. Von der kastilischen Hochebene und dem Kantabrischen Gebirge über die Pyrenäen und Alpen kommend, bieten erst die Ebene von

Toulouse und das Tal der Rhône und Saône wieder die Möglichkeit, breite Straßen für einen umfangreichen, wechselseitigen Transport von Gütern anzulegen. Der einzige Seeweg verläuft durch die Straße von Gibraltar, wo die starke Strömung des Atlantik dessen Zugang vom Mittelmeer her nahezu versperrt, und die absolut unterschiedlichen Navigationsbedingungen entlang der Atlantik- und Mittelmeerküste wirkten bis in die jüngste Vergangenheit auf die Seeleute eher abschreckend. Bereits in römischen Zeiten gab es einen – wahrscheinlich eher bescheidenen – Handel zwischen den Meeren, doch ab dem 5. Jahrhundert wurde dieser zusehends eingestellt. Als die mediterrane Schiffahrt acht Jahrhunderte später den Seehandel entlang dieser Route wieder aufnahm, war dies mit enormen Problemen verbunden. Die schwere See drückte die Schiffe bis zur Bordkante ins Meer. Das Finisterre im Nordwesten Spaniens galt als Kap ohne Wiederkehr, von wo aus die lange Exkursion rund um oder quer durch die Bucht von Biskaya begann. Die Galeeren, die den meisten Handel bewältigten, mußten riesige Essenvorräte sowie Trinkwasser an Bord nehmen. Diese Seereisen waren auf ihre Art eine ebenso kühne Leistung wie die Überquerung des Ozeans einige Jahrhunderte später. Der wirtschaftliche Austausch zwischen Nord und Süd, den diese Seeroute ermöglichte, beruhte auf den unterschiedlichen Gütern, die aufgrund geographischer Bedingungen produziert werden konnten. Die italienischen Händler, die italienisches Alaun nach England und englische Wolle nach Italien verschifften, wurden sogar zu Bankiers des englischen Königshauses ernannt. Im 15. Jahrhundert entwickelte sich Brügge, wo die Rohmaterialien für die flämische Tuchherstellung aus Phocaea, Burgos und den Heidelandschaften Lincolnshires eintrafen, zu einem wahren Schmelztiegel, in dem sich alle Nationen der Welt trafen.

Der stets länger werdende Arm von Wirtschaft und Handel holte immer weiter aus und erfaßte im späten Mittelalter schließlich auch das Baltische und das Schwarze Meer. Deutsche Kaufleute, die über die Donau bis zur baltischen Küste vordrangen, entdeckten und erkundeten Wirtschaftswege von zunehmender Bedeutung. Die Genueser Kolonien an den nördlichen Küsten des Schwarzen Meeres, strategisch günstig als Niederlassungen der Genueser Handelshäuser plaziert, bildeten im 13. und 14. Jahrhundert die Stützpunkte eines Handelssystems, das das östliche Mittelmeer mit England und Flandern verband.

Die Wolga war bereits im 10. Jahrhundert eine bedeutende Handelsstraße, von russischen Kaufleuten skandinavischer Herkunft entdeckt, die einen Staat mit dem Zentrum Kiew gründeten, und die Waldprodukte des Nordens gegen die Luxusartikel und exotischen Waren des Südens tauschten, und so wurden in den polnischen und skandinavischen Handelshäusern jener Zeit zuhauf byzantinische Münzen gehortet. Dennoch waren die Verbindungen zwischen dem Wolgabecken und den ökonomischen Zentren des westlichen Europa sehr anfällig, denn die Wolga fließt nach Asien und ist nur auf sehr abenteuerlichen Wegen mit dem Don verbunden. Obwohl sie bis in ihre nördlichsten Regionen schiffbar und zudem über 70 Nebenflüsse erreichbar ist, stützte sich das damalige Handelssystem in erster Linie auf eine Landverbindung zum Golf von Finnland. Denn der direkte Zugang zum Westen über das europäische Zentralland war aufgrund der unendlichen Weiten des russischen Hochlandes sowie des jahrhundertelang undurchdringbaren Marschlands des Pripjet nahezu unmöglich. Die Handelsposten am Wolgabecken wurden 1054 nach dem Zusammenbruch des Staates von Kiew abgezogen oder zerstört und erst nach der von Moskau initiierten Rekonstitution eines Staatswesens, dessen Territorium die gesamte Länge des Flusses einnahm, wiederhergestellt – ein Prozeß, der erst im 16. Jahrhundert abgeschlossen war. Doch auch dann benutzte der russische Handel eher die nördlichen denn die westlichen und südlichen Handelswege, da die Küsten des Schwarzen Meeres vom frühen 13. bis zum späten 18. Jahrhundert in feindlichen Händen blieben.

Auch wenn also damals bereits europaweit ein funktionierender Warenaustausch bestand, war die europäische Wirtschaft dennoch nach wie vor auf Basis nationaler oder staatlicher Zusammenhänge organisiert, was, einhergehend mit Merkantilismus und Imperialismus, dazu führte, daß sich diese nationalen Wirtschaftsräume durch Schutzzölle voneinander abgrenzten und zudem untereinander um koloniale Märkte konkurrierten. Gleichzeitig ermöglichte diese wirtschaftliche Entwicklung, daß

Europa genügend Erfahrungen im Handel, auch über weite Entfernungen, sammelte, sowie seine geographischen Kenntnisse erweiterte und derart die Basis für eine sehr frühe Industrialisierung schuf, die ihrerseits wiederum die europäische Wirtschaft auf besondere Art und Weise prägte. Kein Kontinent dieser Erde mit Ausnahme von Nordamerika verfügt im Hinblick auf die Entwicklung einer Industriewirtschaft über ein besseres natürliches Gleichgewicht sowohl seiner Ressourcen wie seines Klimas. Der industrielle Blitzstart Europas – obwohl dicht gefolgt von Nordamerika und Ostasien – prägte zu Beginn des 20. Jahrhunderts wohl am nachhaltigsten das Bild dieses Kontinents: von Belfast und Bilbao bis Rostow und Sankt Petersburg – ein Gebiet mit dicht beieinanderliegenden Industriestädten. Auch heute noch gibt das Erbe der frühen Industrialisierung der europäischen Wirtschaft ihr unverwechselbares Profil, mit einer Industrie, die, geographisch betrachtet, im Vergleich mit Nordamerika auf viel engerem Raum konzentriert ist, im Vergleich mit Japan jedoch sehr viel mehr Raum zur Verfügung hat.

Dieses Charakteristikum schwindet natürlich zunehmend, und die ökonomische Integration der EU-Staaten in den internationalen Markt wird zu einer neuen ökonomischen Aufteilung Europas führen, die nicht zuletzt durch die Zollgrenzen der Europäischen Gemeinschaft geprägt sein wird. Andererseits werden vielleicht zwei Dinge – von innen her das allgemein zunehmende und somit erstarkende Bewußtsein über eine europaischen Identität, von außen her die Bedrohung durch ökonomische Konkurrenz – die EU-Führung dazu bewegen, den politischen Willen zu finden, in naher Zukunft auf wirtschaftlichem Gebiet erneut eine europäische Einheit herzustellen.

Ein Gefühl europäischer Überlegenheit?

Die Selbstwahrnehmung Europas war, auf Grundlage geographischen Kartenmaterials beurteilt, niemals so bescheiden wie in der Periode zwischen dem Aufstieg des Islam und der Renaissance, als die herrschende Konvention Jerusalem zum Zentrum der Welt erklärte und dadurch die Herausbildung einer eurozentristischen Weltsicht verhinderte. Als die Renaissance die Kartographie – wie auch andere Wissenschaften und Künste – revolutionierte, entstand der Eurozentrismus als eine Art ideologische Strategie zur Überwindung des bestehenden Weltbildes, dessen Revision sich nicht nur als notwendig, sondern auch als vorteilhaft erwies: notwendig wurde diese Revision im Hinblick auf die Verunsicherung, die das Zeitalter der Entdeckungen, in dem die wahre Gestalt der Erde langsam und durchaus schmerzhaft ins Bewußtsein drang, allgemein bewirkte; als vorteilhaft wiederum erwies sich diese Revision im Hinblick auf die Möglichkeiten, die dieses Zeitalter, gleichermaßen ein Zeitalter der Eroberungen, dem europäischen Imperialismus, der in viele Teile der damaligen Welt vordrang, boten. Als der Jesuitenmissionar Matteo Ricci 1610 seine »Große Karte der zehntausend Länder« zeichnete, setzte er Europa ins Zentrum der Welt und provozierte dadurch sein Gastland China. Gegen Ende des Jahrhunderts wurden dann Pläne für eine exakte Kartographie der Erde entworfen, und zwar auf Grundlage von Längen- und Breitengraden, wobei man den sogenannten Nullmeridian auf dem Schnittpunkt Greenwich oder Paris zu ziehen gedachte.

Im gleichen Zeitraum erhielt die einst rein geographisch gebrauchte Bezeichnung »Europa« eine neue Bedeutung. Der Name »Europa« wurde zum Inbegriff einer Kultur, die als besonders hochstehend und in sich geschlossen angesehen wurde. Königin Christina von Schweden und Peter der Große von Rußland dehnten die Grenzen des Kontinents weiter aus, indem sie ihre ehemals marginalen Länder dem kulturellen Einfluß Europas öffneten. Die Uniformität des herrschenden kulturellen Geschmacks im 18. Jahrhundert führte dazu, daß zwischen den sehr weit auseinanderliegenden Grenzen Europas nicht viel größere kulturelle Unterschiede anzutreffen waren als in den vielen Flughafenlounges der heutigen Zeit. Etwa in der Mitte seines Buches *History of the Decline and Fall of the Roman Empire* formulierte Gibbon ein »europäisches Ideal«, das bis zum heutigen Tage überlebt und zudem durch die weitere Geschichte Europas – eine Geschichte von Kriegen, verbunden mit dem Niedergang der europäischen Welthegemonie – an Bedeutung gewonnen hat: »Es ist die Pflicht eines Patrioten, dem exklusiven Interesse seiner Heimatnation entgegenzukommen und zu dienen. Einem Philosophen jedoch mag es gestattet sein, seinen Blickwinkel zu erweitern und Europa als eine große Republik zu ersinnen, deren verschiedenartigen Einwohner nahezu den gleichen Standard an Höflichkeit und Kultiviertheit erreicht haben.«

Dieser Glaube an eine gemeinsame europäische Kultur war lange Zeit untrennbar verknüpft mit der Überzeugung von einer europäischen Überlegenheit, die die Europäer – in den Worten Gibbons – »auszeichnet gegenüber dem Rest der Menschheit«. Die Europäer wurden jedoch gezwungen, diese Überzeugung aufzugeben, und zwar aufgrund des Zusammenbruchs ihrer Weltimperien, ebenso wie im Zuge der ökonomischen Herausforderung durch andere Teile dieser Welt, wie auch aufgrund der Tatsache, daß sich jegliche wissenschaftliche Begründung für ihren Rassismus als unhaltbar erwies. Heute rücken die Kartographen Europa wieder »an seinen Platz« in dieser Welt, und ihre Kartenwerke, aus der Perspektive anderer Kontinente erstellt, machen deutlich, wie klein Europa in Wirklichkeit ist. Gleichzeitig sind die verschiedenen Gründe, aufgrund derer andere Kontinente den Anspruch erheben können, Europa aus dem Zentrum der Welt zu verbannen, äußerst beeindruckend: in Afrika finden sich die allerersten Ursprünge menschlicher Siedlungen; Asien weist mehr Hochkulturen auf als Europa; Nordamerika empfiehlt sich durch sein ökonomisches Vermögen, Südamerika durch seine rasche Entwicklung, der Pazifische Raum durch ökonomische Leistungen und Versprechungen gleichermaßen. All diese Konkurrenz hat die Größe Europas auf den Landkarten schrumpfen lassen und die Europäer untereinander in eine wachsende Abhängigkeit sowie eine ungleich größere europäische Solidarität gezwungen. Und obwohl dies bislang ganz offensichtlich noch nicht alle Europäer realisiert haben, so können sie sich jedoch nicht länger jene gegenseitigen Zänkereien aus der Zeit der europäischen Vormachtstellung leisten.

Europäische Integration?

Europa wird im ausgehenden 20. Jahrhundert von zwei tiefgreifenden, langsam voranschreitenden und scheinbar gegensätzlichen Entwicklungen geprägt: einem integrativen Prozeß, der dazu tendiert, die wahrnehmbaren Grenzen Europas und die Reichweite der europäischen Institutionen auszudehnen; und einem Prozeß der Aufsplitterung, in dessen Verlauf zentralistisch wie föderativ aufgebaute Staaten gleichermaßen aufzubrechen und andere Staaten wiederum durch Auflösung auseinanderzubrechen drohen.

Europäische Institutionen waren solange überflüssig, solange Europas Elite einen klaren Begriff von ihrer Überlegenheit hatte und aufgrund ihrer kolonialen Übermacht und industrieller Führungsrolle vor der Konkurrenz anderer Kontinente geschützt war. In der Zeit der europäischen »Bürgerkriege« zwischen 1917 und 1945 leugneten und bestritten die Vertreter von Ideologien, die ihrerseits beanspruchten, eine hochstehende Kultur hervorzubringen, den gemeinsame Ursprung der europäischen Zivilisation (so wie dies selbst in den Konflikten des 18., 19. und frühen 20. Jahrhunderts niemals der Fall war). Die rassistische Basis des Nationalsozialismus und die Klassenbasis des Kommunismus waren beide inkompatibel mit der Vorstellung einer europäischen Kultur und eines europäischen Kulturerbes.

1945 dann teilte sich Europa in zwei bewaffnete Lager, und dies – so schien es – sollte für lange Zeit so bleiben. Zur gleichen Zeit brach die europäische Welthegemonie in sich zusammen: die japanischen Armeen hatten das niederländische, französische und britische Imperium nachhaltig erschüttert, und in den Kolonien machten sich unter dem überwältigenden Eindruck des Krieges nationale Gesinnungen breit, die ihrerseits starke Befreiungsbewegungen hervorbrachten.

Diese Krise war notwendig, um jenem schwindenden Selbstverständnis von Europa wieder so etwas wie ein institutionelles

Rückgrat zu geben. Die ersten kreativen Schritte im Hinblick auf die Schaffung übernationale Strukturen werden allgemein *Jean Monnet* zugeschrieben, einem früheren Cognac-Händler, der bei der Koordinierung der englisch-französischen Versorgungspolitik während des Zweiten Weltkrieges wahre Wunder vollbracht hatte. Er schlug vor, ein Hochkommissariat für Kohle und Stahl zu bilden, um die französisch-deutsche Rivalität zu überwinden: die europäische Gemeinschaft für Kohle und Stahl, die sogenannte Montanunion, wurde am 18. April 1951 mit sechs Mitgliedsstaaten gegründet.

Diese erste europäische Institution entwickelte bereits in ihren Anfangsjahren all jene positiven und negativen Eigenschaften, die sie auch heute noch charakterisieren, und ihre Mitgliedstaaten wollten im Grunde nicht ein Jota ihrer Souveränität aufgeben. Dennoch ebnete die Montanunion den Weg für einen Ministerrat, der praktisch eher eine internationale denn ein übernationale Institution darstellt. Eine gemeinsame Verteidigungspolitik schien damals unerreichbar. Die Messina-Erklärung vom Juni 1955 proklamierte, daß die Mitgliedsstaaten »durch die Schaffung gemeinsamer Institutionen, den zunehmenden Zusammenschluß der nationalen Ökonomien, die Schaffung eines gemeinsamen Marktes und eine zunehmende Vereinheitlichung der Sozialpolitk für ein vereintes Europa arbeiten«, doch der Vertrag von Rom, der 1957 als Gründungsdokument der Europäischen Wirtschaftsgemeinschaft (EWG) verabschiedet wurde, verschob gleichzeitig – fast wie ein janusköpfiger Drache – alle anderen Pläne in eine ferne Zukunft.

Bestrebungen in den 60er Jahren, die Bildung einer Art Vereinigten Staaten von Europa auf den Weg zu bringen, scheiterten nicht zuletzt an den nationalen Empfindlichkeiten des damaligen französischen Staatspräsidenten Charles de Gaulle und wurden dann in den siebziger und achtziger Jahren durch die Vergrößerung der Europäischen Gemeinschaft, die 1985 zwölf Mitgliedsstaaten umfaßte, zurückgedrängt. De Gaulle seinerseits fürchtete, daß die nationale Souveränität Frankreichs Schaden erleiden und sich die Spaltung Europas in ein West- und Osteuropa vertiefen würde, sollte der Euro-Enthusiasmus fortdauern: seine Präferenz in dieser Zeit galt einem starken, westeuropäischen Bündnis, sozusagen als einem »Pfeiler der Atlantischen Allianz«. Seine durchaus vage – und vielleicht auch nur aus taktischen Gründen erwogene – Alternative hieß: »Europa vom Atlantik bis zum Ural«. Doch solange sich das sowjetische Imperium als stabil erwies, erschien diese Vision wie ein Luftschloß, gezeichnet von Magritte.

In den 80er Jahren wurde die Rolle de Gaulles, Wasser auf das Euro-Fieber zu gießen, von der britischen Premierministerin Margret Thatcher übernommen, in deren Spitznamen Madame Nein das Echo der diplomatischen Sprache de Gaulles widerhallt. Thatchers Betonung der Erweiterung parlamentarischer Demokratie und ökonomischer Liberalisierung als Vorbedingungen für den Fortschritt der europäischen Integration schien sich dann jedoch als prophetisch zu erweisen, als Europa zunehmend homogenisiert wurde und die europäischen Institutionen sich immer stärker annäherten – und zwar nicht als Ergebnis entsprechender Anstrengungen seitens der EG (wie sie damals war), sondern aufgrund zweier Prozesse politischer sowie ökonomischer Anpassung innerhalb Europas: zunächst in Südeuropa zwischen 1974 und 1978, als Griechenland, Portugal und Spanien ihre autoritären Systeme überwanden; und dann nochmals zwischen 1989 und 1992, als der größte Teil Osteuropas diesem Beispiel folgte.

Eine europäische Vergangenheit und Zukunft?

Diese Veränderungen haben Europa neu entstehen lassen, indem sie nämlich die historischen Erfahrungen der europäischen Völker erneut in Übereinstimmung gebracht haben – so wie es auch schon im 18. und 19. Jahrhundert der Fall war. Wenn all die falschen Elemente, von denen routinemäßig gesagt wird, daß sie die Basis einer europäischen Identität darstellen, eliminiert sind – Geographie, Rasse, Sprache, Religion, Werte – bleibt allein die gemeinsame historische Erfahrung, sozusagen als Herzstück der Identität eines einheitlichen beziehungsweise potentiell einheitlichen Europa. Diese gemeinsame historische Erfahrung hat Europa zu dem gemacht, was es ist und unterscheidet die europäischen Völker von allen anderen. Dazu gehören die Raubzüge der

Asiaten in prähistorischer Zeit genauso wie die mongolische Invasion im 13. Jahrhundert, das gemeinsame Erbe oder der ganz Europa prägende Einfluß der griechisch-römischen Zivilisation, die Christianisierung sowie in deren Folge die Überwindung einer heidnischen Weltanschauung, der kulturelle Austausch – mittels Kolonien, Armeen, Bildern und Worten – im Mittelalter sowie während der frühmodernen »Renaissancen«, der Aufklärung, Romantik und nachromantischen Zeit, die Zeit gemeinsamer Teilnahme an einer europäischen Kultur, die von dem Selbstbewußtsein getragen wurde, daß sie allen anderen Kulturen dieser Welt überlegen sei, Industrialisierung und Demokratisierung. Einige der anderen Erfahrungen, so die der Religionskriege, des Absolutismus und Konstitutionalismus, der Herausbildung von Nationalstaaten oder Kolonialmächten – waren und sind weitverbreitet, jedoch nicht universell. Andererseits haben auch die verschiedenen Gruppen beziehungsweise Gemeinschaften von Immigranten, die einige dieser Erfahrungen zwar selbst nicht gemacht haben, doch auf jeden Fall an deren jeweiligen Auswirkungen teil.

Wenn Geschichte etwas ist, was vorübergeht (doch wahrscheinlich ist es dies nicht), so ist ein starkes, breit verankertes Gefühl einer europäischen Identität nicht notwendig vorteilhaft für die europäische Integration. Wenn der Fortschritt kommt, so wahrscheinlich in einer von zwei Gestalten: entweder als Fortsetzung – leicht konföderativ modifiziert – des alten Systems europäischer Nationalstaaten, in dem diese, wenn auch etwas eingeschränkt in ihrer Souveränität, neben den neu entstandenen oder entstehenden Nationalstaaten des Ostens fortleben; oder ein föderalistisches, von einer starken »Über-Macht« geleitetes Europa, das verschiedene kleinere Einheiten umfaßt, ihrerseits wiederum gebildet aus den bisherigen Staaten, regionalen Zusammenschlüssen sowie der großen Anzahl autonomer, einst historisch gewachsener Völker und Volksgruppen.

Welche politische Lösung auch immer gefunden wird, der Fortschritt Europas – in einer Welt konkurrierender Regionen und wachsender ökonomischer Ungleichheit – hängt davon ab, ob der mühsame Prozeß der ökonomischen Integration innerhalb der 15 EU-Staaten fortschreitet und auf andere Teile des

Kontinents übertragen werden kann. Inzwischen – obwohl als Kontinent eher klein – hat Europa alle Charakteristika eines Giganten: es ist wenig übersichtlich und schwerfällig in seiner Entwicklung, es verfügt nur sehr begrenzt über wohldurchdachte politische Strukturen, seine Reserven an Stärke und Willenskraft hingegen sind enorm.

Kapitel 1

Die Länder der nördlichen Meere

Die Meere, die die Länder Nordeuropas umgeben, sind vom Atlantik durch Inseln, Meerengen, ungünstige Windbedingungen oder Eis abgetrennt, jedoch untereinander und über zwei Zufahrtswege auch mit dem Ozean verbunden: zum einen über jenen unterhalb des Polarkreises, wo die Meeresströmung es gestattet, den Ozean zu erreichen, weswegen die skandinavische Kultur sich auch bis Island ausbreiten konnte; zum anderen durch den Ärmelkanal, der vor allem im Zeitalter der Segelschifffahrt als Verbindungsweg zwischen Atlantik und Nordsee von Bedeutung war. Über die Grenzen Europas hinaus führen diese Seewege dann weiter bis nach Grönland und Nordamerika, wo die Küstenstaaten Nordeuropas Niederlassungen, ja ganze Staaten gründeten. Diese Kulturvölker, die sich im nördlichen Teil Europas gleichermaßen bekämpft wie untereinander vermischt haben, werden in den berühmten Stammeslinien genannt, die Tennyson 1863 anläßlich der Hochzeit einer dänischen Prinzessin mit König Edward VII. von England aufzählt: »Angelsachsen, Normannen oder Dänen sind wir, Teutonen und Kelten.« Den bedeutendsten Einfluß im nördlichen Teil des Kontinents jedoch hatten Eroberer – und in deren Gefolge – Siedler aus den Seefahrernationen vor allem Skandinaviens, die in der späten Antike und zu Beginn des Mittelalters Niederlassungen im Norden Deutschlands, Friesland, der Normandie sowie auf den Britischen Inseln gründeten. Dies allein reichte jedoch nicht aus, um hier bereits eine kulturelle Einheit herzustellen: einige Völker dieser Regionen sprachen weiterhin keltische Sprachen, andere, die Normannen zum Beispiel, nahmen eine romanische Sprache an, die übrigen behielten ihre germanischen Sprachen bei. Darüber hinaus hat das Meer als ein trennender Faktor im Grunde stets auch die politischen Einheit des Nordens verhindert, obwohl es im 11. Jahrhundert für kurze Zeit so schien, als könne unter der dänischen Knytlinga-Dynastie eine Art nördliches Seereich entstehen. Noch heute tendieren die Norweger dazu, sich von der Europäischen Union eher zu distanzieren, die Bewohner der Faröer Inseln haben sich dieser verweigert und auch jene von Orkney und Shetland votierten bei ihrer letzten Abstimmung gegen den Beitritt zur EU. Die Dänen wiederum haben trotz vieler Proteste aus der eigenen Bevölkerung knapp für einen Beitritt gestimmt, und die Engländer scheinen die EU inzwischen, wenn auch mit Widerwillen, zu akzeptieren. Die Meere, an deren Küsten alle diese Völker leben, waren oftmals auch Schauplatz ihrer Konflikte, haben ihnen aber auch stets ermöglicht, miteinander zu handeln beziehungsweise gemeinsam die natürlichen Ressourcen dieser Meere auszubeuten. Galt die Nordsee früher zum Beispiel als gemeinsamer »Heringstopf« ihrer Anrainerstaaten, so stellt sie heute ein unter diesen gerecht aufgeteiltes Ölfeld dar. Und der Ärmelkanal bildete, bevor er zum »Verteidigungsgraben« Englands wurde, jene Achse, die den nördlichen und südlichen Teil des mittelalterlichen anglo-normannischen Staates beziehungsweise des Angevinische Reiches miteinander verband. Späterhin standen die Niederlande, Belgien, Luxemburg, Ostengland und Lincolnshire miteinander in engem Kontakt, und zwar aufgrund der Ähnlichkeiten, die sie in verschiedenen Bereichen aufwiesen: in ihrem jeweiligen Landschaftsbild, bezüglich ihrer landwirtschaftlichen Produktion sowie Produktionsmethoden, im Bereich der Migration und, zu Beginn der Neuzeit, auch aufgrund ihrer protestantischen Kultur. Diese Zusammenarbeit ist heute jedoch, zum Teil auch infolge der niedrigen Akzeptanz der Europäischen Union in England, weniger ausgeprägt als in anderen Teilen Europas.

Die Isländer

Obwohl die Isländer viele Gemeinsamkeiten mit den Skandinaviern aufweisen, hat, sich bereits kurz nachdem die Insel im 9. Jahrhundert besiedelt wurde, eine eigene isländische Identität entwickelt, nicht zuletzt aufgrund der isolierten Lage der Insel sowie der Entwicklung eigener Institutionen. Die Isländer sind sehr stolz auf ihre Geschichte, und viele Familien können noch heute ihren Stammbaum bis in Anfänge der Siedlungsgeschichte nachweisen.

Geschichte

Island wurde um 870 von Emigranten aus Norwegen besiedelt, die vor der Gewaltherrschaft König Harald Schönhaars geflohen waren. Auf Island trafen sie mit anderen norwegischen Siedlern aus Irland und Schottland zusammen, die zahlreiche irische Sklaven bei sich hatten. Letztere wurden später freigelassen, man gab ihnen Land, und sie vermischten sich mit den norwegischen Siedlern. Im Jahre 930 gründeten die Siedler das Althing, eine jährliche Ratsversammlung, bei der öffentliche Angelegenheiten diskutiert und Gesetze erlassen wurden. Um 1000 breitete sich auch auf Island das Christentum aus. Im 13. Jahrhundert verlor das Althing an Bedeutung, da die führenden Familien der Insel nun um die Vorherrschaft über Island kämpften. Schließlich rettete die Union mit Norwegen im Jahre 1263 Island vor Chaos und Niedergang.

1380 fiel Island unter dänische Vorherrschaft. Die nächsten vier Jahrhunderte bescherten der Insel harte Zeiten: die Pest und klimatische Veränderungen dezimierten im 15. Jahrhundert die Bevölkerung, im 16. und 17. Jahrhundert zerstörte eine Serie von Vulkanausbrüchen die landwirtschaftlichen Anbauflächen, und wieder kamen unzählige Menschen zu Tode. Das dänische Handelsmonopol verhinderte, daß sich auf Island eine eigenständige Wirtschaft entwickeln konnte, und auch politisch war die Insel von Dänemark abhängig. Schließlich wurde im Jahre 1800 das Althing, das schon lange Zeit ohne jeglichen Einfluß war, aufgelöst.

Erst im 19. Jahrhundert begann Island wieder, sich zu erholen. Neue Methoden bei Ackerbau und Fischfang brachten der Insel wirtschaftlichen Aufschwung, und der Geist der Revolution sowie der romantischen Bewegung drang vom Kontinent bis nach Island vor: die Isländer begannen, ihre eigene Geschichte wiederzuentdecken. Dem diplomatischen Geschick von Jón Sigurdsson (1811–79) war es zu verdanken, daß im Jahre 1848 das Althing wieder ins Leben gerufen wurde, und 1874 erhielten die Isländer eine eigenständige politische Verwaltung. Weitere Konzessionen folgten im Jahre 1904, und 1918 schließlich wurde Island ein souveräner Staat unter dem Protektorat der dänischen Krone.

1940 wurde Dänemark von der deutschen Wehrmacht okkupiert und Island von britischen Truppen besetzt. Der so erzwungene Bruch mit Dänemark wurde dann 1944 endgültig vollzogen, als Island eine eigene Republik proklamierte. Nach dem Krieg trat Island – als ein eher unbequemes Mitglied – der NATO bei, obwohl die große Mehrheit seiner Bürger die Neutralität der Insel bevorzugt hätte. Die Entwicklung der Fischindustrie ermöglichte es den Isländern seither, mit den höchsten Lebensstandard der Welt zu erreichen. Gleichzeitig führte die Notwendigkeit, die Fischbestände der Meere auch zu schützen, in den Jahren zwischen 1952 und 1975 zu heftigen Auseinandersetzungen mit England, und zwar über die Festlegung von Fischfangquoten (den sogenannten Cod Wars). Dennoch bedroht die Überfischung den wirtschaftlichen Wohlstand Islands, und 1990 mußten die Isländer schließlich eine achtprozentige Reduzierung ihres Einkommens hinnehmen.

Sprache und Literatur

Die isländische Sprache geht auf einen westnorwegischen Dialekt zurück, der zur Zeit der Wikinger in Norwegen gesprochen wurde und sich seither nur wenig verändert hat, und so ist die Sprache der alten Sagen dem modernen Isländisch sehr viel näher als die Sprache Shakespeares dem modernen Englisch. Die isländische Sprache spielt eine große Rolle im Zusammenhang mit der isländischen Identität, und heute werden große Anstrengungen unternommen, um sie vor fremdsprachigen Einflüssen zu schützen.

Es gibt ein Komitee, das für neue Dinge isländische Wörter prägt, für den Fernseher zum Beispiel *sjornvarp* – Bildübertragung. Zudem ist es verboten, Kindern als ersten Namen einen nichtisländischen Namen zu geben, und entsprechend gibt es auch Bemühungen, in alter nordischer Tradition die Abstammung vom Vater mittels eines Suffixes an dessen Namen – gleichzeitig der Nachname des Kindes – zu kennzeichnen, wobei gleichzeitig dessen Geschlecht berücksichtigt wird: zum Beispiel hat also Jón Sigurdssons Sohn den Nachnamen Jónsson, seine Tochter den Nachnamen Jónsdottir.

Der Stolz der Isländer auf ihre Vergangenheit tritt auch in ihrer bemerkenswerten literarischen Tradition zu Tage. Als einziges der germanischen Völker bewahrten sich die Isländer auch im Mittelalter die Erinnerung an die Mythen und Legenden ihrer heidnischen Vergangenheit, zusammengefaßt in der Edda. Dieses bedeutendste Werk der isländischen Literatur, die knappen Götter- und Heldensagen, geschrieben in dem von Streit und Kämpfen zerrissenen 13. Jahrhundert, lassen das »Goldene Zeitalter« Islands, das 11. Jahrhundert, wieder aufleben. Die Schicksalhaftigkeit des Lebens, die in diesen Sagen zum Ausdruck kommt, findet sich auch heute noch in der Mentalität der Isländer.

In den Jahrhunderten der Fremdherrschaft verlor die isländische Literatur an Bedeutung, doch erlebte sie im 19. Jahrhundert eine neue Blüte. Dichter wie Jónas Hallgråmsson (1807–45) ließen sich durch die Landschaft und Geschichte Islands inspirieren und suchten auch unter ihren Landsleuten den Sinn für eine nationale Identität neu zu wecken. Diese Themen prägen auch die isländische Literatur des 20. Jahrhunderts, so zum Beispiel die Werke des bekanntesten isländischen Dichters Halldór Laxness (1902–1998).

Gesellschaft

Island verfügt nahezu über eine klassenlose Gesellschaft, und alle Leute sprechen sich mit dem Vornamen an. Es gibt hier weder extrem reiche noch extrem arme Menschen, zudem verfügt Island über einen sehr fortschrittlichen Wohlfahrtsstaat. Frauen sind in allen gesellschaftlichen Bereichen hoch angesehen, und der Feminismus ist so etwas wie ein integraler Bestandteil der isländischen Politik: bei den Wahlen von 1991 erhielt die feministische Partei Frauen-Allianz fünf von 63 Parlamentssitzen. Die meisten Isländer gehören der lutherischen Kirche an, jedoch praktizieren nur wenige ihren Glauben. Die Bevölkerung konzentriert sich zunehmend auf die Hauptstadt Reykjavik – 1980 lebte hier etwa die Hälfte der 251.000 Inselbewohner – die Entvölkerung der ländlichen Gebiete ist jedoch nicht unproblematisch.

Die Färöer

Die Färöer, ein Volk von etwa 48.000 Menschen, haben ein sehr stark ausgeprägtes Nationalgefühl. Aufgrund der Abgeschiedenheit der Färöer Inseln – die ihnen am nächsten gelegenen Inseln sind die Shetlands, etwa 290 km südöstlich – sowie des rauhen Klimas, waren die Färöer schon immer gezwungen, sich auf sich selbst zu stützen und zu verlassen. Darüber hinaus hat auch die politische Zugehörigkeit zu Dänemark, die auf den Inseln auf wenig Gegenliebe stößt, das Nationalbewußtsein der Färöer stets beflügelt.

Geschichte

Die Färöer stammen von Einwanderern aus dem Westen Norwegens ab, die sich hier im frühen 8. Jahrhundert niederließen. Im 11. Jahrhundert wurden die Inseln dem norwegischen Königreich zugeordnet, und 1380, bei der Vereinigung des norwegischen und dänischen Königreiches, fielen sie schließlich an Dänemark. Die eigentliche politische Macht ging allmählich ganz auf Dänemark über und schließlich wurde die ursprüngliche Bindung an Norwegen 1814 endgültig aufgehoben. Im 19. Jahrhundert erstarkte der Nationalismus der Färöer, der schließlich zu Beginn des 20. Jahrhunderts in Bestrebungen, sich eigene politische Strukturen zu schaffen, seinen Niederschlag fand. Als die Deutschen 1940 Dänemark okkupierten, besetzten die Briten die Färöer Inseln. Unter britischem Protektorat erlangten die Färöer weitgehende Autonomie und 1946 erklärte das Färöer Parlament, das Løgting, die Unabhängigkeit der Inseln von Dänemark. Der dänische König löste daraufhin das Løgting auf, doch 1948 wurde den Färöern innerhalb des dänischen Königreichs weitgehende Autonomie garantiert. Dieses dänische Zugeständnis scheint den meisten Färöern zwar zu genügen, dennoch ist die Haltung gegenüber Dänemark immer noch Gegenstand politischer Diskussionen.

Die Färöer waren traditionell immer Bauern, und obwohl sie seit dem Mittelalter auch Walfang betrieben, entwickelte sich die

Fischerei als Wirtschaftssektor erst im späten 19. Jahrhundert. In den Nachkriegsjahren erlebte diese – und somit auch das Land selbst – einen wirtschaftlichen Aufschwung und heute erfreuen sich auch die Färöer eines sehr hohen Lebensstandards. Als Dänemark 1972 der Europäischen Gemeinschaft beitrat, stimmten die Färöer gegen ihren Beitritt, nicht zuletzt, um ihre Fischgründe zu schützen.

Sprache

Das Färöische ist eng verwandt mit dem Isländischen sowie mit den Dialekten des westlichen Norwegens. Im 16. Jahrhundert wurde Dänisch als Amtssprache sowie als offizielle Sprache der Lutherischen Kirche (der die meisten Färöer angehören) eingeführt. Als Schriftsprache ist Färöisch zwar irgendwann verschwunden, doch gibt es eine große Tradition mündlich überlieferter Literatur, so etwa Balladen, die auch heute noch bei den Aufführungen der alten Tänze gesungen werden. Der heutige Nationalismus der Färöer basiert stark auf den Bestrebungen des 19. und 20. Jahrhunderts, das Färöische auch als Schriftsprache wiederzubeleben und das Dänische lediglich als Amts- und Kirchensprache sowie als Bestandteil der schulischen Ausbildung zu erhalten.

Dänisch ist jedoch als offizielle Sprache nach wie vor dem Färöischen gleichgestellt, und es muß auch weiterhin in der Schule gelehrt werden, was durchaus Widerspruch hervorruft, da seine Anwendungsmöglichkeiten als zweite Sprache relativ begrenzt sind. Andererseits hat der bekannteste Schriftsteller der Inseln, William Heinesen (1900–91), obwohl das Färöische heute auch als literarische Sprache anerkannt ist, stets dänisch geschrieben, da er glaubte, dies würde seine Phantasie beflügeln.

Walfang

Während die ökonomische Bedeutung des *grindadráp* (des Tötens von Pilotwalen) allgemein zurückgeht – was durch entsprechende

Kampagnen von außen noch unterstützt wird – bleibt dies für die Färöer als ein Brauch weiterhin von großer Bedeutung. Um erfolgreich zu sein, mußten die Walfänger einst äußerst diszipliniert und sehr gut koordiniert zusammenarbeiten. Anschließend wurde der Fang unter allen Angehörigen des jeweiligen Gemeinwesens aufgeteilt. Die Färöer sind davon überzeugt, daß *grindadráp* die sozialen Bande innerhalb ihrer Gesellschaft, die sich aufgrund des hohen Lebensstandards zusehends verändert, auch weiterhin am Leben erhalten wird.

Die Norweger

Das heutige Norwegen ist seit knapp 90 Jahren unabhängig. Mehr als die Hälfte ihrer dokumentierten Geschichte lebten die Norweger unter fremden Herrschern. Dies, sowie die Haltung, die schwedische und dänische Herrscher gegenüber Norwegen an den Tag legten, hat einen ausgeprägten Patriotismus hervorgebracht. Dieser manifestiert sich in den äußerst profilierten, von ethisch-moralischen Gesichtspunkten geleiteten Positionen, die die norwegischen Regierungen vertreten, unterstützt von der öffentlichen Meinung, zum Beispiel im Hinblick auf die Entwicklung in den Ländern der sogenannten Dritten Welt oder auch im Bereich der Umwelt. Er zeigt sich jedoch auch in dem Unwillen der Norweger, Kritik von außen zu akzeptieren, so zum Beispiel, als 1993 die USA und die EU Norwegen wegen seiner Walfangpolitik verurteilten.

Die soziale Entwicklung des Landes verlief ähnlich jener in anderen skandinavischen Ländern, und somit verfügen die Norweger über einen hohen Lebensstandard sowie ein gutes Sozialwesen und haben weltweit mit die höchste Lebenserwartung.

Die Bevölkerung Norwegens ist allerdings, obwohl sie im ganzen durchaus über ein norwegische Nationalgefühl verfügt, alles andere als homogen: im arktischen Norden des Landes lebt eine Minorität von etwa 40.000 Samen (auch als Lappen bekannt). Dennoch sind sich die Norweger ihres gemeinsamen kulturellen und historischen Erbes bewußt, das sie, wie auch die Ursprünge ihrer Sprache, mit den anderen Völkern Skandinaviens teilen, und so sind auch ihre Beziehungen zu diesen sehr eng und freundschaftlich.

Land und Meer

Anders als die Dänen und die Schweden, deren jeweiligen Länder nach ihnen benannt sind, sind die Norweger umgekehrt nach ihrem Land benannt: dem Weg nach Norden, dem – entlang der norwegischen Küste – nach Norden führenden Seeweg. Norwegen ist von Bergen durchzogen, seine Küste von tiefen Fjorden geprägt. Aufgrund der Berge war und ist es immer noch schwierig, Norwegen auf dem Landweg zu bereisen, und dies hat dazu geführt, daß es hier größere regionale Unterschiede, auch in der Mentalität der Menschen, gibt als in anderen skandinavischen Ländern. Die unterschiedlichen Regionen haben traditionellerweise auch eine je unterschiedliche Sicht auf die Welt. Die westliche Küstenregion rund um Trondheim und Bergen, verfügt mit dem Golfstrom, der die Häfen hier eisfrei hält, über ein besonderes Klima und blickt hinüber zu den britischen Inseln, nach Island und den Färöern und von Bergen aus auch nach Süden, in Richtung Deutschland. Aufgrund seiner weitreichenden überseeischen Verbindungen war Bergen stets die kosmopolitischste Stadt Norwegens und ist dies bis heute geblieben. Das eigentliche Zentrum des Landes im Südosten, rund um die Hauptstadt Oslo, hat hingegen den Blick mehr in Richtung Dänemark, Schweden und das Baltikum gerichtet, und so gibt es in Norwegen auch heute noch eine gewisse Rivalität zwischen Ost und West.

Norwegen ist ein großes Land, doch ist es wenig fruchtbar und sehr steinig, zudem sind große Teile des Landes zu hoch gelegen, zu feucht, zu kalt und zu sehr dem Wind ausgesetzt, um landwirtschaftlich nutzbar zu sein. Verglichen mit Norwegen hat Dänemark, obwohl es nur über ein Siebtel der Landfläche von Norwegen verfügt, dreimal mehr landwirtschaftliche Nutzfläche. Schon seit dem Mittelalter kann Norwegen sich nicht aus eigener Kraft ernähren. Die Norweger haben deshalb oftmals in ihrer Geschichte große Not gelitten, und alle modernen Regierungen des Landes haben stets versucht, durch hohe Subventionen für die Bauern die landwirtschaftliche Produktion des Landes zu verbessern. Das Fehlen von landwirtschaftlich nutzbarem Land machte sich immer dann quälend bemerkbar, wenn die Bevölkerung rasch zunahm und war der Grund für zwei große Emigrationswellen, die Norwegen erlebte: im 9. Jahrhundert fand ein Exodus in Richtung britische Inseln, Island und die Färöer Inseln statt, im 19. Jahrhundert in die Vereinigten Staaten. Zwischen 1835 und 1935 emigrierten mehr als 850.000 Norweger, im Verhältnis zur Gesamtbevölkerung so viele wie in keinem anderen Land Europas.

Während die Berge wie eine Barriere den Verkehr zu Lande behindern, bietet die Küste Norwegens mit ihren tiefen Fjorden sichere und unbeschwerliche Verbindungswege. Stets war es einfacher, einen Fjord mit dem Schiff oder Boot zu überqueren als ihn auf dem Landweg zu umrunden. Diese Tatsache begründete schließlich auch die Tradition eines an Abenteuern reichen Seehandels sowie die Kunstfertigkeit der Norweger im Schiffsbau, was ihnen zur Zeit der Wikinger bereits ermöglichte, den Nordatlantik bis Island, Grönland und sogar Nordamerika zu überqueren sowie im 19. Jahrhundert die drittgrößte Handelsflotte der Welt zu besitzen. Das Meer war immer schon eine immense Quelle des Reichtums; der Fisch spielte seit dem Mittelalter eine bedeutende Rolle, der Walfang im 19. und frühen 20. Jahrhundert, und in den letzten 30 Jahren wurden in der Nordsee Öl und Gas gefördert.

Die Norweger sind eines der ökologisch bewußtesten Völker Europas, wachen sie doch selbst äußerst umsichtig über die bis heute nahezu unberührte Natur ihrer Berge und Wälder. Die Verpflichtung zum Schutz ihrer Umwelt gehört sozusagen zu ihrer Mentalität und nationalen Identität, und zwar seit jener Zeit, als Maler wie Johann Christian Dahl (1788–1857) und Peder Balke (1804–87) die Wälder und Berge Norwegens zu Sinnbildern im Kampf um die Unabhängigkeit ihres Landes machten.

Geschichte

Als Westeuropa um 800 die ersten Wikingerüberfälle erlebte, gab es nur wenige Unterschiede zwischen den Norwegern und ihren skandinavischen Gefolgsleuten. Die Engländer zum Beispiel nannten alle Wikinger Dänen, selbst jene, von denen sie wußten, daß sie aus Norwegen kamen. Regionale Zugehörigkeiten waren noch sehr stark ausgeprägt, und die politische Autorität lag entsprechend in den Händen einer Vielzahl von Anführern und Königen. Norwegische Wikinger siedelten im frühen 9. Jahrhundert auf den Färöer-, den Orkney- und Shetland-Inseln, in Caithness, auf den Hebriden, in Irland sowie auf der Isle of Man, und gegen Ende des Jahrhunderts hatten sie sich auch im Nordwesten Englands und auf Island niedergelassen: die Reichweite ihrer Überfälle wurde immer größer.

Durch diese Raubzüge gelangte Norwegen zu Reichtum, und dieser wiederum wirkte auf die politischen Veränderungen jener Zeit wie ein Katalysator. Unter dem Einfluß der Wikinger entstanden regionale Machtzentren, und etwa um 900 gelang es Harald Schönhaar, König von Vestfold (südwestlich von Oslo), nachdem er seine Rivalen in der Seeschlacht im Hafrsfjord nahe Stavanger geschlagen hatte, erstmals, einen nicht unerheblichen Teil Norwegens zu vereinigen. Sein Reich bestand jedoch nicht allzu lange, und so sollte es noch bis zum 12. Jahrhundert dauern, bis das norwegische Königreich dann tatsächlich vereinigt war. Im 10. Jahrhundert wurden erste Versuche unternommen, die Norweger zu christianisieren, jedoch war das Heidentum noch tief verankert, und so konnten hier erst im 11. Jahrhundert erste Erfolge erzielt werden.

Das Königreich von Norwegen erlebte seine Blütezeit im Mittelalter, unter der Regierung von Haakon IV. (1217–63). Die Norweger beherrschten den Nordatlantik: Grönland, Island, die Färöer-, Shetland- und Orkney-Inseln, Sutherland und Caithness, die Hebriden und die Isle of Man befanden sich unter Haakons Herrschaft. Im 14. Jahrhundert jedoch, als einige eher schwache Könige regierten, setzte der Niedergang ein. Zunächst verloren die Norweger die Kontrolle über den Handel mit der Deutschen Hanse und 1380 schließlich, nachdem die dänische und norwegische Dynastie sich vereint hatten, auch ihre Unabhängigkeit. Zudem hatte die Pest, die 1349 auch in Norwegen wütete, ganze Landesteile entvölkert. Am Ende des 15. Jahrhunderts dann hatten die Dänen auch die letzten norwegischen Besitzungen auf den Britischen Inseln verschachert.

1536 wurde Norwegen nach einer landesweiten Rebellion zu einer Provinz Dänemarks degradiert, und zur gleichen Zeit wurde der Protestantismus etabliert sowie das Dänische als Amts- und Kirchensprache eingeführt – beides mehr oder weniger gegen den Willen der Bevölkerung. Norwegen hatte nun oft unter den europäischen Kriegen zu leiden, in die Dänemark verstrickt war. So verlor es in Folge der dänisch-schwedischen Kriege im 17. Jahrhundert einige seiner östlichen Grenzgebiete an Schweden, während wiederum die britische Blockade gegen Dänemark, das sich in den Napoleonischen Kriegen mit Frankreich verbündet hatte, in Norwegen eine Nahrungsmittelknappheit auslöste. 1814 dann erklärte Norwegen seine Unabhängigkeit von Dänemark, doch war Dänemark im Vertrag von Kiel gezwungen worden, Norwegen an Schweden abzutreten. Entsprechend sorgte eine schwedische Invasion dafür, daß Norwegens Unabhängigkeit nur von kurzer Dauer war.

Die Vereinigung mit Schweden hatte in erster Linie jedoch lediglich Auswirkungen auf Norwegens Souveränität: Norwegen durfte keine eigenständigen diplomatischen Beziehungen unterhalten, seine Verfassung, sein Parlament und seine Regierung hingegen durfte es behalten. Trotzdem traf diese Union mit Schweden bei den Norwegern auf wenig Gegenliebe und so entwickelte sich ein starkes norwegisches Nationalgefühl, das schließlich dazu führte, daß das norwegische Parlament 1905 die Unabhängigkeit des Landes von Schweden proklamierte, was die Schweden schließlich drei Monate später auch akzeptierten. Die Norweger boten daraufhin einem dänischen Prinzen an, ihr Land als Oberhaupt einer konstitutionellen Monarchie zu führen und zwar unter dem Namen Haakon VII. Die Schweden aber gingen davon aus, daß die Norweger nicht in der Lage seien, ihre eigenen Angelegenheiten zu regeln und warteten voller Vertrauen darauf, daß Norwegen innerhalb weniger Jahre erneut die Einheit mit Schweden anstreben würde. Sie wurden enttäuscht.

Norwegen schaffte es, im Ersten Weltkrieg neutral zu bleiben, war diesbezüglich im Zweiten Weltkrieg jedoch weniger erfolgreich. Im April 1940 drang die deutsche Armee in Norwegen ein und besetzte innerhalb von zwei Monaten das ganze Land. König und Parlament flohen nach England und gründeten dort eine Exilregierung, während im Land selbst eine starke und zielstrebige Widerstandsbewegung entstand, die den Norwegern den Respekt der ganzen Welt einbrachte und ihnen verhalf, endlich aus der Rolle des »kleinen Bruders« herauszutreten, mit der die Dänen und Schweden ihr Land stets bedachten. Nach dem Krieg verweigerte Norwegen seinen Beitritt zu einem rein nordischen Verteidigungspakt und trat 1949 der NATO bei.

Nach 1945 erlebte die norwegische Wirtschaft einen enormen Aufschwung, immer von neuem belebt durch den Seehandel, dem billigen Strom aus Wasserkraftwerken und, etwa seit 1970, dem Öl und Gas aus der Nordsee. Bis September 1997 wurde Norwegen von einer Mitte-Links-Koalition unter Führung der Arbeiter-Partei regiert und hat ein sehr effizientes Wohlfahrtssystem entwickelt, ähnlich jenem von Dänemark und Schweden. Die Arbeiter-Partei hat hierbei von der Unfähigkeit der rechten Parteien profitiert, eine stabile Koalition zu bilden: so brach die Mitte-Rechts-Koalition, die 1989 zustande kam, bereits ein Jahr später wieder auseinander. Der Fall des Ölpreises in den achtziger Jahren wirkte sich auch auf Norwegens Wirtschaft ungünstig aus, jedoch erlebt diese seit Mitte der neunziger Jahre wieder einen deutlichen Aufschwung.

Anfang der siebziger Jahren verhandelte Norwegen über seinen Beitritt zur damaligen EWG, doch wurde dieser von Norwegens Bevölkerung im Referendum von 1972 abgelehnt. Norwegens Fischer und Bauern sind absolut gegen einen Beitritt, und auch die Mehrheit der norwegischen Bevölkerung ist eher skeptisch im Hinblick auf mögliche Vorteile eines EU-Beitritts. Der derzeitige wirtschaftliche Aufschwung des Landes ermöglicht es nun jedoch, den Blick von der Tagespolitik weg und hin auf die nächste Zukunft zu lenken.

Sprache

Wie in allen skandinavischen Ländern spielte auch in Norwegen die Sprache eine bedeutende Rolle bei der Herausbildung eines spezifischen Nationalgefühls. Das Norwegische hat sich zu Zeiten der Wikinger als eine eigene Sprache entwickelt, und zwar aus dem Westnorwegischen, ursprünglich ein Dialekt einer einst gemeinsamen skandinavischen Sprache.

Aufgrund der geographischen Bedingungen bildeten sich in Norwegen eine Reihe unterschiedlicher Dialekte, während die Isolation des Landes andererseits dazu führte, daß das Norwegische, anders als das Schwedische und Dänische, seine sprachlichen Wurzeln tradiert. Dennoch werden alle drei Sprachen wechselseitig verstanden.

Man kann zwei Formen des Norwegischen erkennen – ein Hinweis auf die Teilung des Landes unter der dänischen Herrschaft. In Folge der Reformation wurde Dänisch als Amts-, Schul- und Kirchensprache in Norwegen etabliert. Während es auf die Dialekte im Westen Norwegens nur wenig Einfluß hatte, war sein Einfluß im Südosten jedoch so stark, daß eine Art Mischsprache aus dem Dänischen und Norwegischen entstand. Mitte des 19. Jahrhunderts versuchte man in einer durchaus nationalistisch angehauchten Reform eine Art Hochnorwegisch einzuführen, jedoch gab es so viele Dialekte, daß eine Auswahl zum Streit führen mußte. Eine der norwegischen Hochsprachen war damals das gesprochene Norwegisch des Südostens mit seinen vielen dänischen Adaptionen, das als Riksmål (Amtssprache) oder als Bokmål (Schriftsprache) bekannt wurde. Eine andere Möglichkeit sah man in der Entwicklung einer neuen Sprache, basierend auf einer Synthese der Westküsten-Dialekte, die Sprachpuristen als »wirklich norwegisch« betrachteten und die allgemein als Landsmål (ländliches Norwegisch) oder Nynorsk (Neunorwegisch) bezeichnet wurden. Diese Auseinandersetzung spaltete Norwegens Bevölkerung entlang einer Ost-West-Linie. 1885 wurden schließlich beide Sprachen zu offiziellen Sprachen erhoben, und den Schulen wurde gestattet, jeweils die Sprache zu benutzen, die ihrem regionalen Dialekt am ähnlichsten ist. Dennoch ist Nynorsk, auch wenn sie von Dichtern und Schriftstellern bevorzugt wird, nach wie vor eine Minderheitensprache, und es gibt Anzeichen, daß sich auch heute das Bokmål weiter durchsetzt: denn obwohl Nynorsk in allen Schulen als zweite Sprache gelehrt werden muß, ist es heute nur noch in 16 Prozent aller Schulen offizielle Schulsprache. Der vor einiger Zeit gemachte Vorschlag, die beiden Sprachen zu kombinieren und ein neues Hochnorwegisch zu schöpfen, das Samnorsk, fand nur wenig Zustimmung.

Die Dänen

Die Dänen haben zwar großen Anteil am kulturellen Erbe der skandinavischen Länder, sie sind jedoch sehr viel stärker als diese auch in europäische Angelegenheit involviert, und zwar aufgrund ihrer geographischen Nähe zum Kontinent. Folglich speist sich die nationale Identität der Dänen auch aus zwei Quellen: einerseits ist ihr Zugehörigkeitsgefühl zu Skandinavien sehr stark, andererseits fühlen sie sich gleichzeitig als das europäischste der skandinavischen Völker. Darüber hinaus fürchten die Dänen aber auch, in einer zukünftigen Europäischen Gemeinschaft ihre nationale Identität zu verlieren, und so ist ihre Haltung in dieser Hinsicht ambivalent. Dennoch sollte daraus nicht der Schluß gezogen werden, daß die Dänen keine klare Vorstellung von sich selbst hätten: Die Dänen sind stolz auf ihr Land und sind, wie Umfragen immer wieder zeigen, trotz einiger sozialen Spannungen, eine zufriedene Nation.

Das Land

Dänemark verfügt prozentual über die größte landwirtschaftliche Anbaufläche Skandinaviens und war im Mittelalter das wohlhabendste wie auch bevölkerungsreichste Land Skandinaviens. Anders als in Norwegen und Schweden konnte hier die Landwirtschaft selbst noch im 19. Jahrhundert expandieren und entsprechend wenige Menschen wanderten in dieser Zeit nach Nordamerika aus. Die günstige strategische Lage Dänemarks zwischen der skandinavischen Halbinsel und dem europäischen Kontinent, sowie zwischen der Nordsee und dem Baltischen Meer (Ostsee) ermöglichte es den Dänen, seit der Zeit der Wikinger vom Seehandel zu profitieren, und so verfügen sie auch über eine große Seefahrertradition.

Dänemark ist ein sehr flaches Land, mit kaum nennenswerten Hügeln, und somit war es immer schwierig, sich gegen ausländische Invasoren zu verteidigen. Dies gilt insbesondere für die Grenze zu Deutschland, eine schmale Landpassage quer über die Halbinsel Jütland: obwohl diese Grenze seit dem frühen 8. Jahrhundert stark befestigt war, haben sowohl die Franken wie die Slawen, die Schweden wie die Germanen sie stets leicht durchbrochen. Das Gefühl der territorialen Verwundbarkeit, das diese historische Tatsache hinterließ, hat dazu beigetragen, daß die Dänen immer schon befürchteten, sie könnten ihre kulturelle und politische Identität verlieren.

Geschichte

Die Tradition eines dänischen Nationalgefühls reicht sehr weit zurück; es entstand etwa zu jener Zeit, als Skandinavien um 800 aus seiner frühgeschichtlichen Epoche heraustrat. Um diese Zeit lebten die Dänen auf einem Gebiet, das die Halbinsel Jütland – einschließlich des im Süden gelegenen und heute zu Deutschland gehörenden Schleswig, die Inseln des dänischen Archipels sowie die Provinzen Scania, Halland und Blekinge im heutigen Schweden umfaßte. Im 9. Jahrhundert fielen dänische Wikinger in Westeuropa ein und ließen sich im Osten Englands sowie in der Normandie nieder. Gegen Ende des 1. Jahrtausends wurde Dänemark zu einem Königreich vereinigt, gleichzeitig erfolgte die Christianisierung. Unter Knut (1018–35) eroberten die Dänen England und Norwegen, sein Reich fiel jedoch nach seinem Tode wieder auseinander. Im Mittelalter sorgten eine starke Adelsschicht sowie eine unabhängige Kirche dafür, daß die Monarchie relativ schwach blieb, und im 14. Jahrhundert versuchte die Deutsche Hanse, die Kontrolle über den dänischen Handel zu erlangen. Dennoch erlebte Dänemark Ende des 14.Jahrhunderts seine Blütezeit. Dank verschiedener dynastischer Verbindungen erlangte Dänemark 1380 unter Margarete I. (1375–1412) die Kontrolle über Norwegen sowie dessen Einflußgebiete Orkney, Shetland, Färöer, Island und Grönland. Schließlich fielen dann im Vertrag von Kalmar 1397 auch noch Schweden und Finnland unter seine Herrschaft. Dieser Zusammenschluß beruhte nicht zuletzt auf der Sicherheit der skandinavischen Länder gegenüber dem wachsenden deutschen Einfluß.

1536 erreichte die Reformation Dänemark, und das Land und wurde lutherisch. Schweden hatte 1523 nach einem kurzen Krieg mit Dänemark seine Unabhängigkeit wiedererlangt, doch unter dem charismatischen König Christian IV. (1588–1648) begannen die Dänen erneut, in den Baltischen Raum vorzudringen. Dieses Unternehmen endete für die Dänen mit einem Desaster, und sie verloren Scania, Halland und Blekinge an die Schweden. Die Schweden unternahmen nun große Anstrengungen, um der dänischen Bevölkerung dieser Provinzen ein schwedisches Nationalgefühl zu vermitteln, ein Unterfangen, das im frühen 18. Jahrhundert erfolgreich abgeschlossen werden konnte. Unter Napoleon mußten die Dänen dann weitere territoriale Verluste hinnehmen. Der zweimalige britische Angriff auf die dänische Flotte in den Jahren 1801 und 1807 zwang die Dänen dann zu einer Allianz mit Frankreich, was den Verlust der Kontrolle über Norwegen zur Folge hatte, das 1814 im Vertrag von Kiel an Schweden fiel.

Im späten 18. Jahrhundert begann man in Dänemark, erste Reformen durchzuführen. 1788 wurde die Leibeigenschaft aufgehoben und zu Beginn des 19. Jahrhunderts setzten sich mehr und mehr liberale Gesinnungen durch, die schließlich 1848 zur Abschaffung der absoluten Monarchie sowie zur Etablierung einer parlamentarischen Regierung führten. Nationale Gefühle belasteten die Diskussionen um die Zukunft der Herzogtümer von Schleswig und Holstein, in denen sowohl Dänen wie Deutsche lebten, sie waren dem dänischen König unterstellt, der sie als Herzog von Schleswig und Holstein regierte. Dänische Nationalisten drängten nun darauf, diese vollständig in das Königreich Dänemark zu integrieren, während die dortige deutsche Bevölkerung eine stärkere Anbindung an den Deutschen Bund wünschte. Die dänische Unnachgiebigkeit führte 1864 zu einem erfolgreichen Angriff Preußens und Österreichs gegen Dänemark sowie zu dessen Verlust der Herzogtümer. Aufgrund dieser Erfahrung erkannten die Dänen einmal mehr, daß ihr Land nicht zu verteidigen sei und maßen seit dieser Zeit ihren Verteidigungsausgaben einen relativ niedrigen Stellenwert bei. Eine weitere Folge dieses Krieges – Schweden weigerte sich, Dänemark im Krieg gegen Preußen und Österreich zu unterstützen – war der Niedergang des Skandinavismus, einer Bewegung, die zu Beginn des 19. Jahrhunderts im Zuge des wachsenden Nationalismus entstanden war.

Im Ersten Weltkrieg blieb Dänemark neutral. Nach dem Zusammenbruch des Deutschen Reiches fiel Nordschleswig wieder an Dänemark, die vorwiegend dänische Bevölkerung dieser Region hatte sich in einer Volksabstimmung hierfür entschieden. Seit dieser Zeit besteht die nach wie vor gültige Grenze zwischen Dänemark und Deutschland. Im deutschen Südschleswig leben heute etwa 50.000 Dänischsprechende, während in Süddänemark die deutschsprachige Bevölkerung nur sehr klein ist. Die Zeit zwischen den Kriegen war geprägt durch den Aufschwung der Demokratischen Partei, der Dänemark seinen hochentwickelten Wohlfahrtsstaat verdankt.

Als die Deutschen 1940 Dänemark überfielen, um von hier aus ihre Invasion in Norwegen vorzubereiten, verletzten sie die dänische Neutralität. Die Dänen ergaben sich widerstandslos und behielten im Gegenzug bis 1943 ihre nominelle Unabhängigkeit, wenn auch unter deutschem Protektorat. Gleichzeitig begann sich in Dänemark ziviler Widerstand zu regen, Sabotageakte gegen die Deutschen folgten und schließlich wurde Dänemark direkt der deutschen Besatzungsmacht unterstellt. Dennoch gelang es dem dänischen Widerstand in einer absolut herausragenden Aktion, 5.000 der 7.000 in Dänemark lebenden Juden nach Schweden in Sicherheit zu bringen.

Nach dem Krieg bemühte sich Dänemark um das Zustandekommen einer Nordischen Verteidigungsallianz, jedoch führten die Verhandlungen zu keinem Ergebnis, und so trat Dänemark 1949 der NATO bei. Da viele Dänen jedoch für die Neutralität ihres Landes plädierten, blieb dieser Beitritt in Dänemark lange Zeit äußerst umstritten und verlor erst mit Ende des Kalten Krieges seine eigentliche Brisanz. Erfolgreicher hingegen erwies sich der 1952 von Dänemark initiierte Nordische Rat, der eine engere politische Zusammenarbeit der skandinavischen Länder begründete. Und obwohl Dänemark auch auf wirtschaftlichem Gebiet mit den skandinavischen Ländern engere Beziehungen anstrebte, führte seine Abhängigkeit vom englischen und deutschen Markt jedoch gleichzeitig dazu, daß es 1972 der EG beitrat. Allerdings sind die Dänen, nicht zuletzt aufgrund eigener Befürchtungen, in einem europäischen Superstaat ihre traditionelle Anbindung an Skandinavien und somit auch einen Teil ihrer nationalen Identität zu verlieren, schon immer eher unbequemere Europäern gewesen, was auch in den Volksabstimmungen von 1992 und 1993, in denen es um ihre Zustimmung zum Vertrag von Maastricht ging, wieder deutlich wurde.

Dänemark hat im 20. Jahrhundert auf wirtschaftlichem Gebiet große Fortschritte erzielt. Um 1900 noch ein reines Agrarland, entwickelte es sich in den 60er Jahren zu einem prosperierenden Industriestaat, dessen Grundpfeiler die Leichtindustrie sowie das Dienstleistungsgewerbe darstellen. Trotz erheblicher Schulden hat sich die dänische Wirtschaft seit den 80er Jahren im EG-Vergleich immer besser entwickelt und somit erfreuen sich die Dänen des höchsten Lebensstandards innerhalb der EU.

Sprache

Das Dänische geht auf eine gemeinsame skandinavische Sprache zurück, die zu Zeiten der Wikinger als Dänische Zunge (*dönsk tunga*) bekannt war. Aus dieser Sprache haben sich im Laufe des 9. Jahrhunderts zwei Dialekte entwickelt: Westnorwegisch, aus dem das Norwegische, das Isländische und das Färöische hervorgegangen sind, und das Ostnorwegische, aus dem sich seit dem 11. Jahrhundert das Schwedische und Dänische entwickelte. Den Dänen bereitet es auch heute noch kein Problem, Schwedisch und – mit Einschränkungen – auch Norwegisch zu verstehen. Zwischen dem 13. und 18. Jahrhundert drangen von Deutschland aus viele kulturelle Einflüsse ein und somit wurden zahlreiche deutsche Lehnwörter in das Dänische aufgenommen. Deutsch wurde zudem Hofsprache sowie offizielle Sprache der Armee. Nach den Napoleonischen Kriegen jedoch war Deutsch als Sprache des Hofes verpönt und wurde durch das Dänische ersetzt, nicht zuletzt, um das dänische Nationalgefühl zu stärken. Dies führte nun allerdings dazu, daß die Bevölkerung in den nicht dänischsprachigen Herrschaftsgebieten des Landes, in Island, auf den Färöern und in Schleswig-Holstein, zunehmend antidänische Gefühle entwickelte sowie ihre Unabhängigkeit forderte.

Seit dem 20. Jahrhundert hat Englisch den größten Einfluß auf die dänische Sprache, und so befürchtet man zum Teil auch schon, daß dies die Reinheit der dänischen Sprache bedrohen könnte. Andere weisen diese Befürchtungen jedoch zurück mit dem Argument, daß der englische Einfluß im Vergleich mit jenem, den die deutsche Sprache auf das Dänische hatte, relativ gering sei. Die Dänen waren stets ein kulturell sehr homogenes Volk und in Folge der modernen Kommunikationsmöglichkeiten verlieren sich zunehmend auch die Unterschiede zwischen ihren Dialekten, wenn auch regionale Akzente nach wie vor durchaus erkennbar sind.

Gesellschaft

Aufgrund des hohen Lebensstandards, der sozialen Gleichstellung, der Gleichberechtigung von Mann und Frau und hervorragender Bildungs-, Gesundheits- und Wohlfahrtseinrichtungen, basierend auf hohen Steuerabgaben, weist die dänische Gesellschaft sehr viele Ähnlichkeiten mit der schwedischen Gesellschaft auf. Jedoch haben die Dänen einen sehr viel größeren Respekt vor der individuellen Freiheit des Einzelnen, und so mischt sich das dänische Wohlfahrtssystem sehr viel weniger in das Privatleben seiner Bürger ein, als zum Beispiel in Schweden. Dennoch gibt es auch in Dänemark jene Tendenz, Unterschiede zu nivellieren, die ironisch als Jante-Gesetz (Jantelov) kolportiert wird, und zwar nach einem Dorf, das nur in einem Roman von Axel Sandemose vorkommt: in Jante vermeiden es die Bürger, die Aufmerksamkeit auf sich zu lenken, und sie verabscheuen es, wenn andere dies tun. Im Klartext: die Dänen tendieren zum Konformismus.

Das soziale Bewußtsein der Dänen geht auf das frühe 19. Jahrhundert zurück, als Dänemark im Zuge der Napoleonischen Kriege territoriale Verluste hinnehmen mußte. Von großer Bedeutung waren damals die Werke der Pädagogen, Theologen und Antiquars N.F.S. Grundtvig (1783–1872). Dieser wollte, daß Dänemark ein Staat werde, »in dem nur wenige zuviel, aber noch weniger zu wenig haben«. Er kritisierte das damalige elitäre

Ausbildungssystem und inspirierte im Gegenzug mit seinen Ideen die Volkshochschulbewegung – freie Schulen, die der Landbevölkerung eine von idealistischen und patriotischen Idealen getragene Bildung vermittelten. Diese trug dann in späteren Jahren stark dazu bei, daß sich auch die Genossenschaftsbewegung in großem Umfang ausbreiten konnte, was wiederum die wirtschaftliche Entwicklung auf dem Land positiv beeinflußte. Doch obwohl das »Recht auf Hilfe« bereits in der Verfassung von 1849 verankert worden ist, wurden erst mit der Sozialreform von 1933 umfassende Maßnahmen zur öffentlichen Wohlfahrt getroffen. Ein Prinzip der dänischen Sozialgesetzgebung seit dieser Zeit ist es, soziale Unterstützung nicht allein deshalb zu gewähren, um diejenigen, die sie beantragen, mit dem Notwendigsten zu versorgen, sondern auch, um deren Würde zu wahren. In den siebziger Jahren erhöhten sich die Kosten des Wohlfahrtsstaates für den Steuerzahler zwar drastisch, doch Voraussagen, daß dies das Ende des bestehenden Konsens über die Notwendigkeit sozialer Leistungen bedeute, haben sich nicht bestätigt. Selbst die Mitte-Rechts-Regierung, die von 1982 bis 1993 an der Macht war, rückte nicht vollständig von dieser fortschrittlichen Sozialpolitik des 20. Jahrhunderts ab.

Nicht alle Dänen verdienen den guten Ruf, tolerant zu sein: die Einwanderung aus Ländern der Dritten Welt hat einige rassistische Tendenzen bestärkt und die rechts gerichtete Anti-Steuer-Partei, die Fortschrittspartei, nahm in den frühen 80er Jahren auch jene Parolen des »schickt sie zurück« in ihr Programm auf und verzeichnete damit auch einige Wahlerfolge. In den 90er Jahren verliert die Fortschrittspartei zwar zusehends an Unterstützung, das Problem der Integration der verschiedenen Migrantengruppen ist jedoch geblieben.

Die Bewohner Englands und des schottischen Tieflands

Die englische und die schottische Identität nähren sich gegenseitig. Die Schotten können sich über einen schottischen Sieg in Wembley genauso freuen wie über den britischen Sieg in der Schlacht von Waterloo.

Bei allen entscheidenden historischen Ereignissen zeigte sich stets, daß ein kultureller Unterschied nicht eigentlich zwischen Engländern und Schotten, sondern vielmehr zwischen Engländern und Lowlanders – den Bewohnern des schottischen Tieflands – einerseits und ihren Nachbarn keltischer Abstammung andererseits besteht.

Die Völker, die hier näher betrachtet werden, verfügen über einen gemeinsamen Ursprung, eine gemeinsame Geschichte und ein gleiches Wertesystem. Doch die Sympathien der Lowlanders schwankten stets zwischen ihren englischen Brüdern und ihren schottischen Vettern des Hochlands. Die zunehmende Solidarität der Schotten untereinander erweist sich heute allerdings als eine Art Stimulans im Hinblick auf einen schottischen Nationalismus sowie eine eigenständige schottische Identität.

Geschichte

Die gemeinsamen Erfahrungen, die die Engländer und Bewohner des schottischen Tieflands teilen, sind sowohl politischer wie auch kultureller Art. Die Vorstellung, es habe sich hier nach dem Rückzug der Römer plötzlich und ausschließlich ein einziges Volk niedergelassen, entbehrt jeglicher Grundlage. Die Engländer gehen ethnologisch betrachtet nicht auf einen germanischen Volksstamm zurück, sondern sind ein Volk mit hohem keltischen Anteil. Diese Kelten wurden allerdings von germanischen Siedlern in deren kulturelle Muster integriert und gleichzeitig deren politischer Oberhoheit unterstellt. Gleiches gilt für die Schotten des Tieflands, wenn auch bei diesen der ursprünglich keltische Anteil etwas höher sein mag.

Gegen Ende der ersten Hälfte des 3. Jahrhunderts hatte sich die römische Herrschaft auf den Britischen Inseln südlich des Hadrianswalls konsolidiert. Oberhalb des schottischen Tieflands, etwa jenseits des Flusses Tay, konnte sie sich kaum etablieren. Die eigentlich britischen Volksstämme könnten als jene definiert werden, die etwa seit Mitte des 4. Jahrhunderts einer Romanisierung unterworfen waren und diesem römischen Einfluß nicht standhalten konnten.

Der Rückzug der Römer ab 407 ließ andere Invasoren nachrücken, allen voran Angeln, Sachsen und Jüten, die schon zum Teil als Söldner in römischen Diensten auf die Insel gekommen waren. Die Angeln ließen sich hauptsächlich im Südosten Britanniens nieder, vor allem in Ostengland, die Jüten in Kent und die Sachsen in den westlicher gelegenen Teilen des Landes. England war damals kein einheitlicher Staat, sondern bestand eher aus instabilen Königreichen: Kent, East Anglia, Sussex und dessen westlicher Nachbar Wessex, das im Zentrum gelegene Königreich Mercia sowie jenes große von Northumbia.

Allmählich brachten mächtige Fürsten Ordnung in dieses Chaos, wenn auch der Aufbau stabiler politischer Strukturen – zum Beispiel als zunächst Northumbia, dann Wessex die führende Rolle im Land übernahm – nicht immer störungsfrei verlief. So erschütterten im späten 9. Jahrhundert dänische und norwegische Invasionen das Land, in deren Verlauf Mercia fast vollständig zerstört und Northumbia stark geschwächt wurde. Die Aufgabe, die Engländer zu verteidigen, fiel den Königen von Wessex, vor allem Alfred dem Großen (877–91), zu.

Im Vertrag von Wedmore einigte er sich mit den Dänen, die ihrerseits das Christentum annahmen, und überließ ihnen das sogenannte Danelaw – ein großes Gebiet im Osten Englands – zur Besiedelung. Unter Edgar (957–75) entwickelte sich Wessex dann zu einem fast ganz England umfassenden Königreich.

Das späte angelsächsische England bildete jedoch noch keinen Staat. Erst die Normannen, die 1066 England als eine kleine militärische Elite eroberten, entwickelten es zu einem einheitlichen, politisch und wirtschaftlich effektiven Gefüge. Unter William dem Eroberer (1066–87) wurde das Land zur praktisch größten Freihandelszone Europas. Die Spitze des Landes wurde normannisiert und diese in sich geschlossene und sich gegenseitig unterstützende politische Klasse schmiedete aus England einen der stabilsten Staaten des mittelalterlichen Europas. Ausgehend von dieser, auf Einheit beruhenden Basis, konnten die Nachfolger von William bis in die frühe Neuzeit hinein ihren Einfluß auch in den abgelegenen Teilen der Insel wahren und zeitweise sogar ausbauen.

Schottland nun bestand aus vier Regionen: dem Hochland nördlich des Flusses Tay; dem Königreich von Dalriada; dem Gebiet von Strathclyde, bewohnt von keltischen Stämmen, die von germanischen und englischen Invasoren hierher verdrängt worden waren; und dem Südosten, bekannt als Bernicia, das zeitweise unter dem Einfluß Northumbias stand.

855 vereinte Kenneth I., der allgemein als erster König von Schottland gilt, das Land, wenn auch weniger konsequent als dies in England geschehen war. Seine Nachfolger akzeptierten später auch die englische Oberhoheit. Denn anders als in Wales und Cornwall, stießen diese Einheitsbestrebungen in Schottland zunächst auf großen Widerstand und die Bereitschaft, sich in gemeinsamer Sache gegen die englischen Ansprüche zu behaupten, entwickelte sich nur langsam, doch war dies vielleicht Bestandteil des damaligen schottischen Nationalgefühls. Denn tatsächlich gab es damals – und dies mutet aus der Perspektive eines späteren schottischen Nationalismus kurios an – keine wirkliche Basis für eine politischen Einheit Schottlands: das ethnische Gemisch war mindestens so komplex wie jenes in England, zudem weniger günstig verteilt; die politischen Traditionen und Formen sozialer Organisation waren in den verschiedenen Regionen des Landes völlig unterschiedlich; die Bevölkerung lebte stärker über das ganze Land verstreut als in England. Darüber hinaus hat der politische Konsens, den die normannischen Eroberer in England herstellten, in Schottland nie existiert. Wenn die Schotten damals eine Gemeinsamkeit in ihrem Charakter aufwiesen, so war es eher Widerstand, der sich mit aller Macht gegen England richtete, nicht zuletzt gegen das Ansinnen Edwards I. von England (1272–1307), seine Rechte als Oberhaupt Schottlands zu behaupten. Zweimal drang er mit seiner Armee in Schottland ein, was auf den schottischen Widerstand eine eher

stimulierende als abschreckende Wirkung hatte. Denn das »unerschrockene und unnachgiebige Caledonia« (*Caledonia stern and wild*) – so die schottische Nationalhymne – war gewillt, für seine Unabhängigkeit zu kämpfen und noch heute bezieht der schottische Nationalismus seine Symbole aus jener Zeit: das Blut von William Wallace, der in London gehängt wurde; der Stein von Scone, dem Krönungsstuhl der schottischen Könige, von Edward geraubt und unter seinem Thron in Westminster versteckt; die Erklärung von Arbroath, in der die Lords, die die Ansprüche Edwards nicht anerkannten, ihrerseits als Schotten das Recht auf einen eigenen Staat beanspruchten. 1314 dann kam es zum größten Ereignis – gemäß schottischer Lesart – in der Geschichte Schottlands: die Schlacht von Bannockburn, in der ein großes englisches Heer von der kleinen schottischen Armee aufgerieben wurde. Die kulturellen Bande zwischen Nordengland und dem schottischen Tiefland überlebten zwar zunächst, doch lösten sie sich im Laufe der langen Zeit der Unabhängigkeit und Souveränität Schottlands. Vor allem entzog sich die Sprache der Lowlanders zunehmend dem Verschmelzungsprozeß der englischen Dialekte, der das späte Mittelalter kennzeichnete. Die Sprache des schottischen Tieflandes ist heute dem Englischen einerseits zwar sehr verwandt, stellt jedoch andererseits auch eine deutlich unterschiedliche Form jenes Englisch dar, das sich überall in England etabliert hat. In den letzen Jahren hat sich das Interesse an dieser besonderen schottischen Sprache neu belebt.

Seit etwa 1295 bemühte sich Schottland um die politische Unterstützung Frankreichs, und so entwickelte sich jene Beziehung, die als »Alte Allianz« (Auld Alliance) in die Geschichte einging und sich auch im kulturellen Einfluß Frankreichs widerspiegelt, der vor allem in der Architektur Schottlands spürbar ist. Diese Ära, in Bannockburn begründet, hielt an, bis Schottland sich im Sog der protestantischen Reformation wieder in Richtung England orientierte.

Ebenso wie die Kriege gegen England einen Teil des schottischen Nationalgefühls begründet haben, so haben die Kriege gegen Frankreich jenes der Engländer stimuliert. Um 1360 begann das Englische mehr und mehr das normannische Französisch als Umgangs- und Schriftsprache zu ersetzen; bei Gericht wurde Französisch seit 1366 nur noch als Schriftsprache, nicht mehr jedoch als Verhandlungssprache benutzt. Heinrich V. (1413–22) war wahrscheinlich der erste englische König, der Englisch auch als Schriftsprache dem Französischen vorzog. Das Scheitern seiner kontinentalen Ambitionen ließ England wieder verstärkt den Blick auf die heimatlichen Inseln richten.

Das 16. Jahrhundert war ein Jahrhundert politischer Konsolidierung sowie religiöser Reformierung, sowohl in England als auch in Schottland. Die Gründung nationaler Kirchen steigerte auch das Nationalgefühl. Englands Reformation war vom Monarchen selbst ausgegangen und übernahm somit viele Gepflogenheiten, die den Doktrinen und Organisationsformen aus der Zeit vor der Reformation entstammten; in Schottland wurde dieser Schritt noch durch populäre Prediger forciert, die von *Jean Calvin* aus Genf beeinflußt waren. In beiden Ländern entwickelte sich ein Trend hin zum Calvinismus und in beiden Ländern bereicherte die Reformation die Elite auf Kosten der Kirche: dies erwies sich auf beiden Seiten der Grenzen als neue Quelle gemeinsamer Interessen.

Die schottisch-englische Union

1603 bestieg James VI. von Schottland als James I. den Thron von England und die Bezeichnung »König von Großbritannien« wurde geläufig. Schottland verweigerte sich später zwar den Vorstellungen von Charles I. (1629–42), der die beiden Königreiche institutionell enger miteinander verknüpfen wollte, doch erwies sich das schottische Engagement im Englischen Bürgerkrieg von 1642–53 als absolut fatal für die Unabhängigkeit des Landes. Denn gegen Ende dieses Krieges eroberte Oliver Cromwell Schottland und von nun an bestand die schottische Unabhängigkeit tatsächlich nur noch nominell.

Die Lowlanders jedoch verspürten ohnehin mehr Gemeinsamkeiten mit den Engländern als mit ihren Nachbarn des schottischen Hochlands, außerdem reizten sie die in einem größeren Staatswesen gegebenen Handelsvorteile und Möglichkeiten der Expansion. 1707 löste sich das schottische Parlament, das vor allem die Interessen des schottischen Tieflands vertreten hatte und von englischer Seite zudem bestochen worden war, zugunsten einer schottischen Union mit England auf. Dafür erhielt Schottland eine gewisse Anzahl von Sitzen im englischen Parlament, die jedoch nicht ausgewogen war, gleichzeitig wurden schottische Adelige in den britischen Hochadel aufgenommen und erhielten die Würde eines *Peers* (Peerage). Die Integrität des schottischen Rechtssystems und entsprechender Traditionen wurde garantiert und die Kirche von Schottland behielt ihre privilegierte Stellung, entsprechend jener der Kirche von England. Im 18. Jahrhundert erlebte Schottland dann eine kulturelle Blütezeit, und zwar vor allem im Bereich der Kunst, der Naturwissenschaften sowie der Philosophie.

Engländer und Lowlanders schienen ihre gemeinsame Identität als Volk von England und »Nordbritannien« wiederentdeckt zu haben, die sie nun vereint dem restlichen Teil der Britischen Inseln als »britische« Identität überstülpten. Die Lowlanders entdeckten ihre starken, romantischen und schottisch-nationalistischen Gefühle erst wieder von Neuem, als ihre Landsleute aus dem Hochland vollständig niedergedrückt waren. Dennoch bedingte die Entwicklung des Britischen Empire im 19. Jahrhundert, daß England und Schottland erneut gemeinsam am imperialen Geschehen teilnahmen. Erst als England im 20. Jahrhundert seine Stellung als Weltmacht verloren hatte, erstarkte der schottische Nationalismus wieder.

Die politische Kultur Englands

Die besondere politische Kultur, die man gemeinhin mit England in Verbindung bringt, ist vielleicht das, wofür die Briten in der ganzen Welt am meisten bekannt sind. Das britische Parlament gilt allgemein als die »Mutter« aller Parlamente und wenn es auch nicht die älteste Legislative der Welt ist, so ist es als eine Art Modell wohl das weltweit einflußreichste. So lang und komplex die Geschichte dieser politischen Kultur auch ist, so ist sie doch kürzer und einfacher als jene des britischen Staates. Das Ethos, das den englischen Regierungen im 17. und 19. Jahrhundert anhaftete, wurde mit Institutionen assoziiert, vor allem dem Parlament, das in der Vorstellung der Engländer nahezu einen Mythos bildete und geradezu zwangsläufig mit einer langen Geschichte verknüpft wurde.

Vor der normannischen Eroberung waren die generelle Offenheit der Diskussion sowie ein auf Konsens beruhendes Agieren Teil des politischen Gesamtprozesses, wenn auch nicht in jenem Umfang, den die Sachwalter der »anglo-sächsischen Freiheiten« beanspruchen. Nach der Eroberung durch die Normannen wurden die Regierungsgeschäfte mehr als nur formal vom Monarchen selbst oder dessen königlichen Repräsentanten dirigiert und regionale Sitten oder Autoritäten wurden kaum respektiert.

Das Parlament selbst war eine vom Königshaus initiierte Institution. Seine Geschichte ist von vielen Zwängen gegenüber der Krone geprägt, seine Ursprünge im 13. Jahrhundert gehen jedoch auf Kompromisse zwischen der Krone und im Bereich ihrer Stammsitze mächtigen Aristokraten zurück; in diesen frühen Zeiten hatten zudem auch die Städte eine gemeinsame Stimme im Parlament. Die *Magna Charta*, das »Große Dokument« der englischen Freiheitsrechte von 1215, das als das Symbol der politischen Kultur Englands gilt, wird zwar von vielen heutigen

Kommentatoren belächelt, leistete jedoch mehr als bestimmte Interessen der Aristokratie zu sichern, wie oftmals behauptet wird. So legt sie zum Beispiel fest, wer das Recht hat, den König zu beraten und spricht sich generell – im Hinblick auf alle Schichten und Klassen der Gesellschaft – gegen willkürliche Verhaftungen und juristische Schnellverfahren aus.

In Zeiten, in denen die englischen Könige relativ schwach waren, in schweren Kriegszeiten und wenn hohe Steuerforderungen anstanden, konnten die Mitglieder des Parlaments ihren Einfluß auf die Regierungsgeschäfte verstärken. So wirkten sich die Bürgerkriege des 15. Jahrhunderts absolut stimulierend auf die Zusammenarbeit und das Selbstbewußtsein des Parlaments aus, während sich im 16. Jahrhundert, als das Land eine lange, friedliche Periode der Prosperität erlebte, die königliche Macht wieder deutlicher behaupten konnte. Diese Zeit verlangte jedoch auch nach neuen Gesetzen, und tatsächlich wandte sich das Parlament nun auch weniger judikativen als vielmehr legislativen Aufgaben zu. Dies geschah vor allem in der Regierungszeit Heinrichs III., in der die englische Reformation es erforderte, eine ganze Reihe neuer Gesetze zu erlassen, die zudem möglichst breite Zustimmung finden mußten.

James I. (1603–25) war von kontinentalen Vorstellungen beeinflußt, das heißt von jener Idee eines Königtums von Gottes Gnaden. Sein Sohn Charles I. (1625–42) hingegen tendierte mehr dazu, sich auf die Pflicht seiner Untertanen zu berufen, wenn er von ihnen Unterwerfung verlangte oder auch nur erschmeichelte. Seine heftigen Konfrontationen mit dem Parlament, die schließlich seine Regierungszeit beendeten, leiteten einen historischen Prozeß ein, der in drei Stufen verlief: ausgehend von einer historischen Situation, in der die Krone immer das letzte Wort hatte, über eine lange Zeit, in der die Krone nur manchmal das letzte Wort hatte, in eine Situation, in der die Krone niemals mehr das letzte Wort hatte.

Gegen Ende des 17. Jahrhunderts war England in gewisser Hinsicht das reichste Land Europas; da politische Macht nun aber auch gekauft werden konnte, implizierte dies gleichzeitig das Entstehen einer politischen Klasse. In der Regierungszeit von Queen Anne (1702–14) etablierte sich eine rege politische Kultur, getragen von vielen gebildeten und mehr oder weniger begüterten Männern. Es bildeten sich zwei Parteien, die schon damals so ähnliche Interessen vertraten wie heute. In den meisten Städten mit mehr als 5.000 Einwohnern gab es in der Regel zwei Zeitungen, eine *Whig-* und eine *Tory*-Zeitung, die die jeweiligen politischen Positionen dieser Parteien vertraten.

Die Anfänge eines konstitutionellen Parteiensystems ermöglichte es England, im Laufe des 18. Jahrhunderts eine erstaunliche Entwicklung zu nehmen: hin zu einem Land, in dem politische Konflikte friedlich gelöst wurden. Die Engländer hatten ihre politische Entwicklung hin zu einer konstitutionellen und demokratischen Regierungsform mittels eines friedlichen Prozesses vollzogen, ganz anders ihre Nachbarn auf dem Kontinent, die in diesem Zusammenhang äußerst turbulente Zeiten durchlebten. Bis weit ins 19. Jahrhundert hinein wurde die Stabilität dieses politischen Systems jedoch immer wieder durch dynastische Rivalitäten beziehungsweise den Einfluß der Französischen Revolution bedroht. Doch ging England aus all diesen Gefahren unbeschadet hervor und so konnten sich die Engländer schließlich selbst eine einzigartige Reputation verleihen.

Die politische Kultur Englands basiert auf der Vorstellung von der »Herrschaft der Gesetze«. Gegen Ende des 17. Jahrhunderts wurde diese Vorstellung systematisch durch die Staatsmacht genährt, und zwar sowohl in England als auch in Schottland, das eigentlich über ganz andere juristische und konstitutionelle Traditionen als England verfügte. Englands besondere Tradition eines allgemeinen Rechts geht auf eine Jurisdiktion zurück, die sich an Präzedenzfällen orientiert, anders als jene, die auf dem Modell des römischen Rechts basiert und in Schottland sowie nahezu auf dem gesamten Kontinent Anwendung findet. Nicht mehr zeitgemäße Traditionen des *common law* können vom Parlament oder durch entsprechende Reformen der Rechtsprechung, die dem höchsten Appellationsgericht Englands, dem *House of Lords*, zustehen, aufgehoben werden. Der weitverbreitete Usus, Kriminalfälle vor einer Jury zu verhandeln, stellt im Grunde nur eine konsequente Weiterentwicklung dieses Systems dar, das dazu beigetragen hat, die Freiheiten des Einzelnen zu maximieren. Die Auswirkungen, die diese Vorrangstellung des Gesetzes bei der

Bekämpfung oder Abwehr einer tyrannischen Herrschaft hat, werden darüber hinaus noch durch die Unabhängigkeit der Gerichte verstärkt, die nach den schweren Konflikten des 17. Jahrhunderts einvernehmlich von Parlament und Krone festgelegt und seither stufenweise erweitert wurde.

Religion

Im Mittelalter zollte man in Rom dem englischen Katholizismus großen Respekt. England schien bemerkenswert resistent gegenüber der Häresie, die sich überall auf dem Kontinent breitmachte. Dieser Ruf wurde im späten 14. und im 15. Jahrhundert durch die Lollarden kompromittiert – Anhänger einer frühreformatorischen Bewegung, die ausgehend von der Universität Oxford schon bald ihre Anhängerschaft in allen sozialen Schichten fand. Zur gleichen Zeit erlangte die Kirche von England immer deutlicher den Charakter einer Nationalkirche, was sich darin niederschlug, daß ausschließlich Engländer in kirchliche Positionen berufen wurden. Die Reformation in England basierte nicht auf populären Forderungen gegen soziale Mißstände und kirchlichen Ämtermißbrauch, sondern auf Bestrebungen der Krone sowie der weltlichen Elite, ihre Macht zu stärken und die Kirche ihrer weltlichen Güter zu berauben. Damit machte sich die Englische Kirche, so wie sie zwischen 1533 und 1559 unter der Kontrolle der Monarchie und Aristokratie entstand, seitens protestantischer Doktrin durchaus angreifbar. Zunächst offen gegenüber calvinistischen Einflüssen, behielt die Englische Kirche im Grunde jedoch weitgehend jene Glaubensgrundsätze bei, die auch der Katholizismus vertrat. Demgegenüber war die Kirche von Schottland sehr viel stärker in radikale Traditionen eingebunden; sie übernahm die calvinistische Theologie und verband diese mit innerkirchlich presbyterianischen Strukturen.

Die Tatsache jedoch, daß sich die Kirche von England im Hinblick auf ihre Glaubensgrundsätze sehr lange Zeit nicht eindeutig festlegte, führte dazu, daß sie sich abwechselnd sowohl katholischen wie auch protestantischen Traditionen zuwandte und sowohl Katholiken wie Protestanten als Kleriker in ihren Reihen aufwies. Viele Protestanten jedoch kehrten der Kirche von England den Rücken und gründeten eigene Sekten. Bald gab es in England eine Vielzahl konkurrierender Kirchen, die oftmals nebeneinander, rund um einen Platz oder eine Dorfwiese existierten. Der Anspruch, daß sich ein englisches Nationalgefühl vor allem in der Loyalität gegenüber der offiziellen Englischen Kirche manifestieren müsse, wurde vom Klerus oftmals verkündet und führte dazu, daß Katholiken, aber auch Protestanten gesellschaftlich oftmals benachteiligt wurden. Doch mit der Zeit konnte auch dieser Anspruch in einer Gesellschaft, die durch einen de facto gegebenen religiösen Pluralismus tolerant geworden war, nicht länger aufrechterhalten werden.

In den 30er und 40er Jahren des 18. Jahrhunderts erlebte England erneut eine Art kirchliche Reformation. Ein Mitglied des Lincoln Colleges in Oxford, John Wesley, gründete einen sogenannten »heiligen Club«, und zwar aus der Überzeugung heraus, daß die offizielle Kirche sich bereits zu weit vom Volk wegentwickelt habe. Der Wesleyanismus entwickelte sich zu einer Massenbewegung besonders der unteren Schichten, die sich vor allem im Westen und Norden von England und Wales rasch ausbreitete. 1843 trat in Schottland sogar die Mehrheit der Minister zurück mit der Begründung, daß sie vom Volk und nicht von der herrschenden Klasse gewählt werden müßten. Seit dieser Zeit orientierte sich die jeweilige Zugehörigkeit zur offiziellen Kirche beziehungsweise. zu anderen Religionsgemeinschaften in beiden Königreichen vornehmlich entlang sozialer Schranken und Klassen. Demgegenüber hatte der Katholizismus die Möglichkeit, Klassenschranken zu überwinden. Irische Immigranten gründeten vor allem in den Städten große katholische Gemeinden; heute ist etwa ein Zehntel der englischen Bevölkerung sowie etwa ein Fünftel der schottischen Bevölkerung katholisch. Diesem zunächst für die Arbeiterklasse typischen Katholizismus traten später auch Konvertiten aus der Mittel- und Oberschicht bei, die üblicherweise in den gleichen kirchlichen Gemeinden wie die Arbeiter ihren Glauben praktizierten.

Englische Kultur

Die englische Kultur näher zu betrachten, hielt man – zumindest in England – nur selten für notwendig; man hat diese eher eingeschätzt als eine Angelegenheit von Tee und Antipathien, von Cricket und Klassenbewußtsein, von Clubs und frostiger Zurückhaltung, von sparsamen Gesten sowie dem Wetter als Gegenstand der Konversation.

Die Kultur der meisten Völker wurzelt in ihrer Religion und auch die Engländer sind hier keine Ausnahme; die Bibel von König James aus dem Jahre 1604, das Gebetbuch der Kirche von England (1552 im wesentlichen vollendet) und »*Pilgrim's Progress*«, John Bunyans populäres Handbuch des Protestantismus, stellten bis 1870, als sich langsam eine Art Universalbildung entwickelte, die Grundlagen dar, mittels derer das Volk lesen und schreiben lernte. Die lebendige Sprache dieser Werke prägte auch die weltliche Literatur ihrer Zeit, nicht zuletzt auf die Werke Shakespeares, die einen stets fast gleichbleibenden Einfluß auf die nachfolgende literarische Tradition ausübten. Im 19. Jahrhundert durch den britischen Imperialismus über die ganze Welt verbreitet, haben die englische Sprache und die englische Literatur Englands Prestige in den Augen seiner europäischen Nachbarn erhöht und damit die Selbstachtung der Briten beflügelt.

Zwei sehr profane Traditionen sind typisch englisch: jene des Teamsports sowie die des englischen Landlebens. Obwohl Sportarten wie Cricket oder Fußball ihre Wurzeln durchaus im Volke haben, sind sie in der heutigen Art ihrer Ausübung sozusagen ein Geschenk einer wohlwollenden Oberklasse an die Gesellschaft. Rugby trägt den Namen jener bedeutenden Schule, wo es erstmals gespielt wurde; die Fußballregeln wurden durch das Charterhouse festgelegt; Cricket war zwar auch ein Schulsport, jedoch ursprünglich ein Sport, der das Landleben bereicherte und sowohl Pächter, Diener wie Gutsherren gleichermaßen in ihrem sportlichen Ethos begeisterte. Die Selbstcharakterisierung der Engländer hat viel mit diesen Sportarten zu tun, mit jenem Kult um den begnadeten Amateur, um Kampfgeist und Fairneß, mit der Inszenierung des »Geistes von Dünkirchen«, mit den Schlachten, die »auf den Spielfeldern Etons« gewonnen wurden –

all dies entspringt einer Mentalität, in der Mannschaftssport eine Metapher für Leben darstellt.

In England gab es nie, wie in anderen Ländern des westlichen Europa, eine städtische Aristokratie. Die Liebe zum Landleben hat zum Teil auch die englische Kunst beeinflußt und sie prägt ganz und gar den englischen Lebensstil. Am deutlichsten zeigt sich dies darin, daß Engländer sehr viel lieber auf dem Lande als in der Stadt leben, lieber in Vororten als im Stadtzentrum und lieber in einem kleinen Haus mit Garten als in einem großen Wohnhaus mit mehreren Parteien. Englische Städte (nicht die schottischen) gehen nahtlos in die jeweilige Landschaft, in die sie eingebettet sind, über.

Die Bewohner Nordenglands

Die Besiedelung Nordenglands durch die Norweger bewirkt in der englischen Selbstwahrnehmung eine Art kulturelle Spaltung zwischen den Bewohnern des nördlichen und südlichen Englands. Die Norweger nahmen sehr schnell die englische Sprache an, bereicherten diese, vor allem die Dialekte des Nordens, jedoch auch um einige skandinavische Begriffe.

Jenseits der schottischen Grenze sowie zum Teil auch in den einst dänischen Gebieten, gibt es nur wenige regionale Unterschiede zwischen den einzelnen Städten und Gemeinden. Früher haben Historiker stets auf die besonderen Traditionen, auf das eigene soziale Gefüge einer jeden Grafschaft hingewiesen und in bestimmter Hinsicht sind diese durchaus von Bedeutung: früher zum Beispiel im Hinblick auf die Bildung von Landregimentern, heute eher bei Cricket-Veranstaltungen oder in regionalen Vereinen, denen ursprünglich nur die Leute aus der Stadt angehörten. Selten jedoch wird dem Landleben jener Beigeschmack von Provinzialismus angehängt, wie dies auf dem Kontinent oft der Fall ist. Von diesem Provinzialismus spürt man allenfalls etwas in Yorkshire, einer ausgespochen großen Grafschaft, in der angeblich Leute, die nicht aus Yorkshire kommen, kein Land erwerben können und wo bis vor kurzem nur Söhne der Grafschaft im Cricket-Team mitspielen durften. Einige Städte oder städtisch geprägte Regionen, vor allem Nordenglands, sind bemüht, sich eine streng bürgerliche Identität zu bewahren: in Manchester, Birmingham oder Liverpool ist diese im Zusammenhang mit der rapiden und sehr weitreichenden Industrialisierung entstanden sowie nicht zuletzt auf dem Hintergrund der Rivalität untereinander, zur zweitgrößten Stadt Englands aufzusteigen. Tyneside wiederum ist zwar zu klein, um im europäischen Vergleich als eine eigenständige Region gelten zu können, jedoch ist hier der Lokalpatriotismus besonders stark ausgeprägt, ebenso wie ein liebevoll gepflegter Dialekt, den jedoch selbst viele Engländer absolut unverständlich finden.

Darüber hinaus sprechen die Engländer manchmal auch noch von einer »Nord-Süd-Trennung« – Ergebnis der in England sehr früh stattgefundenen industriellen Revolution, die zu großen Unterschieden zwischen dem industrialisierten und nicht-industrialisierten England – nördlich und südlich des Einzugsgebiets der Themse – führte. Diese Vorstellung sitzt tief und ist praktisch nicht zu erschüttern. Alles in allem sind die Engländer, im Hinblick auf die Größe ihres Landes, eines jener Völker Europas, die in sich beständig sind.

Eigentlich überrascht es, daß die Engländer, die über Jahrhunderte ihr Königreich mit anderen Völkern Britanniens geteilt haben, ohne dabei ihre Identität zu verlieren, befürchten, in einem zukünftigen europäischen Superstaat ihrer eigenen Kultur verlustig zu gehen. Dennoch zeigen Meinungsumfragen regelmäßig, wie weit der »Euroskeptizismus« unter englischen Wählern verbreitet ist. Die Distanz gegenüber europäischen Institutionen, gegenüber der europäischen Hymne und Flagge, sticht Englandbesuchern vom Kontinent regelmäßig ins Auge. Bei den Verhandlungen über den Vertrag von Maastricht wurde die englische Regierung 1992 von den meisten Engländern darin unterstützt, für Großbritannien bestimmte Ausnahmeregelungen von generellen Verpflichtungen der EU zu erwirken: bemerkenswert war, daß das Vereinigte Königreich verschiedene Festlegungen der »Sozialcharta« nicht akzeptierte, da diese angeblich bürokratische Interventionen gegenüber Handel und Industrie legitimierten und sich darüber hinaus weigerte, der Einführung einer gemeinsamen Währung früher als vorgesehen zuzustimmen. Da aber das englische Pfund Sterling für die Briten eine Art Talisman-Funktion hat, stellt dieser Punkt heute eine Art Kristallisationspunkt – und zwar des britischen Argwohns – gegenüber einer weiter fortschreitenden Integration der europäischen Staaten dar. Bei den Wahlen von 1997 präsentierten sich in England entsprechend auch eine Reihe von Kandidaten, die sich unter der Maßgabe, hiermit Wählerstimmen gewinnen zu können, explizit gegen den europäischen Integrationsprozeß ausgesprochen haben.

Die meisten Schotten des britischen Festlands fühlen sich kulturell eng mit dem Kontinent verbunden: ihr Rechtssystem basiert auf römischen Traditionen, der französische Einfluß auf die schottische Architektur, Reminiszenzen an die einstige Allianz mit Frankreich, die jener mit England voranging, die Wohltaten der EU, sprich deren Subventionen für Grenzregionen – all dies trägt dazu bei, daß die Schotten sich eine »europäische Zukunft« wünschen, und so favorisiert auch die schottische Nationalpartei eine stärkere Integration des Landes in die EU und nicht in das Vereinigte Königreich.

Die Bewohner der Kanalinseln

Die Kanalinseln sind Teil des normannischen Erbes der englischen Krone. Während der Jubiläumsfeierlichkeiten von Königin Elisabeth II. konnte man in den Läden von Guernsey und Jersey Schilder sehen mit der Aufschrift: »Alles Gute der Herzogin der Normandie«. Die Bewohner dieser Inseln betrachten sich mit Recht innerhalb Britanniens als eine besondere Volksgruppe. Viele von ihnen sind rein französischer Abstammung, doch ihre Loyalität gegenüber der englischen Krone, und im Endeffekt auch gegenüber dem britischen Staatswesen, währt nun schon seit mehr als 900 Jahren. Die Kanalinseln verfügen über eigene politische Strukturen, von denen einige noch erkennbar feudalen Ursprungs sind, vor allem auf den kleineren Inseln Alderney und Sark. Sie genießen bestimmte Steuervorteile sowie einen gewissen Schutz auf dem britischen Markt und verfügen über eine lange Geschichte wirtschaftlicher Prosperität und städtischen

Lebens. Denn bemerkenswerterweise waren im 19. Jahrhundert die Hauptstädte von Guernsey und Jersey größer als jene der jenseits des Ärmelkanals am Meer gelegenen englischen Grafschaften. Auf Jersey lebt heute ein Fünftel der Bevölkerung in St. Peter Port.

Die Freiheit, sich den Statuten des englischen Parlaments zu entziehen, hat die Bewohner der Kanalinseln darin ermutigt, ihre eigene Kultur zu pflegen. Diese ist heute geprägt von der Ablehnung »permissiver« Werte, wie sie überall vorherrschen, sowie ihrer Loyalität gegenüber privaten Initiativen und Unternehmen. Diesbezüglich können sie sogar in Anspruch nehmen, die Modernisierung Britanniens in den 80er und 90er Jahren antizipiert zu haben.

Die Schotten des Hochlands und der Inseln

Die Schotten des Hochlands und der Inseln, einst von ihren Nachbarn, den Engländern und Lowlanders, unterworfen, haben sich, wie in einer Art Gegenwehr, eine bemerkenswerte kulturelle Eigenständigkeit bewahrt, die die heutige schottische Identität mit ihrer Magie, ihren Mythen und Ritualen ebenso prägt wie jenen schottischen Nationalismus, der die Schotten sowohl des Hoch- wie des Tieflands heute wieder miteinander verbindet. Gleichzeitig begünstigen Meer und Berge eine starke regionale Ausprägung in der Mentalität der Schotten, vor allem jener der Shetland- und Orkney-Inseln.

Geschichte

Nördlich des Flusses Tay lebten einst keltische Stämme, die sich von ihren südlichen Nachbarn durch nichts unterschieden, und zwar solange, bis die Römer sich im Süden des Landes ausbreiteten und das dortige Kulturerbe zerstörten. Von römischen Einflüssen völlig unberührt, konnte sich der Norden jedoch seine ursprüngliche kulturelle Identität bewahren. Diese Region, deren

Bevölkerung von den römischen Geographen als *Pikten* bezeichnet wurde, erstreckt sich vom Norden der Britischen Insel bis hinunter zu den Tälern des Tay. Die sogenannte »Highland Line« (Hochland-Linie) gilt seit der römischen Antike als kulturelle Scheidelinie Schottlands.

Noch im Mittelalter wurde diese Grenze von den Schotten des Tieflands, die ganz der englischen Kultur verpflichtet waren, kaum überschritten. Nördlich dieser Grenze sprach man weiterhin keltisch, und hier war die Gesellschaft auch weiterhin stammesmäßig strukturiert: der Platz, den der einzelne in der Gesellschaft einnahm, war nach wie vor nicht durch Macht und Reichtum bestimmt, sondern in erster Linie durch die verwandtschaftlichen Beziehungen zu einem Clan. Im späten Mittelalter verbündeten sich die Schotten des Hoch- und des Tieflands gegen die Engländer, doch aufgrund der Tatsache, daß die schottische Reformation nie bis ins Hochland vordrang, verfestigte sich der kulturelle Unterschied zwischen Norden und Süden erneut. Und auch der Staat, zu dessen Zentrum sich die Lowlands mehr und mehr entwickelten, wurde, mit all seinen wachsenden Ansprüchen, in den Highlands als eine Bedrohung der religiösen Traditionen, des alten Abgabesystems sowie der ländlichen Besitzverhältnisse angesehen. Bis Ende des 17. Jahrhunderts entwickelte sich der Widerstand der Highlands gegen die Übergriffe der Lowlands, die ihrerseits stark von England beeinflußt waren.

Der schottische Aufstand von 1745, im Zuge dessen die Armee der Highlanders für kurze Zeit fast ganz Britannien eroberte, wurde von den Briten zwar zurückgeschlagen, löste bei ihnen jedoch ein Trauma aus. In einem beispiellosen Vergeltungsschlag zerstörten sie die schottischen Clans, schickten deren Stammesführer ins Exil, töteten und enteigneten zahllose Landbesitzer. Diese »Säuberung der Highlands« kann als der Versuch gewertet werden, ein ganzes Volk auszurotten, dessen rebellische und kriegerische Traditionen in den Augen ihrer Nachbarn, der Lowlanders und Engländer, eine ständige Bedrohung ihrer Interessen darstellten. Die Zerstörungswut der Briten machte auch vor der gälischen Sprache nicht halt, die dennoch als die Sprache der traditionellen Dichtung der Highlands überlebte, wie auch als

Umgangssprache kleinerer Gemeinwesen, vor allem der westlichen Inselgruppen. Doch auch in Teilen der Lowlands ist man heute wieder bemüht, das Gälische als zweite Landessprache zu bewahren, was sich unter anderem auch darin zeigt, daß Fernsehsendungen in gälischer Sprache auf ein breites Interesse stoßen.

Schottischer Nationalismus

In den Highlands wie auch auf den schottischen Inseln sind die Bevölkerungszahlen seit langem rückläufig. Noch im Jahre 1800 lebte etwa die Hälfte der Schotten nördlich der »Highland Line«, um 1914 jedoch nur noch etwa 9 Prozent der gesamten schottischen Bevölkerung. In vielerlei Hinsicht ist dadurch heute auch die Identität der Schotten weniger konturiert und bewahrt sich eher als ein schottisches Empfinden, das die Schotten untereinander und in Abgrenzung gegenüber den Engländern verbindet. Bis 1745 war der kulturelle Unterschied zwischen der von Clans geprägten Gesellschaftsstruktur der Highlands und jener der Lowlands etwa so groß wie jener zwischen der französisch- und deutschsprachigen Schweiz. Nach 1745 wurden die Highlands mit presbyterianischer Propaganda überschwemmt. Die alten schottischen Stammesführer wurden für immer aus dem Lande getrieben oder aber man verschaffte ihnen den Zugang zur politischen Elite Englands, und zwar mittels entsprechender universitärer Ausbildung beziehungsweise der Einbindung in staatliche Institutionen, oftmals der Armee oder der Regierung des sich ständig ausbreitenden Britischen Empires.

Die Unterwerfung der Highlands zeitigte jedoch auch einen absolut paradoxen Effekt: die Lowlands wurden zunehmend von der Kultur der Highlands ergriffen, zumindest von einigen ihrer Symbole. Nachdem die Highlanders für die Schotten des Tieflands nun keine Bedrohung mehr darstellten, konnten sie sich nun auch »schottisches Empfinden« leisten und sogar so etwas wie einen schottischen Nationalismus, etwa derart, wie er in den Bildern und Symbolen der Hochlandtraditionen sowie in den Romanen von *Sir Walter Scott* (1771–1832) seinen Niederschlag findet. Zum unabdingbaren Inventar dieses Nationalismus gehören das schottische Breitschwert ebenso wie der Kilt, der verzierte Feldsack, der Dudelsack sowie die Schottenmütze und nicht zuletzt die unterschiedlichen Schottenmuster, die einst dazu dienten, seine Zugehörigkeit zu einem der verschiedenen schottischen Clans zu dokumentieren. Zu den patriotischen Ritualen zählen auch die Pflege alter Tänze der Highlands, die Versammlungen der expatriierten Caledonier, das Trinken von Malt-Whiskey sowie traditionelle Highland-Gerichte wie *oats and haggis* – mit Innereien gefüllter Schafsmagen.

Obwohl die Kultur des schottischen Hochlands alle Symbole des heutigen schottischen Nationalismus stellt, so umweht sie doch in ihrem tiefsten Innern der solide, scharfsinnige und zähe Atem der presbyterianischen Kirche. Es mag Momente geben – am späten Abend, nach vielen Gläsern Whiskey – in denen MacLeod und MacDougall zu ihrem keltischen Selbst zurückkehren – sentimental und überschwenglich – im Grunde jedoch sind sie durch nichts von Smith oder Brown, ihren Kollegen aus den Lowlands, zu unterscheiden. Heute sind die Schotten tatsächlich eine geeinte Nation: es gibt nur sehr wenige Völker, die über eine derart ausgeprägte Vielfalt übereinstimmender Meinungen über sich selbst verfügen. Die Grenze Schottlands haben schon Sir Walter Scott und seine Nachfolger weit nach Süden verlegt und dort als Sassenach-Grenze (sassenach = schottisch oder irisch für »sächsisch« = angelsächsisch = englisch; Anm. d. Übers.) bezeichnet, und somit ist auch die Highland Line im Grunde seit langem schon nurmehr eine Fiktion.

Die Niederländer

Die Niederlande existieren in ihren heutigen Grenzen seit 1839. Seine staatliche Unabhängigkeit erlangte das Land allerdings bereits in der zweiten Hälfte des 16. Jahrhunderts, als insgesamt sieben niederländische Provinzen gegen die spanische Herrschaft revoltierten und sich zur »Republik der Vereinten Provinzen« zusammenschlossen. Obwohl diese bis zu ihrer Auflösung im Jahre 1795 innenpolitisch stark föderalistisch geprägt war, haben ihre sieben Provinzen doch zweifellos in den beiden Jahrhunderten, die der spanischen Herrschaft folgten, eine politische, kulturelle und ökonomische Identität erlangt – mit Niederländisch als gemeinsamer Sprache –, die nicht zuletzt auch eine Grundlage für das heutige moderne Staatswesen der Niederlande bildet.

Geographie

Wie schon der Name sagt, erstrecken sich die Niederlande über einen sehr tief gelegenen Landstrich entlang der Nordsee, und zwar rund um die Mündungsgebiete dreier großer Flüsse: des Rheins, der Maas sowie der Schelde. Etwa 50 Prozent der gesamten Landfläche von 33.811 Quadratkilometer liegen unter dem Meeresspiegel, geschützt durch natürliche Dünen sowie von Menschenhand erbauten Deichen und von Wasserstraßen durchzogen. Oberhalb dieser großen, extrem tief gelegenen und von Lehmböden geprägten Region im Westen erstrecken sich nach Osten hin sandige Böden, während im Süden des Landes Kalkgestein vorherrscht.

Der Überlebenskampf unter derart extremen geographischen Bedingungen hat die Niederländer geprägt. Seit den ersten Tagen der Besiedelung haben die Menschen hier künstliche Barrieren gegen das Meer errichtet, Deiche und Dämme, auf die sie sich bei Sturmfluten mit ihren Tieren sowie ihrer Habe zurückziehen konnten. Später dann, etwa ab 1000 n. Chr., begann man im Westen des Landes dem Meer Land abzugewinnen und mit großen Deichen zu schützen.

Das bisher letzte und größte Vorhaben stellte die im 20. Jahrhundert vorgenommene Trockenlegung der Zuidersee dar, eines Meeresarms, der von Norden her tief in das Land einschnitt. Dieser wurde in einen See verwandelt, dem heutigen Ijsselmeer, wobei gleichzeitig große Teile trockengelegt und somit Ackerboden gewonnen wurde. In den letzten Jahren wurden die dortigen Polder zudem für die Besiedelung erschlossen, nicht zuletzt, um den dichtbevölkerten Westen des Landes zu entlasten.

Für die Niederländer war es immer schon wichtig, Land zu gewinnen und dieses dann mit Hilfe von Deichen gegen das Meer zu schützen. Mit zunehmendem technischen Fortschritt verbesserten sich auch die Methoden des Deichbaus und damit deren Qualität. Doch erst in diesem Jahrhundert konnte das Großprojekt, wie der »Delta-Plan«, nach der verheerenden Flutkatastrophe von 1953 in Angriff genommen und realisiert werden. Dieser umfaßte den Bau riesiger Staudämme, mit denen die Seeländischen und Südholländischen Inseln zu einer einzigen Küstenlinie verbunden wurden.

Geschichte

Im Mittelalter gab es auf dem Gebiet der heutigen Niederlande eine Reihe kleiner, mehr oder weniger unabhängiger Staaten. Im 15. und 16. Jahrhundert gelangten diese unter den Herzögen von Burgund zu weitgehender territorialer Einheit, die auch das heutige Belgien und Luxemburg umfaßte. In der zweiten Hälfte des 16. Jahrhunderts fiel dieses Gebiet an den spanischen König Philipp II. Dessen Herrschaft, seine zentralistische Politik sowie seine Opposition gegen den Protestantismus, der in verschiedenen Teilen der Niederlande Fuß gefaßt hatte, stießen zunehmend auf den Widerstand der einheimischen Bevölkerung. In den sechziger Jahren des 16. Jahrhunderts brach unter Führung von Wilhelm von Oranien eine Revolte aus, in deren Folge 1609 sieben Provinzen im Norden ihre Unabhängigkeit erlangten, die 1648 auch von den damaligen europäischen Mächten anerkannt wurde. Jene sieben Provinzen umfaßten etwa das Staatsgebiet der heutigen Niederlande.

In diesem langen Unabhängigkeitskrieg wurde die Bevölkerung der Niederlande völlig durcheinandergewirbelt, die Menschen wurden vertrieben oder zur Flucht gezwungen. Die Calvinisten, die eine vergleichsweise kleine Bevölkerungsgruppe darstellten, ließen sich vor allem in den Vereinten Provinzen nieder, wo sie sehr bald einflußreiche Positionen im Bereich von Politik und Kultur einnahmen – wie dies häufig Minoritäten in Bürgerkriegen tun. Die wirtschaftliche Lage im Norden der Niederlande, dessen bäuerliches Hinterland arm und dessen Aristokratie eher schwach war, in dessen Städten jedoch Handel und Reichtum blühten, begünstigte den Aufstieg einer bürgerlichen Elite, in der die Calvinisten keine unbedeutende Rolle spielten. Ein Resultat des Krieges war zudem, daß der Norden wirtschaftlich erstarkte und Amsterdam Antwerpen als bedeutendstes Wirtschaftszentrum des Landes ablöste.

Die nördliche Provinz Holland erlangte die Vorherrschaft über die meisten anderen Provinzen und so kam es, daß das Ausland zunehmend dazu überging, das gesamte Land als Holland zu bezeichnen und seine Bevölkerung als Holländer. Eine kleine aber untereinander verwobene Elite – vor allem Calvinisten und hier in erster Linie Kaufleute – prägten mit ihren Wertvorstellungen, ihrer Frömmigkeit, ihrer Reinlichkeit sowie mit ihren strengen moralischen Grundsätzen die Kultur des Landes. Die bürgerlichen Tugenden, die gemeinhin mit den Niederländern assoziiert werden – religiöse Toleranz, bürgerliche Freiheiten sowie Pressefreiheit – waren bereits zu Beginn des 18. Jahrhunderts unerschütterlich im gesellschaftlichen Leben des Landes verankert.

Die sieben Provinzen bildeten eine lose Föderation unter dem gemeinsamen Dach einer republikanischen Regierung, der über lange Perioden ein Nachfahre Wilhelms von Oranjen als militärischer Führer mit politischen Kompetenzen angehörte. Im späten 16. und im 17. Jahrhundert erlebte die nun unabhängige Republik eine Zeit ungeheuren Reichtums und ökonomischer Expansion, basierend auf Handel und Industrie sowie zum Teil auch der Landwirtschaft. In Ostindien, Südamerika und in der Karibik entstanden niederländische Kolonien. Im 18. Jahrhundert jedoch setzte der wirtschaftliche und politische Niedergang ein und die

Republik mußte sich nun gegen die Armeen des revolutionären Frankreich verteidigen, die 1795 in das Land eingedrungen waren. Die Niederlande blieben nun bis 1813 unter französischer Kontrolle.

In diesem Jahr kehrte der Sohn und Erbe des Prinzen von Oranien, der 1795 ins Exil gegangen war, in die Niederlande zurück. 1814 gab sich das Land eine neue Verfassung und im folgenden Jahr wurde Wilhelm von Oranien der erste König der Niederlande, Belgiens und Luxemburgs. Im Jahre 1830 erlangte dann Belgien seine Unabhängigkeit, die 1839 auch vertraglich abgesichert wurde.

Die Verfassung von 1815 garantierte dem König weitreichende Rechte, eine parlamentarische Demokratie hingegen war nicht vorgesehen. 1848 wurden dann die Rechte des Königs in einer Verfassungsreform drastisch beschnitten, das Wahlrecht erweitert und die Grundlagen für eine moderne Demokratie geschaffen, basierend auf dem allgemeinen Wahlrecht und ministerieller Verantwortung, ein Prozeß, der schließlich 1917 abgeschlossen wurde. Das heutige Staatsoberhaupt der Niederlande ist ein Nachfahre aus dem Hause Oranien, seine Rolle im Hinblick auf die Staatsgeschäfte ist jedoch lediglich eine repräsentative. Ein Parteiensystem entwickelte sich in den Niederlanden seit 1917 und die Vertreter dieser Parteien sind proportional zu ihrer Wählerschaft im Parlament vertreten, was nicht zuletzt dazu führte, daß die politische Führung der Niederlande seit dieser Zeit stets in den Händen von Koalitionsregierungen liegt.

Im Ersten Weltkrieg waren die Niederlande neutral, im Zweiten Weltkrieg hingegen hatte man keine Chance, denn am 19. Mai 1940 wurde das Land von deutschen Truppen besetzt, die Königin und ihre Minister flohen nach London. Die deutsche Besatzung aber dauerte bis zum 5. Mai 1945. In diesen Jahren wurden weite Teile des Landes zerstört und viele Menschen ermordet, darunter zahlreiche Angehörige der jüdischen Bevölkerung der Niederlande.

Seit dem Zweiten Weltkrieg verfolgten die Niederlande eine Politik der wirtschaftlichen, militärischen und politischen Zusammenarbeit, und zwar zunächst mit dem Ziel, das Land vor einer erneuten Okkupation wie jener im Jahre 1940 zu schützen.

Bereits 1944 unterzeichneten sie in London den Vertrag über eine Zollunion mit Belgien und Luxemburg und 1951 gehörten die Niederlande zu den Gründungsmitgliedern der Montanunion sowie 1957 zu jenen der Europäischen Wirtschaftsgemeinschaft. Ebenso gehörten sie zu den Gründungsmitgliedern der UNO, der NATO sowie der WEU (Westeuropäische Union).

Die Friesen

In der Zeit, in der sich die niederländischen Provinzen zu einer Nation zusammenschlossen, waren es die Friesen, die, beheimatet in der Provinz Friesland mit seiner Hauptstadt Groningen, am nachhaltigsten ihre ursprüngliche Identität behaupteten. Diese Region unterschied sich von den anderen Landesteilen vor allem durch ihre Wirtschaft, ihren Dialekt sowie ihre Sitten und Bräuche. Bis 1738 hatten die Friesen ein eigenes Staatsoberhaupt und von 1738 bis 1815 verfügten sie noch über eigenständige Verwaltungseinrichtungen, wenngleich sie nun bereits der niederländischen Regierung unterstanden.

Bis ins 19. Jahrhundert hinein waren die Friesen, deren Ursprünge bis weit in die Antike reichen (so werden sie bereits bei *Tacitus* sowie anderen römischen Geschichtsschreibern erwähnt) und deren Sonderstatus innerhalb der Niederlande im Mittelalter in besonderen Privilegien seitens der jeweiligen Herrscher bestand, nicht besonders eng mit den restlichen Niederlanden verknüpft. Darüber hinaus konnten sie sich stets auf stammesgeschichtliche Beziehungen zu Volksgruppen berufen, die einen ähnlichen Dialekt sprachen – zu den Friesen und Nordfriesen also, die auf den Nordseeinseln vor der Küste Deutschlands und Dänemarks lebten – und dies taten sie gelegentlich auch. Heute zeigt sich jedoch nicht zuletzt in der Tatsache, daß die Friesen vollständig in die Niederlande integriert sind, ihr Erfolg im historischen Prozeß der Gründung und Weiterentwicklung ihres Staatswesens, auch wenn nach wie vor die Möglichkeit bestehen mag, daß das Gefühl, doch eigentlich Friese zu sein, in einigen Regionen der niederländischen Nordseeküste erneut zum Tragen kommen könnte.

Politik und Religion

Das politische Spektrum der Niederlande reicht von der Mitte-Rechts-gerichteten liberalen Partei, deren Wurzeln im ökonomischen und politischen Liberalismus des 19. Jahrhunderts liegen, über die konfessionellen Parteien der verschiedenen protestantischen Glaubensgemeinschaften sowie der römisch-katholischen Kirche, bis hin zur linken sozialdemokratischen Arbeiterpartei.

Diese Parteien repräsentieren die drei wichtigsten politischen Gruppierungen, deren Ursprünge im letzten Viertel des 19. Jahrhunderts angesiedelt sind. Bis in die 60er Jahre des 20. Jahrhunderts prägten diese Parteien das politische und soziale Leben des Landes und galten insofern als Stützen der Gesellschaft. Man ging zur Schule, gehörte einem Club an, einer Gewerkschaft oder Arbeitnehmerorganisation, las eine Zeitung, hörte einen Radiosender, wählte eine Partei – jedoch stets nach Maßgabe der eigenen religiösen, politischen oder ethischen Auffassungen. Die religiösen Gruppierungen konnten in der Regel die meisten Anhänger um sich scharen, und da die Protestanten, die eigentlich die Bevölkerungsmehrheit darstellen, in unterschiedliche Gruppen gespalten waren, waren die Katholiken stets die größte konfessionelle Gruppierung des Landes, die vor allem im Süden vorherrschend war.

Seit den 60er Jahren dieses Jahrhunderts hat sich dieses Bild gewandelt. Jene lebenslange Zugehörigkeit zu einer bestimmten Partei oder Gruppe ist heute nicht mehr anzutreffen und somit ist auch die politische und soziale Landschaft komplexer geworden. Rechts und links von den traditionellen religiösen Parteien haben sich kleinere Splitterparteien gebildet. Auf dem Hintergrund der ökonomischen Probleme der letzten Jahre sowie dem Zustrom ausländischer Arbeitskräfte entstanden in den Niederlanden zwar keine sehr große, dennoch besorgniserregende Anzahl rechtsextremer Gruppen. Im politisch-ideologischen Mittelfeld angesiedelt, forderten die linksliberalen Demokraten 1966 eine radikale Verfassungsreform. Links von den Sozialdemokraten haben sich verschiedene Gruppen gebildet, deren Programme in erster Linie ökologisch und pazifistisch orientiert sind. 1980 vereinigten sich die drei großen konfessionellen Parteien – zwei protestantische sowie die römisch-katholische – zur Christlich Demokratischen Partei, die heute als Mitte-Rechts-Partei zunehmend Wählerstimmen gewinnt. Und schließlich ist die Sozialdemokratische Partei der Niederlande, wie viele andere Sozialdemokratische Parteien auch, heute, an der Schwelle zum 21. Jahrhundert dabei, eine zukunftsweisende Programmatik zu finden.

In der zweiten Hälfte des 20. Jahrhunderts entwickelte sich vor allem in den Städten der Niederlande eine äußerst liberale politische Kultur, die vor allem in der Toleranz gegenüber Immigranten sowie alternativen Lebensformen ihren Ausdruck fand. In gewisser Hinsicht setzt sich hier die jahrhundertealte Tradition der religiösen Toleranz fort, doch zeigt sich darin auch das Fortwirken zweier historischer Ereignisse, die in den Niederlanden noch immer Schuldgefühle hervorrufen: der Verrat der Juden an die Nazis während des Zweiten Weltkrieges und die brutale Polizeiaktion, mit der die Niederlande versuchte, die indonesische Befreiungsbewegung nach dem Zweiten Weltkrieg niederzuschlagen. Obwohl die große Anzahl von Bürgern (heute etwa 800.000) aus den ehemaligen Kolonien Indonesien und Surinam gaben bisweilen Anlaß zu der Befürchtung, der Rassismus könne sich wieder breit machen, zeichnen sich die Niederlande heute vor allem dadurch aus, daß sie das Modell einer multikulturellen Gesellschaft zutiefst ernst nehmen und verwirklichen.

Handel und Industrie

Im Großen und Ganzen folgte die ökonomische Entwicklung der Niederlande nach dem Zweiten Weltkrieg den Tendenzen der meisten westeuropäischen Länder. Nach dem Ende des Krieges setzten Wiederaufbau und ökonomischer Boom ein, was in den Niederlanden dazu führte, daß sich Rotterdam zum größten Hafen der Welt entwickelte, dem vor allem im Ölgeschäft eine zentrale Bedeutung zukam, eine Entwicklung, die sich bereits in den Vorkriegsjahren abgezeichnet hatte.

Eine weitere bedeutende Entwicklung des Landes ging einher mit der Entdeckung riesiger Erdgasvorkommen im Jahre 1959.

Die Niederlande verfügen über eine stark serviceorientierte Wirtschaft und spielen im europäischen Handelsleben eine herausragende Rolle. Landwirtschaft und Fischfang sind ebenfalls wichtige Wirtschaftszweige, die durch den frühen Beitritt zur Europäischen Wirtschaftsgemeinschaft zusätzlich an Bedeutung gewannen. Wie andere Mitgliedsstaaten auch sind die Niederlande heute jedoch gerade auf diesen Sektoren mit den Problemen der Übersubventionierung wie Überproduktion konfrontiert.

Nachdem der langandauernde Boom der Nachkriegszeit endete, verbunden mit dem Schock der Ölkrise in den 70er Jahren, mußten die Niederländer ihre wirtschaftliche Position neu überdenken. Sie mußten vor allem die hohen Ausgaben im Bereich der öffentlichen Wohlfahrt einem kritischen Blick unterziehen ebenso wie ihre wirtschaftliche Konkurrenzfähigkeit im Hinblick auf den Weltmarkt. Wie in vielen anderen europäischen Ländern, sind auch in den Niederlanden die letzten Jahre geprägt von einer kritischen Bestandsaufnahme sowie von notwendigen Veränderungen, deren Konsequenzen noch nicht überschaubar sind.

Die Normannen

Obwohl die typische Charakteristik vieler Regionen Frankreichs darauf beruht, daß sie sowohl geographisch als auch kulturhistorisch große Besonderheiten aufzuweisen haben, so gilt dies für die Normandie eher im Hinblick auf ihre kulturhistorischen Traditionen. Die Normandie ist nicht in erster Linie ein geographisches Gebilde, wie etwa die Bretagne. Sie liegt zwischen dem Armorikanischen Massiv im Westen und dem geologisch jüngeren Pariser Becken im Süden und Osten, wohingegen das Tal der Seine für die Normandie nie eine territoriale Grenze darstellte. Sie ist in mehr als ein Dutzend deutlich erkennbarer, unterschiedlicher Regionen oder Landstriche (*pays*) gegliedert und im Grunde ein historisch entstandenes Gebilde, das heißt, eine kulturell definierte Region. Der Name Normandie etablierte sich 1066 und beschrieb damals wie heute mehr oder weniger die gleiche Region: ein Gebiet, das sich von Dieppe im Osten bis zur Bretagne im Westen erstreckt und im Norden vom Ärmelkanal sowie nach Süden hin von einigen kleineren Flußbecken sowie den Grenzen des alten Karolingischen Reiches gesäumt ist.

Geschichte

Die Normandie war bereits vor der Ankunft der Normannen, nach denen sie benannt ist, besiedelt. Zeugnisse aus prähistorischer Zeit deuten darauf hin, daß hier Volksstämme lebten, die aus Nordeuropa, der Bretagne und den oberen Rheingebieten kamen. Im ersten Jahrtausend war das Tal der Seine ein bedeutender Handelsweg, auf dem unter anderem Zinn aus Cornwall und Bernstein aus anderen nördlichen Regionen bis zur Rhône und zum Mittelmeer transportiert wurden. In römischer Zeit war diese Region die Grenze zwischen dem nördlich gelegenen Belgien und den keltischen Stämmen des armorikanischen Gallien im Süden. Schon damals entwickelte dieser Landstrich so etwas wie eine eigene regionale und kulturelle Identität, nicht zuletzt auch deswegen, weil sich hier schon sehr früh das Christentum ausbreiten konnte, weswegen hier auch schon ab dem 6. Jahrhundert bedeutende und große Abteien entstanden.

Darüber hinaus erlangte die Normandie ihre besondere Prägung jedoch in erster Linie dadurch, daß diese Region von den Wikingern aus Dänemark und Norwegen heimgesucht wurde, die ihrerseits im 9. und 10. Jahrhundert viele Küstengebiete Grönlands, der Britischen Inseln und des westlichen Europas besetzten. Im späten 9. Jahrhundert gab es bereits im unteren Tal der Seine feste Siedlungen der Wikinger. Unfähig, den Invasoren aus dem Norden Einhalt zu gebieten, überließ im Jahre 911 der Frankenkönig *Karl der Einfältige* dem norwegischen Heerführer Rollo sowie seinen Gefolgsleuten die Region rund um Rouen, die diese besetzt hatten. Im Gegenzug übernahmen die Norweger das Christentum und schützten das Land gegen Angriffe von außen. Später wurde den Norwegern von den französischen Königen weitere territoriale Zugeständnisse gemacht und so dehnte sich die Normandie immer weiter aus.

Aufgrund von Ortsnamen kann man davon ausgehen, daß die Wikinger ein relativ kleines Gebiet um Caux sowie die Halbinsel Cotentin besiedelten, ihr kultureller Einfluß jedoch war weitreichender. Dennoch wurde der ursprünglich massive Einfluß der Skandinavier zusehends von der fränkischen Gesellschaft, die die Invasion überlebt hatte, absorbiert. Lange vor dem Ende des 10. Jahrhunderts waren die Wikinger mit der fränkisch-galloromischen Bevölkerung, die sie hier angetroffen hatten, verschmolzen. Die Familie Rollos heiratete fränkische Prinzessinnen und beide Volksstämme nahmen das Christentum sowie die französische Sprache an. Die Wikinger waren Normannen geworden. 1066 eroberte der Herzog der Normandie England und im 12. Jahrhundert stellte die Normandie das geographische Zentrum eines mächtigen, reichen und stabilen anglo-normannischen Reiches dar, das von Schottland bis zu den Pyrenäen reichte und dessen Eroberung für einen nicht unbedeutenden Zeitraum ein strategisches Ziel der französischen Kapetinger werden sollte.

Als die Kapetinger die Normandie im frühen 13. Jahrhundert dann tatsächlich eroberten, konnten sie jedoch nur wenig Einfluß auf die politischen und kulturellen Strukturen des Landes nehmen. Der normannische Adel mit seinen Besitzungen in England und Aquitanien hatte sich im Vertrag von Paris (1259) seiner Territorien versichert, so daß er derentwegen keinen Krieg führen mußte. Darüber hinaus war die neue, handel- und gewerbetreibende Klasse mehr an der ökonomischen Entwicklung interessiert als an staatlichen Angelegenheiten, und so wurde die Normandie völlig unspektakulär zu einem Teil Frankreichs. Im *Grand Coutumier de Normandie* wurden 1250 die Sitten und Gebräuche der Normandie anerkannt sowie in der *Charte aux Normands* im Jahre 1315 deren Privilegien (darunter das Steuerprivileg). Im Hundertjährigen Krieg wurde die Normandie zweimal von den Engländern besetzt und befand sich von 1415 bis 1450 unter englischer Hoheit, die anschließend jedoch wieder an Frankreich fiel. Von nun an festigte sich die Macht Frankreichs in der Normandie, trotz der Bekräftigung der Charte aux Normands im Jahre 1458 sowie einer Erneuerung der Anerkennung der Sitten und Bräuche der Normandie im Jahre 1587. Mit der Zeit schwand dann die Bedeutung dieser beiden Privilegien zusehends und auch die Provinzversammlung wurde immer weniger besucht und genutzt und schließlich im Jahre 1666 gänzlich aufgehoben. Die Provinz, die einst einen einzigen Verwaltungsbezirk darstellte, wurde nun in zwei und 1636 in drei Verwaltungsbezirke (*généralités*), Rouen, Caen und Alençon, aufgeteilt. Nach der Französischen Revolution und der Durchsetzung ihres Programms einer administrativen Rationalität wurde die Normandie in fünf *départements* aufgeteilt, mehr oder weniger entsprechend ihren ursprünglichen, historisch gewachsenen Grenzen. Die in späteren Zeiten erfolgte Aufteilung in zwei Wirtschaftsregionen – Obere und Untere Normandie – respektiert im Wesentlichen erneut die historische Einheit der Provinz. Deren historische Entwicklung als eine politisch bedingte Konstruktion aber ist ganz sicher auch im kollektiven Bewußtsein der Bevölkerung lebendig geblieben.

Sprache

Obwohl die Normandie unmittelbar nach der Eroberung und Kolonialisierung durch die Wikinger zunächst noch viele Kontakte zu Skandinavien unterhielt, wurde die Provinz doch zunehmend von der Kultur ihrer fränkischen Nachbarn absorbiert mit dem Ergebnis, daß bereits zu Beginn des 11. Jahrhunderts Skandinavisch als Sprache weitgehend verschwunden war. Die meisten der skandinavischen Siedler waren Männer und ihre Heirat mit fränkischen Frauen führte sehr schnell dazu, daß das Skandinavische als gesprochene Sprache mehr und mehr zurückging. Demgegenüber bildete sich schon bald das nordische Französisch (Normannisch) als ein besonderer Dialekt des Französischen heraus und dies war auch die Sprache, die die Normannen, die 1066 England besetzten, sprachen. Die kulturelle Anpassungsfähigkeit der Normannen führte jedoch dazu, daß die normannische Mundart nahezu verschwand und heute trifft man sie tatsächlich kaum noch an. Inzwischen beleben einige Folklore-Gruppen die traditionellen Lieder und Tänze der Normandie neu, wodurch auch das Altnormannische wieder seinen Weg in die moderne Zeit findet.

Nationalismus

Obwohl sich die Normannen über all die Jahrhunderte das Bewußtsein bewahrt haben, weniger romanisch und weniger fränkisch, dafür jedoch mehr nordisch geprägt zu sein als die restlichen Franzosen, so haben sie doch gleichzeitig erkannt und anerkannt, daß ihre Provinz ein Teil Frankreichs ist und daß ihr Geschick sehr eng mit jenem von Paris verknüpft ist. Tatsächlich ist die geographische Nähe zu Paris wahrscheinlich einer der Gründe dafür, daß hier nie eine separatistische Bewegung entstand und die kurze, von föderalistischen Gedanken getragene Revolte, die in Teilen der Normandie im Jahre 1793 gegen die Dominanz der Hauptstadt Paris ausbrach, ein historischer Einzelfall blieb. Im 20. Jahrhundert schließlich entwickelte sich die Normandie zu einer bedeutenden Wirtschaftsregion Frankreichs – und auch dies förderte keineswegs irgendwelche Autonomiebestrebungen.

Bevölkerung und Brauchtum

Das nordische Erbe der Normannen zeigt sich auch heute noch darin, daß hier sehr viel mehr Menschen, im Vergleich mit den Bewohnern anderer Landesteile, blond sind und blaue Augen haben. Von ihnen heißt es aber auch, daß sie, als Nachfahren von Seeleuten und Händlern, einerseits besonders abenteuerlustig, andererseits jedoch auch besonders vorsichtig sind, und zwar aufgrund der Tatsache, daß sie gleichermaßen Nachfahren eines Volkes sind, das im Mittelalter einen Feudalstaat etablierte, der absolut zentralistisch sowie systematisch organisiert und bürokratisch ausgerichtet war.

Es wird oftmals behauptet, daß die Normannen die Wildheit und Spießbürgerlichkeit ihrer Vorfahren, der Wikinger, bewahrt haben und daß sie nur wenig zur Entwicklung der westeuropäischen Kunst beigetragen haben. Dennoch zeigt sich der Reichtum der mittelalterlichen Normandie dauerhaft in der sakralen – sowie Militärarchitektur der Normannen. Ab der Mitte des 11. Jahrhunderts entwickelten sie einen frühnormannischen bzw. romanischen Kirchenbaustil, der sich bis heute in mächtigen Bauten auf kreuzförmigem Grundriß und mit Rundbögen versehen manifestiert. Die spätere normannische Architektur hingegen ist charakterisiert durch komplexere Strukturen der Gebäude sowie durch ausgefallenere Türme und Turmspitzen. Dieser normannische Stil war, vor allem im Hinblick auf seinen Umgang mit Raum und Licht, ein Vorbote der besonders klar konturierten Bauweise der westeuropäischen Gotik. Auch im Bereich der Militärarchitektur nahmen die Normannen viele spätere Erkenntnisse bereits vorweg und bauten stark befestigte Kastelle, die oftmals an strategisch wichtigen Punkte lagen.

In der Architektur ihrer Kirchen und Häuser brachten die Normannen auch den Reichtum ihrer mittelalterlichen und frühbürgerlichen städtischen Elite zum Ausdruck, ebenso in ihren Schlössern und Herrschaftshäusern auf dem Lande, die von der Macht des normannischen Adels zeugen.

In jüngerer Zeit hat die Normandie bedeutende Künstler und Schriftsteller hervorgebracht, so etwa *Poussin* und *Millet*, *Flaubert* und *Maupassant*, *Fontenelle* und *Tocqueville*. Viele der bedeutendsten Impressionisten, malten hier ihre Bilder; einer der bekanntesten ist vielleicht *Claude Monet*, dessen Wassergarten bei seinem Haus in Giverny nicht nur wunderschön gestaltet ist, sondern, neben vielen anderen künstlerischen und literarischen Werken des 19. Jahrhunderts, auch dazu beitrug, ein Bild der Normandie zu zeichnen, das von vielen, nicht nur Normannen, geschätzt wird.

Kapitel 2

Der Nordatlantische Rücken

Alle Invasionen, die dazu beigetragen haben, Europa herauszubilden, erfolgten von Ost nach West. Die atlantische Küste ist somit von Völkern besiedelt worden, die vom atlantischen Lebensraum gleichermaßen angezogen wie dorthin getrieben wurden.

Der atlantische Bogen von Portugal bis Irland bildete das Refugium vieler keltischer Völker, die von germanischen Stämmen vertrieben wurden, von swebischen Flüchtlingen, die nach Galizien strebten oder der Basken, die in noch früheren Migrationswellen nach Westen gelangt waren. Nachdem diese Völker den Atlantik erreicht hatten, blieben sie jahrhundertelang in dieser Region, wie an das Land gebannt durch die hier vorherrschenden Westwinde, die vom Meer her mächtig gegen die Atlantikküste stürmen.

Vom gleichen Meer umgeben, wiesen auch ihre Siedlungsgebiete ähnliche natürliche Bedingungen auf. Entlang des Atlantik gibt es zwar verschiedene Klimazonen – subarktische, warme und mediterrane – jedoch zeichnen sich alle durch reiche Niederschläge sowie gleichartige geologische Bedingungen aus, weswegen den Römern zum Beispiel auch Wales, Cornwall, Galizien sowie der untere Teil von Andalusien aufgrund ihrer Bodenschätze als die Neue Welt der Metalle galt. Die Flüsse fließen hier nach Osten, durch schmale Täler. Somit war hier auch bereits in sehr früher Zeit der Handel bis hin zu jenen Seewegen möglich, die entlang der Bucht von Biskaya führten und die umliegenden Regionen miteinander verbanden, so Andalusien mit Galizien und beide von hier aus sogar mit Cornwall und den Scilly-Inseln, und zwar lange bevor Griechen und Phönizier im ersten Jahrtausend vor Christus hier Handel trieben.

Die europäischen Völker des Atlantik sind überwiegend Seefahrervölker. Immer schon hat der Atlantik die Menschen zur Schiffahrt und zum Fischfang angespornt ebenso wie zur Migration und zur Gründung neuer Reiche, zumindest ab dem Zeitpunkt, als es technisch möglich war, größere Fahrten mit dem Schiff zu unternehmen. Die Kanarischen Inseln, Madeira und die Azoren wurden im 15. Jahrhundert die ersten Überseekolonien Europas. Bretonen und Basken sowie Fischer von Bristol eröffneten die langen Seerouten des Nordatlantik. Von allen europäischen Völkern, die bereits zu Beginn der Frühzeit große Überseekolonien besaßen, waren die Niederländer die einzigen, die keinen direkten Zugang zum Atlantik hatten.

Heute sind es die Völker entlang des Atlantik, die ihre gemeinsame regionale Identität, beruhend auf gleichen geographischen Bedingungen, behaupten und dabei die eigentlichen Grenzen ihres jeweiligen Nationalstaats überschreiten. Die regionalen Vertretungen des atlantischen Bogens, die die gesamte europäische Atlantikküste von Andalusien bis Irland repräsentieren, haben seit 1989 ihre eigenen Gremien. Der Versuch aber, einer Gruppe, die in erster Linie aufgrund geographischer Bedingungen eine Einheit bildet, eine gemeinsame historische oder kulturelle Basis zu schaffen, etwa durch das Argument, sie alle seien keltischer Abstammung, ist wenig überzeugend: denn die meisten Völker dieser Region tragen nur sehr wenig oder überhaupt kein keltisches Erbe in sich. Es konnte sich viel eher das Argument durchsetzen, daß diese Regionen aufgrund ihrer gemeinsamen Lebensbedingungen sowie einer gleichartigen Sicht auf das übrige Europa auch gemeinsame Interessen habe.

Die Portugiesen

Die Besonderheit der Portugiesen basiert nicht auf irgendeinem physischen Faktor. Geographisch betrachtet ist Portugal mehr oder weniger ein Teil der Iberischen Halbinsel, zwischen Portugal und Spanien gibt es keine natürlichen oder klimatischen Grenzen. Was Portugal vom Rest der Halbinsel unterscheidet, ist seine historische Entwicklung als eigenständiger Nationalstaat mit einer eigenständigen Geschichte, eigenen Verwaltungs- und Gesetzesstrukturen, einer eigenen Sprache sowie eigenen, ausgeprägten kulturellen Traditionen.

Geschichte und Politik

Portugal, eines der ältesten europäischen Länder, entstand im späten 12. Jahrhundert, durch die immensen Anstrengungen *Afonso Henriques* aus dem Haus Burgund, dessen Armee, unterstützt von fremden Kreuzfahrern, die Muslime aus dem westlichen Teil der Iberischen Halbinsel vertrieben.

Die Eroberung jenes Gebietes, das heute Portugal umfaßt, dauerte jedoch bis zur Mitte des 13. Jahrhunderts. In den folgenden Jahren wurde die Unabhängigkeit des Landes vom spanischen Königreich Kastilien erreicht und zwar durch *Dinis*, ein westiberischer König, der nun erstmals auch eine portugiesische Kultur pflegte. Dinis gründete die erste Seeflotte Portugals, die erste Universität, organisierte die portugiesische Wirtschaft durch die Gründung großer Handelszentren und stattete das Königreich mit einer Reihe schöner Burgen und Schlösser aus, die er zum Teil selbst entwarf.

Die Gesetze, die er erließ, waren auf Portugiesisch geschrieben, das sich seither so weit vom Kastilischen, mit dem es verwandt ist und aus dem das moderne Spanisch hervorging, wegentwickelt hat, so daß man es als eine eigenständige Sprache bezeichnen kann. Diese frühe Form des Portugiesischen war auch die Sprache der Troubadour-Kultur, die großen Einfluß ausübte und aus romantischen, aber auch satirischen Dichtungen bestand, verfaßt von Adeligen und Königen und gesungen von Minnesängern, die durch das Land zogen. Die Tradition dieser höfischen Verse blieb bis ins 15. Jahrhundert hinein die vorherrschende Form der literarischen Ausdrucksweise.

Im Laufe des 15. Jahrhunderts entwickelte sich auch nach und nach, unter Führung des portugiesischen Königshauses, das portugiesische Weltreich und dadurch erstarkte auch das Gefühl einer nationalen Identität bei den Portugiesen selbst. Als erstes großes, modernes Reich einer europäischen Macht umfaßte es weite Teile Südamerikas, Afrikas und Asiens. Der Reichtum, gewonnen aus dem Handel sowie aus der Ausbeutung fremder Länder, stabilisierte die Wirtschaft und ermöglichte es der Monarchie, Wissenschaft und Bildung zu fördern, während die vielen Seereisen und Entdeckungen ihrerseits die Fortschritte in den Wissenschaften und der Anthropologie stimulierten.

Die eher feindseligen Beziehungen zu Spanien blieben in der historischen Entwicklung Portugals konstant. 1580 ging Portugal erheblich geschwächt aus einer verheerend erfolglosen Militärexpedition gegen Marokko hervor, in der auch der König getötet wurde, woraufhin das Land von spanischen Invasoren eingenommen wurde. Erst sechzig Jahre später beseitigte ein Aufstand der Portugiesen die spanische Oberhoheit und etablierte erneut die portugiesische Monarchie. Obwohl diesem Aufstand der wirtschaftliche Niedergang des Landes folgte sowie ein Auseinanderfallen des Kolonialreiches, wird der 1. Dezember (der Tag des erfolgreichen Aufstands) bis heute als portugiesischer Unabhängigkeitstag gefeiert.

1693 wurde in Brasilien, damals noch Teil des portugiesischen Reiches, Gold entdeckt. Dies vermehrte zwar erneut den Reichtum des Landes, doch ständige Mißwirtschaft führte dazu, daß die industrielle Entwicklung Portugals stagnierte. Erst in den fünfziger Jahren des 18. Jahrhunderts, als der König dem *Marquàs de Pombal* erlaubte, die Regierungsgeschäfte zu übernehmen, wurden Maßnahmen ergriffen, die Wirtschaft des Landes effektiver zu gestalten. Als Anhänger des aufgeklärten Absolutismus beschränkte der Marquàs die Rechte des Adels und des Klerus (und forcierte somit indirekt den Aufstieg der Bourgeoisie), verbesserte das Bildungswesen, reformierte die Universitäten und förderte die Industrie. Lissabon, das 1755 durch ein Erdbeben zerstört worden war, ließ er nach neuen, funktionellen Gesichtspunkten im neoklassizistischen Stil aufbauen. Pombal war ein Mitglied der *estrangeirados*, jener Portugiesen, die außerhalb Portugals ihre Ausbildung erhalten hatten und ihr Land nach rationalen Gesichtspunkten modernisieren wollten. Obwohl es viele Gegner dieser Ideen gab, wurden seine administrativen und ökonomischen Reformen selbst dann nicht angetastet, als er nach dem Tod des Königs im Jahre 1777 seiner Macht enthoben wurde.

Die weitere Entwicklung Portugals wurde abrupt unterbrochen als Napoleon 1807 das Land eroberte und die königliche Familie nach Brasilien floh. Die Briten, die die Franzosen zum Rückzug zwangen, nutzten den ökonomischen und politischen Vorteil, den ihnen eine unfähige Regierung, welche die königliche Regentschaft übernommen hatte, in Lissabon bot und regierten ihrerseits das Land wie eine ihrer Kolonien. Voller Haß gegen dieses tyrannische Regime verbanden sich große Teile der portugiesischen Bevölkerung und warfen 1820, vereint unter dem Banner des Liberalismus, die Briten aus dem Land.

Die Liberalen, obwohl siegreich gegenüber der fremden Macht, waren jedoch nicht mächtig genug, um die versprochene Verfassungsreform durchzuführen, die von den Ideen der Französischen Revolution inspiriert war. Bis zum Ende des Jahrhunderts wechselte die Regierung mehrfach zwischen Liberalen und Konservativen. Die Einsicht in die Notwendigkeit, Veränderungen zu erwirken, setzte sich jedoch bei den Intellektuellen beider Parteien durch, und beide Parteien waren bemüht, den bestmöglichen Weg zu finden, ihr Land wiederaufzubauen und dessen einstigen Ruhm wieder herzustellen.

Die Ermordung des Königs und seines Erben im Jahre 1908 war der Todesstoß für die Monarchie und zwei Jahre später wurde die Republik ausgerufen. Doch die Republikaner waren nicht in der Lage, eine stabile Regierung zu installieren und ihre Versuche, liberale und soziale Reformen durchzusetzen, wurden von den Konservativen blockiert und führten zu einer neuerlichen Unterstützung klerikaler Kreise. 1926 wurde das republikanische Experiment durch einen Staatsstreich beendet und die Regierung durch ein autoritäres Regime ersetzt, das sich Jahrzehnte halten konnte und mehr als 30 Jahre von *António Salazar* geleitet wurde.

Salazars diktatorisches Regime isolierte Portugal vom restlichen Europa. Er vernachlässigte die Entwicklung des Landes, unterstützte einen reaktionären Katholizismus und frönte einem Nationalismus, dessen Blick nach hinten gerichtet war: Portugal stellte sich als eine nach wie vor machtvolle Kolonialmacht dar, deren Staatsschatullen durch die Ausbeutung der Überseekolonien gefüllt werden sollten. Doch die Kosten für die Armee, die gegen die ständig erstarkenden Widerstandsbewegungen, die sich gegen seine unzeitgemäße Politik zur Wehr setzten, führte mit der Zeit dazu, daß die einst profitablen Kolonien mehr und mehr einen Kostenfaktor für den Staat darstellten.

Als der Widerstand gegen diese Kriege immer breiter wurde und sich der Nachfolger Salazars zudem als unfähig erwies, die Wirtschaft zu beleben, wurde die Regierung im April 1974 in einem nahezu unblutigen und von weiten Teilen der Gesellschaft unterstützten Umsturz beseitigt. Die neue provisorische Regierung legalisierte umgehend die politischen Organisationen und garantierte den Kolonien ihre Unabhängigkeit. Doch das Fehlen etablierter Parteien und die nahezu utopischen Hoffnungen der Portugiesen, die so viele Jahre ihre Ansichten nicht zum Ausdruck bringen konnten, förderte nicht gerade die politische Stabilität. Die linksgerichtete Regierung, die bei den ersten demokratischen Wahlen nach 50 Jahren als Sieger hervorging, verabschiedete eine von sozialistischen Ideen getragene Verfassung. Jedoch mußte die Regierung bald zurücktreten und nun folgte eine Periode kurzlebiger sozialistischer Regierungen. Die Koalition der Rechten, die 1978 die Regierung stellte, revidierte die Verfassung und reinigte sie von vielen sozialistischen Idealen, wenn sie auch deren Ziel, eine klassenlose Gesellschaft zu errichten, unangetastet ließ. In den zurückliegenden Jahren tendierten die Portugiesen immer weniger dazu, linksradikal zu wählen und so sind auch viele politische Aktivitäten verkümmert beziehungsweise zusehends konventioneller geworden.

Portugal, heute Mitglied der EU, sieht seine politische Zukunft und Identität darin, den Anschluß an das industrialisierte Westeuropa zu erlangen. Seine einst glorreichen Zeiten als koloniale

Seemacht werden heute als ein Teil seiner besonderen Geschichte betrachtet, nicht als Teil seiner Bestimmung als Nation. Portugals Dilemma jedoch ist es, wie es heute noch europäischer werden und dabei gleichzeitig unverkennbar und typisch portugiesisch bleiben kann.

Umwelt

Portugals Landschaft ist sehr abwechslungsreich; entlang der Grenze zu Spanien unterscheidet sie sich jedoch kaum von der Landschaft seines Nachbarn. Das Land beginnt an den westlichen Ausläufern der Spanischen Ebene und zieht sich bis zum Atlantik hin. Nördlich des Tejo erstrecken sich Hügel, die bis zur Grenze im Nordosten und Osten zu immer höheren Bergen ansteigen. Im Kontrast hierzu ist die Region südlich des Tejo flach und sehr viel trockener. Das Klima im gesamten Land ist mild, obwohl es auch große regionale Unterschiede gibt: die westliche Küstenregion, vom Seewind abgekühlt, ist oftmals feucht; in den Bergen regnet es häufig, doch deren hügeliges Vorland wird bisweilen von großer Trockenheit heimgesucht und in der südlich gelegenen Algarve kann es im Sommer sehr heiß sein.

Wirtschaft und Gesellschaft

Bis vor kurzem waren Landwirtschaft und Fischfang die bedeutendsten Wirtschaftsfaktoren des Landes. Im Norden wird vor allem Mais angebaut, in den zentralen Landesteilen Weizen. In diesen beiden Regionen wird auch der meiste Wein produziert, Olivenbäume hingegen wachsen überall im Land. Zu den traditionellen Wirtschaftszweigen des Landes gehört auch die Korkindustrie, die Gewinnung von Harzen sowie die Produktion von Dosen für den Export der Sardinen. Obwohl durch die Industrialisierung weiter Teile Portugals in den letzten Jahren ebenso wie durch den Tourismus, der sich seit den achtziger Jahren phänomenal entwickelt, viele neue Arbeitsplätze geschaffen wurden, ist die Arbeitslosenquote sowie die Zahl der Arbeitsmigranten weiterhin sehr hoch. Portugal ist unter diesem Gesichtspunkt betrachtet, nach wie vor das Armenhaus Europas.

Trotz der Entwicklung des Landes in den letzten Jahren sind die familiären Bindungen in Portugal noch immer von großer Bedeutung. Ein portugiesischer Haushalt besteht oftmals aus Großeltern, Eltern und Kindern und er bildet nach wie vor die wichtigste soziale und wirtschaftliche Einheit. Viele Betriebe, auch größere und neuere, sind Familienunternehmen, während einige der großen, jahrzehntealten Unternehmen immer noch von einer kleinen Gruppe kontrolliert werden.

Religion

In vielen Bereichen hatte und hat die katholische Kirche einen besonders starken Einfluß auf das Leben der Portugiesen. Eines der vielleicht bekanntesten Beispiele hierfür ist die Inquisition, die seit Mitte des 16. Jahrhunderts bis zu jener von liberalen Ideen getragenen Revolution von 1820 schwer auf dem Land lastete und zeitweise mehr Macht ausübte als die Monarchie. Die enge Verknüpfung der Kirche mit der Politik besteht seit den Anfängen der portugiesischen Staatsgründung, als Afonso Henriques um die päpstliche Anerkennung seines neugegründeten Königreichs nachsuchte; das portugiesische Weltreich verstand sich als eine Art göttlich sanktionierte Eroberungsmacht, während Salazar die Neutralität Portugals im Zweiten Weltkrieg mit den Ausführungen der Heiligen Jungfrau Maria von Fatima begründete. Zwar hat die Kirche heute nicht mehr diesen großen Einfluß wie zu Zeiten Salazars, doch übt sie nach wie vor eine nicht unbedeutende Kontrolle über bestimmte Wirtschaftsbereiche aus.

Dennoch sind die Portugiesen nicht als orthodoxe Christen zu bezeichnen. Trotz der kontinuierlichen Opposition des katholischen Klerus bestehen viele eher volkstümlich religiöse Traditionen fort, vor allem im Norden, dessen Einwohner sehr viel überzeugter ihren Glauben praktizieren als jene im Süden. So gibt es noch Riten, um Neugeborene gegen den »Atem des Bösen« zu schützen, ebenso wie die Taufe Neugeborener um Mitternacht, unmittelbar nach der Geburt und ohne Beisein eines Priesters. Die Beziehung zu bestimmten Heiligen ist oftmals sehr persönlich. Viele Heiligenaltäre, die man überall im Lande findet, sind mit Votivgaben geschmückt. Der wohl bekannteste Wallfahrtsort ist Fatima, wo die Jungfrau Maria im Jahre 1917 erschienen sein soll.

Der Katholizismus der unterschiedlichen Regionen ist untrennbarer Bestandteil der jeweiligen regionalen Identität ihrer Bewohner. Die Dorfbewohner gehen jeden Sonntag in die Kirche; besondere, regional unterschiedliche Festtage zu Ehren bestimmter Heiliger werden von der ganzen Gemeinde gemeinsam gefeiert und jedes Dorf und jede Stadt hat ihren eigenen Schutzpatron, dessen Fest meist Anlaß zu mehrtägigen Feierlichkeiten gibt. An Allerseelen und an Allerheiligen (1. und 2. November) werden im ganzen Land die Gräber mit Blumen und Lichtern geschmückt und überall besuchen die Menschen die Friedhöfe. In diesen Zeremonien sind Leben und Tod untrennbar verknüpft.

Küche und Wein

Die portugiesische Küche weist aus historischen Gründen viele Besonderheiten auf. Die Römer brachten Knoblauch ins Land, Zwiebeln, Weizen, Oliven und Wein, während die Muslime die ersten waren, die in großem Umfang Bewässerungsgräben bauten, um Reis anzubauen. Die Muslime pflanzten auch Mandelbäume, um Marzipan herzustellen, Feigen und Aprikosenbäume, deren Früchte sie trockneten, sowie Limonen- und Orangenhaine. Diese islamischen Kolonialherren begründeten auch die kulinarische Tradition, Fisch- oder Fleischgerichte mit Obst zuzubereiten beziehungsweise die der süßen, mit vielen Eiern gebackenen Kuchen und Pasteten. Die nationale Küche Portugals wurde später durch die Gewürze bereichert, die die Seeleute von ihren Fahrten aus den Kolonien mitbrachten, etwa Zimt, Kümmel, Koriander und Kurkuma aus Indien. Die Kombination dieser vielfältigen Ingredienzen aus allen Teilen des Reiches mit den heimischen Produkten wie Weizen, Fleisch und frischem Fisch ergibt eine variationsreiche, oftmals pikante Küche, die nicht zuletzt auch viele Süßspeisen bietet.

Der beste und berühmteste portugiesische Wein ist der *vinho verde*, der grüne Wein, der leicht moussiert und sehr säurebetont ist, wenig Alkohol hat und aus noch unreifen Trauben gekeltert wird; außerdem der Portwein, ein sehr starker, mit Brandy aus heimischen Trauben verschnittener Wein, der vor allem im Douro-Tal produziert wird.

Die Azoren

Die Azoren, die Inselgruppe des östlichen Atlantik, die am weitesten von Europa entfernt liegt, sind vulkanischen Ursprungs und wird auch heute noch gelegentlich von Erdbeben und Erdstößen heimgesucht. Jede der zehn größeren Inseln dieser Gruppe ragt steil und zum Teil bis zu 1800 m aus dem Meer heraus. Das Klima der Azoren ist mild, ihre Flora mehr oder weniger europäisch. Die Inseln wurden im 15. Jahrhundert nach und nach, erstmals 1439, kolonialisiert. Doch obwohl der Marquàs de Pombal 1766 eine zentrale Regierung für diese Inselgruppe bestimmte, wurde sie 1832 in drei administrative Regionen unterteilt. Da diese Regionen etwa so groß sind wie das kontinentale Portugal, hat jede ein gewisses Maß an Autonomie. In den siebziger Jahren dieses Jahrhunderts machten sich einige Inselbewohner, unterstützt von amerikanischen Geschäftsleuten, für die Unabhängigkeit der Azoren stark, waren hierbei jedoch wenig erfolgreich. Die Inselbewohner sprechen einen alten portugiesischen Dialekt und ihre Wirtschaft beruht traditionell auf dem Export von Ananas, die ursprünglich von Brasilien auf die Inseln kamen, von Fischkonserven, handgearbeiteten Stickereien sowie Walratöl.

Madeira

Ähnlich wie die Azoren sind auch die Inseln Madeiras vulkanischen Ursprungs, und auch hier prägen die Berge das Landschaftsbild. Das Innere der beiden Hauptinseln (Madeira und Porto Santo) ist nahezu unbewohnt, die Menschen leben vor allem an den Hügeln, die zur Küste hin abfallen. Klima und Vegetation sind halbtropisch.

Im 15. und 16. Jahrhundert rodeten portugiesische Kolonialisten den Wald der Inseln Madeira und Porto Santo und bauten hier Zuckerrohr und Wein an. Das Land wurde vielerorts terrassiert sowie ein Bewässerungssystem angelegt. Außer dem auch in Europa üblichem Gemüse bauen die Inselbewohner auch Taro, Süßkartoffeln, Kürbis, Guaven, Mangos und Feigen an.

Diese Inseln, die Regierung des Festlands betrachtet sie als Bestandteil Portugals, werden wie ein einziges, zusammenhängendes Gebiet verwaltet. Die Inselbewohner sprechen einen eigenen portugiesischen Dialekt, der sich von jenem der Azoren unterscheidet. Die traditionelle Kleidung der ländlichen Inselbevölkerung besteht aus der *carapuca*, einer trichterartigen Mütze aus blauem Stoff, Leinenhosen, Hemd und kurzem Jackett.

Heute basiert die Wirtschaft vor allem auf der Produktion von Zucker und Madeira, einem fruchtigen, sehr süßen Wein, der mit Brandy versetzt wird. Weitere Wirtschaftszweige sind Fischerei, Bananenanbau sowie Stickereien – von englischen Frauen 1850 begonnen – sowie seit langem und mit zunehmender Bedeutung auch der Tourismus.

Die Galizier

Unter den 17 autonomen Volksgruppen Spaniens nehmen die Galizier zusammen mit den Basken und Katalanen eine besondere Stellung ein, als ein Volk nämlich, dessen Geschichte besonders charakteristisch verlief. Noch bis zur Zeit der Zweiten Spanischen Republik (1931–36), als Galizien den Autonomiestatus erhielt, berief sich die Politik Galiziens im Hinblick auf territoriale Ansprüche nie auf eine besondere Identität, wie dies die Basken und Katalanen stets taten. Denn anders als in Katalonien war Galiziens Geschichte lange Zeit vollkommen geprägt von der Oberhoheit der kastilischen Krone und des spanischen Staates. Und anders als die Basken, nahmen die Galizier unter der spanischen Monarchie nie einen privilegierten Status ein. Die Besonderheit Galiziens begründet sich fast ausschließlich aus seiner eigenen Kultur, Sprache und Landschaft.

Landschaftsbild

Von Galizien, ein Viereck im entlegensten Nordwesten Spaniens, kann man mit Recht sagen, daß es eine Ecke Europas bildet. Diese geographische Lage hat stets den Blickwinkel bestimmt, aus dem das Land wahrgenommen wurde, so wie sicher auch jene Legende inspiriert, in der es heißt, daß der Heilige Jakob hier seine christliche Mission beenden konnte, unter Bezugnahme auf die Worte des Herrn nämlich, der seinen Aposteln den Auftrag gegeben hatte, »das Evangelium in alle vier Ecken dieser Welt zu tragen«. Diese geographische Lage hat aber auch das Selbstbild der Galizier geprägt, dem ein gewisses Gefühl von Zurückgezogenheit und Isolation anhaftet, weswegen viele Galizier auch übers Meer zogen. Andererseits blieben hier Angehörige anderer Völker, so die Sweben und vielleicht auch die Kelten, buchstäblich hängen, da es von hier keine Möglichkeit mehr gab, weiterzukommen. Geologisch betrachtet besteht das Land aus einem der ältesten Felsmassive Europas. Der Granit gibt dieser Region ihr besonderes Aussehen und ihre besondere Farbe, da aus Granit auch die meisten Häuser gebaut sind; die *rås* oder *Fjorde* wiederum prägen das Bild der Küste, die in Südeuropa einzigartig ist. Der viele Regen sowie die abwechslungsreiche Landschaft unterscheiden Galizien von großen Teilen Leóns und Kastiliens, während die anderen Provinzen der kantabrischen Küste sehr viel bergiger sind. Die immer wieder gepriesene Vegetation Galiziens ist ein stets gleichbleibendes Motiv vieler nostalgischer sowie patriotischer Gedichte und Lieder.

Sprache

Galizisch (*Galego*) ist eine romanische Sprache, die bereits früher als andere Sprachen der iberischen Halbinsel aus dem Lateinischen hervorgegangen ist, worauf viele archaische Begriffe heute noch hinweisen, dagegen sind hier weitaus weniger Wörter arabischen Ursprungs zu finden, als etwa im Portugiesischen und im Kastilischen. Bis zum 14. Jahrhundert war es die Sprache, die an den königlichen Höfen Leóns und Kastiliens vorzugsweise benutzt wurde, vor allem auch in der Dichtung. Seit dieser Zeit wurde das Galizische mehr und mehr vom Kastilischen, das zunehmend mehr Prestige und damit auch Wertschätzung erfuhr, verdrängt und zusehends als Sprache der niederen Stände sowie der Ungebildeten bewertet. Bis zum 19. Jahrhundert erschienen nur noch wenige literarische Bücher in galizischer Sprache, mit Ausnahme der Bibel, wenn es auch einige Schriftsteller gab – vor allem die Väter der galizischen Aufklärung, Vater Feijó (1676–1764) und Vater Sarmiento (1695–1772) – die das Galizische rühmten.

Das 19. Jahrhundert erlebte dann, in Anlehnung an das katalanische Beispiel und dank der bedeutenden Dichterin *Rosalía de Castro* (1837–85) eine neue Blüte der galizischen Literatur. Die meisten Werke de Castros waren auf Kastilisch geschrieben, oder in einem Galizisch, das mit vielen kastilischen Wörtern durchsetzt war, dennoch setzte sie sich für die Schönheit und Reinheit des Galizischen ein. Diese kurze Blüte des Galizischen wurde unter der Diktatur *Primo de Riveras* (1923–30) wieder zunichte gemacht, als diese Sprache lediglich als folkloristische

Kuriosität angesehen und aus den Schulen sowie dem öffentlichen Leben verbannt wurde und nur noch als Sprache der traditionellen Lieder und Gedichte verwendet werden durfte. Unter dem Regime *General Francos* (1936–75) wurde Galizisch dann im Interesse der politischen Einheit Spaniens gänzlich verboten. Die staatliche Propaganda geißelte es als »barbarisch« und forderte die Galizier auf, diese Sprache, zum »Zeichen ihrer Zivilisation« nicht weiter zu benutzen.

Gegen Ende des Franco-Regimes wurden diese Restriktionen etwas zurückgenommen und während des Übergangs zur Demokratie (1975-78) tauchten überall galizische Zeitungen und Organisationen auf. Die Tatsache jedoch, daß Galizisch so lange eine Sprache der Bauern war, hat ihrem Prestige in der städtischen Arbeiterschicht und unteren Mittelklasse geschadet. Als sich 1978 die autonomen Institutionen wieder etablierten und Galizisch auch wieder seinen Platz im schulischen Lehrplan einnahm, begann die »sprachliche Zurückeroberung«, die heute beachtliche Erfolge zeigt. Kürzlich durchgeführte Befragungen haben ergeben, daß 90 Prozent der Bevölkerung aller Klassen und Schichten in der Lage sind, Galizisch zu verstehen, und etwa 50 Prozent darüber hinaus diese Sprache auch sprechen können, obwohl nur 36 Prozent der Bevölkerung Galizier sind, mit Galizisch als Muttersprache.

Dennoch wird das Galizische von begrenzter Bedeutung bleiben – vielleicht sogar gezwungenermaßen, und zwar aus drei Gründen. Erstens ist Galiziens Zukunft an die Spaniens geknüpft, dessen offizielle Sprache das Kastilische ist. Ebenso wie in Katalonien und im Baskenland machen das Bildungswesen sowie die Erfordernisse der heutigen Zeit unaufhörlich die Notwendigkeit einer landesweit einheitlichen Sprache deutlich, vor allem da das Kastilische auch international von Bedeutung ist, als Sprache nämlich der meisten lateinamerikanischen Länder und als eine der offiziellen Sprachen der Europäischen Gemeinschaft. Zweitens: anders als das Katalanische ist das Galizische nicht eigentlich eine moderne Sprache, die für viele Begriffe im Bereich der Industrie, Wissenschaft und Technik eigene Wörter hervorgebracht hat, sondern eine Sprache aus der vorindustriellen Zeit, die alle modernen Begriffe aus dem Kastilischen entlehnt. Drittens: anders als das Baskische ist das Galizische stark verwandt mit dem Kastilischen und dem Portugiesischen, weswegen es viele Wörter aus diesen Sprachen übernehmen kann, ohne daß die Wächter über die sprachliche Reinheit vieles dagegen einwenden könnten.

Gleichzeitig wird das Galizische auch von innen heraus bedroht, durch den Kampf um die »Normalisierung« dieser Sprache, die viele Dialekte hervorgebracht hat, da sie über viele Jahrhunderte tradiert wurde, ohne als gedruckte Sprache standardisiert worden zu sein. Zwar gibt es keine klare Trennung zwischen regionalen Dialekten, doch gibt es Besonderheiten der Sprache bezogen auf große Gebiete; so zum Beispiel um Mondoñedo, das durch seine Berge deutlich vom restlichen Galizien getrennt ist.

Große Differenzen gibt es auch in der Frage eines »Standardgalizisch«, das im Bildungsbereich sowie in den Institutionen der autonomen Verwaltung verpflichtend gemacht werden könnte: Vertreter einer rigorosen Ausgrenzung des Kastilischen, die gleichzeitig Begriffe, die aus dem Portugiesischen kommen, bevorzugen, stehen denen gegenüber, die das Problem weniger darin sehen, das Galizische gegen das Kastilische zu verteidigen, sondern darin, im Hinblick auf die strikten schulischen Kriterien authentische Formen des Galizischen zu finden. Die offizielle Politik der autonomen galizischen Regierung, der *Xunta de Galicia*, favorisiert letzteren Kurs und geht dabei das Risiko ein, agitatorische Aktivitäten der »Radikalen« zu provozieren, wie etwa das Umschreiben von Verkehrszeichen oder Straßenschildern, auf die man derart auch als Reisender trifft. Gleichzeitig machen die sprachlichen »Nationalisten« eine Kampagne gegen die Zweisprachigkeit, den *bilinguismo*, oder auch gegen den Gebrauch sowohl der galizischen wie kastilischen Sprache auf Seiten der Regierung und der politischen Verwaltung.

Geschichte und Politik

Galizische Historiker und Volkskundler rekurrieren auf ein keltisches Element in der Bevölkerung, das ihrer Meinung nach aus dem frühen ersten Jahrtausend vor Christus herrührt, und das sich auch in dem römischen Namen dieser Region, *Gallaecia*, findet. Man kann davon ausgehen, daß es in vorrömischer Zeit in Nord- und Zentralspanien eine Vielzahl keltischer Siedlungen gab, in Galizien jedoch nicht mehr als in anderen Landesteilen auch. Auch gibt es im Galizischen nicht mehr Begriffe keltischen Ursprungs als in anderen spanischen Dialekten und auch die Sitten und Bräuche sind hier nicht mehr als anderswo vom Keltischen beeinflußt. Funde haben ergeben, daß das vorrömische Galizien sowohl über den Land- wie den Seeweg mit der entwickelten Zivilisation Südspaniens, in der bereits auf vielfältige Weise Metalle verarbeitet wurden, in Verbindung stand; die handwerkliche Kunstfertigkeit, die die Schätze eines Königshofes in Südspanien aufweisen und die der Tartessischen Zivilisation (ca. 700 v. Chr.) des südlichen Andalusien zugeschrieben wird, findet sich in Anklängen auch in Funden, die man nahe Ourense machte.

Galizisches Gold wurde schon seit dem frühen 2. Jahrhundert v. Chr. exportiert, also lange bevor die römischen Invasoren begannen, es in großem Maßstab zu gewinnen, und zwar auf der sogenannten »Geldstraße«, die über Mérida nach Süden zum Hafen von Cadiz führte. Lugo ist noch heute von einer Mauer aus dem 3. Jahrhundert n. Chr. umgeben: ein eindeutiger Hinweis auf die Bedeutung, die der Provinz im Römischen Reich zukam. Trotz ihrer Abgeschiedenheit und trotz der Berge, die eine natürliche Grenze darstellen, war die Provinz vollständig in das Römische Reich integriert.

Ihre politische Isolation setzte erst im 5. Jahrhundert ein, als das Römische Reich zerfiel und auf der Iberischen Halbinsel das Reich der Westgoten entstand. Galizien, von den Rivalen der Westgoten, den Sweben, besetzt, bildete zusammen mit Teilen des heutigen Nordportugal einen eigenständigen Staat, dessen kulturelle und künstlerische Entwicklung jedoch hinter der des Westgotenreichs zurückblieb. Historische Dokumente aus jener Zeit sind rar. Als der Westgotenkönig *Leovigild* das Königreich der Sweben in den achtziger Jahren des 6. Jahrhunderts eroberte, beließ er die einheimische Elite in ihren Ämtern und Positionen.

Die Mauren, die im 8. Jahrhundert das Westgotenreich der iberischen Halbinsel eroberten, drangen nicht bis Galizien vor:

das regnerische Klima schreckte sie ab und für die Ausbeutung der Bodenschätze fehlten ihnen die technischen Mittel. Im 9. Jahrhundert wurde Galizien also noch immer von einem einheimischen, aus swebischer und römischer Zeit stammenden Adel beherrscht, der in enger Beziehung zum königlichen Hof in Oviedo stand. Etwa um 824 wurde in *Santiago de Compostela* das Grab eines frühchristlichen Märtyrers entdeckt – angeblich durch ein Wunder – und von der Kirche zum Grabmal des Heiligen Jakob erklärt. Der königliche Hof von Oviedo, der den Heiligen schon lange als spanischen Nationalheiligen verehrte, nutzte diese Gelegenheit, um Galizien noch enger an sich zu binden, indem er das Grabmal zu einer Stätte der Verehrung machte. Am Ende des Jahrhunderts nannten sich die Könige von Oviedo auch Könige von Galizien und Compostela war zu einem Wallfahrtsort geworden. Spätestens seit dem 10. Jahrhundert kamen Pilger von den Britischen Inseln sowie aus weit abgelegeneren Ländern des christlichen Abendlandes hierher. Die Pilgerwege nach Santiago de Compostela waren dann im Mittelalter die Bande, die Galizien mit dem restlichen Europa verknüpfte. Das erste gedruckte Dokument Englands war zum Beispiel ein Ablaß, der von der Schuld gebrochener Gelübde, die dem Heiligen Jakob gegeben worden waren, befreite.

Im Verhältnis zum restlichen Spanien blieb Galizien jedoch rückständig. Nach der Regierungszeit von Ferdinand II. von Léon (1157-88) unterminierten immer wieder vorgenommene Aufteilungen des königlichen Erbes die Unabhängigkeit Galiziens. Im Gegensatz zu jenem des Baskenlandes, von Kastilien, Katalonien und Portugal mischte sich der galizische Adel nicht in die vielen Kriege ein, die im späten Mittelalter die iberische Halbinsel erschütterten, profitierte jedoch umgekehrt auch nicht von den diversen Machtverschiebungen. Im 16. Jahrhundert spielte Galizien somit am spanischen Königshof auch nur eine unbedeutende Rolle: repräsentiert durch die kastilische Stadt Zamora, hatte es keine eigene Stimme mehr in der Politik. Außer im Bereich der Seefahrt – Galizien baute Schiffe und Corunna (galizisch: *A Coruña*) war ein bedeutender Atlantikhafen – trug es wenig zu den wirtschaftlichen und politischen Erfolgen des Reiches bei. Im Zuge der Gegenreformation wurden dann auch die

Pilgerreisen nach Santiago wieder verstärkt aufgenommen und so brachte das 17. Jahrhundert – für Spanien eher das Jahrhundert des Niedergangs – Galizien ein bescheidenes Maß an Prosperität, was sich vor allem an den barocken Bauwerken in Santiago ablesen läßt. Die schlechten Verbindungswege und veraltete Methoden führten jedoch dazu, daß Galizien seine Produkte aus Landwirtschaft und Fischerei kaum vermarkten konnte. Als Galizien dann im 18. Jahrhundert gestattet wurde, mit der Neuen Welt in eigenständige Handelsbeziehungen zu treten, war es hierfür bereits zu spät: von nun an galt Galizien als »ein reiches Land, dessen Bevölkerung arm ist«. Im 19. Jahrhundert stellten dann die im eigenen Lande überschüssigen Arbeitskräfte das größte Exportgut Galiziens dar. Bis zum heutigen Tag gibt es große galizische Bevölkerungsgruppen sowohl in Buenos Aires als auch in Merthyr Tydfil (Wales), und im vorrevolutionären Kuba stellten die Galizier die größte ethnische Minderheit.

In den letzten 100 Jahren wurde die traditionelle Fischproduktion durch Tiefkühlmethoden sowie die Konservenindustrie revolutioniert und die galizische Lebensmittelherstellung entwickelte sich zu einem bedeutenden Zweig der spanischen Wirtschaft. In der Landwirtschaft hingegen dominieren Kleinbetriebe, und auch die Politik dieser Region spiegelt noch immer den sozialen und religiösen Konservatismus ihrer Menschen. Trotz der gewährten Autonomie, die die republikanische Verfassung der Region garantierte, verbündete sich Galizien dennoch im Bürgerkrieg mit den Truppen Francos, der in Galizien geboren war. Seit der Wiederherstellung der Autonomie im Jahre 1978 ist Galizien die einzige Region Spaniens, die ununterbrochen von der nationalen spanischen Partei der Konservativen, der *Partido Popular* regiert wird.

Brauchtum

Die Galizier sind, was ihre Religion sowie ihr Brauchtum betrifft, Traditionalisten. Das Wappen der Region zeigt eucharistische Symbole. Die große Ausstellung zur galizischen Kunst, die die Regionalregierung 1991 in Santiago organisierte, war fast ausschließlich mit religiöser Kunst bestückt. Bedeutende religiöse Zentren des Landes sind *Santiago de Compostela* mit dem Grabmal des Heiligen Jakob sowie die Kathedrale von Lugo.

Die traditionelle Musik des Landes, in der Flöten und Dudelsäcke dominieren und die man überall hören kann, hat einen ganz eigenen, rustikalen Charakter, wohingegen die strengen Rhythmen der Tänze und die Gleichförmigkeit der Gesänge eher der bäuerlich-ländlichen Tradition verhaftet sind. Denn wie andere Landstriche des kantabrischen Spanien ist auch Galizien eine Region, die von kleinen, dichtgedrängten aber weit auseinanderliegenden Dörfern und Siedlungen geprägt ist; mit Ausnahme der Hafenstädte gibt es hier keine größeren Ortschaften. Die Küste und auch Santiago sind berühmt für ihre Küche, nicht zuletzt aufgrund der vielen Muschelarten, vor allem der Kammmuschel, dem Symbol des Heiligen Jakob, nach der auch das französische Gericht *Coquilles Saint-Jacques* benannt ist (obwohl das eigentliche Rezept hierfür sehr viel einfacher ist und vor allem mit sehr viel Zwiebeln zubereitet werden muß). Die Besonderheit der Küche des Landesinneren wiederum beruht auf deren charakteristischen Zutaten: leicht gesalzener Schinken, bittere Zwiebelspitzen, ranzige Butter sowie scharfer, grüner Pfeffer. Aufgrund des häufigen Regens wächst in Galizien sehr viel mehr Gras als in anderen Teilen Spaniens und so gibt es hier auch sehr viel mehr Kühe als anderswo, folglich auch den berühmten Käse aus Kuhmilch, geformt wie Frauenbrüste. In Galizien wird dafür seltener jener Cidre getrunken, den man sonst in vielen Teilen Kantabriens bekommt. Typische Weine der Gegend sind der *Ribeiro*, frisch und purpurrot, der köstliche weiße *Albariño* und der süße, rosafarbene und schäumende *Rosal*. Der Tresterschnaps *Orujo* – mit Kaffee aufgekocht und dann flambiert – kann als Nationalgetränk der Galizier gelten.

Asturier und Kantabrier

Im Bereich der kantabrischen Küste Nordspaniens, die sich von Galizien bis zum Baskenland erstreckt, liegen zwei weitere autonome Regionen: Asturien und Kantabrien. Vom Rest des ehemaligen kastilischen Königreiches durch hohe Berge getrennt, weisen diese beiden Provinzen einige Gemeinsamkeiten auf: ein regnerisches Klima, das bergige, bewaldete Hinterland, viele kleine Städte und Gemeinden, Cidre, Butter und Schweinefett. All dies steht im Kontrast zum ausgebrannten Flachland, dem städtischen Leben, dem Wein und den Oliven des restlichen Kastiliens. Auch historisch betrachtet sind diese Regionen anders und auch anderen Einflüssen ausgesetzt gewesen. Beide Provinzen blieben unberührt von den muslimischen Invasoren des Mittelalters; in der frühen Neuzeit gab es hier sehr viele steuerlich privilegierte Einwohner, die unter der kastilischen Krone den Status von Adeligen einnahmen. Die kantabrische Stadt Santillana del Mar – Geburtsort von *Gil Blas*, jenem Helden in *Alain René Lesages* Roman »Gil Blas von Santillana« ist der Ort, wo sich die meisten dieser Privilegierten niederließen und wo noch heute fast jedes Haus, und sei es noch so bescheiden, von einem Wappen über der Haustüre geschmückt wird.

Die Asturier

Asturien weist, verglichen mit Kantabrien, eine stärker ausgeprägte regionale Identität auf. Ähnlich wie Wales im Vereinigten Königreich ist es ein »Fürstentum«, das dem Thronerben einen Titel verleiht. In institutionellen Zusammenhängen hatte dies nie eine besondere Bedeutung, doch es verleiht den Asturiern ein Gefühl der Besonderheit. Darüber hinaus sind die Asturier auch stolz auf ihre Rolle, die sie in der Geschichte Spaniens gespielt haben. Im 8. und 9. Jahrhundert hatte das Königreich Asturien seinen Sitz in Oviedo, wo sich eine äußerst originelle Kunst und Kultur entwickelte, die man auch heute noch an einigen Gebäuden sowie Manuskripten nachvollziehen kann. Als sich das Königreich in den achtziger Jahren des 9. Jahrhunderts bis über die

Kantabrischen Berge ausdehnte, legte es sozusagen den Grundstein für die Entstehung der Königreiche von Léon und Kastilien, die – zusammen mit Asturien – die bedeutendsten Reiche der Halbinsel wurden und den Kern bildeten, aus dem die spanische Monarchie hervorging. Ein Resultat dieses symbiotischen Prozesses ist die Identität der Asturier, die von jenem Gefühl, auch Spanier zu sein, sowohl abhängt als auch beflügelt wird. Aus diesem Grunde gibt es keinen asturischen Separatismus, sondern lediglich eine Form von regionalistischer Politik, wie sie auch für andere europäische Grenzregionen typisch ist. Seit Asturien 1978 autonome Region geworden ist, versehen mit einem eigenen Kulturbudget, werden auch die folkloristischen Aspekte der asturischen Kultur, zum Beispiel regionale Trachten, traditionelle Dudelsack-Orchester – mit öffentlichen Mitteln gefördert und einige Intellektuelle sprechen heute wieder selbstbewußt den asturischen Dialekt, der sich vom Kastilischen vor allem dadurch unterscheidet, daß er den Unterschied zwischen den Palatalvokalen verwischt.

Die Kantabrier

Bis in die siebziger Jahren des 20. Jahrhunderts nannte sich kein Spanier Kantabrier, obwohl die traditionelle Bezeichnung für die Einwohner dieses »Fürstentums« Asturio war. Das Kastilien nördlich und südlich des Kantabrischen Gebirges war im Mittelalter durch Eselspfade, über die die Wolle aus der Gegend um Burgos zu den Hafenstädten Santander und Laredo gebracht wurde, eng miteinander verbunden. Anthropologen bevorzugen heute die kleinen, isoliert gelegenen Gemeinden der Kantabrischen Täler für ihre Feldforschungen über die ethnische Zugehörigkeit der Kastilier. Seit der Aufteilung im Jahre 1978 wurde die Sensibilisierung für die besonderen Interessen dieser Region für die Regionalregierung jedoch gleichsam zum Kristallisationspunkt für die Herausbildung einer kantabrischen Identität. Dies hat dazu geführt, daß sich einige äußerst abwegige Theorien entwickelt haben, so zum Beispiel jene, daß Kantabrien die »Wiege der Menschheit« oder daß die Kantabrier ein »verlorener« Stamm Israels seien. Die Wirtschaft Kantabriens mit den Schwerpunkten Fischerei und Industrie weist viele Gemeinsamkeiten mit jener seiner Nachbarn, des Baskenlandes sowie Asturiens, auf und mit diesen könnte Kantabrien auch in einem zukünftig möglichen Europa der Regionalisierung ein Bündnis Atlantischer Volksgruppen eingehen.

Die Bewohner der Kanarischen Inseln

Aufgereiht von Ost nach West, liegen die Kanarischen Inseln wie Steine im Atlantik, etwa sieben Breitengrade südlich von Europa, von Cadiz ungefähr 965 km entfernt und in Blickweite hinüber zur Küste der Westsahara. Durch die Eroberung der Spanier im 15. Jahrhundert, durch ihre Integration in den spanischen Staat und durch ihre Kolonialisierung, die von der iberischen Halbinsel und Westeuropa aus erfolgte, hat sich ein europäischer Charakter auf den Inseln erhalten. Die kanarische Meeresströmung sowie die Passatwinde aus dem Nordosten bedingen das mediterrane Klima dieser Region, trotz ihrer Nähe zur Sahara, und ermöglichten schon seit den frühen Tagen der Seefahrt, von Spanien aus problemlos übers Meer hierher zu gelangen. Die Abgelegenheit der Inseln trug dazu bei, daß eine ausgeprägt regionale Identität erhalten blieb, zusätzlich forciert durch ihre besondere Geschichte. Darüber hinaus tragen auch klimatische, geologische und geographische Bedingungen sowie die wirtschaftlichen Aktivitäten der Inseln dazu bei, daß sie sich ihre Eigenständigkeit bewahren konnten.

Historische Ursprünge

Wie stark die kanarische Identität tatsächlich ausgeprägt ist, kann man aus der Mythenbildung rund um die Geschichte der Inselbewohner ersehen. Der wohl fundamentalste Mythos dieser Art ist jener vom Überleben der ursprünglichen, vorspanischen Bevölkerung. Deren Herkunft und ethnische Wurzeln sind nicht völlig geklärt, wahrscheinlich waren sie jedoch Angehörige einer nordafrikanischen vor-Berber-Zivilisation, ähnlich den Ureinwohnern der heutigen Westsahara. Obwohl nicht sehr zahlreich und auf einem eher niedrigen Stand der Zivilisation, widersetzten sie sich hartnäckig den europäischen Eroberern. Dies verhalf ihnen zu jenem außerordentlichen Ruf, der ihnen in der Ritter-, Schäfer- und romantischen Literatur zuteil wurde. Auch scheint es, daß ihr indigenes Blut buchstäblich eine jener Quellen ist, aus denen sich ihr Nationalstolz nährt. Bis zum heutigen Tag sind die Inselbewohner davon überzeugt, daß in ihren Adern das Blut ihrer Ahnen fließt. Zeitweise führte diese Vorstellung jedoch auch zu übertriebenen Schlußfolgerungen, so zum Beispiel in den sechziger Jahren dieses Jahrhunderts, als man versuchte, auf der Basis einiger Wortfragmente, die aus der Zeit vor der spanischen Eroberung überlebt hatten, eine »kanarische Sprache« zu konstruieren. Ähnlich befremdlich wirken die Aktivitäten der kleinen Unabhängigkeitspartei, die von Algerien aus eine Exilregierung proklamierte und den Beitritt zur Organisation für Afrikanische Einheit auf ihre Fahnen schreibt. Im Grunde ist wohl eher die Abgrenzung gegenüber den Festland-Spaniern, die mit liebevollen Schimpfwörtern bedacht werden, das eigentliche Element der kanarischen Identität.

Darüber hinaus sind auch die Spuren der Vernichtung der Ureinwohner in der Zeit der Eroberung und Kolonialisierung der Kanarischen Inseln unübersehbar: Massendeportationen, die Übertragung europäischer Krankheiten und nicht zuletzt auch der »Kulturschock« dezimierte die kanarische Bevölkerung Mitte des 16. Jahrhunderts auf eine kleine, isolierte Gruppe am Rande der kolonialen Gesellschaft. Zwar wurde sie nicht gezielt ausgerottet, sondern sozusagen einfach weggeschwemmt. Die Sachverhalte, die jene These nähren, daß ihre Ursprünge überlebten, können auch durch andere und bessere Erklärungen begründet werden. Die Besonderheiten der Blutgruppentypen der Inselbewohner, verglichen mit jenen der Festland-Spanier, sind typisch für alle Randgruppenvölker; die Tatsache, daß die physischen Unterschiede innerhalb dieser Bevölkerungsgruppe relativ gering sind, kann auch ein Produkt ihrer Isolation sein. Abgelegene ländliche Gemeinwesen, wie etwa Chipude auf der Insel Gomera, berufen sich zwar darauf, jene indigenen Ursprünge in sich zu bergen, jedoch finden sich ihre rückständigen Lebensweisen auch in vielen anderen, isoliert gelegenen Bauerndörfern und es ist auch nicht klar, ob ihre Töpferware, die noch im Stil der Zeit vor der Eroberung ohne Töpferscheibe gefertigt wird, tatsächlich eine genuine Tradition fortsetzt.

Brauchtum

Erinnerungen an die Zeit vor der Eroberung leben jedoch in den Sitten und Bräuchen der Menschen fort. Die meisten typischen Gerichte der kanarischen Küche beruhen auf den klimatischen Bedingungen und der isolierten Lage der Inseln, die Vorliebe für *gofio* jedoch – pulverisiertes, geröstetes Korn, das in Suppen oder mit Milch und Wasser angerichtet wird – geht auf die Zeit vor der Eroberung zurück. Eine der besonderen Sportarten der Kanaren, *vela latina*-Segeln, ist aus der Nähe zum Meer zu erklären und die verschiedenen Stockkampfspiele sind typisch für Gesellschaften mit ausgeprägter Hirtenkultur; das kanarische Nationalspiel jedoch, eine Art Wrestling, *lucha canaria* genannt, scheint tatsächlich ein Relikt aus frühen Zeiten zu sein. Die Musik und sehr viele der populären Dichtungen haben sich offensichtlich aus dem Andalusischen entwickelt, jedoch gibt es auch eine bestimmte Versform, *endecha* genannt, deren Ursprünge wiederum auf sehr alte, vorspanische Traditionen zurückreichen. Die bedeutendste Stätte religiöser Verehrung, die der Jungfrau von Candelaria, gilt traditionell als der Ort, an dem sich das Christentum auf wunderbare Weise den Einwohnern der Inseln offenbarte, und zwar vor der Zeit der spanischen Eroberung.

Den größten Einfluß auf die Kultur der Kanaren hatte Spanien und hier vor allem Andalusien, von wo die meisten Siedler auf die Inseln kamen. Siedlungsformen, Lebens- und Baustil sowie die Familienstrukturen wurden von der Halbinsel übernommen. Dies gilt auch für die Formen religiöser Verehrung, die alle Züge eines populären Katholizismus tragen, obwohl man die Feste lokaler Heiliger mit mehr Inbrunst begeht und die Verehrung von Christus und der heiligen Jungfrau hier eine größere Rolle spielt als in der Kirche anderer Länder. Darüber hinaus erinnert der Karneval sehr viel mehr an Lateinamerika als an Spanien. Der kanarische Dialekt ist sehr eng mit dem Andalusischen verwandt, mit langgezogenen Vokalen und verschluckten Konsonanten. Die Rolle anderer Einflüsse zeigt sich an den vielen Wörtern, die aus vorspanischer Zeit stammen oder aus dem Englischen kommen – letzteres wiederum spiegelt die historische Bedeutung der atlantischen Handelswege sowie des britischen Engagements in dieser Region wider.

Der Einfluß Spaniens

Der zweite Mythos, der die Identität der kanarischen Bevölkerung nährt, ist jener, Opfer des spanischen Kolonialismus zu sein. Die kanarischen Städte sind im Kolonialstil gehalten, mit barocken Kirchen, die von exotischen Blumen umgeben sind. Die Wirtschaft des Landes stellt sich historisch wie eine typische Geschichte der Abhängigkeit dar, in der eine Monokultur auf die andere folgte: Zucker im 16. Jahrhundert, Wein im 17. und 18. Jahrhundert, Koschenille im 19. Jahrhundert, Bananen und später dann Tourismus im 20. Jahrhundert. In der Realität haben die Inseln jedoch eine privilegierte Stellung im spanischen Reich eingenommen. In der Ära der Kolonialisierung wurden Siedler mit steuerlichen Vorteilen auf die Inseln gelockt. Die Inseln waren ein bedeutender Stützpunkt des Spanischen Reiches im Verkehr und Austausch mit der Neuen Welt. Als das Spanische Weltreich zerbrach, lähmte dies auch die Wirtschaft der Kanaren, die erst 1852 wieder prosperierte, als ihnen der Status eines Freihafens zuerkannt wurde. Dies zog ausländisches Kapital auf die Inseln und stärkte deren Rolle und Bedeutung im europäischen Handel mit Westafrika, vergleichbar mit jener, die sie im Handel mit der Neuen Welt gespielt hatten.

Politik

Zu Beginn des 19. Jahrhunderts förderte eine einflußreiche Gruppe von Intellektuellen rund um *Augustín Millares Torres* das Gefühl einer kanarischen Identität, gleichzeitig prangerten sie Madrid an, die Inseln zu vernachlässigen. 1898 versuchte eine separatistische Partei dem Beispiel Kubas zu folgen und die Unabhängigkeit der Kanaren zu erlangen. Die Vorteile, die die Zugehörigkeit zu Spanien mit sich brachte, waren jedoch unumstößlich und so konnte der Dichter *Pérez Galdós* ganz im Sinne der meisten seiner Landsleute sprechen, als er die Kanarischen Inseln als den »Vorposten Spaniens mitten im Atlantik« bezeichnete. Und tatsächlich ziehen es die Inselbewohner vor, statt sich mit dem spanischen Festland anzulegen, untereinander in Rivalität zu treten.

Die Proklamation der Zweiten Spanischen Republik im Jahre 1931 rief auch auf den Kanaren die Hoffnung hervor, Autonomiestatus zu erhalten, jedoch wurde diese vom Spanischen Bürgerkrieg zunichte gemacht. Unter der Herrschaft General Francos (1936–75) versöhnte die wirtschaftliche Entwicklung die Inselbewohner mit ihrem Schicksal und die neue demokratische Verfassung von 1978 schrieb eine Kompromißlösung fest, die eine autonome Regierung für alle Inseln schuf sowie eine regionale Ratsversammlung für jede der Inseln. Seit Spanien 1982 der Europäischen Gemeinschaft beigetreten ist, hat sich die Solidarität der Kanarischen Inseln gegenüber den europäischen Institutionen, die weit genug entfernt scheinen, gefestigt, ebenso gegenüber dem europäischen Wirtschaftssystem, in dem sie selbst praktisch keine Rolle spielen.

Im Ergebnis konzentrieren sie sich nun auf ihre regionale Politik und ärgern sich dabei bisweilen über eine neue Form der »kolonialen Abhängigkeit« von Europa; inzwischen haben Kulturverbände – traditionellerweise eher auf die »inneren Angelegenheiten« konzentriert – vieles unternommen, um die kanarischen Sitten und Bräuche, kanarische Feste und auch die kanarische Küche zu fördern; und die Kanaren selbst betonen zunehmend vehementer jenes *lo nuestro* – Ausdruck ihrer gemeinsamen Identität sowie ihrer gemeinsamen Interessen.

Die Basken

Grundlage der baskischen Identität ist das *Euskera*, die Sprache der Basken, die fast im gesamten Baskenland, sowohl in Spanien wie Frankreich (hier jedoch weniger), gesprochen wird. Als Basken (*Euskaldunak*) verstehen sich aber auch jene, die durch Emigration und Assimilation mit Nachbarvölkern zwar nicht mehr euskera sprechen, jedoch nach wie vor auf nostalgische Art und Weise die baskischen Traditionen und die baskische Kultur pflegen und meist auch bereit sind, wenigstens ein paar Worte Euskera zu lernen. Die Besonderheit dieser einzigen Sprache Westeuropas, die nicht aus dem Indogermanischen stammt, hat zu der Annahme geführt, daß die Basken Nachfahren eines vor-indoeuropäischen Volkes sind. Die sehr unterschiedliche Entwicklung im Baskenland führte dazu, daß das Land heute über stark industrialisierte sowie über nach wie vor ländlich-bäuerliche Regionen verfügt; die baskische Identität jedoch gedeiht überall.

Sprache

Der Gebrauch des Euskera war in prähistorischer Zeit sowie der Antike im Norden bis zur Loire und im Süden bis zur Straße von Gibraltar verbreitet. Kaum gesprochen wurde es hingegen in den westlichen Pyrenäen sowie zwischen Garonne und Ebro. Die unwirtliche Landschaft dieser Region – Gebirge, die einst zudem dicht bewaldet waren – hat dazu beigetragen, daß sich hier eine ganze Reihe von Dialekten halten konnten.

Seit 1868 haben Linguisten acht vorherrschende Dialekte bestimmt – einen in jedem der politischen Subregionen sowie einen im Roncal-Tal, doch sind diese sozusagen nur als Modell eines komplexen Sprachmosaiks wahrzunehmen und nicht als dessen eigenständige Komponenten. Ein standardisiertes Euskera (*Batua*) wird heute vom Fernsehen sowie durch die Bildungspolitik der Regierung von *Euskadi* (Baskenland) verbreitet.

Geographie

Das Baskenland (Euskal-Herria) umfaßt die Provinzen Álava, Guipúzcoa, Vizcaya und das südliche Navarra in Spanien, sowie Labourd, Soule und das nördliche Navarra in Frankreich. Die größte baskische Stadt ist Bilbao (Bilbo), die Hauptstadt der Provinz Vizcaya und eine der bedeutendsten Industriestädte Spaniens. Obwohl es sich nur über etwa 180 km erstreckt, weist das Baskenland doch dichte Eichenwälder, grüne Bergtäler und eine zerklüftete Küste entlang der Bucht von Biskaya auf. Mit Ausnahme der flachen und trockenen Alava-Ebene wird das Baskenland vom Atlantik gut mit Regenwasser versorgt.

Die meisten Basken (etwa zwei Millionen) leben in den spanischen Provinzen, etwa 100.000 in Frankreich. Große baskische Volksgruppen finden sich auch in Zentral- und Südamerika, dem – freiwilligen wie unfreiwilligen – Auswanderungsziel der Migranten des 18. Jahrhunderts.

Geschichte

Im 1. Jahrhundert vor Christus beschrieben römische und griechische Historiker eine große Zahl baskischer Stämme. Der Name einer dieser Stämme, der Vasconen, etablierte sich mit der Zeit als Name für alle Einwohner dieser Region. Ihr Ruf, den Römern erbitterten Widerstand geleistet zu haben, scheint jedoch übertrieben: überall im Baskenland findet man Überreste aus römischer Zeit. Die lateinische Sprache wie auch das Christentum drangen bis in entlegene Gebiete vor.

Im 7. Jahrhundert siedelten Vasconen (wahrscheinlich gegen bestimmte Vergünstigungen angeheuert) in der späteren Gascogne, gaben dem zukünftigen Herzogtum seinen Namen und gründeten bis zur Garonne Siedlungen mit baskischen Namen. Auch an der südlichen Grenze des Baskenlandes entstanden im 9. bis 12. Jahrhundert Siedlungen.

In dieser Zeit wies die politische Kultur der Basken eine beachtenswerte Unabhängigkeit auf. Die berühmteste Episode der baskischen Geschichte – der Sieg über eine Nachhut des

Heeres von Karl dem Großen im Jahre 778, der zur Entstehung des Roland-Liedes beitrug – wirft ein Licht auf die Mißachtung der fränkischen Autorität durch ein relativ kleines Bergvolk.

Mitte des 9. Jahrhunderts wurden von einigen westlichen Volksgruppen des Baskenlandes die Oberhoheit Oviedos anerkannt, wo sich ein Königreich, möglicherweise sogar baskischen Ursprungs, etablierte und zum Kernreich des Königtums Navarra entwickelte. Nur ein einziges Mal, während einer kurzen Periode in den zwanziger und dreißiger Jahren des 11. Jahrhunderts unter König *Sancho dem Großen*, wurde das gesamte Baskenland von nur einem Herrscher regiert. Die Wiederherstellung eines solchen Staates wurde danach zwar immer wieder erträumt – von *Alfonso dem Kämpfer von Aragon* im 12. Jahrhundert, von baskischen Nationalisten des 19. Jahrhunderts – sie wurde jedoch niemals wieder erreicht.

Im späten Mittelalter wurde das Baskenland immer wieder aufgeteilt. Die kriegerische Aristokratie des westlichen Baskenlandes ging in der Geschichte Kastiliens auf. Das Königreich von Navarra jedoch könnte in dieser Zeit so etwas wie ein Zentrum einer neu entstehenden baskischen Nation gewesen sein – einige höfische Verse wurden hier im 15. Jahrhundert in Euskera geschrieben; im 16. Jahrhundert aber wurde Navarra dann zwischen Frankreich und Kastilien aufgeteilt.

Innerhalb der kastilischen Monarchie stellten die Basken eine Elite dar, ausgestattet mit finanziellen Privilegien sowie mit politischer Immunität. Diese Privilegien (*fueros*) beruhten wahrscheinlich auf Sonderverträgen zwischen den Basken und der kastilischen Krone. Entsprechende Vorbehalte anderer Untergebener des Königs gegenüber den Basken bestärkten diese jedoch vor allem im 16. Jahrhundert, als zudem Humanisten das Euskera als antike Sprache priesen, nur noch zusätzlich in ihrer eigenständigen Identität. Die Theorie, daß die Basken ihrerseits bereits sehr früh und lange vor anderen Eroberern die iberischen Halbinsel einnahmen, kam erstmals 1539 auf.

Im 17. und 18. Jahrhundert identifizierten sich die Basken eher mit ihren jeweiligen Herrscherhäusern, der französischen beziehungsweise spanischen Monarchie, eher als Zugehörige ihrer jeweiligen Provinzen als mit irgendeinem übergreifend baskischen Nationalgefühl. Dieser Partikularismus aber ließ auch weiterhin eine vereinte baskische Region undenkbar erscheinen. Dennoch wurden die *fueros* auch nun wieder, Provinz für Provinz, kodifiziert.

Politik

Im 19. Jahrhundert förderte ein mächtiger klerikaler Katholizismus, der sich selbst gegen die Modernisierungspolitik der Kirche richtete –, jene Bewegung zur Verteidigung der traditionellen baskischen Privilegien, die sich gegen die zentralistische Politik der liberalen spanischen Regierung, die seit 1833 bestand, richtete. Daraus entstand dann eine militaristische Bewegung, die den vertriebenen Thronerben Spaniens, Don Carlos unterstützte. In den sogenannten Carlisten-Kriegen gegen das spanische Establishment, das für staatliche Kontrollen eintrat, rückte schließlich im Jahre 1875 eine Armee vorwiegend baskischer und Navarreser Soldaten gegen Madrid vor.

Die Basken Frankreichs gingen inzwischen ihren eigenen Weg der Integration in den französischen Staat und so wurde der baskische Nationalismus mehr und mehr zu einem spanischen Phänomen. Er entwickelte sich ab 1860 zu einer politischen Bewegung, genährt nicht zuletzt von einem wissenschaftlich verbrämten Rassismus: nur reinblütigen Basken war die Mitgliedschaft in der 1894 gegründeten Baskischen Nationalpartei gestattet. Die Wiederbelebung der baskischen Literatur ging einher mit einer reaktionären Nostalgie und der Ablehnung des Spanischen, der Sprache des Liberalismus.

Paradoxerweise erstarkte dieser Nationalismus in einer Zeit, in der sich Bilbao und Vitoria (Gasteiz) zu einem Zentrum der Schwerindustrie entwickelten, doch wurde er von den Ressentiments gegen Arbeitsimmigranten genährt sowie durch die Tatsache, daß sich hier nun eine neue Mittelklasse etablierte, die eine Dezentralisierung der politischen Macht und eine Stärkung der Provinz forderte. Im Spanischen Bürgerkrieg von 1936 bis 1939 bildeten konservative und klerikale Basken mit den weltlich gesinnten und revolutionären Kräften der Linken eine Allianz und erhielten im Gegenzug für das Baskenland ein Autonomiestatut.

Mit Francos Sieg über die Republik wurde dieses Statut für 40 Jahre außer Kraft gesetzt. Es begann eine Ära dumpfer Unterdrückung, der den alten baskischen Nationalismus beflügelte und nun zum erstenmal auch im linken Spektrum nationale Ideen evozierte. Viele revolutionär gesinnte Angehörige der Mittelklasse schlossen sich diesem Terrorismus an und stießen damit in den letzten Jahren des Franco-Regimes auf breite Zustimmung. Die spanische Verfassung von 1978, die die Demokratie in Spanien wiederherstellte und Euskadi weitgehende Autonomie garantierte, löste allerdings weder die Fragen der territorialen Abgrenzung des Baskenlandes noch jene, wie weitgefaßt die Autonomie zu verstehen sei. Diese offenen Fragen schürten weiterhin den Nationalismus, während die baskische Regierung mit Hilfe der Mittel aus dem Kulturbudget das Nationalbewußtsein des Landes ständig am köcheln hält. Seit etwa einem Jahrzehnt hat sich nun auch auf französischer Seite wieder ein baskischer Nationalismus entwickelt und die Idee eines zukünftig föderalistischen Europa hat auch hier die Hoffnungen auf einen baskischen »Staat« innerhalb eines europäischen Superstaates genährt.

Soziale Strukturen

Man nimmt an, daß die Basken früher in einer matriarchalen bzw. matrilinearen Gesellschaft lebten. Die frühesten erhaltenen Dokumente aus dem Hochmittelalter belegen, daß hier, wie in vielen anderen Teilen Spaniens und Frankreichs auch, die Frauen Besitzrechte hatten, der Familie vorstanden und rechtsfähig waren.

Die von den Römern vorgenommene Einteilung der Basken in verschiedene Stämme wurde von den Basken selbst nicht unbedingt nachvollzogen. In vielen Regionen des ehemaligen Römischen Reiches verschwanden jedoch auch Volksstämme, die die Römer noch dokumentiert hatten, mit dem Zusammenbruch des Reiches aus der Erinnerung und auch das Baskenland bildete hier keine Ausnahme. Wahrscheinlich war es jedoch so, daß sich in den isoliert gelegenen Tälern des baskischen Binnenlandes verschiedene Stammesgruppen der Basken selbst anders benannten als die Römer dies taten, und zwar auf dem Hintergrund von Blutsverwandtschaft und Sippenzugehörigkeit – vielleicht auch ergänzt durch Faktoren wie Besitz und Alter –, um ihre jeweiligen Macht- und Einflußsphären besser abstecken zu können. Außerhalb des Königreichs von Navarra ist seit dem späten Mittelalter keine alte baskische Aristokratie mehr feststellbar. Der Bau von stark bewehrten Landhäusern vor allem in Alava geht zurück auf die dynastischen Kriege im Kastilien des 14. Jahrhunderts, an denen viele Adelige beteiligt waren. Der Sieger in diesen Kriegen, *Enrique von Tastámara* (1379 gest.), hatte einige seiner treuesten Anhänger unter den Basken.

Eine der herausragenden Charakteristika der baskischen Gesellschaft war, im Vergleich mit anderen Volksgruppen, die Tatsache, daß hier das gesamte Erbe ungeteilt an einen Nachfahren, meist den erstgeborenen Sohn, weitergegeben wurde. Dies mag den großen Besitz vieler Basken in jener Zeit erklären, als das mittelalterliche Kastilien seine Grenzen immer weiter ausdehnte und auch im 16. Jahrhundert, als Spanien begann, seine Überseekolonien zu errichten. Da dieses Erbsystem zudem die Akkumulation von Kapital und somit auch den unternehmerischen Geist fördert, mag dies auch zur wirtschaftlichen und industriellen Entwicklung des Baskenlandes in heutiger Zeit beigetragen haben.

Religion

Trotz der Tatsache, daß das Baskenland bereits sehr früh christianisiert wurde, konnten sich doch in den abgelegenen Bergregionen des Landes bis ins 12. Jahrhundert hinein sehr viele heidnische Elemente bewahren. Doch wenn sich die Christianisierung auch langsam vollzog, so war sie doch sehr tiefgreifend, wie man dies auch aus der Zählebigkeit des baskischen Klerikalismus und Dogmatismus ersehen kann. Zutiefst spirituelle Bewegungen, die die katholische Welt in den Bann zogen – angefangen von den Jesuiten bis hin zu *Opus Dei* – wurden von Basken mitinitiiert.

Die Kirchenmänner der Gegenreformation waren mißtrauisch gegenüber angebliche Hexereien und Überreste heidnischer Vorstellungen in den Bergen: 1610 formulierte der Inquisitor Sálazar während einer Hexenverfolgung in einer baskisch sprechenden Gemeinde des nördlichen Navarra die Theorie, daß Hexerei ein psychologischer Wahn beziehungsweise Trug sei. Die Leidenschaft, mit der Basken auch heute noch ihre regionalen Feste begehen und dabei oftmals die offiziellen kirchlichen Feste vernachlässigen, entsetzt viele Kirchenmänner nach wie vor. In der hochindustrialisierten und modernen Hafenstadt Bilbao ist die Verehrung des Bildes von *Nuestra Señora de la Begoña* Teil der gemeinsamen Identität der Stadtbewohner und selbst der örtliche Fußballclub feiert seine Siege an ihrer Gedenkstätte. Die Ehrfurcht, die die Basken etwa vor der Eiche von Guernica haben, die bei den deutschen Bombenangriffen 1937 fast zerstört wurde und bei der angeblich die *fueros* von Vizcaya eidesstattlich garantiert wurden – läßt vermuten, daß die Verehrung von Bäumen eine alte baskische Tradition darstellt.

Sitten und Bräuche

Das Besondere an der baskischen Kultur sind ihre Spiele, Lieder und Gedichte sowie ihre Küche. Sportliche Wettkämpfe und Wettkampfspiele sind ein integraler Bestandteil der Kultur, vor allem *aizkolari* – Wettbewerbe im Holzschnitzen und -heben und in der Steinbearbeitung – sowie *pilota*, auch als *frontón* und *jai-alai* bekannt, das dem Squash ähnelt und in Gruppen oder einzeln auf großen Spielfeldern gespielt wird. Der Ball wird dabei mit der Hand, bisweilen von einem Handschuh geschützt, oder mit einem Schläger sehr schnell geschlagen. Dieses Spiel ist überall, wo immer baskische Kolonien entstanden, sehr populär. Anders als *aizkolari*, das in kleinerem Rahmen in den Dörfern gespielt wird, hat sich *pilota* zu einer richtiggehenden Sportart mit klaren Regeln, Profis und großen Wettkämpfen entwickelt.

Das erste Buch in Euskara war »Linguae Vascorum Primitiae« (Bordeaux 1545), eine Sammlung populärer religiöser Texte und Liebesgedichte der traditionellen, mündlich überlieferten Literatur, die bis heute lebendig geblieben ist. Die komplexen und sehr unterschiedlichen Rhythmen des *zortzico* und *aurresku*, Tänze, die auf dem flötenähnlichen *txistu* gespielt werden, werden heute allgemein als *pas de basque*, als typisch baskische Tänze, bezeichnet.

Die Popularität von gastronomischen Gesellschaften – fast ausschließlich Männer – weist auf die Bedeutung der baskischen Küche in ganz Spanien hin. Sie ist reich an Milchprodukten und Gemüse. Der leichte *chacolí*, ein Wein, wird überall im Baskenland sehr kalt und in flachen Porzellankelchen serviert, auch Cidre wird, außer in Alava, sehr viel getrunken.

Wirtschaft

Wirtschaftliche Aktivitäten der Basken, basierend auf Seehandel und Fischfang, sind seit dem 15. Jahrhundert belegt, vor allem für Bayonne (Baiona) und San Sebastián (Donostia). Die Fischerei- und Handelstraditionen ebenso wie Kohle- und Eisenvorkommen förderten im späten 19. und 20 Jahrhundert die Entwicklung der Schwerindustrie im spanischen Teil des Baskenlandes.

Die Bretonen

Die Besonderheit der bretonischen Gesellschaft ist vor allem bedingt durch die Abgelegenheit dieser Region im äußersten Nordwesten Frankreichs, das heißt durch ihre geographische und kulturelle Isolation vom restlichen Frankreich. Die bretonische Halbinsel wurde von den Galliern in zwei Regionen unterteilt: die Küstenregion Armor, »das Land am Meer«, sowie die Region Arkoet, das »Land der Wälder«, im Landesinneren. Beide Regionen zusammen wurden unter dem Namen Armorica Teil des Römischen Reiches. Eine lange Küstenlinie mit weit ins Land ragenden, zum Teil sandigen Buchten sowie zerklüfteten Felsen säumt die einst bewaldeten Hügel und Hochebenen des Binnenlands, letztere meist aus Granit und hartem Schiefer, in die

Schichten von weicherem Schiefer eingelagert sind. Die Tatsache, daß die Bretagne im Querschnitt nur etwa 100 Kilometer lang beziehungsweise aufgrund der vielen, tief ins Land reichenden Meeresarme eher noch kürzer ist, führte dazu, daß sich hier das Leben am Meer und jenes auf dem Lande in großem Einklang vollzog. Nach dem Zerfall des Römischen Reiches kamen die Kelten nach Armorica und prägten diese schon in vorrömischer Zeit von einer alten, keltischen Zivilisation bevölkerte Region für lange Zeit. Dieses machtvolle keltische Erbe aber unterscheidet die Bretonen grundlegend vom restlichen Frankreich.

Geschichte

Die Bretagne ist seit mindesten 700.000 v. Chr. besiedelt. Mesolithische Jäger und Sammler und neolithische bäuerliche Gesellschaften haben ein beeindruckendes Erbe an Dolmen, Grabkammern und Menhiren hinterlassen (Steinmonumente wie jene in Carnac). In der Bronze- und Eisenzeit wurden die mineralischen Vorkommen der Halbinsel ausgebeutet, wurden Grabhügel und Festungswerke errichtet sowie der Binnen- und Seehandel, etwa mit Waffen und Werkzeug, entwickelt. Die Eroberung der Stämme Armoricas durch Julius Cäsar (57 v. Chr.) führte zur Romanisierung der Halbinsel, wenn auch deren wirtschaftliche Einbindung in das Römische Reich schneller voranschritt als deren kulturelle Assimilation: denn während zum Beispiel in den Städten sowie einigen größeren ländlichen Gemeinden entweder Vulgärlatein oder gallisch oder beides gesprochen wurde, sprach die Bevölkerung der ländlichen Gebiete ausschließlich gallisch, und auch das Christentum konnte sich nur langsam in dieser Region ausbreiten. Als die römische Herrschaft endete und germanische Stämme auf die Halbinsel und in weite Teile Frankreichs vordrangen, entwickelte sich das alte Armorica vor allem zu einem Refugium der Brittones, die im 5. und 6. Jahrhundert, als die Angelsachsen Britannien eroberten, hier Zuflucht suchten. Die Brittones verschmolzen mit den einheimischen Armorici und wurden schließlich zu Bretonen, die Region selbst zur Bretagne. Im Zuge der keltischen Kolonialisierung des Landes im 9. Jahrhundert breitete sich auch die keltische Sprache aus, die Siedlungen erhielten keltische Namen und derart konnte sich hier nun auch das Christentum etablieren. Im Mittelalter kämpfte die Bretagne, die im 9. Jahrhundert erstmals eine eigenständige politische und administrative Einheit darstellte, um die Festigung und den Erhalt ihrer territorialen und politischen Unabhängigkeit, doch im Jahre 1532 fiel sie schließlich an Frankreich. Die Provinz erhielt jedoch einige regionale Privilegien und so versuchte sie auch in den folgenden Jahrhunderten immer wieder, sich den zentralistischen Tendenzen des französischen Staates zu widersetzen. 1790 wurde die Provinz in fünf Départements gegliedert, was zu einer stärkeren Einbindung der Bretagne in die französische Politik und Kultur führte.

Sprache

Als gesprochene Sprache erreichte das Bretonische seinen Höhepunkt wahrscheinlich im 9. Jahrhundert; seit dieser Zeit nahm sein Einfluß ab, wurde es modifiziert und schließlich ganz und gar durch das Französische ersetzt, auch wenn es heute noch etwa von einem Viertel der Bevölkerung gesprochen wird. Das Bretonische, eine keltische Sprache, die jener von Cornwall und Wales verwandt ist und vielleicht sogar jener, die auf der Halbinsel vor der Ankunft der Brittones gesprochen wurde, entwickelte im 17. Jahrhundert vier Dialekte (jenen von Cornouaille, von Léon, Trégor und Vannetais). Fast während des gesamten Mittelalters war das Bretonische eher eine mündlich überlieferte als eine Schriftsprache, die zum Beispiel auch von Gauklern benutzt wurde, die die Arthursage oder andere Geschichten erzählten. Erst seit Mitte des 15. Jahrhunderts entstand in größerem Umfang eine bretonische Literatur, und zwar in Form von religiösen und weltlichen Gedichten, Dramen sowie Lexika und Manualen, Anleitungstexten für das weltliche und religiöse Leben. Im 19. Jahrhundert, als die französische Zentralregierung es sich zum Ziele setzte, die regionalen Dialekte und Sprachen gänzlich durch das Französische zu ersetzen, wurde das Interesse an der bretonischen Sprache wieder geweckt. War es im 19. Jahrhundert im Schulunterricht noch verboten, so wird das Bretonische heute in einigen weiterführenden Schulen und auch Lehrerseminaren gelehrt; die Universität Rennes verfügt über einen Lehrstuhl für keltische Sprachen, darüber hinaus gibt es auch Radio- und Fernsehprogramm in bretonischer Sprache. Bretonisch als eine lebendige, geschriebene Sprache zu erhalten ist auch das Anliegen verschiedener Autoren, die Prosa, Lyrik und Dramen auf Bretonisch schreiben. Dennoch gibt es heute nirgendwo mehr Bretonen, die ausschließlich bretonisch sprechen, auch als zweite Sprache wird das Bretonische nur noch von weniger als 20 Prozent der dortigen Bevölkerung gesprochen.

Nationalismus

Historisch betrachtet, haben die Bretonen bereits vor langem eine Nähe zum Konservatismus, zu religiösen Empfindungen sowie zu traditionellen sozialen Strukturen entwickelt. Politisch betrachtet, haben sie sich vier Jahrhunderte lang den kolonisatorischen und zentralistischen Bestrebungen anderer Mächte oder des eigenen Staates widersetzt. Zur Zeit der Französischen Revolution zeichnete sich die Bretagne vor allem durch royalistische und konterrevolutionäre Bewegungen aus: Bretonen beteiligten sich an der Chouannerie, jenem Aufstand der Landbevölkerung, der in der Vendée südlich der Loire begann und mit brutaler Gewalt niedergeschlagen wurde, was wiederum dazu führte, daß sich der Widerstand gegen die Zentralgewalt über Generationen fortsetzte. Dieser dokumentierte sich schließlich 1898 auch politisch, und zwar in der Bewegung *Union Régionaliste Bretonne*, sowie auch später in ähnlichen Zusammenschlüssen, die sich für unterschiedliche Formen der Dezentralisierung und regionalen Autonomie stark machten. Das in vieler Hinsicht weitreichendste, was im Rahmen der Idee einer autonomen Bretagne in diesem Jahrhundert vertreten wurde, war jedoch der Plan der *Parti National Breton* (1932 gegründet), nach dem Zusammenbruch Frankreichs im Jahre 1940 im Bündnis mit den Nazis eine unabhängige bretonische Regierung zu etablieren. Seit 1945 entstanden viele separatistische Gruppen, die jedoch über keine

Massenbasis verfügen, und zwar nicht zuletzt deshalb, weil die Subventionen der französischen Regierung und auch der Europäischen Gemeinschaft erheblich zur wirtschaftlichen Entwicklung dieser Region beigetragen haben.

Sitten und Bräuche

Dem keltischen Erbe der Bretonen ist auch ihre Nähe zum Phantastischen, zum Übernatürlichen, zum Geschichtenerzählen sowie zur Religion zuzuschreiben. Neben den Arthussagen und den populären Geschichten über Magier, Geister, Feen und Dämonen (oftmals in Assoziation mit Naturereignissen, bisweilen auch mit prähistorischen Kultstätten), gibt es in der Bretagne zahlreiche Heilige (von denen die meisten nicht von der Amtskirche, bestenfalls vom örtlichen Klerus anerkannt sind, oder lediglich von den Einheimischen als solche verehrt werden, auch wenn sie fast alle in Form von bemalten Statuen die Kirchen und Kapellen des Landes schmücken).

Der tiefreligiöse Charakter der Bretonen schlägt sich auch nieder in den typischen Pfarrhöfen, den Anlagen rund um einen kleinen Kirchhof, mit Triumphbogen, einem Kalvarienberg (*calvaire*) und einem Beinhaus, sowie im sogenannten *pardon*, einer religiösen Prozession mit Kerzen, Fahnen und Heiligenstatuen, bei der noch die regionalen Trachten getragen werden. Diese Prozession endet mit einem Fest, bei dem heute sowohl traditionelle wie moderne Musik geboten wird, auch Tanz und manchmal sogar Sport (früher Ringkämpfe, heute gewöhnlich Radsport).

Darüber hinaus finden heute in der Bretagne auch keltische Feste und Festivals statt, zu denen auch andere Volksgruppen keltischen Ursprungs kommen und die der Bretagne sowohl Touristen wie auch das Gefühl bescheren, doch keine Franzosen zu sein.

Die Bewohner von Wales, Cornwall und der Isle of Man

Diese drei keltischen Volksgruppen, die unter englischen und atlantischen Völkern leben, fühlen sich in einem übergeordneten Sinne als Briten, ohne dabei ihre eigene Identität als historisch gewachsene Volksgruppen zu vernachlässigen. Auf der Isle of Man und, weniger stark ausgeprägt, in Wales, findet diese Eigenständigkeit ihren besonderen Ausdruck.

Geschichte

Angesichts der germanischen Invasion etablierte der britische Adel, mehr oder weniger freiwillig, im höhergelegenen Westen des Landes seine eigene Herrschaft. Während die Nachfahren von Kenneth I. von Schottland im 12. Jahrhundert die englische Oberhoheit anerkannten, taten dies die Waliser jedoch nicht. Auch im heutigen Cornwall gab es keltische Gebiete, die nicht vollständig den englischen Herrschern unterworfen waren. Diese westlichen Kelten, in der Sprache, der Kultur und den politischen Traditionen jenen in Wales und auch der Bretagne ähnlich, behielten ihre keltische Identität auch dann noch bei, als sie politisch den Königen von Wessex unterstanden und an der allmählichen Entwicklung des englischen Staates Anteil hatten.

Seit dem 11. Jahrhundert hatten sich die am Rande Großbritanniens gelegenen Regionen mit der ambitionierten Vorstellung der englischen Herrscher (zur damaligen Zeit die Normannen; Anm. d. Übers.) auseinanderszusetzen, einen machtvollen englischen Staat zu gründen. Die Vorstellungen, die die Normannen im Hinblick auf Wales hatten, waren jedoch weniger weitreichend als jene der Römer. Obwohl sie begannen, Pembrokeshire zu kolonialisieren, akzeptierten sie dennoch, ähnlich wie die Engländer vor ihnen, die ehemalige Grenze zu Mercia bei Offa's Dyke. Sie überschritten die Grenze zu Wales, setzten dort Lords ein, bestraften ihre Feinde und trafen Maßnahmen gegen jegliche potentielle Rivalen. Vor allem seit dem 12. Jahrhundert etablierten sie zunehmend ihre eigenen Gesetze sowie ihre eigene Rechtsprechung und machten derart ihre Forderungen geltend, auch wenn sie nicht versuchten, die politischen Traditionen systematisch zu reformieren oder das englische Verwaltungssystem auf diese Gebiete auszudehnen. Wales war somit, ähnlich vielen Grenzregionen auch des Kontinents, einer benachbarten Macht (den Normannen Englands; Anm. d. Übers.) zwar untergeordnet, nicht jedoch völlig unterworfen. Wie um diese Besonderheit von Wales zu betonen, wurde entlang der Grenze zu Wales zunächst in Cheshire, Shropshire und Hereford ein besonders rigides Militärregime etabliert, das als Puffer gegen jene Grenze diente. Im Zuge der Stabilisierung der normannisch-englischen Herrschaft normalisierte sich die Lage und auch Wales wurde schließlich unter Edward I., zwischen 1280 und 1286, vollständig dem englischen Reich eingegliedert. Denn Edward hatte erkannt, daß die Prinzen von Wales, ursprünglich Normannen beziehungsweise Engländer, inzwischen stark assimiliert waren und im Nordwesten des Landes wie souveräne Herrscher regierten. Er schickte eine Strafexpedition nach Wales, ließ hier eine Reihe mächtiger Burgen zur Kontrolle des Landes errichten und gründete neue Grafschaften. Im Zentrum und im Süden von Wales ließ er die Macht der einheimische Herren unangetastet, doch die von Edward auch hier errichteten Burgen hielten diese äußerst wirkungsvoll davon ab, sich im weiteren der englischen Oberhoheit zu widersetzen.

Für das restliche Mittelalter war die englische Krone durch die Ereignisse in Frankreich abgelenkt und durch Bürgerkriege lahmgelegt. 1485, als Heinrich VII. den Thron bestieg, begann eine Zeit des relativen Friedens im Reich. Seine walisische Abstammung und eine große walisische Gefolgschaft gab seiner Übernahme der englischen Krone das Flair einer walisischen Eroberung Englands; tatsächlich jedoch machte die konsequente Integration der walisischen Elite in das englische Leben für immer die walisische Eigenständigkeit zunichte. Die Söhne der walisischen Aristokratie begannen mit ihrer Ausbildung in Shrewsbury und beendeten sie in Oxford. 1536 etablierte dann Heinrich VIII. das System der englischen Grafschaften auch in Wales und schließlich wurden mit der englischen Reformation, die in Westminster ihren Ausgangspunkt nahm, auch die stark vom Katholizismus geprägten walisischen Traditionen vollständig ausgelöscht.

Religion

Im mittelalterlichen Wales und Cornwall gab es viele Heilige und beide Regionen bildeten in der Zeit der Reformation Bastionen des katholischen Widerstands. Im 18. Jahrhundert wurde Wales jedoch von einem ganz eigenen, walisisch geprägten Protestantismus erfaßt, ähnlich dem calvinistischen Methodismus oder dem rigiden Baptismus, deren Anhänger die Frömmigkeit der offiziell anglikanischen Kirche von Wales sowie der dortigen unabhängigen Kongregationen noch übertrafen. 1923 gewann dieser walisische Protestantismus die Oberhand und damit wurde der anglikanischen Kirche von Wales der offizielle Status entzogen. Der radikale Protestantismus in verschiedenen Ausprägungen wurde so zu einem integralen Bestandteil der walisischen Identität – Symbol auch des Widerstandes gegen das Kulturmonopol Englands.

Politik

Wales ist bekannt für seine zahlreichen Chöre, bestehend aus Amateuren, deren Darbietungen durch ihre absolute Harmonie bestechen. So kann es also nicht verwundern, daß hier populistische Bewegungen, das Interesse an der Gemeinschaft, gemeinsame Aktivitäten und soziales Engagement breitere Unterstützung finden als in England, andererseits private Unternehmungen und Individualismus weniger hoch geschätzt sind. Die Besonderheit der dortigen politischen Kultur zeigt sich deutlich bei Wahlen beziehungsweise in den Wahlergebnissen mit jeweils klaren Mehrheiten: früher für die Torys, dann für die Liberalen und heute für die Labour Party. Dies ist eine Kultur, in der der Konsens einen hohen Wert hat und Diskussion und Debatte ein wichtiger Bestandteil der Politik sind. Gleiches gilt auch für die Bevölkerung der Isle of Man sowie, wenn auch weniger ausgeprägt, für jene von Cornwall. Der Nationalismus ist in allen diesen Regionen in erster Linie ein Programm der kulturellen Selbstbehauptung und weniger ein Programm der Abspaltung vom Vereinigten Königreich, obwohl in Wales die *Welsh Party* (Plaid Cymru) durchaus gewisse Wahlerfolge vorweisen kann, vor allem im Norden des Landes, wo es keine Industrie gibt und die *Labour Party* praktisch über keine politische Tradition verfügt. Das soziale Programm von Plaid Cymru ist stark links geprägt, vor allem im Vergleich mit anderen regionalen Parteien auf dem europäischen Kontinent.

Sprache

Die Waliser benutzen die Sprache anders, selbst wenn sie englisch reden. Ihr Ruf, wahre Meister der Redekunst zu sein, wird, obwohl objektiv nicht verifizierbar, durch verschiedene Erfahrungen gestützt. Der »Ruf der Kanzel«, so heißt es, war bei der Verbreitung des sektiererischen Protestantismus in Wales von großer Bedeutung.

Meister im Gebrauch des Englischen, haben die Waliser doch ihre eigene keltische Sprache, die die ältesten Texte aufweist, die in einer jener europäischen Sprachen verfaßt wurden, die auch heute noch gesprochen werden. Dieses stolze Erbe ihrer Sprache ist ein Symbol – und der Gebrauch dieser Sprache Ausdruck – des walisischen Nationalgefühls, doch muß man hinzufügen, daß die Zukunft des Walisischen nicht sicher ist. Sein Niedergang begann bereits im späten 18. Jahrhundert mit der raschen Industrialisierung des Südens von Wales: je mehr sich die schulische Erziehung ausbreitete, um so mehr breitete sich auch das Englische aus. Somit wurde das Walisische, wenn auch nicht aktiv verdrängt, so doch zunehmend nur noch in privaten, heimischen Zusammenhängen gesprochen. 1851 sprachen weniger als die Hälfte der Waliser das Walisische als ihre erste Sprache, heute sind es nur noch 10 Prozent. Die letzten Einwohner dieser Region, die ausschließlich Walisisch sprachen, waren die Schwestern auf der Halbinsel Caernarvon, die alle vor 1950 starben. Nationalisten und Nostalgiker versuchen auf bemerkenswerte Weise, die Sprache wiederzubeleben, nicht ohne mit diesem Ansinnen auf Kritik zu stoßen, denn auch das Walisische verfügt über viele regionale Dialekte, die zu einer einheitlichen Sprache zusammengefaßt werden müßten, die jedoch fast niemand spricht. Andererseits gibt es ein walisisches Fernsehprogramm, das die Hoffnung bestärkt, daß das Walisische nicht völlig untergeht.

Die Hoffnung, eine ähnliche Sprache für Cornwall wiederbeleben zu können, wird allerdings nur noch von einigen Romantikern gehegt. Bereits Mitte des 17. Jahrhundert war die *cornish language* in Cornwall nurmehr eine Sprache von Minderheiten – die letzte muttersprachliche Einwohnerin von Cornwall starb 1802.

Isle of Man

Traditionell wurde die Isle of Man vom House of Stanley, den Earls of Derby beherrscht. Im 18. Jahrhundert wurde sie, nicht zuletzt aufgrund ihrer liberalen Politik, jedoch völlig unvorbereitet von den Predigten *John Wesleys* vereinnahmt, für den diese Insel sich als ein großer Fang erwies, eingeholt unter den Augen der Torys. In der Zeit der industrielles Revolution gewann die Insel als Erholungsziel der Arbeiter aus den Industriegebieten von Lancashire an Bedeutung. Der Wesleyanismus, an der Küste diesseits und jenseits des Meeres verbreitet, bestärkte diese Verbindung noch. Aufgrund der anhaltenden Prosperität ihrer Wirtschaft sowie ihrer Treue zur evangelischen Religion sind die Bewohner der Isle of Man in ganz England als Arbeitnehmer hochgeschätzt.

Die Isle of Man hat sich eine sehr traditionelle Regierungsform bewahrt. Zwischen England, Schottland, Irland und Wales gelegen, war die Insel doch niemals Teil einer dieser Regionen. Die Tradition und die Integrität seines Parlaments, des House of Key, das auf normannische Ursprünge zurückreicht, sind essentieller Bestandteil des Nationalstolzes der Inselbewohner. Sie sind in der Lage, ein Steuersystem mit sehr vielen Vergünstigungen aufrecht zu erhalten, sie stehen außerhalb der EU und üben strikte Einwanderungskontrollen aus. Isoliert von den sozialen und kulturellen Veränderungen der sechziger und siebziger Jahre dieses Jahrhunderts – und somit letztendlich auch von all den damit verbundenen Gesetzesmaßnahmen – ist ihre Gesellschaft seit Jahrzehnten gleichbleibend konservativ. Obwohl Untertanen der britischen Regierung sind sie dieser jedoch lediglich in ihrer Außen- und Verteidigungspolitik unterworfen.

Die Iren

Irland besteht traditionell aus zwei Volksgruppen. Ganz allgemein gesprochen unterscheiden sie sich durch ihre Religion: die Katholiken, die die Mehrheit der Bevölkerung in der Republik Irland stellen sowie etwa 30 Prozent der Bevölkerung der nordirischen Provinz Ulster und die Protestanten, die über einen etwa genauso großen Anteil an der Bevölkerung der nordirischen Provinz verfügen. Stärker als im restlichen Westeuropa führte die ethnische Trennung in Irland seit Mitte des 19. Jahrhunderts zu einer politischen Instabilität, von deren Überwindung man heute weiter denn je entfernt ist. In größerem Ausmaß als irgendwo sonst in Westeuropa haben die Menschen hier die historischen Wurzeln ihrer Differenzen verinnerlicht. In Irland kann, ähnlich wie im ehemaligen Jugoslawien, Geschichte einen mörderischen Schatten werfen.

Für jeden Angehörigen einer der beiden großen Volksgruppen Irlands ist die Identität des je anderen derart augenscheinlich, daß Terroristen beider Seiten kaum Schwierigkeiten haben, ihre Mordopfer zu identifizieren. Dennoch sind diese beiden Gruppen in mancher Hinsicht nur schwer zu charakterisieren und zu definieren. Man könnte sie entlang religiöser, ebenso gut jedoch auch entlang kultureller, politischer oder ethnischer Kategorien unterscheiden, doch keine dieser Kategorien ist letztendlich wirklich zutreffend. So besteht zum Beispiel eine lange und bedeutsame Beziehung der Katholiken zum Vereinigten Königreich, während es andererseits sehr viele Protestanten gibt, die durchaus zufriedene Bürger der Republik Irland sind. Besonnenheit und Fleiß, Familienplanung und Scheidung sind die Tugenden und Laster, die traditionell – wenn auch nicht mehr sehr überzeugend – mit den Protestanten assoziiert werden. Der größte Teil der im Nordosten Irlands lebenden Protestanten stammt von Schotten oder anderen Siedlern aus dem Vereinigten Königreich ab, die im 17. Jahrhundert ins Land kamen, viele sind jedoch auch irischer Abstammung. Und umgekehrt sind auch viele der schottischen Immigranten in Antrim wiederum Katholiken.

Eine dritte, relativ kleine Volksgruppe, spielte vom 12. bis ins 20. Jahrhundert hinein eine bedeutende Rolle in der irischen Geschichte. Es war dies eine anglo-irische Elite, die über die ganze Insel verstreut war, und sich gegen die Überfrachtung irischer Traditionen mit katholischen Vorstellungen und Ideen wandte, ohne dabei jedoch den radikalen Protestantismus des Nordostens zu teilen. Diese Gruppe bestand im wesentlichen aus englischen Adeligen, später gehörten ihr auch Adelige irischer Abstammung an, die stark von englischen Lebens- und Denkweisen geprägt waren: diese Vermischung englischer und irischer Elemente ergab eine ganz eigene und eigenständige irische Identität, die heute jedoch, auf dem Hintergrund des politischen Wandels in Irland absolut marginalisiert, jedoch nahezu verschwunden ist.

Geschichte

In Irland bestand schon sehr früh eine enge Beziehung zwischen Staat und Religion. Der erste bekannte Missionar war der Heilige Pelagius, doch ab 432 war es vor allem sein Schüler Patrick, der, ausgebildet in Auxerre im südlichen Frankreich, die Missionierung Irlands vorantrieb. Er errichtete mehrere Kirchen, so im späteren Leinster, Munster und Connaught, und zudem in Armagh das größte und bedeutendste Zentrum der irischen Christenheit. Die Kirche übte eine große Anziehungskraft aus, die die Politik in Irland niemals aufwies. Etwa um 600 gab es mindestens fünf Königreiche in Irland, die wiederum einen sogenannten *high king* beziehungsweise ein Oberhaupt wählten. Der Sitz des *high kings* befand sich in Tara (nahe dem heutigen Drogheda), das sowohl für die religiöse wie weltliche Kultur des Landes von großer Bedeutung war. Die fünf Königreiche waren jenes von Munster, das zeitweise noch in ein östliches und westliches Reich aufgeteilt war, von Connaught, von Leinster, das den südlichen Teil der heutigen Provinz Leinster umfaßte, von Meath, der nördliche Hälfte der heutigen Provinz Leinster, sowie von Ulster, das seine damalige Bedeutung am längsten zu wahren vermochte. Zu Ulster, dessen kürzeste Entfernung zu Schottland lediglich etwa 20 km beträgt, gehörten damals auch Teile des Königreichs Dalriada, auf der anderen Seite des Meeres im heutigen Schottland gelegen.

Im 9. Jahrhundert hatte sich die Kirche von Irland rund um vier religiöse Zentren organisiert, um Armagh, um Dublin, Tuam und Cashel. Zusammen mit ihrem mächtigen Kloster in Iona, von dem aus große Teile der Britischen Inseln christianisiert wurden, vertrat die irische Kirche bis weit ins 8. Jahrhundert hinein Traditionen und Positionen, die von jenen Roms sehr verschieden waren. Die sich immer stärker abzeichnende Führungsposition Roms wurde von Irland jedoch mit dem Konvertiten eigenen Enthusiasmus begrüßt und akzeptiert.

701 begann die Invasion der Norweger, was dazu führte, daß nun in Irland erstmals Städte gegründet wurden. Daß dies nicht bereits schon früher geschah, ist sicherlich befremdlich, selbst auf dem Hintergrund, daß Irland, darin Schottland vergleichbar, ein abgelegenes, von einer ländlichen Gesellschaftsstruktur geprägtes Land war. 840 wurde Dublin zu einer norwegischen Kolonie ausgebaut. Zwischen Iren und Norwegern, die das Land dominierten und den Seehandel kontrollierten, kam es immer wieder zu Konflikten, was schließlich dazu führte, daß die Norweger in ihren Städten blieben, während im Hinterland weiterhin irische Könige regierten, in ihrer Macht lediglich beschnitten durch die Rivalitäten untereinander sowie durch die Bevormundung der Kirche.

Mit der Zeit setzte sich in ganz Irland der Gebrauch einer einzigen gälischen Sprache durch, die lediglich zwischen einzelnen Distrikten und Volksgruppen Dialektvarianten aufwies. Neben den verschiedenen irischen Königreichen und Provinzen entwickelte sich eine ganze Reihe von Clans, deren Namen heute noch in vielen irischen Familiennamen erhalten sind. Die Vorherrschaft und Zähigkeit der Stammesgesellschaft, der unbedeutende Status und die geringe Anzahl der Städte, die ländliche Basis eines großen Teils der Wirtschaft – all diese tiefgreifenden

Aspekte der irischen Gesellschaft führten dazu, daß die Iren bis in die Neuzeit hinein von ihren europäischen Nachbarn mit großer Geringschätzung betrachtet wurden.

Im 12. Jahrhundert kamen erstmals die Engländer auf die Insel und zwar im Zusammenhang mit den Kriegen zwischen den irischen Clans: sie wurden 1167 von *Dermot MacMurrough*, dem König von Munster, gerufen, der bei dem Versuch, in Irland, ähnlich wie in Schottland und England, ein einziges Königreich zu etablieren, nicht zuletzt in Leinster auf den Widerstand der irischen Territorialherren stieß. MacMurroughs Ruf folgten vor allem anglo-nomannische Krieger aus Wales.

Der englische König Heinrich II. seinerseits begrüßte diese Entwicklung als einen ersten Schritt dahingehend, seine Herrschaft über den ganzen britischen Archipel auszudehnen. Um dieses Vorhaben hinreichend abzusichern, bat er den einzigen englischen Papst, den es je gab, *Hadrian IV.*, um die Erlaubnis, Irland zu übernehmen, und der Papst stimmte diesem Vorhaben zu – gezwungenermaßen, jedoch nicht überraschend. Nachdem die Verbündeten von Dermot MacMurrough dann eine erste anglo-normannische Kolonie auf der Insel gegründet hatten, kam Heinrich II. im Jahre 1172 schließlich selbst, um jeglicher Usurpation seiner Rechte vorzubeugen.

Die anglo-normannischen Niederlassungen in Irland entwickelten sich vor allem in Leinster und Munster und erlebten in den nächsten 200 Jahren einen ungeahnten Aufschwung, initiiert von Männern, die aus einem Grenzgebiet in ein anderes gezogen waren, von Wales nämlich nach Irland. Die Ausarbeitung und Einführung eines zeitgemäßen Rechtssystems mit entsprechenden Institutionen, die damals in England sehr rasch erfolgten, wurden in Irland jedoch nur in stark modifizierter und zum Teil eingeschränkter Form nachvollzogen. Denn Irland war nicht im eigentlichen Sinne ein Grenzgebiet Englands, sondern vielmehr ein Grenzgebiet jenseits eines Grenzgebietes, weit abgelegen vom Machtzentrum der englischen Autorität. »Irisch verfahren« war damals ein stehender Begriff für das Bemühen englischer Landherren, in den Gebieten, in die sie vordrangen – vor allem Connaught sowie die abgelegeneren Regionen im Westen, profitable Beziehungen zu den Einheimischen herzustellen. In der

Regierungszeit Edwards II. (1307–27) unternahm dann der schottische König *Edward the Bruce* nach dem Sieg der Schotten über die Engländer bei Bannockburn den Versuch, zusammen mit den Iren ein schottisch-irisches, sprich ein gälisches Königreich, zu errichten. Dieser Versuch, gegen das englische Königreich ein eigenständiges, mächtiges schottisch-irisches Königreich zu etablieren, scheiterte jedoch und sollte auch, historisch betrachtet, der einzige Versuch seiner Art bleiben. Irland war zu dieser Zeit ein in vieler Hinsicht zersplittertes Land: das Volk stand unter der Herrschaft vieler lokaler und regionaler Herren, die untereinander um die Macht konkurrierten, zudem zeigten auch Teile des anglo-normannischen Adels zunehmend Tendenzen, sich von England zu emanzipieren, was jedoch in völligem Widerspruch zu den Loyalitätsansprüchen der englischen Krone stand. Mit dem Statut von Kilkenny (1366) versuchte England schließlich, seinen Adel vor irischen Einflüssen zu schützen: rund um Dublin wurde eine Art »Siedlungsring« errichtet, innerhalb dessen jegliche Verbindungen, auch Eheschließungen, zwischen Iren und Engländern verboten waren. Unter der Herrschaft Heinrichs V. (1413–22), als die englische Krone ganz auf ihren Krieg gegen Frankreich konzentriert war, floh etwa die Hälfte der anglo-normannischen Bevölkerung Irlands nach England. Diese völlig verworrene innenpolitische Situation der Insel endete erst, als auch Englands Bürgerkriege beendet waren, das heißt in der Regierungszeit Heinrichs VII. (1485–1509). Neue Gesetze wurden eingeführt, um das irische Parlament zu rekonstituieren, und 1495 schließlich erließ Heinrich VII. die sogenannten *Poynings' Laws*: das irische Parlament durfte nur mit Erlaubnis außerhalb von London tagen, es durfte ohne Zustimmung aus London keine Gesetze erlassen und mußte automatisch alle Gesetze, die in London erlassen wurden, für Irland übernehmen.

Irland nach der Reformation

Die Reformation zerstörte schon nach kurzer Zeit wieder die irische Einheit, die so spät erst zustande gekommen war. Heinrich VIII. (1509–47) proklamierte sich selbst zum König von Irland, denn das Geschenk des Papstes etwa 400 Jahre zuvor hatte die englischen Königen zu Lords of Ireland gemacht – ein Titel allerdings, der lediglich beinhaltete, daß die englische Krone die Oberhoheit über, nicht jedoch das Besitzrecht auf Irland erhielt. Heinrichs Initiative nun sollte es erleichtern, die reformierte Kirche Englands auch in Irland durchzusetzen. Heinrich selbst zählte zunächst in religiöser Hinsicht eher zu den Konservativen, der nur in einem einzigen Punkt zum Papst im Widerspruch stand. Als dann jedoch immer mehr Widersprüche dazukamen, drohte seine Haltung zu einem generellen Schisma zu führen, und die irische Elite sowie viele englische Adelige in Irland weigerten sich, ihm zu folgen. Daraufhin beschimpfte Heinrich die irischen Kongregationen – in einer Sprache, die sie nicht verstanden – dem Englischen, in dem sie nun jedoch auch ihre Predigten halten mußten. Demgegenüber zeigte es sich aber, daß der Wunsch der Iren, an ihrer ursprünglichen Religion festzuhalten, einherging mit jenem, sich auch ihre alte politische Ordnung zu bewahren und all dies beflügelte ihren Widerstand gegen die englische Bevormundung. All jene, die weiterhin gläubig zu Rom standen, knüpften nun engere Kontakte zu Frankreich und Spanien. Damit war jenes irische Problem geboren, das noch heute besteht: das Problem verschiedener Glaubensgrundsätze und absolut nicht vergleichbarer religiöser Zugehörigkeiten.

Der Widerstand gegen die englische Reformation beschränkte sich jedoch nicht auf die ursprünglich keltischen Regionen, auch alte englischen Familien verteidigten zäh ihren Katholizismus. Die lateinische Sprache, als allgemein gültige Kirchensprache, verband die englischen mit ihren keltischen Glaubensbrüdern. Viele der Bemühungen der englischen Krone, Irlands Kultur stärker zu beeinflussen – wie etwa der Ring englischer Siedlungen um Dublin – schienen nun hinfällig. England hatte Irland zu wenig Positives beschert, als daß hier jemals eine Loyalität gegenüber der Metropole hätte entstehen können. Und so waren auch die brutalen Maßnahmen des 16. Jahrhunderts, das Land für die englische Krone zurückzuerobern, nur teilweise erfolgreich, auch wenn dadurch einige Anführer des irischen Widerstandes ins Exil nach Frankreich und Spanien getrieben wurden.

Im frühen 17. Jahrhundert jedoch konnte sich England mit Hilfe eines neuen Siedlungsprogramm einen Teil jener Ländereien, die es in der Reformation verloren hatte, zurückzubekommen: Englands Brückenkopf in Irland verlagerte sich nun nach Ulster. Diese abgelegene nördliche Provinz hatte sich in früheren Zeiten der englischen Herrschaft im wesentlichen entzogen. England seinerseits zeigte sich stets zufrieden damit, lediglich einige Verbindungen mit den jeweiligen Landesherren in Ulster zu pflegen. Treue Katholiken die sie waren, freuten letztere sich jedoch nicht nur über ihre Unabhängigkeit, sondern führten um 1590 auch einem Krieg gegen das englische Establishment in Dublin. Die Engländer besiegten Ulster jedoch, verwüsteten das Land und siedelten hier nun schottische Untertanen an.

Für James I. von England – dem ersten Herrscher über ganz Großbritannien – stellte die Ausweitung der englischen Siedlungen in Irland eine Lösung für gleich zwei Probleme dar: Ulster war nun endgültig unterworfen und zudem von Engländern, sprich schottischen Untertanen besiedelt, die ihrerseits an der anglo-schottischen Grenze in aufrührerischer Manier stets für Unruhe gesorgt hatten – für den englischen König war nun also auch diese Region befriedet. In allen neun Grafschaften Ulsters – vor allem jedoch in Antrim im Nordosten – entstanden schottische Siedlungen, die die Loyalität des Landes gegenüber der englischen Krone sicherten, indem sie eine Art koloniale Bastion darstellten, da sie mit den Einheimischen über keinerlei Gemeinsamkeiten, keinerlei politische und religiöse Identität, verfügten, wie dies in der frühen Geschichte Irlands stets gegeben war. Anders als frühere englische Siedler waren die Schotten keine privilegierte koloniale Elite, die darum kämpfte, in Koexistenz mit einer widerspenstigen einheimischen Bevölkerung zu leben: diese neuen Siedler waren in der Mehrheit, sie verfügten über eigene gesellschaftliche Strukturen und soziale Schichten und waren gefeit gegen die Erosionen, die die früheren kolonialen Siedlungen der Engländer heimgesucht hatten. Die Anzahl der irischen Einwohner, die in diesen schottischen Siedlungen zurückblieben und deren Kultur übernahmen, war jedoch – vor allem in Antrim und Down – höchstwahrscheinlich sehr viel größer, als man gemeinhin annimmt: »ethnische Säuberungen« sorgten jedoch dafür, daß viele Iren dem Katholizismus abschworen. Zu den schottischen Siedlern kamen dann auch Siedler aus England, die von englischen Landherren in London angeheuert wurden. Etwa um 1640 war diese Umstrukturierung der Bevölkerung von Ulster abgeschlossen, im Zuge derer die Iren in einem von keiner Seite vorhergesehenen Aufruhr etwa 30.000 schottische Siedler ermordet hatten. Ulsters Bevölkerung bestand nun zu etwa 40 Prozent aus Engländern und Walisen und etwa zu 60 Prozent aus Schotten und Iren.

Der englische Bürgerkrieg von 1642-53 gab auch den Iren die Möglichkeit, sich gegen die Invasoren aufzulehnen. Ihre eigentlichen Feinde – die Presbyterianer, die Schotten und London – kämpften jedoch gegen die englische Krone, und so sahen sich die Iren in der paradoxen Situation, diese ihrerseits zu unterstützen. Die Revanche der Parlamentarier aber war schrecklich: in zwei großen Schlachten besiegte Cromwell die Anhänger der Krone und unterwarf schließlich auch die Iren. Die Erinnerung an seine blutigen Massaker an der aufständischen irischen Armee ist in der irischen Folklore lebendig geblieben und der Name Cromwells läßt noch heute jeden irischen Nationalisten entschlossen Mut fassen, wenn irgendeines seiner Vorhaben zu scheitern droht. Nachdem er auch Schottland endgültig unterworfen hatte, schuf Cromwell 1656 erstmals einen Staat, der die gesamten Britischen Inseln umfaßte: von 1656 bis 1658 saßen die Repräsentanten Irlands im Londoner Parlament.

Die wiedererrichtete Monarchie gewährte den Iren dann ein gewisses Maß an Emanzipation; im Geheimvertrag von Dover sicherte Charles II. den Katholiken Religionsfreiheit zu, sobald dies die Umstände erlauben sollten. Tatsächlich jedoch sah er diesen Moment niemals für gekommen. Erst sein Bruder und Nachfolger James II. (1685–89) hatte den Mut, selbst seinen katholischen Glauben zu praktizieren und religiöse Toleranz zu gewähren. Die damalige Elite des Landes war jedoch eher abgeneigt, Außenseitern diese Gleichheit zu gewähren und so wurde

James 1688 des Thrones verwiesen. Er apellierte an die Sympathie seiner irischen Untertanen und diese scharten sich in großer Zahl um ihn: in der legendären Schlacht am Boyne wurden sie jedoch von einer englischen Armee im Juni 1690 geschlagen. Die Iren kapitulierten, doch zu weitreichenden Bedingungen: der Freiheit der katholischen Religionsausübung, der Aufhebung der Verfolgung und der Freiheit, das Land zu verlassen. 1695 aber erklärten die Sieger diese Vereinbarungen für ungültig und versuchten erneut, die katholische Kirche Irlands zu unterdrücken. Die Priesterweihe wurde verboten und katholischen Landbesitzern in Connaught ihr Land genommen, wodurch die Gemeinden sowohl ihre geistlichen wie weltlichen Führer verloren. Doch mit der Zeit nahmen die Verfolgungen ab und in den Jahren um 1770 Jahren betrachtete man den Katholizismus nicht länger als eine Bedrohung für den Staat – selbst der Bann der Armee gegen katholische Offiziere wurde gelockert. Ab 1790 wurde auch den Katholiken wieder das Wahlrecht gewährt, mit dem Ergebnis, daß Irland wahrscheinlich – mit Ausnahme von Amerika – über die breiteste Wählerschaft der Welt verfügt.

Irlands Situation ähnelte nun der einer Kolonie: es unterschied sich vom »Mutterland« durch seine Religion, hatte nur wenig Anteil an dessen imperialer Machtentfaltung und erstarkte lediglich in seinem zähen Überlebenskampf als Grenzregion. Die Klagen über die englische Herrschaft, die Mitte des 18. Jahrhunderts laut wurden, kamen jedoch nicht von vergrämten keltischen Nörglern sondern von Dubliner Kaufleuten und Landbesitzern, die den gleichberechtigten Zugang zum englischen Markt forderten. Die Rebellion, die der britischen Herrschaft 1798 die Stirn bot, vereinigte Katholiken und Presbyterianer in gemeinsamer Sache. Dem Beispiel der Amerikanischen Revolution folgend, wurde London gezwungen, die *Poynings' Laws* von 1495 zu modifizieren: das irische Parlament wurde ermächtigt, eigene Gesetze zu erlassen, die nunmehr lediglich der königlichen Zustimmung bedurften. Unter dem Eindruck der Französischen Revolution, die Englands Angst vor Unruhen in Irland erneut schürte, entwickelte der englische Premierminister William Pitt (Premierminister von 1784–1802) dann den Plan, die »Kolonie« Irland ganz und gar dem »Mutterland« einzuverleiben. Auch wenn dieses Vorhaben kurios erscheinen mag, so kann es doch mit dem historischen Prozeß der Herausbildung der Vereinigten Staaten von Amerika verglichen werden, wo jedes neue Siedlungsgebiet nach einer gewissen Zeit, in der es Kolonialstatus hatte, der Staatenunion einverleibt wurde. Die Iren hatten zudem das ermutigende Beispiel Schottlands vor Augen – einst brutal dem Königreich unterworfen und eingegliedert, aber dadurch, seit der Union mit England im Jahre 1707, zu enormen Reichtum gelangt. Pitts Idee galt einem Irland, das sich von seiner Bigotterie weg, hin zu einem modernen Gemeinwesen entwickeln sollte.

Im Jahre 1800 wurde die Union vollzogen. 100 Vertreter Irlands zogen in das *House of Commons*, 28 weitere in das *House of Lords* ein, doch nicht einer von ihnen war ein Katholik. Die englischen Gesetze ließen es nicht zu, daß Katholiken politische Ämter besetzten. Die irischen Parlamentsmitglieder unterstützten diese Politik Englands und nutzten das Parlament als eine Bastion gegen die Interessen der katholischen Iren. Die Aufhebung dieser Restriktionen im Jahre 1829 kam dann aber zu spät, um die derart entstandenen feindlichen Gräben in Irland selbst wieder zu beseitigen.

Der Aufstieg des Nationalismus

Das Fehlen natürlicher Ressourcen führte dazu, daß Irland an der wirtschaftlichen Entwicklung Englands im Zuge der industriellen Revolution keinen Anteil hatte. Die wirtschaftliche Entwicklung des Landes blieb zudem weit hinter dem raschen Anstieg der Bevölkerung zurück, der zu Beginn des 18. Jahrhunderts einsetzte. Als dann in den Jahren nach 1840 auch noch die Kartoffelernte ausfiel, starben in den Hungersnöten der Jahre 1845–49 etwa eine Million Menschen, eine weitere Million Menschen wurde gezwungen, auszuwandern. Der durchschnittliche Lebensstandard eines irischen Arbeiters erreichte damals etwa 5–10 Prozent des Lebensstandards eines englischen Arbeiters. Irland wurde immer ärmer, während England immer reicher wurde.

Ab etwa 1820 bemühte sich die Irish Association unter ihrem Parteiführer Daniel O'Connell, die Kontrolle der Landbesitzer über die irischen Wählerschichten zu brechen, indem sie es auch Leuten niederer sozialer Herkunft ermöglichte, einen Sitz im House of Commons zu erlangen und damit gleichzeitig das gesamte politische System angriff: die Privilegien der Kirche von Irland – ein protestantisches Establishment, das von Steuern lebte, die den Katholiken abgepreßt wurden; das Pachtsystem, das die protestantischen Landbesitzer zum Nachteil ihrer katholischen Pächter praktizierten; und nicht zuletzt London selbst, das sich in keiner Weise für die Probleme Irlands, dieser absolut benachteiligten und abgelegenen Region, interessierte. Tatsächlich wurden diese Probleme erst dann behoben, als ihre Folgen unerträglich geworden waren.

Im späten 19. Jahrhundert, als sich Ulster, versorgt mit Kohle aus Großbritannien, industriell zu entwickeln begann, entstand eine tiefe Kluft zwischen dieser nun prosperierenden, protestantischen Region im Norden und dem restlichen verarmten, katholischen Irland. Dies führte, noch verstärkt durch die unterschiedlichen ökonomischen und politischen Interessen beider Teile, zu einer tiefgreifenden Spaltung des Landes. Die *Irish National Party* nutzte die parlamentarische Nische, die *O'Connell* bereits geschaffen hatte, um radikale Forderungen einzubringen: Unabhängigkeit von der Justiz Westminsters, Autonomie. Diese Unabhängigkeitsbestrebungen wurden von Teilen des englischen Establishments durchaus mit Sympathie betrachtet, jedoch im englischen Parlament 1886 knapp zurückgewiesen. Dies bestärkte erneut die irischen Ressentiments, eine separatistische republikanische Bewegung entstand. Dennoch gab es auch Iren, vor allem in den abgelegeneren Regionen des Britischen Empires – so in Kanada und Australien, die mit ihrem Status als Untertanen der britischen Krone durchaus zufrieden waren. Der Aufstand der Republikaner im Jahre 1916 führte jedoch dazu, daß sich ihr Ansehen erhöhte, selbst unter moderaten Nationalisten, und zwar nicht zuletzt aufgrund des heldenhaften Todes von fünfzehn der irischen Anführer dieser Rebellion (1914 hatte England die irische Souveränität anerkannt, dies dann jedoch auf dem Hintergrund des Ausbruchs des Ersten Weltkrieges wieder zurückgenommen, da die irischen Häfen für die englische Kriegführung von größter Bedeutung waren; daraufhin kam es am Ostermontag 1916 in Dublin zum Aufstand gegen England, der von der britischen Armee blutig niedergeschlagen wurde; Anm. d. Übers.). Dieses Ereignis beflügelte jedoch auch die Gegner einer eigenständigen irischen Politik: als Irlands Autonomie greifbar nahe rückte, spaltete schließlich die sogenannte *»loyalistische Rebellion«* den Norden vom restlichen Irland ab.

Die blutige Unterdrückung derartiger Rebellionen war traditionell Bestandteil der britischen Politik beziehungsweise des britischen Politikverständnisses. Für das irische Problem fand die britische Regierung dann 1920 jedoch eine vielleicht wohlmeinende, im Grunde jedoch fatale Lösung: Irlands Autonomie wurde zum Gegenstand eines Referendums, das derart formuliert war, daß die irischen Loyalisten, sprich also in erster Linie die Provinz Ulster, nun die Möglichkeit erhalten sollte, Teil eines autonomen Irlands zu werden. Im Ergebnis führte dies dazu, daß Irland als sogenannter *Irish Free State*, in seinem Status vergleichbar mit Kanada, zu einem freien britischen Kronland wurde, mit Ausnahme allerdings der sechs irischen Grafschaften des Nordostens, wo die britischen Loyalisten zu dieser Zeit die Mehrheit hatten. Die Geburt des neuen Staates Irland ging nun einher mit einem weiteren Bürgerkrieg zwischen den Anhängern einer irischen Autonomie und irischen Separatisten, die jeglichen politischen Kompromiß ablehnten. In diesen Auseinandersetzungen konnten sich zunächst zwar die gemäßigteren Fraktionen durchsetzen, doch schließlich führte der Wahlerfolg der Separatisten dazu, daß sich jener Teil Irlands, der sich 1932 als Irische Republik konstituieren sollte, endgültig von England lossagte. Die irische Neutralität während des Zweiten Weltkrieges war sozusagen der letzte Schritt, den die junge Republik unternahm, um jegliche Anbindung an das Vereinigte Königreich England zu lösen – dennoch haben sogar noch heute irische Staatsbürger das Recht, in England zu leben und auch zu wählen.

Seit dem Zweiten Weltkrieg haben sich die Verhältnisse im Süden Irlands stabilisiert, die sechs Grafschaften des Nordens jedoch, die im Vereinigten Königreich von England verblieben sind, sind aufgrund interner Spannungen mit unlösbaren Problemen konfrontiert. Deren relative wirtschaftliche Prosperität zog auch Katholiken aus dem Süden an, die Mehrheit der Loyalisten aber schwindet, nicht zuletzt demographisch bedingt, doch scheint ihr Nationalgefühl, das sich einst in Opposition zu einer Kultur entwickelte, die Irlands kolonialen Status subversiv untergrub, absolut unvereinbar zu sein mit der Vorstellung eines vereinten Irland. Seit 1969 schlägt sich die Aussichtslosigkeit dieser Situation in terroristischen Kämpfen zwischen den Extremisten beider Gruppen nieder, und jede politische Initiative, diesen Konflikt zu lösen, hat die Situation seit dieser Zeit eigentlich nur verschlimmert.

Sprache

Irisch, die gälische Sprache Irlands, mit ihrer weitzurückreichenden und glorreichen literarischen Tradition, überlebte Jahrhunderte englischen Einflusses und englischer Überlegenheit auf diesem Gebiet. Denn neben einer englischen entstand auch eine anglo-irische literarische Kultur, die sehr früh in den Schriften von Edmund Spenser ihren Ausdruck fand und mit der Gründung des Trinity College in Dublin im Jahre 1592 institutionalisiert wurde. Viele Werke, die dieser literarischen Tradition verpflichtet sind, geben Zeugnis von einem eigenständigen, irischen Selbstbewußtsein. *Jonathan (Dean) Swift*, in Dublin geboren und in England aufgewachsen, ab 1713 Dekan der St. Patrick Cathedral in Dublin, unterstützte in seinen Schriften den Protest der Iren gegen die koloniale Ausbeutung ihres Landes durch das Britische Empire, ebenso wie sein Freund und Mitarbeiter *Molyneux*, der hugenottischer Abstammung war. Andererseits gehörten die irischen Schriftsteller, die ihre Werke auf Englisch schrieben, zu den virtuosesten Könnern der englischen Sprache: die Werke von *Edmund Burke* und *Sheridan* zum Beispiel bezeugen das fruchtbare Zusammenwirken ursprünglich irischer und anglo-irischer Traditionen im späten 18. Jahrhundert. Auch irisch-katholische Schriftsteller leisteten zunehmend wichtige Beiträge gleich hochstehender Qualität: *William Carltons* Geschichten über das irische Landleben (1849) sind ein brillanter Bericht über eine Gesellschaftsschicht, die zuvor in der Literatur vernachlässigt wurde. Auf *Bernard Shaw* und *Oscar Wilde* folgten *James Joyce* und

Samuel Beckett, die als Angehörige der »keltischen Gemeinde« Irlands, die englische Sprache bisweilen effektvoller benutzten als die Anglo-Iren selbst, gelten wohl als die bedeutendsten Autoren des englischsprachigen Raums.

Das Irische wurde nach der Schlacht am Boyne und der daraufhin erfolgten Ablösung vor allem der irischen Katholiken von einflußreichen Positionen des Landes fast vollständig aus dem öffentlichen Leben verdrängt. Dennoch bestand es bei über Dreiviertel der Bevölkerung als Alltagssprache bis etwa Mitte des 19. Jahrhunderts weiter, als es dann erneut eine plötzliche Einschränkung selbst in diesem Bereich erfuhr. *Daniel O'Connell*, dessen Familie der Unterwerfung unter die einheimische *gentry* entkommen war, wuchs in einem traditionellen irischen Haushalt auf, wo er zunächst von einer Amme aufgezogen wurde. Er lebte unter einfachen Leuten ebenso wie im Herrenhaus, und dies erklärt die Wirkung, die er später bei seinen Reisen durch das Land auf seine Wähler ausübte, denen er Englands Ungerechtigkeiten gegenüber Irland darlegte. Er beherrschte die Kraft und Schönheit der irischen Sprache, und dennoch war er es, der seine Landsleute dazu aufforderte, Englisch als die Sprache der Zukunft zu akzeptieren. Gegen Ende des 19. Jahrhunderts wurde das Irische fast nur noch an der Westküste und den vorgelagerten Inseln gesprochen. Von den Nationalisten der Irish Language Movement und von Sinn Féin wurde es jedoch als ein Mittel betrachtet, eine »Grenze« zwischen Irland und England bzw. zwischen dem »keltischen« Irland und jenem der Kolonialisten zu ziehen. 1932 sprachen 16.000 Menschen Irisch als erste Sprache, 16.000 von drei Millionen Einwohnern der neu proklamierten Irischen Republik. 1956, nach 24 Jahren ihres Bestehens und vielen großen Kampagnen für die Wiederbelebung des Irischen, sprachen es nur noch 12.000 Menschen. Heute muß jeder in der Schule Irisch lernen, jeder muß erfahren, wie es ist, diese Sprache zu sprechen. Im *Dáil êireann*, dem irischen Parlament, beginnen alle Reden auf Irisch, doch wechseln die Redner stets, sobald sie mit ihren eigentlichen Ausführungen beginnen, sehr schnell und durchaus beeindruckend in das ihnen eigentlich so verhaßte Englisch.

Kapitel 3

Der kontinentale Nordwesten

Das Konzept des geographischen Determinismus – die Theorie, daß sich die Geschichte eines Volkes aus seiner geographischen und topographischen Lage bestimmt – spielt in der Historiographie der Länder Nordwesteuropas eine bedeutende Rolle. Die französische Geschichte wurde und wird oftmals als ein Streben nach Absicherung durch »natürliche Grenzen« dargelegt; die Deutschen wurden und werden als diejenigen betrachtet, die sich einen Lebensraum schaffen mußten aus der Position heraus, von Feinden umgeben zu sein sowie über einen nur begrenzten Zugang zum Meer zu verfügen. Die politische und kulturelle Aufspaltung der Niederlande wurde auf geographische Gegebenheiten zurückgeführt, aufgrund derer einige Provinzen sich gegen fremde Herrscher und Einflüsse stärker zur Wehr setzten als andere.

Doch in anderer Hinsicht scheint die Geschichte dieser Region der Geographie getrotzt zu haben. Die Unterscheidung zwischen Völkern der Berge und der Ebene, die besonders im Osten und Süden Europas eine Rolle spielt, hat hier, wo Franzosen und Deutsche – beziehungsweise einzelne Volksgruppen innerhalb dieser Nationen – in beiden Arten dieser natürlichen Umgebung leben, scheinbar wenig Relevanz. Die Region, die Gegenstand dieses Kapitels ist, schließt deshalb die westlichsten Ausläufer jener großen Ebene mit ein, die sich im Südwesten Europas erstreckt, zudem die Gebiete am Niederrhein, die westlichen Ausläufer des französischen Zentralmassivs sowie die nordwestlichen Ausläufer des Böhmerwalds. Von den Volksgruppen Frankreichs sind jene nicht erwähnt, die am Meer und auf Inseln leben, also die Korsen, Provençalen, Basken, Bretonen und Normannen. Alle anderen scheinen zudem derart gut »gemischt«

zu sein, daß sie unter zwei großen Gesichtspunkten abgehandelt werden. Was nun die Einbeziehung der Franken und Rheinländer in dieses Kapitel betrifft, so berechtigt dies – in bezug auf das übrige Deutschland – der kulturelle Unterschied und die je unterschiedliche politische Entwicklung dieser Regionen, deren Weg in ihre heutige Heimat vom Westen ausging und die auch heute noch von dieser Seite Europas beeinflußt werden, obwohl natürlich alle deutschen Volksgruppen gleichberechtigte Deutsche darstellen, und die politische Einheit Deutschlands hier wohl ebenso hoch geschätzt wird wie in jedem anderen europäischen Staat.

Die Franzosen

Die Franzosen von heute sind eine Mischung aus verschiedenen Völkern, ebenso wie das Frankreich von heute eine Mischung unterschiedlicher Regionen ist. Die planmäßige Entstehung der französischen Nation und die willkürliche Bevormundung seiner Provinzen durch Paris während des 19. Jahrhunderts wird gemeinhin als Ergebnis zweier politischer Maßnahmen des 18. und 19. Jahrhunderts gewertet: der Einführung der allgemeinen Wehrpflicht (im späten 18. Jahrhundert, früher als in jedem anderen europäischen Land) und jener der allgemeinen schulischen Ausbildung (stark verbessert ab 1830, obligatorisch, kostenlos und staatlich seit 1882). Die effektive Aufhebung von räumlich und zeitlich bedingten kulturellen Unterschieden war begleitet von der Konstruktion einer nationalen französischen Kultur, mit dem Ziel, historisch unterschiedliche Völker und Provinzen einheitlich zu erfassen. Dieser Prozeß, der im 19. Jahrhundert vor sich ging, kann in seinen Ursprüngen jedoch bis ins 9. Jahrhundert zurückverfolgt werden, dem Zeitpunkt der Migration »barbarischer« Völker – der Franken, die ein mächtiges Königreich, das Frankenreich gründeten – und zwar in Folge des Zusammenbruchs des Römischen Reiches im 5. Jahrhundert.

Geschichte

Die Franken waren eines der germanischen Völker, die im 5. und 6. Jahrhundert die entwickelten und zentral gelegenen Provinzen des römischen Gallien eroberten und hier, nach dem Zerfall des Römischen Reiches, das mächtigste und am stärksten christianisierte Königreich im Europa des frühen Mittelalters errichteten.

Die europäischen Völker des frühen Mittelalters wiesen keine ethnischen Unterschiede auf, noch waren sie alles andere als »reinrassig«, im Gegenteil, sie waren in den meisten Fällen Zufallsgemeinschaften, die von ihren jeweiligen Anführern in Gruppen zusammengefaßt wurden und eine gemeinsame Sprache und Kultur teilten (auch wenn Teile dieser Sprache und Kultur ihnen von anderen Völkern aufgezwungen worden waren). Die Franken selbst haben sich wohl im 3. Jahrhundert aus dem Zusammenschluß mehrerer germanischer Stämme gebildet. Zwei dieser Stämme sind bekannt: die salischen Franken, die am Fluß Ijssel und die Ripuarier, die am rechten Ufer des Rheins lebten, doch bestand diese letzte Gruppe bereits aus verschiedenen anderen Volksgruppen, die jedoch erst vom 8. Jahrhundert an als solche wahrgenommen wurden. Erfolglose Invasionen der salischen Franken in das römische Gallien in der 2. Hälfte des 3. Jahrhunderts führten dazu, daß diese schließlich die römische Oberhoheit anerkannten und auch Soldaten für die römische Armee stellten. In dem Maße jedoch, in dem Roms Macht im Schwinden begriffen war, erstarkte die Unabhängigkeit der Franken und so kolonialisierten sie ihrerseits Teile des Römischen Reiches. Als Roms Imperium 476 zusammenbrach, übernahmen die salischen Franken den größten Teil des nördlichen Gallien bis hin zur Somme. Unter *Chlodwig I.*, der von 481 bis 511 regierte, wurden sie christlich und drangen weiter nach Süden vor, bis zur Seine und Loire, und kolonialisierten diese Gebiete, das heißt, Teile der heutigen Normandie sowie das Pariser Becken. Im 6. und 7. Jahrhundert besetzten die Franken des Rheinlands das linke Rheinufer, etwa bis zur heutigen romanisch-germanischen Sprachgrenze, und rückten dann weiter bis in das heutige Flandern vor, das die salischen Franken zuvor verlassen hatten. Die Rheinland-

Franken wurden jedoch erst im 8. Jahrhundert christlich.

Als die Franken die Gebiete des ehemaligen römischen Gallien kolonialisierten, vermischten und verheirateten sie sich mit den gallo-römischen Bewohnern dieser Gebiete. Anders als die Römer und die Goten verboten die Franken nicht die Heirat zwischen unterwerfenden und unterworfenen Völkern, was schließlich auch mit einer der Gründe war für ihre rasche Assimilation im gallo-römische Kulturraum. Dennoch nannten sich die Bewohner des Westfränkischen Königreichs beziehungsweise Frankreichs auch in späteren Jahrhunderten noch Franken, obwohl ihre fränkische Komponente sich längst mit jener der gallo-römischen Bevölkerung vermischt hatte. Zusätzlich führte die politische Hegemonie der Frankenkönige dazu, daß sich ihre Untertanen, egal welchen Ursprungs, selbst als Franken bezeichneten und so ist der Begriff Frankenreich auch eher ein poltischer als ein ethnischer Begriff.

Im frühen 6. Jahrhundert hatte Chlodwig nicht nur Burgund unterworfen, sondern auch den Südwesten des Landes bis hinunter zu den Pyrenäen von den Westgoten befreit, so daß sich im Grunde das ganze heutige Frankreich unter fränkischer Herrschaft befand, auch wenn die ursprünglich fränkischen Siedlungen vor allem auf den Osten und Norden des heutigen französischen Territoriums konzentriert waren. All diese Eroberungen legten praktisch den Grundstein für den Aufbau des mächtigen und großen Fränkischen Reiches, das seinen Zenit mit der Regierungszeit von *Karl dem Großen* (768–814) erreichte.

Mit dem Tod Karls des Großen im Jahre 814 fiel das Fränkische Reich auseinander und es dauerte ungefähr weitere tausend Jahre, bis die heutigen Grenzen und die heutige Einheit des modernen französischen Staates etabliert waren. Karl der Große selbst hatte bereits 806 den Plan gefaßt, sein Reich aufzuteilen: *Francia* sollte die nördlichen Länder umfassen, die von den Franken besiedelt waren, während Aquitanien im Süden jenen Teil Galliens darstellte, der am stärksten vom römischen Einfluß geprägt war. Obwohl der Plan Karls des Großen nicht verwirklicht wurde, manifestiert sich in ihm doch bereits die fundamentale kulturelle Trennung Frankreichs, die in gewisser Hinsicht bis zum heutigen Tag besteht. Bei der Teilung des Reiches 843 durch die Enkel Karls des Großen fielen an Ludwig dem Deutschen jene Länder, in denen teutonische Sprachen gesprochen wurden, sowie an Karl jene Territorien, in denen die romanische Sprache vorherrschte. Aus den Territorien aber, die Karl erhielt, sollte sich dann mit der Zeit und verbunden mit vielen politischen Turbulenzen und Widersprüchen der moderne französische Staat entwickeln.

Auch wenn das Königreich Frankreich im 10. und 11. Jahrhundert sowohl gesetzlich als auch territorial klar definiert war, so bildete es doch aufgrund politischer Machtkämpfe nur eine Ansammlung kleinerer Einzelstaaten, die im Grunde unabhängig und dem König lediglich nominal verpflichtet waren. Frankreich war damals ein Land mit vielen Feudalherren, die sowohl untereinander wie oft auch in ihrem eigenen Herrschaftsbereich in Kämpfe und Auseinandersetzungen verwickelt waren.

Neben der Bretagne, der Normandie und Burgund sowie jenen Provinzen, die die Franken besetzt hatten, waren die beiden bedeutendsten territorialen Einheiten des mittelalterlichen Frankreich Aquitanien und die Gascogne. Die römische Provinz Aquitania, die von den Pyrenäen bis zur Atlantikküste und der Loire reichte, gehörte im 5. Jahrhundert, bevor sie zu Beginn des 6. Jahrhunderts unter fränkische Kontrolle geriet, zum Westgotenreich. Von Karl dem Großen im 8. Jahrhundert als Königreich etabliert, hatte Aquitanien unter den Grafen von Poitou im 9., 10. und 11. Jahrhundert des Status eines Herzogtums. Durch die Heirat Eleonoras von Aquitanien (Tochter des letzten Herzogs von Aquitanien) mit Heinrich II. von England aus dem Hause Plantagenet fielen große Teile dieses Herzogtums an das von England beherrschte Angevinische Reich. über Jahrhunderte blieb die politische Zugehörigkeit Aquitaniens ein Streitpunkt zwischen England und Frankreich, bis es 1453 schließlich definitiv wieder zu Frankreich gehörte. Die Gascogne, zwischen der Garonne und den Pyrenäen gelegen, war Teil des römischen Aquitanien, bevor dies zunächst von den Westgoten, dann von den Franken erobert wurde. Die Gascogner waren ursprünglich aus dem Süden gekommen (Vasconia war der lateinische Namen für das Baskenland) und im Zuge der normannischen Invasion in das Herzogtum Gascogne mit der Hauptstadt Bordeaux eingegliedert worden. Im frühen 11. Jahrhundert wurde die Gascogne mittels Heirat wieder mit Aquitanien vereint, doch wurde sie seit 1154 von den Engländern besetzt, bis sie 1453 schließlich wieder an Frankreich fiel. In diesen 300 Jahren entwickelte sich zwischen England und der Gascogne ein nicht unbedeutender Handel mit Wein.

Die Eingliederung der Gascogne und Aquitaniens in das Königreich Frankreich war Teil eines umfassenden, langandauernden Prozesses. Das eigentliche Territorium des französischen Königreichs umfaßte im 11. Jahrhundert lediglich die Île de France, deren Zentrum Paris war, und zwar seitdem der Hof sich dort, nach der Thronbesteigung Hugos von Capet im Jahre 987 etabliert hatte. Erst im 17. Jahrhunderte hatte sich das französische Königreich langsam über jenes Gebiet ausgedehnt, das auch das heutige Frankreich umfaßt.

Sprache

Zur Zeit Karls des Großen verfügte Frankreich über keine einheitliche Sprache und auch noch Mitte des 19. Jahrhunderts konnte ein Fünftel aller Franzosen kein Französisch und in einer von fünf Kommunen nicht die Alltagssprache. Es dauerte Jahrhunderte, bis das Standardfranzösisch alle regionalen Sprachen und Dialekte ersetzt hatte.

Während der römischen Besatzung Frankreichs, vom 1. bis 5. Jahrhundert, wurden dessen Einwohner »latinisiert«: Latein war die Sprache der Verwaltung, der Justiz, des Handels, der Religion, der Bildung und Wissenschaften, jedoch erfaßte dieser Prozeß nicht alle Regionen und alle Schichten der Bevölkerung gleichermaßen. Mit dem Zusammenbruch des Römischen Reiches und dem Eindringen »barbarischer« Invasoren, veränderte sich in Gallien nach und nach das gesprochene Latein, so daß es sich bald sowohl vom klassischen Latein als auch von jenem Latein unterschied, das in anderen Teilen des Reichs gesprochen wurde. Bis zum 8. Jahrhundert entwickelten sich die Sprache des Nordens und des Südens jeweils unterschiedlich, wobei sich im Norden zum Teil auch der Einfluß der Salischen Franken bemerkbar machte. Der gallo-römischen Bevölkerung, mit der sie Ehen eingingen und durch die sie rasch christianisiert wurden, kulturell unterlegen, übernahmen die Franken sehr bald schon auch die lateinische Sprache, die sie jedoch um viele fränkische Begriffe aus dem Bereich der Landwirtschaft und der Kriegführung bereicherten und deren Aussprache sie deutlich fränkisch beeinflußten.

Die Sprachgrenze, die die nördlichen Dialekte der *langue d'oãl* von jenen des Südens, der *langue d'oc*, die bisweilen generell als provençalisch bezeichnet werden, trennte, verlief von der Gironde entlang der nördlichen Ausläufer des französischen Zentralmassivs bis nach Lyon. Zu den nördlichen Dialekten gehörte das Normannische und Anglo-Normannische, das Picard und Wallonische, der Dialekt der Champagne, der Loire-Region und der Burgogne ebenso, wie die Dialekte des Pariser Beckens, unter anderem das *francien*, aus dem das moderne Französisch entstand.

Seit die königliche Verwaltung sich im 10. Jahrhundert um Paris herum konzentrierte, erhielt das *Francien* einen immer höheren Status gegenüber den anderen Dialekten und breitete sich mit der Zeit immer weiter, sowohl als offizielle, wie auch als Alltagssprache, aus. Spätestens seit dem 13. Jahrhundert galt die gesprochene Sprache der Pariser Gesellschaft als Modellsprache, die auch andere Regionen übernahmen und die sich auch literarisch in vielfältigsten Formen manifestierte, in Reimen, Liedern, den *chansons de geste*, in Erzählungen, didaktischen und historischen Texten. Auch Gesetzestexte und Dokumente wurden zunehmend in *francien* verfaßt. Schließlich führte der sogenannte Hundertjährige Krieg (1338–1453), in dessen Verlauf keineswegs ein ständiger offener Konflikt zwischen England und Frankreich bestand, dazu, daß so etwas wie ein französisches Nationalgefühl entstand, wodurch sich auch das Francien immer weiter verbreitete, und zwar in geschriebener wie gesprochener Form (zudem wurden auch mehr und mehr Werke aus dem Lateinischen in Francien übersetzt). Dieser Trend wurde von den Regierungen des Mittelalters unterstützt und Franz I. schrieb dann in den »Ordonnances de Villers-Cotterêts von 1539 den Gebrauch des Francien für Gerichte sowie für gesetzliche Dokumente vor. Dies geschah zum einen auf dem Hintergrund, daß das Latein, das meist noch bei Gericht gesprochen wurde, längst nicht mehr von allen verstanden wurde, zum anderen jedoch auch, um im Hinblick auf die Verwaltung des Königreichs eine einzige Sprache zu etablieren und nicht zuletzt deshalb, um der Sprache des Königs die ihr gemäße Stellung zu verleihen. Dies hatte zur Konsequenz, daß die anderen regionalen Dialekte Frankreichs, durch das Francien verdrängt, meist nur noch als gesprochene Sprachen und kaum noch als literarische Sprachen weiterbestanden.

Im 17. Jahrhundert wurde dann ein sogenanntes »klassisches Französisch« aktiv gefördert, nicht zuletzt von der *Académie Française*, die von Richelieu 1734 mit dem Ziel gegründet wurde, das Französische durch die Fixierung einer Grammatik, eines Wörterbuches sowie einer französischen Rhetorik zu standardisieren. Eine Vielzahl ähnlicher Werke wurde nun veröffentlicht, was allerdings das Konzept des *bon français* eher konterkarierte, ein Konzept, das lediglich sehr eng gefaßte geographische und soziale Aspekte berücksichtigte, vor allem die Pariser Gesellschaft, und nur in eingeschränktem Maße auch weniger exponierte soziale Schichten und Provinzen auch des sogenannten »Neuen Frankreichs« jenseits des Atlantiks. Seit dem frühen 18. Jahrhundert, genauer seit dem Vertrag von Rastatt (1714), wurde Französisch als internationale Diplomatensprache anerkannt. In Folge der Französischen Revolution (1789) wurden dann alle regionalen Sprachen und Dialekte aus dem öffentlichen Leben eliminiert und Französisch endgültig als nationale Sprache, als die Sprache der Freiheit, etabliert. Seit dem späten 19. Jahrhundert wurde Französisch auch in den Schulen als nationale Sprache durchgesetzt und regionale Dialekte entsprechend verdrängt, auch wenn diese Maßname erst mit Einführung der allgemeinen Schulpflicht im Jahre 1882 eine effektive Wirkung zeigen konnte. Die Zunahme der literarischen Produktion im 19. Jahrhundert, der Produktion auch populärer Zeitschriften und Bücher, schloß dann diesen langen historischen Prozeß ab.

Diese Entwicklung wurde in einigen Teilen Frankreichs als eine Form der inneren Kolonialisierung betrachtet und als solche bekämpft. Während sich in Nordfrankreich das standardfranzösisch – so wie es in den öffentlichen Schulen als die Sprache der gebildeten Pariser und Franzosen gelehrt wurde – überall durchsetzte, bildeten sich im Midi unterschiedliche Formen des südlichen Standardfranzösisch heraus, die ihrerseits jedoch anerkannt sind. In Gegenden, in denen eine Minderheitensprache gesprochen wird, wie etwa in der Bretagne, im Elsaß und in großen Teilen des Midi, bestehen typisch regionale Akzente des Französischen, die sogenannten *français régionaux*. In den meisten dieser Gegenden gibt es eine Art Zweisprachigkeit, mit der regionalen Sprache (Bretonisch, Elsässisch, Okzitanisch), das in der Familie gesprochen wird, und Französisch (mit bestimmten regionalen Akzenten), das offiziell oder gegenüber Fremden benutzt wird. Nichts desto weniger hat sich das Standardfranzösisch, obwohl es nach wie vor nicht universell und ausschließlich überall in Frankreich gesprochen wird, doch im 20. Jahrhundert allgemein durchgesetzt und die regionalen Sprachen und Dialekte immer mehr verdrängt, so daß diese heute von immer weniger Menschen gesprochen werden. Bemühungen seitens regionalgesinnter Einzelpersonen oder Gruppen seit Ende des 19. Jahrhunderts, das Überleben der Minderheitensprachen und – Dialekte zu sichern, haben mit dem *Loi Deixonne* aus dem Jahre 1951 auch von öffentlicher Seite Unterstützung erhalten. Dieses Gesetz ermöglicht es, in den Schulen solcher Regionen, wo diese Sprachen noch gesprochen werden, etwa das Baskische, Bretonische, Katalanische oder Okzitanische (und seit 1974 auch das Korsische), diese auch zu lehren. Ob es dadurch gelingt, die französischen Dialekte am Leben zu erhalten, ist jedoch nicht absehbar. Umgekehrt hat sich auch das Standardfranzösisch verändert, und zwar in dem Maße, in dem es von immer mehr Menschen aus immer mehr – unterschiedlichen – Regionen gesprochen wurde. Zudem ist es auch weiterhin in Veränderung begriffen, durch populäre Begriffe, Wörter und Begriffe aus dem Anglo-Amerikanischen, durch neue wissenschaftliche Begriffe sowie Akronyme und Abkürzungen: alles in allem durch die Internationalisierung eines regionalen Dialekts, der sich selbst zur Sprache einer Nation erhoben hat.

Nation und Nationalismus

Die Identität Frankreichs und der Franzosen ist seit Jahrhunderten Gegenstand von Kontroversen, die bis zum heutigen Tage anhalten. Im frühen 7. Jahrhundert fühlten sich die meisten Menschen, die in Nordgallien lebten, als Franken und Frankreich war für sie ein Land, das etwa bis zur Loire reichte. Jedoch fast das ganze Mittelalter hindurch verdankte sich das Bild von Franken, das von einer intellektuellen Elite geprägt wurde, der Teilung des Reiches von Karl dem Großen durch den Vertrag von Verdun im Jahre 843 in drei Königreiche: das Westfrankenreich (Francia occidentalis), das Mittlere Frankenreich (Francia media) und das Ostfrankenreich (Francia orientalis). Seit dem 9. Jahrhundert wurde das Westfrankenreich im allgemeinen Sprachgebrauch zunehmend und der Einfachheit halber als Francia bezeichnet, ein Königreich, das sich von Flandern bis ins Rousillon erstreckte und im Osten bis hin zu den vier Flüssen, der Rhône, Saône, Maas und Schelde; das Ostfrankenreich wurde zu Deutschland und jenes Gebiet, wo die Franken lebten, wurde Franconia oder Franken genannt; der nördliche Teil des Mittleren Frankenreichs wurde (im Zuge der ersten Teilung dieses Reiches im Jahre 855) Lothringia (nach Lothar II.) und später Lothringen (auf Deutsch), Lorraine (auf Französisch) genannt. Politisch betrachtet ist das heutige Frankreich direkt aus dem ehemaligen Westfrankenreich hervorgegangen, dessen einstiges äußeres Erscheinungsbild sich ausnimmt wie eine historische Untermauerung jenes populären, wenn auch nicht korrekten Bildes des heutigen Frankreichs als ein Sechseck.

Natürlich verstanden sich nicht alle Menschen, die in jenem neuen Königreich Frankreich lebten, als Franzosen, noch hatten sie, bevor im 19. Jahrhundert die allgemeine Schulpflicht eingeführt wurde, eine klare Vorstellung von der Gestalt und den Besonderheiten des französischen Staates. Dennoch entwickelte sich in Frankreich seit dem späten Mittelalter eine Art Nationalgefühl, im ganzen Land bestärkt und gefördert durch die die kulturelle und politische Elite. Dieses Nationalgefühl entwickelte sich im 15. Jahrhundert, etwa in der Zeit der Auseinandersetzungen mit England, zu einem französischen Nationalismus, der sich dann im 16. Jahrhundert, angesichts der spanischen Übermacht in Europa, weiter verfestigte. Der französische Nationalismus wurde seit der frühen Moderne von Intellektuellen gefördert, von jenen Ideologen, die eine französische Identität einerseits mit der Geschichte des Landes begründeten, einer Geschichte, in der Frankreich als Erbe Galliens dargestellt wurde, sowie andererseits mit der Geographie des Landes, mittels derer Frankreich als von natürlichen Grenzen – vom Meer, von Flüssen und vom Gebirge – umgeben, beschrieben wurde. Die ethnische und kulturelle Vielfalt im mittelalterlichen Frankreich wurde derart einem Bild subsumiert, das Frankreichs historische und geographische Einheit in hellem Lichte erstrahlen ließ.

Zudem sind auch einige Vorstellungen über die historischen Ursprüngen der Franken Teil der französischen Identität geworden. Einige frühmittelalterliche Historiker schrieben den Franken trojanische Ursprünge zu, vielleicht um ihnen derart eine den Römern historisch vergleichbare Rolle zuzueignen. Seit dem 18. Jahrhundert begannen die Genealogien der französischen Könige, so wie sie den Schulkindern beigebracht wurden, oftmals mit König Priamus. Andere frühe Historiker vertraten leidenschaftlich die Kontinuität der Entwicklung der französischen Kultur sowie der Franzosen selbst aus der gallo-römischen Kultur und Bevölkerung und minimalisierten dabei die Rolle der fränkischen Invasoren; dann, ab dem 16. Jahrhundert, kam das Argument auf, daß der wirkliche Ursprung Frankreichs und des Französischen im alten Gallien zu finden sei. Der weitverbreitete Satz *»Nos ancàtres, les Gaulois«* (unsere Vorfahren, die Gallier) wurde erstmals von *François Belleforest* (gest. 1583) geprägt. Darüber hinaus entstand auch die Idee, daß die französische Aristokratie von den Franken, das gemeine Volk jedoch von den Galliern abstamme, und so wurde auch die Revolution von 1789 (unkorrekterweise) von einigen Zeitgenossen als ein ethnischer Konflikt interpretiert, in dem die Gallier die Franken schließlich verjagten und die Bourbonenlilie als nationales Symbol schließlich durch den Hahn ersetzt wurde. Im 19. Jahrhundert erhielten derartige Interpretationen größere Glaubwürdigkeit, als nämlich die neue Wissenschaft der Anthropologie dazu benutzt wurde, soziale und ethnische Konflikte sowie den Nationalismus zu erklären. Nach der

Niederlage Frankreichs im Französisch-Preußischen Krieg (1870) favorisierten französische Nationalisten in ihrem Bestreben, deutsche Einflüsse abzuwehren, die These, daß die Gallier die eigentlichen Begründer Frankreichs gewesen seien. Gleichzeitig schilderten sie die Franken als jene barbarischen Invasoren, die die gallo-römische Zivilisation zerstört hätten. Zusätzlich benutzte der neue französische Nationalstaat alle ihm zur Verfügung stehenden Mittel – vor allem die Grundschulausbildung –, um ein französisches Nationalbewußtsein zu etablieren. Dies tat er jedoch auch deshalb, um Frankreich als ein Land darzustellen mit einer ganz besonderen Geschichte und Geographie, als ein Land, dessen verschiedene Volksgruppen sich durch Assimilation zu eine Einheit verschmolzen haben, und das seine unterschiedlichen Regionen in eine Nation integriert hat.

Regionen und Regionalismus

Es wird oft behauptet, daß die Modernisierung Frankreichs im 19. und 20. Jahrhundert nicht nur einhergegangen sei mit der Begründung einer neuen nationalen Identität, sondern auch mit der Zerstörung lokaler und regionaler Identitäten. Zwar kann kein Zweifel darüber bestehen, daß die in ethnischer, sozialer und kultureller Hinsicht unterschiedlichen Bevölkerungsgruppen im Zuge ihrer Eingliederung in die französische Nation viel von ihrer jeweiligen Individualität verloren, doch wurde diese hierbei nicht völlig zerstört. Tatsächlich entwickelte sich im Zusammenhang mit der Zentralisierung des Staates auch eine erhöhte Aufmerksamkeit gegenüber den unterschiedlichen Regionen Frankreichs sowie eine lebendige Debatte über regionale Dezentralisierung.

Die zunehmende territoriale Integration Frankreichs und kulturelle Homogenisierung des französischen Volkes, vor allem seit Mitte des 19. Jahrhunderts, war paradoxerweise begleitet vom Entstehen der modernen Geographie mit all ihrer Leidenschaft für regionale Unterschiede. Der einflußreichste der französischen Geographen, Paul Vidal de la Blache, publizierte 1903 seinen »Tableau de la Géographie de la France« als eine Einführung zu Ernst Lavisses umfangreicher und vielbändiger Geschichte

Frankreichs. Dieser geographische Abriß beinhaltete eine genaue Aufzählung aller Regionen Frankreichs und stellte leidenschaftlich deren Unterschiede dar, und zwar sehr viel ausführlicher als deren Gemeinsamkeiten. Darüber hinaus beschrieb Vidal de la Blache Frankreich in der Terminologie seiner historischen pays und Provinzen, und nicht, der modernen Begrifflichkeit gemäß, als départements. In dieser Zeit wurde zudem das Frankreichbild vieler Schulkinder durch G. Brunos »Le Tour de France par deux enfants« geprägt, einer Sammlung von Lektionen und Lesestücken, die die Geschichte zweier Kinder aus Phalsbourg in Lothringen erzählen, die nach der Annexion ihrer Heimat durch Preußen nach Frankreich fliehen und dies nun kennen- und lieben lernen. Die Botschaft dieses Buches läßt sich etwa wie folgt zusammenfassen: die französischen Regionen sind unterschiedlich, doch gerade deshalb trägt jede etwas je Eigenständiges zu Frankreich als einem Ganzen bei. Erstmals 1877 erschienen, war Brunos Buch unglaublich erfolgreich, bis 1914 hatte es eine Gesamtauflage von 7,4 Millionen erreicht und prägte somit das Frankreichbild von Generationen französischer Schulkinder. Die Regionen Frankreichs, wie zum Beispiel die Auvergne und die Dordogne, bekannt und geschätzt aufgrund ihrer besonderen Geschichte, Geographie und Lebensweise, tragen heute viel zum kulturellen Leben des Landes bei. Ihr Ansehen wurde weder durch ihre Einbindung in eine zentrale Administration – durch die Bildung der *départements* Ende des 18. Jahrhunderts –, noch durch ihre Neugliederung in Wirtschaftsregionen in der zweiten Hälfte des 20. Jahrhunderts in Mitleidenschaft gezogen. Die historisch und geographisch geprägten Provinzen Frankreichs scheinen bemerkenswert (über)lebensfähig zu sein.

Im Frankreich des späten 19. Jahrhunderts wurde jedoch nicht nur die Geographie als eine regional orientierte Wissenschaft, sondern auch der Regionalismus als eine politische Bewegung begründet. Die von einigen Franzosen propagierte Auffassung, daß sich sowohl das regionale als auch das nationale Leben Frankreichs in seiner Hauptstadt konzentriere, evozierte eine Reihe regionalistischer Bewegungen, deren Ziel es war, die Verwaltung sowie soziale und ökonomische Aktivitäten zu Ungunsten von Paris, zu Gunsten der Provinzen zu dezentralisieren, um damit gleichzeitig die »Wiedergeburt« der Provinzen einzuleiten. Schließlich sollten anstelle der départements völlig neue Provinzen mit jeweils eigenständigen, demokratischen Regierungen entstehen. Für eine derartige regionale Dezentralisierung gab es in der Zeit unmittelbar vor 1914 sowie in den 20er und 30 Jahren unseres Jahrhunderts viele Vorstellungen und Pläne, die breit debattiert wurden.

Die »regionalistische Idee« selbst stammte zwar aus den 1860er Jahren, geboren während einer Konferenz in Nancy im Osten Frankreichs, der Begriff »Regionalimus« wurde jedoch erst um 1875 geprägt und erst um 1900 in den allgemeinen politischen Sprachgebrauch übernommen. Wirklich ernstzunehmende, wenn auch begrenzte Schritte hin zu einer politischen, ökonomischen und kulturellen Dezentralisierung Frankreichs aber erfolgten erst um 1950. Paris ist nach wie vor das Zentrum Frankreichs, so wie es dies tatsächlich seit mehr als 1000 Jahren ist.

Die Luxemburger

Das Großherzogtum Luxemburg ist einer der kleinsten souveränen Staaten Europas. Weniger als 400.000 Menschen leben hier, umgeben von Belgien, Frankreich und Deutschland, in einem Land, das eine Fläche von etwas mehr als 2.500 Quadratkilometer umfaßt. Seine engsten Beziehungen pflegt Luxemburg mit Belgien, mit dem auch seit langem schon eine Zoll- und Währungsunion besteht.

Die Luxemburger, so heißt es, sind stur und arbeiten hart, und sie gelten – vor allem beim Bier – als die ausdauerndsten Alkoholkonsumenten der Welt. Trotz der wirtschaftlichen Probleme der Schwerindustrie, verfügt Luxemburg über die niedrigste Arbeitslosenquote sowie den höchsten Lebensstandard in der EU. Dies verdankt das Land vor allem dem internationalen Bankengeschäft sowie der Präsenz einiger bedeutender EU-Institutionen in Luxemburgs Hauptstadt.

Im späten Mittelalter gab es in Belgien, den Niederlanden und Luxemburg fast so viele unterschiedliche und aufgrund ihrer Unabhängigkeit stolze Volksgruppen wie in der Schweiz; im 16.

Jahrhundert verbündeten sich einige gegen äußere Feinde und so entstanden die Wallonen, Flamen, Holländer und Friesen. Die Luxemburger jedoch, die sich mit keiner dieser Gruppen assimilierten, blieben als einzige in ihrer Ursprünglichkeit bestehen. Aufgrund ihres katholischen Glaubens sowie ihrer Sprache, ein Deutsch, das sich jedoch vom heutigen Hochdeutsch unterscheidet, weisen sie viele Gemeinsamkeiten vor allem mit jenen Wallonen auf, die wie sie Deutsch sprechen, sowie mit den Flamen. Die engen Wirtschaftsbeziehungen der Benelux-Staaten, der Wiege der Europäischen Gemeinschaft, bedingen auch deren in vieler Hinsicht abgestimmte, gemeinsame Politik. Die Leichtigkeit im Umgang sowohl mit der französischen wie auch der deutschen Sprache und Kultur, die herausragende Rolle Luxemburgs im internationalen Banken- und Mediengeschäft sowie als Sitz vieler Institutionen der Europäischen Gemeinschaft gibt diesem kleinen Staat ein kosmopolitisches Profil, ähnlich der Schweiz. Die Identität der Luxemburger ist jedoch mit keiner anderen vergleichbar, sie bleiben stets sie selbst.

In ihrer Loyalität gegenüber europäischen Idealen, in ihrem Willen zu regionaler Kooperation und in ihrer Zähigkeit, ihre eigene Identität zu kultivieren, können die Luxemburger als typisch für das »neue Europa« der Regionen und historischen Volksgruppen gelten.

Geschichte

Luxemburgs geographische Lage scheint wie geschaffen für die Unabhängigkeit des Landes: an der südlichsten Spitze der Benelux-Staaten gelegen, wo es noch dichte Wälder gibt, an allen Seiten geschützt durch die Höhenzüge des Hohen Venn, der Eifel, des Hunsrück sowie der Ardennen, ist es militärisch am leichtesten zu verteidigen. Seine Hauptstadt liegt praktisch unangreifbar über einer schroff abfallenden Schlucht. Luxemburg – zwischen den politischen und kulturellen Grenzen Frankreichs und Deutschlands gelegen – scheint so etwas wie die Quintessenz jenes mittelalterlichen Ideals eines »Mittleren Reiches« darzustellen, für das König Lothar kämpfte und Karl der Kühne starb.

Dennoch hat Luxemburg seine Unabhängigkeit und staatliche Souveränität erst im Laufe des 19. Jahrhunderts errungen.

Das Haus Luxemburg etablierte sich im 10. Jahrhundert als Vasall des Heiligen Römischen Reiches Deutscher Nation. Seine herausragende Rolle in der europäischen Geschichte des Mittelalters sowie der frühen Neuzeit zeigt sich nicht zuletzt darin, daß aus diesem Adelsgeschlecht sowohl deutsche Kaiser wie auch böhmische und polnische Könige hervorgingen. Seit dem 14. Jahrhundert gehörte Luxemburg jedoch zu Burgund und mit diesem später zu den spanischen und österreichischen Territorien der heutigen Benelux-Staaten. Als die nur kurze Zeit bestehenden Vereinigten Niederlande (die heutigen Niederlande mit Belgien und Luxemburg; Anm. d. Übers.) um 1830 auseinanderbrach, erhielt das Großherzogtum, abzüglich des Territoriums der heutigen belgischen Provinz Luxemburg, einen eigenständigen Status unter der Oberhoheit der niederländischen Krone. König Willem II. der Niederlande (Großfürst von 1840–49), wird von den Luxemburgern als Gründer des Staates Luxemburg verehrt. Doch der Nationalismus dieses kleinen Volkes trägt sehr viel mehr poetische denn politische Züge, verdankt er sie doch vor allem Schriftstellern wie Edmond de la Fontaine, Michel Lentz und Michel Rodange. Die gemeinsame Grenze mit Belgien, Holland, Deutschland und Frankreich ließ all diese Staaten stets mit Aufmerksamkeit auf Luxemburg schauen, sicherte ihm aber gleichzeitig zu allen Zeiten auch den Schutz dieser Länder. So garantierten im Vertrag von London im Jahre 1867 Belgien, Holland und Deutschland dem Großherzogtum ihre jeweilige Neutralität, um einer Annexion Luxemburgs durch Frankreich vorzubeugen. Mit dem Tod Willems III. im Jahre 1890 wurde die Union mit den Niederlanden beendet und die staatliche Oberhoheit über Luxemburg an das Haus Nassau übergeben.

Sprache

Obwohl die meisten Luxemburger Französisch und Deutsch sprechen – Französisch ist Regierungssprache sowie die Sprache bei Gericht, Deutsch die der Kirche, und beide Sprachen werden in der Schule gesprochen – ist das Letzeburgesch Teil ihrer nationalen Identität. Als Schriftsprache existiert es zwar noch nicht allzu lange, dennoch empfinden es die Luxemburger als unverschämt, ihre Sprache als einen Dialekt des Deutschen zu bezeichnen. Denn auch wenn deren Grammatik und Formenlehre absolut dem Deutschen entsprechen, so sind doch Betonung und Satzmelodie unterschiedlich – dem Niederländischen in vieler Hinsicht verwandter als dem Deutschen –, während das Vokabular stark vom Französischen beeinflußt ist. Die Eigenheit des Letzeburgesch war die Grundlage für den erfolgreichen Widerstand der Luxemburger gegen die Nazis und ihren Versuch, das Großherzogtum während des Zweiten Weltkriegs Deutschland einzuverleiben.

Die Wallonen

Die Identität der französischsprechenden Wallonen ist schwer faßbar; bis heute ist es ihnen nicht gelungen, eine authentische wallonische Nation zu schaffen. Wallonien (Wallonie), der südliche Teil Belgiens mit etwa drei Millionen Einwohnern, erhielt 1980 weitreichende Autonomie, und Belgien selbst konstituierte sich 1993 als ein föderativer Staat. In Wallonien sind die regionalistischen Tendenzen allerdings nicht so ausgeprägt wie in Flandern. Viele Wallonen sähen einer möglichen Abspaltung vom belgischen Staat eher mit Befürchtung denn mit Freude entgegen.

Nicht alle Wallonen sprechen französisch. Über fünf Prozent der Bevölkerung sind Italiener und in einigen Städten liegt der Anteil der nichtwallonischen Bevölkerung bei 25 Prozent. Zudem gibt es eine deutschsprachige Minderheit von 68.000 Einwohnern, rund um Eupen und St. Vith zum Beispiel ist Deutsch offizielle Sprache. Diese Region fiel nach dem Ersten Weltkrieg von Deutschland an Belgien und ist heute in kulturellen Angelegenheiten autonom. Der Luxemburger Dialekt, das Letzeburgesch, überlebte auch in einigen Kommunen nahe Arlon, auch wenn es dort offiziell nicht anerkannt ist. In der zweisprachigen Region rund um Brüssel spricht die Mehrheit der Bevölkerung französisch.

Sprache und Landschaft

Die nördliche Grenze Walloniens entspricht der historischen Trennungslinie zwischen der romanisch- und deutschsprachigen Bevölkerung, die auf die Zeit der Römer zurückgeht. Der Begriff wallonisch ist mit dem germanischen Welsh verwandt und bedeutet wie letzteres auch: fremd, fremdartig. Im Mittelalter wiesen die wallonischen Dialekte des Westens viele Ähnlichkeiten mit dem französischen Dialekt der Picardie auf, wenn auch weiter im Osten des Landes ein stärkerer germanischer Einfluß gegeben war. Auch das Standardfranzösisch war weitverbreitet, sein Gebrauch zudem zwischen 1795 und 1813, als Belgien zu Frankreich gehörte, von offizieller Seite unterstützt, und schließlich wurde es 1830, als Belgien unabhängig wurde, offizielle Landessprache. Dem widersetzte sich allerdings die flämische Bevölkerung und so wurde es 1932 auf Brüssel und Wallonien beschränkt, die so eine einheitliche französischsprachige Region bildeten.

Wallonien ist ein Land der Kontraste, das von den Vororten Brüssels bis zu den bewaldeten Höhenzügen der Ardennen reicht. Fast zwei Drittel der wallonischen Bevölkerung lebt in der Kohleregion entlang der Achse Sembre – Meuse (Maas), die von Mons über Charleroi und Namur bis nach Liäge (Lüttich) führt. Diese Kohleregion hat eine besondere Geschichte, war doch Wallonien eines der ersten Industriegebiete im westlichen Europa. Die bewaldeten Täler des Meusetales verfügten über riesige Holzkohlevorräte und bereits seit dem späten Mittelalter wurde hier in großem Maßstab mit Hilfe der vorhandenen Wasserkraft Metall gewonnen und verarbeitet. Nach 1795 eröffnete die Eingliederung Belgiens in den französischen Staat einen riesigen Markt für Waffen und sonstige Metallerzeugnisse, und zwar zu einer Zeit, da Frankreichs eigene Industrie noch nicht ausgeprägt entwickelt war. Im frühen 19. Jahrhundert zogen die belgischen Kohlevorkommen sowohl französisches als auch niederländisches Kapital ins Land und Wallonien profitierte zudem von den technischen Errungenschaften Englands, die es sich zu Nutze machte.

Um 1850 stellte Wallonien die am weitesten entwickelte Industrieregion des kontinentalen Europa dar, weltweit führend unter anderem in der Herstellung von Eisenbahnen. Ihren eigentlichen Höhepunkt erlebte diese Region jedoch erst im späten 19. Jahrhundert. 1985 hingegen war jeder fünfte Wallone arbeitslos. Die Kohleförderung wurde eingestellt, und die Schwerindustrie, etwa die Stahlproduktion, hatte mit großen Schwierigkeiten zu kämpfen. Inzwischen erleben einige Industrieregionen jedoch einen erneuten Aufschwung, neue Industriezweige wie die Luftfahrt und die Biotechnologie expandieren und mit ihnen das wallonische Kapital, besonders im sogenannten Wissenschaftspark nahe Charleroi und Lüttich sowie zwischen Brüssel und Namur.

Wallonische Identität

Im 19. Jahrhundert war die Benutzung des Französischen ein wirtschaftlicher Faktor, der es den wallonischen Unternehmen ermöglichte, auf dem europäischen Markt aktiv zu werden. Aber die Wallonen erlitten nicht, anders als die Flamen, die Unterdrückung ihrer regionalen Sprache und entwickelten somit auch kein vergleichbares Nationalgefühl. Auch war die herrschende Elite, die viele Schlüsselpositionen im neugegründeten belgischen Staat einnahm, obwohl französischsprachig, nicht exklusiv wallonisch. In der Oberschicht war das Französische seit dem 18. Jahrhundert gang und gäbe und die Bourgeoisie identifizierte sich mehr mit der französischen Sprache und Kultur als mit der wallonischen.

Dennoch wurden einige Zeitungen auf Wallonisch veröffentlicht und 1856 in Lüttich die Societé de Littérature Wallonne gegründet, die belgische Literatur förderte. Viele wallonische Musiker und Schriftsteller, darunter César Franck und Georges

Simenon, gingen nach Paris und wurden hier von der französischen Kultur absorbiert. Auch heute noch wird die belgische Kunst und Kultur oftmals schlicht mit dem kulturellen Erbe der Flamen gleichgesetzt, während der wallonische Beitrag sowohl zur französischen Kultur völlig übersehen wird.

Im späten 19. Jahrhundert hat die Industrialisierung das Sozialgefüge Walloniens völlig verändert. In den Städten der Kohleregion griffen rasch sozialistische Ideen um sich und als 1893 das Wahlrecht erweitert wurde, hielten 28 sozialistische Abgeordnete (alle aus Wallonien) Einzug ins Parlament. Die Solidarität der Arbeiterklasse wurde zu einem der Markenzeichen der wallonischen Gesellschaft. Der Appell (1912) des wallonischen Sozialistenführer *Jules Destrée* jedoch, aus Belgien einen föderativen Staat zu machen, fand praktisch keine Unterstützung. Auch gab es in Wallonien keine separatistischen Parteien, wie sie etwa in Flandern in der Zwischenkriegszeit entstanden.

Eine Art wallonische Identität entwickelte sich tatsächlich erst 1960, seitdem der Status Walloniens innerhalb Belgiens an Stärke verloren hat. Bis 1961 hatte sich der Anteil der Wallonen an der belgischen Bevölkerung auf ein Drittel reduziert. Der Niedergang der Kohleregion an Sambre und Meuse zeigten in Wallonien zudem einen Demoralisierungseffekt, ebenso die Sprachgesetze von 1963, die den flämischen Forderungen Rechnung trugen, mit Brüssel sprachlich gleichgestellt zu werden. Der Wunsch nach regionaler Autonomie wurden nun lauter und die föderalistische Partei Walloniens gewann bei den nationalen Wahlen von 1971 14 Parlamentssitze. Dennoch weist der Nationalismus innerhalb Belgiens nach wie vor ein assymetrisches Gefüge auf. In Wallonien gibt es, anders als in Flandern, keine separatistischen Parteien. Zwar nimmt die Francophone sozialistische Partei heute eine föderalistische Position ein, dennoch unterstützt sie das Überleben Belgiens als Ganzes. Die radikalere Option einer wallonischen Abspaltung wird hingegen lediglich von Minderheitengruppen propagiert.

Die Flamen

Der Begriff Flamen bezieht sich auf sechs Millionen Einwohner des nördlichen Belgiens, deren Muttersprache Niederländisch ist. Seit 1993 wurde der flämischen Region Flandern ein hohes Maß an Autonomie innerhalb des belgischen föderativen Staates zugestanden, womit der Höhepunkt jenes belgischen Dezentralisierungsprozesses erreicht war, der 1970 begonnen hatte. Flandern, so wie es sich heute darstellt, besteht aus den Provinzen Ost- und Westflandern, Antwerpen, Flämisch-Brabant und Limburg. Brüssel, die belgische Hauptstadt, weist ebenfalls, obwohl in erster Linie französischsprachig, eine nicht unbedeutende flämische Minorität auf. Ihr Status ist der einer zweisprachigen Region, das von flämischen Gebiet umgeben, jedoch politisch von Flandern getrennt ist. Flanderns autonome Regierung ist verantwortlich für Erziehung und Bildung, für kulturelle Angelegenheiten, für die medizinische Versorgung aller Flamen, auch jener in Brüssel, denn Brüssel ist nicht nur die Hauptstadt Belgiens, sondern auch die Hauptstadt Flanderns.

Im Mittelalter gehörten die flämischen Handelszentren Brügge, Brüssel, Gent und Antwerpen zu den reichsten Städten Europas und noch heute zeugt ihre prachtvolle Architektur vom Glanz damaliger Zeiten. Während der industriellen Revolution stagnierte die flämische Wirtschaft, das ökonomische Zentrum des Landes verlagerte sich nun in die wallonischen Kohlereviere im Süden Belgiens. Doch im 20. Jahrhundert haben die flämischen Hafenstädte Antwerpen und Gent wieder einen spürbaren wirtschaftlichen Aufschwung erlebt und Flandern hat geschickt seine wirtschaftsstrategisch günstige Lage genutzt, um sich zu einer der bedeutendsten Industrieregionen innerhalb der EU zu entwickeln.

Geschichte

Während des Mittelalters bestand das heutige Flandern nicht als politische Einheit. Die flandrischen Gebiete (etwa das heutige Ost- und Westflandern mit Teilen Nordfrankreichs) zählten zu den feudalen Besitzungen Frankreichs, während das Herzogtum Brabant mit Antwerpen und Brüssel zum damaligen Deutschen Reich gehörte. Im 15. und frühen 16. Jahrhundert wurden große Teile der heutigen Benelux-Staaten zunächst von den Herzögen von Burgund, später unter der Habsburger Dynastie vereinigt. 1566 begannen hier die Rebellionen gegen die spanischen Habsburger und bis 1648 hatten die nördlichen Provinzen ihre Unabhängigkeit als calvinistisch dominierte Niederländische Republik gefestigt. Die südlichen Provinzen blieben jedoch katholisch und zu großen Teilen unter spanischer Kontrolle, bevor sie 1713 an die österreichischen Habsburger fielen. Nach dem Sieg der revolutionären französischen Armeen über Österreich im Jahre 1792 und 1794 fiel Belgien an Frankreich, und zwar von 1795 bis 1813. Als Napoleon 1815 endgültig besiegt war, gelangte es dann im Zuge des Wiener Kongresses an die Niederlande unter König Willem I. Als ein unabhängiges Königreich mit eigenen Gesetzen entstand Belgien erst nach einer nationalen Erhebung im Jahre 1830.

Der Aufstieg der flämischen Bewegung

Das neue Belgien entstand nach dem Modell Frankreichs und französisch wurde auch offizielle Landessprache, obwohl mehr als die Hälfte der Bevölkerung flämisch sprach. Das Französische war jedoch hoch angesehen und wurde von der nationalen Elite als ein Mittel betrachtet, die Einheit des Landes zu stärken, die flämischen Dialekte hingegen spielten nun eine untergeordnete Rolle. Schon während des 18. Jahrhunderts hatte sich das Französische auch in den gehobenen Schichten der flämischen Provinzen stark ausgebreitet. 1830 gab es praktisch keine flämische Identität und auch der Begriff »Flandern« wurde nicht im heutigen Sinne verwendet. Das flämische Selbstbewußtsein entwickelte sich nur langsam, zum Teil jedoch als Reaktion auf die Marginalisierung der flämischen Bevölkerung innerhalb des neuen belgischen Staates.

Zunächst lagen die Ziele der flämischen Bewegung weitgehend im kulturellen Bereich und die Betonung einer flämischen Identität stand nicht in Konflikt mit der Zugehörigkeit zu Belgien. Doch mit der Zeit verhärteten sich die Standpunkte und schließlich bestärkte auch die deutsche Okkupationsmacht im Ersten Weltkrieg vorsätzlich und ostentativ antibelgische Ressentiments, indem sie eine absolut proflämische Politik (Flamenpolitik) betrieb. In den 1920er Jahren entstand eine radikale flämische Bewegung mit extrem nationalistische Parteien, so die *Frontpartij* und Vorkriegspartei *Verdinaso*, die die Abtrennung Flanderns von Belgien propagierten. Sogar gemäßigte Flamen traten nun für eine Reform des belgischen Staates ein. Die wachsende Verbundenheit der Flamen untereinander wurde zudem beflügelt durch ihre katholischen Traditionen sowie die ungebrochen hohen Wahlerfolge der Katholischen Partei.

Sprache und Identität

Die Gleichwertigkeit der niederländischen und französischen Sprache innerhalb Belgiens wurde nach einer langandauernden flämischen Kampagne zum Schutze der niederländischen Sprache im sogenannten »Gleichheitsgesetz« von 1898 niedergelegt. In der Realität jedoch war es nach wie vor in erster Linie notwendig, Französisch zu können, wollte man eine höhere Position im Berufsleben oder in öffentlichen Ämtern bekleiden, und so fühlte sich die flämische Mehrheit Belgiens nach wie vor benachteiligt. Erst 1932 wurde die niederländischer Sprache als ausschließliche offizielle Sprache der flämischen Provinzen anerkannt. Obwohl viele Flamen einen lokalen Dialekt sprechen, hat sich das Standard-Niederländisch heute überall durchgesetzt, und zwischen dem Niederländischen, das in den Niederlanden gesprochen wird und jenem in Flandern gibt es nur geringe Unterschiede in der Aussprache sowie zwischen einigen Wörtern. Weitere Gesetze von 1962 und 1963 festigten den einsprachigen Charakter Flanderns und legten die Sprachgrenzen fest, die die Flandern von den französischsprachigen Wallonen und den zweisprachigen Einwohnern der Region um Brüssel trennen. Doch diese Festlegungen haben nun ihrerseits wieder Spannungen hervorgebracht. In den 1970er und 1980er Jahren organisierte der paramilitärische *Vlaamse Militanten Orde* Protestmärsche in die sprachlich umstrittene Region von Voeren nahe Liäge (Lüttich) und die flämischen nationalistischen Parteien *Volksunie* und *Vlaams Blok* verteidigen nachdrücklich die Rechte der niederländisch sprechenden Bevölkerung – vor allem in den flämischen Kommunen rund um Brüssel, wo der Zustrom französischsprachiger Belgier stets zu neuen Auseinandersetzungen führt.

Der Charakter der Flamen ist komplex und widersprüchlich. Einerseits betrachten viele Flamen die Geschichte ihrer Region als eine Geschichte der Abhängigkeit von stets wechselnden ausländischen Mächten und nach wie vor fühlen sie sich als ein unterdrücktes Volk innerhalb Belgiens. Aus diesem Unglück erwuchs jedoch andererseits auch ihr Stolz auf die flämische Kultur sowie die Überzeugung, ihre flämischen Interessen verteidigen zu müssen. Darüber hinaus hat auch der wirtschaftliche Aufschwung Flanderns das flämische Selbstvertrauen gestärkt, wie gleichzeitig der wirtschaftliche Niedergang Walloniens der Forderung nach flämischer Autonomie neue Nahrung gegeben hat. Bis vor kurzem gingen die Rufe nach der Unabhängigkeit Flanderns im wesentlichen lediglich von den extrem nationalistischen Parteien aus, so der Vorkriegspartei Verdinaso beziehungsweise dem Vlaams Blok aus der Nachkriegszeit. Die umfangreiche Sozialunterstützung, die die Flamen an Wallonien zahlen, werden von diesen allerdings mit Bitternis zur Kenntnis genommen, und allein dies könnte das Überleben des belgischen Staates bedrohen, zu dem viele Flamen heute nur wenige Bezugspunkte haben. Tatsächlich hat der flämische Präsident das Jahr 2002 als das Jahr bezeichnet, in dem die Flamen endgültig ihre Unabhängigkeit erreichen werden.

Die Elsässer

Das Besondere an der Situation der Elsässer ist, daß hier eine Volksgruppe mit deutschen Ursprüngen in Frankreich lebt – in einer Grenzregion, unmittelbar westlich des Rheins. Die Namen der Orte, der Dialekt, die Häuser und das Ambiente, all dies erinnert stark an den Südwesten Deutschlands, direkt um die

Ecke gelegen. Doch die Elsässer fühlen sich heute als Franzosen. In den letzten 130 Jahren wurde ihre Heimat im Zusammenhang mit den großen deutsch-französischen Kriegen zweimal von den Deutschen annektiert und jedesmal fiel sie wieder an Frankreich zurück.

Das Land

Der Höhenzug der Vogesen, der von Nord nach Süd verläuft und bis zu 1424 Metern erreicht, stellt den westlichen Teil des Elsaß dar. Hier wachsen Eichen, Buchen und Tannen, und an den Osthängen liegen Weinberge, die einen der besten französischen Weine hervorbringen. Der Rest des Elsaß besteht aus einer fruchtbaren Ebene, entlang des Rheins gelegen, wo Tabak, Weizen und andere Getreide gedeihen. Hier gibt es einige Bergwerke sowie zahlreiche Industrien, vor allem Textil- und Maschinenindustrie, angesiedelt in und rund um die größeren Städte – etwa Mulhouse (Mülhausen) oder die elegante Hauptstadt Strasbourg (Straßburg). Die meisten Städte und Dörfer weisen eine Vielzahl malerischer alter Fachwerkhäuser auf. Sorgsam erhalten, tragen diese dazu bei, daß das Elsaß eine derart außergewöhnliche Atmosphäre historischer Größe und idyllischen Wohlstands bietet.

Geschichte

Das Elsaß besteht aus einer ethnisch gemischten Bevölkerung: zentral an einer bedeutenden Handelsstraße gelegen, drangen schon sehr früh verschiedene Völker in diese Region ein – zuerst keltische Stämme, dann die Römer, dann Franken, Alemannen, ein teutonischer Stamm, der auch das benachbarte Baden sowie Teile der Schweiz besetzte. Seit dem 9. Jahrhundert war das Elsaß für 800 Jahre Teil des Heiligen Römischen Reiches Deutscher Nation und somit unter deutschem Einfluß und dies begründet seinen deutschen Charakter. Friedrich Barbarossa machte es nach 1152 zeitweise zur Kapitale seines Reichs und während der Renaissance bildeten Colmar und Straßburg herausragende Zentren der deutschen Kultur. Nach dem Dreißigjährigen Krieg, 1618 bis 1648, fiel das Elsaß zum Teil unter französische Oberhoheit, doch erst unter Ludwig XIV. wurde es vollständig dem französischen Staat eingegliedert. Seit dieser Zeit fühlten sich die Elsässer, obwohl sie kulturell stark dem Deutschen verhaftet blieben, doch mehr und mehr als Franzosen und bezeichnenderweise war es in Straßburg, wo 1792 erstmals die Marseillaise, als Kriegslied der Rheinarmee, später die Nationalhymne Frankreichs, gesungen wurde.

Im 19. Jahrhundert wurde die Region industrialisiert, die Wirtschaft prosperierte. Doch mit dem Französisch-Preußischen Krieg von 1870–71, unter dem das Elsaß stark gelitten hatte, begann eine lange Periode tiefgreifender Auseinandersetzungen. Deutschland, das diesen Krieg gewonnen hatte, annektierte das Elsaß und verbannte das Französische aus den Schulen sowie der Presse. Die Elsässer profitierten zwar in mancher Hinsicht von der Zugehörigkeit zum reicheren Deutschland, die meisten Elsässer widersetzten sich jedoch dieser Annexion. Im Ersten Weltkrieg (der dem Elsaß noch schlimmere und blutigere Schlachten bescherte) wurden viele Elsässer in die kaiserliche Armee eingezogen und gezwungen, gegen ihre ehemaligen französischen Landsleute zu kämpfen. Umgekehrt wurde der große Missionar Albert Schweitzer, ein gebürtiger Elsässer, von den Franzosen in seiner Leprakolonie in Gabun als Deutscher und damit als Feind interniert.

Nach 1918 wurde das Elsaß zur Freude seiner Einwohner wieder französisch, doch die 1930er Jahre waren eine schwierige Zeit, da die Franzosen die Maginotlinie (nach dem französischen Politiker *André Maginot* benanntes und von General *L. Guillaumat* gebautes Befestigungssystem) als Verteidigungswall, der sich später als völlig nutzlos erwies, gegen die Deutschen errichteten. Hitler annektierte das Elsaß wesentlich erbarmungsloser als dies selbst Bismarck getan hatte: selbst Kinder konnten ins Gefängnis kommen, wenn sie französisch sprachen.

1945, als erneut die Trikolore über dem Elsaß wehte, hatten einige ältere Franzosen seit 1871 viermal die Nationalität gewechselt. Die Wiedereingliederung in den französischen Staat stand nun auf der Tagesordnung. Und dennoch, trotz der Abscheu, die drei Kriege hervorgebracht haben, übernahmen die Elsässer großzügig die Führung in der offiziellen deutsch-französischen Politik der Versöhnung während der Nachkriegszeit. Viele Elsässer sahen in der neuen europäischen Politik auch eine Lösung für ihr altes historisches Dilemma: »Wohin gehören wir?« Schon 1947 tanzten junge Franzosen und Deutsche zusammen auf der Rheinbrücke nahe Straßburg und warfen dabei ihre jeweiligen Pässe in den Fluß. Das Elsaß unterhält heute enge und herzliche Beziehungen zu den nahegelegenen deutschen Regionen. Ein glückliches Ende einer so langen Tragödie.

Sprache und Identität

Zwei von drei Elsässern können heute noch den deutschen Dialekt sprechen, der dem Schwyzer Dütsch ähnelt (und alle sprechen französisch, die offizielle Landessprache). Nach 1945 unternahm Paris verschiedene Versuche, das Elsässerdeutsch zu eliminieren, doch heute wird es allgemein akzeptiert und kommt zudem im Elsaß wieder mehr in Mode, und zwar als eine Schlüsselkomponente der Elsässer Identität. In einigen ländlichen Gegenden hört man kaum etwas anderes als Elsässisch, oder aber eine Mischung aus Elsässisch und Französisch (»Voilá, ein Weinstub«). Viele Elsässer haben deutsch-französische Namen, z. B. Jean Pierre Müller.

In vieler Hinsicht erscheint diese Region jedoch unfranzösisch. Die deutschen Namen mancher Städte, die Fachwerkhäuser, die barocken Holzschnitzereien, die bewaldeten Berge, auch die Art des Weins – all dies erscheint eher deutsch. Doch die Elsässer sind froh darüber, Franzosen zu sein. Vielleicht vereinen sie ja in sich die jeweils positiven Anteile zweier unterschiedlicher Völker – teutonische Sauberkeit und Effizienz, gallische Eleganz und Lebhaftigkeit, verbunden zusätzlich mit jener gesellig hedonistischen Jovialität, auf die man so oft in Weinbauregionen stößt.

Selbst in der heutigen Zeit, in der der Glaube an ein vereintes Europa eher schwindet, halten die Elsässer am europäischen Ideal fest. »Unsere Zweisprachigkeit und unsere Zugehörigkeit zu zwei Kulturen waren gewöhnlich ein Handikap«, sagt zum Beispiel ein Bürgermeister, »da die Franzosen oftmals auf uns herunterschauten, wie auf ein zweiköpfiges Wesen. In einem neuen Europa jedoch ist dieses Handikap ein Vorteil.« Viele sehen in einem vereinten Europa auch die beste Garantie für ihre Identität und ihre Traditionen, die den Elsässern so sehr am Herzen liegen, denn ihr Vertrauen in Europa wird nur durch ihren Lokalpatriotismus übertroffen. Die blaue Flagge mit ihren goldenen Sternen weht überall. Und Straßburg, das eigentliche Symbol der deutsch-französischen Freundschaft, ist stolz darauf, Sitz des Europäischen Parlaments sowie des Europarats zu sein.

Religion und Kultur

Unter den Habsburgern war das Elsaß eine Hochburg des Katholizismus und auch heute sind hier die meisten praktizierenden Christen Katholiken. Straßburg selbst jedoch wurde zur Zeit der Reformation ein wichtiges Zentrum des Protestantismus – hier lebte Calvin einige Jahre und hier traf er Luther – und so hat es auch heute noch eine lebendige protestantische Gemeinde. Beide Konfessionen leben hier in Harmonie.

Straßburg ist unter anderem berühmt für sein Münster. Im Elsaß gibt es einige herausragende romanische Kirchen ebenso großartige Kunstwerke wie etwa in Colmar der Isenheimer Altar (1512–15) von Matthias Grünewald. Das Elsaß ist außerdem für seine vielen barocken Holzschnitzereien bekannt. Auch die Traditionen werden überall gepflegt: Weinfeste, Wettbewerbe im Pflügen und Tänze in der typischen Schleifentracht. Wenn gefragt würde, was man mit dem Elsaß noch verbinden würde, käme bestimmt als Antwort auch »Störche«. Dieser elegante Vogel war in dieser Region ausgestorben und wurde wieder angesiedelt; er gilt als Glücksbringer und als Symbolfigur dieses Landstriches.

Essen und Wein

Der regionale Wein spielt in der Küche dieser gastronomisch herausragenden Region eine wichtige Rolle: Rheinfische in Riesling, Hecht in Riesling oder das Sauerkraut in Wein mit verschiedenen

Sorten Fleisch und Würsten und vieles mehr. Bekannt ist auch der kräftige Munster-Käse, Heidelbeerkuchen, der Flammekueche und der Kugelhupf, der nicht nur für Kuchen steht, sondern nahezu ein Symbol für diese Gegend ist. Die Elsässer lieben das gute Essen und ihren guten Wein. In der Regel weiß und trocken, mit einem ausgeprägten Körper und fruchtig, wird dieser vor allem aus Traminer-, Riesling- und Pinottrauben gewonnen. Das hier angebaute Obst, etwa Birnen und Zwetschgen, werden zudem zu köstlichen Schnäpsen gebrannt.

Die Deutschen

In Deutschland gibt es keine separatistischen Bewegungen wie etwa bei den Basken, Korsen oder Schotten. Im Gegenteil: die Deutschen haben stets eher ihre Einheit gesucht, als sich aufzuspalten. Dies konnte man bereits im 19. Jahrhundert feststellen und besonders im November 1989. Deutschland war lange Zeit eine bunte Mischung verschiedener Stämme und ethnischer Gruppen, die endlos hin- und herzogen, auftauchten, kämpften, wieder verschwanden. Die größten dieser alten Stämme aus römischer Zeit und dem frühen Mittelalter leben in gewisser Hinsicht bis zum heutigen Tage fort. Im Grunde gibt es jedoch zwischen diesen alten Volksgruppen und jenen, die noch heute ihren Namen tragen, nur wenig Gemeinsamkeiten. Grenzen jeglicher Art waren stets fließend. So leben die heutigen Sachsen zum Beispiel in einer klar definierten Region, in Sachsen nämlich, mit den Städten Leipzig und Dresden, wohingegen die alten Sachsen ein Stamm aus dem Baltikum waren, die von dort aus den größten Teil des heutigen Norddeutschland besiedelten. Und die Franken, die heute in Nordbayern leben, haben ihren Namen von den alten Franken, die Teile des westlichen Deutschland sowie Frankreich besiedelten. Darüber hinaus haben die großen Migrationswellen der deutschen Flüchtlinge aus dem Osten (unter anderem von Ostpreußen, Schlesien, dem tschechischen Sudetenland) nach 1945 die Identität der damaligen Westdeutschen vermischt – so etwa in Schwaben, das viele Flüchtlinge aus Schlesien aufnahm.

Dieses Buch befaßt sich mit den wichtigsten deutschen Volksgruppen: den Rheinländern, die zu großem Teil Franken sind, den Schwaben, den Bayern und Franken, den Sachsen und den Mecklenburgern. Die Preußen, stets weniger ein Volk als ein Königreich, werden im Folgenden mit abgehandelt. Andere deutsche Volksgruppen sind die Badener, die Westfalen, die Thüringer, die Bewohner Pommerns und Schleswig-Holsteins.

Sprache und Identität

Deutsch ist für mehr Europäer als jede andere Sprache die Muttersprache, mit Ausnahme des Russischen. Es überschreitet die Grenzen zu all jenen neun Ländern, die heute die direkten Nachbarn des modernen und vereinten Deutschlands darstellen und es kreiert sozusagen als Kulturbegriff das Gefühl einer ethnischen Identität, die jene der alten Stämme und Regionen transzendiert. Als einzige der europäischen Nationen leiten die Deutschen ihren Namen beziehungsweise den Begriff »Deutsche« – oder »deutsches Volk« aus ihrer Muttersprache ab und nicht vom Namen eines früheren Stammes oder einer ehemaligen Region.

Die Notwendigkeit hierzu ergibt sich aus der geographischen Lage des Landes in Mitteleuropa: Deutschland wurde von der Migration so vieler Völker erfaßt, die alle auszogen, um den Rest des Kontinents zu erobern. Da es weder nach Osten noch nach Westen über geographisch bedingten Grenzen verfügte, wie etwa Meere oder Berge, hat »das Land in der Mitte« niemals aufgehört, sein Bild zu verändern oder ethnische Vermischungen zu erleben. Relativ konstant hingegen blieben die territorial kleineren Regionen Deutschlands, die sich jahrhundertelang weitgehend alleine durchsetzen mußten, gegen mächtigere Herrscher, die ihrerseits militärisch oder politisch darum kämpften, sie zu kontrollieren. Entsprechend gab es in Deutschland keine Zentralgewalt, keine nationalen politischen Institutionen, keine Notwendigkeit, einem Land gegenüber loyal zu sein. Die Deutschen fühlten sich als Landsleute immer dort zugehörig, wo sie lebten.

Durch die vielen Invasionen und Besiedlungen Deutschlands, die Aufnahme verschiedenster Stämme und Gruppen kann man von einer »reinen deutschen Rasse« nicht sprechen. Schicht um Schicht wurden hier überall unterschiedliche Vorstellungen, Charaktere und Traditionen aufgebaut und einzig die Sprache war durch die Jahrhunderte ein gemeinsames Bindeglied, vor allem nachdem Luther die Bibel 1521 ins Deutsche übersetzte und damit eine standardisierte Schriftsprache geschaffen hatte. Deutschland verfügt über viele regionale Dialekte, die Hochsprache war jedoch verhältnismäßig eintönig – von den Alpen bis zur Nordsee und vom Rhein bis zur Elbe –, trotz der vielen Aufsplitterungen dieses Gebiets durch die Jahrhunderte.

Dieses ständige auf und ab, dem die einzelnen Landstriche Deutschlands unterworfen waren, dauerte über Jahrhunderte an. Nach dem Zweiten Weltkrieg zogen etwa 13 Millionen Menschen deutscher Abstammung aus den unter sowjetischem Einfluß stehenden Ländern nach Westen. Später bedingte das deutsche Wirtschaftswunder, daß sogenannte »Gastarbeiter« ins Land geholt wurden, zu Beginn aus Italien, später aus der Türkei und anderen Ländern Europas. Und noch später drang durch die Löcher im Eisernen Vorhang eine Flut von Flüchtlingen, die jene Mauer durchbrachen, die das sowjetische Imperium verteidigen sollte.

Die unausweichliche Konsequenz aus all diesen Turbulenzen, Kriegen und Migrationen war die, daß die Deutschen sehr viel stärker als die meisten anderen Völker ihren lokalen Identitäten und Traditionen verhaftet bleiben mußten. Dies war der sicherste Weg, um Okkupationen zu überleben und die Invasoren ihrerseits schließlich zu erobern, indem man sie zu lokalen Mitbürgern machte.

Der Begriff »Heimat«, eine Art Phantom, ein nostalgisches Refugium, kann sowohl regional wie auch national konnotiert sein. Lokale Identitäten bringen eine nationale Identität hervor, wie etwa viele Bausteine ein Haus, doch jeder Stein bleibt ein Stein für sich, aus sich selbst heraus definiert und existent. In dieser Hinsicht verhalten sich die Deutschen heute gegenüber ihrer Stadt oder ihrer Region loyaler als gegenüber ihrem Staat und dem Staat gegenüber loyaler als gegenüber der Nation. Sie sind sensibler gegenüber den inneren Grenzen ihres Landes als gegenüber internationalen Grenzen – Zyniker behaupten, daß dies der Grund ist, warum sie so oft angrenzende Territorien besetzt haben. Heimat entsteht überall dort, wo Deutsche sind, unabhängig von dem Land, in dem sie leben.

Dies macht es den Deutschen leicht, das Konzept eines europäischen Föderalismus zu akzeptieren, denn dies ist historisch betrachtet das einzige, was sie kennen. Dies bedeutet auch, daß sie es nicht nötig haben, für regionale Autonomie zu kämpfen, da sie diese niemals verloren haben. Der Begriff »deutsch« hat in Deutschland tatsächlich weniger eine nationale denn eine kulturelle Bedeutung.

Vereinigung

Die geographische Aufteilung des Dritten Reichs nach dem Zweiten Weltkrieg wurde mehr auf dem Hintergrund der jeweiligen Ansprüche und militärischen Erfolge der vier alliierten Mächte, die Hitler besiegt hatten, entschieden und weniger unter Bezugnahme auf historisch gewachsene Gegebenheiten. Trotzdem verlief die Grenze zwischen Ost- und Westdeutschland, die von 1945 bis 1990 bestand, in großer Entsprechung zu jener Linie, die einst die germanischen Stämme im Westen von den Slawen und anderen nordischen Stämmen im Osten trennte. Die britische Besatzungszone umfaßte weitgehend das ursprüngliche Gebiet der Sachsen des frühen Mittelalters. Die Franzosen besetzten den größten Teil des früheren Schwaben und die Amerikaner das ehemalige Franken und Bayern. Die Sowjets kontrollierten ein Gebiet, das 1000 Jahre früher von den Slawen besiedelt war. In den zurückliegenden Jahrhunderten wurde diese Region durch Siedler aus dem Westen germanisiert, dann erobert und durch die germanischen Preußen aus dem Osten schließlich geeint. So entstand die Deutsche Demokratische Republik, die DDR, auf einem Gebiet, das historisch zum Teil zu Preußen, zu Sachsen und zu Thüringen gehört hatte. Als Ost- und Westdeutschland sich 1990 wiedervereinigten, war dies jedoch nicht eine komplette Wiedervereinigung des alten Deutschland, da die ursprünglich zu Deutschland gehörenden Gebiete östlich der Oder-Neiße-Grenze 1945 für immer an Polen und Rußland abgetreten worden waren.

Der ostdeutsche Wille zur Wiedervereinigung begründete sich aus zwei Motiven: zum einen aus dem Wunsch nach demokratischen Freiheiten, der von Gorbatschow bestärkt wurde; zum anderen, und vielleicht bedeutenderen, aus dem Wunsch nach ökonomischer Gleichstellung mit dem Westen. Der Ruf »Wir sind das Volk«, der die Berliner Mauer zum Einsturz brachte, wurde dann durch den Ruf ersetzt »Wir sind ein Volk«, da nämlich die Ostdeutschen glaubten, die Wiedervereinigung würde eine Abkürzung bedeuten auf dem Weg in die wirtschaftliche Prosperität. Die nachfolgende Desillusionierung in beiden Teilen des Landes führte nun dazu, daß die Wiedervereinigung heute eine erneute Teilung Deutschlands konstituiert. Die Westdeutschen werden im Osten wie Eroberer empfunden, die das Land besetzen, und zwar in sehr viel stärkerem Maße als dies einst die Slawen empfunden haben müssen, als deutsche Siedler in ihr Land vordrangen. Die Ostdeutschen werden im Westen als Nörgler betrachtet. Diese Art der »Mauer im Kopf« auf beiden Seiten, wird sicher noch einige Jahre bestehen.

Die Rheinländer

Die Römer betrachteten den Rhein – dessen Name vom keltischen Wort Strom abgeleitet ist – als Grenze zwischen den Kelten, die sie beherrschten und den germanischen Stämmen, die sie nicht beherrschten. Sie kolonialisierten das Westufer, bauten für einen wohlgesonnenen germanischen Stamm eine Stadt, in der später Julia Agrippina geboren wurde, die Frau und Mörderin von Kaiser Claudius. Auf ihr Betreiben wurde die Stadt Colonia Claudia Ara Agrippinensis genannt – kurz Colonia – und dieser Name lebt im heutigen Köln fort. Die Jahrhunderte der römischen Okkupation ließen dieses Volk einen südlichen Charakter annehmen, der ihnen eine starkes Gefühl für ihre regionale Identität vermittelte. Dieser überstand auch nach dem 6. Jahrhundert noch ihre Eingliederung in das Fränkische Königreich, besonders da die Franken sich ihrerseits sehr schnell integrierten und dadurch selbst Anteil an der römischen Kultur erhielten.

Im Laufe der Jahrhunderte wurde dieses Gebiet immer wieder zwischen verschiedenen Herzogtümern aufgeteilt oder gelangte wechselweise unter französische beziehungsweise deutsche Oberhoheit. Doch der Fluß war stets ein verbindendes Glied zwischen den dortigen Völkern, die fest ihrem katholischen Glauben verbunden blieben. Sie folgten stets dem Motto folgten »Glücklichsein bringt Glück«. Fröhlich und humorvoll, trotz Krieg, Invasion und Okkupation sind sie stolz darauf, weltoffene Kosmopoliten geblieben zu sein.

Geschichte

Der römischen Strategie folgend, nutzten die Franken das Rheinland als Pufferzone sowie als Basis für ihre militärischen und missionarischen Expeditionen nach Germanien. Aachen, weit im Westen gelegen, wurde die zweitwichtigste Stadt des Heiligen Römischen Reiches und dies ließ bei den Rheinländern das Gefühl entstehen, sie seien Bürger der bedeutendsten Region der Welt.

Die Kirche spielte hier immer eine wichtige Rolle, sowohl im politischen wie im geistlichen Leben. Nachdem Friedrich Barbarossa die Gebeine der Heiligen Drei Könige der Stadt geschenkt hatte, wurde Köln zu einem bedeutenden Pilgerzentrum. Aachen, Trier, Mainz, Speyer und Worms schließlich spielten in den Machtkämpfen des Mittelalters eine wichtige Rolle.

Die Region wurde als Ganzes in das Kaiserreich Napoleons eingegliedert, nachdem Napoleon aber besiegt war, erhielt Frankreich lediglich das Elsaß. 1871 besetzte Preußen das Rheinland und schuf eine Provinz, die sich dank ihres natürlichen Reichtums an Eisen und Kohle zu einem bedeutenden Industriezentrum und zu einer der reichsten Regionen Europas entwickelte.

Nach dem Ersten Weltkrieg forderten die Franzosen, daß das Rheinland gemäß seiner historischen Rolle in römischer Zeit wieder ein Pufferstaat werden sollte. Deshalb unterstützte Frankreich 1919, auf antipreußische und prokatholische Gefühle rekurrierend sowie auf die Angst vor dem Kommunismus, eine separatistische Bewegung, der auch der junge Konrad Adenauer angehörte, um derart eine Rheinische Republik zu schaffen. Doch auf englischen und amerikanischen Druck hin waren die Franzosen schon nach wenigen Stunden gezwungen, dieses Unternehmen abzubrechen, wenn auch vier Jahre später ein zweites Mal eine Rheinische Republik proklamiert wurde, die dann immerhin 14 Tage bestand. Das französische Beharren auf eine militärische Kontrolle dieser Region bis 1930 sowie auf ihre anschließenden Demilitarisierung kanalisierte die separatistische Bewegung dann jedoch in Richtung Nationalismus. Als Hitler 1936 die »Rheinland-Klausel« des Versailler Vertrages zerriß, stürmten die Rheinländer auf die Straßen und schwenkten die Fahnen, um die deutsche Armee zu begrüßen.

Nach dem Ende des Zweiten Weltkriegs betrachtete sich das Rheinland erneut als im Herzen Deutschlands gelegen. Adenauer wählte die kleine Universitätsstadt Bonn am Rhein zur vorläufigen Hauptstadt des geteilten Deutschland und die Industriestädte an Rhein und Ruhr schufen ein Großteil jenes Reichtums, der der Entwicklung des Landes zugute kam. In jüngster Vergangenheit verlor das Ruhrgebiet jedoch mit dem Niedergang der Kohle- und Stahlindustrie seine führende ökonomische Position, und zwar an die neuen und dynamischen »Sonnengürtel-Industrien« Schwabens und Bayerns.

Das Land

Das Rheinland besteht aus zwei unterschiedlichen Teilen. Der Süden, wo sich der Fluß durch eine steile Schlucht windet, ist wild und nur wenig besiedelt. Der Norden ist flach und zum Teil sumpfig. Hier konzentriert sich die größte urbane Region des Landes, das Ruhrgebiet (das zum Teil zu Westfalen, nicht zum Rheinland gehört).

Während das steile Tal des Rheins und seiner Nebenflüsse im Süden von berühmten Weinbergen durchzogen ist, sind die Ebenen nördlich von Bonn stark industrialisiert. Die Region verdankt ihren Reichtum und ihre historische Bedeutung ihren reichen Kohlevorkommen. In der Nähe von Aachen gibt es Kohle, bei Koblenz Eisen und in der Eifel Blei sowie kleinere Kupfer-, Magnesium-, Kalk-, Gips- und Vitriolvorkommen.

Religion

Die Rheinländer sind überwiegend katholisch. Ausdruck ihres Glaubens und ihrer Frömmigkeit über Jahrhunderte sind die zahlreichen Kirchen und Klöster dieser Region. So befindet sich zum Beispiel in Speyer und Maria Laach zwei der schönsten romanischen Dome ihrer Art, Aachen mit seinem Domschatz ist die älteste Kuppelbasilika nördlich der Alpen. Der Kölner Dom mit seinem wunderschön vergoldeten Schrein der Heiligen Drei Könige ist eine der beeindruckendsten gotischen Kathedralen, die jemals errichtet wurde.

Küche

Sauerbraten oder in Rotwein eingelegtes Rindfleisch mit Kartoffelknödeln, gebratener Schweinebauch mit Sauerkraut, Blutwurst und Reibekuchen, Kartoffelpuffer mit Apfelmus – all dies sind traditionelle Gerichte des Rheinlands. Beliebt in Köln ist ein besonders gebrautes obergäriges Bier, das Kölsch und aus Aachen kommen die Printen, die in alle Welt verschickt werden. Die Weine von Rhein und Mosel sind weltbekannt.

Die Städte

Düsseldorf ist die Hauptstadt Nordrhein-Westfalens. Das lebendige Köln, im Zentrum der weitläufigen Region gelegen, ist jedoch die eigentliche Metropole des Rheinlandes, am Schnittpunkt der Berge des Südens und Westens sowie der Ebene im Norden errichtet. Als Pilgerzentrum und zudem am Kreuzungspunkt bedeutender Handelsstraßen gelegen, erhielt Köln im Mittelalter Stadtrechte. Bis zum heutigen Tag verfügt diese Stadt über eine ganz eigene Atmosphäre, ähnlich jener eines Stadtstaates, verstärkt noch durch ihren Dialekt. Die Menschen hier erscheinen dunkelhäutiger und kleiner als die meisten anderen Deutschen. Die rheinische Freude an Festen und Feiern hat die ganze Region erfaßt.

Die Industriestadt Düsseldorf wirbt damit, daß ihre Altstadt die längste Theke der Welt darstellt, da es hier nebeneinander sehr viele Kneipen gibt. Die Stadt ist nach Frankfurt das wichtigste Finanzzentrum Deutschlands. In Koblenz, wo Rhein und Mosel zusammenfließen, befindet sich die größte Festungsanlage Europas, einst gegen die Franzosen errichtet. Mainz ist die Geburtsstadt von Gutenberg, der 1448 den Buchdruck mit beweglichen Lettern erfand. Aachen, Speyer und Worms sind Städte mit einer großen Vergangenheit, eng verbunden mit der Geschichte des Heiligen Römischen Reiches Deutscher Nation, deren Atem noch heute die Atmosphäre dieser inzwischen modernen Städte durchweht. Trier geht auf römische Zeit zurück, doch treffen hier die Zeugnisse sowohl der keltischen wie der römischen und germanischen Zivilisation zusammen.

Sitten und Bräuche

Die Sagen, die um das Rheintal kreisen, beinhalten eine ganz besondere Atmosphäre unter den Volkserzählungen aus Deutschland. Sie sind vom Fluß inspiriert, mit seinen tiefen Schluchten besonders geeignet, Heimat geheimnisvoller Wesen, von Zwergen, Drachen, Prinzen, Bösewichten und Helden zu sein. Die vergleichsweise moderne Struktur dieser Legenden verdanken diese zum großen Teil den Vorstellungen des Schauerromans, die im 19. Jahrhundert ganz Deutschland erfaßte: Richard Wagner bearbeitete diese in seinem Zyklus des »Rings der Nibelungen«.

Am Rhein findet der ausschweifendste Karneval von ganz Deutschland statt. In den deutschen Karnevalshochburgen wie Mainz, Aachen, Köln und Düsseldorf beginnt die Kampagne um 11.11 Uhr, im elften Monat des Jahres und endet mit den großen Karnevalsumzügen. Im Rheinland stammen die Tradition der Karnevalsgarden zum Teil noch aus der Zeit der preußischen

Besatzung, und damals nutzte man sie, um sich über das Militär lustig zu machen. Im Karneval regieren die Narren und es wird nach Herzenslust gegessen und getrunken. Am Aschermittwoch ist alles vorbei und die Fastenzeit kann beginnen.

Die Franken

Die Franken, wie andere auch direkte Nachfahren der alten Franken, tauchten historisch erstmals im 3. Jahrhundert auf, und zwar als eine Gruppe von drei Stämmen (Salier, Ripuarier und Hassier), die am Ostufer des Niederrheins lebten und erfolglos versuchten, in das Römische Imperium im Westen einzudringen. Mitte des 4. Jahrhunderts schafften es die Salier, weiter nach Norden vorzukommen, besetzten dabei das heutige Belgien und dehnten ihren Einfluß bis zum Westufer des Rheins aus. Die heutige Sprachgrenze Belgiens zwischen Niederländisch – einer ursprünglich germanischen Sprache – und Französisch markiert die Grenze des damaligen salischen Siedlungsgebiets.

Das Land

Das Herzogtum Franken war im Westen durch den Rhein und im Osten durch den Fränkischen Jura begrenzt, der sich bis zum Böhmerwald erstreckt, dem Quellgebiet des Mains, der diese Region teilt. Die typisch fränkische Landschaft weist einen Fluß auf, bewaldete Hügel sowie sanft gewelltes Agrarland. Im Süden, wo der Rhein durch die Ebenen mäandriert, reichte das Herzogtum bis nach Frankreich hinein, im Norden jedoch, wo der Fluß zwischen Main und Köln durch eine tiefe Schlucht fließt, bildete der Rhein eine natürliche Grenze. Die Ebenen im Gebiet des Zusammenflusses sind stark kultiviert, während Weinberge auf beiden Seiten des Rheins sowie im Osten des ehemaligen Herzogtums viele der besten Weine Deutschlands hervorbringen.

Geschichte

Ende des 5. Jahrhunderts begann der salische Heerführer Chlodwig, das fränkische Reich zu gründen. Er unterwarf zunächst verschiedene germanische Stämme und eroberte dann den Norden Galliens, die Schwäche des zerfallenden Römischen Imperiums nutzend. Er war stark genug, um auch die alemannische Invasion über den Rhein zu stoppen, danach setzte er seinen Weg nach Süden fort, unterwarf Südgallien und konsolidierte so sein fränkisches Königreich im Norden. Der massenhafte Übertritt zum Christentum einigte die Franken und verhalf ihnen zu einer raschen Verschmelzung mit der gallorömischen Bevölkerung. Ausgehend von dieser starken Machtbasis zogen im 6. Jahrhundert die Katholiken, zum Teil romanisierte Franken, nach Osten über den Rhein und drangen in jene Gebiete vor, die heute Mittelfranken umfassen. Diese Region wurde zum integralen Bestandteil des Merowinger und später des Karolinger Reichs und als dieses im Vertrag von Verdun geteilt wurde, stellte sie praktisch das Kernland des Ostfränkischen Reiches dar. Als heidnische Stämme von Osten her in dieses Land eindrangen, wurde die Verteidigung des Reichs dezentralisiert und die militärische Oberhoheit dem jeweils stärksten lokalen Heerführer überantwortet (lateinisch: duces). Der militärische Erfolg dieser *duces* stärkte die ihnen entgegengebrachte Loyalität der Bevölkerung, die sich ihrem Schutz anvertraute, was sich jedoch wiederum als eine Schwächung der kaiserliche Autorität erwies. Im frühen 10. Jahrhundert sahen sich die zersplitterten deutschen Herzogtümer gezwungen, aus ihren Reihen ein Oberhaupt zu wählen, um dadurch ihre eigene Sicherheit gegen äußere Feinde zu erhöhen. Zum neuen König wurde nun Konrad gewählt, Herzog der Franken, und zwar vor allem deshalb, weil Franken nicht so stark den Angriffen aus dem Osten ausgesetzt war und man zudem aufgrund seiner nach wie vor bestehenden Verbindungen mit dem Westfrankenreich die Auffassung vertrat, daß er sich auf dessen Unterstützung berufen könne. Konrad schien jedoch nicht geeignet zu sein für diese Aufgabe, und so übergab er bei seinem Tode seinen Thron an den Herzog von Sachsen. Danach blieb das Herzogtum Franken vakant, was zur Aufsplitterung seines Territoriums in viele weltliche und kirchliche Machtzentren führte. Diese beschlossen im 14. Jahrhundert, ihre eigene Friedensliga zu gründen, aus der sich der fränkische Verwaltungsdistrikt entwickelte, der so lange überleben sollte, bis Napoleon ihn zwischen Bayern und Württemberg aufteilte.

Frankens traditioneller Anspruch, im Herzen eines geeinten Deutschland zu liegen, wurde schon erhoben, als Friedrich Barbarossa 1152 in Frankfurt zum deutschen König gewählt wurde. 1562 löste Frankfurt dann Aachen in seiner Funktion als Krönungsstadt der Deutschen Kaiser ab. Später war Frankfurt Sitz des Deutschen Föderativen Rates, der, nach dem Sieg über Napoleon, im Zuge des Wiener Kongresses 1815 eingesetzt wurde, um die Deutsche Konföderation aus 35 Einzelstaaten zu bilden. Und so war es auch Versammlungsort der ersten deutschen Nationalversammlung im Jahre 1848. Johann Wolfgang von Goethe wurde hier geboren, und er war es, der Frankfurt die »heimliche Hauptstadt Deutschlands« nannte. Deren dominierende Rolle als modernes Bankenzentrum aber heißt im Grunde auch nichts anderes, als daß Frankfurt tatsächlich die nationale – und europäische Wirtschaft – kontrolliert.

Kultur und Religion

Seine frühe Geschichte hat auch den Charakter des modernen Franken geprägt. Indem sie römisches Siedlungsgebiet eroberten und besiedelten und dadurch »romanisiert« wurden, sind die Menschen hier liberaler und haben mehr von Spaß und Freude getragene Traditionen als die Nachfahren der rein germanischen Stämme, die in ihrer Nachbarschaft leben. Vielleicht weil sie das erste Zentrum einer übergreifenden germanischen Regierung waren, stehen die Franken auch in dem Ruf, organisatorische Fähigkeiten sowie einen tiefverwurzelten Sinn für die Gemeinschaft zu besitzen.

Die Franken waren der erste der germanischen Stämme, der zum Christentum übertrat und Franken ist katholisch geblieben. Aufgrund ihrer eher romantischen Natur pflegten die Menschen hier jedoch, verglichen mit dem spartanischen Stil der Protestanten, vor allem die eher barocken Traditionen der Kirche. Ihre Loyalität gegenüber Rom war stets selbstverständlich, bildeten sie doch so viele Jahrhunderte das geographische Zentrum des Heiligen Römischen Reiches Deutscher Nation.

Sprache

Die zentralgermanischen, fränkischen Dialekte haben die Basis gebildet für das heutige Hochdeutsch, zum Teil auch deshalb, weil es auch im Sachsen jener Zeit dominant war, als Luther die Bibel übersetzte, das erste Buch in deutscher Sprache, das starke Verbreitung fand. Der fränkische Dialekt verlängert und betont die Vokale, und ist damit eine Art Vermischung der offenen Diphtonge des Südens und der eher nasalen Laute des Nordens.

Küche

Schweinefleisch in verschiedensten Variationen ist Hauptbestandteil vieler Rezepte, nichts jedoch darf verschwendet werden. Schweinsohren, -haxen und -schwänze, mit Sauerkraut und Erbsenpüree serviert, sind typische Gerichte der fränkischen Küche, Hirsch, Wildschwein und anderes Wild ist beliebt und während der Saison überall zu finden. Süßer Kartoffelkuchen mit Rosinen, Apfelküchlein, Rippchen mit Kraut, Würste aller Art, Leberknödel, Zwiebelfleisch, Sülzen und Preßsack findet man auf vielen lokalen und regionalen Speisekarten. Die Frankfurter Würstchen aber haben die Welt erobert.

Kapitel 4

Die Alpenregion

In den Bergen gibt es besondere, auf sich selbst gestellte, kleine Gemeinwesen. Diese spärlichen Siedlungen sind weit auseinandergelegen, isoliert; sie kennen feine Unterschiede in der Identität, den Konflikten gegenüber der Obrigkeit und den jeweiligen Sprachen. Die Berglandschaften – in ihrer natürlichen Umgebung und ihren klimatischen Bedingungen auf unterschiedlicher Höhe unterschiedlich geprägt – verstärken die ökonomische Vielfalt und die Vielfalt der jeweiligen Interessen. All diese Gegebenheiten finden sich in unterschiedlichster Form in den höchsten Bergen Europas, den Alpen, die einen breiten Gürtel von Savoyen im Westen bis nach Slowenien im Osten bilden. Die Höhe der Gipfel, mit entsprechend tiefen und weiten Tälern, ebenso wie die Vielfalt und die scharfen Konturen der strengen Gliederungen machen die Alpen zu einem Gebäude mit vielen Landsitzen – der Heimat für eine große Zahl kleiner, jedoch oftmals stark auf sich selbst bezogener Volksgruppen und Völker.

Die zentralen und höchsten Zonen der Alpen werden von Volksgruppen bewohnt, die sich zu modernen Staaten zusammengeschlossen haben. Die Schweizer Konföderation umfaßt stark auf ihre Unabhängigkeit bezogene Kantone, die sich in ihrer Sprache, ihrer Religion und ihren Institutionen unterscheiden, obwohl sie alle durch das starke Band der Schweizer Identität untereinander verbunden sind, während die Österreichische Republik ein Nationalstaat ist, dessen Einwohner sich, wenn auch unter dem großen Dach einer gemeinsamen österreichischen Identität, durch eine stark ausgeprägte, selbstbezogene Loyalität gegenüber der eigenen Provinz auszeichnen. Die Zufälle der politischen Geschichte haben aus diesen beiden Staaten zwei Alpenregionen herausgelöst, die heute zu Italien gehören: das Aosta-

Tal, das in seinem individuellen Charakter viele Ähnlichkeiten mit einigen Schweizer Gemeinden aufweist, sowie Südtirol und Trentino, wo die ursprüngliche Bevölkerung nur schwer von ihren Nachbarn, den Tirolern auf der anderen Seite der österreichisch-italienischen Grenze, zu unterscheiden ist. Die Friauler, ein klar definierte historisch gewachsene Volksgruppe im Osten von Südtirol und Trentino, bewohnen zwar eine alpine Landschaft, jedoch sind sie kulturell und politisch stark ihren Nachbarn des Mittelmeers und der italienischen Halbinsel verbunden. Dennoch zeigt sich hier noch jene für alle Bergkulturen typische Zähigkeit, Traditionen zu bewahren, und zwar darin, daß hier noch romanische Dialekte überlebt haben, allgemein als Ladino, Ladinisch oder Rätoromanisch bekannt, die von ein paar tausend Einwohnern hoch oben vor allem im Grödner- (Val Gardena) und Gadertal (Val Badça) gesprochen werden, inmitten ansonsten meist deutschsprachiger Gebiete gelegen.

Das Überleben des Großherzogtums Liechtenstein an der Grenze zwischen Österreich und der Schweiz ist ein weiterer Beweis für die Zähigkeit, mit der ursprünglich »historische Zufälle« in dieser Region fortbestehen; doch muß man fairerweise sagen, daß Liechtenstein selbst in den Köpfen seiner weniger als 30.000 Einwohner eher mit seiner Dynastie denn mit irgendeinem Nationalbewußtsein identifiziert wird. Darüber hinaus ist es auch schwierig festzustellen, worin ansonsten die Identität der Liechtensteiner besteht: in Triesenberg, südöstlich der Hauptstadt Vaduz, lebt eine eigenständige Volksgruppe, die Walser, die von mittelalterlichen Siedlern aus dem Oberwallis abstammen und einen deutschen Dialekt sprechen, der sich vom Alemannischen ihrer Nachbarn unterscheidet.

Die Ausläufer der Alpenregion werden von Volksgruppen ähnlichen Charakters und unterschiedlicher Schicksale bewohnt: im Westen wurden große Teile der Bevölkerung des Piemont und Savoyens zwischen Frankreich und Italien aufgeteilt. Mit der Zeit haben sie ihre eigene, ursprüngliche Identität mit jener ihres jeweiligen Mutter- oder Vaterlandes vermischt. Am entgegengesetzten Ende der Alpen hat die streng kollektive Identität der Slowenier Jahrhunderte der Fremdherrschaft überlebt, ebenso die Eingliederung in die Habsburger Monarchie und den jugoslawischen Staat: heute ist Slowenien ein unabhängiger Staat, der ethnisch weitestgehend homogen ist.

Nördlich der Alpenkette bilden sowohl in Bayern wie in Schwaben die Alpenausläufer und ein sich weit hinziehendes Hochland Teil eine identische Region, die mit der Schweiz und Österreich durch starke kulturelle Affinitäten verbunden ist: die Tatsache, daß Bayern und Schwaben zwei der charakteristischsten Volksgruppen im heutigen Deutschland darstellen, gibt es beredtes Zeugnis von der nahezu magnetische Kraft der Alpen, die die Menschen, die in ihrem Schatten leben, anzieht.

Im alpinen und subalpinen Italien verlaufen die wichtigsten Handels- und Wirtschaftswege in erster Linie in Richtung Norden, über die Bergpässe, und zwar stärker als in den Süden, zum restlichen Italien hin. Dies ist mit ein Grund für das norditalienische Selbstbewußtsein – auch der Lombardei sowie, weniger ausgeprägt, Liguriens –, das eine stark regionalistische politische Bewegung in jenen Regionen Italiens inspiriert hat, die im kühlenden Schatten der Alpen liegen.

Die Schwaben

Die Alemannen, die Vorfahren der Schwaben, gehörten zu den ersten germanischen Stämmen, die in jene Gebiete eindrangen, die ursprünglich keltisch besiedelt waren. Man kann davon ausgehen, daß sie bereits das Vorbild schufen für jenes dezentrale politische System, das schließlich das Markenzeichen des modernen Deutschland wurde.

Das Land

Das schwäbische Kernland, ein sanft gewelltes Agrarland, liegt zwischen dem Neckar und der oberen Donau. Das ursprüngliche Herzogtum Schwaben dehnte sich jedoch von hier in alle Richtungen aus. Im Westen regierten die Schwaben über den Schwarzwald und den Rhein bis hinüber ins heutige Elsaß. Im Süden reichte Schwaben bis um den Bodensee herum und weiter bis Zürich sowie zu den wichtigen Bergpässen nach Italien. Heute wird Schwaben mit dem alten Herzogtum Württemberg gleichgesetzt, obwohl der westliche Teil Bayerns bis Augsburg seinem Charakter nach ebenfalls unverwechselbar schwäbisch ist. Das heutige Baden Württemberg mit Stuttgart als seiner Hauptstadt setzt sich aus zwei verschiedenen Regionen zusammen: Altwürttemberg, das eigentliche Schwaben, sowie Baden, im Westen entlang des Rheins gelegen, und alles andere als schwäbisch. Die Menschen hier sind fröhlicher und mehr vom Französischen beeinflußt.

Der Schwäbische Jura erstreckt sich quer über die Schwäbischen Alb, während die Adelegger Berge im Südosten bis hinunter zu den Alpen reichen. Nördlich des Jura ist das Land oftmals zerklüftet, von einsamen Hügeln geprägt, die schroff aus dem Tal aufragen. Südlich dieses Landstrichs fällt die Hochebene Oberschwabens sanft zum Bodensee und im Osten nach Bayern hin ab. Noch weiter südlich liegen die Berge und Seen der Alpen. Die fruchtbarsten Regionen findet man zwischen Jura und Schwarzwald, der in dichtbewaldeten Hügeln bis zum Rhein hinunter reicht. Die Wälder sind auch heute noch, obwohl sie unter der Umweltverschmutzung leiden, zum Teil in ihrer ursprünglichen Wildheit erhalten. Ihnen verdankt diese Region, vor allem im Sommer, ausreichend Regen.

Geschichte

Zuerst von den Römern erwähnt, die sie 213 n. Chr. angriffen, erreichten die Alemannen um 260 n.Chr. die Gegend um den Schwarzwald. Bis zum späten 5. Jahrhundert hatten sie ihr Territorium bis hin zum Elsaß und in die nördliche Schweiz ausgedehnt. 496 wurden sie vom fränkischen Heerführer Chlodwig unterworfen und in dessen Reich eingegliedert, auch wenn ihnen gestattet war, weiterhin unter ihrem traditionellen Kodex zu leben. Als das Karolingerreich geteilt wurde, entstand Schwaben als eines der fünf großen Herzogtümer des Ostfrankenreichs. 1079 ernannte Herzog Rudolf von Rheinfelden sich selbst zum deutschen König und zwar in Gegnerschaft zu Heinrich IV., der diese Rebellion prompt niederschlug und seinen Schwiegersohn, Friedrich von Hohenstaufen, zum Herzog von Schwaben ernannte. Friedrichs Neffe, Friedrich Barbarossa, wurde 1152 deutscher König und etablierte eine der erfolgreichsten Dynastien des frühen Mittelalters.

Als die Hohenstaufer-Linie gegen Ende des 13. Jahrhunderts ausstarb, regierte Anarchie das Land, da der niedrigere Adel nun um die Macht kämpfte. Während die Württemberger Familien des Ostens und des Zentrums den größten Einfluß errangen und Mitte des 14. Jahrhunderts als Herzöge eingesetzt wurden, bildeten die Städte eine Liga, die den Kaiser unterstützte und im Gegenzug sein Versprechen einforderte, sie keinem der Adeligen des Landes zu unterstellen. Der so entstandene Schwäbische Bund hatte Vorbildcharakter und stellte sozusagen einen Vorläufer dar für die Organisation der föderativen Länder des modernen Deutschland. Die Idee griff um sich und wurde vielfach als Möglichkeit des Zusammenschlusses autonomer Gruppen mit ähnlichen Interessen nachvollzogen.

Das Luthertum und die Reformation bedeuteten für den Schwäbischen Bund eine Herausforderung, die schließlich zu den Bauernkriegen von 1525 führte, die sich von Schwaben aus über ganz Süddeutschland ausbreiteten. Obwohl der Schwäbische Bund die Bauern brutal niederschlug, triumphierte am Ende der Geist der Reformation und der Bund zerfiel. Die Württemberger, nun überzeugte Protestanten, kehrten an die Macht zurück und machten sich nun daran, andere lutherische Staaten zu organisieren, und zwar derart, daß sie zu den »natürlichen« Anführern des deutschen Protestantismus wurden. Dies führte fast unvermeidlich dazu, daß das Herzogtum schrecklicher verwüstet wurde als im Verlauf des Dreißigjährigen Krieges. In jener Zeit verringerte sich die Bevölkerung von 450.000 auf 166.000 Einwohner.

Diese Erfahrungen brannten sich in die Seele und den Charakter der Schwaben ein: seit dieser Zeit stehen die Schwaben in dem Ruf, arbeitsam, sparsam und außerordentlich stolz auf ihre Häuser zu sein, verbunden mit jenem verschrobenen Humor, den man in harten Zeiten zum Überleben braucht.

Ende des 18. Jahrhunderts erlebte das Land, nach einer ganzen Reihe von Kriegen und Invasionen der Franzosen, eine kulturelle Wiederbelebung: Künste und Wissenschaften wurden gefördert, der Region viele barocke Meisterwerke geschenkt. In den erneuten Kriegen in Folge der Französischen Revolution wechselten die Herzöge von Schwaben dann erfolgreich die Seiten, um auf diese Weise territoriale Vorteile zu erlangen. Nachdem sie am Ende Napoleon widerstanden hatten, wurden die Württemberger vom Wiener Kongreß zu Königen ihrer Provinz erhoben. Die Württemberger betrachteten nun mit Mißtrauen den Aufstieg Preußens innerhalb des Deutschen Bundes und kämpfte schließlich 1866 zusammen mit Österreich gegen Bismarck. Es stellte sich als weitreichender Fehler heraus, daß der württembergische Ministerpräsident mit Preußen ein Geheimabkommen traf und in den Krieg von 1871 gegen Frankreich eintrat.

Mit der Integration in das neugegründete Deutsche Reich fanden die Schwaben wieder zu ihren Tugenden zurück – als eine der erfindungsreichsten, und fleißigsten Volksgruppen des neuen Nationalstaats. Gottlieb Daimler, der Erfinder des Autos, war gebürtiger Schwabe, ebenso Robert Bosch, die beide, wie auch Ferdinand Porsche, hier ihre Firmen gründeten. Die Region ist seit langem berühmt für ihre kleinen und erfolgreichen Familienunternehmen. Heute ist sie eine High-Tech-Landschaft mit Unternehmen der Elektronik- und Werkzeugbranche sowie in der Herstellung optischer Präzisionsgeräte, alles Produkte, die ihren Wohlstand bedingen. Die Region produziert zehn Prozent der Exportgüter Europas und war unter den ersten und schnellsten, die sich nach dem Zusammenbruch der Sowjetunion auf dem osteuropäischen Markt etablierten.

Religion, Sprache und Kultur

Beeinflußt durch das Luthertum und den Calvinismus (die Schweiz ist nahe), sind die Altwürttemberger traditionell protestantisch, zudem pietistisch und puritanisch, während die Oberschwaben und manche Enklaven in Altwürttemberg katholisch sind.

Im 6. Jahrhundert entwickelten sich die schwäbischen oder oberdeutschen Dialekte je unterschiedlich im Verhältnis zu den

Sprachen, die andere germanische Stämme pflegten. Am auffälligsten ist, daß hier die Konsonanten sehr viel weicher ausgesprochen werden, so wird »k« zum Beispiel oftmals zu »ch« und »p« klingt wie »f«. Die meisten Schwaben sprechen heute mit einem schwäbischen Akzent, der sich vom Hochdeutschen stark unterscheidet. Zum Beispiel wird »Wir haben es gesehen« zu »Mir hends gseä«.

Die Region hat zahlreiche Kulturgrößen hervorgebracht, zum Beispiel Hegel, Friedrich Hölderlin und Friedrich von Schiller 1759. Der Entdecker der Relativitätstheorie Albert Einstein kam 1879 in Ulm zur Welt.

Die schwäbische Küche weist einige Parallelen zu jener Frankreichs und Italiens auf. Typische Gerichte sind Spätzle, Maultaschen, gefüllt mit Fleisch oder Spinat, sowie Kalbfleisch in Sahnesoße. Die schwäbischen Winzer sind bekannt für ihre guten Weine.

Sitten und Bräuche

An der Grenze zum christlichen Gallien gelegen, waren die heidnischen Alemannen und Schwaben ein erstes Ziel der irischen Missionare, die seit dem 7. Jahrhundert begannen, sie zu bekehren. Damit dies so rasch wie möglich geschah, erlaubten sie das Festhalten an vielen heidnischen Bräuchen beziehungsweise griffen manche davon auf, um sie mit christlichen Festen zu verbinden: Die Hochzeitsrituale zum Beispiel sind altgermanisch: am Abend vor der Hochzeit wird Porzellan zerschlagen, da dies Glück bringen soll; am Hochzeitstag wird die Braut am Betreten der Kirche gehindert sowie dann für die eigentliche Zeremonie entführt; der Ehemann muß sie suchen und auslösen; bei der Geburt eines Kindes wird die Nabelschnur traditionellerweise aufbewahrt und die Nachgeburt beerdigt und viele andere Bräuche mehr.

Die heutigen Feste rund um die großen christlichen Feiertage Ostern und Weihnachten stammen wahrscheinlich von den heidnischen Ritualen dieser Region ab, so ging aus der Feier zur Sonnenwende schließlich jenes Fest hervor, mit dem bis heute die

Ankunft des himmlischen Lichts beziehungsweise die Ankunft Christi gefeiert wird. Da dies zudem traditionell die Zeit des Schlachtens war, in der die Tiere deshalb getötet wurden, weil sie den Winter nicht überleben konnten, war diese Zeit schon allein aus diesem Grund auch eine Zeit der Feste. Der Baumkult, verbunden mit dem Brauch, Immergrünes als Schutz vor dem Teufel zu pflanzen, setzt sich im Adventskranz sowie im Christbaum fort. Der Heilige Abend ist das Fest von Adam und Eva und aus diesem Grund wurden einst Paradiesbäume errichtet, die mit Äpfeln behängt wurden. Lichter, als ein Symbol für Christus, kamen hinzu.

Diese Region kennt auch mit die ausgefallensten Fastnachtsbräuche Deutschlands: unter anderem die Vermummten mit ihren zum Teil kostbaren Masken, die auf heidnische Zeiten zurückgehen. Nichts aber macht die Vermischung von Christentum und Heidentum deutlicher als die Geschichte der Heiligen Walburga, die in Heidenheim nahe Stuttgart im 8. Jahrhundert ein Kloster leitete und aus deren Grab aus Stein angeblich ein wundertätiges Heilwasser floß. Kurz nachdem sie gestorben war, wurde ihr Andenken mit jenem an Waldborg vermischt, der vorchristlichen Gottheit der Fruchtbarkeit. In der Walpurgisnacht, der Nacht vor dem 1. Mai und jener Nacht, in der ihre Gebeine beerdigt wurden, treffen sich noch heute, so sagt man, auf den Brocken im Harz die Hexen.

Stuttgart, die Hauptstadt der Region, verfügt mit über den höchsten Lebensstandard des gesamten Landes. Im Herzen der Stadt, rund um das Schloß der Württemberger Herzöge errichtet, erstrahlt noch immer so etwas wie königlicher Glanz. Ulm, dessen Münster mit 161 m den höchsten Kirchturm der Welt aufweist, war einst eines der bedeutendsten europäischen Handelszentren des Mittelalters. Baden-Baden, der elegante Kur- und Badeort, hat sich bis heute sein typisches Flair des 19. Jahrhunderts bewahrt.

Die Bayern

Die Bayern haben dem größten Bundesland Deutschlands ihren Namen gegeben, doch bewohnen sie selbst nur Teile dieser Region. Die plötzliche und weitreichende Expansion Bayerns während der Napoleonischen Kriege überantwortete der bayerischen Staatsgewalt Gebiete, die eine eigenständige Kultur aufwiesen, darunter Schwaben und große Teile Frankens. Das bayerische Kernland umfaßt, streng genommen, Oberbayern und Niederbayern. Obwohl auch Bewohner anderer Teile dieses Bundeslandes bisweilen die Bezeichnung »Bayern« für sich benutzen, so bedeutet dies nicht, daß sie Anteil hätten an jener starken Identität, die ausschließlich den Bayern zu eigen ist. Die Bayern wohnen in einer der großen, kulturhistorisch bedeutenden Grenzregion Europas, durch die Alpen, den Bayerischen Wald sowie den Böhmerwald von der slawischen und romanischen Welt getrennt. Da einige ihrer Siedlungsgebiete zum ehemaligen Römischen Reich gehörten und sie zudem enge Beziehungen zur römisch-katholischen Kirche unterhalten, drängt es sich geradezu auf, sie als die am stärksten romanisierte Volksgruppe der Deutschen zu charakterisieren. Tatsächlich weist ihre Geschichte wenig Gemeinsamkeiten mit der anderer deutscher Volksgruppen auf: sie verfügen nicht über die imperiale Größe Österreichs, sie sind auch nicht so martialisch wie die Preußen, noch derart kommerziell gesinnt wie die Rheinländer oder die Sachsen. Oft wird behauptet, sie seien nur widerwillig und durch Zufall ein Teil Deutschlands geworden. Das etwas andere politische System, das sich in Bayern konstituiert hat, wie auch seine Affinität zur Kunst und Religion anderer Länder sind historisch bedingt.

Das Land

Das Stereotyp, die Bayern trügen Lederhosen und Hüte mit Gamsbart, geht nicht zuletzt darauf zurück, daß man sie gerne als ein Bergvolk charakterisiert. Oberbayern liegt, mit Ausnahme des Inntals, mehr als 1000 m über dem Meer. Niederbayern, in etwa die Region nördlich Münchens, zwischen Lech und Böhmerwald gelegen, umfaßt die Hallertau, die Hügellandschaft zwischen Donau und Inn sowie den Bayerischen Wald. Außer dem Inntal liegt keine dieser Regionen weniger als 500 m über dem Meer. Die Bevölkerungsdichte Bayerns liegt bei etwa 50 Prozent des bundesweiten Durchschnitts. Aufgrund seiner Nähe zu den Alpen weist es große Temperaturunterschiede auf: relativ heiße Sommer, lange, schneereiche Winter.

Geschichte

Germanische Invasoren durchbrachen 405 n. Chr. die Grenzen des Römischen Reichs entlang der Donau und besiedelten die Region rund um die römischen Garnisonsstädte Augsburg, Regensburg und Passau. In historischen Dokumenten des 6. Jahrhunderts werden diese Germanen erstmals als *Bavarii* bezeichnet. Die Ursprünge dieses Namens und dieses Volkes liegen jedoch im Dunkeln. Die gängigsten Theorien besagen, daß dieser Begriff aus einem Ortsnamen hervorgegangen ist, den die Franken dieser Region gegeben haben, oder daß die Bavarii zwar ein eigenständiger, wenn auch ursprünglich unbedeutender germanischer Stamm gewesen sei, der sozusagen im Kielwasser stärkerer Vorgänger hierhergekommen sei. Die Bayern hielten zunächst zäh an ihrem Heidentum fest, bis sie schließlich zwischen 737 und 747 von Bonifatius missioniert wurden. 788 unterwarf Karl der Große die letzten Herrscher der alten Agilulfinger-Dynastie und Bayern wurde so zunächst Teil des Karolingerreiches und ab 911 des Heiligen Römischen Reiches Deutscher Nation. In den Jahren nach 970 wurde das Herzogtum von Kaiser Otto II. aufgeteilt und so bestand Bayern in den nächsten 200 Jahren lediglich dem Namen nach. 1180 setzte Friedrich Barbarossa jedoch wieder einen bayerischen Regenten ein, Otto von Wittelsbach, der nominal ein Gebiet regierte, das vom Böhmerwald, dem Inn, den Alpen und dem Lech begrenzt wurde. Bayern wurde nun die nächsten 738 Jahre vom Haus Wittelsbach regiert, doch erwies es sich als schwer kontrollierbar: große Teile seines Gebiets unterstanden der Herrschaft verschiedener weltlicher und geistlicher Mächte – Klöstern, Fürstbischöfen, kaiserlichen Rittern oder den

Räten der freien Reichsstädte. Herzog Albert IV. (1465–1508) vereinte zwischen 1504 und 1506 seine bayerischen Erblande mit den Höfen in München und Landshut und erließ das Primogeniturgesetz, womit er seine Macht festigte und seinen Wohlstand vermehrte. Die Herzöge des 16. Jahrhunderts erhielten zudem kaiserliche Privilegien, sie verbündeten sich mit der Kirche im Kampf gegen die Reformation und holten schließlich die Jesuiten ins Land. Der herzogliche Hof zu München und die Universität der Jesuiten zu Ingolstadt ließ Bayern in der zweiten Hälfte des 16. Jahrhunderts im Glanze der Renaissance erstrahlen.

Herzog Maximilian II. (1591-1651) unterstützte im Dreißigjährigen Krieg die katholischen Interessen. Zwar wurde sein Herzogtum durch die Invasionen der Franzosen und Schweden schrecklich verwüstet, doch ähnlich wie nach den Napoleonischen Kriegen etwa 200 Jahre später sollten die Wittelsbacher selbst gestärkt aus diesem Krieg hervorgehen. Im Westfälischen Frieden von 1648 erhielt Maximilian die Oberpfalz, die von da an zu Bayern gehörte, sowie das Recht, zusammen mit sechs weiteren deutschen Fürsten an der Kaiserwahl teilzunehmen.

Dieser Machtzuwachs gelangte den Nachfolgern Maximilians jedoch nicht immer zum Vorteil: Karl Albert (1726–45) versuchte vergeblich nach der Kaiserkrone zu greifen; Karl Theodor (1779–99) führte einen verhängnisvollen Krieg um sein Erbe, der zudem Bayerns Position gegenüber Österreich und Frankreich schwächte. Erst Herzog Max I. Joseph (1799–1825) wendete das Schicksal Bayerns wieder zum Guten, und zwar durch seine kühne Allianz mit Napoleon. Durch rechtzeitigen Seitenwechsel im Jahre 1813 profitierte Bayern dann im weiteren zusätzlich noch vom Fall Napoleons. Der Erfolg Bayerns war ein dreifacher: territoriale Expansion und Konsolidierung, Umwandlung Bayerns in eine konstitutionelle Monarchie mit kodifiziertem Recht, ein einzigartiger Status innerhalb des Deutschen Bundes, in dem sich die Staaten des ehemaligen Deutschen Reichs gegen Preußens Ambitionen zusammenschlossen. Diesen Status hat Bayern in gewissem Sinne niemals aufgegeben: 1850 widersetzte sich Bayern erfolgreich einer preußischen Verfassung und auch hundert Jahre später, 1946 nämlich, war es wieder Bayern, das federführend dafür eintrat, daß die Rechte der Bundesländer in der Verfassung der neuen, föderalistischen Republik festgeschrieben wurden.

Der französisch-preußischen Krieg von 1870/71 sollte dann einmal mehr Bayerns exponierte Rolle – auch im Hinblick auf die weitere Geschichte Deutschlands, unterstreichen: 1871 wurde das Königreich Bayern zwar in das neue Deutsche Kaiserreich eingegliedert, es behielt jedoch sein diplomatisches Corps, ohne jedoch das Recht zu haben, eine eigenständige Außenpolitik zu betreiben. Als Bismarck dann im sogenannten »Kulturkampf« gegen die katholische Kirche vorging, empörte dies die Bayern derart, daß sie diesen als Teil ihrer Identität verinnerlichten. 1912 gewann in Bayern erstmals die katholische Zentrumspartei die Wahlen, und seit dieser Zeit waren es stets katholisch geprägte Parteien, die hier bei demokratischen Wahlen siegten.

Gegen die Weimarer Verfassung von 1919, die Bayern als zu zentralistisch empfand, entstanden hier verschiedene Oppositionsbewegungen. 1933 machte Hitler jedoch alle Autonomiebestrebungen Bayerns zunichte. Bewaffneter Widerstand hatte wenig Zweck, doch der Klerus erwies sich als ein Fokus der moralischen Opposition. Die Region erlitt in den größeren Städten im Zweiten Weltkrieg enorme materielle Schäden. Ihre herrliche Landschaft und Kultur ließ sie im heutigen Deutschland zu einem beliebten Reiseziel werden. In Bayern haben sich Betriebe der High-Tech- und Elektronikindustrie sowie große Automobilwerke, etwa BMW und Audi, angesiedelt. Dennoch wird noch zahlreiche Landwirtschaft betrieben. All dies macht aus Bayern eine ökonomisch ausgeglichene Region, eine der reichsten in Deutschland.

Bayern verfügt als einziges Bundesland über eine eigene Partei, die Christlich-Soziale Union (CSU). Obwohl diese Partei als Partner der CDU auch in der Bonner Regierungskoalition vertreten ist und auch einige Bundesminister stellt, hat sich die bayerische Regierung eigenständige Initiativen in vielen Angelegenheiten bewahrt, unter anderem in der Bildungspolitik, der Landwirtschaftspolitik und sogar in der Außenpolitik.

Religion und Feste

Bayern war bis zum Zweiten Weltkrieg zu etwa 80 Prozent römisch-katholisch, durch die Flüchlingsströme hat sich diese Zahl enorm verschoben, dennoch sieht sich Bayern noch immer barock-katholisch. München war einst das Zentrum der Altkatholiken, die sich 1870 dem Unfehlbarkeitsdogma der Kirche widersetzten; eine kleine Gemeinde der Altkatholiken existiert hier bis zum heutigen Tage. Bayern hat zahlreiche Wallfahrtskirchen, die weithin in Deutschland und den Nachbarländern bekannt sind: zum Beispiel Altötting in Oberbayern, die Wieskirche oder Vierzehnheiligen in Oberfranken. Die zahlreichen Kirchen, Kapellen, Dome, Kathedralen und Klöster, zum Beispiel das Zisterzienserkloster in Ebrach oder das älteste Benediktinerkloster nördlich der Alpen, Benediktbeuern, der Dom in Freising, zeugen von der einstigen Frömmigkeit seiner Bevölkerung.

In einem Land wie Bayern, wo die Menschen gläubig und eng mit ihrer Heimat verwurzelt sind, gibt es eine Vielzahl unterschiedlicher religiöser und weltlicher Bräuche und Traditionen. Nicht nur die Wallfahrten die einer Marienverehrung gelten oder Umzüge zu Ehren verschiedener Heiligen, sondern auch zahlreiche Bräuche zur Weihnachtszeit. Schrobenhausen begeht das Fest seines Schutzpatrons, des Heiligen Nikolaus, alljährlich mit einem Jahrmarkt, der Dult, ebenso Bad Tölz, dessen Schutzpatron der Heilige Leonard ist. Der Nürnberger Christkindlesmarkt ist über Deutschland hinaus bekannt. Keines dieser Feste allerdings erreicht die Bedeutung der Oberammergauer Passionsspiele, die alle zehn Jahre stattfinden und auf das 17. Jahrhundert zurückgehen. Die Passionsspiele scheinen jedoch nicht nur Wirkung gegen die Pest zu zeigen – der Grund für Oberammergaus Gelübde im Jahre 1633 –, sondern auch gegen die Armut: Oberammergau ist Deutschlands reichste Kommune. In einer Region mit vorwiegend ländlicher Bevölkerung sind neben kirchlichen jedoch auch weltliche Feste von Bedeutung. Viele dieser Feste scheinen jedoch auf wenig profunde Traditionen zurückzugehen, die zudem meist kaum länger als hundert Jahren bestehen. Das Münchner Oktoberfest wurde erstmals 1810 gefeiert, allerdings gilt es heute als Innbegriff typisch deutscher Festkultur.

Kunst und Architektur

Zwar gibt es keine ausgesprochen bayerische Kunst und Architektur, doch sind die Monumentalbauten, die den üppigen Barock- und Rokokostil der Sakralkunst Süddeutschlands und Österreichs mit gotischen Elementen verbinden, einem in ganz Deutschland verbreiteten Baustil, von besonderem künstlerischen Rang. Dieser zeigt sich an den königlichen Residenzen der in streng klassischem Stil gehaltenen Schlösser von Nymphenburg und Schleißheim wie auch in jenen märchenhaften von Hohenschwangau und Neuschwanstein sowie den barocken von Linderhof und Herrenchiemsee. In Bayerns Himmel ragen vielerorts die typischen Zwiebeltürme auf, Kirchtürme, deren Spitzen mit zwiebelförmigen Kuppeln bekrönt sind.

Essen und Trinken

»Der einzige bayerische Wein ist das Bier«. Tatsächlich finden sich in Bayern über Zweidrittel aller deutschen Brauereien. Die üppige Weiden in den tiefergelegenen Regionen des Landes bereichern Bayerns Küche um viele Molkereiprodukte. Kalbsrahmbraten mit viel Sahne, Leberkäs oder Obatzter, Schweinebraten, sind beliebte Gerichte. In München verbreitet ist die Weißwurst – in heißem Wasser erhitzt und mit süßem Senf serviert – löst sie nahezu mystische Verzückung aus und ist gleichzeitig ein Symbol bürgerlichen Stolzes. Die kreative Verwertung von Fleischresten in vielen traditionellen Fleischgerichten ist eine Reminiszenz an die einstige Armut der Bergbauern.

Die Franken

Die Bevölkerung Nordbayerns, die Franken, die einen Teil des kontinentalen Nordwestens bewohnen, unterscheiden sich von den eigentlichen Bayern. Sie stammen von den fränkischen Stämmen ab, die in frühen Jahrhunderten im Herzen Deutschlands große Macht auf sich vereinigten. Sie sind ernster und weniger umgänglich als die meisten Bayern und außerdem sind sie, anders als die biertrinkenden Bayern, große Weintrinker, da ihre hügelige Heimat entlang des Mains über viele exzellente Weinlagen verfügt. Nach Osten hin erstreckt sich nahe der tschechischen Grenze der felsige Fränkische Jura. Hier findet man einige bemerkenswerte, alte Städte. Erwähnenswert sind auch Würzburg mit seinen Barockkirchen und seiner Residenz, erbaut von Balthasar Neumann, mit dem größten Deckengemälde der Welt, von *Tiepolo* gemalt, oder Bamberg mit seinen malerischen alten Häusern direkt am Fluß sowie einer berühmten gotischen Reiterstatue in seiner großen Kathedrale.

Nürnberg, die Hauptstadt Frankens und Geburtsstadt Albrecht Dürers, wurde nach schweren Kriegsschäden liebevoll wieder aufgebaut, auch wenn ihr noch immer jenes unheilvolle Image anhaftet, die Stadt der großen Nazi-Aufmärsche sowie 1945–46 Schauplatz der Prozesse gegen die Nazi-Führer gewesen zu sein. Rothenburg ob der Tauber, eine Stadt aus dem 12. Jahrhundert, ist mit seinem Wehrgang, seinen Türmen und Toren, Wohnhäusern der Gotik und der Renaissance über Deutschlands Grenzen hinaus bekannt.

Die Österreicher

Das Nationalbewußtsein der 7 Millionen Österreicher ist eine komplexe Angelegenheit. Noch 1972 stimmten bei einer Umfrage lediglich 62 Prozent der Österreicher dem Projekt: »Österreicher konstituieren sich als eine Nation« zu. Die Bevölkerung lebt in neun Bundesländern: dem Burgenland, Kärnten, Niederösterreich, Oberösterreich, Salzburg, Steiermark, Tirol, Vorarlberg und Wien. Das Ausmaß der Identifikation mit dem eigenen Bundesland (Landesbewußtsein) ist unterschiedlich, ebenso wie jenes des österreichischen Nationalbewußtsein (Österreichbewußtsein). Das Nationalbewußtsein der Wiener, der Niederösterreicher und Burgenländer ist deutlich stärker als ihre Identifikation mit ihrem jeweiligen Bundesland. Beides ist hingegen nahezu gleich stark in Niederösterreich und Salzburg, während in Kärnten, Vorarlberg und Tirol die Identifikation mit dem Bundesland im kollektiven

Bewußtsein einen höheren Stellenwert einnimmt als jene mit Österreich.

Diese Unterschiede beruhen auf historischen Entwicklungen. Bis in das frühe 19.Jahrhundert wurden lediglich die Einwohner Ober- und Niederösterreichs (des Fürstbistums Österreich) als Österreicher betrachtet, mit Wien als deren Zentrum sowie als Hauptstadt der Habsburger Monarchie. Die anderen Österreicher wurden als Steirer, Tiroler, Kärntner und Vorarlberger betrachtet, entsprechend dem Namen auch ihres jeweiligen heutigen Bundeslandes. Folglich können die Bevölkerungsgruppen der Bundesländer, die über eine lange und starke Identifikation mit ihren Heimatländern verfügen, als österreichische »Stämme« betrachtet werden.

Geschichte

Die alten Stammesstrukturen der Bayern und Kärntner auf dem Gebiet des heutigen Österreich lösten sich, bedingt durch das karolingische Feudalsystem, seit dem 8. Jahrhundert langsam auf. Im 12. Jahrhundert wurden dann diese zersplitterten Feudalländereien wieder zusammengefaßt, was zur Herausbildung der Länder Austria und Styria führte und später zu jenen von Tirol, Kärnten, Salzburg, Oberösterreich und Vorarlberg. Diese Länder entwickelten eine außerordentliche Resistenz gegen alle späteren Versuche, sie einem modernen Nationalstaat zu unterwerfen. Die Hüter dieses Lokalbewußtseins waren die Stände, aus deren Reihen der Adel sowohl seine politischen Berater wie auch seine Soldaten rekrutierte. Im späten Mittelalter kauften sich die Stände jedoch zunehmend durch Steuerzahlungen von ihren militärischen Pflichten frei.

Der Prozeß der politischen Konzentration der Länder Österreichs setzte sich fort, als 1192 die Länder Austria und Styria an die Herzöge von Babenberg fielen. 1282 übernahmen dann die Habsburger diese beiden Länder, außerdem 1335 Kärnten und Carniola (der zentrale Teil der heutigen Republik Slowenien), 1363 Tirol und 1500 Gorizia (heute zum Teil zu Italien, Österreich und Slowenien gehörig).

1526 wurden die Habsburger auch Könige von Ungarn und Böhmen, jedoch wurde die Verwaltung in den verschiedenen Habsburger Ländereien in den folgenden Jahrhunderten nicht wirklich vereinheitlicht, vielmehr hielten sie an den verschiedenen Stände- und Länderorganisationen sowie regionalen Traditionen fest. Selbst in der Zeit des Absolutismus behielten die Länder ihre alte Form, mit ihren alten Hauptstädten, ihren eigenen Ständen, eigenen Wappen und ihrer eigenen Mythologie.

Als die Habsburger Monarchie 1918 auseinanderbrach, bildeten die einzelnen Länder die konstitutiven Elemente der neuen Österreichischen Republik. Kärnten verlor einige, die Steiermark alle ihre slowenischsprachigen Regionen; Tirol verlor nicht nur seine italienischsprachigen Regionen von Südtirol an Italien, sondern auch die deutschsprachige Region, die ebenfalls Teil Italiens wurde. 1922 kam ein neues Bundesland, das Burgenland hinzu, aus den deutschsprachigen Regionen des westlichen Ungarn gebildet. Die österreichischen Bundesländer haben nach wie vor ihre Provinzparlamente (Landtage), ihre eigenen Landesregierungen, Flaggen, Wappen und Hymnen; und sie haben auch verschiedene Landestrachten und sie unterscheiden sich zudem in ihrem Dialekt. Die Bundesländer verfolgen darüber hinaus auch in Teilen eine unabhängige Außenpolitik, indem sie mit nichtösterreichischen Regionen auf der jeweils anderen Seite der Grenze zusammenarbeiten, und zwar in regionalen Gruppen oder Assoziationen.

Sprache und Religion

Die Mehrheit der Bevölkerung spricht eine bayerisch-österreichische Variante der deutschen Sprache, außer jener im äußersten Westen des Landes, die – wie ihre Schweizer Nachbarn – zur alemannischen Sprachregion gehören. Im Osten (Burgenland und Wien) und Süden (Kärnten) von Österreich existieren seit alten Zeiten kroatische, slowenische und tschechische Minoritäten. In den Jahren nach 1970 sind neue ethnische Minderheiten dazugekommen, vor allem in Wien, und zwar durch die Immigration von Türken und Slawen.

Offiziell gehören etwa 80 Prozent der Bevölkerung der römisch-katholischen Kirche an. Deshalb wird Österreich als ein katholisches Land betrachtet. Doch spielt der Katholizismus nur für eine Minderheit der Bevölkerung (20 bis 30 Prozent der Bevölkerung sind praktizierende Katholiken – mehr in ländlichen Regionen als in den Städten) eine bedeutende Rolle. In der Werteskala der Österreicher nimmt die Religion nach der Familie, dem Arbeitsplatz, Freunden und Freizeit den fünften Rang ein. Umfragen haben ergeben, daß nur 30 Prozent die Religion als wichtig ansehen.

Das Land

Zwei Drittel des österreichischen Territoriums liegt in Alpenregionen. Die östlichen Alpen Österreichs sind geprägt von weiten und langen Tälern, die von West nach Ost verlaufen. Sie trennen die nördlichen, die zentralen und sie südlichen Alpen voneinander. Die Länder an der Donau (Ober- und Niederösterreich) werden ebenfalls von Bergketten durchzogen (in Oberösterreich der Dachstein mit etwa 3.000 m; in Niederösterreich der Schneeberg mit etwa 2.000 m). Der höchste Berg Österreichs ist der Großglockner (3.797 m), an der Grenze zwischen Kärnten und dem östlichen Teil Tirols gelegen. Die geographische Lage Österreichs bedingt dessen Charakter als ein Land der Bergpässe – alle bedeutenden Alpenpässe der Ostalpen liegen in Österreich – und deswegen auch dessen Status als Transitland. Das Burgenland sowie das östliche Niederösterreich weisen Ebenen und hügeliges Land auf. Diese Regionen werden intensiv landwirtschaftlich genutzt. In den Bergen wird in erster Linie Viehwirtschaft betrieben. Industrie gibt es traditionell in Wien, Niederösterreich und Oberösterreich, in der Steiermark und in Vorarlberg, doch in der industriellen Entwicklung nach 1945 spielten auch Salzburg und Tirol eine bedeutende Rolle.

Die Vorarlberger

Die Vorarlberger leben im äußersten Westen von Österreich. Ihr Land liegt in der alemannischsprachigen Region; ihre Dialekte sind eng verwandt mit denen ihrer Schweizer Nachbarn.

Im 16. Jahrhundert bildeten die Delegierten der unter Habsburger Herrschaft stehenden Städte sowie der ländliche Gerichtssprengel zusammen den Landtag. Da es im Vorarlberg weder bedeutende Klöster noch einen bedeutenden Adel gab, war dieser Landtag der einzige der Habsburger Länder, in dem lediglich Bürger und Bauern saßen. Dies führte zu einer Akzentuierung demokratischer Traditionen sowie eines demokratischen Bewußtseins. Die frühe und durchgreifende Industrialisierung dieser Alpenregion – vor allem die Entwicklung der Textilindustrie – brachte dem Land Reichtum und stärkte die regionalistische Tradition seiner Einwohner, seiner mächtigen und reichen Unternehmerfamilien, wie seiner durch und durch konservativen Arbeiterklasse, deren Bewußtsein noch stark von bäuerlichen Werten geprägt war.

Die Tiroler

Nichtösterreicher betrachten die Tiroler oftmals als die Verkörperung des alpinen Österreich, wenn nicht gar als ein eigenständiges Volk. Auch innerhalb Österreichs gelten die Tiroler in vielerlei Hinsicht als besonders typische Österreicher mit einem besonders ausgeprägten Selbstbewußtsein. Ganz offensichtlich hat diese Charakterisierung viel zu tun mit den Traditionen Tirols als einer hochentwickelten Touristenregion.

Tirol entstand in der zweiten Hälfte des 13. Jahrhunderts und verfügte damals über eine frühabsolutistische Regierungsform: nicht nur Adel und Klerus, auch die Abgeordneten der Städte und der ländlichen Gerichtsgemeinden waren im Landtag vertreten, und zwar mit der Verpflichtung, ihr Land gegebenenfalls auch zu verteidigen. 1511 wurde diese Pflicht kodifiziert, was die Identifikation der Tiroler mit ihrem Land zusätzlich bestärkte.

Militärische Konflikte spielten entsprechend eine bedeutende Rolle bei der Herausbildung ihres heutigen Regionalbewußtseins. 1809 rebellierten die Tiroler unter Andreas Hofer, zunächst durchaus erfolgreich gegen die Bayern, die Tirol seit 1805 regiert hatten, sowie gegen die Franzosen. Der Aufstand endete jedoch mit der Hinrichtung Hofers und die Tiroler fielen schließlich im Zuge der generellen Friedensverhandlungen von 1814 an die Habsburger.

Nach dem Ersten Weltkrieg (1919) wurde das Land geteilt. Der Norden wurde Teil der neuen Republik Österreich, der deutschsprachige südliche Teil, den Österreich ebenfalls beanspruchte, wurde Teil Italiens (heute die Provinz Bozen-Alto Adige). Historisch betrachtet war Südtirol das Kernland Tirols, hier steht Schloß Tirol, das dem Land einst seinen Namen gab. Als die Faschisten 1922 in Italien an die Macht gelangten, begann ein massives Programm zur Italisierung dieser Region. 1939 dann, nach dem Hitler-Mussolini-Pakt, standen die Südtiroler vor der Situation, entweder sich von Hitler vereinnahmen zu lassen oder die weitere Italisierung zu akzeptieren; die Mehrheit entschied sich für Hitlers Reich. Dieser Prozeß wurde während des Krieges gestoppt und nach 1945 erhielten die meisten, die sich für Hitler entschieden hatten, die Erlaubnis, in ihre Heimat zurückzukehren.

Nach 1945 blieb Südtirol bei Italien. Der Region wurde lediglich begrenzte Autonomie gewährt, die zunächst sehr inadäquat angewendet wurde. Nach einigen Bemühungen begannen in den Jahren nach 1960 erneut Verhandlungen, die zu den sogenannten Paketvereinbarungen führten. Diese wurden sehr großzügig umgesetzt, so daß die Südtiroler heute in Vergleich mit internationalen Standards weitgehende Minderheitenrechte besitzen. Zwischen Süd- und Nordtirol, dem Vorarlberg und der Nachbarprovinz Trentino, mit der die Südtiroler ihre eigene, italienischsprachige Region bilden, besteht eine enge wirtschaftliche Zusammenarbeit (Accordino). Es ist schwer zu sagen, ob die Südtiroler eine eigenständige Volksgruppe darstellen oder nicht: sie haben ihren eigenen Landtag in Bozen und ein gewisses Maß an Autonomie; die Region ist weitgehend zweisprachig – viele Italiener, die in dieser Region leben, lernen Deutsch, ebenso wie die deutschsprachigen Tiroler Italienisch lernen.

Die Salzburger

Die Salzburger kamen erst 1816 zu Österreich. Durch die Ausübung feudaler Rechte im Herzen ihres riesigen Bistums, schufen sich die Erzbischöfe von Salzburg mit der Zeit ein eigenes Fürstentum, das seit dem 14. Jahrhundert als ein eigenständiges »Land« mit eigenem Landtag gelten konnte. Die Traditionen dieses Bundeslandes waren und sind stark beeinflußt von den klerikalen Prinzipien seiner Fürsten und deren prächtiger Residenz, der Stadt Salzburg. Durch die Eingliederung in die österreichische k.u.k-Monarchie verlor Salzburg seine Funktion als Hauptstadt und somit auch seine ursprüngliche Bedeutung. Jedoch wurde die Schönheit der Stadt und ihrer Landschaft bald von den Österreichern und auch vielen Ausländern entdeckt. Salzburg entwickelte sich zu einem der bedeutendsten Touristenzentren Österreichs. Die Festivals, die von Max Reinhardt und Hugo von Hofmannsthal nach dem Ersten Weltkrieg begründet wurden, geben dem Tourismus eine besondere Note: Opern-, Theater- und Musikfreunde aus aller Welt kommen jedes Jahr nach Salzburg. Das Selbstbewußtsein der Salzburger ist weniger geprägt von militärischen und vorindustriellen demokratischen Traditionen als durch das Bewußtsein, die Stadt Mozarts zu sein sowie die heimliche Kulturkapitale Österreichs.

Die Kärntner

Der Name ihrer Region macht die Kärntner glauben, daß sie über die am weitesten zurückliegenden Traditionen aller österreichischen Länder verfügen. Sie stammen von den *Karantanern* ab, einem Stamm, der bis ins 7. Jahrhundert zurückverfolgt werden kann und dessen Angehörige einen vorslawischen Dialekt sprachen. Ihre präfeudale Stammesorganisation wurde durch die Einführung feudaler Strukturen aufgelöst, ähnlich wie dies auch in Bayern, in der Lombardei und in Franken geschah. Der Name des alten (und größeren) *Karantia* blieb jedoch als »Kärnten« erhalten. Hier wurden auch Zeugnisse einer besonderen mittelalterlichen Verfassung gefunden: der Fürstenstein, (ursprünglich in der Karnburg), sowie der Herzogstuhl im Zollfeld. Mit ihnen in Zusammenhang stehen Zeremonien die sich bis ins 15. Jahrhundert bewahrten; der neue Fürst mußte sich zunächst als einfacher Bauer auf diesen Stein setzen und nur wenn er versprach, das Land zu beschützen, wurde der »bäuerliche« Stein zum Sitz des Fürsten. Diese Tradition lebte auch später noch fort und ist heute ein bedeutender Bestandteil des Kärntner »Landes«bewußtseins.

In Ober- und Mittelkärnten ersetzte der bayerische Dialekt den slowenischen, der jedoch in Niederkärnten lange erhalten blieb und an einigen Orten bis heute überlebt hat. Mitte des 19. Jahrhunderts sprachen etwa 70 Prozent der Kärntner Deutsch; der Rest sprach Slowenisch (heute steht dies in einem Verhältnis von 96 Prozent zu 4 Prozent). Ihr »Landes«bewußtsein ist jedoch ein gemeinsames. Als 1919 die meisten slowenischsprachigen Gebiete an den neuen Staat der Serben, Kroaten und Slowenen, an Jugoslawien fielen, stießen die jugoslawischen Soldaten, die das Land zu besetzten, auf zähen Widerstand. In einem Plebiszit im Jahre 1920 sprachen sich 59 Prozent der Kärntner für ihre weiter Zugehörigkeit zu Österreich aus. Diese Erfahrung prägte, neben alten Traditionen, das heutige »Landes«bewußtsein der Kärntner. Heute ist Kärnten als Touristenregion weithin bekannt, nicht zuletzt aufgrund seiner zahlreichen und prächtigen alten Kirchen sowie seiner natürlichen Schönheit.

Die Steirer

Die Steiermark entstand im 12. Jahrhunderts aus der Vereinigung verschiedener östlicher Regionen sowie einiger Gebiete Kärntens und Bayerns. 1180 wurde die Steiermark Herzogtum, das 1192 an den österreichischen Herzog fiel. Die Rechte der herzöglichen Minister der Steiermark, festgelegt in einem Erbvertrag von 1186, legten den Grundstock für die Rechte des Adels in diesem Land und bildeten die Basis für deren Autonomie – trotz einer fast ununterbrochen andauernden Union mit Ober- und Niederösterreich. Zeichen ihrer Autonomie waren das eigene Wappentier (der steirische Panther) sowie das Landhaus der Stände.

Im späten Mittelalter und dann wieder 1564 wurde Graz Hauptstadt der sogenannten innerösterreichischen Lande, was die Stadt in ihrer urbanen und kulturellen Entwicklung durchaus beflügelte.

Erzherzog Johann von Habsburg (gest.1859) wurde zu einer der mächtigsten Symbolfiguren der Steiermark. Dieser außerordentlich populäre Bruder von Kaiser Franz II. machte die Steiermark zu seinem Lebensmittelpunkt. Er förderte die Entwicklung der Landwirtschaft und Industrie, der Wissenschaft und Bildung, er forschte über steirische Sitten und Bräuche und trat für den Fortbestand der »grauen Röcke« ein sowie anderer Elemente der traditionellen steirischen Tracht. Aufgrund seiner Heirat mit der Tochter eines Postbeamten erhielt er den Bei- oder Spitznamen »Steirischer Fürst«.

Die Burgenländer

Die Burgenländer stellen die jüngste der österreichischen Volksgruppen. Die Landstriche im Westen Ungarns wurden während des Hochmittelalters vom angrenzenden Bayern und Österreich aus besiedelt. Nach den Zerstörungen durch die Türkenkriege im 16. und 17. Jahrhundert ließen sich hier viele kroatische Bauern, die geflohen waren, nieder. Im heutigen Burgenland waren im 19. Jahrhundert Deutsch und Kroatisch die vorherrschenden Sprachen und in einigen Regionen auch ungarisch. Nach dem Zusammenbruch der Habsburger Monarchie verlangten und erreichten die Deutschen von dieser Region, daß diese Österreich angegliedert wurde. Nach einer entsprechenden Abstimmung blieb das bedeutende Zentrum von Sopron jedoch ungarisch (1922).

Die Burgenländer leben vom Weinbau, der Landwirtschaft und Viehzucht. Wirtschaft und der Handel begründeten schon sehr früh ihre Verbindungen zu Österreich. Große Adelsfamilien, wie die *Esterházy* und *Batthany*, herrschten in dieser Region und bereicherten deren kulturelles Leben – Joseph Haydn stand lange Zeit in den Diensten der Esterházys –, vor allem ihrer heutigen Hauptstadt Eisenstadt. Ungarische Traditionen finden sich vor allem noch in den Trachten der Region (zum Beispiel die Stiefel der Männer). Historisch betrachtet ein Teil Ungarns, identifiziert sich das Burgenland heute sehr stark mit Österreich, weist jedoch auch ein deutliches »Landes«bewußtsein auf. Und so kann man berechtigterweise davon sprechen, daß hier eine neue Volksgruppe entstanden ist, zu deren integralem Bestandteil auch die kroatisch- und ungarischsprechende Bevölkerung gehört.

Die Oberösterreicher

Trotz ihres Namens, der jenem der Niederösterreicher durchaus ähnelt, haben die Oberösterreicher einen ganz eigenen Sinn für ihre Identität. Das Land entwickelte sich im späten Mittelalter, als in jenem Teil Österreichs, das oberhalb des Flusses Enns gelegen ist, Landtage eingesetzt wurden. Die kulturellen Elemente, die das Landesbewußtsein der Oberösterreicher bereichern, sind: bedeutende Klöster (so Kremsmünster, im 8. Jahrhundert gegründet); wunderschöne Bauernhäuser, die auf viereckigem Grundriß mit Innenhof angelegt sind. Doch Oberösterreich ist auch eine bedeutende Industrieregion, die eine entscheidende Rolle bei der modernen wirtschaftlichen Entwicklung Österreichs spielte.

Das Bewußtsein der Oberösterreicher ist auch geprägt durch die bitteren Erfahrungen der langen Bauernkriege: der Aufstand von 1626 war einer der längsten und erfolgreichsten Aufstände im gesamten Heiligen Römischen Reich Deutscher Nation. Die reichen Bauern späterer Jahre demonstrierten ihren Wohlstand dadurch, daß sie die Goldkappe der bürgerlichen Frauen zum Bestandteil ihrer eigenen Tracht machten.

Niederösterreicher und Wiener

Die Niederösterreicher und die Wiener haben das am wenigsten ausgeprägte »Landes«bewußtsein, da sie schon immer als die typischen Österreicher gelten. Wien war bis Ende des Ersten Weltkrieges, als die Stadt, die von Sozialdemokraten regiert wurde, von ihrem Umland, das von Christdemokraten regiert wurde, abgetrennt wurde, Hauptstadt des Landes Österreich unterhalb der Enns (heute Niederösterreich). Doch in beiden Ländern führt das nicht vorhandene »Landes«bewußtsein zu einem starken österreichischen Nationalbewußtsein. Niederösterreich hat erst vor kurzem eine eigene Hauptstadt erhalten, Sankt Pölten, das vielleicht so etwa wie ein Fokus eines neuen »Landes«bewußtseins wird. In Wien findet man die meisten österreichischen Wahrzeichen: den Stephansdom, das Parlament, die großen Museen, Schloß Schönbrunn und Schloß Belvedere. Die Stadt evoziert in ihrem Aussehen und in ihrer Kultur weitreichende Assoziationen, weit über die Landesgrenze hinaus und weit zurück in die ruhmreichen Zeiten des Habsburger Kaiserreichs und seiner Bedeutung für das alte Europa.

Ausblicke

Die österreichischen Bundesländer können im Europa von Morgen eine vielfältige Rolle spielen: die zunehmende Erosion der nationalstaatlichen Autoritäten kann den Ländern eine wachsende Bedeutung zukommen lassen, sofern deren Macht nicht an neue, überregionale Institutionen übergeht.

Die Notwendigkeit, immer wieder auf überregionaler Ebene Lösungen für bestimmte Probleme finden zu müssen, hat stets neue Initiativen nicht nur der Kooperation zwischen der Republik Österreich und ihren Nachbarn hervorgebracht, sondern auch zwischen den einzelnen Ländern und ihren nichtösterreichischen Nachbarn: Die Alpen-Adria-Vereinigung umfaßt Kärnten und die Steiermark mit Teilen Italiens und Ungarns sowie der Republiken Slowenien und Kroatien; Ober- und Niederösterreich ebenso wie Wien und das Burgenland haben Anteil an der Gemeinschaft der Donauländer (zusammen mit Regionen Tschechiens, Slowakiens, Ungarns und Deutschlands); Tirol, Salzburg und Vorarlberg sind Mitglieder der Alpenländer-Gemeinschaft.

Die Länder als kleine Einheiten bieten ihren Einwohnern weitreichende Möglichkeiten der Selbstbestimmung. Zusammen mit den kleineren Städten sind die Bundesländer auch für die

Identität der Menschen von Bedeutung, da vor allem in Österreich bestimmte Traditionen und Symbole eine lange Geschichte vorzuweisen haben. Sollte die regionale Kooperation der österreichischen Bundesländer mit anderen, nicht-österreichischen Regionen auf Dauer funktionieren, dann könnte dies auch für ein »Europa der Regionen« eine beispielgebende Rolle spielen.

Die Schweizer

Die heutige Schweiz hat sich ausgehend von einem Kernland entwickelt, das sich nach und nach erweitert hat, jedoch nicht in der Art eines Ochsenfroschs, aufgeblasen und dickbäuchig, sondern als ein im Grunde kleines, wenn auch kompaktes und scharfkonturiertes Land – einem Miniaturschlachtschiff gleich: sicher, gut gebaut und scheinbar unzerstörbar. In 23 Kantone gegliedert, die alle ihre besondere Identität, ihre eigenen Traditionen und Institutionen haben, aufgeteilt in verschiedene Sprachregionen mit unterschiedlichen Religionen und ethnischen Ursprünge, gilt die Schweiz als ein typisches Beispiel ethnischer Koexistenz. Rein historisch betrachtet ist diese Charakterisierung jedoch wenig aussagekräftig.

Die Schweizer sind eine Mischung aus vielen Volksgruppen germanischer, keltischer und italienischer Abstammung. Der Großteil der heute Deutsch sprechenden Bevölkerung ist jedoch in seinen Ursprüngen nicht eigentlich germanisch, sondern stammt von germanisierten Kelten ab, wie auch Teile der französischsprachigen Bevölkerung, kulturhistorisch betrachtet, im Laufe ihrer Geschichte germanisiert wurden. Die italienisch und rätoromanisch sprechende Bevölkerung – Rätoromanisch gehört zur romanischen Sprachfamilie und wird in abgelegenen Teilen des Südostens von etwa einem Prozent der Bevölkerung gesprochen – ist eindeutig italienischen Ursprungs, auch wenn sie sich sehr stark dem »Ethos der Schweiz« verbunden fühlen.

Geschichte

Die Schweiz entstand zu jener Zeit, als die Habsburger-Dynastie das alte Herzogtum Schwaben rekonstituierte. 1291 nutzten drei Schweizer Regionen – Schwyz, Uri und Unterwalden, irreführenderweise auch »Wald-Kantone« genannt – die für die Habsburger Monarchie zeitweise unübersichtliche Situation und bildeten eine Konföderation, um zu verhindern, daß sie dem Herzogtum Schwaben eingegliedert werden. Die Schweizer strebten hierbei allerdings nicht ihre volle Unabhängigkeit an, sie wollten vielmehr lediglich keinem Feudalherren, sondern direkt dem Kaiser untertan sein. Ihre Ansprüche wurden jedoch zurückgewiesen. Zu den bäuerlich-ländlichen »Waldkantonen« stießen bald andere, eher urbane, von Städten beherrschte Kantone. 1332 trat Luzern der Konföderation bei, gefolgt von Zürich (1351) und Bern (1353), wie auch von dem wiederum eher ländlich geprägten Kanton Glarus (1352–88). Zusammen bildeten sie eine große Gruppe alpiner Länder, relativ leicht zu verteidigen, die jedoch aus Sicherheitsgründen immer weiter expandierte. Im Zuge seines Beitritt zur Konföderation setzte Zürich seinen Fürstbischof ab und ersetzte ihn durch ein Komitee weltlicher Herren.

Die konföderierten Kantone verbündeten sich mit umliegenden Regionen, die der Konföderation später teilweise beitraten. Im 15. und frühen 16. Jahrhundert vergrößerte sich die Konföderation langsam und festigte ihre militärische Position. Nachdem sie die Habsburger mehrfach besiegt hatte, stimmten diese 1394 einer Waffenruhe zu, die 24 Jahre andauerte. Dies bedeutete de facto die Unabhängigkeit der Konföderation, die bereits 1393 einen Landtag einberufen hatte, der allerdings die Autonomie der einzelnen Kantone nicht einschränkte. Um die Sicherheit ihrer jeweiligen Territorien bemüht, orientierte sich Luzern weiter nach Norden, Bern nach Westen, Uri nach Süden. Neue Regionen kamen hinzu: Aargau (1412–15), die Toggenburger Regionen (1436), Sargans (1440), Thurgau (1460); neue Verbündete wurden assoziiert: das halbe Wallis im Jahre 1416, St. Gallen 1454. Zwischen Zürich und einigen seiner Nachbarn kam es 1436-46 zu einem Bürgerkrieg, der die Konföderation selbst jedoch nicht gefährdete: sichtbares Zeichen ihrer Reife und inneren Sicherheit. Letzteres bewies sie dann auch in den Kriegen gegen Burgund in den Jahren 1474–77 und gegen Mailand im Jahre 1474. Die Schweiz hatte sich zu einer bedeutenden Militärmacht entwickelt, deren Basis praktisch uneinnehmbar war. Schweizer Söldnertruppen verdingten sich, wo immer man sie brauchte – Europas Herrscher konkurrierten um ihre Dienste.

Entsprechend expandierte auch die Schweizer Union: 1481 kamen Fribourg und Solothurn dazu; 1501 Schaffhausen und Basel-Stadt; 1531 Appenzell im Osten des Landes. 1524 war die lange und harte Eroberung der widerspenstigen südöstlichen Territorien von Graubünden und Grison abgeschlossen. Im französischsprachigen Westen wurde Neuchátel 1495 zum Verbündeten, Genf 1526, das Bistum Basel schloß sich 1579 an, Thurgaus Eroberung war 1460 abgeschlossen, die des Tessin 1512 und jene von Waadt 1536.

Die Reformation führte zur einer Spaltung des Landes in die eher urbanen Kantone, die dem Protestantismus beitraten und in die ländlichen Kantone, die katholisch blieben. 1524 verurteilten fünf Kantone – Luzern, Uri, Unterwalden, Zug und Schwyz – die Reformation, die Ulrich Zwingli von Zürich aus verbreitet hatte und die 1528 auch von Bern und Basel-Stadt akzeptiert wurde, während Fribourg und Solothurn den Papst unterstützten. 1531 kam es zu militärischen Auseinandersetzungen. Nach anfänglichen Erfolgen der Katholiken gewann Calvins radikaler Protestantismus 1536 vor allem im französischsprachigen Westen der Schweiz die Oberhand: die gemeinsamen Institutionen der Konföderation wurden für über ein Jahrhundert lahmgelegt.

Trotz dieser langen Stagnation wurde die volle Souveränität der Schweizer Konföderation in der generellen Friedensakte von 1648, die den Dreißigjährigen Krieg beendete, von den europäischen Mächten anerkannt. 1655 regte Zürich für die Schweiz eine zentralistischere Staatsform an, die katholischen Regionen widersetzten sich jedoch diesem Vorschlag, es kam erneut zum Krieg, den die Katholiken gewannen. Zwischen 1663 und 1776 trat dann der konföderative Landtag nicht mehr zusammen – in einer Periode, in der die europäischen Monarchien zunehmend zu zentralistischen und absolutistischen Regierungsformen übergingen. Im Spanischen Erbfolgekrieg (1700–1714) kämpften Schweizer Truppen als Söldner der Oppositionsparteien gegeneinander. Doch auch in der Schweiz selbst flammte der Krieg zwischen Katholiken und Protestanten wieder auf, der 1712 mit dem Sieg der Protestanten endete: damit begann der unaufhaltsame Aufstiegs des Potestantismus.

Etwa Mitte des 18. Jahrhunderts entwickelten sich Zürich und Genf zu intellektuellen Zentren, vor allem auf den Gebieten der Religion, der politischen Philosophie sowie der Naturwissenschaften. Voltaire war der berühmteste einer großen Anzahl politischer und religiöser Flüchtlinge aus Frankreich, die nun Bürger von Genf oder NeuchÉtel wurden, wo sich eine aufstrebende und innovative Druckindustrie etabliert hatte, die Frankreich nun mit jenen Büchern belieferte, die die französische Zensur verboten hatte. Die Französische Revolution bescherte der Schweiz die unruhigsten Jahre ihrer Geschichte. Zunächst hatte die herrschende Oligarchie der Schweiz erwogen, Österreich und Preußen im Krieg gegen das revolutionäre Frankreich zu unterstützen, bevorzugte dann jedoch – typischerweise aus ökonomischen Erwägungen – die Neutralität. 1792 jedoch wurde Genf von dortigen Revolutionären in jakobinischer Manier übernommen, 1793 kündigte Frankreich die Annexion des Bistums Basel an und 1797 schließlich besetzte Napoleon wichtige Alpenpässe in Graubünden und im Tessin. Diese hatte die Schweiz in einem kostspieligen Krieg zu Beginn des 17. Jahrhunderts unter ihre Kontrolle gebracht und Napoleon ging davon aus, daß sie für die Schweizer Militärstrategie wie auch für das Schweizer Nationalbewußtsein von vitaler Bedeutung waren. Immer neue Revolutionen und Annexionen führten dazu, daß Frankreich schließlich die Schweiz niederwarf und 1798 die Helvetische Republik proklamierte.

Napoleon, der erkannte, daß eine zentralistische Regierung in der Schweiz nicht durchsetzbar war, gestattete es der Schweiz, 1802-03 zu ihrer traditionellen Konstitution, verbunden mit einigen Modifikationen, zurückzukehren. Seine Niederlage 1815 machte es dann möglich, die Konstitution von vor 1797 wieder als Ganzes zu etablieren, während auf dem Wiener Kongreß im gleichen Jahr die wichtigsten europäischen Mächte die Neutralität der Schweiz garantierten. Politische Reformen in der

Schweiz konzentrierten sich von nun an nicht mehr auf Versuche, die Schweizer Regierung zu zentralisieren, sondern vielmehr auf die Liberalisierung der einzelnen Kantonsregierungen mit dem Ziel, »Gleichheit vor dem Gesetz« sowie eine Ausweitung des Wahlrechts durchzusetzen. Dies war dringend notwendig: in Zürich gab es zum Beispiel, trotz liberaler Reformen im Jahre 1848, noch drei unterschiedliche Verfahrensweisen im Hinblick auf die schulische Ausbildung. Doch auch die staatliche Zentralisierung war nicht gänzlich in Vergessenheit geraten. 1832 stimmte der Landtag generell für konstitutionelle Reformen, auch wenn er sich noch nicht auf wirklich konkrete Schritte einigen konnte. Im gleichen Jahr befürworteten auch die progressiven Kantone des Ziebner Konkordats die Schaffung eines gemeinsamen Entscheidungsgremiums.

Der Ruf nach einem säkularen Staat alarmierte 1834 allerdings die Katholiken: 1845 bildeten sieben katholische Kantone eine Union, um diese Tendenzen zu bekämpfen. In einem Krieg, der nicht ganz drei Wochen dauerte, wurde diese katholische Liga 1847 gewaltsam aufgelöst, und schließlich wurden auch die Jesuiten vertrieben. Infolge der europäischen Revolutionen von 1848 entwarf der Landtag dann erneut eine konstitutionelle Reform, die die Bildung eines Kabinetts vorsah, Direktwahlen zum Landtag, allgemeines Wahlrecht für Männer, ein einheitliches Post- und Telegrafensystem sowie eine Zentralbank und eine gemeinsame Währung. In den Jahren nach 1850 hatte die Wirtschaft eine enorme Entwicklung vollzogen – vor allem in den Bereichen Eisenbahn und Industrie. Der irreguläre Status von Neuchâtel endete 1856, als die Hohenzollern-Dynastie Preußens ihre Recht der Jurisdiktion über dieses Gebiet aufgab.

1874 wurde dann eine liberalere Verfassung verabschiedet, die nun, als bedeutendste Neuerung, die Möglichkeit von Referenden vorsah. Seit dieser Zeit ist das Referendum ein typischer Bestandteil der politischen Kultur der Schweiz geworden. Während die meisten Referenden darauf ausgelegt sind, mehr Demokratie zu gewährleisten, können sie in der Schweiz dazu benutzt werden, zentralistische Maßnahmen zu stützen, wobei jedoch eine generellen Zentralisierung auch weiterhin abgelehnt wird. Das Wahlrecht für Frauen wurde 1874 nicht eingeführt und auch nicht in den folgenden 100 Jahren, jedoch ließen einige Kantone, vor allem in der französischsprachigen Schweiz, Frauen bei kantonalen und kommunalen Wahlen zu. 1900 hatten auch die meisten konservativen Kantone ein Bildungssystem vorzuweisen sowie einige politische Standards erfüllt, um eine selbstbewußte demokratische Mitbestimmung ihrer Einwohner zu gewährleisten.

Ethnische Mischung und Kultur

Die Schweizer Gründungskantone waren alle deutschsprachig. Egal ob echte Deutsche oder germanisierte Kelten, ihre Kultur war deutsch und auch ihre Sprache – das Schwyzerdütsch, obwohl dieses für die Ohren von Hochdeutsch sprechenden Deutschen wie eine verstümmelte Version ihrer eigenen Sprache klingen mag. Der Dialekt ist eng verwandt mit dem des westlichen Österreichs und Baden-Württembergs. Obwohl heute Hochdeutsch als Schriftsprache benutzt wird, ist das Schwyzerdütsch im mündlichen Sprachgebrauch weit verbreitet. Auch die ersten urbanen Kantone der Schweiz waren deutsch, ebenfalls in oben genanntem Sinne. 1513, als die konföderativen Strukturen gefestigt waren, wurde dieser deutsche Charakter nur leicht verwischt. Fribourg war halb deutsch, halb französisch; Solothurn, Schaffhausen und Basel-Stadt ganz und gar deutsch. Auch unter den verbündeten und unterworfenen Staaten waren Aargau und Thurgau deutsch, ebenso die Toggenburger Region und die Region Sargans, die Glarus eingegliedert wurden. Mulhouse, das niemals zur Schweiz gehörte, jedoch vom 15. bis 18. Jahrhundert mit ihr verbündet war, war elsässisch und deshalb in dieser Zeit vorwiegend deutsch, ebenso Sankt Gallen. Neuchâtel wurde der erste französischsprachige Verbündete, und zwar im Jahre 1495, doch war dies eine kleine Gemeinde. Unter den unterworfenen Regionen war die einzige große, nichtdeutsche Region das italienischsprachige Tessin. Die westliche Hälfte von Waadt – die erste unterworfene Region der Konföderation – war französisch, vor 1536 wurde jedoch keine weitere größere französischsprachige Region mehr hinzugefügt. Die Eingliederung von Graubünden brachte, obwohl überwiegend deutschsprachig, einige neue Untertanen, die friaulisch oder rätoromanisch sprachen. Das Bistum Basel war eine weitere deutschsprachige Region, die hinzukam. Die nicht deutschsprachigen Regionen wurden in der Regel eher durch Unterwerfung als durch freien Willen Mitglieder der Konföderation.

Die französisch- und italienischsprachigen Regionen der Schweiz begannen erst nach dem zeitweiligen Niedergang und der Rekonstruktion des Schweizer Staates in den Napoleonischen Kriegen eine bedeutende Rolle zu spielen. Die deutschen Kernlande der Konföderation hielten trotz der religiösen Aufsplitterung stets eng zusammen und setzten damit ein ermutigendes Beispiel für die engere Einbindung der meist protestantischen Franzosen, der Italiener, Katholiken oder Antiklerikaler in eine tolerante und loyale Gesellschaft. Das weitgehend vereinheitliche Bildungswesen und die Existenz großer Hochschulzentren wie die Eidgenössische Technische Universität Zürich (ETH), die Schweizer aus allen Teilen des Landes zusammenführen, waren wichtige Instrumente bei der Herausbildung und Pflege einer Schweizer Identität über kantonale, kommunale, sprachliche und konfessionelle Grenzen hinweg.

Daß ein Land derart erfolgreich so viele ethnische, linguistische und religiöse Unterschiede integrieren kann ohne dabei die Identität irgendeiner dieser Gruppen zu verletzen, wurde oftmals als ein Wunder angesehen. In Wirklichkeit sind alle diese Gruppen nicht so verschieden, wie sie auf den ersten Blick scheinen mögen. Alle vereint der Wunsch, zur Schweiz zu gehören. Die eigentliche Betonung sollte daher auf dem Schweizerischen der Schweiz liegen, nicht auf dem Französischen, Deutschen oder Italienischen.

Da Glaubens- und Sprachgrenzen sich gegenseitig aufheben können, tendieren sowohl der Glaube wie auch die Sprache dazu, Brücken zwischen verschiedenen Ethnien zu schlagen: Protestanten zum Beispiel, Calvinisten wie Zwinglianer, fühlen sich über Sprachgrenzen hinweg miteinander verbunden; und die große antiklerikale Partei des Tessins unterstützte, obwohl italienischsprachig, in der Zeit der großen Verfassungsreformen des 19. Jahrhunderts die fortschrittliche Koalition. Das Eintreten für eine liberale Demokratie ist eine gemeinsame Angelegenheit aller Volksgruppen und die politischen Parteien sind ihrerseits nicht alle nach ethnischen Gesichtspunkten ausgerichtet.

Die klerikale konservative Partei ist überwiegend katholisch und besonders in den Schweizer Kernlanden der »Waldkantone« vertreten, ohne sich dabei jedoch ein rein konfessionelles Profil zu geben. Die größeren Parteien – Liberale, Konservative und Sozialdemokraten – bilden gewöhnlich eine Koalition.

Die Selbstdifferenzierung der Schweiz gegenüber Frankreich und Deutschland entwickelte sich nur langsam und wurde in mancher Hinsicht durch den sich in den Nachbarstaaten entwickelnden Chauvinismus des 19. Jahrhunderts behindert. Noch 1914 wurde ein Großteil der Schweizer Universitätslehrer aus diesen »Vaterländern« rekrutiert; heute ist dies nicht mehr so, sondern umgekehrt, die Schweiz »exportiert« ihrerseits eine große Anzahl Akademiker.

Auf politischer Ebene war der Respekt vor den regionalen Unterschieden ein Markenzeichen des Schweizer Weges. Zusätzlich zu den drei offiziellen Sprachen wurde 1936/37 auch das Rätoromanische als »National«-Sprache, in diesen Status erhoben, als Teil einer Kampagne, die von der Schweiz gegen das faschistische Italien gerichtet war. Die Schweiz, so kann man tatsächlich sagen, ist vereint in der Betonung ihrer Unterschiede: bei den Festen im Tragen traditioneller Kantonstrachten; bei Sportwettkämpfen zwischen örtlichen Vereinen, in Sing- und Schießwettbewerben sowie bei Wettbewerben im Alphornblasen.

Als ein Anzeichen für ethnische Spannungen könnte man die Kampagne »Jura libre« – für einen eigenständigen Status des französischsprachigen Teils von Bern – werten. Diese Kampagne begann in der Ära de Gaulle und wurde damals jedoch als eine französische Einmischung in Schweizer Angelegenheiten betrachtet. Im Resultat entstand ein kleiner und mittelloser 23. Kanton, auch wenn die meisten der französischsprachigen Einwohner Berns – der reichen, vorwiegend protestantische Region um La Chaux-de-Fonds, seit mehr als 250 Jahren Sitz von Europas herausragender Uhrenindustrie – dagegen stimmten. Dieses Ergebnis scheint eher das Schweizerische der Schweiz als die unterstellten Spannungen und Rivalitäten unter verschiedenen Regionen und Volksgruppen zu bestätigen. In den letzten Jahren wurde immer wieder gesagt, die französisch- und deutschprachigen Schweizer unterschieden sich in ihrer Haltung gegenüber der Europäischen Union, der beizutreten, die Schweizer in einem Referendum 1992 knapp ablehnten. Doch diese journalistische Interpretation wird nicht von der Statistik gestützt, die zeigt, daß die Schweizer aller Gruppen und Regionen mehr oder weniger gleichmäßig pro beziehungsweise kontra EU eingestellt sind. Die französischsprachigen Schweizer waren vielleicht zeitweise anfällig dafür, den französischen Habitus der kulturellen Achtung vor Paris zu teilen, doch wirkte der Nationalstolz auf Kulturheroen wie Rousseau oder Le Corbusier dem entgegen. Außer in kleineren und generell positiven Rivalitäten, die sich in sportlichen Veranstaltungen zeigen, überleben die Spannungen unter den Schweizern in erster Linie dadurch, daß einige französischsprachige Schweizer darauf insistieren, in den deutschsprachigen Regionen ebenfalls französisch zu sprechen, und dies mit dem Status des Französischen als Nationalsprache begründen.

Die Deutschen stellen Drei Viertel der Bevölkerung. In Relation hierzu hat sich der Anteil der französischen und italienischen Bevölkerung seit dem Ende des Zweiten Weltkrieges, als sie noch 20 Prozent beziehungsweise 5 Prozent der Gesamtbevölkerung darstellten, verändert. Heute sind etwa 17 Prozent der Bevölkerung französische Schweizer, wohingegen die Italiener bei etwa 8 Prozent liegen, vor allem aufgrund der Einbürgerung italienischer Arbeitsimmigranten. Die restliche Bevölkerung ist rätoromanisch.

Ebenso wie durch die Schulbildung wurde die Konsolidierung der Schweiz auch durch Eheschließungen sowie das Arbeitsleben unterstützt, das heißt durch die Tatsache, daß viele zur Arbeit in andere Kantone fahren – generell mit der Eisenbahn, die ebenfalls ein Stützpfeiler des Schweizer Nationalbewußtseins ist, wie auch die Bahnhöfe mit ihren Bars und Restaurants Zentren des Alltagslebens darstellen. Darüber hinaus ist die Schweiz durch ein Konzept geeint, das der Französischen Revolution entlehnt ist: nämlich ein Volk in Waffen. Alle Männer (außer Kriegsdienstverweigerern aus Gewissensgründen, eine erst kürzlich eingeführte Klausel) zwischen 18 und 56 haben jedes Jahr ihren Armeedienst in der Bürgerwehr zu leisten. All dieses gemeinsame Bemühen – auf das die Schweizer stolz sind – hat einen außergewöhnlichen Erfolg gezeitigt: ein kleines Land hat seine Unabhängigkeit bewahrt, ein Land mit begrenzten natürlichen Ressourcen weist mit den höchsten Lebensstandard Europas auf. Die Neutralität der Schweiz war und ist nicht nur ein Mittel der Verteidigung ihrer Unabhängigkeit und Prosperität, sondern dient auch dazu, die Schweiz in ihrer Selbstdifferenzierung gegenüber politischen und ökonomischen Blöcken, von denen sie umgeben ist, zu einigen. Außenstehende haben dies bisweilen als Selbstzufriedenheit oder Strebertum denunziert, doch zeigt diese Haltung gerade umgekehrt die Verantwortung, der sich die Schweiz gegenüber dem Internationalismus und gegenüber den Menschenrechten verpflichtet fühlt. Nicht umsonst haben das Internationale Rote Kreuz und die Liga für Menschenrechte ihren Sitz in der Schweiz. Der Beitritt der Schweiz zur Europäischen Union wurde im Dezember 1992 in einem Referendum zurückgewiesen und seither suspendiert.

Die Piemonteser

Die Piemonteser sind stolz auf ihre politische Identität als jenes Volk, das bei der Einigung Italiens die bedeutendste Rolle gespielt hat. Piemont war der nucleus, um den der neue Staat in der Zeit zwischen 1850 und 1870 entstand und Turin war von 1861-65 die erste Hauptstadt des vereinten Italiens. Piemont bedeutet »Fuß des Berges« und vor dem 19. Jahrhundert wurde Piemont oft auch als »Königreich zu Füßen der Alpen« bezeichnet. Seit dem späten Mittelalter wurde es mit dem Herzogtum Savoyen gleichgesetzt. Diesem fielen später noch das Aosta-Tal und Sardinien zu, doch keines dieser Völker hat sich wohl selbst als Piemonteser bezeichnet. Die *Piemonteser* wurden in der Folge zu jenem Volk, das den zentralen und bedeutenden Teil des Herzogtums bewohnte, und sie hatten im Vergleich mit *Ligurern* und *Lombarden* ein weniger stark ausgeprägtes Italienbewußtsein und entwickelten sich erst zu Beginn der Moderne in der kulturellen Bedeutung des Begriffs zu »echten« Italienern. Als 1720 Sardinien und mit ihm der Königstitel an Savoyen fiel, wurde der Staat im korrekten diplomatischen

Sprachgebrauch nun »Sardinien« genannt, doch das politische und ökonomische Zentrum des neuen Königreichs war Piemont und nicht die unterentwickelte und kaum besiedelte Insel Sardinien. Um diesen Widerspruch zu kaschieren wurde nun häufig der Begriff »Königreich Sardinien/Piemont« verwendet.

Geschichte

Die Ursprünge des Piemonteser Herrscherhauses der *Savoyer* liegen nördlich der Alpen in einem französischen Herzogtum. Die ersten Herzöge regierten einen Feudalstaat. Während die politischen Strukturen des übrigen Nord- und Mittelitalien auf Kommunen und urbaner Zivilisation beruhten und die ländlichen Regionen hier von den Städten beherrscht wurden, war Savoyen/Piemont in seinen Machtstrukturen eher ländlich geprägt und wurde aufgrund dessen auch eher als den anderen Staaten Westeuropas vergleichbar angesehen. Amadeo VI. (1343–83), aufgrund der Farbe seiner Kleider der Grüne Graf genannt, herrschte über Piemont, jenen Staat Europas, der dessen höchste Berge, die Alpen, umschloß. Die Piemonteser waren oft der Gnade und Ungnade größerer europäischer Mächte ausgeliefert – meist Frankreichs, gelegentlich auch Spaniens.

Mitte des 16. Jahrhunderts war das Herzogtum fast 20 Jahre von den Franzosen besetzt. Aus den spanisch-französischen Kriegen in der ersten Hälfte des 16. Jahrhunderts gingen die Spanier als Sieger hervor und so erstarkte der spanische Einfluß in Piemont. Die Franzosen hingegen hielten weiterhin Turin besetzt und blieben für die Piemonteser eine ständige militärische Bedrohung. Im 17. Jahrhundert verließ sich Piemont auf seine Diplomatie, die nicht immer geschickt war, sowie auf seine zwar kleine, jedoch niemals unbedeutende Armee. Im Laufe des 18. Jahrhunderts festigten sie ihre ökonomischen und kulturellen Beziehungen zum restlichen Italien, doch die wohl bedeutendste Entwicklung für Piemont ergab sich im Zuge der Napoleonischen Kriege, als ihm die Hafenstadt Genua zufiel. Dadurch hatte es nun einen Zugang zum Meer und wurde, im umfassenden Sinne des Wortes, »italienisch«: seit dieser Zeit orientierte es sich seit stärker in Richtung italienische Halbinsel als in Richtung Schweiz oder Frankreich.

Die Zeit von 1815 bis 1848 war von revolutionären Bewegungen in verschiedenen Teilen Italiens geprägt. Bewegungen, die darauf abzielten, den einzelnen Staaten jeweils eine Verfassung zu geben beziehungsweise die Unabhängigkeit von Österreich zu erlangen. Viele politische Flüchtlinge kamen nun aus anderen Teilen Italiens nach Piemont, vor allem nach der Revolution von 1820/21 aus dem Königreich Neapel sowie nach der Revolution von 1831 aus dem Vatikanstaat. 1848 und 1849 führte Piemont einen Krieg gegen Österreich, an dem Soldaten aus ganz Italien teilnahmen. Jedoch wurden die Piemonteser und mit ihnen die Italiener von den Österreichern geschlagen. Noch mehr politische Flüchtlinge aus ganz Italien kamen nun nach Piemont. *Benedetto Croce* nannte diese Flüchtlinge die ersten richtigen, wahren »Italiener«, da diese sich nicht mehr länger als Bürger ihrer vormaligen Staaten bezeichnen konnten. Sie erhielten in Piemont bürgerliche Rechte (sofern sie lesen und schreiben konnten und ein gesichertes Einkommen hatten), das aktive und passive Wahlrecht sowie den Zugang zu Schulen und Universitäten.

1858 ging der Piemonteser Ministerpräsident Cavour eine Allianz mit Frankreich ein, 1859 wurden die Österreicher besiegt und die Lombardei fiel an Piemont. Der Rest der Halbinsel folgte sehr schnell: das Großherzogtum Toskana, die Herzogtümer von Parma und Modena und große Teile des Vatikanstaates fielen an Piemont. 1860 führte *Garibaldi*, ein in Nizza geborener Piemonteser, eine anfangs sehr kleine Armee von Freiwilligen gegen das Königreich Neapel. Er schlug die Neapolitaner und übergab nach einigen Auseinandersetzungen mit Cavour Süditalien an die Regierung des Piemont. Cavour jedoch hatte sich gezwungen gesehen, Savoyen und Nizza an Frankreich abzutreten, um dadurch sicherzustellen, daß Frankreich nicht in den Einigungsprozeß Italiens eingreifen würde. 1861 wurde unter dem piemonteser König Victor Emmanuel II. das Königreich Italien proklamiert und von nun an verband sich die Geschichte des Piemont mit jener des neuen italienische Nationalstaates.

Sprache

Im 19. Jahrhundert war Französisch die eigentliche Sprache der gebildeten Klasse des Piemont, jedoch war Italienisch sozusagen die zweite Sprache. Es hieß, viele gebildete Menschen konnten damals nicht fließend Italienisch sprechen und es auch nicht korrekt schreiben, jedoch schrieben sie auch kein korrektes Französisch und somit kann dieser Sachverhalt nicht auf den Einfluß des Französischen zurückgeführt werden. Nach der Einheit Italiens setzte sich der Gebrauch der italienischen Sprache auch in der gebildeten Klasse zunehmend durch. Jene, die es nicht schreiben und lesen konnten, sprachen weder Französisch noch Italienisch, sondern einen piemonteser Dialekt, und erst als auch diese Leute lesen und schreiben lernten, übernahmen sie das Italienische als ihre geschriebene Sprache. 1858 waren 35 Prozent der Piemontesen alphabetisiert und ihre Zahl wuchs rapide, nachdem Piemont Teil des italienischen Königreiches geworden war, im übrigen Italien konnten 1861 erst 2,5 bis 10 Prozent der Bevölkerung lesen und schreiben Die italienische Regierung unternahm große Bemühungen, um dem Analphabetentum zu begegnen, die im aufstrebenden Norden erfolgreicher als im armen Süden waren.

In den letzten drei bis vier Jahrzehnten war das Fernsehen der wichtigste Faktor in jenem Prozeß, in dem das Italienische mehr und mehr die Dialekte verdrängte. Jedoch weisen noch immer zwei Regionen des ehemaligen Königreichs Piemont sehr typische Dialekte auf: die wenig dicht besiedelte Insel Sardinien sowie das Aostatal, dessen Bewohner in ihrem Alpental leben und einen Dialekt sprechen, der einige Wörter unverkennbar als französischen Ursprungs ausweist. Viele Menschen im Aostatal sprechen französisch und die autonome Region Val d'Aosta ist seit ihrem Bestehens als zweisprachige Region anerkannt – alle Straßenschilder sind hier auf Italienisch und Französisch ausgewiesen.

Gesellschaft und Wirtschaft

Ursprünglich war die Wirtschaft des Piemont feudal strukturiert, im Gegensatz zum restlichen Norditalien, wo sich die politische Macht ursprünglich auf die Städte stützte. Die reiche Kultur der Städte Florenz, Mailand und Venedig fand keine Entsprechung in Turin, das lange Zeit die größte piemontesische Stadt war. Der Zusammenhang zwischen der Existenz von Kommunen und Stadtstaaten und der Blüte der Kunst und Literatur im Hochmittelalter und der Renaissance ist nicht zufällig. Die Piemonteser sind stolz darauf, daß sie so zivilisiert und zurückhaltend sind, im Gegensatz zu den anderen Volksgruppen Italiens. Sie sind, so sagen sie manchmal, die Engländer Italiens.

Im Piemont wird hauptsächlich Reis angebaut und somit ist Risotto hier ein beliebtes Gericht, ähnlich wie in der Lombardei. Im 20. Jahrhundert hat sich im Piemont eine erfolgreiche Automobilindustrie etabliert, unter anderem die großen Betriebe von Fiat in Turin. Der Piemont nimmt auch in der Elektronikindustrie eine Spitzenposition ein – Olivetti ist in der ganzen Welt ein bekannter Name.

Politik

Der Faschismus war im Piemont weniger erfolgreich als in anderen Teilen Italiens – Mussolini wußte, daß die Arbeiterklasse Turins ihn haßte. Und als er versuchte, Agnelli, den Chef von Fiat, dazu zu bewegen, sein Unternehmen nach Rom zu verlegen, antwortete Agnelli ihm: »Nein, Fiat bleibt in Turin.« Die Verfassung der Italienischen Republik, am 1. Januar 1948 in Kraft getreten, sah für bestimmte Regionen einen autonomen Status vor: diese Regionen sollten ihren eigenen Haushalt haben und ihre eigenen Fernsehsender. Jedoch wurde dieses Gesetz zunächst nicht in die Tat umgesetzt und Piemont war vielleicht auch weniger als andere Regionen darauf aus, autonom zu sein, mit Ausnahme des Aostatals.

In den Jahren nach 1990 hat die separatistische *Lega del Nord* auch die Piemonteser erfaßt, auch wenn diese wohl etwas weniger enthusiastisch dieser Bewegung anhängen als die Lombarden.

Religion

Die Piemonteser sind traditionell katholisch. Doch seit dem 19. Jahrhundert ist die Mittelklasse zunehmend antiklerikal eingestellt, ohne jedoch ihre formale Zugehörigkeit zur katholischen Kirche aufzuheben. Die Piemonteser werden von der Kirche getauft, verheiratet und beerdigt, jedoch besuchen sie kaum die Messe. Auf dem Land bringt man der Kirche zwar noch mehr Respekt entgegen, doch auch dies ändert sich – zu Ungunsten Roms.

Die Bewohner des Aostatals und die Waldenser

Im Piemont leben einige Minderheiten, Nachfahren weitversprengter Alpenvölker oder von Immigranten, die noch vor nicht allzulanger Zeit aus dem Norden kamen. Die meisten wurden von der piemontesischen Kultur assimiliert, einige wenige haben sich ihre Unterschiede bewahrt.

Die Einwohner der autonomen Region Val d'Aosta (oder Vallée d'Aoste) mit der Hauptstadt Aosta sprechen einen Dialekt, das sogenannte »Harpeitanya«, das stark vom Französischen beeinflußt ist. Nach 1930 wurde das Französische und das Harpeitanya von den Faschisten verboten. 1948 wurde der Region Autonomie garantiert. In den letzten Jahrzehnten wird das Leben dort jedoch stark vom Tourismus beherrscht, in manchen Gemeinden verdoppelt sich die Bevölkerung im Winter während der Skisaison. Wie überall in den Alpen hat die Autonomie den Druck, sich in größere kulturelle Einheiten zu assimilieren, nicht vermindert.

Die *Waldenser*, etwa 30.000 Menschen, sind Nachfahren der Anhänger des im 13. Jahrhundert wirkenden Reformators *Pietro Valdo*, die vor der Verfolgung in die Bergtäler des Piemont flohen. Viele von ihnen wurden dennoch während der Inquisition im 14. Jahrhundert sowie im Dreißigjährigen Krieg umgebracht.

Die heutigen Waldenser leben in einigen Tälern rund um Torre Pelice, etwa 5 Kilometer außerhalb von Turin. Ihre Identität ist geprägt durch ihr Überleben als protestantische Gemeinde in einem katholischen Land. Waldenser leben heute auch noch in North Carolina, in Argentinien und Uruguay.

Die Lombarden

Die Lombarden sind heute die Bewohner der reichsten Region Italiens, deren Zentrum Mailand ist. Als einzige italienische Volksgruppen haben sie ihren Namen von einem Barbarenstamm, der einst nach Italien vorgedrungen ist. Die Barbaren zogen im frühen Mittelalter sehr schnell durch Italien, sie bestanden aus relativ kleinen Gruppen und bauten keine großen Siedlungen. Die Lombarden waren eine Ausnahme: Sie erreichten Italien 568, später als die anderen Barbaren (mit Ausnahme der Franken und Magyaren). Ihr Stamm umfaßte nur 200.000 Angehörige, von denen sich einige jedoch niederließen. Den Einheimischen, die hier seit der Blütezeit des Römischen Reiches lebten, erschienen sie nicht weniger barbarisch als andere, frühere Invasoren auch – Goten und Vandalen. Doch ihr Erbe überlebte im heutigen Namen der Provinz.

Landschaftsbild

Die Lombardei ist die flachste Region Italiens, ihr Landschaftsbild ist in weiten Teilen durch die Poebene geprägt. Im Norden wird sie von den Alpen, im Süden durch den Apennin begrenzt. Die Berge liegen weit entfernt, weswegen viele meinen, die Lombarden bewohnten den langweiligsten Teil Italiens. Eine Ausnahme bildet die bergige Region im Norden der Lombardei mit dem wunderschönen Lago Maggiore, dem Comer See und dem Gardasee.

Geschichte

In den ersten Jahrhunderten nach der Invasion der Lombarden war Padua das Machtzentrum dieser Region. Die Lombarden übernahmen sehr schnell die Angewohnheiten der einheimischen Bevölkerung und lebten vornehmlich in Städten, weniger in den ländlichen Gebieten. Im Laufe der Kriege zwischen den deutschen Kaisern und dem Papsttum entwickelten die Lombarden ihre nationale Identität. Als Kaiser Friedrich Barbarossa 1162 Mailand zerstörte, formierten sich die Städte zur Lombardischen Liga, zum Teil zur Unterstützung des Papstes und seiner Alliierten, der Republik Venedig, jedoch auch, um die Unabhängigkeit der Lombardei vom Kaiser zu erwirken. Die Lombardische Liga wurde so zum Bestandteil weniger der lombardischen, sondern vielmehr der italienischen Mythenbildung. Die italienischen Nationalisten des 19. Jahrhunderts betrachteten die Liga als eine Vorgängerin der italienischen Union im Kampf gegen ausländische Mächte. In den letzten Jahren wurde der Begriff »Lombardische Liga« erneut bemüht, jetzt allerdings, um eine politische Partei zu rechtfertigen, die separatistische Ambitionen hegt.

Im Hochmittelalter und der Renaissance erfreute sich das Herzogtum Mailand einer reichen und blühenden Kultur. Die Familie *Visconti* regierte die Stadt von 1262 bis 1447 und förderte trotz verschiedener Kriege sowie der Pestepidemie von 1348 das Kunst- und Kulturleben der Region. Die Bemühungen der Visconti wurden jedoch noch von jenen der Sforza übertroffen, die Mailand von 1447 bis 1500 – dem Goldenen Zeitalter der Renaissance – regierten. Unter Francesco, dem ersten Sforza, der 1466 starb, wurde das glanzvolle Castello Sforzesco errichtet. Der Park ist noch heute Zentrum der Stadt. Unter *Ludovico Sforza*, genannt *Il Moro* (1480–1508), war Leonardo da Vinci einer der herausragenden Künstler am Hofe von Mailand. Viele seiner Werke entstanden in Mailand, darunter die Felsgrottenmadonna, heute in der Londoner Nationalgalerie, sowie das Letzte Abendmahl für das Refektorium der Kirche Santa Maria delle Grazie. Im Jahre 1500 verlor die Lombardei ihre Unabhängigkeit, als Ludwig XII. von Frankreich Mailand eroberte. Die Region wurde nun zum Schlachtfeld zwischen Frankreich und Karl V., König von Spanien und Kaiser des Heiligen Römischen Reiches. 1521 vertrieb er die Franzosen aus Mailand und für kurze Zeit wurden die Sforza wieder in ihre Ämter eingesetzt. Doch 1525 erzielte Karl in der Schlacht von Padua einen überwältigenden Sieg und bis ins 18. Jahrhundert waren die Spanier die Herren der Lombardei.

Die gebildeten Italiener des 19. und 20. Jahrhunderts lernten die spanische Lombardei durch den Roman »I Promessi Sposi« von Alessandro Manzoni kennen. Angesichts der großen Popularität dieses Buches war es ein glücklicher Umstand, daß dieser die historischen Hintergründe der damaligen Zeit genau beschrieb. Damit überlieferte Manzoni den Lombarden der späteren Jahrhunderte die Erfahrungen der Pestzeit und der Brotaufstände im Mailand des 17. Jahrhunderts, und zwar unter Zuhilfenahme historischer Recherche, die er in den Archiven der Stadt vornahm. Doch gab es für die Lombardei auch noch eine positive Seite der spanischen Herrschaft. Die Lombardei lag an einem wichtigen Handelsweg vom mediterranen in das zentrale und nördliche Europa. In der zweiten Hälfte des 16. Jahrhunderts und den ersten Jahrzehnten des 17. Jahrhunderts hatte der Handel in Europa nie zuvor gekannte Ausmaße angenommen und brachte der Region großen Reichtum.

Der Spanische Erbfolgekrieg von 1701 bis 1714 bedeutete das Ende der spanischen Herrschaft in der Lombardei. Im Frieden von Utrecht von 1714 fiel Mailand für etwa ein Jahrhundert an Österreich. In den letzten Jahrzehnten des 18. Jahrhunderts, dem Jahrhundert der Aufklärung, spielte Österreich eine zentrale Rolle. Auch wenn die Impulse für die Aufklärung von französischen Gelehrten ausgegangen waren – der einflußreichste von ihnen war *Voltaire* – so gehörten doch die Habsburger Kaiser in Wien, Joseph II. (1780–90) und Leopold II. (1790–92) zu den radikalsten der sogenannten aufgeklärten Absolutisten Europas. Die Reformen, die die aufgeklärten Absolutisten durchführten, waren vor allem getragen von einer Humanisierung der Gesetze und des Rechts, der Abschaffung der Folter und der Einführung religiöser Toleranz. Diese liberale Atmosphäre erfaßte auch Mailand, ein gewisses Maß an Gedankenfreiheit wurde gewährt. Die Lombardei brachte ihre eigenen aufgeklärten Gelehrten hervor.

Pietro Verri (1728–97) setzte sich für den freien Handel ein und arbeitet mit den österreichischen Landesherren zusammen, um die Verwaltung der Lombardei zu reformieren, deren Schulen und Universitäten. Cesare Beccaria (1738–94) verurteilte nicht nur die Folter sondern auch die Todesstrafe. Seine Forderung nach Aufhebung der Todesstrafe wurde allerdings nicht von der österreichischen Regierung, sondern von einem weniger habsburgisch geprägten Herrscher, Pietro Leopoldo, aufgegriffen, dem Großherzog der Toskana, der 1790 als Kaiser Leopold II. den österreichischen Thron bestieg.

Während der Französischen Revolution und den Napoleonischen Kriegen besetzte Frankreich mehrere Male die Lombardei. Napoleon entwickelte einen Plan, um Mailand in großem Umfang wieder aufzubauen. Glücklicherweise wurde dieser nicht realisiert, mit Ausnahme eines kleineren Projekts, dem »Foro Bonaparte«, das noch heute besteht, das Stadtbild jedoch nicht eigentlich stört. 1815 fiel die Lombardei wieder an Österreich zurück. Als die italienische nationale Bewegung in den Jahren zwischen 1830 und 1850 erstarkte, verstärkten sich auch die Vorbehalte der Aristokratie sowie der Mittelklasse der Lombardei gegen die österreichische Präsenz. 1848 erhoben sich die Bürger Mailands gegen die Herrschaft Österreichs und verjagten die Österreicher während der berühmten *cinque giornate* – jener fünf Tagen erbittertster Kämpfe – aus der Stadt. Die Österreicher kehrten jedoch nach ihren siegreichen Kriegen 1848 und 1849 gegen die Italiener zurück und blieben bis 1859, als sie von der französisch-piemontesischen Allianz, die *Cavour*, der Premierminister des Piemont, mit Napoleon III. von Frankreich geschmiedet hatte, endgültig besiegt wurden. Zunächst war die Lombardei Piemont lediglich angegliedert und blieb, wie sie war. Doch nach der Gründung des Königreichs Italiens in den Jahren 1860/61 verlor sie ihre Selbständigkeit. Der italienische Staat war ein stark integraler Staat: erst bei der Proklamation der Italienischen Republik wurde den einzelnen Regionen, darunter auch der Lombardei, wieder mehr Autonomie gewährt.

Sprache

Die geschriebene Sprache der Lombarden ist das Italienische, das in ganz Italien seit dem 14. Jahrhundert vorherrscht. Doch gibt es einen mündlich überlieferten Dialekt, das Lombardische. Doch der hat sich im Zeitalter der Massenkommunikation, vor allem des Fernsehens, stark vermindert. Um diesen Unterschied zwischen der geschriebenen Sprache und dem gesprochenen Dialekt aufzuheben, hat man zeitweise versucht, den Lombardischen Dialekt auch schriftlich zu fixieren. Diese Versuche haben jedoch gezeigt, daß das Lombardische tatsächlich eher eine eigenständige Sprache als ein Dialekt ist. Ein interessanter Beleg für diese These findet sich in *Antonio Fogazzaros* Roman »Piccolo Mondo Antico«, der 1900 veröffentlicht wurde, dessen Handlung jedoch in der Lombardei spielt, und zwar etwa Mitte des 19. Jahrhunderts. Wenn dessen schriftliche Wiedergabe des lombardischen Dialekts einigermaßen richtig ist, so ist dieses Lombardisch zwar unbestreitbar ein Dialekt des Italienischen, jedoch mit einem sehr unterschiedlichen Vokabular. Viele Ethymologen gehen davon aus, daß die in Italien gesprochenen Dialekte – darunter auch das Lombardische – viel älter als das Italienische selbst und in der Tat eigenständige romanische Sprachen sind.

Sitten und Bräuche

Die Eßgewohnheiten der Lombarden sind jenen der Piemonteser ähnlich: Reis ist ein Grundnahrungsmittel und Risotto ist auch hier ein beliebtes Essen. Ein weiteres Hauptgericht des Nordens ist die Polenta, ein Maisbrei, der den Norditaliener das ist, was den Süditaliener ihre pasta ist. Aus dem Begriff *»polenta«* leitet sich auch der Spitzname *»polentoni«* ab, den die Süditaliener den Norditalienern gegeben haben. *Cotoletta alla milanese* ist eine Spezialität, die man nicht nur in Italien, sondern auch in italienischen Restaurants auf der ganzen Welt findet. Das wirklich typische Gericht der Lombardei ist jedoch *osso buco*, Kalbshaxe mit Safranreis.

Die Oper ist in Italien eine weniger elitäre Angelegenheit als in England und das berühmteste Opernhaus Europas ist wohl *La Scala*, die Mailänder Scala. Die Liebe zur Oper teilen alle Italiener, nicht nur die Lombarden. An der Scala werden im Grunde die gleichen Opern gespielt wie in San Carlo in Neapel.

Eine weitere populäre Aktivität, die die Lombarden mit allen Italienern teilen, ist die *passegiata.* Zu einem bestimmten Zeitpunkt am Abend, vor Einbruch der Dunkelheit, flaniert ganz Italien, entsprechend gut gekleidet, durch die Hauptstraßen seiner Dörfer und Städte beziehungsweise über die Küstenpromenade. Die *passegiata* ist ein unabdingbarer Bestandteil des sozialen Lebens in Italien, während der man lockeren, entspannten Umgang miteinander pflegt. Weniger entspannt ist die Begeisterung der Lombarden für Fußball, doch auch dies ist praktisch Teil des italienischen Nationalcharakters. Fußball ist hier äußerst populär und weckt sehr starke nationale Gefühle. Mailands Fußballteam wird leidenschaftlich unterstützt, ebenso leidenschaftlich wie das italienische Team bei Weltmeisterschaften.

Politik

Die politische Situation Italiens ist heute äußerst komplex wie gleichzeitig drastischen Veränderungen unterworfen. Das bedeutendste politische Ereignis für die Lombarden war das Entstehen der Lombardischen Liga, die sich inzwischen zur *Lega del Nord* erweitert hat. Ihre separatistische Botschaft bringt ihre Überzeugung zum Ausdruck, daß die Lombarden hart arbeitende, ehrenhafte Leute sind, deren Steuern von den Bürokraten in Rom verschwendet werden beziehungsweise noch schlimmer, der Mafia des Südens in die Hände fallen. Die Lega Nord hat bei Wahlen durchaus Erfolge erzielt. Sie hat mittlerweile elf Regionen für ihren Sonderstaat »Unabhängigkeit Padaniens« reklamiert, aber die Aktion findet in der Bevölkerung weniger Unterstützung als erwartet. 1997 hat sich die Lega umbenannt in *Lega per L'Indipendenza della Padania* (Liga für die Unabhängigkeit Padaniens). Der Erfolg der Lega ist dennoch ein Symptom für eine Zunahme eher regionaler denn nationaler Gefühle. In einigen Städten ist die

Lega stärkste, in der Lombardei und dem restlichen Norditalien immerhin zweitstärkste Partei. In Rom hat sich ihre Parlamentsfraktion innerhalb weniger Jahre von einer Handvoll Abgeordneten zu einem stimmen- und zahlenmäßig starken Block entwickelt, von einem norditalienischen »Störfaktor« zu einer politischen Kraft, mit der zu rechnen ist. Die Lega propagiert heute die Notwendigkeit, Italien in eine Föderation von Regionen umzuwandeln.

Die Bewohner Friauls und Triests

Die Friauler, seit langem mit den Venetiern politisch vereint, haben viel mit der Kultur der Alpenregionen gemein. Zudem sind sie eng mit Julisch-Venezien und zum Teil mit Triest verbunden.

Geschichte

Friaul, zu Füßen der Karnischen Alpen gelegen, bildet den größten Teil der italienischen Region Friuli-Venezia Giulia, deren Hauptstadt Triest ist. Udine, die Hauptstadt des Friaul, wurde 1420 Teil der Republik Venedig, doch behielt es seine Individualität und seinen eigenen Dialekt, das Furlan, bei, obwohl es auch schon seit römischer Zeit enge Beziehungen mit dem Rest der julischen Region (Venezia Giulia) unterhalten hatte. Udine, 1797 an Österreich gefallen, wurde 1866 wieder italienisch. Die Moviment *Friúl*, 1966 gegründet, propagiert die völlige Unabhängigkeit dieser Region von Italien.

Kultur

Im Mittelalter war Udine Sitz der Patriarchen von Aquilea (die alle venezianischen Ursprungs waren). Heute ist es ein bedeutendes Landwirtschaftszentrum, eine Industrie- (Maschinen-, Aluminium-, Textil- und Lederwarenindustrie) sowie Universitätsstadt. Triest wird die Stadt Tiepolos genannt, da sie viele Werke des venezianischen Künstlers birgt, vor allem im erzbischöflichen Palast. Ein bedeutender Friauler ist auch der Linguist *Graziadio Isaia Ascoli* aus dem 19. Jahrhundert, der als der Begründer der modernen Dialektforschung gilt.

Sprache und Literatur

Die Besonderheit der Friauler zeigt sich auch an ihrem Dialekt, dem Furlan, ein rätoromanischer Dialekt, und somit dem Rätoromanischen des Schweizer Kanton Graubünden näher verwandt als dem Dialekt des Veneto. Das Friaulische wird schätzungsweise von 625.000 Menschen gesprochen und ist somit die bedeutendste Minderheitensprache Italiens. Seit dem Mittelalter gibt es diese Sprache auch in Schriftform. Ein hochgelobter Dichter des Friaulischen war der Filmregisseur *Pier Paolo Passolini.*

Triest

Der größte Teil von Julisch-Venezien wurde Ende des Zweiten Weltkriegs von Jugoslawien besetzt und gehört heute zu Slowenien. Ein kleiner Teil dieses Territoriums sowie die Hafenstadt Triest wurden 1954 an Italien zurückgegeben. Vor dem Ersten Weltkrieg war Triest die einzige Hafenstadt der Österreich-ungarischen Monarchie und somit auch für einen großen Teil Zentraleuropas der einzige natürliche Stützpunkt am Meer. Nach dem Ersten Weltkrieg wurde es mit Italien vereinigt, seine nun einsetzende wirtschaftliche Prosperität verdankte es jedoch vor allem seinem Status als Freihafen, seiner wachsenden Industrie und der Gründung einer Universität. Triest besitzt auch heute noch viel von jenem Charme, der den europäischen Städten des 19. Jahrhunderts eigen war.

Mit *Italo Svevo* hat die Stadt Triest ein höchst originellen Schriftsteller hervorgebracht. Von James Joyce entdeckt und ermutigt, beendete er 1923, kurz nachdem seine Geburtsstadt Triest an Österreich gefallen war, sein bedeutendstes Werk »La Coscienza di Zeno«.

Die Slowenen

Die Slowenen stellen 90 Prozent der Bevölkerung der Republik Slowenien, jenem kleinen Alpenstaat, der am 25. Juni 1991 seine Unabhängigkeit von der Sozialistischen Föderativen Republik Jugoslawien erklärte. Die ausgeprägte ethnische Homogenität des Landes erleichterte Slowenien den Bruch mit Belgrad. Slowenische Volksgruppen leben auch in Österreich sowie in Julisch-Venezien.

Das Land

Die Slowenen wohnen in einem bergigen und bewaldeten Land mit tiefen, fruchtbaren Tälern und vielen Flüssen. In Richtung der adriatischen und slowenischen Küste verliert die Landschaft ihren alpinen Charakter und verwandelt sich in unwirtliches Karstland, das typisch für die istrische Halbinsel ist.

Sprache

Der Überzeugung, eine eigenständige linguistische Tradition zu besitzen, bildete die Basis für den slowenischen Anspruch, als eine eigene Nation mit einer eigenständigen nationalen Identität anerkannt zu werden. Das Slowenische ist eine südslawische Sprache, die zwar eng mit einem kroatischen Dialekt verwandt ist, sich von der serbischen und kroatischen Schriftsprache jedoch derart stark unterscheidet, daß man sie eher als eine Sprache denn als einen Dialekt klassifizieren muß. Da die Slowenen jahrhundertelang in verstreuten Gruppen, voneinander isoliert und ohne jegliche gemeinsame Organisation gelebt haben, weist das Slowenische viele unterschiedliche Formen auf.

Die ältesten bekannten slowenischen Texte stammen aus der Zeit um 1000 n. Chr., doch anders als die Kroaten haben die Slowenen keine kontinuierliche Schrifttradition. Das Slowenische als standardisierte Schriftsprache entstand während der Reformation, als der führende protestantische Reformator *Primož Trubar* (1508–86) das slowenische Idiom von den kroatischen Dialekten differenzierte. Die katholische Gegenreformation jedoch stoppte die Entwicklung einer slowenischen Schriftsprache. Der Adel wurde »eingedeutscht« und alle, die nun sozial aufstiegen, übernahmen die deutsche Kultur. Ende des 18. Jahrhunderts wurde das Interesse an der slowenischen Sprache unter dem Einfluß deutscher Philologen erneut geweckt. 1808 und 1811 wurden slowenische Wörterbücher veröffentlicht. Doch erst der romantische Dichter *France Preseren* (1800–49) etablierte mit seiner Dichtung das Slowenische als geschriebene Sprache und beflügelte damit den Wunsch der Slowenen nach einer eigenen Nation.

Religion

Die Reformation erfaßte auch das gesamte Habsburger Reich, und so traten viele Slowenen in Krain, Kärnten und der Steiermark zum Protestantismus über. Während der Gegenreformation jedoch wurde das Werk der protestantischen Reformer zerstört und jene Slowenen, die zum Protestantismus übergetreten waren, kehrten nun zum römisch-katholischen Glauben zurück. Die heute in Slowenien praktizierenden Christen sind nahezu ausschließlich Katholiken.

Geschichte

Die Slowenen sind Nachfahren slowenischer Siedler, die im 6. und 7. Jahrhundert in den Ostalpen siedelten und eine Stammesunion bildeten, die als *Carintia* dokumentiert ist. Die meisten der alpinen Slawen übernahmen im 8. Jahrhundert, nach der Kolonialisierung dieser Region durch die Bayern, die deutsche Kultur, einige behielten jedoch ihre slawische Kultur bei und wurden von den Deutschen zur Leibeigenschaft gezwungen. Im 11. und 12. Jahrhundert wurden die slawischen Alpenregionen unter den Regionen Krain, Kärnten und Steiermark aufgeteilt, die im 16. Jahrhundert als österreichische Kronlande an die Habsburger fielen und bis 1918 von diesen regiert wurden. Die Slawen bewahrten sich jedoch ihre eigenständige Identität, auch wenn sie erst im 19. Jahrhundert eine Art Nationalbewußtsein entwickelten und den Begriff »slowenisch« als eine nationale Bezeichnung verwendeten. 1848 forderten die Slowenen erstmals einen slowenischen Staat innerhalb des Habsburger Reichs. Sie begründeten ihre Forderung, indem sie auf ihre slowenische Staatstradition rekurrierten, die zeitlich auf das 7. Jahrhundert und geographisch auf Kärnten zurückging.

Am Ende des Ersten Weltkrieges wurden die Slowenen unter Italien, Österreich und dem neugegründete Königreich der Serben, Kroaten und Slowenen (später Jugoslawien) aufgeteilt. Von den nichtserbischen Völkern dieses Königreichs waren die Slowenen diejenigen, die am wenigsten voreingenommenen waren gegenüber der serbischen Übermacht und so erlebte ihre Region in der Zwischenkriegszeit einen wirtschaftlichen Aufschwung. Während des Zweiten Weltkriegs waren die Slowenen deutschen, italienischen und ungarischen Besatzungsmächten unterworfen. 1945 wurden die Grenzen zwischen Italien und Jugoslawien neu gezogen und somit wurden jetzt auch jene Slowenen, die seit dem Vertrag von Rapollo 1920 unter italienischer Herrschaft gelebt hatten, der neuen Republik Slowenien eingegliedert, die nun eine der Teilrepubliken der Sozialistischen Föderativen Republik Jugoslawien darstellte.

Slowenien verfügt über die am weitesten entwickelte Wirtschaft aller ehemaligen jugoslawischen Republiken. Die wirtschaftliche Restriktionen im alten Jugoslawien sowie die damalige Auflage, die weniger entwickelten Republiken wirtschaftlich zu unterstützen, waren wichtige Faktoren, die die Slowenen bewogen, im Juni 1991 ihre Unabhängigkeit zu erklären. Die jugoslawische Nationalarmee versuchte damals, diese Abspaltung zu verhindern. Auf beiden Seiten gab es Tote sowie materielle Verluste. Die Slowenen scheinen jedoch nicht irgendeinen unbedachten Nationalismus zu hegen, denn ihr Nationalismus ist weniger ausgeprägt als jener der Kroaten. Im Juni 1995 erhielt Slowenien den Status eines assoziierten EU-Mitglieds, allerdings unter der Bedingung, den seit 1941 bestehenden italienischen Besitzansprüchen nachzukommen.

Kunst und Kultur

Ljubljana, die Hauptstadt Sloweniens, spiegelt die jahrhundertelange Orientierung der Slowenen in Richtung westlicher, oder besser österreichischer Kultur. Barockkirchen und barocke Stadthäuser stehen neben Wohnhäusern aus dem 19. Jahrhundert, die in jenem Stil erbaut sind, wie ihn alle Hauptstädte des Habsburger Reiches aufweisen. An vielen Häusern und Läden der Innenstadt findet man sehr schöne Jugendstil-Dekorationen.

Eine alte Tradition der Slowenen ist die Bienenzucht, und Bienenstöcke, mit Szenen aus der Bibel und dem Alltagsleben verziert, sind herausragende Schmuckelemente in der slowenischen Volkskunst. Daneben pflegen die Slowenen ihre Tänze, Lieder und Trachten, die wichtige Bestandteile aller südslawischen Volkskulturen darstellen.

Kapitel 5

Der westliche und zentrale Mittelmeerraum

Wir leben um ein Meer herum«, sagte Sokrates, »wie die Frösche um einen Teich.« Doch das Mittelmeer hat, seit dem Untergang des Römischen Weltreichs, nie mehr die Kulturen seiner Küstenanwohner zusammenführen können. Die grundlegende Spaltung des Mittelmeerraums kann mittels einer Linie verdeutlicht werden, die man von der Straße von Gibraltar bis Kreta zieht und dann weiter zu den Dardanellen: auf der einen Seite die Küsten Europas – von Christen besiedelt, außer in Albanien und der europäischen Türkei. Auf der anderen Seite, an den asiatischen und afrikanischen Küsten – Muslime, mit Ausnahme jener kleinen Gebiete, wo Juden und Maroniten wohnen.

Doch kann man auch bedeutende vertikale Trennungslinien ziehen, die das westliche – europäische – Mittelmeer vom Osten trennen. Eine kulturelle Trennungslinie führt durch Dalmatien, zwischen Kroatien und Montenegro hindurch und trennt die römische von der griechischen Christenheit. Eine andere, im östlichen *Veneto*, trennt die romanischsprachige Region von den anderen Regionen.

Für die Schiffahrt teilt sich das Mittelmeer an der Straße von Messina, wo die See – in den denkwürdigen Worten eines Reisenden aus dem Mittelalter – »birst wie ein Damm und kocht wie ein Kessel«, das Gebiet in zwei ganz unterschiedliche Regionen teilt. Das westliche Mittelmeer ermöglichte es den Anwohner des Ligurischen und Tyrrhenischen Meeres bereits im Zeitalter der Segelschiffe miteinander in Kontakt zu treten, und zwar aufgrund der dortigen Meeresströmungen sowie der Windbedingungen – untereinander bisweilen im Konflikt, bisweilen in Kooperation. Die an den Küsten des Festlands lebenden Mittelmeervölker vereinigten sich, im Zuge unterschiedlicher politischer Schicksale, bis zum 15. Jahrhundert mehr und mehr mit Völkern und Staaten, die weiter im Landesinneren angesiedelt waren: im Westen fielen die Katalanen und ihre Verbündeten an Spanien; die Provençalen im Norden wurden Franzosen; Ligurien ging in Italien auf und Savoyen wurden zwischen beiden letzteren aufgeteilt. Nach langem hin und her fielen dann auch die Inseln des westlichen Mittelmeers an Frankreich, Spanien oder Italien, während Sizilien und die Küstenregionen der italienischen Halbinsel in Italien eine, wenn auch nicht ganz unproblematische, politische Heimat fanden. Zumindest im nördlichen und westlichen Teil dieser Mittelmeerregion spürt man heute wieder jenes seit der Zeit der Dampfschiffahrt verschüttete Gefühl regionaler Brüderlichkeit, denn hier ist man bemüht, wirtschaftlich wieder enger zusammenzuarbeiten, und zwar über lokale, regionale und auch staatliche Grenzen hinweg, so zwischen Marseilles und Barcelona oder auch zwischen Genua und Valencia. Die mediterranen Nachbarn Frankreichs, Spaniens und Italiens haben sich, je nach geographischer Lage, eher in Richtung östliches Mittelmeer beziehungsweise Atlantik orientiert. So haben die Bewohner des Veneto seit dem 15. Jahrhundert enge Beziehungen zu anderen norditalienischen Regionen unterhalten; der Golf von Venedig selbst ist, unter geographischen und navigatorischen Gesichtspunkten betrachtet, Teil des östlichen Mittelmeers, auch die Architektur Venedigs mutet eher byzantinisch an und die venezianische Geschichte schließlich war bis ins späte 18. Jahrhundert durch politische sowie Handelsbeziehungen eng mit dem »prachtvollen Osten« verbunden. Die spanisch sprechende Bevölkerung im Westen Katalaniens wiederum hat die Klassifikation als »Mittelmeeranwohner« akzeptiert, obwohl die meisten katalanischen Regionen nicht ans Mittelmeer grenzen, sondern an den Atlantik, beziehungsweise in den Pyrenäen liegen – also weder am Atlantik noch am Mittelmeer.

Die spanisch sprechenden Volksgruppen

Von außen betrachtet gehört Spanien zu den Ländern des Mittelmeers. Von innen betrachtet, nehmen sich die spanischen »Völker« selbst sehr unterschiedlich wahr. Mit Ausnahme der Bewohner der kantabrischen Küste gehören die spanisch sprechenden Volksgruppen der iberischen Halbinsel zusammen mit ihren katalanisch sprechenden Nachbarn zur Region der mediterranen Kultur – zur Region der Oliven und des Weins. Doch verfügen tatsächlich nur zwei jener Regionen, die von der spanischen Verfassung als autonome Regionen definiert wurden – Murcia und Andalusien – über Mittelmeerküste. Spanien ragt weit in den Atlantik hinein, eine Tatsache, die einige historisch einflußreiche kartographische Darstellungen verschleiert haben. Die Hauptflüsse der spanischsprachigen Regionen – der Duero, der Tajo und der Guadalquivir – fließen in den Atlantik; und normalerweise bläst hier der Wind vom Ozean her nach Andalusien und Kastilien. Im nördlichen Landesinneren blickt die Bevölkerung von Navarra und Aragón, beide von ganz unterschiedlicher historischer Identität, weder auf die mediterrane Welt noch auf den Atlantik, sondern auf die Pyrenäen. Ein Blickwinkel, den sie mit den Völkern der Nordhänge der Pyrenäen teilen, die wie sie einen weiten Weg zum Meer haben.

Geographie und Geschichte haben vielschichtige lokale und regionale Loyalitäten hervorgebracht. Spaniens Küste ist, gemessen an der Größe des Landes, relativ kurz und scheint vom Landesinneren aus betrachtet eher abgelegen und schwer zugänglich. Außer in den heute autonomen Regionen Kantabrien und Asturien, ließen sich erst seit dem späten Mittelalter spanisch sprechende Siedler an den Küsten des Landes nieder, wodurch sich der kulturelle Unterschied zwischen Peripherie und Binnenland, der seit vorrömischer Zeit gut dokumentiert ist, etwas abmilderte.

Spaniens Berge gliedern das Land in viele historisch gewachsenen Regionen. An ihren Ausläufern siedelten oftmals eher kleinwüchsige, zurückhaltende Volksgruppen, während auf den weiten Hochebenen sich meist Menschen niederließen, die selbstbewußter und weitblickender waren. Die Spannungen, die es zwischen diesen jeweiligen Gruppen gibt, sind zum Teil schon historisch.

Die meisten spanisch sprechenden Volksgruppen der Halbinsel entwickelten sich zwischen dem 9. und 13. Jahrhundert, eine Ära, in der sich Spanien immer weiter nach Süden ausdehnte und in der man auf den Hochebenen begann, die Schafzucht unter wirtschaftlichen Gesichtspunkten zu betreiben. Als dominierender Faktor dieser Entwicklung erwies sich Kastilien, das mehrere kleine Königreiche durch Krieg oder Heirat vereinnahmte und die kastilische Sprache, später das eigentliche Spanisch, sich immer weiter als erste Landessprache verbreitete (und als zweite Sprache in fast ganz Spanien etablierte). Paradoxerweise entwickelten sich bei vielen spanisch sprechenden Bevölkerungsgruppen zur selben Zeit und im Zuge desselben Prozesses stark ausgeprägte regionale Identitäten, hervorgerufen durch die oftmals rasch erfolgten Verschiebungen alter Grenzen in Regionen hinein, die ihre ganz eigenen historischen Erfahrungen, ihren eigenen Charakter hatten, nicht zuletzt auch bedingt durch ihre bisherige geographische Abgeschiedenheit. Dennoch verfügten die spanisch sprechenden Volksgruppen aller Regionen, historisch betrachtete, stets über eine starke spanische Identität, auch wenn sie sich gleichzeitig mit regionalen, lokalen, religiösen oder sonstigen Dingen identifizierten.

Die Navarreser

Oft als eine baskische Provinz dargestellt, verfügt die autonome spanische Region Navarra rund um Pamplona über ein stark ausgeprägtes Bewußtsein bezüglich ihrer eigenen Identität. Obwohl die baskische Sprache früher auch in Teilen Navarras gesprochen wurde und im Mittelalter einige Gelehrte die Begriffe baskisch und navarresisch nebeneinander benutzten, gibt es doch einige historische Ereignisse, die Basken und Navarreser voneinander trennt. Die heutige baskische Provinz gehörte weder zum Königreich Navarra noch zu dessen Vorläufer, dem seit dem frühen 9. Jahrhundert historisch dokumentierten Königreich Pamplona. Mit Ausnahme einer kurzen Periode etwa zwischen 1025 und 1035. Ebenso wie die Basken hatte auch die Bevölkerung dieses mittelalterlichen Königreichs ihre eigene romanische Sprache, heute von Wissenschaftlern navarresisch genannt, die sich ähnlich wie das Kastilische entwickelt hatte. Heute ist Navarra, obwohl dort das baskische Fernsehen empfangen werden kann, Teil des spanisch sprechenden Spanien, und als baskisch empfinden sich tatsächlich fast ausschließlich all jene, die aus dem Baskenland hierhergekommen sind.

Das spanische Navarra wurde 1511–1514 erobert und dem kastilischen Königreich eingegliedert, behielt jedoch seine eigenen Gewohnheitsrechte bei, die heute sozusagen das Herzstück der navarreser Identität bilden. An den Grenzen der autonomen Region stehen noch heute Steine mit der Aufschrift: »Navarra: Territorio Foral – Land mit eigenen Gesetzen«. Diese Gestze haben überlebt, immer wieder verteidigt mit dem Blut der Navarreser, in den letzten dreihundert Jahren oftmals eingeschränkt durch zentralistische spanische Regierungen, jedoch niemals ganz aufgehoben. Diese Haltung der Navarreser, ihre Traditionen zu verteidigen, ist bemerkenswert. Eigene Münzen, Steuern und tradierte Gesetze überlebten bis 1841. Tatsächlich behielt Navarra aber seinen Status sogar unter der Diktatur von General Franco (1936–75), als alle anderen Gesetze über regionale Autonomie von der Zentralgewalt aufgehoben wurden. Der Ruf der Navarreser, ein Volk zu sein, das seine besondere politische Kultur pflegt, hat sich seit 1833 noch verstärkt, als Navarra die Carlisten und somit die absolutistisch gesinnte Dynastie des spanischen Thronfolgers unterstützte. Derartige Erscheinungen sind allerdings seit der Wiedereinführung der regionalen Autonomie im Jahre 1978 nahezu verschwunden. Die Tatsache jedoch, daß in Navarra ein dogmatischer und traditionalistischer Katholizismus durchaus populär war und ist, stützte damals den Carlismus und hat heute, in der zweiten Hälfte des 20. Jahrhunderts, dazu beigetragen, daß Navarra als Kernland der konservativen katholischen Laien Organisation Opus Dei gelten kann.

Die Aragoneser

Aragón ist eine autonome Region Spaniens, am mittleren Ebro und am Südrand der Pyrenäen, zwischen Navarra und Katalonien gelegen. Im Mittelalter sprachen die Aragoneser noch ihre eigene romanische Sprache, jedoch war diese derart eng mit dem Kastilischen verwandt, daß sie sich heute ununterscheidbar mit dem modernen Spanisch vermischt hat. Diese Region fühlte stets spanisch, nicht zuletzt aufgrund der starken Zugehörigkeit zu ihrer Hautstadt Zaragoza. Dort befindet sich eines jener bedeutenden Heiligtümer, die für das spanische Nationalgefühl so wichtig sind, die Madonna der Säule. Darüber hinaus wurde Zaragoza aufgrund seines heroischen Widerstands gegen die französische Invasion und Besatzung in den Jahren 1808–09, der angeblich 40.000 Verteidigern das Leben kostete, zu einem Symbol für das spanische Nationalgefühl.

Gleichzeitig hatte Zaragoza stets eine ganz eigene politische Kultur. Das mittelalterliche Königreich von Aragón, seit 1035 historisch nachgewiesen, fiel 1134 unter die Oberhoheit Kataloniens. In dem langsam sich herausbildenden spanischen Staat der frühen Neuzeit (basierend auf dynastischen Verbindungen zwischen Aragón und Katalonien, ab 1516 auch mit Kastilien) behielt Aragón einige seiner Gesetze und Zölle bei, darunter auch steuerliche Privilegien, und zwar bis 1716. Bis ins 19. Jahrhundert hinein, als in Spanien regionalistische Bewegungen entstanden und auch die regionale Kultur wieder an Bedeutung gewann, gab es hier praktisch keine aragónesisch-nationalistischen Bestrebungen. In den Jahren nach 1890 allerdings kamen im Zuge der damals alljährlich stattfindende Literatur- und Musiktreffen erneut so etwas wie nationale Gefühle auf, der Sinn für ein spezifisch aragonesisches Erbe – was sich nun vor allem in der Kleidung sowie den Tänzen der Region zeigte. *Julián Calvo Alfaro* träumte zwar von der Wiedergeburt eines »Aragonesischen Staates«, doch die meisten seiner Anhänger, *aragonesistas* genannt, bekundeten öffentlich ihre Loyalität gegenüber Spanien. Derart steht auch die Bildung der autonomen Regionalregierung von 1978 in völliger Übereinstimmung mit diesen Traditionen.

Die Kastilier

Die Kastilier stellen die Bevölkerung der heutigen autonomen Regionen Cantabria, Castilla y Léon, La Rioja, Castilla-La Mancha, Extremadura, Murcia und (unter Berücksichtigung der Tatsache, daß in der Hauptstadt Spanier aus allen Landesteilen leben) Madrid.

Die kastilische Identität ist, im Vergleich mit anderen spanischen Volksgruppen, nur schwach ausgeprägt, da die meisten Kastilier, falls sie überhaupt darüber nachdenken, kastilisch und spanisch gleichsetzen. Doch unter dem Einfluß des heute in starkem Maße dezentralistischen politischen Systems beginnt sich zunehmend eine kastilische Identität herauszubilden, die es im alten »imperialen« Spanien, das stets vom Zentrum aus regiert wurde, zu keiner Zeit gab. Ihre Basis ist die eigene Unterscheidung von anderen spanischen Volksgruppen. Die Bilder, die sie inspirieren, nähren sich aus der ganz eigenen Landschaft der zentralen Hochebenen von Spanien, wo das mittelalterliche kastilische Königreich, 1035 unter diesem Namen gegründet, einst Gestalt annahm. Eine ziemlich gut definierte Liste von Tugenden bildet angeblich den »Nationalcharakter« der Kastilier – vielleicht besser definiert als kollektive Selbstwahrnehmung – der Genügsamkeit, Besonnenheit, Spiritualität, Kühnheit und Gleichgültikeit gegenüber praktischen Zwängen miteinschließt.

1978 machte der spanische Staat seinen bisher letzten und offensichtlich erfolgreichsten Schritt – nach vielen bereits erfolgten Versuchen – in Richtung Dezentralisierung der Politik zugunsten der Regionen sowie der verschiedenen Volksgruppen. Die Notwendigkeit einer flexiblen und zukunftsträchtigen Regelung führte zu einigen Anomalien: autonome Regierungen wurden in Regionen etabliert, die nicht über eine ausgeprägte Identität verfügten: etwa Extremadura oder Murcia (beziehungsweise wie im äußersten Südwesten und Südosten Kastiliens). Der Rest Kastiliens wurde in drei autonome Regionen geteilt, zum Teil aus demographischen Erwägungen heraus, zum Teil aber auch, um der Hauptstadt ihre eigene Region zu geben, wie dies heute offensichtlich üblich ist. Die kleine Region La Rioja, die historisch immer zwischen Kastilien, Aragón und Navarra hin- und hergeschoben wurde, erhielt des Status einer eigenständigen autonomen Region. Der Luxus der selbstbestimmten Politik ließ in diesen Regionen ganz eigene regionale Gefühle entstehen, die durchaus bemerkbar sind. Neue Identitäten werden entdeckt und alte wieder zum Leben erweckt. Die autonome Region Castilla-León (etwas weiter im Norden Kastiliens gelegen) änderte ihren Namen in »Castilla y León«, und zwar deshalb, weil, wie der Name nun sagt, »León nicht Kastilien ist«. In Extremadura, Murcia und La Rioja sind regionalistische Parteien entstanden und im Aufschwung begriffen.

Die Andalusier

Der größte Teil Andalusiens wurde von der kastilischen Krone Mitte des 13. Jahrhunderts erobert und in das Königreich Kastilien eingegliedert; der Rest – das beachtlich große historische Königreich von Granada im Südosten des Territoriums – folgte erst Ende des 15. Jahrhunderts nach. Die Andalusier wurden als diejenige spanisch sprechende Volksgruppe der Halbinsel dargestellt, die ethnisch eigenständig sei, und zwar deshalb, weil sie – oftmals aufgegriffen, jedoch niemals überprüft – das Produkt außergewöhnlicher Verbindungen von afrikanischen und jüdischen Immigranten sowie immigrierten Sinti, Roma und Kale seien, die im Mittelalter und der frühen Neuzeit ins Land kamen. Dennoch ist die Überzeugung der Andalusier, aufgrund ihrer besonderen historischen Erfahrung und ihres besonderen Dialekts »anders« zu sein, durchaus gerechtfertigt. Die andalusische Treue gegenüber Gleichgesinnten oder sonstigen Gemeinschaften hatte – so heißt es oftmals – großen Einfluß auf das öffentliche Leben Spaniens, angefangen bei den andalusischen Künstlern am königlichen Hof des 17. Jahrhunderts, zur Zeit von Velázquez also, bis hin zu jenem System gegenseitiger Unterstützung, das die andalusischen Politiker auszeichnete, die in der sozialistische Regierung von 1980 eine bedeutende Rolle spielten. Der andalusische Dialekt wiederum, stolz gepflegt, zeichnet sich aus durch seine unterdrückten Konsonanten, klirrenden Diphtonge und überhandnehmenden Zischlaute. Andalusien selbst bietet jene besondere Flamenco-Musik, die man ursprünglich in keinem anderen Teil Spaniens hören konnte, selbst die Küche ist völlig anders, als die kastilische »Nationalküche«.

Die Fruchtbarkeit der Region unterscheidet diese von den relativ trocknen und armen Böden des südlichen Kastilien, der Extremadura und Murcias, aber dieser Vorteil blieb bis in dieses Jahrhundert hinein völlig ungenutzt, da die Gegend hier kaum besiedelt ist. Obwohl 1640 eine Verschwörung des Adels angeblich zum Ziel hatte, ein unabhängiges Andalusien zu gründen und auch in den Rebellionen in den Jahren um 1870 manche Gebiete Andalusiens eine führende Rolle spielten, gab es hier bis in die Zwanziger Jahre des 20. Jahrhunderts – bevor das Konzept einer andalusischen Identität durch das Werk des brillanten Publizisten Blas Infante unermüdlich gefördert wurde – absolut keine regionalistischen Traditionen.

Die Region kann in ein atlantisches Andalusien, in das Gebiet des Guadalquivir mit dem Zentrum Sevilla (das heute auch Sitz der autonomen Regierung von Andalucía ist) und ein mediterranes Andalusien, in etwa das alte Königreich von Granada, mit seinem Zentrum Málaga, aufgeteilt werden. Die Andalusier blicken nach Westen – ein Erbe ihrer Bedeutung für die Geschichte der spanischen Seefahrt zwischen dem frühen 16. und frühen 19. Jahrhundert. Ein in Málaga geborener Minister der autonomen Regierung hat denn auch seiner Verzweiflung Ausdruck verliehen über die indifferente Haltung der Andalusier gegenüber dem Mittelmeer. Doch die meisten der laufenden Initiativen Andalusiens zur regionalen Kooperation innerhalb der Europäischen Gemeinschaft bestehen mit Partnern aus der Atlantik-Region.

Die Bewohner Gibraltars

Die Bewohner von Gibraltar sprechen von ihrer Heimat in der Regel als von einem Stadtstaat; ihr offizieller Status ist der einer selbsverwalteten britischen Kronkolonie. Von den Briten 1705 besetzt, um von hier aus den Zugang zum westlichen Mittelmeer zu kontrollieren, ging die Stadt im Vertrag von Utrecht (1713)

»voll und ganz« in das Eigentum der britischen Krone über, eine Festlegung, die noch heute gültig ist. Frühe britische Bemühungen, die Zweideutigkeit des Vertrages aufzulösen, indem man versuchte, hier möglichst viele Immigranten anzusiedeln, waren erfolglos. Dennoch entwickelte sich hier im Zuge des wirtschaftlichen Aufschwungs dieser Region zu Beginn des 19. Jahrhunderts ein Menschengemisch aus jüdischen, Genueser, Malteser und irisch-katholischen Immigranten, und zwar in ansehnlichem Verhältnis zur Gesamtbevölkerung. Von den 17.000 Einwohnern im Jahre 1830 waren 1.400 als Briten ausgewiesen und weitere 6.900 als »kürzlich immigriert«; von den übrigen waren 1.300 seit langem angesiedelte jüdische Immigranten. Die Protestanten waren und blieben eine kleine Gruppe, denn die spanischen Autoritäten betrachteten diese stets mit Argwohn.

Eine demographische Konstante stellten jedoch immer die Eheschließungen mit spanischen Frauen dar, die 1920 etwa 10 Prozent der Bevölkerung ausmachten. Dadurch blieb Gibraltar eine spanisch sprechende Stadt, auch wenn sie keine näheren Bindungen an Spanien pflegt. Denn die Interessen Gibraltars waren immer schon zu eng an die Präsenz der britischen Garnison und Flotte gebunden sowie an die Möglichkeiten, die die führende Rolle der Briten als Seemacht im 19. Jahrhundert boten. Die Beziehungen Gibraltars zum Britischen Empire wurde durch die Erfahrungen der Weltkriege noch verstärkt, in denen Spanien jeweils nicht die Rolle eines Verbündeten einnahm. Als das Britische Empire nach dem Weltkrieg zusammenbrach, konnte Gibraltar nicht öffentlich für seine Unabhängigkeit eintreten, da dies im Gegensatz zu den Festlegungen des Utrechter Vertrags stand. Jedoch wurde Gibraltar nach und nach Selbstverwaltung zugesprochen, genährt durch ein wachsendes Selbstbewußtsein seiner Bewohner. Dies hat der örtliche Politiker *Peter Isola* 1960 gegenüber den Vereinten Nationen sehr gut formuliert: Die Bevölkerung von Gibraltar, so sagte er, bildet eine eigenständige Gemeinschaft und Gibraltar gehört ihnen, und sonst niemandem. Die spanische Regierung und Öffentlichkeit ihrerseits akzeptieren, daß die Anerkennung dieser Tatsache die Grundlage jeder zukünftigen engeren Assoziation zwischen Spanien und Gibraltar darstellen muß.

Die Bewohner Kataloniens, Valencias und der Balearen

Die katalanische Identität findet man unter den katalanisch sprechenden Bewohnern der autonomen spanischen Region Katalonien (katalanisch: *Catalunya*), sowie jenseits der spanisch-französischen Grenze im Roussillon (Rossel) und der Cerdagne. Die benachbarten autonomen spanischen Regionen von Valencia und den Balearen wurden im Mittelalter im Zuge der katalanischen Expansion zu Königreichen, doch heute wohnen hier Menschen mit ganz unterschiedlichen Identitäten, trotz bedeutender kultureller Gemeinsamkeiten, die seit langem bestehen. Die Valencier achten darauf, sich von den Katalanen zu unterscheiden und der politischen und kulturellen Dominanz aus dem Norden zu widerstehen. Auf den Balearen fühlt man sich vor allem der Inselgemeinschaft verbunden, zusätzlich verhindert die Loyalität zunächst gegenüber der eigenen Insel jegliche starke Bindung an das Festland. In den Augen der Katalanen selbst jedoch haben die Valencier und auch die Inselbewohner teil am gemeinsamen Erbe Kataloniens.

Land und Meer

Ein Teil der Katalanen – sowie einige ihrer Nachbarn, die katalanische oder dem Katalanischen verwandte Dialekte sprechen – lebt am Mittelmeer. Bis ins späte Mittelalter hinein hatten sie die Kontrolle über die Straßen, die vom Inneren der iberischen Halbinsel zum Mittelmeer führten. Dies hat ihnen, verglichen mit der kastilisch sprechenden Bevölkerung des Binnenlandes, eine besondere Charakteristik verliehen: kommerzielle Werte, eine starke Kaufmannsschicht und eine Vorliebe für Pasta zeichnen die katalanischen Kaufleute aus. Gleichzeitig ergänzen sich die Kastilier und Katalanen gut und sie sind sogar voneinander abhängig.

Spanien war stets auf den Handel in Barcelona und Valencia angewiesen – und diese Städte brauchten umgekehrt die spanischen Absatzmärkte. Diese Zusammenarbeit gestaltete sich nicht immer reibungslos – ein Thema, das bis heute Geschichte und Poltik der Küstenregionen dominiert.

Die Siedlungsgebiete dieser Region sind aufgrund der Berge sowie der extremen klimatischen Bedingungen eher klein. In Valencia gibt es weite Landstriche, die völlig unbewohnt sind, gleichzeitig findet man hier das fruchtbarste Land Spaniens. Doch verfügt diese Region nicht allein über praktisch zwei Kulturen – eine maritime und eine Bergkultur – es gibt hier auch Traditionen, die die regionale gegenüber der nationalen Identität bestärken und dazu führen, daß das lokale Interessen an erster Stelle stehen. Dies trägt einerseits zu dem Ruf bei, in dem Valencia steht, nämlich unregierbar zu sein, und dadurch werden andererseits generelle Aussagen bezüglich einer einheitlichen Identität Valencias äußerst riskant.

Sprache

Zwischen dem 9. und 12. Jahrhundert unterscheidet sich die Entwicklung der romanischen Sprache in den östlichen Pyrenäen und dem »spanischen Grenzland« des Frankenreichs kaum von jener des Provençalischen. Andererseits konnte die Übersetzung eines westgotischen Gesetzestextes aus dem frühen 12. Jahrhundert als katalanisch identifiziert werden. Denn obwohl das Provençalische bis ins 13. Jahrhundert in der katalanischen Versdichtung bevorzugt wurde und auch später noch die Sprache der katalanischen Dichter beeinflußte, entwickelte das Katalanische doch eine eigenständige Schriftsprache und Literatur, in ihrem Rang und in ihrer Ausdruckskraft den anderen Sprachen der iberischen Halbinsel ebenbürtig. Die große Ära der katalanischen Literatur begann mit dem Aufstieg Kataloniens zu einer imperialen Macht und das Andenken an diese beiden Gegebenheiten nährt seit jeher das katalanische Natonalgefühl.

Im 16. Jahrhundert haben ökonomischen und politischen Veränderungen dazu geführt, daß die katalanische Literatur praktisch nicht mehr gefördert wurde. Bis zum 19. Jahrhundert überlebte das Katalanische nur als gesprochene beziehungsweise als Verwaltungssprache – nicht zuletzt auch aufgrund der Zentralisierung der spanischen Herrschaft, im Zuge derer das Kastilische als offizielle Sprache Spaniens propagiert wurde. Dadurch bestand die Gefahr, daß das Katalanische nur mehr als ethnographische Kuriosität weiterbestehen würde. 1830 jedoch gründete sich die Bewegung Renaixença (Renaissance), und zwar mit dem Erscheinen des nostalgischen Poems »Pàtria« von Carles Aribau. Seit 1859 trafen sich nun alljährlich die Vetreter der katalanischen Literatur zu den Jocs Florals und konkurrierten um Preise und Prestige. Auch wenn die ersten Bemühungen dieser Art selbstbewußt-archaisch ausfielen, so etablierte sich das Katalanische doch sehr schnell und zwar auf jedem Gebiet, sei es Drama, Prosa, im Bereich des Journalismus, der Geschichtsschreibung oder in akademischen, technischen und wissenschaftlichen Werken.

Als Alltagssprache der Bewohner von Barcelona – im 19. Jahrhundert eines der führenden Zentren der industriellen Revolution am Mittelmeer – entwickelte das Katalanische auch einen Wortschatz, der die Entwicklung des modernen Lebens reflektiert. Diese Tatsache verleiht ihm unter den Minderheitensprachen im heutigen Westeuropa seine einzigartige Stellung und einzigartige Überlebensgarantie. Das Katalanische hat sich zudem, verglichen mit anderen Minderheitensprachen der iberischen Halbinsel, etwa Euskara oder Galego, eine bemerkenswerte Homogenität bewahrt. Traditionellerweise unterteilen katalanische Wissenschaftler die Sprache in zwei Hauptdialekte: das »östliche Katalanisch«, das, wie der Name ahnen läßt, vor allem in Frankreich gesprochen wird, auf den Balearen, in der katalanischen Kolonie Alghero (katalanisch: *Alguero*) auf Sardinien, in den spanischen Provinzen Barcelona und Girona und in der östlichen Hälfte der Provinz Tarragona. Das »westliche Katalanisch« wurde einst in allen anderen Teilen des Fürstentums Katalonien und des Königreichs Valencia gesprochen. Die gelehrte Welt Valencias und der Balearen jedoch beansprucht, daß das Valencianische (Valencià) und Mallorquinische (Mallorquí) unabhängge Sprachen sind, die nicht vom Katalanischen abgeleitet sind, sondern direkt von einer romanischen Sprache, dem Limousin (katalanisch: lemosí), aus dem vermutlich auch das Provençalische entstanden ist. Obwohl diese Theorie bislang nur wenige überzeugt hat, wird die Sprache von Valencia heute allgemein, sei es aus Höflichkeit, sei es aus Überzeugung, als *valencià* bezeichnet. Für die Inseln hat ein Prozeß der Fragmentierung eingesetzt hin zu weiteren Unterscheidungen zwischen der Sprache Mallorcas, Menorcas und Ibizas mit Formentera, aber der Begriff *mallorquí* wird heute, zumindest für Mallorca, völlig akzeptiert.

In diesem Jahrhundert richtete sich der Kampf für das Katalanische auch gegen den spanischen Staat, der unter der Diktatur von General Primo de Rivera (1923–31) und General Franco (1939–75) quasi als Feind betrachtet wurde. Die Sprache hatte zudem auch mit den Auswirkungen der massenhaften Immigration aus anderen Teilen Spaniens zu kämpfen. Francos Verfolgung katalanisch sprechender Bürger bestärkte jedoch deren Absicht, ihr kulturelles Erbe zu bewahren. Obwohl eine Vielzahl von Immigranten und ihrer Nachkommen nicht zur großen katalanischen Sprachgemeinschaft stießen – sie schickten zum Beispiel ihre Kinder in kastilische Schule – wurde die autonome Regierung für ihren Erfolg gelobt, den sie bei der Förderung der offiziellen Sprache durch Erziehung, Fernsehen und traditionelle kulturelle Ereignisse erzielt hat. Auf französischer Seite und in dem kleinen, katalanischsprachigen Grenzstaat Andorra sind all diese Leidenschaften weniger ausgeprägt. Doch das Überleben des Katalanischen in Spanien selbst scheint aufgrund der Bemühungen der katalanischen Regierung garantiert.

Geschichte

Die politische Geschichte Kataloniens beginnt um 870, als Guifré der Behaarte, der später von katalanischen Historikern zum Kulturheros stilisiert wurde, die fränkischen Besitzungen südlich der Pyrenäen eroberte. Zwar proklamierte er nicht deren Unabhängigkeit, und er übergab an seine Nachfolger auch kein einheitliches Reich, dennoch war sein Triumph ein höchst bedeutsames regionales Ereignis: eine Dynastie, verwurzelt in dieser Region, hatte über fremde Mächte obsiegt. Von diesem Zeitpunkt an wurde der kriegerische Adel der Berge durch Grafen angeführt, die alle über die gleiche, eher begrenzte Weltsicht verfügten. Guifré hinterließ drei Legate, die die Zukunft Kataloniens maßgeblich prägten: die Vormachtstellung der Provinz Barcelona, eine langlebige Dynastie (bekannt als das Haus Barcelona, das bis 1412 herrschte) und seine eigene Legende als Gründer des Staates Katalonien. Diese Legende inspiriert das katalanische Nationalgefühl noch heute sehr viel stärker, als dies jemals irgendeine tatsächliche Errungenschaft eines Mächtigen im frühen Mittelalter hätte tun können.

Im 10. Jahrhundert wurde Katalonien unabhängig, und nannte sich nun »Fürstentum Katalonien«. Dieses bereicherte sich auf Kosten der benachbarten muslimischen Staaten, profitierte von der ökonomischen Entwicklung des Mittelmeeraums und entwickelte sich im 12. Jahrhundert zu einer der führenden Mächte der Region. Die Kaufleute von Barcelona und Taragona waren dennoch in der Konkurrenz mit ihren italienischen Rivalen im Nachteil, da die Balearen noch unter muslimischer Kontrolle standen. Die Eroberung von Mallorca und Ibiza im frühen 13. Jahrhundert wendete das Blatt entschieden zu Gunsten der Katalanen, die aufgrund der günstigen Winde und Strömungen vor ihrer Küste nun den gesamten Handel im westlichen Mittelmeer beherrschten. Diese Inseln waren zudem das Sprungbrett für die Eroberung letztendlich eines Imperiums, dem Mitte des 14. Jahrhunderts Sizilien, Menorca, große Teile Sardiniens und einige Handelsstationen am Rande der regen maghrebinischen Handelsregion angehörten.

Obwohl die einzelnen Regionen dieses Reichs nur lose miteinander verbunden waren, entstand daraus dennoch ein katalanisches Nationalgefühl, das in einer Chronik des 14. Jahrhunderts von *Ramon Muntaner* deutlich zum Ausdruck kommt. Muntaner beschreibt die Katalanen als eine einzigartige und herausragende Rasse, die – trotz aller politischen Differenzen – durch die Bande ihres Blutes untereinander verbunden sei. Der Imperialismus des Hauses Barcelona exportierte die katalanische Sprache und Kultur in immer neue Kolonien. Dies war nicht immer und überall von Dauer, doch die Einbindung der Balearen in die katalanische Sprache und Kultur erwies sich als gründlich und dauerhaft. Im Königreich Valencia wurde, obwohl zunächst die dortige muslimische Bevölkerung weitestgehend unangetastet blieb, eine katalanische Minderheit angesiedelt, die mit der Zeit – als die Muslime zwangsweise bekehrt und schließlich 1609 vertrieben wurden – die kulturelle Entwicklung dieser Region entscheidend mitgestaltete. Doch trotz allem wäre es falsch zu sagen, daß die Identität der Valencier und jene der Balearen keine eigenen Wurzeln hätte: selbst zu einer Zeit, als das katalanische Imperium sich bereits auf dem Höhepunkt seiner Macht befand, verfügten die Königreiche von Valencia und Mallorca (das alle anderen Inseln miteinschloß) über eigenständige Institutionen und weitgehende Souveränität im Hinblick auf ihre inneren Angelegenheiten.

Die Kosten, die das Imperium versursachte – vor allem der brutale Krieg zur Unterwerfung Sardiniens – überstieg mit der Zeit dessen Einkünfte. Obwohl Katalonien im 15. Jahrhundert doch noch mächtiger war als allgemein angenommen, geriet es in den Schatten der wohlhabenderen und auch bevölkerungsreicheren Königreiche von Kastilien und Frankreich, seiner unmittelbaren Nachbarn. Im 16. Jahrhundert schließlich wurde, aufgrund der dynastischen Union mit Kastilien, auch der Regierungssitz dorthin verlegt, und obwohl Katalonien sowie alle Regionen seines ehemaligen Reiches bis 1716 formal ihre Souveränität behielten, war dies der Beginn eines lange währenden Widerstands gegen Kastilien, der einmal mehr die katalanische Identität bestärkte. Unabhängigkeitskriege zwischen 1640 und 1658 und erneut von 1705 bis 1715 endeten jeweils mit einer Niederlage Kataloniens und damit einhergehend mit einer Einschränkung seiner besonderen Gesetze, Traditionen und Institutionen. Im ehemaligen katalanischen Reich traf man nun überall auf die Armeen der Besatzer: kastilische Armeen in Katalonien und Valencia, französische im Roussillon und der Cerdagne, britische in Menorca (wo sie von 1705 bis 1756 blieben und die Schiebefenster in der Hanover-Street in Mahon [katalanisch: Maó] als bleibendes Souvenir zurückließen). Im 18. Jahrhundert dann schienen Katalonien, Valencia und die Balearen ihre Differenzen untereinander zu Gunsten einer Zusammenarbeit überwunden zu haben. Doch die unsicheren äußeren Bedingungen, die das 19. Jahrhundert mit sich brachte, etwa im Widerstand gegen Napoleon (1808–14), in dem erneut lokale und regionale Identitäten erstarkten, machten deutlich, daß die unterschiedlichen Charaktere der Völker der spanischen Levante lediglich überwintert hatten, jedoch längst nicht verschwunden waren.

Das Wiederaufleben der katalanischen Kultur im 19. Jahrhundert vollzog sich im Rahmen einer politischen Bewegung, die in ihrem Kampf für Dezentralisierung und Unabhängigkeit von Spanien und Frankreich Mitglieder all jener Regionen in sich vereinte, die einst zu den paisos catalans, zu den katalanischen Ländern zählten. Doch auch diese Völker gingen nun ganz offensicht völlig unterschiedliche Wege. Das herausragendste Ereignis in der Geschichte all dieser Länder des ehemaligen Fürstentums Katalonien war die rasche Industrialisierung Barcelonas. In der ersten Hälfte des Jahrhunderts verdoppelte sich die dortige Bevölkerung. 1833 erhielt Barcelona die erste Fabrikanlage Spaniens, die mit Dampfmaschinen betrieben wurde. 1836 wurde hier das erste Dampfschiff Spaniens gebaut. 1848 verband die erste Eisenbahn Spaniens die Städte Barcelona und Matar . Die Garnproduktion war ab 1860 nahezu vollständig mechanisiert. Valencia aber war, dank seines einzigartig reichen Hinterlandes, der *horta*, das Zentrum der Landwirtschaft geblieben. Mallorca wiederum erlebte erst zu Beginn des neuen Jahrhunderts seine dann allerdings rasche industrielle Entwicklung: 1901 entstand hier eine Lokomotivfabrik, 1922 eine Automobilfabrik und während des Ersten Weltkriegs belieferten die Betriebe Mallorcas und Menorcas die französischen Kriegsschiffe. In Folge dieser Entwicklung erstarkten im alten Fürstentum sowohl der katalanische Nationalismus wie auch radikale und protektionistische Ideen, während die anderen Regionen politisch eher vorsichtig oder konservativ blieben. In Mallorca unterschrieben zum Beispiel zur Zeit der Ersten Republik zwei Drittel der erwachsenen Bevölkerung die Petition der rechtsgerichteten Unión Católica, gemäß derer Barcelona die staatlich-föderative Politik des neuen Regimes begrüßte.

Wann immer katalanische Institutionen im 20. Jahrhundert wieder zu neuem Leben erwachten – zwischen 1911 und 1914, unter der Mancomunitat, einem begrenzten Zusammenwirken verschiedener Kräfte der Provinz, von 1931 bis 39 unter der

Zweiten Republik und seit 1978 unter dem demokratischen System des Föderalismus und der Autonomie – blieben die alten paisos catalans ausgeschlossen. Das Ausmaß der Autonomie des ehemaligen Fürstentums ist auch heute noch gegenüber jenem von Valencia und den Balearen privilegiert. Die Regionalregierung hier hat sehr viel mehr Rechte und zum Teil steht das katalanische Recht sogar über dem des spanischen Staates.

Nationalismus

Den katalanischen Nationalismus muß man als eine Manifestation des Katalanismus (*catalanisme*) betrachten, der seinerseits sehr viele Formen annehmen kann: jenes Gefühl, katalanisch zu sein, der Wunsch, die katalanische Kultur zu bewahren und zu fördern, ein Gefühl der Blutsverwandtschaft mit anderen überzeugten Katalanen, Feindschaft gegenüber Nicht-Katalanen und besonders gegenüber dem spanischen Staat; politische Programme, die Dezentralisierung, Autonomie oder Föderalismus fordern, separatistisch sein oder einem pankatalanischen Imperialismus das Wort reden, mit dem Ziel, einen katalanischen Staat zu schaffen, der bis an die Grenzen des einstigen Fürstentums reicht; schließlich die Politik des »zuerst kommt Katalonien« – dem selbst die »Katalanisten« der heutigen politischen Linken, die sich einer zu offensichtlich nationalistischen Sprache durchaus widersetzen, zustimmen können.

Historisch betrachtet gründet sich der katalanische Nationalismus auf zwei, im Hinblick auf die Entwicklung Kataloniens verschiedene politische Konzepte, die von den bedeutendsten Rednern des 19. Jahrhunderts stammen. Für *Josep Torras i Bagäs* (1846–1916) war Katalonien eine Gemeinschaft, die sich durch ihr Vertrauen auf bestimmte traditionelle Werte seiner ländlichen Regionen definierte: unter anderem katholische Frömmigkeit, Anhänglichkeit an die alten Gesetze und Privilegien aus der Zeit vor der Entstehung des spanischen Staates sowie eine Sprache, die bei der bäuerlichen Bevölkerung immer lebendig war. Für *Valentí Almirall o Llozaer* (1841–1904) war Katalonien die Verkörperung des Fortschritts, vor allem des städtischen Fortschritts, der Seefahrt und des Seehandels; weltlich, ohne unreligiös zu sein, der Pflicht unterworfen, das benachteiligte Hinterland mitzuziehen.

Diesen Differenzen ist zu begegnen mittels Selbstdifferenzierung gegenüber dem restlichen Spanien. Denn ein wirklich befriedigendes Gefühl von Identität kann nicht ausschließlich aus sich selbst heraus entstehen: es muß ein ausgeschlossenes »anderes« haben, einen Punkt außerhalb, auf den es sich bezieht, in diesem Fall die Kastilier. Diese präsentieren sich in ihrer eigenen Literatur, ihrem eigenen Journalismus als homogenes, praktisches, fleißiges, vorausschauendes, vernünftiges und kluges, fähiges Volk, während ihre stereotype Meinung über die Katalonen deren Mangel an Realistätssinn, deren Hang zum Nutzlosen, zur Faulheit, zum Fatalismus sowie zu kompromißlosen Stolz geißelt. Der politische Katalanismus hingegen wird genährt, liest man die spanische Geschichte als eine Geschichte, in der die katalanische Sprache und die katalanischen Freiheiten dem kastilischen Imperialismus zum Opfer fielen. Totaler Separatismus jedoch findet kaum Unterstützung. Die heute größte Partei Kataloniens bezieht ihre Traditionen aus den Slogans der nationalen Heroen der Vergangenheit: »ein gerechtes Spanien« – »Unser aller Spanien«. Die Mitgliedschaft in der Europäischen Union hat das spanische Nationalgefühl wohl vor allem der jüngeren Generation abgeschwächt. Heute gibt es, nicht zuletzt im ehemaligen Fürstentum Katalonien, viele Stimmen, die für regionale Bündnisse innerhalb der Gemeinschaft eintreten, in denen die Katalanen dann durchaus engere Bindungen an französische und italienische Nachbarn im nordwestlichen Mittelmeerraum als an das restliche Spanien entwickeln könnten.

Ursprünglich ein elitäres – sogar geheimes – Ideal, erzielte der Nationalismus in allen freien Wahlen seit 1898 breite Zustimmung. Diese Zustimmung vergrößerte sich in den ersten Jahren des 20. Jahrhunderts sprunghaft, als der spanische Staat offensichtlich Katalonien vernachlässigte. Im Zuge des imperialen Debakels gingen Märkte verloren, während Madrid sich der Schutzzollpolitik widersetzte. Das Erstarken der nationalen Bewegung erfolgte markanterweise immer unter diktatorischen Bedingungen: in einer Atmosphäre unerbittlicher Unterdrückung blühen offensichtlich alle verbotenen Früchte. Der Nationalismus hatte jedoch in den späten 20er Jahren, als die Forderungen der Arbeiter in den Hintergrund traten, die Botschaft der Katalanisten jedoch breit und für jedermann verständlich diskutiert wurden, große Schwierigkeiten, mit den Ideologien der Linken im Kampf um die Stimmen der Arbeiterklasse zu konkurrieren. Diese »Allianz« von rechts und links wurde durch die Erfahrungen der Franco-Ära noch gestärkt, als aufgrund der starke Zentralisierung die Forderung nach Dezentralisierung von allen Seiten unterstützt wurde. Als Franco 1975 starb und der Präsident der katalanischen Exilregierung auf den Balkon des *Palau de la Generalitat*, des katalanischen Regierungssitzes, zurückkehrte, wurde er von Arbeitern und Bürgerlichen, von Katalanen und Migranten gleichermaßen mit Beifall begrüßt.

Die Stärke des katalanischen Nationalismus hatte – vielleicht sogar paradoxerweise – einen hemmenden Effekt auf ähnliche Bewegungen in Valencia beziehungsweise auf den Balearen. Der Valencianismus entstand als eine Art Häresie des Katalanismus – ein Protest der Elite Valencias gegen jene Visison eines »größeren Katalanien«, die man in Barcelona hegte. Valencia aber sollte seine eigene Identität erhalten, seine eigene Autonomie. Teodor Llorente (1836-1911) der erste Wortführer des Valencianismus, legte dar, daß die valencianischen Minnesänger des Mittelalters eine andere Kultur besaßen als ihre katalanischen Kollegen sowie eine sehr viel größere Sensibilität für die spanische Einheit. Wie die meisten Häresien wurde auch der Valencianismus bald durch viele unterschiedliche Spielarten in sich gespalten und lebte zunächst als eher unbedeutende Erscheinung fort. Und so beklagte sich 1896 der republikanische Föderalist *Constantí Llombart*: »Das Volk von Valencia hat es versäumt, mit jenem enthusiastischem Interesse, das diese glorreiche Sache, die die ihre ist, eigentlich wecken sollte, zu antworten«. Dies änderte sich erst in der Ära Francos, dessen ausgeprägter Zentralismus selbst in Valencia auf Widerstand stieß. Auf den Balearen hat der Nationalismus bei Wahlen nie eine Rolle gespielt. Den Menschen dort liegen weniger Ideale oder Identitäten am Herzen als vielmehr ihre außerordentlich florierende Wirtschaft. Ihr Ruf, konservativ zu sein, der sich bereits im 19. Jahrhundert verbreitete, gilt noch heute, vor allem für Mallorca.

Sitten und Bräuche

Das Recht des Erstgeborenen unterscheidet die Katalanen von allen anderen Völkern der iberischen Halbinsel, mit Ausnahme der Basken. In ganz alten Zeiten war die weibliche Genealogie üblich, wie sich dies auch heute noch in einigen Familiennamen spiegelt und vielleicht auch in der noch üblichen Praxis, daß Männer, sofern in der Familie ihrer Frau keine männlichen Erben existieren, deren Familiennamen in ihren Namen integrieren oder annehmen. Ein ausgeprägter Sinn für Abstammung zeigt sich auch in den wenigen Taufnamen, die jeweils in einer Familie geläufig sind. Das Erstgeburtsrecht prägte auch die katalanische Geschichte: während der älteste Sohn (hereu) nämlich den Familienbesitz erbte, wurden dadurch praktisch alle seine Geschwister für jene Aktivitäten »freigesetzt«, die für die historische Entwicklung Kataloniens so bedeutend waren: Handel, Kolonialismus und – im letzten Jahrhundert – die Industrialisierung in und rund um Barcelona.

Auch im Freizeitverhalten unterscheiden sich die einzelnen Regionen. In der Küche wird es ebenfalls deutlich: in Katalonien zum Beispiel ißt man häufig Schnecken, Nüsse nimmt man, um Speisen einzudicken, während Valencia auf Reisgerichte spezialisiert ist, da es über Unmengen von Reis verfügt, sowie auf süße Limonaden und Konfekt. Dennoch kann man nicht sagen, daß Essen und Spielen für die katalanische Identität die gleiche Rolle spielen wie etwa für die baskische. Diese Rolle fällt hier dem Tanz zu: dem universellen und vielseitigen *contrapàs*, möglicherweise liturgischen Ursprungs; der katalanischen sardana, die so sehr ein Symbol der katalanischen Identität ist, daß Franco sie verbot; den Tänzen, die speziell bei lokalen Festen getanzt werden wie der *moros i cristians*, ein Tanz, mit dem die Ortschaften Alcoi oder La Vila Joiosa ihre Rückeroberung von den Mauren durch die katalanische Armee feiern. Das Nationalheiligtum der Katalanen, die Jungfrau von Monserrat, nimmt in der katalanischen Geschichte einen besonderen Platz ein, auch wenn sie in der ganzen spanischsprachigen Welt verehrt wird und in Valencia oder Mallorca wahrscheinlich nicht weniger populär ist als in Valladolid oder Mexico City.

Die Provençalen

Land und Leute zusammen ließen die Provence zur außergewöhnlichsten und meistbbesuchten Region Frankreichs werden. Gegen Ende des 2. Jahrhunderts v. Chr. wurde dieser Teil des heutigen Frankreich, zwischen dem Mittelmeer, der Rhône und den Alpen gelegen, zur ersten römischen *provinzia* jenseits der Alpen, zur Gallia Transalpina. Seit dieser Zeit hat die Provence eine unverwechselbare Sprache und Geschichte hervorgebracht sowie ihre eigenen Bräuche und Traditionen, die ihre Einwohner von jenen des restlichen Frankreich unterscheiden. Ein Unterschied, der sowohl durch ihre abgeschiedene Lage wie auch durch ihr mediterranes Klima noch verstärkt wird.

Das souveräne Fürstentum Monaco steht in engem Zusammenhang mit der Dynastie der Grimaldis, und zwar seit 968, jener Zeit also, in der die Grimaldis, ursprünglich genueser Abstammung, diesen Landstrich eroberten. Monacos Unabhängigkeit wurde oftmals von seinen mächtigen Nachbarn bedroht, jedoch nur ein einziges Mal, während einer kurzen Periode im Verlauf der Französischen Revolution, wirklich aufgehoben. In dieser absolut kosmopolitischen Stadt, die sich über nur knapp 1,5 Quadratkilometer Fläche erstreckt und als Steuerparadies bekannt ist, ist es unmöglich, auch nur den Hauch einer provençalischen Identität auszumachen. Aufgrund der besonderen emotionalen Beziehungen der Bürger dieser Stadt zu dem besonderen Status, den ihr »Staat« einnimmt, kann man jedoch von einer eigenen monegassischen Identität sprechen. Die Gesamtbevölkerung beträgt weniger als 30.000 Einwohner, von denen lediglich 15 Prozent nach eigener Aussage von monegassischen Familien abstammen.

Geschichte

Obwohl es bereits in prähistorischer Zeit einige Siedlungen in der Provence gab, entwickelte sich diese Region kulturell erst im Rahmen der Kolonialisierung durch *phokäische Griechen*, die etwa 600 v. Chr. hier die Hafenstädte Massilia (Marseille) und Nikaia (Nizza) gründeten und die Bewohner lehrten, Wein und Oliven zu kultivieren, ihre Siedlungen mit Verteidigungsmauern zu umgeben und Handel zu treiben. Seit dem 4. Jahrhundert v. Chr. kamen keltische Migranten aus dem Norden in diese Region, mischten sich mit den eingeborenen ligurischen Stämmen und bildeten so den Grundstock der Bevölkerung der Provence. Die Bedrohung der griechischen Kolonien, die später von eingeborenen Stämmen ausgingen, führten dazu, daß erstere 181, 154 und 125 v. Chr. um Schutz nachsuchten. Die Römer halfen und blieben dann schließlich 125 v. Chr. Von nun an kontrollierten sie die Küste von Italien bis Spanien und gründeten die Provinz Gallia Transalpina, eine Basis, von der aus sie begannen, ganz Gallien zu erobern.

Die römische Besatzung der Provence, die nahezu fünf Jahrhunderte dauerte, sollte die Landschaft und die Kultur dieser Region nachhaltig prägen. Sie etablierte römisches Recht, eine romanische Sprache und wahrscheinlich das Christentum. Darüber hinaus entstanden Bewässerungssysteme, Villen, Straßen sowie die monumentalen Städte mit ihren Arenen, Tempeln, Bädern und Theatern. Im 5. Jahrhundert n. Chr. wurde in Arles ein riesiger Palast errichtet, der die Rolle dieser Stadt als Verwaltungszentrum der Provinz spiegelte.

Mit dem Zusammenbruch des Römischen Reiches drangen die Westgoten, Burgunder und Ostgoten in diese Region vor und schließlich fiel die Provence 536, zumindest nominell, an die Franken. Tatsächlich aber wurde sie nicht in die nördlichen Regionen integriert und so lebte die romanische Kultur hier fort. Der Einfall der Sarazenen im 8. Jahrhundert führte dann dazu, daß die Provence sich nun eher als eine geographische denn eine historische Realität darstellte. Mit dem Auseinanderbrechen des Karolinger-Reiches im Vertrag von Verdun (843) fiel die Provence zusammen mit Burgund und Lothringen an Lothar, den Erben des kaiserlichen Titels, und wurde nun in Folge Teil mehrerer halbunabhängiger Königreiche, von denen eines (das Königreich von Arles) 1032 dem Heiligen Römischen Reich angegliedert wurde. Von dieser Zeit an wurde die Provence effektiv von Dynastien lokaler Familien beherrscht, die jeweils den Titel »Grafen der Provence« erhielten und weitergaben. Die Herrschaft des Kaiserreichs aber war lediglich nominal. Da die männliche Linie dieser Dynastie ausstarb, fiel die Provence über Eheschließungen in der weiblichen Linie im frühen 12. Jahrhundert zunächst an die Grafen von Toulouse, dann an jene von Barcelona und wurde schließlich mehr als ein Jahrhundert von Katalonien beherrscht. 1246 gelangte sie durch Heirat an den Grafen Karl von Anjou, wodurch die Provence wieder verstärkt nordfranzösischen Einfluß ausgesetzt war. Da die Grafen von Anjou gleichzeitig auch die Könige von Neapel waren, ordneten sie die Provence zwar ihren italienischen Interessen unter, doch etablierten sich unter ihrer Herrschaft in der Grafschaft (comté) effektive Verwaltungsstrukturen sowie politische Institutionen, die sogenannten Stände (états), eine Versammlung die dazu da war, die Provinz zu regieren, deren Privilegien und Zölle zu sichern und die das Recht hatte, Steuern zu erheben sowie eine Armee zu etablieren.

1481 gliederte sich die Provence freiwillig, doch unter Zusicherung ihrer Privilegien, Rechte, Freiheiten, Gesetze und Zölle dem französischen Königreich ein. Tatsächlich jedoch fühlte sie sich seit dem frühen 16. Jahrhundert zunehmend von der französischen Krone kontrolliert. 1639 schließlich weigerte sich die Ständeversammlung, durch zusätzliche Steuererhebungen weiteres Geld aufzubringen, das der König für seinen Krieg gegen Spanien brauchte. Daraufhin zog der König selbst von überallher Gelder ein, die Stände aber wurden erst 1787 wieder zusammengerufen, zwei Jahre vor der Französischen Revolution. Gleichzeitig vertraten nun seit dem 17. Jahrhundert in der Provence ein Gouverneur, ein sogenannter Lieutenant du Roi, die Interessen des Königs von Frankreich sowie ein Intendant, der eine zunehmend bedeutungsvollere Rolle in der Administration spielte. Gegen Ende des 18. Jahrhunderts und somit auch der Revolution war die Provence schließlich all ihrer eigenständigen politischen Institutionen beraubt: 1790 wurde sie in drei départements, den Verwaltungsbezirken des neuen Frankreich, gegliedert. Im Laufe des 19. Jahrhunderts wurde sie um zwei weitere départements erweitert. Und schließlich wurde auch Nizza, das von Piemont als Gegenleistung für die Unterstützung Frankreichs im österreichpiemontesischen Krieg von 1859 (siehe Seite 146) an Frankreich übergeben wurde, dem Département Provence eingegliedert. 1956 wurde die Wirtschgaftsregion Provençe-Côte d'Azur-Corse gebildet, die zunächst sieben Départements einschloß. 1970 jedoch wurde Korsika zu einer eigenständigen Wirtschaftsregion und somit ist die Provence heute Teil der Wirtschaftsregion Provence-Côte d'Azur. Die Provence stellt, obwohl sie nun schon seit langem ihrer eher künstlich bewahrten und häufig angegriffenen politischen Einheit beraubt ist und obwohl sie eigentlich niemals jenes Maß an ethnischer Integrität besaß, wie man diese etwa in der Bretagne findet, eine absolut charakteristische, unverwechselbare Region Frankreichs dar, deren Individualität nicht zuletzt auf ihrer Sprache und Literatur basiert.

Sprache

In den letzten hundert Jahren wurde das Provençalische immer mehr durch das Französische aus dem offiziellen Sprachgebrauch verdrängt, wurde es mehr und mehr zur Sprache der privaten Kommunikation der Landbevölkerung. Früher jedoch war es eine Standard- und Literatursprache, die im ganzen Süden Frankreichs verbreitet war.

Im weitesten Sinne ist Provençalisch ein anderer Begriff für das Okzitan oder die *langue d'oc*, eine romanische Sprache, die einst, im Gegensatz zur *langue d'oil* des Nordens, in den meisten Teilen Südfrankreichs gesprochen wurde. Im engeren Sinne ist das Provençalische jener Dialekt des Okzitanischen, der in der historisch gewachsenen Provinz Provence gesprochen wurde. Doch auch in diesem engeren Sinne betrachtet, existieren vier grundlegende Versionen sowie viele Variationen dieses Dialekts (diese Unterschiede im Dialekt spiegeln, historisch gesehen, die topographische Aufsplitterung dieser Region in viele weit voneinander abgelegene Ortschaften wider). Darüber hinaus gibt es eine bedeutende provençalische Literatur, die aus dem 10. Jahrhundert datiert. Während des Mittelalters gehörten diese Dichtungen und Lieder in der Provençe zum Repertoire der Gaukler und Troubadoure, während die provençalische Prosa, Predigten, Übersetzungen von Kirchenliedern und Geschichten aus dem Leben der Troubadoure umfaßte. In der frühen Neuzeit entstand zudem eine wichtige dramatische Literatur, die vor allem aus Mysterienspielen bestand. In der Moderne florierte dann eine Literartur im Dialekt des Rhône-Tals, und zwar vor allem unter dem Einfluß des provençalischen Dichters *Frédéric Mistral* (1830–1914) und seiner Schüler.

Regionalismus

Aufgrund ihrer turbulenten Geschichte sowie dem Fehlen einer klaren ethnischen Zugehörigkeit stellte sich die Opposition der Provence gegen eine Vereinnahmung durch Frankreich, das heißt durch Paris, weniger als ein separatistischer Nationalismus dar, sondern vielmehr als ein gemäßigter Regionalismus. Selbst im Verlauf des 18. Jahrhunderts, sozusagen im Vorspiel der Französischen Revolution, äußerte sich der Protest der Provence gegen die politische Vereinnahmung durch Paris vor allem darin, daß man die besonderen Traditionen und Bräuche der Region wahren wollte, dabei jedoch niemals in Frage stellte, Teil des französischen Königreichs zu sein. Auch im 19. und 20. Jahrhundert haben sich die meisten Provençalen stets als patriotische Republikaner erwiesen, wobei sie politisch eher linke Programmatiken bevorzugten.

Der zunehmende Verfall regionaler Bräuche und Traditionen führte jedoch auch zu einigen oppositionellen Bewegungen, von denen der 1854 gegründete Félibrige (in Anlehnung an den Titel eines alten provençalischen Liedes) durch sieben junge provençalische Dichter (darunter auch Mistral) besonders hervorzuheben ist, eine Bewegung, die im Hinblick auf die Sprache, Literatur und Kultur dieser Region defensive, konservative, ja nostalgische Inhalte beschwor, jedoch niemals für eine Abspaltung oder Autonomie der Provence eintrat. Und so wurde die

Provence auch etwa seit Mitte des 19. Jahrhunderts zunehmend in die französische Nation integriert.

Kultur und Brauchtum

Das Christentum breitete sich relativ früh in der Provence aus und prägte nicht nur das kollektive Bewußtsein ihrer Bewohner, das tägliche Leben im Einklang mit den Vorgaben und Ereignissen des Kirchenjahres sowie die strenge Aufteilung des Kirchenraums, sondern auch ihre Landschaft. Letzteres zeigt sich in den frühen Kirchenbauten, später zum Teil erweitert oder neu errichtet, im Bau von Kathedralen, Taufkapellen und Klöstern. Während des Hochmittelalters verdrängte das Christentum vollständig den aus römischer Zeit tradierten Lebenstil, jene romanitas, die früher das Denken und Leben der Menschen hier beherrscht hatte. Von den Häfen dieser Region liefen die Schiffe der Kreuzritter aus und seit 1316 war Avignon für fast ein Jahrhundert päpstliche Residenz. All dies veränderte auch das Selbstbewußtsein der Provençalen, und ihre leidenschaftliche Religiosität ist bis heute ein spezifisches Charakteristikum dieser Region, das nicht zuletzt auch zu ihrer Einzigartigkeit beiträgt. Zusätzlich inspiriert vom mediterranen Klima und dem latinischen Temperament der Provençalen werden hier religiöse wie weltliche Feste und Prozessionen als farbenprächtige, üppige Spektakel unter freiem Himmel gefeiert.

Doch der soziale Zusammenhalt, die sozialen Beziehungen der Provençalen zeigen sich nicht nur in religiöser Hinsicht, sondern auch in ihren privaten Beziehungen und ihren sozialen Aktivitäten im öffentlichen Leben (la vie collective). Diese Art soziale Verantwortung schlägt sich auch in ihrer politischen Entwicklung nieder, beginnend mit dem allgmeinen Wahlrecht für Männer im Jahre 1848 bis hin zur Pflege und Umsetzung sozialistischer Ideen, die vor allem in den Städten, weniger auf dem Lande vorherrschen.

Bevor die Provence 1860 durch den Bau der Eisenbahn enger an Nordfrankreich beziehungsweise Paris angebunden wurde, war sie weitgehend unbekannt. Seit dieser Zeit jedoch wurde sie zunehmend in das ökonomische und soziale Leben Frankreichs integriert und wurde mehr und mehr zu einer Region, deren touristisches Image geprägt ist von der Kraft ihrer natürlichen Farben und ihres klare Lichts, von ihren Naturwundern und historischen Bauwerken, dem vibrierende Leben unter freiem Himmel, ihrer traditionellen Folklore sowie den modernen Künstlern.

Mit dieser Modernisierung verloren sich jedoch auch viele Traditionen: die Geburt der neuen Provence ging unweigerlich einher mit dem Tod der alten Provence. Heute sieht man hier kaum noch Frauen in provençalischer Tracht, andereseits haben sich in den letzten Jahren viele neue Folklore-Gruppen gebildet, die die alten Traditionen wiederbeleben und bewahren, etwa die farandole, einen Tanz zu den Klängen des Tamburins und der galoubet, einer Flöte. Geschichte und Folklore erweisen sich jedoch, wenn sie speziell für Touristen geboten werden, als eher künstlich wiederbelebte Spektakel. Die eigentlichen Traditionen der Provence, ihre kulturellen und historischen Spuren aber haben ihre eigenen Wege gefunden, fortzubestehen. Man findet sie in der ländlichen Architektur mit ihren charakteristischen Steinhäusern, mit Ziegeln gedeckt, die oftmals an der Nordseite keine Türen und Fenster aufweisen – ein notwendiger Schutz gegen den kalten Mistral aus dem Norden. Eine notwendige Schutzmaßnahme ganz anderer Art, nämlich gegen politische und soziale Bedrohung, dokumentiert sich in den alten, stark befestigten Städten und Dörfern hoch oben auf den Bergen, die das Landschaftsbild der Provence prägen.

Die Korsen

Die korsische Identität ist zum einen durch die Insellage Korsikas, zum anderen durch dessen besondere Kulturgeschichte bedingt. Mit einer Fläche von nur 8722 Quadratkilometern ist Korsika nach Sizilien und Sardinien die drittgrößte Insel im westlichen Mittelmeer und seine Küste von fast 1000 Kilometer Länge bot über Jahrhunderte allen möglichen Völkern und Mächten strategische Fluchtpunkte und Handelsplätze. Als eine der bergigsten Inseln des Mittelmeers, gehört Korsika seit Mitte des 18. Jahrhunderts politisch zu Frankreich, tatsächlich ist es jedoch Italien sehr viel näher. Zur italienischen Insel Sardinien sind es nur 12 Kilometer, zum italienischen Festland Richtung Osten 140, Richtung Norden 150, nach Frankreich jedoch mehr als 260 Kilometer.

Geschichte

Die frühe Geschichte Korsikas bleibt rätselhaft. Einiges deutet darauf hin, daß hier seit dem 10. Jahrhundert eine Gesellschaft von Jägern, Sammlern und Hirten existierte, daß dann im 2. Jahrhundert v. Chr. Ligurer sowie später iberisch-keltische Völker die Insel kolonialisierten. Zeugnisse dieser Kulturen finden sich heute in der Landschaft Korsikas, einfache Dolmen und Steinkreise, behauene Menhire und befestigte Lagerstätten.

Korsikas lange und wechselhafte Geschichte als Kolonie begann im 6. Jahrundert v.Chr., als die phönizischen Griechen eine Handelsstation bei Alalia an der Ostküste der Insel errichteten. Danach entbrannten die Auseinandersetzungen zwischen Griechen, Etruskern und Karthagern um die Kontrolle über die Insel beziehungsweise deren östliche Küstenregionen. Für die Entwicklung Korsikas war dies insofern von Bedeutung, als daß es nun in die Handelswelt des Mittelmeeres integriert wurde und Wein, Oliven und Getreide nach Korsika kamen und man hier zudem nun nach Mineralien suchte. Die römische Kolonialisierung seit Mitte des 3. Jahrhunderts v. Chr. ließ die ursprüngliche korsische Kultur im Landesinnern relativ unberührt, auch wenn sich nun die Städte und die Wirtschaft der Küstenregionen deutlich entwickelten. Dennoch war das römische Erbe für die gesamte Insel prägend: die Kolonisatoren etablierten hier ihre lateinische Sprache, von der das Korsische direkt abgeleitet ist und brachten zudem das Christentum auf die Insel und dieser große Einfluß auf die Sprache und Religion der Korsen prägte auch deren Kultur. Nach dem Zusammenbruch des Römischen Reiches folgten sieben Jahrhunderte, die von den Invasionen und zeitweisen Okkupationen der Vandalen, Ostgoten, Lombarden und Sarazenen gezeichnet waren, die jedoch alle keinen nachhaltigen Einfluß auf die korsische Identität hatten, lediglich dahingehend, daß die Korsen wieder stärker zu ihrem ursprünglichen Lebensstil zurückkehrten.

In dieser instabilen, mittelalterlichen Periode kam es auch auf Korsika selbst zu internen Rivalitäten zwischen verschiedenen Landesherren, so daß das Volk sich schließlich an den Papst um Hilfe wandte. Derart wurde gegen Ende des 11. Jahrunderts der Bischof von Pisa als Verwalter der Insel eingesetzt. Der Kampf um die Kontrolle über die Insel zwischen den Republiken Pisa und Genua dauerte jedoch bis 1284 fort und wurde erneut zwischen 1296 und 1434 zwischen Genua und Aragón geführt – beide Male ging Genua als Sieger aus diesen Konflikten hervor. Begleitet wurden diese Kämpfe von beträchtlichen Konflikten zwischen korsischen Parteien sowie deren internen Rivalitäten, die sich auch gegen die Bildung einer korsischen Opposition gegen die genueser Herrschaft richteten. Insgesamt dauerte diese Herrschaft bis 1768, doch fanden in dieser Zeit, vor allem Mitte des 14. Jahrhunderts im Osten der Insel, auch einige Volksaufstände gegen die feudalen Exzesse der Landbesitzer statt. Während dieser Zeit entstanden sogar demokratische Strukturen und kommunale Verwaltungen.

Die von den Genuesern erhobenen Steuern, das Fehlen jeglicher autonomer Verwaltungen und der allgemeine Unmut gegenüber Genua, das die traditionellen Führer der korsischen Gesellschaft nicht respektierte, führten schließlich 1729 zu einer nationalen Erhebung der Korsen. Die Genueser wurden nun sehr schnell von der Insel verdrängt und 1736 folgte die erstaunliche Proklamation eines westfälischen Abenteurers namens Théodore de Neuhoff zum König von Korsika (de Neuhoff floh jedoch nach sieben Monaten seiner Herrschaft von der Insel). Der Kampf um die Unabhängigkeit von Genua wurde nun fortgesetzt. 1755 wurde ein korsischer Exilant, der in Neapel aufgewachsen war, Pascal Paoli, zum General der korsischen Nation ernannt. Seine Bemühungen und Aktivitäten waren geprägt von dem Willen, Korsika in eine moderne Nation umzugestalten. Paoli schenkte Korsika eine neue, schriftlich niedergelegte Verfassung, in der sich auch eine nationale Rechtsprechung etablierte sowie das allgemeine Wahlrecht. Die Insel erhielt darüber hinaus ihre eigene

Währung sowie eine eigene Flagge, die als nationales Symbol den Kopf des Mohren trug. Paoli ließ auch Schulen errichten sowie in der Hauptstadt Corte eine Universität, und förderte zudem die ökonomische Entwicklung des Landes. Doch dieses Experiment korsicher Selbstbestimmung war nur von kurzer Dauer. 1769 trat Genua Korsika an Frankreich ab, zu dem die Insel seit dieser Zeit gehört (mit Ausnahme der Jahre von 1794 bis 1796, als sie von England regiert wurde). Die Korsen waren der französischen Herrschaft durchaus geneigt, nach dem die Genueser bei den Franzosen um Hilfe im Hinblick auf ihre Herrschaft über Korsika nachgesucht hatten und vor allem nachdem Napoleon, ein gebürtiger Korse, die Beziehungen zwischen Frankreich und Korsika konsolidierte und damit allen separatistischen Strömungen auf der Insel über Generationen hin den Boden entzog. Die Loyalität der Korsen gegenüber Frankreich hat sich dann auf beeindruckende Weise vor allem während beider Weltkriege bewiesen.

Gesellschaft

Die turbulente Geschichte ihrer Insel vermittelt den Korsen ein sehr starkes Gefühl einer eigenständigen Identität. Korsen, die in Frankreich – le continent, wie sie sagen – leben, kehren während der Ferien in großer Zahl auf die Insel zurück und lassen zu gegebener Zeit deren Wählerlisten derart anwachsen, daß diese nicht selten die statistisch ermittelten Bevölkerungsdaten bei weitem übertreffen. Viele kommen nach Korsika zurück, um sich hier von ihrer Arbeit in Frankreich oder anderen Ländern zu erholen. Sie identifizieren sich dabei nicht nur mit der Insel, sondern auch mit ihrem jeweiligen Dorf, ihrer Region, dem Ort, wo sie geboren wurden. Diese enge Beziehung zu ihrer Heimat zeigt sich auch in den vielen *amicales*, das heißt Gruppen und Vereinen, in denen sich die »emigrierten« Korsen auf dem Festland beziehungsweise im Ausland treffen.

Korsika stellt für einen Korsen nicht nur einen Ort dar, es ist für ihn gleichbedeutend mit einem Volk. Während des Mittelalters, geprägt von politischer Instabilität und immer wieder abreißenden Kontakten zum Kontinent, entwickelte sich auf Korsika eine soziale Struktur, deren Basis die Großfamilie sowie die Clans der Landbesitzer darstellten. Die fest verwurzelte Solidarität untereinander war begleitet von heftigen Konflikten und anhaltenden vendettas zwischen einzelnen Familien und Clans. Bäuerliche Gemeinschaften entstanden und wahrten eifersüchtig ihre jeweiligen natürlichen Ressourcen sowie sozialen Beziehungen.

Während des 19. Jahrhunderts verdoppelte sich die korsische Bevölkerung und erreichte 1880 mit 280.000 Einwohnern ihren Höchststand. Seit dieser Zeit erlebt die Insel einen massiven Exodus. Heute leben etwa genauso viele gebürtige Korsen in Frankreich wie auf Korsika. Darüber hinaus sind etwa 15 Prozent der korsischen Bevölkerung gebürtige Franzosen, weitere 20 Prozent kommen aus anderen Ländern (früher vor allem aus Italien, heute vielfach aus Nordafrika und hier vor allem aus Marokko). Der »wahre« Korse ist eine »gefährdete Spezies«. Einhergehend mit der Entvölkerung besteht heute eine Überalterung der Insel, denn es sind vor allem die Jüngeren, jene mit höherer Schulbildung und fortschrittlicheren Gesinnung, die Korsika verlassen.

Sprache

Das Korsische bildet heute einen integralen Bestandteil der korsischen Identität. Für die meisten Menschen, die auf Korsika geboren wurden und heute hier leben, ist Korsisch ihre Alltagssprache, während das Französische den Status einer offiziellen Sprache hat. Dennoch wird es zusehends vom Französischen verdrängt, es wird mehr von Männern als von Frauen gesprochen, mehr von den Eltern als von ihren Kindern und mehr in den Dörfern als in den Städten.

Das Korsische gehört zur lateinischen Sprachfamilie und ist aus einem toskanischen Dialekt des Italienischen hervorgegangen, hat sich jedoch einige vor-indoeuropäische sowie vor-romanische Begriffe bewahrt, während sich wiederum andere durch den Einfluß des Französischen modifizierten. Es gibt verschiedene regionale Ausprägungen des Korsischen, so die langue du

Sud-Ouest und die langue du Nord-Est, jedoch gibt es kein festgeschriebenes Alphabet oder gar Wörterbuch und auch keine allgemein anerkannten, festen Grammatikregeln. Bis ins 19. Jahrhundert hinein wurde das Korsische mündlich überliefert, die Schriftsprache war zunächst Italienisch, später dann Französisch. Und es wäre wohl auch eine rein mündlich überlieferte Sprache geblieben, hätte sich nicht im 19. Jahrhundert ein starkes Intersse an der korsischen Kultur und Folklore entwickelt. Gemäß dem offiziellen Status, den das Korsische seit 1974 als anerkannte, regionale Sprache hat, ist es heute sowohl bei den korsischen Festivals wie auch im Bereich der Folklore ein wichtiges Medium, darüber hinaus aber auch Gegenstand wissenschaftlicher Forschungen. Heute gibt es einige literarische Zeitschriften sowie solche zur korsischen Geschichte und Kultur, die auf Korsisch erscheinen, dennoch bleibt es weitgehend die Sprache des Volkes, eher gesprochen, denn geschrieben.

Nationalismus und Regionalismus

Der korsische »Nationalismus« ist weniger geprägt von der Forderung nach Autonomie denn von dem Wunsch nach regionaler Dezentralisierung. Dieser bezieht seine Legitimation aus der langen Geschichte dieser Insel und ist nicht zuletzt eine Antwort auf die französische Vereinnahmung Korsikas seit Mitte des 19. Jahrhunderts, und zwar unter Mißachtung der sozialen und ökonomischen Probleme der Insel durch die französische Zentralgewalt, und er spiegelt zudem die Angst der Korsen wider, nurmehr als eine Kolonie innerhalb Frankreichs betrachtet und behandelt zu werden. Seit den frühen 60er Jahren entstanden verschiedene Gruppierungen, die ein streng regionalistisches Wirtschaftsprogramm forderten. Ende der 60er Jahre kam es dann zu gewalttätigen Demonstrationen und Aktionen, womit der Protest, inhaltlich wie emotional, eine neue Qualität erreichte, und nicht wenige forderten nun die korsische Autonomie oder zumindest Halb-Autonomie. Die Maßnahmen der französischen Regierung, etwa jene von 1970, Korsika als eigenständige Wirtschaftsregion zu etablieren, oder jene von 1982, der Insel ein gewisses Maß an

Dezentralisierung zu garantieren, haben zwar nicht alle, jedoch einige der Forderungen erfüllt, die darauf abzielen, Korsika wieder »korsisch« werden zu lassen.

Das nationale Emblem Korsikas, der Kopf des Mohren, ist überall auf der Insel zu sehen, wird vielfach als Handelsmarke für korsische Produkte verwendet, als Dekor für alltägliche Gebrauchsgegenstände wie touristische Souvenirs und ziert zudem die korsische Flagge. Die Tàte de More steht im Zentrum des korsischen Wappens, das seinerseits auf eine Nationalversammlung in Corte unter dem Vorsitz Paolis im Jahre 1762 zurückgeht. Das Wappen selbst jedoch ist wesentlich älter und entstammt wahrscheinlich einer Wappenstandarte aus der Zeit der Kreuzzüge. Der Kopf des Mohren trug ursprünglich eine Augenbinde: Paoli soll diese entfernt haben, um damit Korsikas Neuzeit im Lichte der Aufklärung zu symbolisieren.

Kultur und Brauchtum

Einhergehend mit dem korsischen »Nationalismus« wird heute viel Wert darauf gelegt, das besondere kulturelle Erbe der Insel zu bewahren und wissenschaftlich zu durchleuchten. In den vergangenen Jahren wurde Korsika intensiv unter historischen, archäologischen und ethnologischen Gesichtspunkten erforscht; Schriften und Publikationen in korsischer Sprache erleben eine Art Renaissance, ebenso korsische Lieder und Tänze, korsische Traditionen und korsisches Kunsthandwerk. Im Zusammenhang hiermit steht auch die Künstlerkolonie *Cyrne Arte*, die 1962 in Palasca, nahe Belgodere in der Balagne, gegründet wurde, um junge Maler und Bildhauer zu fördern.

Aufgrund seiner turbulenten Geschichte kann es nicht verwundern, daß Korsikas Kultur und Brauchtum oftmals um die Themen Tod und Gewalt kreisen und aufgrund seiner engen Verbindung zum römischen Katholizismus beziehen sich die dortigen Bräuche oft unmittelbar auf religiöse Inhalte und Feste. Bei den Prozessionen in der Karwoche, die in fast allen Kirchengemeinden stattfinden, trägt ein mit Ketten gefesselter Büßer, dessen Haupt durch eine Kapuze verdeckt ist, das Kreuz, begleitet meist von mittelalterlichen Liedern und der Darstellung der *granitola* oder Schnecke, einer Art Tanz, bestehend aus komplizierten, spiralförmigen Bewegung. Die meisten Ortschaften feiern den Namenstag ihres Schutzpatrons ebenso wie das Fest Mariä Himmelfahrt am 15. August, an dem auch Napoleons Geburtstag begangen wird. Alle diese Feste stellen ein Mischung aus tiefer Frömmigkeit, profaner Fröhlichkeit und einer Art öffentlichem Spektakel dar.

Die Korsen lieben es, zu singen und Musik zu machen (meist auf der Gitarre). Die moderenen romantischen Balladen gehen in ihren Ursprüngen auf traditionelle Lieder wie die *lamenti* zurück, die einst gesungen wurden, wenn jemand gestorben war oder wenn die Männer in den Krieg zogen, oder auch auf die *vocceri*, gesungen bei der Totenwache eines Mannes, der eines gewaltsamen Todes gestorben war und die dazu dienten, die Rache seiner Verwandten heraufzubeschwören. Den traditionellen dreistimmigen Gesang der Männer – *paghiella* genannt – hört man heute nur noch sehr selten, mit Ausnahme in sehr abgelegenen ländlichen Gebieten.

Das Verhältnis der Korsen zu Tod und Gewalt spiegelt sich auch in der *vendetta* und dem Banditentum wider. Vendetta, Rache, ist wohl der wichtigste Beitrag der Korsen zum internationalen Sprachgebrauch. Die vendetta entstand ursprünglich als eine Form kollektiver Justiz, ausgeführt von hierfür bestimmten Wächtern, und zwar im Mittelalter, als es praktisch noch keine offizielle Justiz gab. Seit der Zeit der französischen Administration entwickelte sie sich zu einer Art Selbstjustiz, mittels derer Familien oder ganze Clans gegeneinander um ihre Ehre oder ihre Besitztümer kämpfen. Aus der Vendetta ging schließlich das Banditentum hervor, Männer, die vor der offiziellen Justiz in die Berge flüchteten und von Räubereien und Erpressungen lebten, eine alte korsische Tradition, die bis in die 30er Jahre tatsächlich nicht effktiv unterdrückt werden konnte. Alles in allem sind Waffen und Gewalt nach wie vor ein integraler Bestandteil des korsichen Alltags.

Die soziale und politische Instabilität Korsikas hat eine Architektur hervorgebracht, die in erster Linie auf Sicherheit ausgerichtet ist: Dörfer hoch oben auf dem Berg sowie Häuser mit vielen Stockwerken. Die Genueser bauten sehr viele der korsischen Zitadellen, Burgen und Wachtürme, wohingegen die schönsten Sakralbauten Korsikas die pisanischen Kirchen sind, im Stil romanischer Basiliken errichtet. Die herausragendsten Bauwerke Korsikas sind jene, die aus der Zeit seiner frühen Kolonialisierung stammen. Die französische Oberhoheit hingegen hat wenig Bemerkenwertes zur Sakral- oder Profanarchitektur der Insel beigetragen, auch wenn die Franzosen Eisenbahnlinien, Viadukte und Staudämme bauten. Und natürlich bietet Korsika unzählige Erinnerungen an Napoleon, der hier geboren wurde. Statuen, Straßennamen und Hotels bezeugen dies, ebenso das etwas hochgestochene Musée Napoléon sowie die entsprechend profanen Souvenirläden, die über eine reiche Auswahl an Artikeln verfügen, die an Napoleon erinnern.

Die Sarden

Im Gegensatz zu Sizilien ist Sardinien seit der Neuzeit relativ dünn besiedelt, doch ebenso wie auf Sizilien gibt es auch in der sardischen Bevölkerung traditionell ausgeprägte Elemente eines Banditentums, dem die unzugängliche Bergwelt der Insel ideale Rückzugsmöglichkeiten bietet. In diesem Banditentum im Hinterland der Insel repräsentiert sich zum Teil auch eine Art »Kultur des Widerstands« gegen ausländische Streitkräfte.

Geschichte

Sardinien wurde von den Phöniziern, den Griechen sowie Römern kolonialisiert. In der Antike war diese wenig besiedelte Insel vollständig in das Römische Weltreich integriert. Salz und Silbervorkommen bescherten der Insel im Mittelalter enormen Reichtum. Doch haftete den Sarden stets der Ruf an, »Wilde« zu sein, und nicht zuletzt deshalb wohl wurden sie im Zuge der katalanischen Invasionen des 14. Jahrhunderts entweder schlichtweg versklavt oder gar getötet. Die herrschende Klasse Sardiniens kam stets von außen – pisanische oder genuesische Siedler, später die Eroberer aus Katalonien. Obwohl sardische »Regionalfürsten« sowie die Feudalherren vom Festland mehr als ein Jahrhundert gemeinsam gegen die spanischen Invasoren kämpften, gab es auf Sardinien doch niemals so etwas wie eine »nationale Erhebung«. Darin unterscheiden sich die Sarden ganz elementar von ihren Nachbarn, den Korsen, die bis in heutige Zeit ihre eigenständige Identität pflegen, was sich unter anderem auch in ihren Unabhängigkeitsbestrebungen bzw. stark regionalistischen Bewegungen niederschlägt.

In Folge des Spanischen Erbfolgekriegs fiel die Oberhoheit über Italien im Jahre 1713 von Spanien an Österreich, und somit gelangte auch Sardinien, bis dahin von den spanischen Bourbonen beherrscht, an die österreichischen Habsburger. Es mag an den Zeitumständen oder auch in der »Sache« selbst gelegen haben, die deutsche Kultur hatte auf jeden Fall praktisch keinen Einfluß auf die Sarden, nicht viel mehr zumindest als auf die Lombarden. 1720 tauschte Österreich Sardinien gegen Sizilien, wodurch Sardinien mitsamt seinem Königstitel an den Herzog von Savoyen fiel. Für das Königreich Piemont aber stellte Sardinien eine abgelegene und unbedeutende Region dar, mit Ausnahme einer kurzen Periode während der Napoleonischen Kriege, als der königliche Hof ins Exil nach Sardinien floh, um sich derart die Unabhängigkeit von Frankreich zu bewahren. Diese Symbiose zwischen Sardinien und dem italienischen Staat erklären aber auch, warum es auf der Insel keine separatistischen Bestrebungen gibt.

Sprache und Brauchtum

Der sardische Dialekt – oder besser, die sardischen Dialekte – unterscheiden sich ganz sicher vom gesprochenen Italienisch, doch die Tatsache, daß auf der Insel mehr als nur einer dieser Dialekte gesprochen wird, führte dazu, daß sich das Italienische in der Vergangenheit als äußerst nützlich für die Kommunikation auch der Sarden untereinander erwies. Die »wilde Insel« mit ihren »Räubern« wurde dem europäischen Lesepublikum durch die Romane von Grazia Deledda nahegebracht, die 1926 den

Literatur-Nobelpreis erhielt. Die Küstenregionen der Insel haben sich heute aufgrund des zunehmenden Tourismus, angezogen von den Naturschönheiten des Landes, stark verändert.

Die Ligurer

Die Ligurer bewohnen eine der schönsten Küstenregionen der Welt, in der die Berghänge bis hinunter zum Meer reichen und derart eine aufregende Landschaft gestalten. Noch stärker als die Piemonteser verstehen sich die Ligurer als Italiener, auch wenn beide eine über 200 Jahre dauernde gemeinsame Geschichte und zusammen mit anderen Regionen seit der Gründung des italienischen Staates im Jahre 1861 auch dessen Geschichte teilen. Obwohl die Ligurer aufgrund ihrer durchaus eigenständigen historischen Entwicklung potentiell über eine ebenso eigenständige Identität verfügen, ist Ligurien als regionaler Begriff jedoch, anders als zum Beispiel die Lombardei, nicht politisch konnotiert.

Natürliche Umwelt

Ligurien besteht aus einem schmalen Küstenstreifen, der im Norden von den Ligurischen Alpen sowie dem Apennin und im Süden vom Ligurischen Meer begrenzt wird. Aufgrund seiner schönen Landschaft bietet Ligurien eines der bekanntesten Reiseziele Europas – die Italienische Riviera. Der große Hafen von Genua teilt Ligurien in zwei Hälften – in die Riviera di Ponente, die im Westen bis nach Frankreich hinüberreicht, und in die Riviera di Levante, die sich ostwärts, bis zur Emilia Romagna und der Toskana erstreckt. In dieser Region finden sich die schönen Ferienorte Santa Margherita, Rapallo, Portofino und Lerici, jedoch auch der weniger schöne Hafen der Marine von La Spezia.

Geschichte

Der Begriff Ligurien war schon den klassischen Dichtern äußerst geläufig. Thicydides erwähnt bereits eine ligurische Siedlung in Spanien, und Seneca schreibt, daß es auch auf Korsika Ligurer gäbe. Die Römer drangen etwa 200 v. Chr. an die ligurische Küste vor. Spuren der römischen Zeit finden sich in Ortsnamen nahe Genua – Quarto und Quinto, respektive Meilenstein vier und fünf entlang der römischen Küstenstraße. Um 180 v. Chr. brachten die Römer Tausende von Ligurern – Männer, Frauen und Kinder – nach Süditalien, in die Gegend von Benevento. Augustus schuf in Ligurien eine besondere Ordnung: die Einheimischen mußten demnach in den ländlichen Gebieten leben, während die Städte den römischen Siedlern vorbehalten waren. Unter Diokletian breitete sich Ligurien im späten 3. Jahrhundert n. Chr. bis nach Mailand hin aus, jedoch wurde es bereits im 6. Jahrhundert n. Chr. wieder auf seine heutige Größe reduziert. Im 11. Jahrhundert etablierte sich die Republik Genua und entwickelte sich im Laufe des Mittelalters zu einer der wichtigsten Mächte im westlichen Mittelmeerraum. Die Genueser errichteten sogar in Konstantinopel, der Hauptstadt des oströmischen Reiches, eine Niederlassung. Diese Genueser Siedlung, *Galata* genannt, ist heute noch aufgrund ihres charakteristischen Turms, inzwischen ein Nachtclub, deutlich erkennbar. Im 12. Jahrhundert erlebte die Republik Genua, als Handels- und Seemacht in ständiger Konkurrenz mit Venedig, ihre absolute Blüte. Im Hochmittelalter waren Genua und Venedig die größten und mächtigsten Städte des Mittelmeers. Um 1200 lebten etwa 50.000 Menschen in Genua, Mitte des 14. Jahrhunderts waren es bereits etwa 100.000. Die Rivalität mit Venedig führte Mitte des 13. Jahrhunderts zu kriegerischen Auseinandersetzungen, aus denen jedoch meistens die Venezier als Sieger hervorgingen. In den Jahren 1348 und 1349 erlebte Genua eines der dunkelsten Kapitel seiner Geschichte. 1348 brach die Pest (spätern bekannt als der »Schwarze Tod«) in dieser Stadt aus, früher als in anderen Teilen Italiens. Die Krankheiten erreichten die Hafenstädte immer sehr viel schneller als jene Städte im Landesinneren. Ein Drittel der Bevölkerung, wahrscheinlich sogar mehr, wurde dahingerafft. 1349 dann wurde *Giovanni Visconti*

Bischof von Mailand, und als er seine Macht über Norditalien ausdehnte, nahm er auch Genua ein.

Der wohl größte Held in der Geschichte Genuas und Liguriens ist *Andrea Doria* (1466–1560), ein herausragender Admiral, der im Jahre 1528 der Republik ihre Unabhängigkeit zurückgab. In geschickten Verhandlungen mit Frankreich und Spanien – selbst Machiavelli hätte ihm seine Anerkennung nicht vorenthalten können – verstand er es zudem, die Unabhängigkeit Genuas zu garantieren. Doch die eigentlichen Ursachen für den späteren wirtschaftliche Niedergang Genuas waren bereits gegeben. Im späten 13. Jahrhundert fuhren Schiffe der Genueser durch die Straße von Gibraltar in Richtung Niederlande, genauer gesagt nach Brügge, dem bedeutenden Handelsplatz des Nordens. Genua und Venedig hatten sich den Handel mit England und den Niederlande geteilt, doch im 16. Jahrhundert verloren die italienischen Schiffe auf ihren Routen einen Großteil ihrer Waren und im 17. und 18. Jahrhundert erlebte der italienische Seehandel seinen absoluten Niedergang. 1797 bildete Napoleon aus der Republik Genua, inzwischen völlig korrupt und dem Untergang nahe, jene von Ligurien, gab ihr ein modernes Rechtssystem, sowie eine zentralistische Verwaltung und stellte sie unter französische Kontrolle. Dennoch konnte sich Genua nun ein letztes Mal einen Schein von Unabhängigkeit bewahren, den es dann, als es 1815 an Piemont fiel, endgültig aufgeben mußte. Und so kann auch kein Zweifel darüber bestehen, daß die politisch bewußten Klassen Liguriens glücklicher gewesen wären, wenn sie 1861 als gleichberechtigtes Mitglied dem Königreich Italien hätten beitreten können, und nicht als eine der piemonteser Monarchie untergeordnete Region. 1860 übergab der Piemonteser Ministerpräsident Cavour den westlichsten Teil Liguriens – die Provinz Nizza – an Frankreich, um die Unterstützung Napoleons III. für den italienischen Einigungsprozeß zu erwirken. Dies empfanden die Ligurer durchaus als bitter, nicht zuletzt auch Giuseppe Garibaldi, der in Nizza geboren war und als Abgeordneter dieser Stadt im Parlament saß. Nizza ist immer noch eine eher italienische Stadt und verfügt auch heute noch über eine relativ große italienische »Kolonie«. Ligurien selbst blieb ein wichtiger Teil Italiens und bildet seit 1948 eine der italienischen Verwaltungsregionen.

Sprache

Bevor die Römer nach Ligurien kamen, wurde dort mit ziemlicher Sicherheit eine eigenständige indoeuropäische Sprache gesprochen. Doch das Lateinische setzte sich hier sehr rasch durch und heute stellt das Ligurische lediglich eine von vielen romanischen Sprachen dar. Die geschriebene Sprache Liguriens jedoch ist, wie in ganz Italien, das Italienische, das sich im Zeitalter der modernen Kommunikation, vor allem bedingt durch das Fernsehen, überall und zunehmend auch als Umgangssprache durchsetzt.

Politik

Seit dem 19. Jahrhundert birgt die ligurische Politik stets etwas Revolutionäres. Die Vorbehalte gegen die Piemonteser Monarchie waren seit 1815, nicht zuletzt unter dem Einfluß Giuseppe Mazzinis (1805 in Genua geboren), von republikanischen Ideen geleitet. Im 20. Jahrhundert nun verfügt Genua, wie die meisten großen Hafenstädte, über eine stark linksorientierte Arbeiterschaft, und sowohl die sozialistische wie auch die kommunistische Partei finden hier große Unterstützung.

Die Venezier

Ihre lange Geschichte als Seemacht unterscheidet die Venezier vom restlichen Italien. Lediglich die Genueser sind ihnen vergleichbar, doch erreichten sie nie die Machtfülle und den Glanz Venedigs.

Geschichte

Die Venezier vertreten die etwas zweifelhafte These, im Besitz der sterblichen Überreste des Evangelisten Markus zu sein, weswegen sie ihrem Stadtstaat eigentlich den Namen Republik des

Heiligen Markus gaben. Über die Ursprünge Venedigs gibt es viele unterschiedliche Theorien. Wahrscheinlich aber wurde diese außergewöhnliche Siedlung an der Lagune von Einwanderern gegründet, die vor der einen oder anderen Invasion der Barbaren – möglicherweise des Hunnenkönigs Attila – geflohen waren. Die Republik des Heiligen Markus entwickelte sich im Mittelalter zu einer bedeutenden Seemacht des westlichen Mittelmeers. 1489 nahm Venedig noch Zypern ein und begann gleichzeitig, seine Herrschaft über Italien auszudehnen. In dieser Zeit wandelte sich die Republik von einer See- zu einer Landmacht, die zunächst Verona und Padua einnahm und bald eine wichtige Rolle in Italien spielte. Die Region um Venedig wurde nun als Veneto bekannt. Venedigs Niedergang erreichte seinen tragischen Höhepunkt, als Napoleon die Stadt besetzte und schließlich 1797 unter österreichische Oberhoheit stellte. Selbst der englische Dichter Wordsworth gedachte diesem traurigen Ereignis in einem Sonett über die Republik des Heiligen Markus. Im Frieden von 1815 jedoch wurde Venedigs Zugehörigkeit zu Österreich auch offiziell festgeschrieben. Doch der Widerstandsgeist der Venezier war ungebrochen. Im ersten italienischen Unabhängigkeitskrieg von 1848 gelang es ihnen die Österreicher zu vetreiben. Die neu erstandene Republik Venedig konnte ihre gewonnene Unabhängigkeit länger als alle anderen Regionen wahren, die sich in der italienischen Revolution von 1848/49 erhoben hatten, länger sogar als jedes andere europäische Land mit Ausnahme Ungarns. Die Venezier hielten der österreichischen Belagerung, den Hungersnöten und auch der Cholera, die in dieser Zeit ausbrachen, stand, doch die Niederlage der Piemonteser schwächte auch ihre Position und schließlich konnte Österreich seine Herrschaft über Venedig erneuern.

Die Venezier sind von jeher überzeugte, wenn auch tolerante Katholiken. Die Tatsache, daß Papst Pius IX. sich 1848 an die Spitze des italienischen Nationalismus stellte, bestärkte durchaus den revolutionären Enthusiasmus der Venezier. Im zweiten italienischen Unabhängigkeitskrieg von 1859 nahm Pius IX. allerdings eher eine »päpstliche«, dem Nationalismus wenig gewogene Haltung ein. Und auch die Venezier unterstützten diesmal kaum die Unabhängigkeitsbestrebungen gegenüber Österreich, die vor allem von Piemont, im Bündnis mit Frankreich, verfolgt wurden. Venedig erhielt erst 1866, im Zuge des dritten italienischen Unabhängigkeitskriegs, seine volle Souveränität zurück.

Kultur

Die venezianische Malerei ist der wohl bedeutendste Beitrag dieser Stadt zur europäischen Kultur. Kurz nach der Erfindung des Buchdrucks mit beweglichen Lettern gründete der venezianische Wissenschaftler und Humanist *Aldo Manuzio* (ca. 1450–1515) die berühmte Aldino-Druckerei. Sehr viele der Bücher, die im 15. Jahrhundert in Europa erschienen, wurden in Venedig gedruckt. Allein zwischen 1495 und 1497 produzierte Venedig 447 Publikationen von insgesamt 1821, die in dieser Zeit »weltweit« erschienen, drei- bis viermal mehr, als in Rom, Mailand und Florenz zusammen gedruckt wurden. Venedigs Ruf als Stadt der Künste verbreitete sich im 16. Jahrhundert, und zwar aufgrund der dortigen Malerei. Die Venezianer benutzten Ölfarben, die ihren Bildern besondere dramatische Effekte verliehen. Sie entwickelten die Technik des sogenannten chiaroscuro, die vor allem die Bilder Giorgiones und Tizians charakterisieren.

Sprache und Literatur

Der venezianische Dialekt hielt im 18. Jahrhundert mit dem Dramatiker *Carlo Goldoni* seinen Einzug in die Literatur. Goldonis erste Stücke – italienisch verfaßte Tragödien – waren eher erfolglos. Dann schrieb er »Momolo Cartesan« im venezianischen Dialekt und stellte fest, daß sein eigentliches Talent darin lag, einem gewissen bodenständigem Humor Ausdruck zu verleihen. Daraufhin schrieb er eine ganze Reihe Theaterstücke, einige auf italienisch, einige im Dialekt. Eines seiner vielleicht schönsten Stücke ist »La Locandiera«, dessen Humor erstaunlich modern anmutet. Doch für das Veneto leistete nicht nur Venedig einen Beitrag zur modernen Literatur. Einer der bedeutendsten italienischen Romane des 19. Jahrhunderts, »Erinnerungen eines Achtzigjährigen«, wurde 1867 von *Ippolito Nievo* geschrieben, der aus Padua stammte. Dieses einfühlsame und scharfsinnige Werk war seinem Geiste nach sogar noch moderner als Manzonis »Die Verlobten«. Doch das Veneto brachte auch noch andere Schriftsteller von Rang hervor, so Ugo Foscolo, der, in Venedig geboren, ein Zeitgenosse von Byron und Keats sowie einer der besten Lyriker seiner Zeit war.

Gesellschaft

Wohl keine andere Stadt der Welt ist vom Tourismus so heimgesucht wie Venedig. Derart betrachtet, ist es ein einziges, großes Museum, das nur für seine staunende Besucherschar existiert. Selbst die einzige Industrie, die hier angesiedelt ist, die Glasbläserei auf Murano, ist vollständig auf den Tourismus ausgerichtet. Diese Produkte stehen in völligem Gegensatz zum sonstigen Stil des italienischen Designs. Doch Venedig überlebt trotz dieser Unbill, und zwar dank seines ausgeprägt eigenständigen Charakters sowie seiner Vitalität. Seit dem 18. Jahrhundert tummeln sich hier reiche Besucher, doch die Stadt zog immer auch Künstler und Schriftsteller an, so Goethe, Byron, Dickens oder auch Thomas Mann. Darüber hinaus ist die Stadt sozusagen ein großer Schlafsaal für all jene, die in der Industriezone von Mestre auf dem Festland arbeiten, am anderen Ende des Damms, der Venedig mit dem Veneto verbindet. Mestre ist für Venedig etwa das, was Caliban für Ariel darstellte, denn die durch Mestre verursachte Umweltverschmutzung schadet Venedigs alter Bausubstanz erheblich. Ein weiteres Problem für Venedig besteht darin, daß immer mehr Menschen die Stadt verlassen; viele der Paläste und Häuser entlang der Kanäle sind nicht ständig, sondern nur während der Ferienzeit bewohnt. Doch deren zeitlich begrenzte Präsenz in dieser Stadt ist kein Ersatz für eine ständig hier ansässige Bevölkerung.

Feste und Festivals

In ganz Italien wird Karneval gefeiert, doch jener von Venedig mit seinen besonders originellen Masken, übertrifft den anderer Städte bei weitem an Farbenpracht, Enthusiasmus und Phantasie. Eine ganz andere Art Fest ist die Biennale, eine Ausstellung Moderner Kunst, bei der die zahlreiche Länder in kleinen Pavillons, inmitten einer herrlichen Gartenlandschaft, ihre bedeutendsten Werke zeigen. Und schließlich ist auch Venedigs Filmfestival ein international bedeutender Treffpunkt.

Die Bewohner Mittelitaliens

Mittelitalien umfaßt Lazium, das heißt, die Region rund um Rom, Umbrien mit seiner herrlichen Bergwelt, nordöstlich von Rom gelegen, das seine Einwohner gerne den »Garten Italiens« nennen, die Grenzregionen an der Adriaküste, die Toskana, dessen Hauptstadt Florenz in gewissem Sinne das kulturelle Zentrum Italiens darstellt, sowie die Emilia Romagna mit ihrer alten Universitätsstadt Bologna. Von allen Bewohnern dieser Regionen sind wohl die Römer, Toskaner und die der Emilia diejenigen mit den typischsten Eigenschaften. In Mittelitalien finden sich einige der herausragendsten archäologischen, historischen und künstlerischen Schätze des Landes.

Geschichte

Rom gilt als die »Ewige Stadt« in dem Sinne, als daß die Römische Republik und das Römische Weltreich jahrhundertelang das Zentrum der westlichen, zivilisierten Welt darstellten, eine Rolle, die dann, nach dem Zusammenbruch des Römischen Imperiums, vom mittelalterlichen Papsttum übernommen wurde. Das Volk von Rom verfügt über eine einzigartige Erfahrung: in den frühen Tagen der Republik waren die Römer nur eine von vielen ethnischen Gruppierungen des damaligen Reiches, doch noch bevor Augustus das Weltreich schuf, hatten die Römer bereits die Kontrolle über das gesamte Gebiet, das heute Italien umfaßt, erlangt. Die Römische Republik spielte nicht nur im Mittelmeerraum eine dominierende Rolle, sie begann zudem, ein großes Reich im Norden zu erobern. Rom selbst verfügte in der Spätzeit der Republik über eine größere Bevölkerung als alle europäischen Großstädte bis ins 19. Jahrhundert hinein, als London Roms einstige Einwohnerzahl erstmals überflügelte.

Im frühen Mittelalter trat das Papsttum das Erbe Roms an, dessen Ansprüche und politische Macht, wenn auch zunächst eher in kleinem Umfang. Seit der Reformation jedoch erlebte auch das päpstliche Rom einen teilweisen Niedergang seiner Macht und seines Einflusses. Mitte des 18. Jahrhunderts erreichte dieser Niedergang mit der Aufklärung seinen absoluten Tiefpunkt, doch zeitigten das 19. und 20. Jahrhundert auch immer wieder Phasen, in denen das Papsttum an Einfluß gewann. Im spirituellen Sinne aber blieb der Papst immer das Oberhaupt einer universellen Gemeinschaft, sogar dann noch, als Rom selbst im Jahre 1870 aufhörte, die Hauptstadt eines ausgedehnten päpstlichen Territorialstaates zu sein. Das Papsttum hatte die Sympathie der Italiener verloren – vor allem jene der Bologneser – auch wenn die Römer selbst nach wie vor ein tiefes Gefühl der Zugehörigkeit und Loyalität gegenüber dem Papst zeigten.

Die Geschichte der Toskana weist vielleicht nicht jene universelle Bedeutung auf wie die Roms, doch ihre kulturelle Bedeutung wurde von keinem anderen europäischen Land je übertroffen. Die Toskana war immer ein eher kleiner Staat, der seit seiner Gründung im Mittelalter bis zur italienischen Einheit im Jahre 1861 nur über wenig militärische und politische Macht verfügte. Im 13. Jahrhundert entwickelte sich hier eine Art mittelalterlicher Demokratie mit einer republikanischen Regierungsform, die bis zum Ende des 15. Jahrhunderts fortlebte. Diese genuin republikanische Regierung förderte künstlerisch bemerkenswerte Bauvorhaben, so den Dom und den Palazzo Vecchio in Florenz, darüber hinaus aber auch Malerei und Bildhauerei, und zwar lange bevor die Medicis, Kaufleute und Bankiers aus Florenz 1434 zu Macht und Einfluß gelangten. *Cosimo deí Medici* (1434–64) und sein Enkel *Lorenzo il Magnifico*, der Prächtige, (1469–92) wahrten zwar die republikanischen Staatsformen, indem sie offiziell Gleiche unter Gleichen blieben, tatsächlich regierten sie jedoch wie Despoten. Lorenzo deí Medici war ein geschickter Diplomat und Politiker sowie ein großer Förderer der Künste. Durch seine Verhandlungen mit den Herrschern anderer italienischer Regionen schenkte er dem Land praktisch über zwanzig Jahre Frieden, eine Zeit, in der die Renaissance ihren prachtvollen Höhepunkt erlebte. Der Tod Lorenzos und die Invasion der Franzosen beendeten diese friedliche und heitere Ära abrupt, obgleich einzelne Künstler ihr Werk auch in der schwierigen Zeit, die nun folgte, fortsetzten. Später nahmen die Medici-Herrscher, die Florenz regierten, den Fürstentitel an – ein Schritt, vor dem Cosimo stets gewarnt hatte. Mit diesen späten Medici-Fürsten ging Florenz langsam seinem Niedergang entgegen, auch wenn das Haus Medici noch bis 1737 bestand. Von 1737 bis 1860 regierten dann die Lothringer, eine Linie der Habsburg-Dynastie, über Florenz. Diese österreichischen Großfürsten waren zwar absolutistisch, jedoch tolerant und weltoffen, so daß die Toskana vom restlichen Italien aufgrund der dort herrschenden Meinungsfreiheit und liberalen Atmosphäre mit großem Respekt betrachtet wurde. 1786 wurde hier unter dem Großfürsten Pietro Leopoldo (dem späteren Kaiser Leopold II.) die Todesstrafe vollständig aufgehoben.

Die Emilia und die Romagna standen bis zur Gründung des italienischen Nationalstaats im Jahre 1860/61 viele Jahrhunderte lang unter päpstlicher Herrschaft. Mit der Zeit lösten sie sich jedoch von dieser päpstlichen Kontrolle, obwohl sie natürlich katholisch gesinnt blieben und auch weiterhin die geistliche Autorität der Kirche anerkannten. Dennoch erlebte diese Region in der ersten Hälfte des 19. Jahrhunderts verschiedene Aufstände gegen das Papsttum. Der revolutionäre Geist der Emilia und der Romagna überlebte bis weit ins 20. Jahrhundert hinein. In dieser Atmosphäre radikaler Gesinnung wuchs auch der junge Benito Mussolini in der Romagna auf. Weiter im Norden gelegen, war Bologna im 19. Jahrhundert ein Zentrum revolutionärer Aktivitäten, und nach dem Zweiten Weltkrieg entwickelte es sich zur Stadt mit der stärksten kommunistischen Wählerschicht Italiens. Bologna und auch die Emilia Romagna wählten konstant kommunistisch, da die Vertreter dieser Partei aufgrund der Tatsache, daß sie in keine Korruptionen verwickelt waren, mit Respekt betrachtet wurden – und dies nicht nur von den Kommunisten selbst. Die Geschäftswelt arbeitete hier lange Zeit zufrieden unter einer kommunistischen Regierung beziehungsweise unter kommunistischen Stadtparlamenten.

Sprache

Als Metternich 1847 sagte, Italien sei lediglich ein geographischer Begriff, übersah er, daß Italien in nicht unbedeutender Hinsicht bereits seit dem 13. Jahrhundert seine kulturelle Einheit manifestiert hatte. Das geschriebene Italienisch existierte, seitdem der Heilige Franz von Assisi Mitte des 13. Jahrhunderts seinen »Cantico delle Creature« geschrieben hatte und, noch deutlicher, seitdem Dante Ende des 13. Jahrhunderts sein Meisterwerk, die »Göttliche Komödie«, verfaßt hatte. Die italienische Einheit ist, so betrachtet, sehr viel älter als jene Frankreichs oder Englands, auch wenn die politische Einigung Italiens erst sehr viel später erfolgte. Die italienische Sprache wurde in Mittelitalien geboren, präziser noch, in der Toskana, ihr eigentlicher Schöpfer aber war Dante. Dennoch trugen auch Grammatiker ihren Anteil hierzu bei: Pietro Bembo legte zu Beginn des 16. Jahrhunderts grammatische Regeln fest, die im wesentlichen noch bis heute für das Italienische gültig sind. Bembo selbst war Venezier, doch die Sprache, die er beschrieb, wurde seit dem 14. Jahrhundert in der Toskana gesprochen. Die Rolle des Toskanischen im Hinblick auf das Italienische wurde im 19. Jahrhundert jedoch etwas übertrieben dargestellt. Dies lag nicht zuletzt daran, daß *Alessandro Manzoni* sein Meisterwerk »Die Verlobten« (*I Promessi Sposi*), 1825–27 im Mailänder Dialekt geschrieben, 1840 neu schrieb, und zwar auf »italienisch«, das heißt im toskanischen Dialekt. Dabei wurde das Original allerdings in keiner Weise »übersetzt«, sondern Manzoni ersetzte vielmehr lediglich einige typisch Begriffe des Mailänder Dialekts sowie einige archaische Ausdrücke durch entsprechende toskanische. Heute heißt es allgemein, korrektes Italienisch sei *il toscano in bocca romana* (das Toskanische aus dem Munde eines Römers).

Kunst

Heute strömen die Touristen nach Rom und Florenz, um dort die Meisterwerke der Renaissance zu betrachten. Beide Städte verfügen aber auch über reiche Schätze mittelalterlicher Kunst und Rom bietet darüber hinaus viele Meisterwerke des Barock. In Mittelitalien trifft man, wie in anderen italienischen Regionen auch, auf einen ausgesprochenen Sinn für klassisches Design, das sich auf künstlerische Formen der Vergangenheit bezieht. Und obwohl sich das Zentrum der italienischen Mode zunehmend nach Mailand verlagert hat, steht Florenz doch immer noch in dem Ruf, wunderschöne Schuhe zu produzieren.

Der erste bedeutende Künstler in Florenz war wohl *Giotto*, der eigentlich Maler war, aber auch den Campanile des Florentiner Doms entwarf. Nach Giotto übernahmen auch viele Künstler Sienas die Errungenschaften der Florentiner Kunst. Im 15. Jahrhundert führte die Regierung von Florenz jedoch offene Wettbewerbe für Entwürfe öffentlicher Gebäude oder Kunstwerke durch, und auf diese Weise erhielt Florenz wieder seine führende Position im Bereich der Kunst zurück. Zu dieser frühen republikanischen Zeit der Renaissance gehören die Fresken *Masaccios* sowie die Architektur *Filippo Brunelleschis*, der den Dom von Florenz erbaute. Zur Ära der Medicis gehören die Namen einer ganzen Reihe bedeutender Künstler: *Fra Angelico, Donatello, Ghiberti, Botticelli.* Die Hochrenaissance brachte Künstler wie *Raffael* (Raphael) hervor, der schon mit 37 Jahren starb, *Michelangelo* und *Leonardo da Vinci.* Die bedeutendsten Werke Michelangelos – der Petersdom und die Fresken in der Sixtinischen Kapelle – entstanden in Rom, unter dem Patronat Papst Julius II.

Küche

Die Küche der Emilia ist die wohl bekannteste Küche Italiens. Bologna verfügt, bezogen auf Italien, über den gleichen kulinarischen Ruf wie Dijon für Frankreich. Schilder mit der Aufschrift »cucina Emiliana« sind überall in Italien zu sehen. Die »Salsa di pomodori alla bolognese«, die Sauce Bologneser Art, hat den Namen dieser Stadt in den letzten Winkel der Welt getragen.

Die Bewohner von San Marino

San Marino hat etwa 20.000 Einwohner, die in einem der kleinsten Staaten Europas leben, nämlich auf 60 Quadratkilometer. Nur Monaco und der Vatikanstaat sind noch kleiner. Der freien Commune San Marino gelang es im Mittelalter, sich der Eroberungen durch seine mächtigen Nachbarn zu entziehen, und zwar bis ihre Unabhängigkeit schließlich im Jahre 1291 vom Papst anerkannt wurde.

Unter kulturellen Gesichtspunkten betrachtet liegt San Marino an der Grenze zwischen Nord- und Mittelitalien, doch ist seine gespaltene Identität im Grunde lediglich Ausdruck seines besonderen politischen Status'. Die Wirtschaft des Landes ist vielfältig, jedoch bezieht dieser kleine Staat ein Großteil seines Einkommens aus dem Tourismus, der Herausgabe von Briefmarken für Philatelisten sowie dem Verkauf von Kunsthandwerk, die beim Grenzübertritt nach Italien verzollt werden müssen (Spielkarten, Feuerzeuge). San Marino wird unter der Leitung von zwei sogenannten capitani reggenti (die alle sechs Monate neu gewählt werden) von einem Kongreß beziehungsweise Staatsrat regiert, der vom Parlament, bestehend aus 60 Abgeordneten, benannt wird. Seit 1992 ist San Marino Mitglied der Vereinten Nationen.

Die Süditaliener

Daß die Süditaliener ärmer sind als ihre nördlichen Nachbarn, entspricht den Tatsachen. Dennoch gibt es auch im Süden reiche Gegenden – Neapel und Bari haben durchaus ihre eleganten Viertel – sowie es auch im Norden ärmere Gegenden gibt, meist sind es auch gerade die, wo Immigranten aus dem Süden leben. Dieses ökonomische Ungleichgewicht hat zu Spannungen mit dem Norden geführt sowie zu den Vorwürfen, daß die großangelegten Investitionen im Süden aufgrund von Korruption praktisch zu nichts geführt haben. Anfang der fünfziger Jahre wurde der Süden dann aufgeschreckt durch das Erstarken der *Lega Nord*, die für Norditalien völlige Autonomie fordert und den Süden sich selbst überlassen will.

Geschichte

Zu den ersten Einwohnern Süditaliens zählten die Griechen, die im frühen 8. Jahrhundert v. Chr. in Pithecusa, auf der schönen Insel Ischia im Golf von Neapel siedelten. Das heutige Reggio di Calabria war ebenfalls griechische Kolonie, und zwar in einer Gegend, die Magna Graecia (Groß-Griechenland) genannt wurde; die griechischen Tempel in Paestum geben Zeugnis davon, daß Süditalien, lange bevor die Römer hierher kamen, von Griechen bewohnt war.

Als der Sitz des Römischen Imperiums im 5. Jahrhundert n. Chr. nach Byzanz verlegt wurde, blieb Neapel zwar nominell unter der Herrschaft des Oströmischen Reiches, tatsächlich jedoch war es bis ins 9. Jahrhundert hinein ein unabhängiger Staat, der seine eigenen Goldmünzen prägte. Obwohl Kaiser Friedrich II. im Jahre 1224 die Universität von Neapel gründete, konnte sich die Stadt doch zu keiner Zeit jener großartigen Errungenschaften der Renaissance erfreuen, wie dies Florenz, Rom, Mailand oder Venedig beschieden war. Als einziges Königreich der Insel, und deshalb auch schlicht »das Königreich« genannt, war Neapel dennoch nicht rückständig. Bis zum 15. Jahrhundert gab es jedoch deutliche Unterschiede im Wirtschaftswachstum zwischen dem prosperierenden Norden und dem ärmeren Süden. Unter der spanischen Herrschaft des Hauses Aragon, 1435 etabliert, wuchs die Bevölkerung Neapels ständig, und dies ist eines der bemerkenswertesten Charakteristika dieser Stadt zu Beginn der Neuzeit: um 1500 lebten hier 100.000 Menschen, 1547 bereits 245.000. Damit war Neapel, nach Paris, die größte Stadt der Christenheit. Die Stadt überlebte die Pest von 1656, verlor zwar etwa die Hälfte ihrer Bevölkerung, die zahlenmäßig jedoch bald wieder ihren alten Stand erreichte.

Die spanischen Bourbonen regierten Neapel von 1735 bis 1860, nahmen in dieser Zeit jedoch immer mehr italienische Eigenschaften an. Ihre Herrschaft bezeugt ein tiefgreifendes Paradoxon in der Geschichte Süditaliens. Einerseits entwickelten sich die Bevölkerungszahlen Neapels in schwindelnde Höhen, die Stadt war nach London und Paris die drittgrößte Stadt Europas und erlebte so etwas wie eine intellektuelle Renaissance, zumindest im Bereich der Wirtschaftswissenschaften. Andererseits ging die Ökonomie Neapels ihrem unaufhaltsamen Niedergang entgegen. Als Garibaldi das alte Königreich Neapel zerstörte, litten alle – ob Adel, Bourgeoisie oder Bauern – unter diesem ökonomischen Verfall. Und auch als Süditalien Teil des neuen, vereinten Königreichs Italien wurde, verschlechterten sich die ökonomischen Bedingungen weiter, und zwar in Folge eines brutal geführten Bürgerkriegs, der weitere vier bis fünf Jahre dauern sollte. Die wirtschaftliche Unterentwicklung des Südens blieb bis ins 20. Jahrhundert hinein bestehen. *Mussolini* tat zwar einiges, um die Macht der Mafia einzuschränken, jedoch tat er wenig, um den traurigen Kontrast zwischen Nord- und Süditalien zu verringern. Seit 1947 hat die italienische Regierung erhebliche Summen in den Süden investiert, ohne dabei größere Erfolge im Hinblick auf die Stimulierung der Wirtschaft zu erzielen.

Sprache

Obwohl sich der neapolitanische Dialekt sich deutlich vom gesprochenen Italienisch anderer Regionen unterscheidet, wird diese Tatsache von den Norditalienern jedoch völlig übertrieben, wohl nicht zuletzt, um derart ihre Überlegenheit zu demonstrieren und gleichzeitig zu suggerieren, der Süden sei so etwas wie eine fremde Welt. So hört man im Norden nicht selten rassistische Äußerungen über den Süden, etwa dahingehend, vom Süden als von »unserem Afrika« zu sprechen, oder auch die Vereinigung des Südens mit Norditalien im Jahre 1860 als »Beitritt Afrikas« zur italienischen Nation zu bezeichnen. Ausländern wird oft irreführenderweise erzählt, daß Süditaliener eine andere Sprache sprechen, und um so erstaunter sind sie, wenn sie in Neapel am Bahnhof ankommen und feststellen, daß die Neapolitaner tatsächlich italienisch sprechen. Jedoch gibt es im Süden auch abgelegenere Regionen, in denen sehr eigenwillige Dialekte gesprochen werden – in etwa tatsächlich eigene Sprachen. In einigen kleinen Dörfern Apuliens wird zum Teil noch ein Griechisch gesprochen, das dem klassischen Griechisch näher ist als dem modernen. Darüber hinaus hat noch ein weiteres bemerkenswertes Erbe aus der Zeit *Magna Graecias* überlebt: in einigen Teilen Apuliens sind jene Gesten, die den Menschen in ganz Italien so vertraut sind, völlig unbekannt, während typisch griechische Gesten allgemein verständlich sind.

Natürliche Umwelt

In Süditalien hat sich durch die Existenz des Königreichs Neapel ein Gefühl für territoriale Einheit bewahrt. Einer der letzten neapolitanischen Könige des 19. Jahrhunderts sagte einmal, daß er sein Königreich zwar intakt halten, jedoch nicht ausweiten könne, und zwar weil es begrenzt sei durch »Salzwasser und heiliges Wasser« – durch das Wasser des Mittelmeers auf der einen, durch den päpstlichen Staat auf der anderen Seite. Das Königreich Neapel umfaßte ein großes, geographisch sehr unterschiedliches Gebiet. Diesen geographischen Unterschieden trägt heute die Aufteilung des Südens in verschiedene Regionen Rechnung: Calabrien, die Stiefelspitze Italiens, mit ihren Granitbergen und unendlich weiten Küsten; Apulien, der Stiefelabsatz, der heute mehr und mehr von Touristen entdeckt wird; Basilicata (bisweilen auch Lucania genannt), das weiter im unwegsamen Landesinneren liegt; Campania, in gewisser Hinsicht das Herz Süditaliens, da es Neapel miteinschließt. Lazio, neigt mehr zu Mittelitalien, da hier auch Rom liegt und schließlich Abruzzen und Molise, im Osten und Norden von Rom an der Adria gelegen, beide zweifellos Teil Süditaliens.

Süditalienische Leidenschaften

Der Welt Spaghetti und Pizza beschert zu haben, ist kein geringer Verdienst. Die Tatsache, daß die Süditaliener von Statur kleiner sind als die Norditaliener, ist wahrscheinlich dem höheren Proteingehalt ihrer Küche zuzuschreiben. Andererseits ist der niedrigere Cholesterinwert der Ingredienzen, der Küche des Südens, sicherlich gesünder. Dagegen war die neapolitanische Pizza ursprünglich bei weitem nicht so reich und vielfältig belegt, wie es die Pizza heute in aller Welt ist. Sie bestand vielmehr aus Hefeteig, Käse und Tomaten. Die Tomate selbst ist ein wichtiger Bestandteil der süditalienischen Eßkultur, die man für zahlreiche Gerichte benötigt. Eine besondere Leidenschaft hegen die Süditaliener für den Fußball, der heute in dieser Region eine ebenso zentrale Rolle spielt wie in Rom, Mailand oder Turin. So kann es durchaus sein, daß die Fußballstars zu Volkshelden aufsteigen, ähnlich wie Garibaldi vor einhundert Jahren.

Soziale Strukturen

Die Süditaliener sind von einem Phänomen betroffen, der latifundia – riesige Ländereien – deren Eigentümer oftmals abwesend sind, immer aber außerhalb der Reichweite der Bauern, die hier arbeiten. Die Bauern selbst leben in der Regel nicht auf dem Land, das sie bearbeiten, sondern mit anderen, die keine Arbeit haben, in sogenannten landwirtschaftlichen Städten, von wo aus sie jeden Morgen mehrere Kilometer zur Arbeit laufen müssen. Darin spiegelt sich zum Teil der urbane Charakter aller Italiener wider: sie leben lieber in Städten oder großen Gemeinden, die ihnen im Gegensatz zum Leben auf dem Lande ein soziales Netz, soziale Kontakte bieten. Ein extremes Beispiel hierfür ist Neapel, dessen riesige Bevölkerung jedoch nur zum Teil mit der italienischen Vorliebe für die Stadt zu erklären ist. Ein entscheidender Grund für Neapels Attraktivität ist die Tatsache, daß die Neapolitaner früher weniger Steuern zahlen mußten als diejenigen, die auf dem Land lebten. Natürlich erhoffen sich viele auch die Protektion von Bekannten, Gleichgesinnten oder Freunden, in ganz frühen

Zeiten auch von den Piraten oder umherziehenden Türken. Der Hilfeschrei eines Kindes, das sich in Gefahr fühlte, lautete bereits zu Zeiten, als an den Küsten Süditaliens weit und breit noch kein Türke zu sehen war: *Mamma i Turchi!* (Mama, die Türken!).

Politik

Als sich das Vereinigte Königreich Italien im Jahre 1861 gründete, konnte es gar nicht anders sein, als eine Monarchie, die von der nordwestlichsten Region des Landes, von Piemont, getragen wurde, vom äußersten Süden mit Argwohn, ja manchmal mit Feindseligkeit betrachtet wurde. Denoch hat Süditalien, als das Land 1947 darüber abstimmte, ob es zur Monarchie oder zur Republik zurückkehren wolle, für die Monarchie – also das Haus Savoyen – votiert, während der Norden sich mehrheitlich für die Republik entschied. Und obwohl es nach dem Zweiten Weltkrieg für kurze Zeit so schien, als ob die Kommunisten sich im Süden eine Basis verschaffen könnten, erreichte dies im Endeffekt jedoch nur die Christdemokraten sowie die Parteien der Rechten – der Monarchisten und des Neofaschisten Missini (der *Movimento Sociale Italiano*). Erst nach 1990 verloren auch die Christdemokraten hier Teile ihrer Basis, nicht zuletzt aufgrund der Korruptionsaffären ihrer Parteiführer sowie deren Verstrickungen in die Aktivitäten der organisierten Kriminalität. Neapel hat seine eigene Mafia – die *camorra*, eine kriminelle Organisation, die im wesentlichen auf die Stadt beschränkt ist und nie jene – geographisch – weitreichende Macht wie die Mafia hatte.

Die Sizilianer

Die Sizilianer haben nur selten über ihr Schicksal selbst entscheiden können. Während ihrer langen und wechselvollen Geschichte wurden sie von Völkern unterschiedlichster Abstammung, Religion und Kultur beherrscht. Einerseits hat dies dazu geführt, daß sie über eine sehr reiche und hochstehende Kultur verfügen

– dies betrifft vor allem ihre Kunstwerke wie ihre Architektur – andererseits betrachten sie deshalb ihre jeweiligen Regierungen immer schon als fremd, feindlich gesinnt und überhaupt nutzlos. Siziliens Herrscher hatten selten auf der Insel selbst ihren Regierungssitz, und sie waren meist mehr am wirtschaftlichen Reichtum sowie der strategisch günstigen Lage der Insel interessiert als daran, diese vor ihren eigenen kriminellen Strukturen oder gar der Piraterie im Mittelmeer zu schützen. Die Sizilianer wurden von den Griechen, Römern, Arabern, Normannen, Deutschen, Spaniern, Piemontesen und Neapolitanern regiert und kurze Zeit auch von den Engländern. Dies macht die sizilianische Geschichte zwar überaus interessant, hat den Sizilianern selbst jedoch niemals so etwas wie eine eigene, innere Sicherheit vermittelt. Wenn jemals ein Volk im Laufe seiner Geschichte eher Opfer als Täter war, dann waren dies ganz sicher die Sizilianer.

Geschichte

Im 8. Jahrhundert v. Chr. kamen griechische Siedler aus der Ägäis, genauer aus Euboea, nach Sizilien und gründeten hier die Städte Catania und Messina. Später gründeten andere Griechen aus Korinth die Stadt Syracus, die sich zur größten griechischen Kolonie Siziliens beziehungsweise ganz Süditaliens entwickelte. 415 v.Chr., in jener Zeit also, als man in Griechenland die Stücke von Sophokles und Euripides aufführte, versuchten die Athener wenig erfolgreich, Syracus zu erobern. Die langen und schrecklichen Punischen Kriege endeten schließlich mit einem Sieg der Römer sowie der Eingliederung Siziliens in das Römische Reich. Rom eröffnete sich hiermit, nicht zuletzt mit Syracus, den Zugriff auf die griechische Kultur.

827 n.Chr. kamen die Muslime nach Sizilien und nahmen 831 Palermo ein. Sie herrschten 250 Jahre über die Insel, der sie wirtschaftliches Wachstum und relativen Frieden bescherten. Hunderte von Moscheen wurden hier errichtet und der muslimische Architekturstil überlebte später auch das Vordringen des Christentums auf die Insel. Die Normannen erreichten Sizilien im späten 11. Jahrhundert, etwa zur selben Zeit, als sie England

eroberten. Eine der normannischen Heerführer wurde 1130 auf Sizilien zum König gekrönt und nannte sich fortan König Roger II. von Sizilien. Die Sizilianer, die er regierte, gehörten vielen Ethnien an und so akzeptierten die Normannen sowohl Griechisch wie Arabisch als auch Latein als offizielle Sprachen. Nach dem Niedergang der normannischen Herrschaft fiel Sizilien an die Hohenstaufer. Friedrich II. erwählte die Insel zu seiner Residenz und entwickelte sich selbst zunehmend zu einem Italiener. Gleichzeitig war er einer der ersten Dichter, der zwar ein frühes, doch auch heute noch verständliches Italienisch schrieb. Im 13. Jahrhundert fiel Sizilien für kurze Zeit an die französische Dynastie der Angevins, vertrieb diese jedoch im Zuge eines Aufstands von 1282, der sogenannten »Sizilianischen Vesper«. Den Franzosen folgten nun die Aragonier, die Sizilien im Kampf gegen das Haus Angevin unterstützt hatten. Doch blieb die Insel während der gesamten Zeit der Renaissance und der Gegenreformation ein Streitobjekt zwischen Franzosen und Spaniern, die schließlich obsiegten.

Die spanischen Bourbonen wurden im Laufe des 18. Jahrhunderts immer »italienischer«. Sizilien jedoch sank in immer tiefere wirtschaftliche Depression. Die Ideen des Liberalismus und Nationalismus, die in Folge der Französischen Revolution und Napoleons Herrschaft über Italien auf die Insel kamen, ließen auch in Neapel revolutionäre Bewegungen gegen die Bourbonen entstehen; von den vielen Revolutionen, die Europa 1848 erlebte, war jene auf Sizilien die erste. Die Bourbonen überlebten diese jedoch bis zur Ankunft Garibaldis und seiner Tausend Freiwilligen im Jahre 1860. Diese Invasoren wurden von den Sizilianern freudig begrüßt und nun brach auch die Herrschaft der Bourbonen in sich zusammen. Garibaldis militärischer Erfolg und seine Popularität ermöglichten die Vereinigung Italiens und von nun an verwob sich die Geschichte Siziliens aufs engste mit jener Italiens. Die Verfassung der italienischen Republik, die 1948 verabschiedet wurde, sah die Bildung autonomer Regionen innerhalb einer vereinten Nation vor. Zunächst wurde dieser Autonomiestatus jedoch lediglich in zwei Regionen, die ihn früher schon gefordert hatten, tatsächlich verwirklicht: im Val d'Aosta sowie auf Sizilien.

Sprache und Literatur

In Sizilien ist der Unterschied zwischen der geschriebenen und der gesprochenen Sprache vielleicht ausgeprägter als in anderen Teilen Italiens. Der sizilianische Dialekt unterscheidet sich vollkommen von anderen italienischen Dialekten und wird selbst von vielen Italienern oft nicht verstanden. Doch die Sizilianer haben einen wichtigen Beitrag zur Literatur Italiens geleistet: die Kurzgeschichten und Romane *Giovanni Vergas* im späten 19. Jahrhundert, die Stücke und Romane von *Luigi Pirandello* im frühen 20. Jahrhundert, »Der Leopard« von *Giuseppe Tomasi di Lampedusa* und die Romane von *Leonardo Sciascia* sind für die Entwicklung der modernen italienischen Literatur von enormer Bedeutung.

Soziale Strukturen

Wie Süditalien verfügt auch Sizilien über riesige Ländereien sowie eine arme Bauernschaft. Für die Insel wesentlich bedeutsamer ist jedoch die Mafia, die im 19. Jahrhundert entstand und deren Aktivitäten seit dem 20. Jahrhundert uneingeschränkt florieren. Ursprünglich war die Mafia eine Art Waffe der Landbesitzer gegen die Bauern. Die Faschisten konnten in den 20er Jahren einige Erfolge gegen die Mafia erzielen, jedoch wurde das Übel nicht an der Wurzel gepackt und somit konnte sie nach dem Zweiten Weltkrieg in alter Frische neu erstehen. Der Kampf gegen die Mafia wurde jedoch zu Beginn der 90er Jahre verstärkt und war begleitet von einer Welle öffentlicher Ablehnung der Mafia, die einige der bekanntesten Untersuchungsrichter der Anti-Mafia-Kommission umgebracht hatte, sowie von der allgemein erstarkenden Bewegung gegen die Korruption.

Brot und Spiele

Obwohl sich die Sizilianer, wie alle Italiener, für Fernsehen und Fußball begeistern, hat hier doch auch eine äußerst beliebte, traditionelle Form der Unterhaltung überlebt: Marionetten, *pupi* genannt. Diese pupi tragen mittelalterliche Kostüme – etwa Ritterrüstungen – und treten in sehr feinsinnige Puppenspielen auf.

Eine andere erwähnenswerte Tradition der Sizilianer ist die cassata, ein Dessert, das nur wenig Ähnlichkeit mit jener *cassata* hat, die auf der ganzen Welt bekannt ist, denn die sizilianische cassata ist mehr ein köstlicher Kuchen als eine Eiscreme. Ein Exportgut der Insel, das seinen Charakter nicht verändert hat, ist der *Marsala*, ein Wein, der nach der gleichnamigen Hafenstadt an der Westküste Siziliens benannt ist, wo er angebaut wird.

Die Malteser

Die Malteser standen jahrhundertelang unter dem Einfluß vieler anderer Völker und Nationen. Obwohl die Inseln des Archipels von Malta (Malta, Gozzo und Comino) relativ klein sind, verfügen sie über – für diese Gegend eher untypisch – tiefe Hafenbecken, zudem liegen sie strategisch äußerst günstig zwischen Sizilien im Norden, Libyen im Süden und Tunesien im Westen. Der größte Teil der maltesischen Geschichte liest sich deshalb auch wie eine Auflistung all jener Mächte, die nacheinander versucht haben, das Mittelmeer zu beherrschen.

Geschichte

Die Einwanderer, die in prähistorischer Zeit Malta besiedelten, kamen aus Sizilien und Süditalien. Etwa 1000 v. Chr. folgten ihnen die Phönizier aus Karthago, die später, während des Zweiten Punischen Krieges (218–201 v. Chr.), als die Inselbewohner sich mit den Römern verbündeten, wieder vertrieben wurden. Nach dem Zusammenbruch des Römischen Weltreiches wurde Malta byzantinisch. 870 übernahmen die Araber die Insel, deren kultureller Einfluß lange nachwirkte und 1090 schließlich landeten die Normannen auf Malta und gründeten hier ein Königreich, zu dem auch Sizilien und Süditalien gehörten. Die Feudalherren, die in der Folge Malta beherrschten, erhoben jedoch derart hohe Steuern, daß die Bevölkerung sich mehrfach gegen sie erhob und schließlich 1428 ein gewisses Maß an Autonomie erhielt.

1530 wurde die Insel an die Johanniter übergeben, einem militärisch organisiertem Orden, dem die Aufgabe überantwortet wurde, die Inseln gegen die Türken zu verteidigen. Zusammen mit Tausenden bewaffneten Maltesern gelang es, der türkischen Belagerung von 1565 zu widerstehen. Später wurde dann Valletta zu einer prachtvollen Festungsstadt ausgebaut.

Der nächste Eindringling war Napoleon, der 1798 die Ordensherrschaft beendete. Mit Hilfe der britischen Flotte vertrieben die Malteser zwei Jahre später die Franzosen und sie unterstellten sich den Engländern. Auf diese Weise hat Malta eine Rückgabe der Insel an die Johanniter verhindert. 1814 wurde Malta britische Kronkolonie und die Engländer errichteten einen bedeutenden Marinestützpunkt. Die Beziehungen zwischen Maltesern und Briten waren jedoch oftmals problematisch und die Zeiten unruhig. Malta erhielt seine völlige Unabhängigkeit erstmalig im Jahre 1964. Heute ist Malta eine souveräne, parlamentarisch geführte Republik.

Sprache

Das Maltesische entwickelte sich aus einem arabischen Dialekt, ist jedoch stark vom Italienischen beeinflußt, wie es auf Sizilien gesprochen wird. Bis vor einem Jahrhundert war das Maltesische vor allem eine gesprochene Sprache, die allerdings nicht überall benutzt wurde, da früher erst Italienisch, später Englisch im gehobeneren Sprachgebrauch eine bedeutendere Rolle als das Maltesische spielte. Den Bemühungen maltesischer Politiker, Philologen und Schriftsteller ist es zu verdankten, daß sich das Maltesische ab Mitte des 19. Jahrhunderts auch als Schriftsprache etablierte und schließlich wurde es 1934 als offizielle Sprache anerkannt. Das Maltesische ist die einzige semitische Sprache, die in lateinischer Schrift fixiert ist.

Religion

Die Malteser, die angeblich von Paulus bekehrt wurden, als dieser etwa 60 n. Chr. vor ihren Inseln Schiffbruch erlitt, gehören zu den treuesten Kirchgängern des katholischen Europa. Zwar hat die Kirche in den letzten Jahren etwas an Einfluß verloren, dennoch spielt sie noch immer eine bedeutende Rolle im öffentlichen Leben Maltas – in der Dorfpolitik gleichermaßen wie der Landespolitik. Jedes Dorf hat seine eigene große Barockkirche, meist während der Blütezeit Maltas unter den Johannitern errichtet, zudem mehrere kleine Kapellen sowie Marien- und Heiligenfiguren, die die Dorfstraßen zieren und gepflegt und verehrt werden.

Die Gläubigen gestalten ihr Leben im Rhythmus des Kirchenjahres, die Glocken bestimmen den Tagesablauf und rufen die Gläubigen zur Messe oder zum Gebet. Jedes Dorf begeht im Laufe des Jahres seine Feste und Prozessionen, die größten Feste jedoch werden zu Ehren des jeweiligen Schutzpatrons gefeiert.

Brauchtum und Küche

Die traditionelle Tracht der maltesischen Frauen, heute nur noch bei Dorffesten zu sehen, besteht aus einem langen, schwarzen Rock, einem bestickten Oberteil und einem breiten Kopfputz. Das bekannteste weltliche Fest der Malteser ist das *Mnarja*, ursprünglich eine Art Erntedankfest, das heute mit dem Fest der Heiligen Peter und Paul zusammenfällt. In der Nacht vom 28. auf den 29. Juni und den ganzen darauffolgenden Tag tanzen und singen auf der ganzen Insel Volksgruppen, überall finden Pferde- und Eselsrennen statt. Der Karneval, bei dem gleichzeitig das Ende der türkischen Belagerung von 1565 gefeiert wird, beginnt mit der Parata, einem traditionellen Schwerttanz, der den Sieg der Malteser über die Türken nachvollzieht.

Die Malteser Küche verwendet viele der Zutaten, die im Mittelmeerraum üblich sind – Tomaten, Zwiebeln, Knoblauch, Pfeffer und Olivenöl, doch hat sie durchaus auch ihre eigenen Gerichte und Rezepte. Die beliebteste Suppe der Insel ist die *minestra*, eine sehr gehaltvolle Version der Minestrone, zu der viele verschiedene Gemüse und reichlich Nudeln gehören. Weitere Nationalgerichte sind Kaninchen mit viel Gemüse, *lampuka* (eine Fischpastete), *bragioli* (Rindfleisch mit Oliven) sowie verschiedene süße Pasteten.

Wirtschaft

Die maltesische Landwirtschaft hat mit mehreren Problemen zu kämpfen: dem wenig fruchtbaren Boden, dem fehlenden Regen sowie der Tatsache, daß das Ackerland in kleine, terrassierte Felder aufgeteilt ist, die nicht mechanisch bearbeitet werden können. Um die Insel, die eine der am dichtesten besiedelten Regionen der Welt darstellt, zu versorgen, werden Lebensmittel in großem Umfang importiert. Traditionelle Einnahmequellen der Insel sind die Spitzen und der Silberschmuck.

Nach dem Abzug der britischen Marine begann die maltesische Regierung, den Tourismus anzukurbeln sowie verschiedene Betriebe der verarbeitenden Industrie auf der Insel anzusiedeln. Doch während manche Malteser noch hoffen, daß ihre Insel einmal der Europäischen Gemeinschaft angehören wird, glauben viele Politiker und Geschäftsleute wiederum, daß Maltas Zukunft wesentlich glanzvoller sein könnte, wenn die Insel zu einem Bankenzentrum der Anrainerstaaten werden würde, zu einer Art Schweiz des Mittelmeers, jenes Meeres, dessen Einfluß auf die Geschichte dieser Insel stets prägend war.

KAPITEL 6

Der Balkan

Die brodelnde und von Widersprüchen geprägte Balkanregion – jenes geographische Dreieck zwischen Donau, Adria und Ägais – kann als eine Region Europas beschrieben werden, deren innere Grenzen sich so oft verschoben haben, daß sich dort keine historisch gewachsenen territorialen Strukturen etablieren konnten.

Die Geschichte dieser Region – tragisch und verwirrend zugleich – läßt sich exemplarisch darstellen anhand der Provinz Wojwodina am nördlichen Ufer der Donau, die nach den österreich-türkischen Kriegen des 18. Jahrhunderts von verschiedenen kleinen Volksgruppen, die von weit herkamen, besiedelt wurde. Obwohl hier heute, anders als früher, keine Türken und Juden mehr leben und auch die Zahl der Deutschen und Kroaten stark zurückgegangen ist, gibt es in dieser Provinz immer noch Dörfer, in denen ungarisch, rumänisch, slowakisch tschechisch, ukrainisch, bulgarisch und deutsch ebenso wie serbisch und kroatisch gesprochen wird. Zwischen 1771 und 1850 gab es hier zudem auch französischsprachige Dörfer. Und um die Sache noch zu komplizieren: einige der sich selbst als Serben bezeichnenden Volksgruppen von Wojwodina in der Gegend von Subotica und Sombor, Nachfahren von Emigranten aus dem Osmanischen Reich, sind katholisch, obwohl ansonsten gerade der christlich-orthodoxe Glaube ein wichtiges Identitätsmerkmal der Serben darstellt.

Die vielen Völker, die den Balkan im Laufe der letzten Jahrhunderte besiedelt haben, und die politisch instabilen Grenzen dieser Region haben hier eine verwirrende ethnische Vielfalt hervorgebracht – als lediglich ein Resultat oftmals blutig ausgetragenen Hasses zwischen diesen einzelnen Volksgruppen.

Geographisch betrachtet stellt der Balkan eine Halbinsel dar – mit Griechenland im Süden, das aufgrund seines Klimas und seines Zugangs zum Meer mediterran ist, während der Norden dieser Halbinsel, mit Ausnahme der kroatischen Küste, ein kontinentales Klima aufweist und in weiten Teilen, auch aufgrund der gebirgigen Landschaft, über keinen direkten Zugang zum Meer verfügt.

Selbst jene Balkanvölker, die unter der ottomanischen Herrschaft im 18. Jahrhundert vereint wurden, haben dennoch stets ihre Unterschiedlichkeit gepflegt. Die Einführung des Maisanbaus in den Bergregionen ermöglichte es diesen nach Unabhängigkeit strebenden Volksgruppen, sich vor dem Zugriff der türkischen Steuereintreiber in die Berge zurückzuziehen, und dies war im Grunde der erste Schritt, den Griechen, Albaner, Serben und Bulgaren in Richtung Selbstherrschaft unternahmen. Heute sind es eindeutig kulturelle Unterschiede, die die Balkanvölker trennen: so die katholischen Kroaten des Nordostens und entlang der Adria bis Dubrovnik, die einst zum Habsburger Reich gehörten, von den muslimischen und orthodoxen Kroaten jener Regionen, die einst von den Türken beherrscht wurden; die nichtslawischen Albaner von ihren dominierenden slawischen Nachbarn; die Griechen, die das griechische Alphabet benutzen, von ihren Nachbarn, die lateinische oder kyrillische Sprachtraditionen pflegen; und die Türken Thrakiens, der europäischen Region der Türkei, von ihren griechischen und bulgarischen Nachbarn, die sich qua Sprache und Religion von ihnen unterscheiden. Diese klaren Unterschiede grenzen diese Regionen im Ganzen voneinander ab; darüber hinaus bestehen eine Vielzahl innerer Konflikte, die nicht zuletzt auf der komplizierten Koexistenz zwischen verschiedenen Volksgruppen basieren. Bulgarien und Makedonien, die Montenegrische Republik und, weniger ausgeprägt, die Serbische Republik sind in ihrer ethnischen Charakteristik sehr unterschiedlich und umfassen zudem jeweils bedeutende Minoritäten.

Die Türken

Obwohl der größte Teil der Türkei geographisch zu Asien gehört, betrachtet sich die Mehrheit der Türken nicht als Asiaten. Seit mehr als einem Jahrhundert blicken die türkischen Intellektuellen Richtung Westen. Immer wieder wird darüber diskutiert, ob die Türken sich selbst als Europäer, Asiaten oder als ein Volk betrachten, das den Brückenkopf zwischen Europa und Asien bildet. Mit der Unterwerfung fast des gesamten Balkan im 16. Jahrhundert fiel den Türken in der europäischen Geschichte eine gestaltende Rolle zu, die, wie das Beispiel der bosnischen und anderer Muslime zeigt, bis heute nachwirkt. Ihre geographisch zweideutige Position hat sie darin bestärkt, sich auf eine sehr ausgeprägt türkische Identität zurückzubesinnen, die in der Vergangenheit fast bewußt die Möglichkeit ausschloß, daß andere nationale Gruppen ihrerseits ihre Identität zum Ausdruck bringen konnten. Der Schritt der Türkei in Richtung Europäische Gemeinschaft wird bisweilen als ein Zeichen für die europäische Identität der Türkei gewertet. Ihr Gesuch von 1987, in die EU aufgenommen zu werden, scheiterte damals am Widerstand Griechenlands; und obwohl die Zollunion mit der EU im Januar 1996 in Kraft trat, wurde diese Entwicklung hin in die EU bislang durch die territorialen Auseinandersetzungen zwischen Griechenland und der Türkei verhindert sowie dadurch, daß die Türkei mit der Außenpolitik der EU, besonders im Hinblick auf Bosnien und Zypern (in beiden Fällen kritisiert die Türkei die EU wegen ihrer mangelnden Unterstützung der muslimischen Volksgruppen) unzufrieden war.

Das Land

Thrakien (Trakya), der europäische Teil der Türkei, umfaßt etwa 3 Prozent des türkischen Territoriums, das insgesamt 780 576 Quadratkilometer umfaßt; der Rest der Türkei, Anatolien (Anadolu), gehört zu Asien. Der Nordosten Thrakiens, vom Schwarzen Meer begrenzt, und der Südwesten, vom Marmara Meer umgeben, sind von Bergen durchzogen, das Land dazwischen ist flach. Das Klima dieser Region ist äußerst angenehm, mit milden, jedoch regnerischen Wintern und heißen, trockenen Sommern. Thrakien ist ein hervorragendes Weinanbaugebiet, und entlang dem Fluß Meriç (Maritsa), der die westliche Grenze der Türkei bildet, wird Reis angepflanzt.

Das Verbindungsglied zwischen Thrakien und Anatolien bildet Istanbul, das zwar nicht mehr türkische Hauptstadt, aber dennoch die größte Stadt der Türkei ist. Die Stadt liegt am Bosporus, dem Seeweg, der das Schwarze Meer mit dem Marmara Meer verbindet und Europa von Asien trennt.

Etwa 32 Prozent des Landes sind landwirtschaftlich nutzbar, 12 Prozent des Landes sind Weiden, 26 Prozent Wald. Obwohl die Hälfte der Bevölkerung von der Landwirtschaft lebt und das Land sich selbst mit Grundnahrungsmitteln versorgen kann, machen agrarische Produkte weniger als 5 Prozent des türkischen Exports aus. An Industrieprodukten exportiert die Türkei Autoreifen, Zement, Keramik, elektrische und elektronische Güter, Dieselmotoren, Werkzeugmaschinen und Busse.

Das Volk

99 Prozent der türkischen Bevölkerung sind Muslime, darüber hinaus gibt es etwa 35.000 Juden, außerdem Christen verschiedener Konfessionen, vor allem griechisch- bzw. russisch-orthodoxe Christen. Die Mehrheit der Muslime sind Sunniten; die Schiiten, in der Türkei Alevis genannt, stellen etwa 12 Prozent der Bevölkerung. Darüber hinaus werden mit dem Begriff *Alevis* nicht nur Schiiten bezeichnet, sondern auch Angehörige von Sekten, die zum Teil aufgrund ihrer religiösen Überzeugungen und Praktiken wohl kaum als muslimisch bezeichnet werden können.

Die Türkei gilt seit 1928, als der Islam qua Verfassung seinen Status als Staatsreligion verlor, als ein weltlicher Staat. Die Verfassung verbietet Diskriminierungen aufgrund von Sprache, Rasse und Religion, und sie wendet sich auch gegen jeglichen Fundamentalismus: »Niemand darf die Religion oder religiöse Gefühle... zum Zwecke persönlichen oder politischen Einflusses nutzen oder gar dazu, auch nur in Teilen... die Macht des Staates

ANDORRA
Andorra la Vella

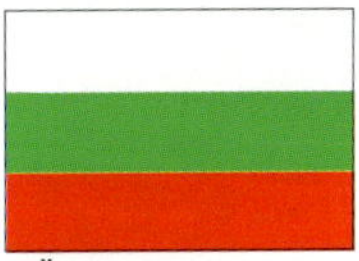
BÄLGARIJA
Sofija

BELGIÉ/BELGIQUE
Brussel/Bruxelles

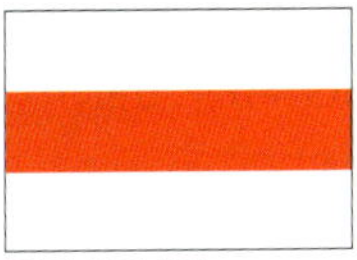
BELARUS'
Minsk

BOSNA I HERZEGOWINA
Sarajevo

CESKA REPUBLIKA
Praha

CYPRUS
Levkosia

DANMARK
Kobenhaven

DEUTSCHLAND
Berlin

EESTI
Tallinn

ELLÁS
Athina

ESPANA
Madrid

FRANCE
Paris

HRVATSKA
Zagreb

IRELAND/ÉIRE
Dublin/Baile Atha Cliath

ISLAND
Reykjavik

ITALIA
Roma

JUGOSLAVIJA
Beograd

LATVIJA
Riga

LIECHTENSTEIN
Vaduz

LIETUVA
Vilnius

LUXEMBOURG
Luxembourg

MAGYARORSZÁG
Budapest

MAKEDONIJA
Skopje

HYPERBOREUS
OCEANUS
Circulus Arcticus
ISLAND
DEUCALEDONIUS
OCEANUS
Farræ insulæ
Hitland al: Schetland
Hebrides Inf. 43. qua et Hebudes. etiam Mevania vocatur
Orcades I. 31.
SCOTIA
HIBERNIA
Dublin
Galway
Flandria insula al. I. das Maidas
Brasil
OCEANUS
GERMANI
CUS
ANGLIA
London
Oxford
Cambridge
Plymouth
Bristol
Yorke
Wight
Hollandia
Zeelandia
Flandria
CANTA BRICUS OCEA NUS
Bretagne
Normandie
France
Paris
Champaigne
Poictou
Orleans
Bourges
Lymoges
Auvergne
Bourgogne
Languedoc
Marseille
Bordeaux
Guiene
Bayonne
Lorraine
Strasburg
Elsas
Westfalia
Galicia
Leon
Castilia
Madrid
Toledo
Arragonia
Navarra
Valencia
Estremadura
Andaluzia
Granada
Lisbona
Sevilla
HISPANIA
Mare Gallicum
Balearides ins.
Majorca I.
Minorca
Mare Ibericum
MARE
Sardinia
Corsica
Tanger
Fez
Maroco
BARBARIA
Oran
Alger
NTI
OCE

petzorke MARE
CONDORA
LAPPIA
Sinus Gravicus al: Mare Album
PERMIA
VACHIN
DUINA
MESCHORA
RUSSIA
USTIUG
CARGAPOLIA
Wologda
Cheremi
Resan
MOSCO VIA
Tartaria Przc sis regnum p
Boddicus Sinus
Finland
Finnicus sinus
Mare
OOST ZEE Svevicum
Livo
Prussen
Lituania
Polonia
Podolia
Cremea
Meotis palus
Pontus Euxinus, Mare Majus
Græcis M. Nigrum, Turcis Caradenis. Cujus aqua semper extra in Propontidem confluit, introrsum salsum est ac magna piscium copia abundat.
Hungaria
Trassylvania
Moldavia
SLAVONIA
Dalmatia
Bulgaria
Albania
Thracia
Macedonia
Græcia
Venetia: olim Adriaticum et Superum mare
Archipelagus
Morea Pelopone sus
NATOLIA
ASIA MINOR
NEUM
Cyprus
Rhodus
Pomeren
Wologda
Moscoua

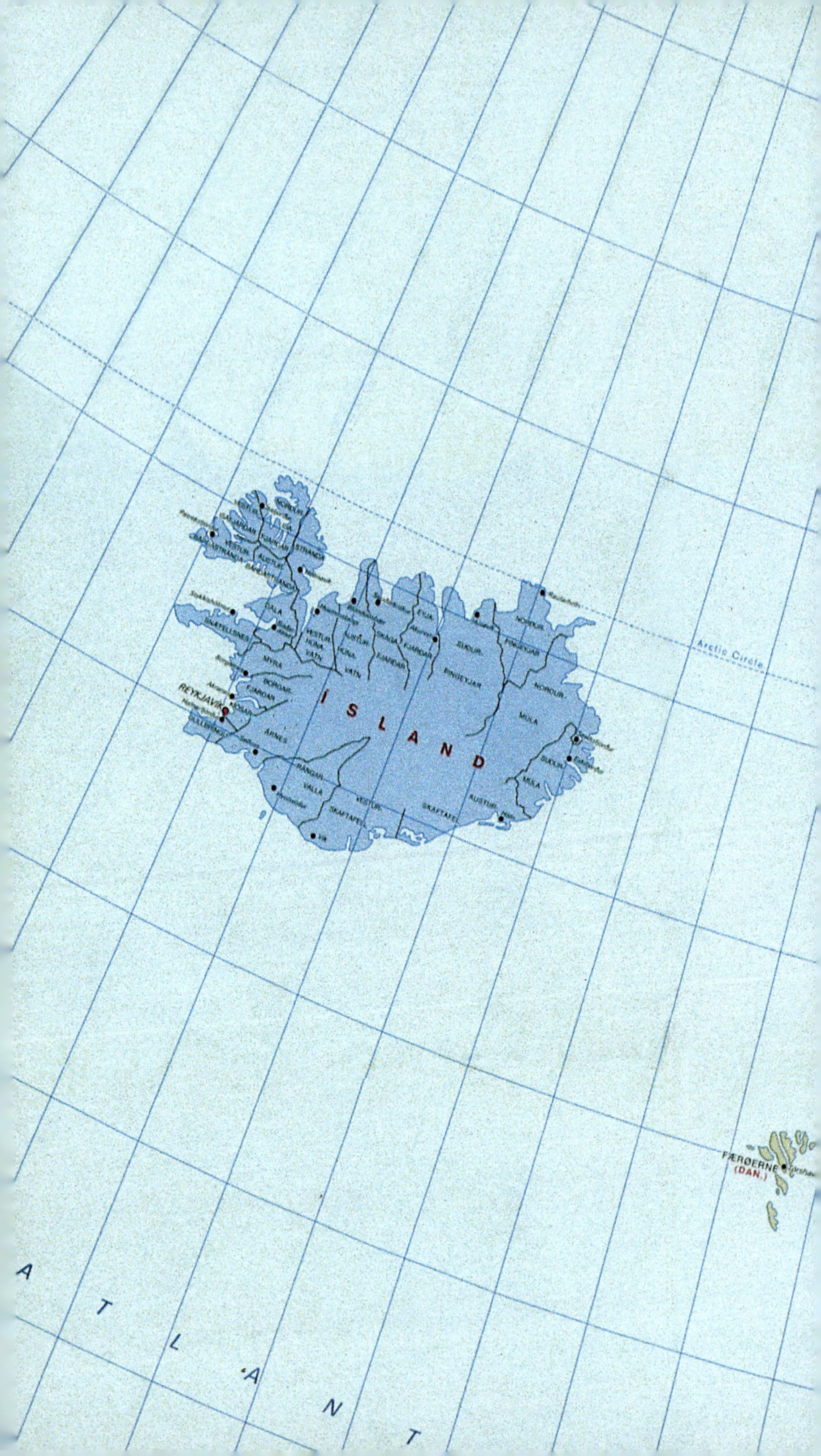

ÍSLAND
REYKJAVÍK
Arctic Circle
NORÐUR
VESTUR
ÍSAFJARÐAR
STRANDA
BARÐASTRANDA
AUSTUR
DALA
SNÆFELLSNES
MÝRA
BORGAR
FJARÐAR
KJÓSAR
GULLBRINGU
ÁRNES
RANGÁR
VALLA
SKAFTAFELL
HÚNA
VATN
SKAGA
FJARÐAR
EYJA
SUÐUR
ÞINGEYJAR
MÚLA
FÆRØERNE
(DAN.)
A T L A N T

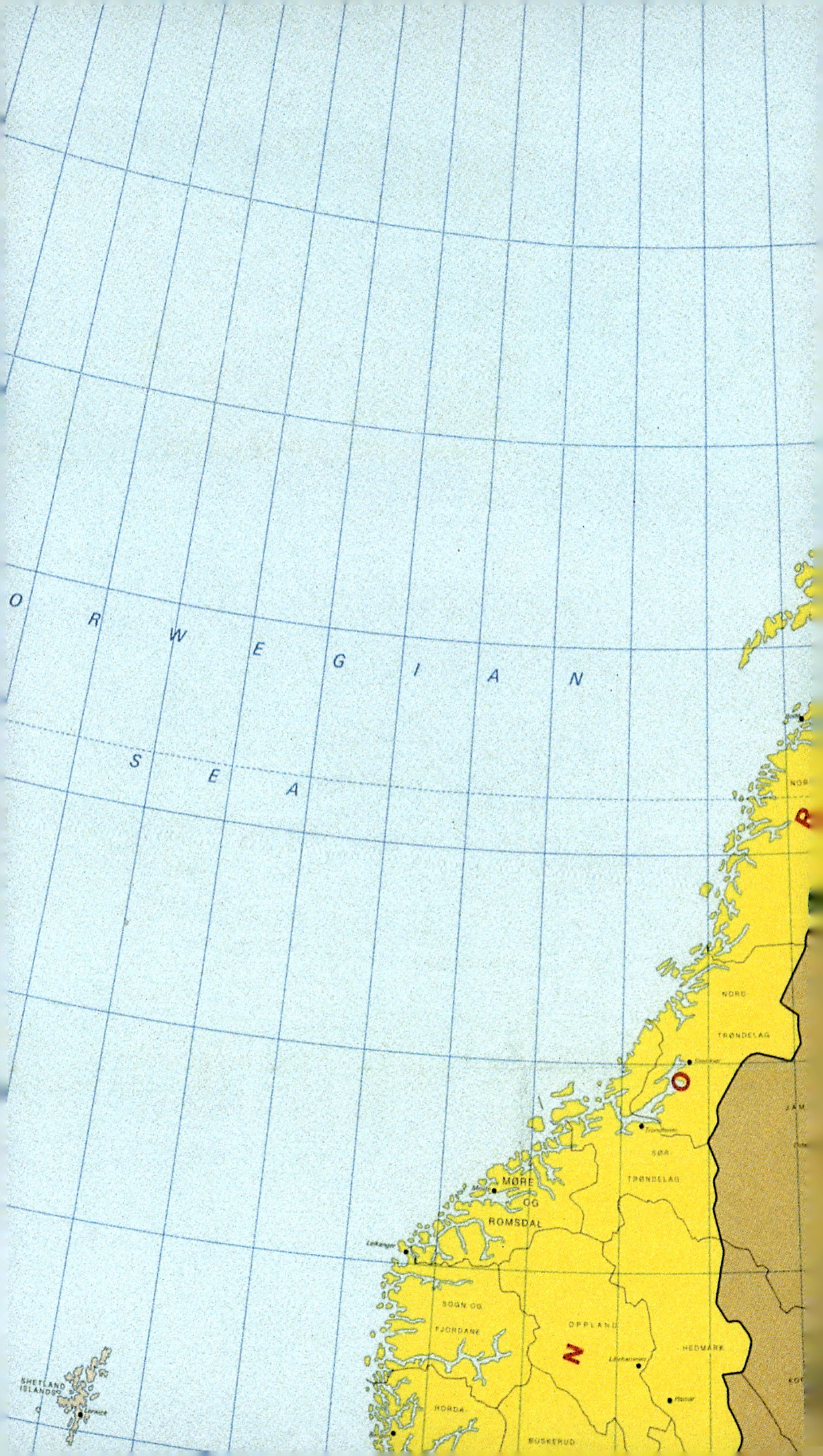
O R W E G I A N
S E A
NORD-
TRØNDELAG
SØR
TRØNDELAG
MØRE
OG
ROMSDAL
SOGN OG
FJORDANE
OPPLAND
HEDMARK
HORDA
BUSKERUD
SHETLAND ISLANDS
O
N

WESTERN
ISLES
HIGHLAND
SCOTL
STRATH
CENTRAL
TAY
CLYDE
DUMFRIES
AND GALLOWAY
NORTHERN IRELAND
DONEGAL
ULSTER
NORTHERN IRELAND
SLIGO
MAYO
CONNAUGHT
ROSCOM
LEITRIM
CAVAN
LOUTH
MEATH
WESTMEATH
IRELAND/EIRE
GALWAY
CLARE
DUBLIN
DUBLIN/ BAILE ATHA CLIATH
LEINSTER
WICKLOW
LIMERICK
MUNSTER
KERRY
CORK
WATERFORD
WEXFORD
ISLE OF MAN
MERSEYSIDE
GWYNEDD
CLWYD
POWYS
WALES
DYFED
WEST
MID
GLAMORGAN
SOUTH
GWENT
AVON
SOMERSET
DORSET
DEVON
CORNWALL
AND ISLES OF SCILLY
SOUTH WEST
SHROP SHIRE
HEREFORD AND WORCESTER
O C E A N
CHANNEL ISLANDS
FINISTERE
CÔTES-DU-NORD
BRETAGNE
ILLE-ET-VILAINE
MORBIHAN
LOIRE ATLANTIQUE
PAYS DE LA
FRANCE
VENDÉE
POITO
CHARENTE MARITIME

NORTH SEA
UNITED KINGDOM
DANMARK
KØBENHAVN
NEDERLAND
AMSTERDAM
'S-GRAVENHAGE/ DEN HAAG
BELGIË/BELGIQUE
BRUSSEL/ BRUXELLES
LUXEMBOURG
DEUTSCHLAND
SCHLESWIG-HOLSTEIN
MECKLENBURG-VORPOMMERN
HAMBURG
BREMEN
NIEDERSACHSEN
SACHSEN-ANHALT
NORDRHEIN-WESTFALEN
BONN
HESSEN
THÜRINGEN
RHEINLAND-PFALZ
SAARLAND
BADEN-WÜRTTEMBERG
BAYERN
SCHWEIZ
SUISSE
SVIZZERA
TIROL
PARIS
ÎLE DE FRANCE
PICARDIE
CHAMPAGNE-ARDENNE
LORRAINE
ALSACE
BOURGOGNE
FRANCHE-COMTÉ
NORD-PAS-DE-CALAIS
VLAANDEREN
WALLONIE
EAST ANGLIA
LONDON

ESPAÑA
PORTUGAL
AL MAGHRIB
(MAROC)
GALICIA
A CORUÑA
LUGO
PONTEVEDRA
OURENSE
PRINCIPADO DE ASTURIAS
CANTABRIA
BISKAIA
GIPUZKOA
EUSKADI
ALAVA
COMUNIDAD FORAL DE NAVARRA
LA RIOJA
LEON
PALENCIA
BURGOS
ZAMORA
CASTILLA Y LEON
VALLADOLID
SORIA
SEGOVIA
SALAMANCA
AVILA
C. DAD DE MADRID
MADRID
GUADALAJARA
HUESCA
ZARAGOZA
ARAGON
TERUEL
CASTELLON
CACERES
EXTREMADURA
BADAJOZ
TOLEDO
CUENCA
CASTILLA-LA MANCHA
CIUDAD REAL
ALBACETE
COMUNIDAD VALENCIANA
VALENCIA
ALICANTE
REGION DE MURCIA
HUELVA
CORDOBA
JAEN
ANDALUCIA
SEVILLA
GRANADA
CADIZ
MALAGA
ALMERIA
VIANA DO CASTELO
BRAGA
VILA REAL
BRAGANÇA
PORTO
AVEIRO
VISEU
GUARDA
COIMBRA
CASTELO BRANCO
LEIRIA
SANTAREM
LISBOA
PORTALEGRE
EVORA
SETUBAL
BEJA
FARO
PYRENEES-ATLANTIQUES
LANDES
GIRONDE
GIBRALTAR (U.K.)
CEUTA (ESP.)
MELILLA (ESP.)
TANGER
TETOUAN
LARACHE
CHECHAOUENE
AL HOCEIMA
KENITRA
SIDI KACEM
TAOUNATE
NADOR
RABAT
RABAT-SALE
TAZA
KHEMISSET
MEKNES
FES
OUJDA
IFRANE
BOULEMANE
KHOURIBGA
KHENIFRA
BENI MELLAL
AZILAL
FIGUIG
AR RACHIDIYA
OUARZAZATE
BECHAR
MOSTAGHANEM
WAHRAN
MOUASKAR
SIDI BEL ABBES
TILIMSEN
SAIDA

RHÔNE-ALPES
SAVOIE
D'AOSTA
LOMBARDIA
BRESCIA
VICENZA
VENEZIA
VENETO
PADOVA
ROVIGO
MANTOVA
CANTAL
HAUTE-LOIRE
LOT
ARDÈCHE
DRÔME
ISÈRE
HAUTES-ALPES
PIEMONTE
TORINO
CUNEO
ASTI
PAVIA
PIACENZA
PARMA
FERRARA
LOZÈRE
AVEYRON
LANGUEDOC-
PROVENCE-
LIGURIA
GENOVA
EMILIA
ROMAGNA
BOLOGNA
MODENA
TARN
GARD
VAUCLUSE
HAUTE-PROVENCE
ALPES-MARITIMES
SAVONA
LA SPEZIA
LUCCA
PISTOIA
FIRENZE
SAN MARINO
HERAULT
ROUSSILLON
AUDE
ALPES-CÔTE D'AZUR
BOUCHES-DU-RHÔNE
VAR
MONACO
Marseille
Toulon
Nice
Montpellier
LIVORNO
PISA
TOSCANA
AREZZO
SIENA
PESARO E URBINO
PYRÉNÉES-ORIENTALES
Perpignan
GROSSETO
UMBRIA
PERUGIA
TERNI
GIRONA
Girona
Barcelona
HAUTE-CORSE
CORSE
Bastia
Ajaccio
VITERBO
LAZIO
STATO DELLA CITTÀ DEL VATICANO
ROMA
SASSARI
Sassari
ORISTANO
NUORO
Nuoro
SARDEGNA
CAGLIARI
Cagliari
Palma de Mallorca
BALEARES
M
T I R
E D I T E R R A
Banzart
BANZART
TŪNIS
Tūnis
NABUL
BĀJAH
JUNDŪBAH
ZAGHWĀN
AL KĀF
SILYĀNAH
SŪSAH
AL MUNASTĪR
AL MAHDIYAH
AL QAYRAWĀN
AL QAṢRAYN
ṢAFĀQIS
QAFṢAH
QAMŪDAH
TŪNIS
TAWZAR
QĀBIS
QIBILĪ
MADANĪYĪN
TATAWĪN
ZUWĀRAH
AZ ZĀWIYAH
TIZI OUZOU
BÉJAÏA
JIJEL
SKIKDA
ANNABA
BOUIRA
SETIF
QACENTINA
GUELMA
OUM EL BOUAGHI
M'SILA
BATNA
TBESSA
BESKRA
EL DJELFA
WARGLA
Ā' I R
I E)

B A R E N
S E
E
FINNMARK
TROMS
G
E
NORRBOTTEN
G
VÄSTERBOTTEN
I
MURMANSKAJA OBLAST
LAPPI
SUOMI/
OULU
FINLAND
RESPUBLIKA
KARELIJA
VAASA
KUOPIO
KESKI-
SUOMI
MIKKELI
TURKU-
PORI
HÄME
KYMI
UUSIMAA
HELSINKI/
HELSINGFORS
LENINGRADS

NENECKIJ AVTONOMNYJ OKRUG
Arctic Circle
RESPUBLIKA
KOMI
ARHANGELSKAJA
OBLAST
KOMI-
KIROVSKAJA OBLAST
A
J
I
S
S
S
VOLOGODSKAJA
OBLAST
KOSTROMSKAJA
OBLAST
JAROSLAVSKAJA
OBLAST
RESPUBLIKA MARIJ EL
ČUVASSKAJA

STOCKHOLM
SÖDERMANLAND
GOTLAND
BALTIC SEA
EESTI
PSKOVSKAJA OBLAST
RIGA
LATVIJA
LIETUVA
VILNIUS
VITEBSKAJA VOBLASC'
BORNHOLM
KALININGRADSKAJA OBLAST
MINSK
MINSKAJA VOBLASC'
GRODNENSKAJA VOBLASC
BELAR
BRESTSKAJA VOBLASC
SŁUPSK
GDANSK
ELBLĄG
OLSZTYN
SUWAŁKI
KOSZALIN
BYD
TORUN
CIECHA
OSTRO-
ŁOMŻA
BIAŁY
STOK
PIŁA
GORZÓW
GORZCZ
WŁOC-
ŁAWEK
PŁOCK
NÓW
ŁĘKA
WARSZAWA
POZNAŃ
KONIN
POLSKA
SIEDLCE
BIAŁA
ZIELONA
GÓRA
LESZNO
ŁÓDŹ
RADOM
LUBLIN
CHEŁM
KALISZ
SIERADZ
PIOTRKÓW
LEGNICA
WROCŁAW
JELENIA
GÓRA
CZĘSTOCHOWA
KIELCE
TARNOBRZEG
ZAMOŚĆ
OPOLE
RZESZÓW
WAŁBRZYCH
KATOWICE
KRAKÓW
TARNÓW
PRZEMYŚL
BIELSKO
NOWY SĄCZ
KROSNO
VOLYNS'KA OBLAST
RIVNENS'KA OBLAST
UK
HMELNIC'KA OBLAST
LVIVS'KA OBLAST
TERNOPIL-S'KA OBL.
IVANO-FRANKIVS'KA OBL.
ZAKARPATS'KA OBLAST
ČERNIVEC'KA OBL.
ČESKÁ REPUBLIKA
SLOVENSKÁ REPUBLIKA
BRATISLAVA
NIEDER-
WIEN
ÖSTERREICH
RREICH
EIERMARK
BURGEN-LAND
BORSOD-ABAÚJ-ZEMPLÉN
SZABOLCS-SZATMÁR
NÓGRÁD
HEVES
HAJDÚ-BIHAR
KOMÁROM
GYŐR-SOPRON
BUDAPEST
PEST
SZOLNOK
VESZPRÉM
FEJÉR
MAGYARORSZÁG
BÉKÉS
ZALA
SOMOGY
TOLNA
BÁCS-KISKUN
CSONGRÁD
SATU MARE
MARAMUREȘ
SUCEAVA
BOTOȘANI
BISTRIȚA-NĂSĂUD
SĂLAJ
CLUJ
MUREȘ
HARGHITA
BIHOR
ARAD
ALBA
SIBIU
BRAȘOV
COVASNA
ROMÂNI

NIŽEGORO
OBLAST
TVERSKAJA OBLAST
VLADIMIRSKAJA OBLAST
MORDOVSKAJA SSR
MOSKVA
MOSKOVSKAJA OBLAST
RJAZANSKAJA OBLAST
PENZENSKAJA OBLAST
SMOLENSKAJA OBLAST
KALUŽSKAJA OBLAST
TULSKAJA OBLAST
TAMBOVSKAJA OBLAST
SARA
LIPECKAJA OBLAST
ORLOVSKAJA OBLAST
BRJANSKAJA OBLAST
VORONEŽSKAJA OBLAST
VOLGO
KURSKAJA OBLAST
BELGORODSKAJA OBLAST
ČERNIGIVS'KA OBLAST
SUMS'KA OBLAST
LUGANS'KA OBLAST
A
N
I
J
HARKIVS'KA OBLAST
KYJIV
POLTAVS'KA OBLAST
ROSTOVSKAJA OBLAST
KYJIVSKA OBLAST
DONEC'KA OBLAST
ČERKAS'KA OBLAST
DNIPROPETROVS'KA OBLAST
KIROVOGRADS'KA OBLAST
ZAPORIŽŽS'KA OBLAST
KRASNODARSKIJ K
MYKOLAJIVS'KA OBLAST
OVA
ODES'KA OBLAST
HERSONS'KA OBLAST
CHIŞINĂU
RESPUBLIKA KRYM
TULCEA
A

HRVATSKA
BOSNA I
HERCEGOVINA
SARAJEVO
JUGO-
SLAVIJA
SRBIJA
BEOGRAD
CRNA
GORA
Podgorica
KOSOVO
Priština
SKOPJE
MAKEDONIJA
SHQI-
PËRIA
SOFIJA
ADRIATICO
MOLISE
FOGGIA
CAMPANIA
BARI
PUGLIA
TARANTO
BASILICATA
MATERA
POTENZA
LECCE
COSENZA
CALABRIA
CATANZARO
MESSINA
ENNA
CATANIA
MARE IONIO
KENTRIKI
MACEDONIA
THESSALIA
LARISSA
IONIOI
NISOI
ELADA STEREA
ATIKI
PELOPO
NISSOS
VALLETTA
E A N S E A
LIBIYA

B L A C K
TÜRKİYE
KIBRIS
CYPRUS
LEVKOŞA
LEVKOSIA
PAFOS
LEMESOS
LARNAKA
ANKARA
İSTANBUL
KOCAELİ
SAKARYA
BOLU
ZONGULDAK
BARTIN
KASTAMONU
SİNOP
SAMSUN
AMASYA
TOKAT
ÇORUM
ÇANKIRI
YOZGAT
KIRIKKALE
KIRŞEHİR
NEVŞEHİR
KAYSERİ
AKSARAY
NİĞDE
ADANA
KONYA
KARAMAN
İÇEL
ANTALYA
BURDUR
ISPARTA
AFYON
KÜTAHYA
ESKİŞEHİR
BİLECİK
BURSA
BALIKESİR
ÇANAKKALE
EDİRNE
KIRKLARELİ
TEKİRDAĞ
MANİSA
UŞAK
İZMİR
AYDIN
DENİZLİ
MUĞLA
VARNA
SAMOS
EGEO
DODEKANISSA
KRITI
IRAKLIO
LASSITHI
AL ISKANDARIYAH
KAFR AS SAIH
AL BUHAYRAH
AL GHARBIYAH
AD DAQAHLIYAH
ASH SHARQIYAH
AL MINUFIYAH
AL QAHIRAH
MARSA MATRUH
E G Y P T

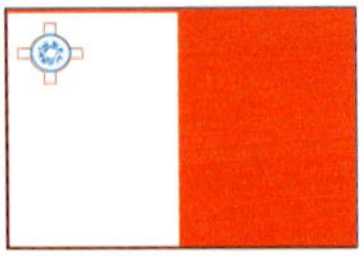
MALTA
Valetta

MOLDOVA
Chisinäu

MONACO
Monaco

NEDERLAND
Amsterdam

NORGE
Oslo

ÖSTERREICH
Wien

POLSKA
Wraszawa

PORTUGAL
Lisboa

ROMANIA
Bucuresti

ROSSIJA
Moskva

SAN MARINO
San Marino

SCHWEIZ/SUISSE
Bern

SHOJPÉRIA
Tirané

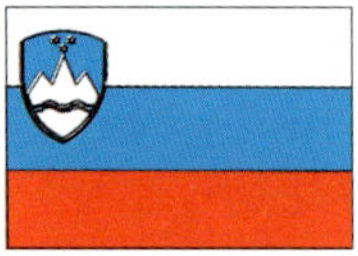
SLOVENIJA
Ljuijana

SLOVENSKÁ REPUBL
Bratislava

SUOMI/FINLAND
Helsinki/Helsingfors

STATO DELLA CITA
DEL VATICANO

SVERIGE
Stockholm

TÜRKIYE
Ankara

UKRAJINA
Kyjiv

UNITED KINGDOM
London

auf religiöse Lehren zu stützen.» Die meisten Türken haben kein Problem damit, Bürger eines weltlichen Staates zu sein und gleichzeitig Muslim. Sie mögen ein Gefühl der Solidarität mit ihren bosnischen Glaubensbrüdern empfinden, ebenso wie sie dies mit denjenigen in Asien tun (vor allem jenen, die, anders als die Bosnier, ihre Sprache sprechen), aber an erster Stelle steht für sie das Interesse am eigenen Land. Als die Türkei beispielsweise im März 1949 den neugegründeten Staat Israel politisch anerkannte, erhoben sich nirgendwo im Land Proteste gegen diesen Schritt.

Die Homogenität der Nation ist ein ungeschriebenes Gesetz, auch wenn einige Türken ernsthaft unterstellen, die Türken selbst seien absolut reinrassig. Vor der Ankunft der Türken war die Türkei jahrtausendelang die Heimat von Hethitern, Phrygiern, Lydiern, Assyrern und zahllosen, inzwischen vergessenen Völkern, und gleichzeitig war sie für andere Völker auf ihren Eroberungszügen das Einfallstor nach Europa. In dieser Mischung der Gene stellten die Türken nur noch ein weiteres Ingrediens dar. Tatsächlich war es zwischen Mitte des 15. und Mitte des 17. Jahrhunderts für Türken sogar eher schwierig, in höhere staatliche Ämter oder militärische Ränge aufzurücken, da damals die älteren zivilen Beamten ebenso wie die Janitscharen, die militärische Elite des Landes, bewußt aus den Reihen der christlichen Jugend rekrutiert wurden: von den 215 Großwesiren, die das Reich im Laufe seiner Geschichte regierten, waren mehr als zwei Drittel christlichen Glaubens. Darüber hinaus heirateten auch viele Soldaten und Verwalter im multikulturellen Osmanischen Reich Frauen aus jenen Gegenden und Regionen, in denen sie stationiert beziehungsweise tätig waren.

In der heutigen Türkei stellen die Kurden die bedeutendste nichttürkische Bevölkerungsgruppe dar. Viele von ihnen sprechen türkisch, viele von ihnen haben ihr Schicksal an jenes der Türken geknüpft, und man findet die Kurden auch in allen gesellschaftlichen Bereichen, angefangen bei den Bauern und Arbeitern bis hin zu den Universitätsprofessoren, unter den Mitgliedern der Nationalversammlung und sogar im Ministerrat.

Die meisten Kurden leben im Süden und Südwesten von Anatolien, in der nichteuropäischen Türkei. Seitens der türkischen

Regierung verfolgt man ihnen gegenüber eine Politik der Integration und viele Jahre lang haben einige türkische Kommentatoren sogar die Existenz des kurdischen Volkes geleugnet, indem sie die Kurden als *Bergtürken* bezeichneten. Im Südosten der Türkei gibt es eine separatistische kurdische Bewegung, die von der *Kurdischen Arbeiterpartei* (PKK) angeführt wird.

Von den Beiträgen, die die Türken zur Zivilisation geleistet haben, verdienen zwei besondere Beachtung: die Bekämpfung der Pocken sowie die türkische Küche, eine der grundlegendsten Küchen der Welt, aus der viele andere hervorgegangen sind: sie beeinflußte jene Griechenlands, des Balkans, des Mittleren Ostens, Nordafrikas und Indiens. Ihre delikate und abwechslungsreiche Art verdankt sie in vieler Hinsicht all den einst in der Türkei unbekannten Zutaten, die auf dem Handelswege Istanbul erreichten oder von fremden Eroberern ins Land gebracht und in die einheimische Küche integriert wurden, deren köstliche Rezepte dann wieder im ganzen Osmanischen Reich Verbreitung fanden.

Als die osmanische Herrschaft ihren Niedergang erlebte, blieben viele Türken in den ehemaligen osmanischen Reichsteilen außerhalb der Türkei zurück. Wieviele von ihnen heute in Syrien, Ägypten oder im Irak leben ist nicht bekannt. Die Angehörigen jener Volksgruppe im Norden des Irak, die man bisweilen als Türken bezeichnet, sind in Wirklichkeit Turkmenen. Die Muslime in Bosnien-Herzegowina und Albanien sind keine Türken, sondern Nachfahren von dort Einheimischen, die im 15. Jahrhundert zum Islam konvertierten, und sie sind auch rein sprachlich von ihren dortigen Nachbarn nicht zu unterscheiden. Im Bereich des ehemaligen Osmanischen Reiches gibt es lediglich in Griechenland, Bulgarien und auf Zypern größere türkische Volksgruppen. Die größte türkische Volksgruppe im Ausland lebt jedoch in Deutschland, sie umfaßt etwa 2 Millionen Türken.

Im Zuge des Austauschs ihrer jeweiligen Bevölkerungsgruppen, den die Türkei und Griechenland 1923 vereinbarten, kamen eine halbe Million Türken zurück in ihr Mutterland, das nur wenige von ihnen jemals überhaupt gesehen hatten. Heute leben noch etwa 110.000 Türken in Griechenland, vorwiegend im westlichen (griechischen) Teil von Thrakien.

1950 und 1951 vertrieb Bulgarien 250.000 »Muslime türkischen Ursprungs« aus dem Land, um damit die Türkei für die Entsendung einer militärischen Einheit nach Korea zu bestrafen, die im Rahmen einer Aktion der Vereinten Nationen erfolgt war; doch die Beziehungen zwischen Bulgarien und der Türkei haben sich seit dem Zusammenbruch des Kommunismus im Osten Europas deutlich verbessert. Die geschätzte Zahl der türkischen Einwohner Bulgariens lag 1991 bei etwa 900.000.

Auf Zypern gab es vor der Eroberung durch die Osmanen im Jahre 1571 wohl kaum türkische Einwohner, doch nach 1571 siedelten sich dort 1689 türkische Familien aus Anatolien an und diese Zahl erhöhte sich in weiteren zehn Jahren auf 8.000. Die Volkszählung von 1911 ergab, daß auf Zypern damals 216.300 Griechen und 55.213 Türken lebten. In der Türkischen Republik Nordzypern (ein Staat, der 1983 ausgerufen wurde, jedoch keine internationale Anerkennung fand) leben heute 170.000 Türken, das sind 24 Prozent der gesamten Inselbevölkerung.

Geschichte

Die Türken kamen ursprünglich aus der Äußeren Mongolei, als ihrem ersten bekannten Siedlungsgebiet. Nachdem ihr Land 744 von den Mongolen überrannt wurde, zogen die Türken nach Süden und Westen, das heißt in das Arabische Reich. Hier trennten sie sich von ihren traditionellen Riten der Verehrung des Himmels, der Erde und des Wasser und übernahmen den Islam. Sie traten als Söldner in den Dienst der Kalifen und usurpierten schließlich die Staatsmacht. 1055 erlangten die Türken unter der Führung des Seldschukensultans *Alp Arslan* die Herrschaft über Bagdad, von wo aus sie ihre Macht und ihren Einfluß bis in das Byzantinische Reich hinein ausdehnten. Innerhalb weniger Jahre etablierte sich in weiten Teile Kleinasiens eine seldschukische Provinz, deren Hauptstadt Iznik (das alte Nizäa) wurde. Als sich dann zudem in West- und Zentralasien die Nachricht verbreitete, daß reiche Beute im Krieg gegen die Ungläubigen in Kleinasien zu gewinnen sei, kamen immer mehr Türken hierher. Als die seldschukische Herrschaft dann im frühen 13. Jahrhundert ihren

Niedergang erlebte, übernahmen andere, neu entstandene und tatkräftige türkische Dynastien das Erbe. Am erfolgreichsten erwies sich die osmanische Dynastie, die 1326 Bursa zu ihrer Hauptstadt wählte. 1326 verlegte Sultan Murad I. die Hauptstadt nach Edirne (vormals Adrianopel) und begann nun von hier aus seine Eroberungszüge gegen das christliche Europa. 1386 fiel Sofia und 1389 bereits ganz Bulgarien und in diesem Jahr verschob sich auch die östliche Grenze des Reichs bis hin an den Euphrat. 1417 wurde Albanien osmanische Provinz und 1453 eroberte *Mehmet II.* Konstantinopel, den letzten Stützpunkt des vormaligen Byzantinischen Reichs und 1463 schließlich wurde auch Bosnien dem Osmanischen Reich eingegliedert.

Im 17. Jahrhundert, als das Osmanische Reich seine größte Ausdehnung erlebte, erstreckte es sich von Algerien bis zur Krim und zum Kaspischen Meer und von Ungarn bis hin zu den Küsten Arabiens. Doch die osmanischen Herrscher waren blind gegenüber dem wirtschaftlichen Fortschritt der christlichen Nationen im Westen, deren technische Errungenschaften sie als Teufelswerk abtaten, damit ihre dem muslimischen Glauben verbundenen Territorien, die als solche unter göttlichem Schutze standen, nicht gefährdet werden konnten. Was sie jedoch tatsächlich blind machte, war ihre Selbstzufriedenheit sowie die langen Jahre ihrer militärischen Überlegenheit und die Überzeugung, daß es Gottes Wille sei und dieser sich in der Geschichte manifestiere, daß nämlich die Muslime auf immer die Welt beherrschen sollten. 1683 aber wurden die osmanischen Armeen gezwungen, die Belagerung Wiens aufzugeben und bereits 1686 nahmen dann die Österreicher Budapest ein.

Doch der Niedergang des Osmanischen Reiches war nicht aufzuhalten, trotz Herrschern wie Sultan *Mustafa III.* (1757–74), der eine Schule für Navigationstechnik gründete und europäische Instrukteure ins Land holte, oder Sultan *Salim III* (1789–1807), der versuchte, die Armee und die Verwaltung zu reformieren und für seine Anstrengungen abgesetzt und ermordet wurde, oder Sultan *Mahmud II.* (1808–39), der den Fehler beging, die alte, undisziplinierte Armee aufzulösen, bevor er eine neue Armee aufgebaut hatte. Die Rivalitäten unter den europäischen Mächten im 19. Jahrhundert verhinderte, daß eine dieser Mächte dem »kranken Mann am Bosporus« den Todesstoß versetzte, doch bisweilen ging ihre Zusammenarbeit zumindest so weit, daß sie ihm einige seiner Besitzungen entrissen. Die Griechen waren die ersten, die 1830 mit Unterstützung der Briten, Franzosen und Russen ihre Unabhängigkeit vom Osmanischen Reich erlangten. Diesem Beispiel folgten nach und nach auch ihre Nachbarn und 1878 hatte das Osmanische Reich die meisten seiner europäischen Provinzen verloren. Trotz der Anstrengungen, das Sultanat und auch die ministerielle Verwaltung zu reformieren, schwanden seine finanziellen Mittel zusehends. Sultan *Abd Al Hamid II.* (1876–1909) wurde schließlich vor dem totalen Ruin durch ein Kreditangebot des Deutschen Kaisers gerettet. Dies führte zu einer stetig wachsenden Annäherung zwischen Deutschland und der Türkei, der schließlich sogar *Abd Al Hamid* zum Opfer fiel. Denn die revolutionäre Bewegung der *Jungtürken*, die ihn absetzten, bestand vor allem aus türkischen Offizieren, die eine deutsche Ausbildung erhalten hatten und Deutschland als den einzigen »wahren Freund« der Türkei betrachteten. Unter ihrer Federführung trat die Türkei schließlich auch an der Seite Deutschlands und seiner Verbündeter in den Ersten Weltkrieg ein und gleichermaßen in die Niederlage von 1918.

Diese Niederlage konfrontierte die Türken nun zum ersten Mal in ihrer Geschichte mit dem Problem ihrer Identität. Die Intellektuellen und die herrschende Klasse des Landes hatten sich selbst nie als Türken betrachtet, sondern als Angehörige eines universellen islamischen Staats, der von osmanischen Sultanen regiert wurde; so hatten sich auch jene, die die Außenwelt als *Jungtürken* bezeichnet hatte, selbst stets *Jungosmanen* genannt. Während jedoch der Verlust der europäischen Provinzen an dieser Selbsteinschätzung nichts geändert hatte, setzte nun die arabische Revolte gegen die Osmanen und die Tatsache, daß nach dem Ersten Weltkrieg eigenständige arabische Staaten entstanden, dieser Haltung für immer ein Ende.

Während des Krieges hatten die Alliierten in verschiedenen Geheimverträgen bereits Vorkehrungen getroffen, nicht nur das Türkische Reich, sondern auch die Türkei selbst zu zerschlagen. Jetzt war die Zeit hierfür gekommen. Zwei Wochen nach Unterzeichnung des Waffenstillstands landete eine alliierte Streitmacht in Istanbul. Innerhalb weniger Monate hatten französische Truppen Adana besetzt sowie den Südosten den Landes, italienische Truppen besetzten Antalya und den Südwesten und im Mai 1919 drang die griechische Armee nach Izmir und in den Westen der Türkei vor. Obwohl die Regierung des Sultans mit den Alliierten kollaborierte, akzeptierten die türkischen Generäle nicht, daß sie besiegt waren. Im ganzen Land bildeten sich patriotische Gruppierungen und viele Soldaten, die bereits acht Jahre im Krieg gewesen waren, zunächst im Balkankrieg, dann im Ersten Weltkrieg, griffen erneut zu ihren Gewehren. *Mustafa Kemal*, der Held von Gallipoli und der einzige osmanische General, der nie eine Schlacht verloren hatte, organisierte und kommandierte ab Mai 1919 den Widerstand. Er errichtete sein Hauptquartier in Ankara, einer alte Stadt in Zentralanatolien, gleichzeitig eine natürliche Festung mit hervorragenden Verbindungswegen. Hier fand am 23. April 1920 die erste Sitzung der Großen Nationalversammlung statt, die Mustafa Kemal zu ihrem Vorsitzenden wählte. Seine Aufgabe war gewaltig: er hatte mehrere Kriege gleichzeitig zu führen, und zwar nicht nur gegen die Invasoren von Außen, sondern auch gegen jene Türken, die davon überzeugt waren, daß ihre Loyalität gegenüber dem Sultan bedeutsamer sei als jene gegenüber ihrer Nation. Am 11. Oktober 1922 schließlich wurde ein Waffenstillstand geschlossen, der die totale Unterwerfung der Alliierten unter die Forderungen der Regierung in Ankara beinhaltete. Im Vertrag von Lausanne, am 24. Juli 1923 unterzeichnet, wurde dann die volle Unabhängigkeit und Souveränität des neuen türkischen Staates anerkannt. Am 13. Oktober 1923 wurde die Republik ausgerufen, mit *Mustafa Kemal* als ihrem ersten Präsidenten, und Ankara zur Hauptstadt des Landes erklärt.

Die Aufgabe, die er sich selbst stellte, war, die Türkei westlichen Einflüssen zu öffnen. Eine neue Gesetzgebung, auf europäischen Vorbildern basierend, ersetzte die vorherige, die aus islamischen Gesetzen sowie Verordnungen des Sultans bestand. Das Tragen des Fez wurde untersagt. Ein neues, auf dem Lateinischen basierendes Alphabet wurde eingeführt und ersetzte die persisch-arabischen Schriftzeichen. Jede Familie mußte sich einen Nachnamen zulegen (in der islamischen Tradition waren die

Leute als A bekannt, Sohn oder Tochter von B). Mustafa Kemals Nachname *Atatürk*, »Vater der Türken«, wurde für ihn von der Nationalversammlung ausgesucht. Frauen erhielten 1934 das aktive und passive Wahlrecht (etwa 37 Jahre früher als die Frauen in der Schweiz). *Atatürk* starb 1938, ohne am eigentlichen Ziel seiner Bemühungen angelangt zu sein: in der Türkei eine parlamentarische Demokratie zu etablieren – dies sollte das Werk der nachfolgenden Generationen sein.

Sprache

Das Türkische, die Sprache der Türkei, gehört linguistisch zur Familie der Turksprachen, die vom Balkan bis nach China und zum Pazifik verbreitet sind. Diese Sprachfamilie weist keine generell anerkannten, verwandten Sprachen auf; auch die Verwandtschaft zum Mongolischen, die einst als gesichert schien, ist alles andere als bewiesen, während die sogenannte Ural-Altaische Theorie des 19. Jahrhunderts, die das Ungarische und Finnische als zusammenhängend betrachtete, kaum noch Anerkennung findet. Einige der Turksprachen sind dem Türkischen derart ähnlich, daß man sie eher als Dialekte des Türkischen bezeichnen könnte denn als eigenständige Sprachen; beispielsweise die Sprache der Gagausen im rumänischen Moldau, der zypriotischen Türken, der Kashkai im südlichen Iran und der Aserbaidschaner.

Die Vorstellung eines osmanischen Türkisch als offizielle Sprache des Osmanischen Reiches war für all jene Türken, die keine islamische Ausbildung hatten, kaum nachvollziehbar. Obwohl im Grunde Türkisch, hat sich diese Sprache dennoch Wörter und grammatische Strukturen aus dem Arabischen entlehnt, der Sprache der Religion, und aus dem Persischen, das bis ins 16. Jahrhundert hinein als Schriftsprache fungierte. Tatsächlich benutzten die osmanischen Geschichtsschreiber selbst noch Jahre nachdem sie begonnen hatten, türkisch zu schreiben, für die Überschriften ihrer Kapitel ausschließlich Persisch. Und ein einfacheres Türkisch, das die meisten Menschen verstehen konnten, begann man erst nach 1860 zu schreiben, als sich langsam der Journalismus entwickelte. Bemühungen, die Sprache zu »reinigen« waren schließlich auch nur bis zu einem bestimmten Grade möglich, denn einige grammatische Strukturen aus dem Arabischen oder auch Persischen hatten sich längst im alltäglichen Sprachgebrauch durchgesetzt, obwohl das Vokabular sich nur wenig verändert hatte.

1930 schließlich proklamierte *Atatürk*, der es bedauerte, daß die Türkei jemals unter islamischen Einfluß geraten war, folgende schicksalhafte Worte: »Die türkische Nation, die sehr gut in der Lage ist, ihr Territorium und ihre Unabhängigkeit zu schützen, muß auch ihre Sprache vom ausländischen Joch befreien«. Die daraufhin einsetzende Bewegung zur Sprachreform war unvergleichlich radikaler als alles, was je in dieser Art zum Beispiel in Finnland oder Ungarn versucht worden war. Das Volk wurde aufgerufen, rein türkische Wörter zu suchen, die in örtlichen Dialekten noch geläufig waren, während ganze Teams von Wissenschaftlern alte Texte durcharbeiteten auf der Suche nach türkischen Begriffen, die arabische oder persische Synonyme ersetzten konnten. Alle Ergebnisse dieser Nachforschungen wurden in den Schulen und in der Tagespresse veröffentlicht. Seit dieser Zeit hat sich das gesamte Vokabular des Türkischen derart verändert, daß heute nur noch wenige Türken Kemals eigene Schriften im Original lesen können. Seine *Sechstagerede* (Nutuk) über den Niedergang des Osmanischen Reiches und den Aufstieg der Republik, die er 1927 hielt, mußte 1963 in ein modernes Türkisch übertragen werden, und selbst diese Version ist der heutigen türkischen Jugend nicht mehr gänzlich verständlich. Viele Türken beklagen diese Situation, weil sie meinen, daß die türkische Sprache ärmer geworden sei.

Die Griechen

Die Geographie (Berge und Meer: kein Punkt Griechenlands ist mehr als 100 km vom Meer entfernt), nur wenige Verbindungswege (bis vor kurzem), kaum vorhandene natürliche Ressourcen und der Mangel an landwirtschaftlich nutzbaren Flächen – all diese Faktoren spielten eine Rolle bei der Herausbildung des heutigen Griechenlands und sie prägen die Menschen, die heute dort leben. Doch auch die Geschichte spielt eine bedeutende Rolle. Alle Völker tragen die Last ihrer Geschichte beziehungsweise zumindest der gängigen Rezeption ihrer Geschichte. Jene der Griechen aber ist in besonderem Maß gewichtig, galt ihr kulturelles Erbe doch jahrhundertelang als der Höhepunkt, das Ideal aller menschlichen Errungenschaften. *Progonoplexia* (die Leidenschaft für das Alte) und *arkhaiolatreia* (die exzessive Huldigung der Antike) sind Schlüsselelemente der heutigen griechischen Identität, und die Suche danach und das Verhältnis, in dem die Gegenwart zur Vergangenheit steht, ist in der Literatur Griechenlands ein allgegenwärtiges Thema. Im Grunde ist Griechenland das einzige Land, ist Griechisch die einzige Sprache und sind die Griechen das einzige Volk, das mit dem Adjektiv »modern« gekennzeichnet werden muß, um jegliche Konfusion im Hinblick auf die Vergangenheit zu vermeiden.

Geschichte und Religion

1981 wurde Griechenland das zehnte Mitglied der Europäischen Gemeinschaft und es schien, als ob den Griechen damit jene Sicherheit gegeben worden sei, nach der sie gestrebt hatten, daß sie nämlich »vollwertige« Europäer seien. Und dennoch hatten sie selbst immer davon geredet, »nach Europa zu reisen«, so als ob ihr Land nicht Teil dieses Europas sei. Gleichzeitig unterstrichen die übrigen Mitglieder der EG in schon nahezu übertriebener Art und Weise die griechischen Wurzeln der westlichen Kultur. So sprach beispielsweise ein Beamter des britischen Außenministeriums im Zusammenhang mit dem Beitritt Griechenlands in die EG davon, daß dies eine angemessene Geste sei, »die kulturelle und politische Schuld, die wir alle einem fast 3000 Jahre alten griechischen Erbe gegenüber tragen«, zu begleichen. Mit dieser Aussage bestärkte er ganz vehement ein Basiselement des griechischen Selbstbildes, daß es nämlich eine ungebrochene kulturelle und tatsächlich auch ethnische Kontinuität zwischen dem alten und dem neuen Griechenland gäbe. Als der österreichische Hellenist *Fallmerayer* um 1830 feststellte, daß in den Adern der heutigen Griechen nicht ein Tropfen reinen griechischen Blutes zirkuliere, wurde er von allen Seiten angegriffen und bis zum heutigen Tage steht Fallmerayer symbolhaft für all jene Mißliebigen, die behaupten, daß die heutigen Griechen nur sehr wenig mit den alten Griechen zu tun haben. Der Beitritt Griechenlands in die EG markierte nicht nur einen Wendepunkt in der Politik des modernen Griechenlands, sondern auch in der Entwicklung der Europäischen Gemeinschaft selbst. Denn Griechenland war nicht allein das erste osteuropäische Land, das aufgenommen wurde, auch sein historisches Erbe – einerseits als Repräsentant der orthodoxen Christenheit (offiziell sind es 98 Prozent der Griechen) und andererseits aufgrund seiner vier Jahrhunderte dauernden Zugehörigkeit zum Osmanischen Reich – unterscheidet Griechenland von allen anderen Mitgliedsländern der EG beziehungsweise EU, unwichtig, ob sie dem protestantischen Norden oder dem katholischen Süden angehören.

Die griechische Orthodoxie selbst beinhaltete bereits eine stark antiwestliche Dimension, darüber hinaus führte aber auch die Eingliederung des Landes in das Osmanische Reich (mit Ausnahme der Ionischen Inseln) dazu, daß Griechenland von einer ganzen Reihe historischer Ereignisse ausgeschlossen blieb, die die Entwicklung Westeuropas zutiefst beeinflußten. Die Renaissance, die Reformation, die Gegenreformation, die wissenschaftliche Revolution des 17. Jahrhunderts, die Aufklärung im 18. Jahrhundert, die Französische Revolution sowie die Industrielle Revolution – sie alle gingen an Griechenland vorbei. Darüber hinaus hinterließ auch die Herrschaft der Osmanen deutliche Spuren (am offensichtlichsten in der griechischen Küche) in den Sitten und Bräuchen des Landes, die dann ihrerseits wieder die politische Kultur des unabhängigen griechischen Staates prägten, der um 1830 entstand. In dieser Hinsicht hat Griechenland mehr Gemeinsamkeiten mit seinen Nachbarn auf dem Balkan – Bulgarien, Makedonien, Serbien, Albanien, Rumänien und der Türkei – als mit den Ländern des westlichen beziehungsweise Zentraleuropas.

Die Griechen haben ein dreifaches historisches Erbe: jenes der heidnischen Welt des alten Griechenlands, jenes des orthodoxen

Christentums des mittelalterlichen Byzantinischen Reiches, und jenes der Zeit der muslimisch-türkischen Herrschaft. Am 29. Mai 1453 fiel Konstantinopel an die Türken, an einem Dienstag – dem Wochentag, der bis heute in Griechenland als ein Unglückstag angesehen wird. Der Fall »Der Stadt«, wie die Griechen Konstantinopel nennen (»Istanbul« ist dem Griechischen »Eis tin Polis« – »in die Stadt« entlehnt) löste in der westlichen Christenheit eine Welle des Entsetzens aus, galt Konstantinopel doch, selbst dann noch, als das Byzantinische Reich gegen Ende seiner Tage nur noch ein trauriges Abbild seiner einstigen Größe darstellte, stets als eine bedeutende Bastion gegen den Islam, dessen Militärmaschinerie nun jedoch unaufhaltbar schien. Den Niedergang ihres Imperiums sahen die Byzantiner (Griechen qua Sprache und Kultur, nicht jedoch notwendigerweise qua Abstammung) mit Ergebenheit, vielfach auch mit Erleichterung. Denn in Byzanz herrschte große Verbitterung darüber, in welcher Art der katholische Westen versucht hatte, die orthodoxe Christenheit zu zwingen, die Oberhoheit des Papstes anzuerkennen, als Preis nämlich für die militärische Unterstützung des Westens gegen die Türken, und daher herrschte auch das Gefühl vor, daß sie sich ihren Glauben unter der »osmanischen Fügung« auf jeden Fall unbeschadeter bewahren konnten. Einige orthodoxe Geistliche argumentierten denn auch tatsächlich dahingehend, daß Gott das Osmanische Reich erschaffen habe, um speziell den orthodoxen Glauben vor jeglichem Einfluß durch die Häresie des Westens, sowohl der Katholiken wie der Protestanten, zu retten. Diese Sichtweise hat eine Flut von antiwestlichen Sentiments genährt, die immer noch dicht unter der Oberfläche der »griechischen Seele« zu finden sind. Tatsächlich war es der politische Genius eines *Andreas Papandreou*, der es während seines bemerkenswert »Kurzen Marsches« an die Macht verstand, sich und seiner *Panhellenistischen Sozialistischen Partei* (PASOK) diese tiefsitzenden Vorurteile im Hinblick auf seine Rhetorik eines Dritte-Welt-Sozialismus zunutze zu machen. Derart konnte er bei zwei aufeinanderfolgenden Wahlen seinen Stimmanteil verdoppeln und so 1981 an die Macht gelangen. Dieser Haltung war auch die strikte orthodoxe Solidarität geschuldet, die Griechenland während der Balkankrise der 90er Jahre gegenüber den Serben zeigte.

So erklärte beispielsweise der Patriarch *Vartholomaios*, daß »das Kreuz des Märtyrertums, das das serbische Volk trage, die uneingeschränkte Sympathie aller orthodoxen Völker, die heute aus vielen Richtungen den Angriffen dunkler Mächte ausgesetzt seien, erfordere« – eine Einschätzung, die in Griechenland große Zustimmung fand.

Die nationalistische Geschichtsschreibung unterstellt gerne, daß die orthodoxe Kirche äußerst hilfreich dabei gewesen sei, während der Zeit der türkischen Herrschaft so etwas wie ein griechisches Nationalgefühl aufrechtzuerhalten. Für die griechische Intelligenz jedoch hat sich die orthodoxe Kirche gerade durch ihre beschämende Unterstützung der osmanischen Machthaber kompromittiert. Denn erst im Zuge ihrer Studien im späten 18. und frühen 19. Jahrhundert an europäischen Universitäten wurden sich die jungen Griechen dessen bewußt, welch kulturelles Erbe, weltweit bewundert, ihnen eigentlich zufiel. Bei ihrer Rückkehr nach Griechenland versuchten sie, ihren Landsleuten einen Zugang zu dieser Vergangenheit zu vermitteln, doch stießen sie hierbei auf den Widerstand gerade der kirchlichen Hierarchien, für die das alte Griechenland gleichbedeutend war mit Heidentum. Die Kirche wandte sich beispielsweise vehement gegen die damalige Tendenz, die zu Beginn des 19. Jahrhunderts einsetzte und heute allgemein üblich geworden ist, Kindern den Namen alter griechischer Vorbilder zu geben (z. B. Aristoteles, Aspasia, Leonidas, Themistokles etc.) anstatt traditionellerweise jenen christlicher Heiliger.

Griechenland erlangte 1830, nach einem langen Krieg gegen die Türkei, der 1821 begonnen hatte, seine Unabhängigkeit. In einer Art symbolischen Geste wurde die Hauptstadt des neuen Griechenland unmittelbar darauf nach Athen verlegt, damals nicht viel mehr als ein staubiges Dorf, aber Sitz des Parthenon, mit dem sich für alle Zeiten die glorreichen Tagen des Perikles assoziieren. Das Bildungswesen des neuen Staates legte einen bedeutenden Schwerpunkt auf die griechische Klassik und vernachlässigte hierfür eher praxisorientierte Lehrinhalte – und dies änderte sich erst in jüngster Zeit. Dem stark zentralisierten Bildungswesen kam nun in zweierlei Hinsicht eine bedeutende Rolle zu: zum einen bei der Herausbildung eines spezifisch griechischen Nationalbewußtseins in der Bevölkerung, die nach wie vor gewohnt war, sich selbst eher als Christen denn als Griechen zu sehen, zum anderen aber auch bei der Integration von Minderheiten.

Diese Orientierung Richtung Vergangenheit gab nun aber auch der »linguistischen Frage« neuen Auftrieb, jener furiosen, zeitweise leidenschaftlich geführten Debatte, die das intellektuelle Leben des neuen, unabhängigen Staates beherrschte. Diese Debatte hatte sich aus Diskussionen darüber entwickelt, welche Form der Sprache geeignet sei, Griechenland zu regenerieren. Im Laufe ihrer dokumentierten, dreitausendjährigen Geschichte hatte sich die griechische Sprache nur sehr wenig verändert. Das Altgriechisch steht zum modernen Griechisch in einer sehr engen Beziehung. Dennoch gab es Stimmen, die meinten, daß die moderne Sprache ihre Basis verloren habe und deshalb »gereinigt« werden müsse, um sie wieder näher an ihre Ursprünge heranzuführen. In den Schulen wurde also gemäß der alten Sprache ein *katharevousa* (wörtlich »reinigendes«) Griechisch gelehrt. Dies war ein künstliches Konstrukt, das in seinem Wortschatz und seiner Syntax vom gesprochenen Griechisch stark differierte und so ist es nicht verwunderlich, daß Generationen von Jugendlichen die Schule mit einer lediglich konfusen Kenntnis ihrer eigenen Sprache verließen. Das zunächst abqualifizierte Alltagsgriechisch wurde schließlich, wenn auch erst 1976, in den Rang der offiziellen Landessprache erhoben.

Gesellschaft und Politik

Die Griechen waren das erste Volk auf dem Balkan, tatsächlich sogar Osteuropas, das sich von der Herrschaft des multinationalen Osmanischen Imperiums befreite und seine volle Unabhängigkeit erlangte. Doch diese Souveränität erwies sich in der praktischen Politik als durchaus eingeschränkt, da die drei Schutzmächte (England, Frankreich und Rußland), die die Unabhängigkeit Griechenlands garantierten, sich relativ häufig in die inneren Angelegenheiten des Landes einmischten. Sie waren es beispielsweise auch, die in Griechenland die Monarchie installierten (und einen ausländischen Monarchen – *Otto*, aus dem bayerischen Herrscherhaus der Wittelsbacher), eine Institution, die bis zu ihrer Aufhebung im Jahre 1974 gleichviel zu Griechenlands Stabilität wie Instabilität beitrug. Die Griechen sind zwar stolz auf ihre republikanischen Traditionen, dennoch gibt es in ihrer Politik auch ein ebenso starkes dynastisches Element. Sowohl *Konstantinos Mitsotakis* wie auch sein Vorgänger und Nachfolger Andreas Papandreou (selbst Sohn eines ehemaligen Premierministers) beriefen Mitglieder aus ihrem engsten Familienkreis in ihr jeweiliges Kabinett. Die politische Ahnentafel von *Giorgios Rallis*, Premierminister von 1980–81, kann hingegen als absolut untadelig gelten. Sowohl sein Großvater mütterlicher- wie auch väterlicherseits waren beide Premierminister, ebenso sein Vater. Enge Familienbande sind typisch für Griechenland. Der größte Teil des industriellen Sektors besteht aus kleinen Familienbetrieben und selbst die riesige Handelsflotte Griechenlands, eine der größten der Welt, wird hauptsächlich von einer kleinen Gruppe, einem regelrechten Reeder-Clan, beherrscht.

Die Verfassung von 1844 stattete Griechenland relativ schnell nach Erreichung seiner Unabhängigkeit mit allen Institutionen einer westlichen parlamentarischen Demokratie aus. Doch waren diese repräsentativen Institutionen nicht wie in Westeuropa organisch über Jahrhunderte gewachsen, sondern wurden unterschiedslos übernommen und der traditionellen Gesellschaft übergestülpt, und dies führte zu tiefgreifenden Spannungen. Eine schwache Zivilgesellschaft mit nur wenigen autonomen Institutionen und eine weitgehend zersplitterte Gewerkschaftsbewegung waren denn auch der Grund, warum das Militär relativ häufig in den politischen Prozeß eingreifen konnte, zuletzt zwischen 1967 und 1974, als sich die erste (und letzte) Diktatur im nichtkommunistischen Europa der Nachkriegszeit etablieren konnte. Die Armee hatte aber auch schon in der Zeit zwischen den beiden Weltkriegen im Grunde wie eine Art Schiedsrichter des politischen Lebens agiert.

Schon unter der osmanischen Herrschaft hatten die Griechen festgestellt, daß sie mächtige Vermittler brauchten, die ihnen Schutz vor der institutionalisierten Habgier des Staates boten. Ähnliche Vorstellungen entwickelten sich dann auch nach der

Unabhängigkeit, als der Staat eher als eine feindlich gesinnte denn als eine wohlbringende Institution betrachtet wurde. Mittels Vergünstigungen und mit Hilfe einer aufgeblasenen, schwerfälligen und unverantwortlichen Bürokratie waren die parlamentarischen Abgeordneten in der Lage, sich große Wählerklientels und bedeutende lokale Machtbasen zu schaffen. Die politischen Parteien agierten grundsätzlich als lose Zusammenschlüsse ehrenwerter Bürger, die sich um mächtige und charismatische Führer scharten und im Grunde ist dies bis heute so geblieben. Wie *Kharilaos Trikoupis* und *Theodorus Deliyannis* die Politik des späten 19. Jahrhunderts dominierten, so dominierten *Konstantinos Karamanlis* und *Andreas Papandreou* jene des 20. Jahrhunderts. 1989 war der Premierminister 85 Jahre alt und die Führer der drei großen Parteien weit über Siebzig, und der Präsident, der 1990 gewählt wurde, 83 Jahre.

Die Industrialisierung setzte in Griechenland sehr spät und auf sehr niedrigem Niveau ein. Bis heute ist der Staat der größte Arbeitgeber, doch *Konstantinos Mitsotakis*, neoliberaler Premierminister von 1990 bis 1993, kämpfte gegen eine erbitterte Opposition und ohne Erfolg, den Staatsapparat auf die notwendige Größe zu verkleinern. Entsprechend heftig wird auch die Konkurrenz um die politische Macht ausgetragen, da diese auch die Kontrolle über den hydraköpfigen Staatsmechanismus beinhaltet, eine Kontrolle, die notwendig ist, um die unersättlichen Forderungen der jeweiligen politischen Klientel befriedigen zu können. Diese Vetternwirtschaft setzte sich auch in den acht Jahren fort, in denen die PASOK in den 80er Jahren an der Regierung war, mit dem einzigen Unterschied, daß zu dieser Zeit die Vergünstigungen eher über den Parteiapparat abgewickelt wurden als über einzelne Abgeordnete. *Rousfeti*, sich gegenseitig Vergünstigungen zukommen zu lassen, das traditionelle Schmiermittel der Gesellschaft, und *mesa*, die alles entscheidende »connection«, sind Schlüsselwörter im politischen Vokabular des Landes, auch wenn sie selten in den Wörterbüchern des modernen Griechisch aufgeführt sind.

Politisch eher ungewöhnlich und im europäischen Kontext möglicherweise einzigartig ist die Art und Weise, wie in Griechenland amtierende Regierungen, egal welcher politischen

Richtung, sich das Wahlsystem zunutze machen, um daraus ihren eigenen Vorteil zu ziehen. Eine der letzten Aktivitäten der bereits schwer angeschlagenen *PASOK-Regierung* war es, 1989 das Wahlsystem dahingehend zu ändern, es der Opposition *Neue Demokratie* zu erschweren, an die Macht zu gelangen. Während 1981 der PASOK 48 Prozent der Stimmen reichten, um eine komfortable Mehrheit von 172 der insgesamt 300 Parlamentssitze zu erlangen, war es der konservativen *Neuen Demokratie* 1990 nur knapp möglich, mit 47 Prozent der Stimmen und 150 Abgeordneten an die Macht zu kommen. Und so war es denn auch eine der ersten Taten der frisch angetretenen Neuen Demokratie-Regierung, das Wahlsystem erneut zu ändern, diesmal zu ihren Gunsten.

Die Ära der territorialen Expansion

Der griechische Staat von 1830 umfaßte den Peleponnes, Attica, Mittelgriechenland und einige nahe dem Festland gelegene Inseln, und damit kaum ein Drittel all jener Griechen, die bei Ausbruch des bewaffneten Kampfes im Jahre 1821 unter türkischer Herrschaft lebten. Fast ein ganzes Jahrhundert lang beherrschte die »Große Idee« das politische Leben des neuen Staates, nämlich die Vision, das alte Byzantinische Reich zu restaurieren. Alle griechischen Siedlungen des Nahen Ostens sollten in einem einzigen Staat vereinigt und dessen Hauptstadt sollte Konstantinopel werden. Doch verfügte Griechenland, anders als das Osmanische Imperium, über entschieden weniger Menschen, das heißt auch Soldaten. Griechenland hatte im 19. Jahrhundert, so beschrieb es ein damaliger Berichterstatter, zwar einen Appetit wie Rußland, seine Bevölkerung jedoch war eher jener der Schweiz vergleichbar. Ein Weg, wie es gedachte, dennoch seine irredentistischen Vorstellungen umzusetzen, war, unter den Griechen, die noch im osmanischen Reich verstreut lebten, eine bildungs- und kulturpolitische Propaganda zu entfachen. Dies war jedoch, trotz der Toleranz der osmanischen Staatsgewalt, ein hoffnungsloses Unterfangen. Viele Griechen in Kleinasien konnten beispielsweise nur türkisch (das sie im griechischen Alphabet schrieben) und hatten kaum eine Vorstellung von einer spezifisch griechischen Identität, die anders sein sollte als jene der orthodoxen Christen allgemein.

Der erste territoriale Zugewinn – 1864 die Ionischen Inseln (seit 1815 britisches Protektorat) und 1881 Thessaly und ein Teil von Epirus – erfolgte aufgrund von Interventionen der griechischen Schutzmächte. Als Griechenland dann 1897 erstmals gegen die Türken in den Krieg zog, einerseits um seine territorialen Ambitionen zu befriedigen, andererseits um den drängenden Forderungen Kretas entgegenzukommen, das die Union der »Großen Insel« mit dem griechischen Festland anstrebte, erlitt es eine beschämende Niederlage.

Eine der erst viel später nachwirkenden Konsequenzen dieses Desasters von 1897 war die militärische Aktion von 1909, während der der kretische Politiker *Eleftherios Venizelos* ins politische Rampenlicht gelangte. Venizelos war sich dessen bewußt, daß es für Griechenland von ausschlaggebender Bedeutung war, wollte es seine grandiosen irredentistischen Ambitionen tatsächlich realisieren, daß es sowohl seine Politik wie auch seine Wirtschaft grundlegend modernisierte und sich zudem starke Bündnispartner suchte.

Zusammen mit Serbien und Bulgarien, später die Rivalen im Konflikt um die Hegemonie über Makedonien, griff Griechenland im Oktober 1912 das Osmanische Reich an. Die Alliierten, deren Streitkräfte jenen der Türken zahlenmäßig überlegen waren, kamen rasch voran. Im November nahmen die griechischen Streitkräfte Saloniki (Thessaloniki) ein, nur wenige Stunden, bevor die Bulgaren hier eintrafen, die ebenfalls gern diesen bedeutenden Hafen in der nördlichen Ägäis erobert hätten. Den größten Bevölkerungsanteil von Saloniki stellten damals die Juden, spanischsprechende Nachfahren jener, die 1492 Spanien verlassen mußten. Die siegreiche griechische Armee befreite nun sehr schnell Makedonien, Epirus und die Inseln der Ägäis (mit Ausnahme des Dodekanes, der kurz vorher von den Italienern eingenommen worden war), von denen einige lediglich ein paar Kilometer vom türkischen Festland entfernt lagen. Schließlich wurde auch Kreta, nach wiederholten Aufständen gegen die Türken, in den griechischen Staat eingegliedert.

Griechenland ging als Sieger aus den Balkankriegen von 1912/13 hervor, sein Territorium vergrößerte sich um 70 Prozent, seine Bevölkerung stieg von 2.800.000 auf 4.800.000 Einwohner an. Unter der charismatischen Führung von *Venizelos* schien es dazu auserkoren zu sein, die Rolle der Türken im östlichen Mittelmeer zu übernehmen. Enthusiastische Nationalisten baten den König *Konstantin I.* bei seiner Krönung 1913 erfolglos, sich Konstantin XII. zu nennen, um damit symbolhaft zum Ausdruck zu bringen, daß er der legitime Erbe von *Constantin XI. Palailogos*, dem letzten Kaiser von Byzanz, sei.

Es ist durchaus interessant, sich zu vergegenwärtigen, daß *Konstantinos Karamanlis*, 1990 zum Präsidenten Griechenlands gewählt, in den Gebieten geboren wurde, die damals noch zum Osmanischen Imperium gehörten. Die Tatsache, daß ein so großer Teil des heutigen griechischen Territoriums erst seit 1913 erobert wurde (die Inseln des Dodekanes wurden 1947 in den griechischen Staat integriert), ist aber einer der Gründe für die extreme Sensibilität, die Griechenland im Hinblick auf Makedonien zeigt: es befürchtet Ansprüche Makedoniens auf dem Gebiet der ehemaligen jugoslawischen Republik.

Die großen Hoffnungen, die der Balkankrieg ausgelöst hatte, wurden dann jedoch durch jenes Schisma zerstört, das Griechenland im Ersten Weltkrieg in zwei feindliche, sich zeitweise bekämpfende Lager spaltete: in die Anhängerschaft von Venizelos und in jene des Königs. Die unmittelbare Ursache dafür war die Auseinandersetzung darüber, ob Griechenland in den Ersten Weltkrieg eintreten sollte oder nicht:Venizelos unterstützte die Entente-Mächte, der König plädierte für Neutralität; die tieferen Wurzeln lagen jedoch in dem Problem, die »befreiten Gebiete«, deren Bevölkerung zu den Anhängern von Venizelos gehörte, in das konservative und royalistische Griechenland zu integrieren. Der Peleponnes war noch 1974 die einzige griechische Region, die für die Rückkehr des griechischen Königs Konstantin II. stimmte.

Frankreich und England setzten 1917 den König ab und ernannten Venizelos zum Premierminister eines vereinten, wenn auch noch nicht vereinigten Griechenland. Zum Dank für seine Unterstützung der Entente erlaubte diese Venizelos dann, Kleinasien mit seiner großen griechischen Bevölkerung zu erobern und zu annektieren. Doch die türkischen Nationalisten unter Führung von *Kemal Mustafa* (Atatürk) schlugen zurück und es endete 1922 in einer verheerenden Niederlage der Griechen in Kleinasien. Dies versetzte nun auch dem alten Traum einen tödlichen Schlag und beendete zudem die 2500 Jahre währende Präsenz der Griechen in Kleinasien.

Bevölkerung

Griechenland wird allgemein mehr mit dem Faktum der Emigration (vor allem in die Vereinigten Staaten) als mit jenem der Immigration assoziiert. Bergig und mit einer landwirtschaftlich nutzbaren Fläche von weniger als 30 Prozent hatte Griechenland stets Schwierigkeiten, seine eigene Bevölkerung zu ernähren und war somit auch schlecht vorbereitet auf den Zustrom von 1,3 Millionen Flüchtlingen (aus der Türkei, aus Rußland und Bulgarien). Diese wurden zwangsweise gegen 400.000 Muslime aus Griechenland ausgetauscht. Viele dieser Neuankömmlinge, die von der einheimischen Bevölkerung mit Argwohn und zeitweise sogar feindselig betrachtet wurden, ließen sich in Makedonien und Thrakien nieder, was wiederum den griechischen Anspruch auf diese Gebiete untermauerte, der zuvor allein aufgrund ethnischer Zugehörigkeiten eher zweifelhaft war. Nachdem sie ihr Leben vollkommen neu beginnen mußten, waren und sind diese Flüchtlinge und ihre Kinder, Enkel und Urenkel dagegen, diesen Prozeß noch einmal zu wiederholen – auch dies ein Grund für die griechische Sensibilität im Hinblick auf die »Makedonische Frage«.

So hart auch die Konsequenzen für die Menschen waren, die der Austausch von Bevölkerungsgruppen mit sich brachte, so haben doch weder Griechenland noch die Türkei ihre gegenseitigen territorialen Ansprüche jemals aufgegeben. Die Entscheidung jedoch, die Griechen in Istanbul und die Muslime im Westen Thrakiens von diesem Austausch auszunehmen, sollte späterhin zu Problemen führen. Die griechische Minderheit in der Türkei, Opfer eines ethnischen Pogroms im Jahre 1955, ist heute nahezu nicht mehr existent, dennoch verbleibt das Patriarchat, dessen Zukunft untrennbar an die Zukunft dieser Minderheit geknüpft ist, nach wie vor in Istanbul. Die muslimische Minderheit in Griechenland umfaßt nun ihrerseits etwa 110.000 Menschen. Die griechische Regierung besteht auf der Definition dieser Minderheit als Muslime, nicht als Türken, genau so wie es im Vertrag von Lausanne 1923 festgeschrieben wurde. In den 90er Jahren sehen sich die meisten dieser Muslime jedoch selbst, und zwar ungeachtet ihrer eigentlichen ethnischen Wurzeln, als Türken, was nun wiederum, zumindest zum Teil, durchaus Konsequenz einer bewußt betriebenen griechischen Regierungspolitik der frühen 50er Jahre ist, als die Beziehungen zwischen der Türkei und Griechenland sehr eng waren. In den vergangenen Jahren hat der Status ihrer jeweiligen ethnischen Minderheiten zu vielen Problemen zwischen der Türkei und Griechenland geführt, und die sicherlich schwierigste Frage hierbei ist die »Zypernfrage«. Zypern gelangte 1878 eher durch einen historischen Zufall von der osmanischen unter englische Herrschaft. Die britische Kolonialpolitik enttäuschte jedoch den Wunsch der griechischen Bevölkerung, die mit 80 Prozent die Mehrheit darstellt, sich mit Griechenland zu vereinen. Das komplizierte Arrangement der Machtaufteilung zwischen Türken und Griechen, 1960, als Zypern ein unabhängiger Staat wurde, vertraglich niedergelegt, wurde jedoch schon bald hinfällig. Der ethnische Konflikt, der dann die Insel beherrschte, kulminierte schließlich nach zehn Jahren: 1974 besetzte die Türkei 40 Prozent der Insel.

Der Austausch von Bevölkerungsgruppen in den Jahren 1923/24 hatte zur Folge, daß die Bevölkerung Griechenlands heute im Hinblick auf ihre ethnische und religiöse Zugehörigkeit bemerkenswert homogen ist. Die Muslime genießen Minderheitenrechte, die vertraglich festgelegt sind; diese gelten jedoch nicht für die slawischen Makedonier und die rumänisch sprechenden *Wlachen*, die eher einem nicht sehr wohlwollenden Assimilierungsprozeß unterzogen wurden.

Jüngere Geschichte

Während des Zweiten Weltkriegs wurde Griechenland gleich von drei Mächten brutal unterworfen: den Deutschen, den Italienern und den Bulgaren. Die einst blühende jüdische Gemeinde von Saloniki wurde ausgelöscht, im bulgarisch besetzten Teil des Landes wurden die Griechen im Zuge ethnischer Säuberungen ausgerottet. Die Erinnerungen an die bulgarischen Siedlungen auf griechischem Boden vor gerade erst 50 Jahren sind Teil jenes »nationalen Gedächtnisses«, das die territoriale Integrität Griechenlands durch die Slawen und die Makedonier im Norden bedroht sieht. Der Widerstand gegen die Achsenmächte fand auf vielen Ebenen statt, wurde jedoch auch durch politische Rivalitäten behindert. Die Spaltung Griechenlands im Ersten Weltkrieg zwischen den Anhängern und Gegnern Venizelos (zwischen Republikanern und Monarchisten), die einen langen Schatten auf die griechische Politik der Zwischenkriegszeit geworfen hatte, wurde durch den bitteren und brudermörderischen Konflikt zwischen Kommunisten und Antikommunisten noch übertroffen. Die Briten, die Angst davor hatten, daß Griechenland nach dem Krieg kommunistisch werden könnte, unterstützten die Antikommunisten. Die Kämpfe im Dezember 1944 zwischen der kommunistisch kontrollierten Résistance und der griechischen Regierung, ihrerseits von den britischen Streitkräfte unterstützt, trieben das Land schließlich unaufhaltsam in einen Bürgerkrieg.

In diesem Bürgerkrieg von 1946 bis 1949 erhielten die Kommunisten von den neu etablierten kommunistischen Regierungen der Nachbarländer (Albanien, Jugoslawien und Bulgarien) Unterstützung. Die griechischen Antikommunisten aber, in weiten Teilen identisch mit den rechten politischen Kräften des Landes, konnten sich schließlich nur dank massiver militärischer und ökonomischer Unterstützung (jedoch ohne Kampftruppen) der Amerikaner durchsetzen. Es wird manchmal übersehen, daß etwa die Hälfte der kommunistisch-demokratischen Armee aus slawisch sprechenden Makedoniern aus den nördlichen Provinzen bestand, und die *Griechische Kommunistische Partei* 1949 öffentlich für die Autonomie der Makedonien-Slawen eintrat. Dies hätte aber in der Konsequenz bedeutet, daß das griechische

Makedonien, das 1923 im Balkankrieg erobert worden war und in dem sich viele Griechen aus Kleinasien noch vor wenigen Jahren angesiedelt hatten, sich erneut von Griechenland gelöst hätte. Als die PASOK-Regierung 1982 jenen Kommunisten, die sich in Osteuropa und der Sowjetunion im Exil befanden, die Rückkehr nach Griechenland gestattete, nahm sie bezeichnenderweise alle Nichtgriechen, das heißt alle Makedonien-Slawen, von dieser Verfügung aus.

Die bittere Erfahrung des Bürgerkriegs eröffnete nun den Weg in eine demokratisch orientierte Gesellschaft und Politik, die paradoxerweise in der Militärdiktatur von 1967–74 endete. Obwohl unpopulär, trug das Militärregime doch dazu bei, die Wunden des Bürgerkriegs zu heilen: die Opposition gegen die Diktatur bezog das gesamte politische Spektrum von links bis rechts mit ein. Als der politische Veteran Konstantinos Karamanlis 1974 aus seinem selbst gewählten Exil zurückkehrte, um zu inspizieren, was die Generäle hinterlassen hatten, bestand eine seiner ersten Amtshandlungen darin, die Kommunistische Partei, die 1947 verboten worden war, wieder zu legalisieren. Die kurzzeitige Regierungskoalition aus *Kommunistischer Partei* und *Neuer Demokratie* im Jahre 1989 hat dann wohl endgültig auch noch die letzten schmerzlichen Erinnerungen an den Bürgerkrieg beseitigt.

Dem Kollaps der Militärdiktatur folgten sieben Jahre konservativer Regierungsmacht, die ihren Höhepunkt 1981, mit dem Beitritt Griechenlands in die EG erlebte. Diesem Beitritt folgte unmittelbar der Regierungswechsel, erstmals in ihrer Geschichte wählten die Griechen eine sozialistische Regierung, die sich, zumindest rhetorisch, dem Beitritt Griechenlands in die EG widersetzte, wie auch der Mitgliedschaft des Landes in der NATO, der Griechenland bereits 1951 beigetreten war. Diese PASOK-Ära, die einige Leute als die verlorene Dekade der 80er Jahre bezeichnet haben, implizierte jedoch im Grunde keine fundamentalen Korrekturen an der prowestlich orientierten Politik oder auch Wirtschaftspolitik des Landes.

Der friedliche Übergang von einer rechten zu einer linken Regierung in den Jahren 1981 und 1993 und umgekehrt im Jahre 1990 läßt darauf schließen, daß Griechenland eine neue politische Reife erlangt hat. Das Referendum von 1974, in dem es um die Wiedereinführung der Monarchie ging, scheint eine der Ursachen für die politische Instabilität des Landes beseitigt zu haben, und auch das Militär zeigt keine Ambitionen mehr, in die politische Arena zurückzukehren. Doch auch wenn die griechische Politik selbst eine neue Stabilität demonstriert, so fühlen sich die Griechen selbst durch alle ihre Nachbarn bedroht. Im Hinblick auf die vielen Probleme mit der Türkei zeichnen sich keine Lösungen ab. Der Zusammenbruch Jugoslawiens und die Gründung der Republik Makedonien haben die makedonische Frage erneut in ihrer alten Problematik aufgeworfen. Die Beziehungen zu Albanien sind aufgrund der griechischen Vorwürfe bezüglich der Behandlung der griechischen Minderheit in Albanien (Schätzungen sprechen von 60.000 bis 300.000 Griechen) eher gestört, ebenso durch die ins Land geflüchteten beziehungsweise illegal eingereisten Albaner.

Auf dem brodelnden Balkan sieht sich Griechenland selbst als eine Insel der Stabilität und des wirtschaftlichen Wachstums. Tatsächlich ist der wirtschaftliche Fortschritt des Landes seit den 50er Jahren, vor allem im Vergleich mit seinen Nachbarn, durchaus erstaunlich. Andererseits ist es jedoch auch ein Faktum, daß sich praktisch für keines der Probleme, die den Balkan seit dem Vorabend des Ersten Weltkriegs immer wieder aufs Neue erschüttern, und in die die Griechen zu jeder Zeit vehement involviert waren und sind, in den 90er Jahren eine Lösung findet.

Die Albaner

Die Albaner leben über verschiedene Balkanländer verstreut: in der Republik Albanien (etwa 3,2 Millionen) und in den Republiken des ehemaligen Jugoslawien (etwa 2 Millionen). In Kosovo, im Süden der Republik Serbien, stellen sie etwa 85 Prozent der Bevölkerung, in Makedonien etwa 19,8 Prozent und in Montenegro etwa 6,5 Prozent. Seit der Gründung Jugoslawiens im Jahre 1918 haben sich viele Kosovo-Albaner in Kroatien niedergelassen, wo sie bis vor kurzem friedlich mit den Kroaten zusammenlebten, ihre typischen kleinen Cafés als Familienunternehmen betrieben sowie Kuchen und Eiscreme verkauften – Beschäftigungen, in denen sich ihre langjährigen Kontakte mit Türken und Italienern niederschlagen.

Albanische Volksgruppen leben seit langem auch in einigen abgelegenen Dörfern Norditaliens und Siziliens sowie im Süden Griechenlands. Diese griechischen Siedlungen waren im 16. Jahrhundert von Albanern gegründet worden, die vor den Türken geflohen waren. Im 18. Jahrhundert ließen sich albanische Flüchtlinge in dem kleinen Dorf *Albanasi* (bedeutet Albaner) an der dalmatinischen Küste der heutigen Republik Kroatien nieder. Im 19. und 20. Jahrhundert emigrierten vieleTausende aus ihrer Heimat und heute leben in Amerika und Australien mehr Albaner als in Europa. Nach dem Zweiten Weltkrieg, als *Enver Hodscha* sein kommunistisches Regime etablierte, konnten nur noch wenige Albaner frei reisen, und Fluchtversuche wurden mit Tod oder Gefängnis bestraft. Seit 1989, das heißt seit Aufhebung jeglicher Reisebeschränkungen, gingen wiederum Tausende nach Griechenland oder Italien, wo sich ihre Hoffnungen auf ein besseres Leben jedoch rasch zerschlugen.

Natürliche Umgebung

Berge, durchzogen von Bergweiden und Hochebenen, prägen das Bild Albaniens. Zwischen dem kontinentalen, gebirgigen Landesinnern und der Adriaküste gibt es große klimatische Unterschiede.

Albanien verfügt noch über eine weitgehend unberührte Naturlandschaft, da die Armut, die hier in der Nachkriegszeit herrschte, das Land vor den schlimmsten Auswüchsen einer sozialistischen Entwicklung bewahrte. In den 60er Jahren erlernten die Albaner von den Chinesen, mit denen sie sich nach dem Abbruch der albanisch-sowjetischen Beziehungen verbündet hatten, die Technik des Terrassenbaus. Nun konnten riesige Berghänge kultiviert werden; eine weitere Nachkriegserrungenschaft sind die über das ganze Land verstreuten Bunker, mit denen im Grunde niemand etwas anzufangen weiß. Da die albanische Landwirtschaft so gut wie keine künstliche Düngemittel einsetzt, hat sich das Land heute für den Europäischen Markt zu einem bedeutenden Lieferanten von organisch angebautem Obst und Gemüse entwickelt.

Sprache und Herkunft

Sowohl Archäologen wie auch Linguisten gehen, wie auch die Albaner selbst, davon aus, daß diese von den alten *Illyrern* abstammen. Als die Römer die Provinz *Illyricum* gründeten, zogen sich viele der dort Ansässigen in die Bergregion von Krujë, nördlich der Šara-Berge, zurück, und lebten dort, dem römischen Einfluß entzogen, in Stammesgesellschaften. Im 6. und 7. Jahrhundert zogen Slawen durch diese Region, und jene, die sich hier niederließen, verschmolzen mit der illyrisch-albanischen Kultur. Im Laufe der Jahrhunderte vermischten sich die Albaner mit Slawen, Wlachen, Türken, Griechen, Veneziern und anderen Italienern.

Die frühen Albaner nannten sich selbst *Arbëni*, ein Name, der erstmals seit ca. 1043 dokumentiert ist. Heute bezeichnen sich etwa 95 Prozent als *Skipetaren*, daneben gibt es griechische und slawische Minderheiten. Die albanische Sprache gehört zu den indogermanischen Sprachen; und sie besteht aus zwei Dialekten, dem *Gegischen* im Norden und dem *Toskischen* im Süden. Der Fluß Shkumbin trennt die beiden Dialektgruppen. Hinzu kommt ein Übergangsdialekt zwischen beiden, das *Elbasanische*; der toskische Dialekt ist Amtssprache in Albanien. Diese beiden unterschiedlichen Dialekte haben sich vor etwa 1000 Jahren herausgebildet, sie werden jedoch grundsätzlich wechselseitig verstanden. In den albanischen Enklaven in Italien und Griechenland wird toskisch gesprochen.

Das Albanische enthält zahlreiche Entlehnungen, vor allem aus dem Griechischen, Lateinischen (zum Beispiel mik, Freund: lateinisch amicus oder libre, Buch: lateinisch liber), Italienischen, Slawischen und Türkischen. Ihrer Struktur nach gehört die albanische Sprache zu den Balkansprachen. Mit der Entwicklung der albanischen Literatur seit der zweiten Hälfte des 19. Jahrhunderts wurde ein einheitliches Alphabet auf lateinischer Grundlage geschaffen und im Jahre 1908 offiziell eingeführt. 1972 fand dann eine Rechtschreibreform statt, im Zuge derer vor allem die Orthographie standardisiert wurde. Die Albaner im Kosovo, Makedonien und Montenegro sprechen noch heute Gegisch.

Das älteste bekannte Schriftdokument des Albanischen ist die *Liturgie des Don Gjon Buzuk* (etwa 1554). Im 17. Jahrhundert entstanden unter dem Einfluß katholischer Missionare weitere liturgische und religiöse Werke. Das erste rein literarische Werk in albanischer Sprache ist jenes des Dichters *Gjul Variboba* aus dem 18. Jahrhundert. Variboba lebte in Kalabrien und im 19. Jahrhundert bildete Italien auch das Zentrum der albanischen Literatur.

Religion

Albanien ist ein multikonfessionelles Land: etwa 70 Prozent der Bevölkerung sind Muslime, die meisten Sunniten, einige Tosken gehören jedoch auch dem Bektashi-Orden der Derwische an; die restlichen 30 Prozent der Bevölkerung sind Christen, im Norden römisch-katholisch, im Süden, nahe Griechenland, griechisch-orthodox. Über die Religionszugehörigkeit der Albaner außerhalb Albaniens ist mehr bekannt als über jene im Land selbst: die Mehrheit der Kosovo-Albaner sind Muslime, etwa 50.000 sind römisch-katholisch, vor allem in der Gegend von Skopje, in Vitina, Opština und Prizren, und rund um den Ohrid-See leben einige griechisch-orthodoxe Christen; von den Muslimen sind seit 1986 viele zu Derwisch-Orden übergetreten, von denen es heute im Kosovo 53 gibt.

Geschichte

Im Mittelalter gehörte Albanien zum Teil zum Byzantinischen, zum Teil zum Serbischen Reich. In der zweiten Hälfte des 14. Jahrhunderts lebten die Albaner in kleinen Fürstentümern, die zwar von Byzanz unabhängig, jedoch aufgrund innerer Rivalitäten zu schwach waren, um sich gegen die Venezier zusammenzuschließen, die ihrerseits die Küstenstädte kontrollierten, oder gegen die Türken, die das ganze Gebiet von Skadar bis Drač besetzt hielten. 1443 gelang es *Gjergje Kastriota*, bekannt als Skanderbeg, die Albaner zu einigen und 1449 schlug er die Armee des türkischen Sultan Murad II. Sein Freiheitskampf wurde in albanischen Heldenliedern gefeiert. Aber aufgrund der fehlenden Ressourcen des Landes war er gezwungen, sich unter die Lehensherrschaft von König *Alfonso von Neapel* (Alfonso V. von Aragon) zu begeben. Nach seinem Tod im Jahre 1478 brach auch der albanische Widerstand zusammen und die Türken begannen von Neuem, das Land zu erobern und zu unterwerfen, zuletzt 1503 die venezianisch besetzte Stadt Durrës. Tausende Albaner flohen nach Italien. Nach anfänglichem Widerstand arrangierten sich die Zurückgebliebenen mit der türkischen Herrschaft, sie zahlten ihre Steuern, behielten jedoch ihre Sitten und Bräuche sowie ein gewisses Maß an lokaler Selbstverwaltung bei. Viele konvertierten zum Islam, und um diesen Prozeß zu unterstützen, garantierte der türkische Sultan Salim II. (1566-74) allen Haushalten Steuervergünstigungen, in denen wenigstens ein männliches Mitglied zum Islam übergetreten war – eine Maßnahme, die dazu führte, daß viele Familien muslimisch und christlich wurden. Im 17. und 18. Jahrhundert siedelten sich viele albanische Muslime, nach der großen Migrationswelle der Serben in Richtung Habsburger Reich, im Kosovo, Metohija und im Westen Albaniens an.

Im 19. Jahrhundert zeigten sich unter den albanischen Intellektuellen in Italien, erste Anzeichen eines neuentstehenden albanischen Nationalgefühls. Jene Albaner jedoch, die unter türkischer Herrschaft lebten, waren mit ihrer Situation zufrieden, sie bezahlten ihre Steuern und lebten im wesentlichen ihr Leben. Im südlichen Kosovo gründeten muslimische und christliche Albaner zusammen die *Liga von Prizren* (1878–81), und zwar aus Angst vor einer Annexion durch Serben oder Griechen bzw. einer Aufteilung ihres Landes unter diesen, doch im April 1881 zerschlugen die Türken die Liga. Die albanischen Nationalisten hofften nun, daß die »Jungtürkische« Regierung, die 1908 in Istanbul die Regierung übernommen hatte, ihre Forderungen nach einem vereinten und autonomen Staat Albanien innerhalb des Osmanischen Reichs akzeptierte. Die Türken ihrerseits jedoch unternahmen weitere Anstrengungen, ihren kulturellen und politischen

Einfluß in Albanien zu verstärken. Einige regionale Revolten der Albaner wurden rasch niedergeschlagen. Der erste große Aufstand fand dann 1912, während des Balkankrieges, statt, bestärkt durch die Angst der Albaner, ihre christlichen Nachbarn – Bulgarien, Serbien und Griechenland – könnten ihr Land unter sich aufteilen.

1913 wurde Albanien erstmals ein unabhängiger Staat mit einer Fläche von etwa 30.000 Quadratkilometer und etwa 800.000 Einwohnern. Das neue Königreich war schwierig zu regieren; Prinz Wilhelm von Wied (1876–1945) versuchte es von März 1914 bis September des gleichen Jahres.

Das Königreich Albanien erwies sich eher als eine enttäuschende denn als eine befriedigende Institution. Ein ständiges Problem stellte die Einbeziehung von Kosovo dar, wo sich, inmitten des Königreichs Serbien, ein Zentrum des albanischen Nationalismus herausgebildet hatte. Die Kosovo-Albaner, von denen viele im Ersten Weltkrieg von den Serben regelrecht abgeschlachtet worden waren, fühlten sich durch die zunehmenden Versuche der Serben bedroht, sie der serbischen Kultur zu assimilieren. Das Königreich von Serbien, Kroatien und Slowenien, das 1918 gegründet wurde, hat bereits im Namen die Existenz der Albaner als eigenständige Nation innerhalb der Grenzen dieses neuen Staates ausgeschlossen: als Nichtslawen konnten sie mit dem Namen dieses Staates – *Jugoslawien* – nicht zufrieden sein. Das von Serben dominierte Regime der Zwischenkriegszeit unterdrückte die Albaner auch weiterhin und tat dies nicht zuletzt deshalb, um den noch jungen albanischen Staat zu destabilisieren. Viele Albaner verließen Kosovo; sie gründeten das *Kosovo-Komitee*, das seinerseits antiserbische Aktionen organisierte. In den 20er und 30er Jahren führten die *kaçaks* (Gesetzlose) im Kosovo einen Guerillakrieg, im Zuge dessen sie sowohl Terror- als auch Banditenaktionen durchführten, indem sie unter anderem Vieh stahlen.

Im Königreich Albanien selbst aber herrschten zwischen den beiden Weltkriegen nahezu anarchische Zustände, begleitet von ständigen Machtwechseln zwischen *Ahmed Bey Zogo* (König *Zog I.*, 1895–1961), dem Sohn eines muslimischen Führers, in Istanbul erzogen, und *Fan Noli* (1882–1965), einem orthodoxen Bischof, der nun seinerseits in Harvard studiert hatte. Fan Noli versuchte, verschiedene Land- und Verfassungsreformen durchzuführen, und wurde deshalb auch der »rote Bischof« genannt. Von *Mussolini* fasziniert, gelangte schließlich Zog an die Macht, wenn auch um den Preis, daß Albanien nun de facto eine Provinz Italiens wurde. Als die Italiener dann aber 1939 in Albanien einmarschierten, floh er nach Großbritannien.

Im Zweiten Weltkrieg wurde Kosovo von Mussolini mit Albanien vereint, blieb jedoch für die rivalisierenden Widerstandsgruppen des Landes ein ständiger Zankapfel. *Enver Hodscha*, dessen kommunistischen Partisanen der *L.N.C.* (Nationaler Befreiungskampf) von *Tito* und seinen jugoslawischen Partisanen unterstützt wurden, gab Kosovo nach dem Krieg an Jugoslawien zurück. Im Januar 1946 wurde die Volksrepublik Albanien proklamiert, die unter der stalinistischen Führung *Enver Hodschas* bald eines der rückständigsten und ärmsten kommunistischen Länder im Nachkriegseuropa darstellte.

Zeitgeschichte

Der serbische Nationalist und Präsident *Slobodan Milošević* hat die Albaner als die größte Bedrohung Serbiens bezeichnet, und so verschlechtert sich auch die Situation der Kosovo-Albaner zusehends. 1989 verloren sie ihren Autonomiestatus und seit dieser Zeit haben viele auch ihre Arbeit verloren, viele wurden verhaftet, geschlagen und ermordet. Die albanischen Medien schweigen hierzu, und die Universitäten öffnen ihre Tore den Serben.

Auch die Albaner der neugegründeten Makedonischen Republik werden von der dortigen nationalistischen Regierung unterdrückt. Die Albaner bezweifeln das Ergebnis der Volkszählung von 1994, wonach sie lediglich 22,9 Prozent der Bevölkerung stellen, im Gegensatz zu den Makedoniern, die 66,5 Prozent erreicht haben sollen. Die albanische Universität in Totovo, die 1995 eröffnet wurde, mußte im gleichen Jahr wieder schließen; vielfach kam es zu Zusammenstößen zwischen Albanern und Regierungstruppen, im Verlauf derer zahlreiche Demonstranten getötet wurden. In der Republik Albanien selbst fanden unter internationaler Aufsicht freie Wahlen statt, die Albaner genießen heute Reise- und Religionsfreiheit, die Zivilverwaltung des Landes aber ist praktisch zusammengebrochen, der wirtschaftliche Fortschritt kommt nur langsam in Gang.

Der Anspruch der Griechen, Albanien müsse die griechische Minderheit im südlichen Landesteil schützen (im griechischsprechenden, nördlichen Epirus), ist aktuell. 1993 verschlechterten sich die Beziehungen zwischen Albanien und Griechenland, nachdem Tirana einen griechischen Bischof des Landes verwiesen hatte, da er angeblich in den griechischen Siedlungsgebieten für den Wiederanschluß derselben an Griechenland Propaganda betrieben habe, und Athen packte diese Gelegenheit beim Schopfe und verwies seinerseits eine ganze Reihe albanischer Wirtschaftsflüchtlinge, die sich in Griechenland niedergelassen hatten, des Landes.

Die albanischen Katholiken begrüßten emphatisch Papst *Johannes Paul II.*, als er 1994 und 1995 Albanien besuchte, während der britische Komiker *Norman Wisdom* bei seinem Besuch nicht weniger begeistert von allen Kreisen der Gesellschaft empfangen wurde. Wisdom ist in Albanien äußerst bekannt und beliebt, da seine Filme in den 50er und 60er Jahre für die Albaner unter Enver Hodscha eine höchst notwendige und willkommene Unterhaltung darstellten.

Mentalität

Die außerordentliche Isolationspolitik Enver Hodschas hatte ihre Wurzeln nicht allein in seiner persönlichen Ideologie, sondern liegt auch zum Teil am Nationalcharakter der Albaner: jahrhundertelang hatten sie abseits gelebt, lediglich dem Einfluß der Türken und, weniger prägend, der Italiener ausgesetzt. Darüber hinaus hatten sie ihre traditionellen Stammesstrukturen endgültig tatsächlich erst mit der Errichtung der kommunistisch-zentralistischen Herrschaft aufgegeben.

Die Kosovo-Albaner sehen sich in der Situation, von den Regierungen in Belgrad stets nur als primitiv und degeneriert betrachet zu werden. Seit den 80er Jahren gibt es hier eine Bewegung, die sich gegen diese groben Verallgemeinerungen wendet; Familienoberhäupter haben öffentlich bekundet, ihre Blutfehden aufzugeben und auf dem Hintergrund der Kriege in Slowenien, Kroatien und Bosnien entstand eine einflußreiche albanische Friedensbewegung.

Die Makedonier

Seit dem 19. Jahrhundert steht Makedonien praktisch als ein Synonym für Komplexität. Seine Bevölkerung ist eine Mischung aus Makedoniern, Albanern, Bulgaren, Griechen, Wlachen, Juden, Roma, Sinti und Türken. (Die Franzosen und Italiener bezeichnen Obstsalat als *macédoine* beziehungsweise *macedonia*). Die heftige Rivalität zwischen Serben, Bulgaren und Griechen um Makedonien waren für das Land selbst ein großer Ansporn, sich als eigenständige Nation zu konstituieren.

Makedonisches Nationalbewußtsein ist heute aber nicht nur in der ehemaligen jugoslawischen Republik Makedonien anzutreffen, sondern auch in den makedonischen Gemeinden, die über Albanien, Bulgarien und Nordgriechenland verstreut sind. Letztere betrachten sich selbst als Makedonier, während die Griechen sie zum Beispiel als *slawophone Griechen* bezeichnen und gleichzeitig reklamieren, daß *Macedonia* ein originär griechischer Begriff sei. Darin stimmen sie durchaus mit den Bulgaren und Serben überein, die sich ebenfalls dagegen wehren, die Existenz einer eigenständigen makedonischen Republik anzuerkennen. All jene, die die Makedonier derart schmähen, argumentieren, daß sie ihre ursprüngliche Identität nicht re-assimiliert hätten, hätte Tito nicht so entschlossen die makedonische Nation innerhalb Jugoslawiens unterstützt; für die Griechen und Bulgaren wurden die Makedonier von Tito für seine Expansionsbestrebungen auf dem Balkan benutzt und für die Serben dienten sie ihm dazu, die serbische Nation zu unterminieren.

Sprache

Der makedonische Anspruch, eine unabhängige Nation zu gründen, basiert stark auf der Argumentation, daß das Makedonische eine eigenständige Sprache sei. Die südslawischen Sprachen sind sich alle sehr ähnlich. Der Dialekt, den die Makedonier sprechen, unterscheidet sich sehr stark von Region zu Region und ist von den Landessprachen ihrer unmittelbaren Nachbarn, dem Bulgarischen und Serbischen, kaum zu unterscheiden. Die makedonische Schriftsprache weist die gleichen charakteristischen Merkmale auf, die auch das Bulgarische von den anderen slawischen Sprachen unterscheidet. Sie basiert auf einem Dialekt, der in der Region von Bitola Veles gesprochen wird und den Dialekten Westbulgariens stark ähnelt. Da die bulgarische Schriftsprache jedoch auf den Dialekten Ostbulgariens beruht, sind auch diese beiden Schriftsprachen so weit verschieden voneinander, daß man das Makedonische durchaus als eine eigenständige Sprache klassifizieren kann.

Religion

Die Mehrheit der Makedonier sind orthodoxen Glaubens und sehr stolz auf ihre Kirche, die im 11. Jahrhundert aus dem Patriarchat von Kaiser Samuel hervorgegangen und damit älter ist als die serbische orthodoxe Kirche. Der Rest der orthodoxen Welt jedoch betrachtet die makedonische Kirche als ein Konstrukt der kommunistischen und atheistischen Regierung unter Tito und weigert sich deshalb, diese anzuerkennen. Die heutige makedonische Kirche wurde 1958, als das alte Patriarchat von Ohrid wieder ins Leben gerufen wurde, von der serbischen orthodoxen Kirche getrennt und 1967 für selbständig erklärt. Sie unterhielt stets gute Beziehungen zur kommunistischen Regierung, die sie wiederum unterstützte, und zwar als ein Bollwerk gegen die angebliche Bedrohung Jugoslawiens seitens Albaniens und des Islam.

Geschichte

Makedonische Rockgruppen mögen *Alexander den Großen* zwar zu einem der Vorväter ihrer Nation erklären, doch sind diesbezügliche geschichtswissenschaftliche Studien über die Makedonier, die aus jüngerer Zeit stammen und etwa drei Jahrtausende umfassen, gefälscht und geben die Makedonier bestenfalls der Lächerlichkeit all jener preis, die ihre Nation nicht anerkennen wollen. Der Name *Makedonien* ist zwar alt, die heutigen Makedonier jedoch zählen zu einer der jüngsten Nationen Europas.

Die »Makedonische Frage« entstand im 19. Jahrhundert, als sich die osmanischen Türken aus dem Balkan zurückzogen und somit das Problem bestand, die internationalen Grenzen quer durch oder rund um Makedonien zu ziehen. Alte, aus dem Mittelalter datierende Rivalitäten tauchten nun auf, da Bulgarien, Serbien und Griechenland, alle gleichermaßen vehement und vom nationalistischen Fieber gepackt, diese Region und ihre Bewohner, die ganz offensichtlich nicht eindeutig slawischen Ursprungs waren, für sich beanspruchten.

Derart entstand auch in Makedonien Ende des 19. Jahrhunderts ein nationales Bewußtsein. Das ursprüngliche Ziel der *V.M.R.O.*, (Innermakedonische Revolutionäre Organisation), die 1893 gegründet wurde, war es, die Existenz eines ungeteilten Makedonien als Teil einer südslawischen Föderation mit Serbien und Bulgarien durchzusetzen. Die Makedonier identifizierten sich mit der slawischen, nicht mit der hellenistischen Welt, und im Hinblick auf die Südslawen fühlten sie die größte Nähe zu den Bulgaren. 1903 erhoben sich die Einwohner von Bitola und Strandiza gegen die Türken, und zwar zu einem Zeitpunkt, der mit einem bedeutenden Fest der orthodoxen Kirche zusammenfiel (*Ilinden-* oder *Elijah-Tag-Rebellion*). Die Rebellen wurden von den Türken jedoch rasch niedergeschlagen, und zwar mit Hilfe irregulärer albanischer Truppen.

Gegen Ende des Zweiten Balkankrieges (1913) wurde Makedonien schließlich vollständig von den Türken befreit, doch wurde es nun zwischen Griechenland (Ägäisches Makedonien, etwa 50 Prozent des Gesamtfläche der Region), Serbien (Vardar-Makedonien, etwa 40 Prozent der Gesamtfläche) und Bulgarien (Pirin-

Makedonien, 10 Prozent der Fläche) aufgeteilt. All jene Bewohner des Ägäischen und Vardar-Makedonien jedoch, die sich nun in Richtung bulgarischer Kultur orientierten, litten schließlich sehr, als sich Griechen und Serben an den nur wenig später von ihnen geschlagenen Bulgaren rächten. Tausende flohen nach Bulgarien.

1918 wurde Vardar-Makedonien dem Königreich von Serbien, Kroatien und Slowenien eingegliedert, auch wenn der Name dieses neuen, südslawischen Staates buchstäblich die Existenz der makedonischen Nation leugnete.

Die Regierung in Belgrad verfolgte gegenüber den Makedoniern eine ziemlich gnadenlose Politik der Assimilation an die serbischen Kultur und überflutete Makedonien, so wie dies auch im Kosovo geschah, mit serbischen Siedlern. Die V.M.R.O., die sich inzwischen zu einer beachtlichen revolutionären Organisation entwickelt hatte, wurde nun von Bulgarien unterstützt. 1934 schließlich ermordeten Angehörige der V.M.R.O. mit Unterstützung der kroatischen Ustaša-Bewegung *Aleksander Karadjordjević*, den serbischen König von Jugoslawien.

Den pro-Bulgarien-Sympathien der jugoslawischen Makedonier wurde während des Zweiten Weltkriegs ein jähes Ende bereitet, als nämlich Bulgarien die Region besetzte und nun seinerseits versuchte, diese ganz rigoros zu »bulgarisieren«. Die nach dem Zweiten Weltkrieg gegründete Sozialistische Föderative Republik Jugoslawien bot den Makedoniern, wie auch den bosnischen Muslimen, die Chance, mit nationalem Status zu leben. Tito etablierte die Republik von Makedonien mit der Intention, den Makedoniern innerhalb Jugoslawiens eine nationale Heimat zu geben, die als Fokus ihrer nationalen Bestrebungen fungieren sollte. Die griechische Regierung, davon überzeugt, daß Tito auf dem Balkan eine Expansionspolitik verfolgte, siedelte nun ihrerseits Tausende von Griechen im Ägäischen Makedonien an, um auf diese Weise jegliches Ansinnen der dort Einheimischen in Hinblick auf einen Nationalstaat aller Makedonier zu bereits im Keim zu ersticken. Demgegenüber förderte die jugoslawische Regierung die neue makedonische Sprache und ließ darüber hinaus eine offizielle Makedonische Geschichte ausarbeiten, die führende Figuren der bulgarischen Geschichte zu makedonischen Helden stilisierte.

Die Makedonier des ehemaligen Jugoslawien fühlten sich durch das Wiederaufleben des serbischen Nationalismus bedroht. Sie folgten daher dem Beispiel Sloweniens, Kroatiens und Bosniens und erklärten 1992 ihre Unabhängigkeit. Dieser Schritt hin zur Gründung eines eigenen, international anerkannten Staates stieß jedoch auch auf Widerstand, allerdings nicht der Serben, sondern der Griechen: die griechische Regierung fürchtete, daß ihre slawophonen Griechen versuchen könnten, sich dem makedonischen Staat anzuschließen. Nachdem Makedonien mit Griechenland bezüglich seines Namens einen Kompromiß geschlossen hatte, es sich offiziell als *Ehemalige Jugoslawische Republik von Makedonien* bezeichnet, beantragte es im April 1993 seine Aufnahme in die UNO. Griechenland jedoch lehnte es weiterhin ab, zusammen mit der Mehrheit der EU-Staaten diplomatische Beziehungen zu der neuen Republik aufzunehmen und empfahl wirtschaftliche Sanktionen. Darüber hinaus initiierte es eine großangelegte Kampagne, in der es, gestützt auf Forschungsergebnisse von Archäologen, sein exklusives Recht auf den Namen »Makedonien« zu beweisen suchte. Diese Auseinandersetzung spitzte sich 1996 derart zu, daß ein führender englischer Verlag zögerte, eine wissenschaftliche Monographie zu veröffentlichen vor Sorge, damit den griechisch-makedonischen Konflikt weiter zu vertiefen. Eines aber ist auch ohne akademische Debatte sicher: die »Makedonische Frage« hat immer noch die Sprengkraft, den ganzen Balkan zu destabilisieren.

Land und Alltagsleben

Makedonien ist eine weitläufige Region, die im Westen vom Ohrid- und Prespa-See begrenzt wird und im Norden sowie Osten von den Gebirgszügen Šara und Skopska sowie Rhodope und Rile. Nach Süden hin erstreckt sich das Land bis zur ägäischen Küste, bis nach Saloniki und zum Pindos-Gebirge. Die Makedonier der Republik von Makedonien leben in den fruchtbaren Ebenen, wo Obst und Gemüse, Weizen, Mohn, Tabak und Flachs wachsen. Früher zogen die Bewohner der Bergregionen, die ein karges Leben führten, als Saisonarbeiter, Hausierer oder als reisende Metallarbeiter über den ganzen Balkan oder sie emigrierten.

Die Makedonier haben ihre eigene Version des südslawischen *kolo*, ein Tanz, der hier als *oro* bekannt ist. Sie verfügen über sehr viele unterschiedliche Musikinstrumente sowie über ihre eigene Musik, die zum Teil auch auf türkischen Musiktraditionen basiert.

Die Bulgaren

Die Bulgaren haben lange Zeit im Schatten ihrer Nachbarn, der Russen und der Türken, gelebt: ihr Land gehörte nach dem Zweiten Weltkrieg zu den ergebensten Verbündeten der Sowjetunion. Die Geschichte ihrer langen Abhängigkeit hat dazu geführt, daß sie sich heute vor allem auf ihre glorreiche mittelalterliche Vergangenheit beziehen.

Geschichte

Die Bulgaren wurden in den heute bekannten Quellen erstmals im frühen 5. Jahrhundert n. Chr. erwähnt, und zwar als ein Volk, das nordöstlich der Donau lebte und in irgendeiner Form mit den Hunnen verwandt war. Tatsächlich gab es eine Zeit, in der die Bulgaren von einem entfernten Verwandten von *Attila* regiert wurden. Im Jahre 619 besuchte *Kubrat*, ein bulgarischer Khan, der die Region zwischen Don und Kaukasus beherrschte, auf der Suche nach Verbündeten gegen die *Avaren* Konstantinopel und konvertierte hier zum Christentum, wenn dies auch für sein Volk praktisch keine Konsequenzen hatte.

Im frühen 7. Jahrhundert stießen die Bulgaren in die Donauregion vor, besiegten hier ein byzantinisches Heer und beherrschten schließlich die gesamte Region zwischen Donau und Balkan einschließlich jenes Gebiets, das heute Bulgarien umfaßt. Hier regierten sie nun, ein asiatisches Volk, über eine slawische Bevölkerung, deren Sprache mit der Zeit offizielle Landessprache wurde. Bulgarien kann deshalb von sich behaupten, aus der Fusion einer bulgarischen Militärelite mit einheimischen Slawen hervorgegangen zu sein, historisch vergleichbar mit Engländern und Normannen nach der Schlacht von Hastings.

Um 860 führte *Boris I.* (857–88) das Christentum in Bulgarien ein, verbunden mit einer slowenischen Liturgie und dem glagolitischen Alphabet. Er selbst schloß sich der römischen Kirche nicht an, blieb jedoch weiter Konstantinopel verbunden, da der Papst zögerte, einem bulgarischen Bischof eine Diözese zu übergeben. Aufgrund der Siege von *Zar Simeon* (892–97) entwickelte Bulgarien sich zu einer Macht, deren Bündnis begehrt und deren Anmaßung in Byzanz gefürchtet wurde. Fast ein Jahrhundert lang schienen die Ungarn jedoch der Hauptfeind des »ersten Bulgarischen Reichs« zu sein. Die ehrgeizigen Ambitionen von *Zar Samuel* (976–1014) überstiegen dann jedoch die bulgarischen Möglichkeiten, und so wurde es erobert und 1018 von Byzanz annektiert, wobei der siegreiche byzantinische Kaiser *Basil II.*, der »Bulgaren-Mörder«, der einheimischen Aristokratie klugerweise Autonomie gewährte und den Status der bulgarischen Kirche anerkannte. Teile der bulgarischen Elite wurden nach Konstantinopel gelockt und dort in das höfische Leben integriert.

In den 1180er Jahren gründeten *John* und *Peter Assen*, zwei Landesherren aus dem westlichen Teil des Landes, wahrscheinlich Wlachen, das »Zweite Reich«. Sie übernahmen den alten Titel von Zar Simeon: *Zar aller Bulgaren und Griechen* und errichteten, zusammen mit ihren Nachfolgern, vor allem *John II.* (1218–41), in kurzer Zeit ein riesiges und prunkvolles Balkanreich. In der zweiten Hälfte des 14. Jahrhunderts jedoch fielen die Reste dieses einst großen Reiches an die Türken. Die letzten Versuche der Bulgaren, Widerstand zu leisten, wurden nach langer und dramatischer Belagerung von Trnovo (1393) und Vidin (1396) niedergeschlagen.

Bis weit ins 19. Jahrhundert hinein erwies sich für Bulgarien jeglicher Gedanke an eine Autonomie, geschweige denn Unabhängigkeit, als völlig aussichtslos. Bulgarische Rebellen und Nationalisten beschworen immer wieder in glorifizierenden Erinnerungen die einstige Größe und Macht des mittelalterlichen Reichs. Die Bevölkerung wurde zusehends multikultureller, griechische, armenische und jüdische Händler bildeten die neue Mittelklasse – die Juden inmitten der türkischen Stadtviertel. Die einzigen Städte nördlich des Balkangebirges, am Schwarzen Meer gelegen, wurden von Griechen und Türken beherrscht, selbst die alten Städte von Rumelia standen unter hellenistischer Oberhoheit. Das bulgarische Patriarchat – das Herzstück bulgarischer Identität, das von den byzantinischen Herrschern einst noch respektiert worden war, wurde ebenfalls unterdrückt. Unter der Herrschaft der Türken wurde die Kirche ihres nationalen Status' enthoben und formell Konstantinopel unterstellt, die Griechen wiederum setzten ihre eigenen kirchlichen Vertreter ein. Als sich dann ab 1820 erstmals wieder ein bulgarisches Nationalbewußtsein entwickelte, so geschah dies im Widerstand vor allem gegen den griechischen Klerus und weniger gegen die türkische Zivilverwaltung.

Bulgarien war von Ende des 14. Jahrhunderts bis Ende des 18. Jahrhunderts nahezu vollständig von der Landkarte verschwunden. Überreste bulgarischer Traditionen hielten sich vor allem in abgelegeneren Klöstern, und nicht zuletzt dank *Paisii*, der 1762 als bulgarischer Mönch auf Athos eine Geschichte seines Volkes schrieb. Um 1830 wurden die Bulgaren dann von europäischen und amerikanischen Missionaren wiederentdeckt, die deren Existenz noch nicht ganz vergessen hatten; mit Hilfe von *Eli Riggs* wurde 1840 die erste bulgarische Bibel veröffentlicht. Im weiteren erfuhr Bulgarien vor allem von Rußland große Unterstützung, wo bulgarische Exilanten und Studenten als potentielle Verbündete gegen die Türken höchst willkommen waren. Derart entwickelten sich auch die Sympathien der Bulgaren für Rußland, ein Umstand, der seit dieser Zeit die gesamte Geschichte Bulgariens prägt.

Die antigriechischen Gefühle der Bulgaren, die die Griechen aufgrund ihrer Rolle im kirchlichen wie wirtschaftlichen Leben des Landes als Unterdrücker empfanden, kamen in dieser Zeit jedoch auch den Türken sehr gelegen. Griechenland hatte 1830 seine Unabhängigkeit erlangt und die Türken hofften nun, die bulgarischen Ressentiments gegen die Griechen auch ihrer Politik nutzbar machen zu können. Der von Rußland unterstützte Plan bulgarischer Patrioten, die einstige Unabhängigkeit der bulgarischen Kirche wiederherzustellen, erschien somit auch den Türken zunehmend attraktiv.

Mit Erwachen des bulgarischen Nationalbewußtseins erhob sich jedoch auch die Frage, in welchen Grenzen dieses Land zu definieren sei. Die mittelalterlichen Karten zeigen ein Bulgarien, das sich völlig anders darstellte als jenes des 19. Jahrhunderts. Auf dem Höhepunkt seiner Macht umfaßte dieses Reich die gesamte heutige Republik Makedonien, große Teile Serbiens, Griechenlands und Albaniens. Jahrhundertelang befand sich das kulturelle Zentrum des bulgarischen Patriarchats in Ohrid, an der Grenze zu Albanien. Im Westen gab es keine klaren Sprachgrenzen: die sprachlichen Unterschiede zwischen Westbulgarien, Makedonien und Ostserbien waren weniger ausgeprägt als jene zwischen den Bulgaren Rumelias und der Ostküste. Als die Türken dann 1870 ein bulgarisches Exarchat schufen, umfaßte dies nach einem entsprechenden Volksentscheid schließlich auch große Teile des heutigen Makedonien.

Die Aufstände in Bosnien-Herzegowina im Jahre 1875 führten ein Jahr später auch in Bulgarien zu aufrührerischen Aktionen, die jedoch von türkischen Truppen blutig niedergeschlagen wurden. Diese als »bulgarische Greuel« bezeichneten Ereignisse hatten nun jedoch auch Einfluß auf die internationale Politik, nicht zuletzt auf die Beziehungen zwischen England und Rußland, die eine völlig ungewohnte Einmütigkeit zeigten. Der Berliner Kongreß von 1878 stimmte schließlich der Bildung eines autonomen bulgarischen Fürstentums zu, das sich jedoch nach wie vor unter türkischer Oberhoheit befand. Diese Einschränkung der bulgarischen Unabhängigkeitsbestrebungen zu einem Zeitpunkt, zu dem Rumänien und Serbien ihre uneingeschränkte Souveränität erhielten, erklärt sich ausschließlich auf dem Hintergrund englischer Befürchtungen, Rußland könnte sich mittels Bulgarien einen Zugang zum Mittelmeer verschaffen. Verglichen mit jenem alten »Großen Bulgarien« war dieses neu geschaffene bulgarische Fürstentum, im Norden vom Balkangebirge begrenzt, äußerst klein. Ostrumelien blieb türkische Provinz – wenn auch unter einem christlichen Gouverneur und dem Schutz der Großmächte stehend; seine Eingliederung in das bulgarische Fürstentum erfolgte erst 1885. Die Briten stimmten dieser Union zu in der Hoffnung, damit Rußlands Position in Bulgarien zu schwächen, und so wurde diese 1887 auch vertraglich festgeschrieben. Im

Jahre 1908 schließlich wurde Bulgarien unabhängiges Königreich, international anerkannt.

Bulgarien verfügte über keine Mittelklasse, seine Intelligenz jedoch war weltoffen und alles andere als religiös gesinnt. Für die Deutschen waren die Bulgaren die »Preußen des Balkans«. Der neue Staat wurde von seinen Nachbarn jedoch mit Argwohn betrachtet; für sie stellten die Erinnerungen der Bulgaren an ihre einstige mittelalterliche Macht, die noch immer äußerst virulent waren, eine potentielle Bedrohung dar. Im Hinblick auf Makedonien, das um 1890 praktisch zum Synonym geworden war für den revolutionären Terrorismus gegen die Türken, erwiesen sich die Aussichten einer bulgarischen Expansion für die Nationalisten als äußerst verlockend, und dies versetzte nun wiederum Bulgariens Nachbarn in Alarm. Als die Balkanstaaten 1912–13 die Türken aus ihren letzten europäischen Besitzungen vertrieben, führte die Aufteilung der befreiten Regionen zu einer weiteren Isolation Bulgariens. Nach den Balkankriegen im Jahre 1913 wandten sich dann seine einstigen Verbündeten gegen Bulgarien: das von Bulgarien begehrte Makedonien fiel an Griechenland und Serbien, und das südliche Dobruja schließlich an Rumänien. Während des Ersten Weltkrieges verbündete Bulgarien sich deshalb mit den Zentralmächten (Deutschland und Österreich), die im Gegenzug die Wiederherstellung seines einstigen Territoriums versprachen.

Die bittere Enttäuschung über die spätere Niederlage, über die Reparationen sowie den territoriale Verlust förderten den bulgarischen Nationalismus. Der Name von König *Boris III.* (1918–45) stellte eine von Emotionen getragene Erinnerung an das Erste Bulgarische Reich dar. Kommunisten und bäuerliche Revolutionäre waren Bulgarien fremd – bis Boris 1935 eine königliche Diktatur installierte. Bulgarien hatte sich in der Zwischenkriegszeit westlichen Einflüssen geöffnet, doch diese Entwicklung hatte sich als ein Fehlschlag erwiesen. Zu Beginn des Zweiten Weltkriegs war die Elite des Landes gespalten, der König zögerlich in seinen Entscheidungen.

Die schnellen Siege der Achsenmächte zwangen Bulgarien schließlich dazu, sich 1941 mit Deutschland gegen die westlichen Demokratien zu verbünden, auch wenn seine panslawischen

Sympathien es daran hinderten, der Sowjetunion den Krieg zu erklären.

Der Sieg der Roten Armee im Jahre 1944 wurde von der Kommunistischen Partei des Landes einhellig begrüßt. Die Führung dieser – inzwischen ehemals – Kommunistischen Partei aber befand sich selbst 1993 noch – nach drei freien Wahlen, die dem Zusammenbruch der Sowjetmacht in den Jahren 1989 bis 1991 folgten – an der Macht, zum einen dank der langjährigen Erfahrung der Kommunisten, ihr Wahlklientel zu manipulieren, zum anderen jedoch auch – merkwürdig genug – dank der Unterstützung der nicht unbedeutenden türkischen Minderheit des Landes. Denn die Kommunistische Partei hatte, um sich selbst aus dem Strudel des Niedergangs des internationalen Kommunismus zu befreien, einer wahrlich enthusiastischen Fremdenfeindlichkeit gefrönt. Die Türken aber entschlossen sich, diese Politik dadurch zu kontrollieren, indem sie den Kommunisten mit ihren Stimmen erneut zur Macht verhalfen. Mit »Türken« sind in diesem Zusammenhang eine ganze Bandbreite unterschiedlicher Volksgruppen gemeint. Zu ihnen zählen Türken, die christlichen Glaubens sind, sowie auch jene, die Muslime sind, sowie bulgarisch sprechende Slawen, die sogenannten *Pomaken*, die in den Rhodopen nahe der griechischen Grenze leben und von denen vor noch nicht allzu langer Zeit einige zum römischen Katholizismus konvertierten.

Ausblick

Trotz der einst starken Ambitionen des bulgarischen Imperialismus gibt es außerhalb Bulgariens noch einige bulgarische Enklaven, die sich als begehrte Objekte des *Irredentismus* erweisen könnten. Die Chuvash und die Bulgaren Bessarabiens, die im frühen 19. Jahrhundert aus Bulgarien emigrierten, werden mit den frühen Bulgaren als verwandt betrachtet. Heute leben sie, etwa 175.000, in Moldavien und der Ukraine. Die größte Gruppe von Bulgaren lebt jedoch im heutigen Makedonien, wo probulgarische politische Parteien nicht unbedeutend sind und wo deren Repräsentanten im Parlament auch lieber bulgarisch als makedonisch sprechen – wobei der Unterschied zwischen diesen beiden Sprachen zu jenen eher überbewerteten Fakten im Leben des Südbalkans zählt.

Mit Bulgarien assoziiert man vielfach Männerchöre und historische Theaterstücke, in denen das Erste und Zweite Bulgarische Reich eine Rolle spielen sowie das nach dieser Thematik zweitbeliebteste Sujet: die Unterdrückung eines großartigen Volkes durch die Türken. Auch der Schulunterricht ist durch ähnliche Prioritäten gekennzeichnet. Dies ist nur zu verstehen auf dem Hintergrund, daß die Bulgaren im Laufe ihrer Geschichte sehr viele Kämpfe durchstehen mußten, um überhaupt anerkannt zu werden. Eine friedliche Lösung der Balkankonflikte sowie die Öffnung gegenüber dem Westen – dies sind die politischen Interessen, die Bulgarien heute verfolgt. Im Februar 1995 stimmte die EU einer Assoziation Bulgariens zu, begleitet von einer Verpflichtungserklärung im Hinblick auf eine Vollmitgliedschaft Bulgariens in der EU.

Die Serben

Die serbischen Nationalisten stellen die Serben stets als Opfer der gesamten Geschichte dar, angefangen bei ihrer Niederlage gegen die Türken im Jahre 1389 bis hin zu ihrer Verfolgung durch das Tito-Regime in den Jahren von 1945 bis 1980. Das Leiden der Vergangenheit wird erinnert und jahrhundertealter Groll gepflegt. Auch die internationale Isolierung Serbiens während der Balkankrise der 90er Jahre diente ihnen ausschließlich dazu, einmal mehr zu untermauern, daß sie stets nur angegriffen werden und sich im Grunde nur auf sich selbst verlassen können.

Die meisten Serben leben in der Republik Serbien, wo sie, laut einer Volkszählung von 1981, 85,4 Prozent der Bevölkerung stellen (mit Ausnahme der autonomen Provinzen Kosovo und Vojvodina). Doch auch in Kosovo und Vojvodina bilden sie eine bedeutende Minderheit, ebenso in der Republik Kroatien, in Bosnien und in Makedonien. In Montenegro, das sich zunehmend nationalbewußter zeigt, ist ihre Position inzwischen eher unklar.

In Ungarn gibt es ebenfalls seit langem serbische Enklaven, vor allem jene von Szentendre, etwa 20 Kilometer von Budapest entfernt, wo sich im 14. und 17. Jahrhundert serbische Familien, die vor den Türken geflohen waren, angesiedelt haben. Im 19. und 20. Jahrhundert wanderten viele Serben aus wirtschaftlicher Not nach Nordamerika, nach Australien, Deutschland und Skandinavien aus.

Sprache

Die meisten Serben sprechen die im Osten verbreitete Variante des štokavski, des verbreitetsten Dialekts des Serbo-Kroatischen, jedoch haben einige Gemeinwesen im Krajina-Gebiet der Republik Kroatien im Laufe der Jahrhunderte auch dessen westliche Variante angenommen, die typischerweise in Kroatien gesprochen wird. Als Angehörige der russisch-orthodoxen Kirche benutzen die Serben traditionell das kyrillische Alphabet, doch haben sie seit dem 19. Jahrhundert auch die lateinische Schrift verwendet. Im Zuge der nationalistischen Strömungen der letzten Jahre werden sowohl die Verlage wie auch Einzelpersonen dazu gedrängt, nun wieder ausschließlich das kyrillische Alphabet zu benutzen.

Religion

Die serbische orthodoxe Kirche trug und trägt nicht unerheblich zum serbischen Nationalismus bei. Im 13. Jahrhundert vom Heiligen *Sava* begründet, war sie nach der Eroberung des Königreichs Serbien durch die Türken im 15. Jahrhundert die einzige nationale Institution der Serben. Die Serben sind stolz auf ihre ungebrochene Treue zur orthodoxen Kirche in den Zeiten der osmanischen Herrschaft, als der Übertritt zum Islam die Vorbedingung darstellte, vom Sultan Regierungsämter oder auch Land zu erhalten. Dieses Opfer, das ihre Loyalität erforderte, wirkte sich auch auf ihre Haltung gegenüber den bosnischen und albanischen Muslimen aus, die ihrerseits davon profitierten, daß sie die Religion der türkischen Herrscher angenommen hatten.

Alle orthodoxen Kirchen weisen ein stark antiwestliches Element auf, doch das Mißtrauen der Serben gegenüber dem Westen und der katholischen Welt wurde zudem dadurch angefacht, daß Tausende von Serben des unabhängigen kroatischen Staates im Zweiten Weltkrieg von der Usta ˇsa-Regierung vor die Wahl gestellt wurden, entweder zum Katholizismus zu konvertieren oder aber getötet zu werden. Und so beziehen sich auch alle Bemühungen der serbischen orthodoxen Kirche in Richtung Ökumene ausschließlich auf die protestantischen Kirchen.

Seit dem Wiedererstarken des serbischen Nationalismus in den 80er Jahren hat sich hier gleichzeitig, als Teil der serbischen Identität, ein orthodox-religiöser Enthusiasmus entfaltet. Für die riesige, im Bau befindliche Kathedrale des Heiligen Sava in Belgrad spenden hauptsächlich serbische Emigranten.

Geschichte

Die Serben ließen sich im 7. Jahrhundert auf dem Balkan nieder und gründeten hier, unter byzantinischer Vorherrschaft, zwei Provinzen, Duklja, die Herzregion des Königreichs Montenegro, und Raška, im Südwesten der heutigen Republik Serbien gelegen. Im späten 12. Jahrhundert begannen die Serben unter der Führung des Großfürsten *Stephan* der Nemanjić-Dynastie ihr Reich auszudehnen. Bald beherrschten sie den größten Teil Makedoniens und erreichten schließlich den Höhepunkt ihrer Machtausübung unter Stefan Dušan, der von Skopje im heutigen Makedonien aus ein Reich regierte, das von der Donau bis weit nach Griechenland hinein und vom Fluß Drina bis ins westliche Thrakien reichte. Die Erinnerung an dieses riesige mittelalterliche Reich ist für die Serben seit dem 19. Jahrhundert immer wieder eine Quelle des Stolzes und der Inspiration: serbische Nationalisten träumen davon, das Reich Dušan zu restaurieren.

Das entscheidende historische Ereignis, das das Ende des serbischen Staates markierte, war die Schlacht von Kosovo Polje am

28. Juni 1389, in der die Serben von den Türken besiegt wurden. Der Jahrestag dieser Schlacht ist im serbischen Kalender einer der bedeutendsten Tage des Jahres, der zudem in diesem Jahrhundert zusätzliche Bedeutung erlangte. An diesem Tag des Jahres 1914 ermordete ein junger Serbe in Sarajewo den österreichischen Thronfolger *Franz Ferdinand*. Die Feierlichkeiten anläßlich des 600. Jahrestages im Jahre 1989 waren von einem aggressiven Nationalismus begleitet.

Nach der Eroberung durch die Türken emigrierten viele Serben nach Italien beziehungsweise in das Habsburger Reich. Die größten Emigrationswellen erlebte das Land jedoch im 17. Jahrhundert, nachdem die Habsburger Armeen die Türken aus Ungarn vertrieben hatten. Die Serben bildeten eine blühende Exilgemeinde und verhielten sich offen gegenüber den intellektuellen und kulturellen Bewegungen Europas. Im 18. und 19. Jahrhundert waren es denn auch vor allem die ins Habsburger Reich emigrierten Serben, unter denen sich ein neues nationales Bewußtsein entwickelte. Am Ende des Ersten Weltkriegs wurde dann Vojvodina, die Region Ungarns mit der größten serbischen Bevölkerungszahl, in das neue Königreich der Serben, Kroaten und Slowenen eingegliedert.

Ermutigt durch die günstigen Bedingungen, die die Habsburger Herrscher ihnen anboten, emigrierten viele Serben in die Vojna Krajina (»militärische Front«), eine weit sich hinziehende Pufferzone zwischen dem Habsburger und dem Osmanischen Reich. Sie ergriffen die Möglichkeit, im Militärdienst Karriere zu machen, etwas, was ihnen die Türken stets verweigert hatten, und siedelten sich hier unter den eher rauhen, prekären Bedingungen einer Grenzregion an. Diese serbischen Siedler waren die Vorfahren der heutigen Serben jener Krajina-Region in der Republik Kroatien, der dieser zusehends wegzubrechen droht.

Im 19. Jahrhundert entstand dann schrittweise das Königreich Serbien, das Herzland der heutigen Serbischen Republik, und zwar unter der Führung der Dynastien *Karadordjević* und *Obrenović*, den Führern im Ersten und Zweiten Serbischen Aufstand von 1804 beziehungsweise 1815. Im Jahr 1816 wurde der kleine Staat, obwohl noch immer türkische Provinz, unter *Miloš Obrenović* und seinen Rebellen faktisch unabhängig. Die formale

Anerkennung der Autonomie erfolgte 1829, die der Unabhängigkeit im Jahre 1878, als der Kongreß von Berlin gleichzeitig die serbischen Ambitionen im Hinblick auf weitere Expansion vereitelte, indem er den Habsburgern Bosnien und Herzegowina als Protektorat garantierte.

1844 hatte der serbische Innenminister *Ilija Garašanin* (1812–74) ein Expansionsprogramm ausgearbeitet, das darauf abzielte, alle Serben in einem einheitlichen serbischen Staat zu vereinigen. Da die serbisch-nationalen Ideologen jedoch die Sprache zum Definitionskriterium für die Zugehörigkeit zur Nationalität gemacht hatten, enthielt das Programm auch von Serbien bewohnte Regionen, die ihre serbische Identität längst verloren hatten. Hier lag der spätere Konflikt der Serben mit den Makedoniern, den bosnischen Muslimen und den Montenegrinern begründet. Die *Jugoslaw-Ideologie*, von kroatischen Theoretikern ausgearbeitet, die eine gemeinsame südslavische Identität unterstellte, fand unter den Serben außerhalb des Habsburger Reichs nur wenig Unterstützung.

Für die Serben, die an der Seite der siegreichen Alliierten gekämpft hatten, bedeutete die Gründung des Königreichs der Serben, Kroaten und Slowenen (das spätere Jugoslawien) im Jahre 1918 die mögliche Erfüllung ihrer Hoffnung auf ein großserbisches Reich. Die Jahre zwischen den Kriegen, geprägt von der politischen Mißwirtschaft der serbisch-dominierten Regierung in Belgrad, ließ aus nationalen Rivalitäten Haß entstehen, der sich im Zweiten Weltkrieg Bahn brach und auch das spätere Jugoslawien in seinen Grundfesten erschütterte, was schließlich in die 90er Jahre mündete.

Die jugoslawische Armee ergab sich am 17. April 1941. Der serbische Widerstand gegen die Besatzungsmacht war in zwei Lager gespalten, jenes des Royalisten Draža Mihailović und seinen Tschetniks, und jene des Kommunisten *Tito* und seiner Partisanen. Tito bemühte sich um die Unterstützung der Serben, wohlwissend, daß diese für den Sieg der Kommunisten in ganz Jugoslawien ausschlaggebend war. Die Serben im unabhängigen kroatischen Staat, der von *Mussolini* geschaffen worden war, aber wurden Opfer eines Völkermordes, den der Ustaša-Führer Ante Pavelić initiiert hatte.

Tito machte der Republik Serbien kleinere territoriale Zugeständnisse, aber gleichzeitig machte er auch aus Vojvodina und Kosovo autonome Provinzen, sich stets bewußt, dem Einfluß der Serben, der größten Nation innerhalb der Sozialistischen Föderativen Republik Jugoslawiens, eine ausgleichende Kraft entgegensetzen zu müssen.

Die heute erstarkten serbischen Nationalisten bezeichnen die Jahre der Tito-Ära als eine Zeit, in der die Serben schikaniert und gedemütigt wurden. Politische Karikaturen der späten achtziger und der neunziger Jahre lesen sich wie ein Kommentar der derzeitigen serbischen Paranoia: In Kürze werden die Serben von Titos Lieblingskindern, den albanischen Muslimen, überrannt; die Kroaten zeigen wieder ihren wahren Charakter als Ustaša, von der römisch-katholischen Kirche in die Tasche gesteckt, während die bosnischen Muslime als Agenten eines fanatischen Islam dargestellt werden. Den serbischen Nationalisten gelingt es, die Angst vor einer angeblich erneut auf der Tagesordnung stehenden deutschen Expansion Richtung Osten zu schüren und glauben zu machen, daß die Anerkennung der kroatischen Unabhängigkeit der erste Akt einer von Deutschland initiierten Verschwörung des Westens gewesen sei; das internationale Freimaurertum aber wird bezichtigt, ein Interesse an der Auslöschung der serbischen Nation zu haben. *Slobodan Milošević*, der Präsident Serbiens, verdankt seinen Erfolg nicht zuletzt seiner Fähigkeit, an den bittersten Erinnerungen der Serben zu rühren sowie an ihre Ängste, daß die Geschichte sich tatsächlich wiederholen könnte. Die Aktivitäten der Regierung von Rest-Jugoslawien und jene der serbischen Militärs in Bosnien aber haben die Serben zu Parias der internationalen Gemeinschaft werden lassen.

Die bosnischen Serben haben sich als fanatische Vertreter eines Großserbiens entpuppt, sie kämpfen brutal und verbissen und die Reaktionen der internationalen Gemeinschaft scheinen die Entschlußkraft ihrer Anführer lediglich zu bestärken. Einige vertreten derart entschlossen den Standpunkt, daß kein Serbe mehr unter einer ihrer Meinung nach muslimischen Regierung stehen darf, daß sie in Sarajewo zusammen mit ihnen in den Tod gingen, als sie jene Gebiete der Stadt räumten, die offiziell für die

Muslime bestimmt waren (Februar 1996). Seit 1995 sind viele serbische Familien aus der kroatischen Krajina geflohen, nachdem die kroatische Regierung diese Region der serbisch geführten lokalen Verwaltung, die sich geweigert hatte, die Autorität Zagrebs anzuerkennen, entzogen hatte.

Die Unterdrückung jeglicher Opposition und der sinkende Lebensstandard, Konsequenz des von der UNO verhängten Embargos, trieb viele junge und gebildete Serben in die Emigration. Doch obwohl das Regime von Milošević unerschütterlich erscheint, zogen im Dezember 1996 Tausende friedlicher Demonstranten durch die Straßen Belgrads, um gegen die Annullierung der vorangegangenen Kommunalwahlen, in denen die oppositionellen Parteien massive Unterstützung erhalten hatten, zu protestieren.

Die Montenegriner

Die Montenegriner befinden sich derzeit in einem Prozeß der Konstituierung einer nationalen Identität, die sich von jener der Serben unterscheidet. Zentrales Element ihrer Identität ist der montenegrinische Staat, der auf die Provinz Duklja zurückgeht, einem von zwei serbischen Staaten, die sich im 11. Jahrhundert im Nordwesten des Balkans herausbildeten. Heute hat dieses sich Unterscheiden von den Serben einen politischen Zweck: die Montenegriner haben ein Interesse daran, sich von der serbischen Regierung unter Slobodan Milošević in Kroatien und Bosnien zu distanzieren.

Geschichte

Während das Königreich Serbien im 15. Jahrhundert unter türkische Oberhoheit fiel, verstanden es die Montenegriner, sich einen Sonderstatus als autonomes Fürstentum zu sichern, wenn auch die Türken bis zum Berliner Kongreß von 1878 die gesamte Rechtsprechung des Landes für sich beanspruchten. Unter der fürstbischöflichen Dynastie der *Petrović* entwickelte sich in Montenegro eine stark ausgeprägte regionale Identität, doch die einzelnen Stämme des Fürstentums wie auch seine Herrscher sahen sich nach wie vor als Serben, und so waren sie im 18. und 19. Jahrhundert auch davon überzeugt, daß es ihre Aufgabe sei, das Serbische Imperium des Mittelalters zu restaurieren. Die Herausbildung des serbischen Königreichs im Laufe des 19. Jahrhunderts eröffnete der serbischen Nation zwei Möglichkeiten nationaler Einheit. Prinz *Nikola Petrović* (1841–1921) von Montenegro setzte auf die Rivalität zwischen der herrschenden und der exilierten königlichen Familie. Er verheiratete seine älteste Tochter mit dem emigrierten *Petar Karadjordjević* aus der herrschenden Linie des eigentlichen Serbiens und akzeptierte gleichzeitig die Unterstützung des österreichisch-ungarischen Kaisers, die dieser unter der Bedingung zu geben bereit war, daß Petrović die Fusion beider serbischer Königreiche verhindert. Es waren dann aber gerade die *Karadjordjević*, die später die politische Einheit nicht nur der Serben und Montenegriner, sondern aller Südslawen verwirklichte. 1918 erklärte die montenegrinische Nationalversammlung die Petrović-Dynastie für abgesetzt, Montenegro wurde ein unabhängiger Staat und Teil des Königreichs der Serben, Kroaten und Slowenen (später Jugoslawien) unter König Aleksander Karadjordjević. In der Zwischenkriegszeit bildeten sich in Montenegro zwei Fraktionen heraus: Die Weißen, die sich jeglicher Unterscheidung zwischen montenegrinischen Serben und dem Rest der serbischen Nation widersetzten, und die Grünen, die sich ihren serbischen Landsleuten in der Belgrader Regierung überlegen fühlten, den Verlust des montenegrinischen Staates bedauerten und für eine Reorganisation des Königreichs auf feudaler Basis plädierten. In den zwei Zwischenkriegs-Dekaden politischer Mißwirtschaft setzte der Prozeß der Entfremdung zwischen den Montenegrinern und den Serben des eigentlichen Serbiens ein. Im Zweiten Weltkrieg bildete Montenegro ein Bollwerk des Widerstands der kommunistischen Partisanen, nicht der royalistischen Tschetniks. Das Wiedererstarken des extremen serbischen Nationalismus unter der Führung von Slobodan Milošević führte dann dazu, daß immer mehr Montenegriner die Bildung einer eigenen Nation forderten, getragen von dem Interesse, sich von einer Nation zu distanzieren, die international geächtet wurde. Eine der Aktivitäten, in der sich das montenegrinische Selbstbewußtsein manifestierte, war das Gesuch von 1990, das darauf abzielte, die montenegrinische orthodoxe Kirche, die 1920 ihren eigenständigen Status verloren hatte, neu zu etablieren. 1993 erklärte dann tatsächlich eine kleine Gruppe Angehöriger der montenegrinischen Kirche selbst ihre Unabhängigkeit von der serbischen orthodoxen Kirche.

Kultur und Mentalität

Die Montenegriner benutzen, wie die Serben, das kyrillische Alphabet und sprechen die östliche Variante des Serbokroatischen. Auch sie gehören der orthodoxen Kirche an. Bis Mitte des 20. Jahrhunderts war die montenegrinische Gesellschaft sowohl patriarchal als auch stammesmäßig organisiert und noch bis in die 50er Jahre hinein wurden hier Blutfehden ausgetragen. Die Montenegriner, ein starkes, kräftiges Bergvolk und zudem, anders als die Serben, auffallend groß von Statur, gelten als Kämpfernaturen und viele von ihnen haben in der Armee Karriere gemacht.

Berge und Küste

Montenegro ist sehr bergig und eignet sich kaum für die Landwirtschaft; seit dem 19. Jahrhundert haben viele Montenegriner ihre steinige Wildnis verlassen und sind nach Nordamerika und Australien gegangen. Die montenegrinische Küste mit den hellen Klippen und unheimlichen Wassern des fjordähnlichen Golf von Kotor ist heute ein beliebtes Urlaubsziel der Serben, die sich in Dalmatien nicht mehr sehr willkommen fühlen.

Städte und Architektur

Die Städte im Landesinneren sind im modernen Stil errichtet und ersetzen vielfach frühere, meist ganz aus Holz erbaute Siedlungen. Cetinje, Sitz der *Petrović*-Dynastie, war im 19. Jahrhundert, als die montenegrinischen Herrscher versuchten, eine aktive Rolle in der europäischen Politik zu spielen, königlicher Mittelpunkt. Die Stadt verfügt über schöne Paläste und eine Reihe von Botschaftsgebäuden mit hell bemalten Fassaden. Nach dem Zweiten Weltkrieg wurde die Stadt Podgorica als Titograd »wiedergeboren« und ist sicherlich das seelenloseste Beispiel der sozialistisch inspirierten Städteplanung des ehemaligen Jugoslawien. Zwischen 1420 und 1797 beherrschte die Republik Venedig die montenegrinische Küste und in vielen Küstenstädten trifft man noch heute auf venezianische Paläste und Türme. Das Erdbeben von 1979 hat an vielen Gebäuden in Montenegro irreparable Schäden verursacht, dennoch kann man immer noch auch einige Holzhäuser im türkischen Balkanstil sehen.

Die Kroaten

Die Kroaten stellten eine der Nationen, die die ehemalige Sozialistische Föderative Republik Jugoslawien mitbegründet haben. Etwa 70 Prozent der Bevölkerung der heutigen Republik Kroatien und etwa 18 Prozent der heutigen Republik Bosnien-Herzegowina sind Kroaten. Kleinere kroatische Gemeinwesen, die meist zwischen dem 15. und 17. Jahrhundert von Kroaten, die vor den Türken geflohen waren, gegründet worden sind, finden sich im Burgenland, in Mähren, Italien und der Slowakei. Im 19. und 20. Jahrhundert emigrierten viele Kroaten nach Nordamerika, Australien und Argentinien. Der jugoslawische Nachkriegskommunismus erlaubte die Emigration und so wanderten viele Kroaten, vor allem von der dalmatinischen Küste, nach Skandinavien oder Westdeutschland aus. Kroatische Emigranten spielen heute in der Republik von Kroatien eine bedeutende Rolle und seit 1991 sind auch viele Jugendliche nach Kroatien gegangen, einige von ihnen zum ersten Mal in ihrem Leben, um »ihre Heimat« zu verteidigen.

Sprache

Die Kroaten benutzen das lateinische Alphabet und sprechen drei unterschiedliche südslawische Dialekte, die zusammen als Serbokroatisch bekannt sind. Štokaski (što = was) wurde im 19. Jahrhundert sowohl für das Kroatische wie auch für das Serbische zur Hochsprache deklariert und wird heute von vielen Kroaten und bosnischen Muslimen sowie von allen Serben und Montenegrinern gesprochen. Es weist zwei Hauptvarianten auf, die sich dadurch unterscheiden, wie sich jeweils ein früherer slawonischer Vokal in der östlichen Variante, typisch für die Serben, und in der westlichen Variante, die die meisten Kroaten sprechen, entwickelt hat. So sagen die Serben für Zeit *vreme*, die Kroaten *vrijeme.* Die unterschiedlichen kulturellen Einflüsse, denen sie jeweils ausgesetzt waren, manifestieren sich in lexikalischen Unterschieden: für die Kroaten sind Brot, Schublade und Papier *kruh, ladica* und *papir*, für die Serben jedoch *hleb, fioka* und *hartja.*

Die beiden anderen Dialekte, die die Kroaten sprechen, sind typisch für sie und werden von štokavski-Sprechern kaum verstanden, obwohl all diesen Dialekten die gleiche Grammatik zugrundeliegt. Kajkavski (kaj = was) wird vor allem im Nordwesten von Kroatien gesprochen; čakaski (ča = was) grundsätzlich im Südwesten und in Istra, auf den Dalmatinischen Inseln sowie an der dalmatinischen Küste.

Die Kroaten sind sehr stolz auf ihre weitzurückreichenden Sprachtraditionen. Im Mittelalter benutzten sie das glagolitische Alphabet, um in ihrer jeweiligen Landessprache liturgische und apokryphische Literatur zu verfassen. Das glagolitische Alphabet wurde gegen Ende des 9. Jahrhunderts von den beiden gelehrten Griechen *Kyrillos* und *Methodios* eingeführt. Das älteste erhaltene Schriftdokument des Kroatischen ist die Baška-Platte (ca. 1100), die einen Text in glagolitischen Buchstaben und in einer Mischung aus Kirchenslawisch und der Landessprache aufweist. Noch im frühen 19. Jahrhundert wurden religiöse Werke der Kroaten im glagolitischen Alphabet verfaßt und seit den 80er Jahren hat das Interesse an dieser Schrift als einem bedeutendem Bestandteil der kroatischen Nationalkultur deutlich zugenommen.

Die umfangreiche Literatur, die die Kroaten im 16. und 17. Jahrhundert hervorbrachten, ist in lateinischer Schrift und im Čakavski- sowie Kajkavski-Dialekt geschrieben. Die Kroatische Schriftsprache basiert auf dem *štokavski* und wurde um 1880 im Zuge der Wiederbelebung des kroatischen Nationalismus entwickelt, und zwar als Teil eines Programms, das die kulturelle Einheit der Südslawen befördern sollte.

Die Wahl des *štokaski* als Grundlage für die Schriftsprache erleichterte es sowohl den Serben wie den Kroaten, miteinander zu kommunizieren, wird jedoch von den kroatischen Nationalisten seit langem bedauert, da dies ihrer Meinung nach den Unterschied zwischen der serbischen und der kroatischen Nation verwischt. Seit den 80er Jahren versuchen sie nun, die kroatische Sprache wieder zu »reinigen«, indem sie alle Wörter, die ausländisch, vor allem »serbisch«, klingen, durch kroatische Wörter ersetzen. Einige dieser empfohlenen Wörter sind im eigentlichen Sinne keine Neologismen, sondern Wörter, die während des Zweiten Weltkrieges vom Ustaša-Regime *Ante Pavelićs* geprägt wurden.

Religion

Die Kroaten waren der römisch-katholischen Kirche stets loyal ergeben, und diese spielte im 20. Jahrhundert in der Geschichte ihres Landes eine bedeutende Rolle. Obwohl während des Zweiten Weltkrieges einige Katholiken am Widerstand der Partisanen teilnahmen, brandmarkte das kommunistische Regime der Nachkriegszeit die katholische Kirche in Kroatien immer wieder als willige Gehilfin der Ustaša und setzte den Katholizismus und kroatischen Nationalismus mit dem Faschismus gleich. 1966 dann normalisierten sich die Beziehungen zwischen Kirche und Staat. In den 80er Jahren kam es in weiten Kreisen der kroatischen Bevölkerung zu einer Wiederbelebung des Katholizismus und seit Kroatien seine Unabhängigkeit erlangt hat, hat auch die Kirche wieder stark an Einfluß gewonnenen und betreibt seither eine Art moralische Wiederaufrüstung des Landes.

Geschichte und ethnische Zugehörigkeit

Die Kroaten waren eine jener Gruppen slawischer Migranten, die in mehreren aufeinanderfolgenden Migrationswellen von unterschiedlichen Ausgangspunkten her den Balkan erreichten. Die Unterschiede zwischen diesen Gruppen blieben noch relativ lange bestehen, so daß die ersten südslawischen Staaten, die sich im Mittelalter herausbildeten, im wesentlichen die drei größten Gruppen der südslawischen Migranten umfaßten: die Bulgaren, Kroaten und Serben. Die Kroaten gründeten im 9. Jahrhundert an der Ostadria, zwischen den Flüssen Raša und Cetina ein Fürstentum, dessen Hauptstadt zunächst Biograd später Knin im Landesinneren gelegen, war. Kroatien entwickelte sich zu einer blühenden und expandierenden Seemacht. Im 10. Jahrhundert eroberte es die Region von Slawonien, zwischen den Flüssen Drava und Sava gelegen, und im 11. Jahrhundert Dalmatien. Als das kroatische Herrscherhaus ausstarb, wählte der Adel König *Kálmán von Ungarn* zum neuen König und so wurde das Königreich Kroatien dem ungarischen Königreich angegliedert, das seinerseits 1527 unter Habsburger Herrschaft fiel. Viele Kroaten der dalmatinischen Küste und der Dalmatinischen Inseln, mit Ausnahme jener der Republik Dubrovnik, wurden im 12. Jahrhundert Untertanen der Republik Venedig und blieben dies bis zum Jahre 1797. Seit 1815 wurden sie direkt von den österreichischen Habsburgern regiert. Die meisten Kroaten in Bosnien standen bis 1878 unter osmanischer Herrschaft und wurden dann im Zuge des Berliner Kongresses ebenfalls dem Habsburger Reich unterstellt. Die dalmatinischen und slawonischen Serben fanden sich erstmals 1918 im Königreich der Serben, Kroaten und Slowenen (das spätere Jugoslawien) innerhalb eines Staates vereint.

Nationale Ideologien: Jugoslawismus und kroatischer Nationalismus

Die Kroaten haben sich im Laufe ihrer Geschichte oft um eine slawische Integration bemüht. Im 16. Jahrhundert wurden sich kroatische Humanisten in aller Deutlichkeit dessen bewußt, daß die Kroaten zur slawischen Welt gehören und so postulierten sie die Existenz einer einzigen slawischen Sprache. Im 19. Jahrhundert versuchten Angehörige der illyrischen Bewegung im Zuge der Wiederbelebung des kroatischen Nationalismus engere kulturelle Bindungen unter den Südslawen, den »Jugoslawen«, zu fördern. Unter den Südslawen in der Habsburger Monarchie entwickelte sich der kulturelle Jugoslawismus zu einer politischen Bewegung, die sich zum Ziel setzte, Slowenen, Kroaten, Serben und Montenegriner in einem einzigen Staat zu vereinen. In dieser Zeit entstand, sozusagen als Antwort auf das internationalistische serbische Nationalprogramm, eine konkurrierende kroatische Nationalideologie, die sich auf die ungebrochene Kontinuität der staatspolitischen Geschichte Kroatiens berief und die Assimilation aller Südslawen, mit Ausnahme der Bulgaren, an die kroatische Kultur hervorhob.

Während des Ersten Weltkrieges wurde der Enthusiasmus der Kroaten im Hinblick auf die Gründung eines südslawischen Staates beflügelt einerseits von der optimistischen Vorstellung, daß sie in einer solchen Union gleichberechtigt mit den anderen Südslawen sein würden, und andererseits von der Angst, daß Dalmatien mit seiner überwiegend kroatischen Bevölkerung an Italien fallen könnte. Nach 1918 aber fanden sich die Kroaten dann eher in einem Großserbien als in einem Jugoslawien wieder, das sie sich erhofft hatten. Unter der serbisch dominierten Zwischenkriegs-Regierung begannen die Kroaten erstmals, die Serben regelrecht zu hassen. Der Zweite Weltkrieg nun eröffnete ihnen die Möglichkeit, sich von Belgrad loszusagen, jedoch zu einem sehr hohen Preis. Der unabhängige kroatische Staat war ein Marionettenstaat Nazideutschlands und das Ustaša-Regime von *Ante Pavelić* hat in Kroatien und in Bosnien an der Serben buchstäblich Rache genommen. Viele von ihnen wurden zusammen mit Juden, Sinti und Roma sowie Gegnern des Regimes getötet.

Heute blicken die Kroaten auf die Jahre seit 1945 mit Bitternis zurück. Sie werfen der kommunistischen Regierung vor, daß diese sie über all die Jahre immer nur bestraft habe für die Taten des Ustaša-Regimes, den Beitrag der Kroaten zum Widerstand der kommunistischen Partisanen jedoch völlig negiert habe. Unter Tito wurde jegliche Äußerung eines kroatischen Nationalgefühls schärfstens unterdrückt. Am Vorabend der ersten freien Wahlen in Kroatien im Jahre 1990 bemerkte denn auch ein kroatischer Politiker, daß nun endlich kein Knebel mehr den Mund der Kroaten verschließe.

Die heutigen kroatischen Nationalisten zeichnen sich dadurch aus, daß sie den Unterschied zwischen Kroaten und den Serben deutlich hervorheben, nicht zuletzt, indem sie die Orientierung des Landes Richtung Westen und Europa unterstreichen. Die kroatische Jugend zieht es vor, die Haare kurz zu tragen und sich glattrasiert zu präsentieren, um sich dadurch deutlich von den langhaarigen und bärtigen Serben zu unterscheiden – eine Maßnahme, die auf eine alte Tradition zurückgeht und mittels derer schon die Angehörigen der westlich-römischen und östlich-orthodoxen Kirche ihre Differenz betonten. Nationale Symbole wie die Staatsflagge oder das rot-weiße Tuch, die *šaharica*, werden stolz zur Schau gestellt und auch das Tragen des lateinischen Kreuzes gilt als ein Zeichen nationaler Identität.

Die kroatische Regierung unter Präsident *Franjo Tudjman* hat wenig dazu beigetragen, die Ängste der kroatischen Serben zu beschwichtigen. Die kroatische Verfassung ist in einer Art und Weise verfaßt, die den Serben das Gefühl gibt, sie seien von dieser ausgeschlossen: begeistert von der Erklärung, daß die neue, unabhängige Republik Kroatien in sich die Staatstraditionen der kroatischen Nation vereine, macht Tudjman aus den Serben in Kroatien so etwas wie eine fünfte Kolonne des serbischen Präsidenten *Slobodan Milošević*.

Die Serben in Kroatien weigerten sich, die Regierung in Zagreb anzuerkennen und etablierten in Krajina ihre eigene, lokale Regierung. 1995 nun unternahm die kroatische Regierung einige erfolgreiche militärische Offensiven, um das von serbischen Streitkräfte besetzte Gebiet, etwa 30 Prozent des kroatischen Territoriums, unter ihre Kontrolle zu bringen. Ost-Slawonien fiel im

Mai 1995 an Kroatien zurück und im November des gleichen Jahres wurde die gesamte Region im Vertrag von Dayton den Kroaten zugesprochen. Im Zuge der Angriffe der Regierungsstreitkräfte gegen Krajina im August 1995 wurden viele der seit langem in Kroatien lebenden Serben des Landes verwiesen.

Die offiziellen Schritte, die die kroatische Regierung unternommen hat im Hinblick auf die Anerkennung des verbrecherischen Charakters des Ustaša-Regimes der Kriegszeit, waren geprägt von einer verharmlosenden und selektiven Wahrnehmung, was wiederum das internationale Ansehen Tudjmans und seiner Regierung deutlich beeinträchtigt hat. Gleichzeitig haben triviale Maßnahmen, etwa die Umbenennung der staatlichen Währung, den serbischen Nationalisten in die Hände gespielt, da die *kuna*, die den *dinar* ersetzte, jene Währungseinheit darstellt, die ursprünglich der im Zweiten Weltkrieg etablierte unabhängige kroatische Staat eingeführt hatte.

Stadt und Land

In den Städten kann man besser als auf dem Lande sehen, daß die Kroaten Anteil haben sowohl an den kulturellen Traditionen Zentraleuropas wie auch des Mittelmeerraums. In der Architektur und der Anlage ihrer Städte lassen sich die Einflüsse des Habsburger Reichs ebenso deutlich erkennen wie jene der venezianischen Republik. Zagreb verfügt, ähnlich wie Prag und Budapest, über ein ganz vom Barock geprägtes Stadtviertel. Im 19. Jahrhundert entstanden dann eine ganze Reihe neoklassizistischer und neobarocker Bauwerke, die auch in Wien vorherrschen, und die Unterstadt von Zagreb wurde über einem gitterähnlichen Grundriß errichtet. Um die Jahrhundertwende entstanden einige sehr schöne Jugendstil-Fassaden, während sich nach dem Zweiten Weltkrieg in Novi Zagreb, im Süden der ehemaligen Avenue der Proletarischen Brigaden (heute umbenannt in Avenue Vukovar, zur Erinnerung an jene Stadt in Ostkroatien, die im November 1991 dem Erdboden gleichgemacht wurde), die traurigen Visionen utopischer Städteplaner Bahn brachen. Im Gegensatz hierzu bietet die Altstadt der Kunst ein lebendiges

Zentrum, und hier findet man auch noch jene Kaffeehausgesellschaft, die, so scheint es, noch immer hauptsächlich von Alkohol, Kaffee, Tabak und Kuchen leben.

Das Leben an der dalmatinischen Küste und auf den Dalmatinischen Inseln ist stark vom italienischen Lebensstil geprägt. Die Jahrhunderte venezianischer Herrschaft sind hier im öffentlichen Leben deutlich spürbar, sichtbar auch in den Palästen mit ihren Innenhöfen, ihren Balkonen und strengen Fassaden, oft mit schön gearbeiteten Köpfen verziert und nicht selten auch mit Darstellungen des Löwens, dem Wappentier des Heiligen Markus. Die Kathedralen von Trogir und Sibenik, die im letzten Krieg stark beschädigt wurden, gelten als Meisterwerke der romanischen Baukunst. Die Kirche des Heiligen Donatus in Tadar wiederum, eine zweistöckige Rotunde, Ende des 8. und Anfang des 9. Jahrhunderts über dem ehemaligen römischen Forum errichtet, ist ein herausragendes Beispiel vorromanischer Architektur; auch sie wurde stark beschädigt.

Unter der kommunistischen Regierung der Nachkriegszeit litten viele Kulturdenkmäler Kroatiens darunter, daß sie über Jahre völlig vernachlässigt wurden. So wurde das einst prächtige Landhaus von Ban Jelcic, einem kroatischen Nationalhelden, als riesigen Stall für Truthähne benutzt. Als 1987 in Zagreb die Universiade, die internationalen studentischen Wettkämpfe, stattfand, wurde in ganz Kroatien in nie gekanntem Umfang renoviert und restauriert und sofort erwachte der Bürgerstolz der Kroaten, ebenso wie – *sotto voce* – ihr Nationalismus.

Im Kommunismus wurde die Volkskultur, also Volkslieder und -tänze sowie das regionale Kunsthandwerk, offiziell unterstützt. Die heutige kroatische Volkskultur hat inzwischen viele katholische Elemente integriert, jedoch ist sie nach wie vor zu artifiziell und zu politisch, um tatsächlich kreativ zu sein. Die Erdverbundenheit und Spontanität des »Volkes« findet lediglich in den ausgefallenen Zeichnungen und Bildern einiger naiver Künstler Ausdruck, deren Schule vom Nachkriegskommunismus aufgrund der Vorstellung unterstützt wurde, daß sich hier eine neue Kunst, unbeeinflußt von »bürgerlichen« Strömungen herausbilden könnte. Das Werk der naiven Maler Kroatiens, mehr verbunden mit dem ländlichen denn dem städtischen Leben, ist von grotesken

Darstellungen von Mensch und Natur geprägt, so etwa in den Pastellvisionen von Generalic oder in den insgesamt bedrohlicheren und manchmal desolaten Landschaften, die Ivan Lackovic Croata geschaffen hat.

Die bosnischen Muslime

Die bosnischen Muslime sind slawische Muslime, die von Serben und Kroaten abstammen, die während der türkischen Herrschaft über Bosnien (1478-1878) zum Islam konvertierten. Das Nationalbewußtsein der bosnischen Muslime hat sich erst vor relativ kurzer Zeit entwickelt: erst seit der Gründung des ersten Jugoslawischen Staates im Jahr 1918 begannen sie, sich selbst als eine Nation, als ein Volk zu empfinden. Die Muslime erhielten innerhalb Jugoslawiens 1981 den Status einer »jugoslawischen Nation« und danach erst ließen sich viele von ihnen auch offiziell als Muslime registrieren. Der Krieg in Bosnien-Herzegowina, der 1992 ausbrach, bestärkte das bosnisch-muslimische Nationalgefühl: da die Außenwelt unfähig erscheint, ihnen zu helfen, müssen die bosnischen Muslime auf ihre eigenen Kräfte zurückgreifen und vertrauen.

Vor Ausbruch des Krieges und bevor es Programme zur sogenannten ethnischen Säuberung gab, stellten die Muslime 39 Prozent der Bevölkerung der Republik Bosnien-Herzegowina. Die meisten Muslime lebten in der Gegend von Sarajewo, Mostar und Kordun sowie östlich von Tuzla und in einer weiten Region nördlich und südlich von Banja Luka.

Die bosnischen Muslime waren nicht die einzigen Muslime in der ehemaligen Sozialistischen Föderativen Republik Jugoslawien. In der Sandzak-Region im Süden von Serbien, in Montenegro und Makedonien gibt es seit langem existierende slawisch-muslimische Gemeinden, ebenso einige kleinere in Kroatien und Serbien. Auch die meisten Albaner sind Muslime, sie sind jedoch keine Slawen. Da sowohl ihre Sprache als auch ihr ethnischer Ursprung derselbe ist wie jener der nichtmuslimischen Slawen, werden die bosnischen Muslime lediglich auf dem Hintergrund ihrer Religion als eigenständiges Volk identifiziert. Ihr eigener

Sinn für ihre Nationalität hat sich jedoch auch auf dem Hintergrund ihrer besonderen Geschichte, vor allem seit dem Untergang des Osmanischen Reichs, herausgebildet.

Geschichte

Es wurde oft behauptet, daß in Bosnien und Herzegowina deshalb so viele Menschen zum Islam konvertierten, da diese Region ein Bollwerk des Bogomilismus (einer christlichen Ketzerlehre) gewesen sei. Doch die Tatsache, daß das Christentum hier nicht sehr verbreitet war, besagt nichts, denn die Albaner, die christianisiert waren, traten nach ihrer Eroberung durch die Türken, in großem Umfang zum Islam über. Als Angehörige des Islam innerhalb des Osmanischen Reiches blieben die Muslime in Bosnien-Herzegowina von der *deveršime* (der Rekrutierung jedes zehnten jungen Mannes für die osmanische Armee) ausgenommen. Sie erhielten Steuervergünstigungen sowie ein höheres Maß an Selbstverwaltung als ihre christlichen oder jüdischen Nachbarn. Ihr Lehnsgut war erblich und derart entwickelte sich ein muslimisch-slawischer Adel, der, anders als die muslimischen Adeligen des restlichen Balkans, auch weiterhin die Landessprache pflegte.

Die bäuerlichen Revolten des 19. Jahrhundert kulminierten schließlich in den Massenaufständen von 1875–78, die dazu führten, daß Bosnien-Herzegowina 1878 österreichisches Protektorat wurde. Die Provinz mit ihrem serbisch-kroatisch-muslimischen Völkergemisch wurde nun von der serbischen Regierung in Zagreb in ihren Traum von einem Großserbien miteinbezogen und von den Kroaten in ihre Vorstellungen eines südslawischen Staates innerhalb der Habsburger Monarchie. Demgegenüber hoffte der österreichische Minister, der Bosnien regierte, die serbischen und kroatischen Ansprüche dadurch neutralisieren oder zumindest ihnen gegensteuern zu können, daß er die Idee einer eigenständigen bosnischen Nation förderte. Bosantsvo jedoch fand ausschließlich bei den Muslimen Gefallen, die sich ihrerseits von den serbischen und kroatischen Nationalisierungs- bzw. Christianisierungsprogrammen bedroht fühlten. Das muslimische

Nationalbewußtsein war schwer faßbar: es gab Familien, in denen sich die einen als muslimische Kroaten, andere als muslimische Serben und wieder andere einfach als Muslime betrachteten.

Die Niederlage Österreichs-Ungarns im Ersten Weltkriegs markierte für die Muslime von Bosnien-Herzegowina das Ende einer fünfhundertjährigen Periode relativer Sicherheit und Prosperität. In der Zeit, in der sich die Regierung des neugegründeten Königreichs der Serben, Kroaten und Slowenen, später Jugoslawien, etablierte, wurden die Muslime Opfer von aus dem Militärdienst entlassenen serbischen Freiwilligen, die plündernd durch Bosnien-Herzegowina zogen. Viele Muslime flohen zu ihren Glaubensbrüdern in die Türkei. Nachdem die Ordnung im Lande wiederhergestellt war, sahen sie sich dann mit der Propaganda serbischer Nationalisten konfrontiert, die die bosnischen Muslime als Asiaten bezeichneten. Im Zuge einer Landreform wurden die muslimischen Landbesitzer enteignet, was 1919 dazu führte, daß Muslime aller Klassen und Schichten eine einheitliche Front bildeten, die *Jugoslawische Organisation*, deren Basis in Sarajewo war. 1929 wurde Bosnien in vier Provinzen aufgeteilt, um zu erreichen, daß die Muslime in allen diesen Provinzen nun in der Minderheit waren. Da es ihnen nicht möglich war, die serbisch dominierte Regierung zu beeinflussen, nahmen die Muslime nun darin ihre Zuflucht, den *jugoslawischen Unitarismus* zu unterstützen, der ihnen ein Refugium außerhalb der von serbisch-kroatischen Rivalitäten geprägten Politik bot.

Im Zweiten Weltkrieg wurde Bosnien-Herzegowina Teil des Unabhängigen Staates Kroatien. Die Muslime wurden nun von der *Ustaša*-Regierung unter *Ante Pavlić* förmlich hofiert, doch deren Versprechungen erwiesen sich als illusionär. Einige Muslime gingen zu den Partisanen, der kommunistisch geführten Widerstandsbewegung. Doch überall dort, wo die Tschetniks, die royalistisch-serbische Widerstandsbewegung, die Oberhand hatte, wurden die Muslime unterschiedslos verfolgt und niedergemetzelt.

In der Sozialistischen Föderativen Republik Jugoslawien der Nachkriegszeit zählten die Bosnier zu den enthusiastischen Kommunisten und Jugoslawen der neuen Republik. Mit seinem Völkergemisch aus Serben, Kroaten und Muslimen bildete es so etwas wie einen Mikrokosmos von Jugoslawien und begrüßte die neue jugoslawische Identität, die versprach, die verschiedenen nationalen Identitäten, die sich wechselseitig so feindlich gesinnt waren, zu transzendieren und schließlich zu ersetzen. Die Regierung gestattete unter strikten Auflagen freie Religionsausübung. Jeglicher feindliche und konterrevolutionäre Akt des muslimischen Nationalismus wurde mit hohen Gefängnisstrafen geahndet. Die bosnischen Muslime profitierten nicht mehr und nicht weniger als ihre serbischen oder kroatischen Nachbarn von einem Regime, das ganz offensichtlich alle Nationalismen welcher Art auch immer ablehnte und dessen Wirtschaft auf der Basis von Korruption funktionierte.

Das wachsende muslimische Bewußtsein der bosnischen Muslime war eher politisch denn fundamentalistisch geprägt; die bosnischen sunnitischen Muslime sind im Umgang mit ihrer Religion sehr liberal. 1990 gründete *Alia Izetbegović*, ein bosnischer Muslime, der in den 80er Jahren wegen seines muslimischen Nationalismus im Gefängnis saß, die Partei der *Demokratischen Aktion*, die unter den Muslimen eine starke Basis fand. Im selben Jahr erhielt er bei den Wahlen zum bosnischen Parlament die Mehrheit der Stimmen und als 1992 Kroaten und Serben ihre Unabhängigkeit erklärten, proklamierte auch *Izetbegović* als Präsident von Bosnien die unabhängige Republik von Bosnien-Herzegowina. Seit seiner Unabhängigkeit aber wurde aus Bosnien, ganz so wie es ein muslimischer Schriftsteller 1987 vorausgesagt hatte, »das blutigste Schlachthaus der gesamten Nation«.

Die bosnischen Muslime sind die Opfer der Ambitionen jener Serben, die darauf erpicht sind, ein ethnisch reines Großserbien zu errichten. Tausende Muslime wurden aus ihren Häusern verschleppt, in Lager gebracht oder ermordet. Die Friedenstruppen der UNO standen oftmals hilflos diesem Greuel gegenüber: neben vielen anderen Exzessen ist vor allem das Massaker an den Männern von Srebrenica und Zepa, Städte, in denen UN-Truppen stationiert waren, im internationalen Gedächtnis verhaftet. Im August 1996 öffnete die UNO ein Massengrab. Sie stieß auf 2.700 Leichen von Männern, die vermutlich alle aus Srebrenica stammten.

Während des Bosnien-Krieges erhob sich eine internationale Kontroverse darüber, ob man die bosnischen Muslime mit Waffen versorgen solle oder nicht. 1995 stimmte das Repräsentantenhaus der USA dafür, das UN-Waffenembargo gegen die bosnische Regierung zu lockern, doch im August setzte sich Präsident Clinton über diese Entscheidung hinweg. Seit dem Vertrag von Dayton vom November 1995 herrscht in Bosnien ein äußerst fragiler Friede. Sarajewo ist entlang nationaler Grenzen geteilt und das Tribunal von Den Haag hat damit begonnen, die Kriegsverbrechen zu untersuchen. Im September 1996 fanden in Bosnien Wahlen statt und Präsident Izetbegović erhielt genügend Stimmen, um auch weiterhin der dreiköpfigen präsidialen Führung des Landes vorzustehen. Die Aufgabe, das Land und das Volk physisch und mental zu heilen, wird viel Zeit in Anspruch nehmen. Die Frage, die ein bedeutender kroatischer Historiker 1984 im Rückblick auf die Geschichte Bosniens in der Zwischenkriegszeit aufwarf, ist heute aktueller denn je: »Ist es befremdlich oder verwunderlich, daß im Europa der zweiten Hälfte des 20. Jahrhunderts eine Nation auftaucht, die nie etwas anderes sein wollte als ausgerechnet muslimisch?«

Kapitel 7

Die Karpatenregion

Die Völker, die in dem hier folgenden Kapitel beschrieben werden, leben in einer Region, die in ethnischer Hinsicht viele Unterschiede aufweist, geographisch jedoch sehr klar umrissen ist. Diese Region liegt zwischen Donau und Dnestr: ein Ausschnitt Osteuropas, der von den Rändern der germanischen Welt in jene der Slawen hineinreicht, die ungarische Ebene umschließt und von Donau und Karpaten begrenzt wird.

Das Donautal war für Migranten aus dem Osten immer schon über die eurasische Steppe erreichbar. Über diese Route kamen Magyaren und Bulgaren; und die Donau ihrerseits, ein langer und schiffbarer Fluß, ist ebenfalls immer schon von Zentraleuropa aus eine Hauptschlagader der Kommunikation und Migration gewesen. In der Konsequenz ist die Donau also sowohl ein Sammelbecken von Migranten aus unterschiedlichsten Richtungen, wie auch eine klaffende Wunde, die sich über die slawische Welt zieht: mit Ausnahme jener Abschnitte, in denen sie die Teile der Grenze zwischen Slowakien und Vojvodina markiert, zwischen Batina und Bzias nämlich, wo sie durch serbisches Territorium fließt, hat sie rein slawische Kulturen von ihren Ufern verdrängt, die vielmehr von Nichtslawen wie den Österreichern, den Magyaren, den Rumänen oder Bulgaren (die keinen Anspruch auf eine Zugehörigkeit zu den Slawen erheben), bewohnt werden.

Die Slowaken, die den extremen Nordwesten dieser Region bewohnen, sind, ähnlich wie die Tschechen, deutlich von der westlichen Kultur beeinflußte Slawen, die in einem Teil der Herzlande des Habsburger Reichs leben, sowohl römisch-katholisch wie protestantisch sind und an den wichtigsten historischen Erfahrungen Westeuropas, einschließlich der Renaissance, der

Aufklärung und der Industriellen Revolution Anteil hatten, und dies bisweilen sogar an vorderster Front. Die Tschechen sehen sich selbst einhellig als Westler: tatsächlich liegt Prag westlich von Wien, und der Fluß, an dem die Stadt liegt, fließt in die Elbe.

Kleine, vom Fluß ausgehende Siedlungen und in der Neuzeit instabile Grenzen haben dazu beigetragen, daß diese Region unzählige ethnische Minoritäten aufweist und damit also auch reichlich Möglichkeiten für Konflikte bietet, da die Erfüllung der bürgerlichen Pflichten stets mit jenen kollidieren kann, die sich aus ethnischen Bindungen oder aus der Zugehörigkeit zu außerterritorialen Nationalitäten ergeben. Die ungarische Ebene und das Donautal sind, mit Ausnahme jenes Gebiets, in dem die Donau in das Schwarze Meer mündet, im Norden von der langen und praktisch ununterbrochenen Bergkette der Karpaten sowie des böhmischen und slowakischen Hochlandes geschützt. Bergregionen, die eine dichte Besiedelung erschweren, stellen oftmals kulturelle Trennungslinien dar. Diese Berge allerdings geben dieser Region praktisch ihre Einheit. Für einige ihrer Völker bildeten sie Schutz und Rückgrat ihrer jeweiligen Staaten. Die tschechische und die slowakische Republik, Ungarn und Rumänien – sie alle haben rund um oder innerhalb dieser Bergwelt Gestalt angenommen. Die Berge waren stets auch ein Fluchtpunkt vieler Minoritäten, so zum Beispiel für die Ruthenen, die selbst wiederum ein Mischung aus verschiedenen Volksgruppen darstellen.

Die Tschechen

Die meisten Tschechen sind Bürger der Tschechischen Republik, einer der Nachfolgestaaten (neben der Slowakei) der Tschechoslowakei; Tschechien liegt im westlichen Teil der ehemaligen Föderation. Die Tschechen bilden die geographisch am weitesten im Westen liegende slawische Nation und sie sind wohl auch kulturell das am westlichsten geprägte slawische Volk (Prag liegt sowohl nördlich als auch westlich von Wien). Das Land verfügt aufgrund seiner Lage, mehr oder weniger im Herzen Europas, in politischer, religiöser und militärischer Hinsicht über eine reichlich turbulente Geschichte. Bedeutende Mächte haben immer wieder, zum Teil erfolgreich versucht, die tschechischen Lande ihrem Einfluß zu unterwerfen. Deutsche Militärstrategen des 19. Jahrhunderts haben stets behauptet, wer Böhmen kontrolliere, den westlichen Teil Tschechiens, der kontrolliere ganz Europa. Mit ihrer bedeutenden strategischen Position im Blick müssen die Tschechen der heutigen Republik ihre politischen Institutionen formen und ihre ökonomischen Strukturen erneuern. Dieser Prozeß wird wohl noch einige Jahre dauern. Im April 1996 erklärte der Präsident der Europäischen Kommission, daß Tschechien auf dem besten Wege sei, im Jahre 2000 vollwertiges Mitglied der EU zu werden.

Nationale Identität

Die Tschechen haben die meiste Zeit ihrer dokumentierten Geschichte im Schatten der deutschsprachigen Länder gelebt – zusammengenommen ein überwältigend großer Nachbar, eine reiche Quelle des kulturellen Einflusses und bisweilen ein unschlagbarer Gegner. Die deutsche (und jüdische) Bevölkerung der Städte im Mittelalter, das Eindringen der deutschen Sprache und Kultur und über weite Zeiträume die Präsenz deutschsprachiger Herrscher alle diese Einflüsse ließen den Tschechen ihre tschechische Identität als äußerst wertvoll erscheinen und haben darüber hinaus seit dem 15. Jahrhundert immer wieder Bewegungen beziehungsweise Kämpfe inspiriert, die auf eine nationale

Wiederbelebung beziehungsweise Unabhängigkeit des Landes abzielten.

Die Ausrottung der jüdischen Gemeinde während des Zweiten Weltkrieges und die Vertreibung der Deutschen aus der Tschechoslowakei nach dem Krieg ermöglichte es den Tschechen, eine tschechische Identität zu entwickeln. Jedoch führte diese Selbstdifferenzierung – diesmal gegenüber den Slowaken – in gewisser Hinsicht dann 1993 zum Auseinanderbrechen des tschechoslowakisch-föderativen Staates.

Während der Nachkriegszeit gab es unter den Einwohnern von Mähren und Schlesien eine spürbare Tendenz dahingehend, eine eigenständige Identität zu entwickeln. 1992 gewann eine Bewegung, die für Mähren und Schlesien Autonomie fordert, einige Parlamentssitze.

Tschechen und Slowaken, wenn auch seit 1918 in einem gemeinsamen Staat lebend, hatten zuvor jedoch sehr unterschiedliche historische Erfahrungen gemacht. Die tschechischen Lande waren stets viel stärker an den Westen gebunden. Die Slowakei gehörte seit dem 11. Jahrhundert zu Ungarn, das seinerseits im 16. Jahrhundert türkisch besetzt war, während die Tschechen entweder unabhängig waren oder unter österreichischer Herrschaft standen. Als beide Völker dann 1918 in einem Staat zusammengefaßt wurden, mußte dies zwangsläufig zu Spannungen zwischen ihnen führen. Als dann nach dem Zusammenbruch des kommunistischen Regimes im Jahre 1989 die zentralstaatlichen Autoritäten offensichtliche Schwächen zeigten, traten diese Spannungen nun ganz deutlich zu Tage. Während in der Zeit, in der es darum ging, die Demokratie wieder einzuführen, Tschechen und Slowaken zusammenarbeiteten, wenn auch in verschiedenen Organisationen, entwickelten sich einige dieser Gruppen danach zu politischen Parteien, die, vor allem in der Slowakei, eindeutig nationalistische Töne anschlugen. 1992 hatten sich die Beziehungen zwischen Tschechen und Slowaken so weit abgekühlt, daß Prag und Bratislava schon darüber diskutierten, ob man »Tschechoslowakei« nicht mit einem Bindestrich schreiben sollte, um die Gleichwertigkeit von Tschechen und Slowaken zum Ausdruck zu bringen. Am Ende führte der tiefsitzende Wunsch der Slowaken, ihren eigenen Staat zu gründen und das

Bewußtsein, daß der Verlust der schwächeren Wirtschaftkraft der Slowakei jene Tschechiens nicht beeinträchtigen würde, dazu, daß Tschechien 1992 jener »sanften Trennung« zustimmte, ein alles andere als triumphaler Abgesang der »Sanften Revolution«.

Das Land

Die Tschechische Republik ist ein zentraleuropäisches Binnenland mit einer Bevölkerung von etwas mehr als 10,3 Millionen Einwohnern (1996). Die größte Stadt der Republik ist Prag, die Hauptstadt, mit 1,213 Millionen Einwohnern. Die zweitgrößte Stadt ist Brno (Brünn) mit 389.000 Einwohnern. Das Land verfügt über ein zentraleuropäisch-kontinentales Klima mit kalten Wintern und warmen Sommern. Der höchste Berg des Landes ist der Snežka (1.602 m). Die Republik grenzt an Polen, die Slowakei, Österreich und Deutschland. Diese langen, bewaldeten Hochlandgrenzen mit deutschsprachigen Ländern auf drei Seiten, trugen dazu bei, daß die Tschechen sich selbst für friedliebend und in politischer Hinsicht für verletzbar halten. Die Republik verfügt über reiche Kohle- und Braunkohle- sowie Uranvorkommen.

Geschichte

Die Tschechen waren ursprünglich nur einer von mehreren slawischen Stämmen, die dieses Land besiedelten. Die Slawen waren, ausgehend vom mittleren Dnjepr-Becken, in Richtung Süden und Westen nach Europa vorgestoßen, und zwar in einer der letzten von einer ganzen Reihe großer Migrationswellen, die zwischen dem 3. und 6. Jahrhundert das Römische Imperium erfaßten. Im 9. Jahrhundert bildete sich im Osten der heutigen Republik ein erster Staat, der sich Groß-Mähren nannte, heraus. Im späten 9. Jahrhundert wurde dieser Staat von den griechischen Gelehrten *Kyrillos* und *Methodios* missioniert, und zwar in der Absicht, dem Einfluß der Franken in Zentraleuropa entgegenzuwirken. Diese beiden »Apostel der Slawen« führten das glagolitische Alphabet ein, dessen Buchstaben der slawischen Sprache sehr entgegenkamen. Das auf dem Griechischen basierende Alphabet wird noch heute in den orthodoxen slawischen Ländern verwendet.

Nach dem Zusammenbruch von Groß-Mähren im frühen 10. Jahrhundert verlagerte sich das Zentrum der Macht weiter nach Westen, nämlich nach Böhmen, das kurze Zeit später Teil des Heiligen Römischen Reiches wurde: Prag wurde 973 katholischer Bischofssitz und unter König *Karl IV.* (1355–78) auch Reichshauptstadt. In der sozialen und religiösen Krise des 14. und 15. Jahrhunderts schloß sich Böhmen relativ früh der Reformation an. Die böhmische Kirche war die erste Landeskirche, die sich von der katholischen Zentralgewalt abspaltete und sich der Hussitischen Bewegung – benannt nach dem Reformator *Jan Hus* – anschloß. Die bedeutendsten Punkte der hussitischen Lehre waren die Anerkennung der Autorität der Heiligen Schrift, das Spenden der Kommunion in beiden Gestalten (Brot und Wein) sowie die Beteiligung von Laien an liturgischen Handlungen. Nach einer Reihe erfolgloser Kreuzzüge gegen die Hussiten akzeptierte die katholische Kirche 1433 einen Kompromiß mit Böhmen (die Compacta).

Nach einer Zeit des Wahlkönigtums und der polnischen Herrschaft der *Jagellonen* wurden die tschechischen Lande 1526 dem Habsburger Reich eingegliedert. Die Herrschaft der Habsburger hatte zu Folge, daß sich die politische Macht nun in Wien konzentrierte, daß der Katholizismus wieder eingeführt wurde und sich zunehmend absolutistische Tendenzen durchsetzten. Unter *Rudolf II.* jedoch wurde Prag für kurze Zeit erneut Reichshauptstadt sowie ein lebendiges Zentrum der Künste und Wissenschaften, der Astronomie und Alchemie.

Der Versuch, sich durch die Wahl eines protestantischen Königs vom Habsburger Reich zu lösen, wurde 1620 in der Schlacht am Weißen Berg von einer katholischen Armee der Habsburger blutig zurückgeschlagen. Der Sieg der Gegenreformation aber war für einige der eigenständigen Traditionen des böhmischen Königreichs verheerend; nichtkatholische Aristokraten wurden verfolgt, einige hingerichtet, viele flohen und ihr Land wurde konfisziert und österreichischen, italienischen oder spanischen Militärs übereignet. Böhmen wurde zu einem habsburgischen Erbkönigreich erklärt, die deutsche Sprache wurde dem Tschechischen gleichgestellt, die einzig erlaubte Religion war der römische Katholizismus. Der tschechische Staat als politische Institution wurde vollständig aufgelöst und rekonstituierte sich erst wieder 1918. Das kulturelle Leben war geprägt von der fieberhaften Restauration des Katholizismus. Diese lange Periode der Habsburger Herrschaft wurde von den Tschechen oftmals die »Zeit der Dunkelheit« bezeichnet, jedoch war sie auch geprägt vom herrlichen Baustil des Barock und seiner Musik sowie von einer lebendigen Folklore.

Die nationale Wiedergeburt Tschechiens erfolgte dann im Zuge jener wissenschaftlichen, philosophischen und sozialen Neuerungen, die die Aufklärung im 18. Jahrhundert bewirkte. Die Napoleonischen Kriege, die industrielle Revolution, die zunehmende Urbanisierung und der Aufstieg der Mittelklasse – all dies förderte die nationalen Gefühle, für die zudem die tschechische Sprache eine entscheidende Rolle spielte. An der Universität Prag wurde ein Lehrstuhl für Tschechisch eingerichtet, obwohl die Universität bis in die zweite Hälfte des 19. Jahrhunderts deutschsprachig blieb. Das tschechische Národní Obrození (die nationale Wiedergeburt) ähnelte in vieler Hinsicht den nationalen Bewegungen, die im 19. Jahrhundert auch andere Teile des österreichischen Imperiums erfaßten, doch profitierten die Tschechen weniger als die Ungarn von der Niederlage der Österreicher gegen Preußen im Jahre 1866. Die Aufteilung des Habsburger Reiches in Österreich und Ungarn, in die sogenannte »Doppelmonarchie«, im Jahre 1867 bereitete im Grunde allen tschechischen Hoffnungen auf einen autonomen Status innerhalb des Habsburger Reichs ein Ende. Die tschechischen Abgeordneten verließen das Parlament in Wien und kehrten erst 1879 dorthin zurück. Die Regierung in Wien machte den Tschechen jedoch einige Zugeständnisse: 1882 wurde die Universität Prag in eine deutsche und in eine tschechische Universität geteilt. Das Tschechische wurde offiziell dem Deutschen gleichgestellt, die Tschechische Akademie der Künste und Wissenschaften wurde gegründet und das Tschechische Nationaltheater mit privaten Geldern errichtet (1883).

Das Österreichisch-Ungarische Reich wurde nach dem Ersten Weltkrieg aufgelöst, doch die Aufteilung dieses Reichs entlang ethnischer Kriterien schien eine unlösbare Aufgabe zu sein. Tschechen und Slowaken wurden in einem gemeinsamen Staat zusammengefaßt, zusammen mit dem karpatischen Ruthenien, wo eine Form des Ukrainischen gesprochen wurde. Der neue Staat, Tschechoslowakei genannt, wurde im Oktober 1918 proklamiert und in den Friedensverträgen von 1919/20 anerkannt. Erster Präsident wurde *Tomaś Garrigue Masaryk*, der während des Krieges für die Unabhängigkeit des Landes eingetreten war. Als in Deutschland 1933 die Nationalsozialisten an die Macht gelangten, wuchsen die politischen Spannungen in Europa und gleichzeitig die Ängste, Deutschland könne erneut gegen den Osten vordringen. Im Münchner Abkommen von 1938 stimmten dann Großbritannien, Italien und Frankreich ohne Beteiligung der Tschechoslowakei den Plänen Hitlers zu, die deutschsprachigen Grenzlande der Tschechoslowakei, Böhmen und Mähren, zu besetzen. Im März 1939 annektierte Deutschland auch den Rest des Landes und machte es zu einem deutschen Protektorat. Die Slowakei wurde ein in seiner Unabhängigkeit eingeschränkter Staat unter deutscher Vorherrschaft.

Die ersten drei Jahre nach dem Zweiten Weltkrieg war die nun rekonstituierte Tschechoslowakei ein demokratischer Staat, in dem dann die Kommunisten bei freien Wahlen 38 Prozent der Stimmen erhielten. Nun folgte die Absorption auch der Tschechoslowakei in das sowjetische Machtgefüge der Nachkriegszeit, gemäß dem typischen Muster, in dem auch andere Staaten Osteuropas in dieses eingebunden worden waren. 1948 protestierten zwölf Minister der Koalitionsregierung dagegen, daß die Kommunisten zunehmend den Polizeiapparat dominierten. Präsident *Eduard Beneš* besetzte die vakanten Posten mit Kommunisten, die von jetzt an zusammen mit ihren Verbündeten über ein Machtmonopol verfügten. 1968 dann setzte unter *Alexander Dubček* ein Reformprogramm der Regierung ein. Inspiriert vom Ideal eines »Sozialismus« mit menschlichem Antlitz«, begann nun eine Zeit relativer politischer Freiheit, bekannt als der »Prager Frühling«. Die Sowjetunion betrachtete dies jedoch als eine Bedrohung ihrer Interessen und antwortete mit der Invasion sowjetischer, bulgarischer, ungarischer, polnischer und ostdeutscher Truppen. Das kommunistische Regime überlebte bis 1989, als dann die Opposition, beflügelt von den Reformen *Gorbatschows* und dem Zusammenbruch der Deutschen Demokratischen Republik in der sogenannten »Samtenen Revolution« die Regierung nach 40jähriger Herrschaft innerhalb von 10 Wochen zum Rücktritt zwang. An ihre Stelle trat das Bürgerliches Forum, das sich für persönliche, politische und ökonomische Freiheit einsetzte.

Religion

Zwischen dem 17. und 19. Jahrhundert waren die meisten Tschechen katholisch. 1918 verlor dann die Kirche, die stark an das Habsburger Reich gebunden war, ihren Einfluß auf das öffentliche Leben. Die neue nationale Kirche, die nun etabliert wurde, die tschechoslowakische Kirche, die sich zum Teil auf hussitische Traditionen bezog, blieb jedoch vergleichsweise klein. Unter dem kommunistischen Regime wurden alle Religionen verfolgt. Nach dessen Zusammenbruch begann sich auch das religiöse Leben wieder zu etablieren, doch bezeichneten sich 1990 nur noch weniger als 40 Prozent der Bevölkerung selbst als römisch-katholisch (und noch weniger gehen regelmäßig in die Kirche). Ein ähnlich hoher Prozentsatz gab überhaupt keine Religionszugehörigkeit an.

Sprache

Das Tschechische ist ein westslowenischer Dialekt, der von etwa 10 Millionen Menschen gesprochen wird. Die Tschechen benutzen das lateinische Alphabet. Tschechisch und Slowakisch sind eng miteinander verwandt und wechselseitig verständlich. Das Böhmische bildete die Basis für die tschechische Schriftsprache, die sich etwa seit 1300 entwickelte. Heute variiert vor allem die Umgangssprache der Prager und böhmischen Bevölkerung von dieser Standardsprache, während die Mähren ihr nach wie vor weitgehend folgen, es sei denn, sie sprechen Dialekt.

Volkskultur

Im 19. Jahrhundert spielte die Volkskultur im Zusammenhang mit dem Wiedererstarken nationaler Gefühle der damals weitgehend bäuerlichen Gesellschaft Tschechiens eine wichtige Rolle. Mit der zunehmenden Urbanisierung des Landes und dem wachsenden Einfluß der Massenmedien hat sie jedoch wieder an Bedeutung verloren. Überlebt hat die Volkskultur vor allem in den etwas abgelegeneren Teilen des Landes. Hier werden alte Volkslieder gesammelt, aufgenommen und veröffentlicht. In Böhmen und Mähren werden bei besonderen Anlässen, etwa bei Hochzeiten, auch noch die alten Trachten getragen.

Das Nationalgetränk Böhmens ist das Pils, jenes Südmährens, wo Wein angebaut wird, der Wein. Die Küche ähnelt in vielem der österreichischen Küche, da sich beide gegenseitig stark beeinflußt haben. Die traditionellen Gerichte sind sehr kalorienreich und bestehen meist aus großen Fleisch- oder Geflügelportionen mit Kartoffeln oder Semmelklößen, so wie dies einst für eine schwerarbeitende Land- und Industriebevölkerung typisch war.

Handel und Industrie

In Böhmen konzentrierten sich im 19. Jahrhundert 60-70 Prozent der gesamten Industrie des österreichisch-ungarischen Reiches. 1918 mußte sich die tschechoslowakische Republik um neue Märkte kümmern. Nach 1945 sollte sich der Prozeß der Neuorientierung unter anderen Bedingungen noch einmal wiederholen und 1949 schließlich wurde das Land in den sowjetisch kontrollierten östlichen Wirtschaftsblock eingegliedert. Der Handel mit den demokratischen Staaten des Westens wurden weitgehend reduziert. 1989 war die tschechische Wirtschaft wieder gezwungen, ihren Kurs neu zu bestimmen – dieses Mal in Richtung eines Freihandelssystems mit konvertibler Währung. Die tschechische Wirtschaft hatte bessere Voraussetzungen als jene anderer ehemaliger Ostblockstaaten, sich wieder zu erholen. Inzwischen hat sich der Tourismus als wichtigster Wirtschaftsfaktor entwickelt und die Arbeitslosenquote des Landes liegt offiziell unter 4 Prozent.

Kunst, Architektur und Literatur

Prag mit seiner langen Geschichte als königlicher Hof war seit dem 14. Jahrhundert, als dort viele gotische Bau- und Kunstwerke entstanden, ein blühendes Zentrum der europäischen Kunst. Der Barock brachte Prag und den tschechischen Landen im 18. Jahrhundert, einer Zeit, in der viele ausländische Künstler hier arbeiteten und im Zuge der Gegenreformation viele sakrale Kunst- und Bauwerke schufen, das »Goldene Zeitalter« der Kunst und Architektur. Da Böhmen und Mähren in den großen europäischen Kriegen von entsprechenden Zerstörungen weitgehend verschont blieben, verfügen sie beide über ein reiches Erbe an historisch bedeutenden Bauwerken. Im 19. Jahrhundert entwickelten sich hier dann im Zuge der nationalen Wiederbelebung des Landes eigenständige künstlerische Ausdrucksformen. Ihren bedeutendsten Niederschlag fanden diese in der Musik von *Smetana* (1824–84), *Dvořak* (1841–1904) und *Janáček* (1854-1928). Die tschechische Literatur fand mit dem Werk von *Karel Čapek*, dessen Theaterstück »R.U.R.« (1920) wir das Wort »Roboter« verdanken, und mit *Jaroslav Hašeks* »Soldaten Schweijk« (1921–23) erstmals internationale Anerkennung. Der bedeutendste deutschsprachige Schriftsteller Prags aber ist *Franz Kafka* (1883–1924).

Das kommunistische Regime kontrollierte zunächst rigoros das künstlerische Schaffen und förderte gleichzeitig den Stil des sogenannten »Sozialistischen Realismus«. Nach 1968 verschärfte sich die Zensur, die durch Samisdat-Veröffentlichungen, teilweise auch im Ausland, umgangen wurde. Zu den international bekannten Schriftstellern des Landes gehören der Dramatiker und Staatspräsident *Václav Havel*, der Dichter *Miroslav Holub* und die Romanciers *Milan Kundera*, *Josef Škvorecký*, *Ivan Klíma* und *Bohumil Hrabal*. Tschechische Regisseure wie *Miloš Forman* und *Jiří Menzel* erreichen ebenfalls ein großes internationales Publikum.

Die Slowaken

Die Slowaken leben in der Slowakischen Republik, die einen der jüngsten souveränen Staaten Europas darstellt und 1993 aus der Aufteilung der Tschechoslowakei hervorging – die Slowaken leben im östlichen Teil der ehemaligen tschechoslowakischen Republik. Die Slowakei ist ein kleiner Staat, geographisch nach Süden hin offen und im Norden von hohen Bergen begrenzt. Die politische sowie Wirtschafts- und Kulturgeschichte des Landes ist vom 11. bis in dieses Jahrhundert hinein untrennbar mit der Geschichte Ungarns verknüpft. Die Slowakei, die während des Zweiten Weltkrieges kurzzeitig ein teilunabhängiger Staat war, erhielt erstmals im Jahre 1993 seine vollständige Souveränität.

Die Ungarn haben in der Geschichte der Slowakei und in Hinblick auf die Herausbildung einer slowakischen Identität etwa die gleiche Rolle gespielt wie das deutschsprachige Österreich-Ungarn für die Tschechen. Ungarische Herrscher und Siedler haben die slowakische Kultur auf vielerlei Art beeinflußt und mitgestaltet, doch sind sie dennoch jenes »andere«, demgegenüber sich die slowakische Identität konstituiert hat.

Die Slowaken haben ihre heutige Identität auch gegenüber den Tschechen gefunden, die von ihnen bisweilen wie eine ausländische Elite betrachtet wurden. Trotz ihrer wechselseitig verständlichen Sprachen und vieler gemeinsamer Interessen trennte sich die Slowakei 1993 von Tschechien. Im Vergleich mit der Aufspaltung Jugoslawiens verlief diese Spaltung bemerkenswert reibungslos, und zwischen beiden Staaten bestehen nach wie vor, vor allem im Bereich des Sports und des Handels, enge Beziehungen. 1995 wurde die Slowakei der EU assoziiert, verbunden mit der Erklärung, daß auch ihr Beitritt zur EU in den nächsten Jahren möglich sei.

Das Land

Die Slowakei ist ein kleines europäisches Binnenland (1994: 5,356 Millionen Einwohner). Der Süden des Landes ist relativ flach, sein höchster Punkt liegt etwa 230 m über dem Meeresspiegel und bildet etwa ein Viertel des Gesamtfläche des Landes. Der Norden ist bergig, sein höchster Punkt ist mit 2.655 m die Gerlacher Spitze der Hohen Tatra. Teile der Slowakei verfügen über reiche Mineralvorkommen, darunter Eisen, Kupfer, Blei und Braunkohle. Die Nachbarstaaten sind Tschechien, Polen, die Ukraine, Ungarn und Österreich; seinen längsten Grenzabschnitt teilt es mit Ungarn. Das Land weist lediglich zwei Städte mit mehr als 200.000 Einwohnern auf: Bratislava, die Hauptstadt, mit 441.500 Einwohnern und Košice mit 235.000 Einwohnern.

Geschichte

Vor der Ankunft der Slawen lebten Kelten und verschiedene germanische Stämme auf dem Gebiet der heutigen Slowakei. Im 9. Jahrhundert gründeten slawische Stämme hier ein erstes Staatswesen, Groß-Mähren, das Mähren, Slowakien, Pannonien und Ungarn umfaßte. Im späten 9. Jahrhundert wurde das Land von den griechischen Gelehrten *Kyrillos* und *Methodios* bekehrt. Sie führten das glagolitische Alphabet ein, das später im Osten und in den slawischen Ländern des Balkans durch das kyrillische Alphabet ersetzt wurde. Die heutige Verfassung der slowakischen Republik erinnert in ihrer Präambel sowohl an die Traditionen des kyrillischen Alphabets wie auch an jene des groß-mährischen Reiches.

Nach dem Zusammenbruch des großmährischen Reiches im Jahre 908 folgte eine Zeit der politischen Unsicherheit, bis die Slowaken dann im 11. Jahrhundert von den Ungarn erobert wurden. Die ungarische Vorherrschaft dauerte mit wenigen Unterbrechungen bis 1918. Unter dieser langen ungarischen Oberhoheit änderte sich die politische Situation für die Slowakei, damals Oberungarn genannt, mehrfach. Als die Türken große Teile Ungarns eroberten, wurde Pressburg (heute Bratislava und Hauptstadt der Slowakei) Hauptstadt von Ungarn. Von 1541 bis 1784 wurden hier die ungarischen Könige gekrönt. Nachdem die Türken sich dann aus Ungarn zurückgezogen hatten, kehrte die ungarische Aristokratie wieder nach Buda zurück. Pressburg aber blieb, wie auch andere Städte in Oberungarn, zweisprachig: deutsch und ungarisch.

Im späten 18. Jahrhundert und im 19. Jahrhundert entwickelte sich eine Bewegung für den Erhalt der slowakischen Sprache, und zwar vor allem in Pressburg, Trnava und der westlichen Slowakei, später dann auch in Städten wie Martin, im Herzen des Landes gelegen. Zu dieser Zeit gab es nur sehr wenige Slowaken mit Schulbildung, und die meisten von ihnen gehörten dem katholischen oder protestantischen Klerus an. Unter *Maria Theresia* und Kaiser *Franz Joseph II.* von Österreich wurden im 18. Jahrhundert Bildungsreformen durchgeführt sowie religiöse Toleranz gewährt, dennoch dominierte auch im 19. Jahrhundert noch das Ungarische, verstärkt zudem durch die Tatsache, daß Ungarn vor allem nach 1867 eine größere Unabhängigkeit von Wien erlangte. Heute lebt in der Slowakei eine ungarische Minderheit, die etwa 10 Prozent der Gesamtbevölkerung ausmacht.

1918 bildeten Tschechen und Slowaken zusammen einen unabhängigen Staat, in dem der Slowakei, dem ökonomisch schwächeren Partner, weitgehende Autonomie versprochen wurde. Dieser neue Staat, die Tschechoslowakei, hatte Probleme mit den Minderheiten in Böhmen und Mähren und auch in der Slowakei stellte sich die Situation für sie nicht viel besser dar. Als 1939 der westliche Teil der Tschechoslowakei gemäß dem Münchner Abkommen von den Deutschen besetzt wurde, erhielt die Slowakei von Deutschland den Status eines teilunabhängigen Landes. Nach dem Zweiten Weltkrieg wurde die Slowakei dann wieder Teil der neugegründeten Tschechoslowakei, die wenige Jahre später in den Ostblock eingegliedert wurde. 1989 brach das kommunistische Regime im Zuge der »Samtenen Revolution« zusammen, doch die Slowakei erwies sich in der neuen Tschechoslowakischen Föderativen Republik als ein eher schwieriger Partner, und im Jahre 1993 gründete sie dann ihren eigenen Staat.

Religion

In der Slowakei hatte die Gegenreformation nicht jene drastischen Folgen wie in Böhmen oder anderen Teilen des Habsburger Reiches. Noch heute gibt es hier eine bedeutende protestantische Minderheit, wenn auch die katholische Kirche die größte und einflußreichste Kirche des Landes ist.

Sprache

Obwohl Ungarn vor allem im 19. Jahrhundert große Anstrengungen unternahm, die Slowaken, nicht zuletzt im Zuge ihrer schulischen Ausbildung dem Ungarischen zu assimilieren, blieb das Slowakische doch die eigentliche Sprache der ländlichen Bevölkerung (mit Ausnahme einer ungarischen Minderheit im Süden des Landes). Das Hochslowakische in seiner heutigen Form entwickelte sich in den Jahren um 1840 und sein Entstehen wird vor allem mit dem Namen von Lúdovít Štúr in Zusammenhang gebracht. Heute wird es von 4,5 Millionen Menschen gesprochen. Das Slowakische ist eng mit den ostpolnischen Dialekten verwandt.

Volkskultur

Die etwas abgelegeneren Städte und Dörfer der Slowakei pflegen vor allem im Süden und Osten des Landes bis heute viele traditionelle Bräuche. Die slowakische Sprachkultur führte lange Zeit ein isoliertes Dasein und wurde zudem durch das Ungarische dominiert. Ihr Überleben verdankt sie zum Teil der Geographie des Landes mit seinen engen Tälern und hohen Bergen, zudem weit abgelegen von Budapest. Der starke ungarische Einfluß ist immer noch erkennbar: die slowakische Küche ähnelt jener Ungarns. Das Nationalgetränk der Slowaken ist, wie es einem Weinanbaugebiet entspricht, der Wein.

Die traditionelle Folklore überlebte in weiten Teilen der östlichen Slowakei. Kostbar bestickte Trachten, die von Generation zu Generation weitergereicht werden, gehören hier ebenfalls dazu. Ein bedeutender Bereich ist die Musik: sehr viele traditionelle Volkslieder wurden von Komponisten und Musikern wie *Bartók* und *Kodály* zusammengetragen. Einige der traditionellen Bräuche stammen noch aus heidnischer Zeit, etwa das Verbrennen der *Morena*, einer Wintergottheit, das im Frühsommer mit riesigen Freudenfeuern begangen wird.

Wirtschaft und Gesellschaft

Vor dem Ersten Weltkrieg war die Slowakei (damals die Länder Oberungarns) nur wenig industrialisiert; Handel und Gewerbe waren meist in nichtslowakischer Hand. Zu Zeiten der Tschechoslowakischen Republik änderte sich dies nur sehr langsam, zum Teil aufgrund fehlender Fachkräfte, zum Teil aus anderen wirtschaftlichen Gründen. Nach 1945 setzte dann eine rasche Industrialisierung des Landes nach stalinistischer Maßgabe ein, im Zuge derer vor allem Betriebe der Schwer- und Kriegsindustrie etabliert wurden.

Heute ist die Slowakei mit den gleichen wirtschaftlichen Problemen wie die anderen Staaten des ehemaligen Ostblocks konfrontiert: dem Erschließen neuer Märkte und der Konkurrenzfähigkeit im Hinblick auf all jene Länder, die ihre ehemals sozialistischen Handelspartner längst durch andere ersetzt haben. Die Slowaken haben traditionell vor allem in der Land- und Forstwirtschaft gearbeitet. Diese Situation änderte sich 1918 und vor allem nach 1945, als im Zuge des Aufbaus der Schwerindustrie eine starke Arbeiterklasse entstand. Heute arbeiten etwa 12 Prozent der Slowaken in der Landwirtschaft und 32 Prozent in der Industrie, wobei die Arbeitslosenquote der Slowakei jedoch wesentlich höher liegt als jene Tschechiens.

Die Slowakei verfügt über viele bemerkenswerte Beispiele der romanischen, gotischen und barocken Kunst und Architektur. Ihre moderne Kunst und Literatur wurde im Ausland zwar kaum wahrgenommen, dennoch sind slowakische Musiker und in gewissem Ausmaß auch Filmemacher wie *Ján Kadár* und *Einar Klos* durchaus auch international erfolgreich. In Medzilaborce im Nordosten der Slowakei gibt es ein Museum, das dem Werk *Andy Warhols* gewidmet ist, dessen Eltern aus dieser Region stammten.

Die Ungarn

Das Paradoxe an der Geschichte der Ungarn, deren Sprache bisweilen als »asiatisch« bezeichnet wird, ist, daß sie zwar als letzte die europäische Bühne betraten, dann jedoch die Rolle des Verteidigers Europas gegen die Türken spielten. Die Ungarn übernahmen im Hinblick auf einige der bedeutendsten historischen Ereignisse in Europa oftmals eine Führungsrolle, aber auch in der Architektur, der Kunst und der Kultur sowie in der Industrialisierung und der Herausbildung konstitutioneller Regierungsformen.

Geschichte

Die Ungarn (*Magyaren*) schufen ihr Königreich im ersten Jahrhundert nach ihrer Ankunft im östlichen Donaubecken. Ihre Niederlage gegen Kaiser *Otto* im Jahre 955 beendete ihr brachiales Vordringen nach Westen und warf sie auf ihr ursprüngliches Siedlungsgebiet zurück, wo sie nun ein Königreich errichteten, das sich mit dem damaligen europäischen Standard durchaus messen konnte. Im frühen 11. Jahrhundert traten sie unter König *Stephan I.* zum Christentum über. Die Habsburger verfolgten lange Zeit das Ziel, Ungarn ihrem Reich einzugliedern. Als schließlich die Türken im Jahre 1526 den einheitlichen ungarischen Staat zerschlugen, eröffnete sich nun auch den Habsburgern die Möglichkeit, den Norden und Westen des Landes unter ihre Kontrolle zu bringen.

Der türkisch besetzte Teil Ungarns erstreckte sich allerdings nicht nur über die Regionen des Zentrallandes, sondern auch über Transsilvanien, wo sich ebenfalls die Idee eines unabhängigen ungarischen Staates am Leben hielt, dessen Traditionen der religiösen Toleranz die Habsburger bedrohten. Als sich dann die Eroberung Ungarns durch die Österreicher nach einer militärischen Niederlage der Türken im Jahre 1683 als zunehmend greifbar erwies, sah sich der ungarische Adel, an eine eigenständige Machtausübung gewohnt, in der Situation, vollständig aus der Politik verdrängt zu werden.

Die Eroberer waren darüber hinaus gewillt, ein großangelegtes Programm einer sogenannten »ethnischen Erneuerung« des Landes durchzusetzen, wo die Ungarn etwa seit 1526 eindeutig dominierten. Auch die speziell an der Grenze zu Polen und der Wallachei sowie in den Städten angesiedelten Deutschen hatten für das Land bislang keine Probleme im Hinblick auf die politische Autorität und Sicherheit bedeutet. Andererseits war der Adel auch nicht rein ungarisch, doch waren bislang viele nichtungarische Adelige stets bereit gewesen, ungarisch zu lernen und sie fühlten sich darüber hinaus mit den ungarischen Adeligen durchaus verbunden.

Mit dem Rückzug der Türken (1699) wurden nun, obwohl Ungarn ein eigenständiges Königreich blieb, bedeutende Landstriche im ungarischen Grenzgebiet der direkten Militärgewalt Wiens unterstellt und mit einer großen Anzahl Deutscher, Serben und Rumänen besiedelt. Die wichtigste Frage für Ungarn war also, ob die ungarische Führungselite ihr Parlament und ihre Landesregierungen erhalten konnte oder ob Ungarn, wie andere Länder im Habsburger Reich, den Status einer Provinz erhalten würde. Diesbezüglich war die Regierungszeit *Josephs II.* (1780–90) entscheidend: sein Versuch, den ungarischen Partikularismus endgültig zu brechen, und eine »Germanisierung« der ungarischen Sprache und Administration einzusetzen, erwies sich als Fehlschlag. Doch die Ungarn begannen, wenn auch aus einer relativ schwachen Position heraus, sich nun gegen die Habsburger zur Wehr zu setzen.

1847 gewannen die Liberalen die Mehrheit in der Legislative, nachdem sie zugesichert hatten, das Ungarische – statt des Lateinischen – als offizielle Landessprache einzuführen. Obwohl die nationalen und republikanischen Revolutionen von 1848/49 mit Hilfe Rußlands niedergeschlagen wurden, konnten die Habsburger dennoch nicht länger ihren territorialen Anspruch gegenüber Ungarn aufrecht erhalten. Der Kompromiß von 1867 führte dann in eine tatsächliche Doppelmonarchie, in der das ungarische Parlament die fiskalische Oberhoheit über das Land erhielt.

1828 stellten die Magyaren 38 Prozent der ungarischen Bevölkerung. 1910 hatten sie mehr als 50 Prozent erreicht. Zwischen 1869 und 1910 stieg die Zahl der in der Industrie arbeitenden Menschen von 12 auf 26 Prozent. 1924 war Budapest, zusammen mit Belfast, die am schnellsten wachsende Stadt Europas. Politische Erfolge, die zunehmende Dominanz der *Magyaren*, eine höhere Geburtenrate und niedrigere Emigrationsrate der Magyaren im Vergleich mit ihren ethnischen Rivalen – all dies spielte dem Nationalismus der Magyaren in die Hände. Die Partnerschaft mit einem zunehmend schwächer werdenden Österreich ließ Ungarn erstarken. Als eindrucksvollstes Symbol des ungarischen Fortschritts erwies sich anläßlich der 1000-Jahr-Feier 1896 die neue, elektrifizierte Untergrundbahn – die erste im kontinentalen Europa: ihre technische Ausstattung erhielt kurze Zeit später auch die Londoner U-Bahn.

Der Erste Weltkrieg zerstörte die politische Konstruktion der österreichisch-ungarischen Doppelmonarchie. Mit dem Vertrag von Trianon (1920) wurde Ungarn ein ethnisch homogener Staat, der von einer virulenten »Belagerungsmentalität« zusammengehalten wurde. Ungarn verlor Teile seines Territoriums an Rumänien und an Jugoslawien. Obwohl fast ein Drittel seiner Bevölkerung vom Handel und der Industrie lebte, blieb sein Export doch vor allem auf landwirtschaftliche Güter beschränkt. Die Wirtschaftskrise der Jahre 1930–33 drängte das Land ins Abseits. Faschistoide Politikansätze florierten. Der Druck der Naionalsozialisten nahm zu und die Bindungen an den Westen wurden eingeschränkt. Auch im Zweiten Weltkrieg stand Ungarn letztendlich auf der Seite der Verlierer und mußte die Territorien, die es dank der Achsenmächte hatte erobern können, nach dem Krieg wieder aufgeben. Die Okkupation durch die Rote Armee in Friedenszeiten bot nur wenig Hoffnung, daß sich hier eine Demokratie nach westlichem Vorbild etablieren könne. 1948 hatten die Kommunisten die Macht im Lande. 1956 revoltierte die Bevölkerung, darunter Hunderttausende ehemalige Kommunisten. Obwohl diese Revolution, ähnlich wie 1848/49, scheiterte, brachte sie den Ungarn einige Erleichterungen seitens der kommunistischen Regierung. Darüber hinaus entwickelte sich nun eine Art nationale Konspiration zwischen weiten Teilen der Partei sowie der Bevölkerung, die es den Ungarn ermöglichte, sich gewisse Freiheiten herauszunehmen. Als sich dann 1989 die Kommunistische Partei tatsächlich selbst zu Grabe trug, gab es nicht mehr viel zu beerdigen. Da die Sowjetunion selbst dabei war, diesen Weg zu gehen, stand der heutigen, liberalen Demokratie praktisch nichts mehr im Wege. Das erste Mal seit 500 Jahren waren die Ungarn nun erneut unabhängig und souverän.

Die Aufsplitterung des ursprünglichen ungarischen Reichs hat dazu geführt, daß es in all seinen Nachbarstaaten heute noch ungarische Siedlungen gibt. Einige davon, vor allem in Rumänien, liegen weit von der heutigen ungarischen Grenze entfernt, tief in Transylvanien. Ihre Bewohner wurden früher als *Szekler* bezeichnet und von der ungarischen Krone als eigenständige Volksgruppe angesehen. Die Bewohner der abgelegensten dieser ungarischen Siedlungen, jene in der Wallachai und Moldavien, sprechen (bzw. sprachen) ungarisch und gehören dem römisch-katholischen Glauben an. Sie stammen angeblich von Siedlergruppen des Mittelalters ab, die zwischen den ungarischen und rumänischen Landen als Fuhrleute und Händler fungierten.

Sprache

Die Annahme, die heutigen Ungarn seien ein asiatisches Volk, sind nicht aufrechtzuerhalten. Die Stämme, die sich hier im Donaubecken niederließen, waren zweifelsfrei aus Asien gekommen, ebenso wie einige ihrer Vorgänger und Nachfolger – die Hunnen, Avaren, Petschenegen und Kumaren, die sich hier im 13. Jahrhundert ansiedelten. Doch die verschiedenen germanischen, slawonischen, illyrischen und rumänischen Stämme, die sie unterwarfen und absorbierten, waren, wie auch die zahlreichen Immigranten, die das Ungarische annahmen, alles andere als asiatisch. Darüber hinaus gab es verschiedene sprachliche Einflüsse seitens ihrer Nachbarn: aus dem Slawonischen beispielsweise kamen viele Begriffe im Bereich der Landwirtschaft, in anderen Bereichen dominierte das Germanische und in wieder anderen das Türkische. Dennoch war es schon lange, bevor das Ungarische 1844 als offizielle Sprache eingeführt wurde, klar, daß die vielen Menschen, die ungarisch sprachen, mit ihrer Sprache über ein sehr viel mächtigeres Instrument im Hinblick auf eine nationale Konsolidierung verfügten als etwa mit dem Lateinischen. Hierbei spielte auch das Analphabetentum eine nicht unwichtige Rolle: Latein konnte nur dort verbreitet werden, wo man lesen und schreiben konnte, das Ungarische überall, wo gesprochen wurde.

Politik

Der ungarische Adel brachte jenes für viele so typisch ungarische Kulturgut hervor – die politische Tradition. König *Stephan* (997–1038) gliederte erstmals das Land in einfach zu regierende, regionale Einheiten. Das Parlament, das sich im Mittelalter herausbildete und den gesamten, zahlenmäßig großen Adel repräsentierte und später in zwei Häuser geteilt wurde, stellte praktisch eine starke Gegenmacht zur Krone dar. Das habsburgische und transsilvanische Ungarn wurden seit 1526 parlamentarisch regiert und seit dieser Zeit wurde der Parlamentarismus in Ungarn nie mehr aufgehoben. Selbst die Regierung unter *Admiral Horthy*, die in der Zeit zwischen den beiden Weltkriegen bestand, hielt die parlamentarische Regierungsform aufrecht (mit erweitertem Stimmrecht) und erst *Stalin* war es, der zwischen 1945 und 1948 das demokratische Parlament auflöste. Lange vor dem Zusammenbruch des kommunistischen Lagers Ende der achtziger Jahre entstanden dann in Ungarn bereits wieder demokratische Parteien. Sehr schnell entschied man sich wieder für den Parlamentarismus und ebenso schnell beherrschten große Parteien nach britischem und deutschem Vorbild die politische Bühne. Es entstanden eine konservative (das Ungarische Demokratische Forum) und zwei liberale Parteien sowie kleinere Parteien der christlichen Demokraten, der Kleinbauern und Sozialisten. Schließlich gewann eine Koalition bestehend aus Konservativen, Christlichen Demokraten und Kleinbauern die ersten freien Wahlen in Ungarn im Jahre 1990. Diese Koalition wurde 1994 von einer sozialistisch-liberalen Koalition ersetzt. Ungarn hat es vermieden, wieder in die Hände der ehemaligen Kommunisten zurückzufallen und ist einer jener ehemals kommunistischen Staaten, der dafür gerüstet ist, relativ schnell der EU beitreten zu können, der es seit 1992 assoziiert ist. Es war einer der ersten ehemaligen kommunistischen Staaten, der die Aufnahme in die EU beantragte. Im April 1996 erklärte der Präsident der Europäischen Kommission, daß das Land den richtigen Weg eingeschlagen habe, um bis zum Jahre 2000 vollwertiges EU-Mitglied werden zu können.

Kultur

Die ungarische Kultur bildete sich sozusagen in zwei Wellen heraus: um das Jahr 1830 brachte Ungarn einige bedeutende Politiker und Philosophen hervor wie *Széchényi*, *Eötvös* und *Kemény*, einen Journalisten und Politiker aus Kossuth, Dichter und Dramatiker wie *Petöfi*, *Vörösmarry* und *Arany*. Eine zweite Welle der kulturellen Blüte erlebte das Land dann in den zwanzig Jahren vor 1914. Die europäische Kultur des ausgehenden 19. und des beginnenden 20. Jahrhunderts wurde nicht zuletzt von ungarischen Persönlichkeiten geprägt. *Bartók* und *Kodály*, aus der Schule *Liszts* hervorgegangen, beeinflußten die Musik und ungarische Sozialwissenschaftler trugen entscheidend dazu bei, ihre Wissenschaft europaweit zu revolutionieren. *Endre Ady* und nach ihm *Jószef*, *Babits* und *Kosztonányi* eroberten der ungarischen Literatur ihren Platz in der europäischen, tatsächlich sogar der Weltliteratur.

Politische Kultur

Die Säkularisierung der Eheschließung im Jahre 1894 und die zunehmend weltoffene Diskussion über nahezu alle Bereiche des öffentlichen und privaten Lebens hatten Symbolcharakter für die sich in Ungarn immer stärker durchsetzenden liberalen Tendenzen, die ihrerseits wiederum auf jene liberalen Umgangsformen zurückgingen, mit denen die Ungarn anderen Volksgruppen im Lande begegneten bzw. deren Privateigentum respektierten.

Der Erste Weltkrieg, Ungarns Niederlage und territorialen Verluste, die kommunistische Revolution von 1919 (wenn auch nur kurzzeitig), die »Weiße« Konterrevolution, und das nachfolgende Königreich unter *Horthy* – all diese Ereignisse verdrängten weniger starke politische Strömungen. Der neue Staat war stärker als der alte von den Werten Budapests beeinflußt. Doch in den Provinzen überlebte ein ungebrochener Nationalismus, beflügelt durch den Aufstieg neuer sozialer Eliten, die aus jenen Landesteilen, die Ungarn verloren hatte, kamen – erbittert und von tiefem Haß gezeichnet.

Religion

Trotz einer katholischen Mehrheit im Lande ist die hart arbeitende Bevölkerung Ungarns von einer eher protestantischen Mentalität geprägt. Nach der Reformation und Gegenreformation war Westungarn überwiegend katholisch, der Osten hingegen überwiegend protestantisch. An diesen Mehrheitsverhältnissen beziehungsweise diesem landesweiten Gleichgewicht änderte auch der Vertrag von Trianon nichts. Viele Katholiken näherten sich protestantischen Normen an und viele Juden konvertierten zum Katholizismus oder Calvinismus. Die Unitarier Transsilvaniens zogen in den 20er Jahren verstärkt nach Rumänien, wodurch Ungarn wiederum eine intellektuell herausragende Bevölkerungsgruppe verlor.

Die Kirchen hatten sich schon in den 30er Jahren kaum gegen totalitaristische Tendenzen gewehrt. Zwischen 1930 und 1945 nun wurde das Land von einem extremen Nationalismus, dem psychologischen Trauma des Vertrags von Trianon, einem virulenten Antikommunismus und einem ausgeprägten Antisemitismus beherrscht. Später, von 1948 bis 1989, mußten sich beide Kirchen mit dem kommunistischen Regime arrangieren. Zwar wehrten sich viele Priester und Pastoren gegen die Kommunisten (nicht zuletzt Kardinal *József Mindszenty*), doch die ausgeprägte

Konformität des Regimes berührte gerade bei den Katholiken auch eine durchaus vertraute Saite, ihren absoluten Gehorsam gegenüber einem religiös autoritärem Gefüge. Die moralische Verzweiflung, die aus dieser Haltung und Situation erwuchs, fand ihren Ausdruck in den Worten des Schriftstellers *Jószef* (gest. 1937), eines Atheisten, der schrieb: »Ich habe keinen Vater, keine Mutter, ich habe keinen Gott, kein Vaterland.»

Dennoch war es der Glaube, der in vielerlei Hinsicht das Wiedererstarken einer liberaldemokratischen Politik förderte. Das calvinistische und das lutherische Gymnasium in Budapest waren die ersten unabhängigen Schulen, die ihre Tore wieder öffneten und damit begannen, eine demokratisch gesinnte politische Klasse auszubilden. Bei den ersten parlamentarischen Wahlen nach 1989 gewann der lutheranische Minister *von Gödöllo* für das Ungarische Demokratische Forum einen Sitz im Parlament.

In der Hauptstadt stellten die Juden um 1900 etwa 23 Prozent der Bevölkerung, 1941 waren es noch 16 Prozent und 1949 noch 6 bis 7 Prozent – ein Ergebnis des Holocaust. Die antisemitischen Interessen des Landes, vor allem in den Städten (vorzugsweise in der Bürokratie sowie dem Verwaltungsapparat), waren durchaus in der Lage, die Arbeiterschaft gleichermaßen wie die Arbeitslosen mit einer »Politik des neidischen Blicks« für sich zu mobilisieren. Bis heute, wo erstmals die Rolle Ungarns im Zweiten Weltkrieg sorgfältiger diskutiert wird, beeinflußt der Antisemitismus auch das politische Leben des Landes.

Volkskultur

In Ungarn entwickelte sich aus den Traditionen der dortigen Volksmusik und Volkstänze jener musikalische Stil, der heute als typisch österreich-ungarisch betrachtet wird. Dazu gehört auch die Operette. Deren Entwicklung ging ursprünglich von Wien aus, mit Johann Strauß als ihrem Wegbereiter. Budapest hingegen förderte typische Volkstanzelemente wie den *Csardás-Walzer*, der auch in das Musiktheater integriert wurde, wie die Werke vor allem *Léhars* zeigen. Das Csárdás-Fieber trug viel zur Popularität der ungarischen Volksmusik bei.

Was Liszt allerdings irrtümlich als »Zigeunermusik« bezeichnete, war im Gegenteil ein Musikstil, den gerade solche Interpreten der ungarischen Volksmusik pflegten, die der Oberklasse angehörten. Die »Zigeuner-Orchester« wurden denn auch vor allem von Angehörigen der Ober- und Mittelschicht gebildet. Diese waren in der Regel erfolgreiche Musiker, deren Kunstfertigkeit der orchestralen Interpretation auch ihren herausragenden Ruf begründete.

Nationale Trachten spielen in der ungarischen Traditionspflege eine einzigartige Rolle. Alle sozialen Gruppen haben ihre eigenen Trachten, jedoch war es einmal mehr die aristokratische Oberklasse, die diese, wie etwa auch die ungarische, aufgaben, bevor deren Wert als sichtbares nationales Symbol wieder offensichtlich wurde. Die Renaissance der Trachten begann im eigentlichen Zentrum der Habsburger, am Hofe Maria Theresias in Wien, initiiert von *György Besseneyei*, einem der Angehörigen der berühmten ungarischen Leibwache der Kaiserin. Dies bestärkte auch wieder das Zusammengehörigkeitsgefühl der Ungarn, das seinen Höhepunkt in den Zeiten der Doppelmonarchie und später des Horthy-Regimes erlebte, unterstützt zudem durch die ungarische Volksmusik und Volkstänze. Die zunehmende Urbanisierung und Industrialisierung des Landes, die nach 1945 einsetzte, führte dazu, daß die Ungarn ihre nationalen Traditionen vernachlässigten. Die damalige gebildete Klasse ging davon aus, ähnlich wie in der Tschechoslowakei der Zwischenkriegszeit, daß ihre nationale Identität sich nicht notwendig in äußerlichen Symbolen wie den ungarischen Trachten darstellen müsse. Die heutige Demokratie jedoch legt wieder mehr Wert auf die Traditionen des Landes.

Versprengte deutsche Volksgruppen

Bis zum Ende des Zweiten Weltkrieges gab es in Teilen des östlichen Zentraleuropa sowie im Osten und Süden Europas zahlreiche deutsche Volksgruppen. Einige dieser Volksgruppen waren durch den Versailler Vertrag aus Deutschland ausgegliedert worden und gehörten nun zur neuen polnischen Republik. Andere wurden aus dem ehemals zaristischen Rußland ausgegliedert und bildeten jetzt die Baltischen Staaten, wo eine der deutschen Volksgruppen, die *Balten*, in der Elite Estlands und Teilen Litauens und Lettlands auch zahlenmäßig eine bedeutende Rolle spielte. Die sogenannten Wolga-Deutschen Südrußlands stammten von Migranten ab, die unter dem Schutz von *Katharina der Großen* (1762–96) standen. Seit dieser Zeit haben sie auch nicht mehr den Schutz Deutschlands genossen, was ihre Isolation innerhalb Europas verstärkte.

Der Zusammenbruch des österreich-ungarischen Reiches wiederum führte dazu, daß nun auch vor allem in Böhmen, Mähren und im tschechischen Schlesien deutsche Volksgruppen, die *Sudetendeutschen*, außerhalb des deutschsprachigen Herrschaftsgebietes lebten. Die Deutschen stellten in diesen Gebieten immerhin 30 Prozent der Bevölkerung. In Nordjugoslawien und in Südpolen gab es ebenfalls deutsche Volksgruppen, jedoch waren diese zahlenmäßig nicht so groß.

Deutsche in Ungarn und Rumänien

In Ungarn gab es am längsten deutsche Volksgruppen. Das Land hatte jedoch im Vertrag von Trianon etwa 70 Prozent seines Territoriums verloren, wodurch die Deutschen der Slowakei, wo sie seit dem 18. Jahrhundert eine bedeutende Rolle im Bergbau spielten sowie im 19. Jahrhundert eine ebensolche bei der Industrialisierung des Landes, unter tschechische Oberhoheit fielen. Die bedeutendste deutsche Volksgruppe Ungarns lebte jedoch in Transsilvanien beziehungsweise Siebenbürgen – Nachfahren lutherisch-protestantischer Sachsen, die sich hier, dem Zugriff der Gegenreformation entzogen, ihren protestantischen Glauben bewahrten. Diese Volksgruppe umfaßte etwa drei- bis vierhunderttausend Menschen. 1918/19 kamen sie unter rumänische Oberhoheit und bildeten hier, unter einem potentiell feindlich gesinnten Regime, neben ihren ungarischen Nachbarn eine sehr exponierte Gruppe. Andere deutsche Volksgruppen gelangten von Ungarn in den Banat, eine südlich gelegene Region des ehemaligen Königreichs Ungarn, die zwischen Jugoslawien und

Rumänien aufgeteilt wurde; wieder andere, kleinere, verteilten sich über Kroatien und Slowenien.

Die Isolation all dieser Volksgruppen verstärkte ihre Ängste und damit auch ihren Nationalismus. Unter dem Eindruck der Weltwirtschaftskrise, die ganz Osteuropa schwer traf, begrüßten sie den Aufstieg des Nationalsozialismus in Deutschland. Sie sympathisierten ganz offen mit den Bestrebungen der Deutschen, Gebiete Osteuropas dem Reich einzugliedern oder zu erobern. Im Zweiten Weltkrieg begrüßten sie die deutsche Armee als Befreier und stellten eine riesige Anzahl Freiwilliger – vor allem für SS-Regimenter, da diese verläßliche Vertreter der Rassenideologie waren. Es kann nicht überraschen, daß sich zwei feindliche Lager bildeten, jenes der Nationalisten sowie jenes der Kommunisten. Mit der Niederlage der Deutschen war dann der Zeitpunkt gekommen, viele dieser deutschen Minderheiten aus den osteuropäischen Gebieten zu vertreiben.

So aus Rußland und jenen Gebieten, die erneut von Rußland absorbiert wurden – den Baltischen Staaten, Bessarabien und der Bukovina. In Polen erschwerte sich die Lage der Deutschen, obwohl die polnische Verwaltung dort differenzierter vorging. In Jugoslawien wurden die erwachsenen Männer getötet, Frauen und Kinder vertrieben. Aus der Tschechoslowakei wurden ebenfalls fast alle Deutschen ausgewiesen.

Lediglich Ungarn und Rumänien bildeten eine Ausnahme. Die Zahl der deutschen Volksgruppen außerhalb Deutschlands aber hatte sich nun stark reduziert, das Muster ihrer Verteilung über Osteuropa stark vereinfacht. Die etwa 500.000 Deutschen, die in Ungarn verblieben waren, zeigten ab jetzt starke Tendenzen, sich an das ungarische Leben zu assimilieren. Untereinander spalteten sie sich in zwei Gruppen, je nachdem, wie sie sich einst den Nationalsozialisten gegenüber verhalten hatten: in den Städten waren die Sympathien für die Nazis größer gewesen als auf dem Land, doch grundsätzlich hatten sich diese etwa im Verhältnis 50:50 verteilt. Vor der Roten Armee flohen denn auch vor allem Deutsche aus den größeren und mittelgroßen Städten, wo die Nationalsozialisten ihre kulturellen Zentren etabliert hatten und die Bindungen an sie entsprechend ausgeprägt waren.

In Rumänien war die deutsche Minderheit stets sehr stark auf Siebenbürgen beschränkt geblieben und war nahezu unbeschadet aus dem Krieg hervorgegangen. 1950 gab es noch etwa 300.000 Deutsche in Siebenbürgen. Das deutsche Wirtschaftswunder und die anhaltende Prosperität der deutschen Wirtschaft motivierte in den 60er und 70er Jahren viele zu dem Versuch, Rumänien zu verlassen und ihren Platz in der alten Heimat wieder zu erlangen. Zeitweilig wurde ihre Emigration jedoch verhindert, da Rumänien dringend Arbeitskräfte brauchte. Problemlos durften in der Regel nur Menschen über achtzig Jahre das Land verlassen, für die Rumänien nicht mehr finanziell aufkommen wollte. Als diese Bedingungen gelockert wurden, verließen immer mehr Deutsche Rumänien und heute leben hier nur noch etwa 25.000 Deutsche.

Nach dem Zusammenbruch des Kommunismus und der Öffnung der Grenzen in Osteuropa nutzten nun die Nachkommen jener Deutschen, die vor Jahrhunderten nach Osten gewandert waren, die Möglichkeit, wieder zurück in den Westen zu gehen. Viele taten dies auch – aus nationalen oder auch wirtschaftlichen Erwägungen heraus. Die deutsche Verfassung erlaubt, daß diesen Migranten die Einreise beziehungsweise Umsiedelung nach Deutschland nicht verwehrt werden darf, solange sie ihre deutsche Abstammung nachweisen können. Aus diesen Gründen kamen zahlreiche Einwanderer nach Deutschland: 1988 etwa 200.000, meist aus Schlesien im heutigen Polen; 1989 etwa 300.000; 1990 über 400.000 (150.000 aus der Sowjetunion, 135.000 aus Polen, 112.000 aus Rumänien). Es war die größte Einwanderungswelle, die Europa, die Deutschland seit den 1940er Jahren erlebte. Erst 1991 verlangsamte sich der Zustrom der Aussiedler, von denen viele kein oder aber ein fast biblisch-archaisches Deutsch sprachen. Einige trugen alte, typisch bäuerliche Kleider, manche noch das Bild eines Deutschlands aus der Vorkriegszeit in ihren Köpfen und so waren sie schockiert über dieses neue, moderne, in ihren Augen amerikanisierte Land. Die deutsche Regierung unterstützte die Aussiedler in ihren Bemühungen, Arbeit zu finden und sich zu integrieren, doch von viele Westdeutschen wurden sie mit starken Vorbehalten betrachtet.

Die Rumänen

Die Geschichte der Rumänen hat immer schon große Kontroversen ausgelöst. Über ihre Ursprünge gibt es zwei Theorien: zum einen, daß Teile der Bevölkerung Dakiens nach dem Rückzug der Römer aus diesem Gebiet zunächst nach Süden zogen und später, etwa ab dem 5. Jahrhundert, über die Donau wieder in den Banat und nach Siebenbürgen zurückkehrten; zum anderen, daß die Rumänen Nachfahren der dakischen Bevölkerung sind, die sich gegen Ende der römischen Oberhoheit in den Banat und nach Siebenbürgen zurückzog, sowie in einige Regionen der Walachei, Moldawiens und Bessarabiens. Tatsächlich wird es wohl so sein, daß die historische Wahrheit genau zwischen diesen beiden Theorien liegt.

Geschichte

Vor der Zeit der römischen Okkupation gab es in dieser Region ein mächtiges Königreich, dessen Bewohner von den Römern als *Geten* bezeichnet wurden und später als *Daker.* Dieses Königreich grenzte an die römischen Provinzen Pannonien und Moesia und umfaßte jenes Gebiet, das später als Transsilvanien beziehungsweise Siebenbürgen bekannt wurde, einen Teil des östlichen Ungarn und des Banats sowie Altenia, etwa den Westen der heutigen Walachei. Im Jahre 106 n. Chr. eroberte Trajan Dakien, um die Grenzen seines Reiches zu sichern. Dakien blieb nur bis etwa 270 n. Chr. römisch besetzt, und die Auseinandersetzungen über die Ursprünge der Rumänen gehen nun genau auf diese Zeit nach der römischen Okkupation zurück, Jahrhunderte, die historisch zum Teil im Dunkeln liegen.

Die römische Besatzung hinterließ in dieser Region eine Art Vulgärlatein, das möglicherweise jenes Spezifikum des Rumänischen bildet, das es von den Sprachen seiner Nachbarstaaten unterscheidet. Wie das Lateinische allerdings überlebte und sich tradierte ist unklar. Als das Rumänische erstmals im Mittelalter schriftlich niedergelegt wurde, bestand es zu 60 Prozent aus Slawonisch, Griechisch und Albanisch. Im Zuge der türkischen

Besetzung dieser Region kamen dann auch noch türkische Begriffe hinzu. Das Rumänische stand also, obwohl lateinischen Ursprungs und der lateinischen Grammatik folgend, unter starkem Einfluß anderer Sprachen. Da 60 Prozent der Ortsnamen in Siebenbürgen slawischen Ursprungs sind, kann es eigentlich nicht sein, daß lateinisch sprechende Daker in der späten Antike und während des Mittelalters diese Region dominierten.

Historisch gesichert allerdings ist, daß im 12. Jahrhundert ein Volk, historisch als *Wlachen* dokumentiert, aus den Karpaten hierherkam, und nun seinerseits an der Herausbildung des mittelalterlichen Rumänien beteiligt war.

Die Wlachen werden in der Regel als Nachfahren von Dakern und Geten angesehen – was durchaus möglich, jedoch nicht bewiesen ist. Einige Elemente ihrer Sprache und ihres Lebensstils ähneln durchaus solchen von noch bestehenden Viehzüchter- und Bauerngemeinschaften – heute insgesamt etwa 500.000 Menschen, die als Wlachen, Aromunen bekannt sind und sich eine romanische Sprache bewahrt haben, die bisweilen in ihrer südmakedonischen und nordgriechischen Heimat als Makedo-Rumänisch klassifiziert wird. Andererseits kann die römische Kultur der mittelalterlichen Wlachen jedoch auch von Einwanderern aus Moesia begründet oder zumindest belebt worden sein.

Nach der Gründung des ungarischen Staates im späten 9. Jahrhundert beherrschten die Ungarn weite Teile des heutigen Rumänien. Im frühen 14. Jahrhundert entwickelte sich dann ein unabhängiger rumänischer Staat, in dem eine rumänischsprechende Elite dominierte, und zwar in der Region des heutigen Moldawien. Etwa Mitte des 14. Jahrhunderts entstand die Walachei, die ihren Namen von den Wlachen entlehnte. Die beiden Fürstentümer waren sozusagen die Vorhut des zukünftigen rumänischen Staates und bildeten zusammen das rumänische Königreich, oder wie die Rumänen sagen, das Regat. Das Fürstentum Moldawien umfaßte ganz Bessarabien und die Bukowina. Es war zwar größer als die Walachei, jedoch prosperierte letztere deutlich schneller. In beiden Fürstentümern setzte sich das orthodoxe Christentum durch sowie im Mittelalter der Ritus der alten slawonischen Kirche.

Der politische Erfolg Rumäniens hing entscheidend davon ab, wie es sich gegenüber den Ungarn und Türken verhielt. *Mircea der Alten* von Moldawien (gest. 1418) und *Stephan der Große* von der Walachei (gest. 1504) empfahlen beide ihren jeweiligen Erben, die Autonomie der Fürstentümer dadurch zu bewahren, daß sie einen Teil ihrer Unabhängigkeit aufgaben und sich den Türken annäherten. Daraus erwuchs nun eine eigenständige nationale Identität der Rumänen, zumindest jener, die der gebildeten bzw. der militärischen Elite angehörten und die sich nun, unter dem Einfluß der Renaissance, selbst als »Römer« bezeichneten. Doch als die benachbarten christlichen Staaten von den Türken erobert wurden – Ungarn im Jahre 1526 – gelangte auch Rumänien immer stärker unter türkischen Einfluß. Trotz ihres Widerstands konnten die Türken dann in den nächsten 200 Jahren die Kontrolle über Rumänien ausweiten.

Im 18. Jahrhundert jedoch kehrte sich diese Situation wieder um, zum Teil aufgrund der Tatsache, daß Ungarn gegen Ende des 17. Jahrhunderts von den Türken befreit worden war, zum Teil aufgrund des Erstarkens des russischen Reiches unter *Peter dem Großen* – zum Teil jedoch auch deshalb, weil nun in den Bergregionen Rumäniens durch den Maisanbau neue Dörfer entstanden, die dem türkischen Zugriff weitgehend entzogen waren. Ab 1709 holten die Türken, unzufrieden mit der Politik der rumänischen Vizekönige, griechische Statthalter ins Land. Nun regierte ein *Phanariotregime*, das, von den Bewohnern Moldawiens und der Walachei als ausbeuterisch und unterdrückend empfunden wurde, bis etwa 1820.

Untypischerweise erschien Rußland in dieser Region in der Gestalt des Befreiers, der 1812 die türkische Kontrolle über Bessarabien beendete – ohne jedoch in der Lage zu sein, dieses Territorium einzunehmen – und den Widerstand der rumänischen Fürstentümer unterstützte. Die Herrscher, die nun die Phanarioten ersetzten, standen unter russischer Oberhoheit. Die Gesellschaft spaltete sich in Herrscher und Beherrschte: die Mittelklasse jedoch bestand aus fremden Händlern und Kaufleuten – Griechen, Armeniern und Juden. Der Export von Korn, die Donau hinunter und seit dem anglo-türkischen Vertrag von 1832 auf britischen Schiffen, brachte dem Land wieder einen bescheidenen Aufschwung.

1848 wurde auch Rumänien von liberalen Ideen ergriffen sowie von jener revolutionären Welle, die gleichzeitig große Teile Europas erfaßte. Das nationalistische Element dieser Erhebung entstammte jedoch nicht eigentlich Rumänien selbst, sondern Transsilvanien, das sich seinerseits gegen die ungarische Unterdrückung auflehnte. Trotz der engen Beziehungen zwischen orthodoxem und rumänischem Nationalismus ist Transsilvanien bis heute ein Bollwerk der rumänischen Unitarier geblieben, die etwa 40 Prozent der dortigen rumänischen Bevölkerung ausmachen.

Für England und Frankreich bot ein unabhängiges Rumänien die Möglichkeit, als Puffer zwischen Rußland, Österreich und der Türkei sowie zwischen Rußland und den Dardanellen zu fungieren. Nach dem Krimkrieg verfolgten diese Mächte eine Art Kompromißlösung: Rumänien wurde in zwei autonome Fürstentümer geteilt, die unter türkischer Oberhoheit von einheimischen Herrschern regiert wurden. Die Adeligen Moldawiens und der Walachei unterliefen diese Bestimmung, indem sie in beiden Fürstentümern den gleichen Herrscher wählten. Doch dieser erwies sich schon bald als äußerst ungeeignet, den mißgünstigen und zänkischen Adel zu führen und so wurde er schließlich 1866 durch König *Karl I.* aus dem Hause Hohenzollern-Sigmaringen ersetzt.

Im Jahre 1914 war Rumänien der drittgrößte Kornproduzent Europas und England sein wichtigster Handelspartner. Das meiste Geld für den Bau der Eisenbahn und den Ausbau der bedeutenden Ölindustrie kam jedoch aus Deutschland beziehungsweise Österreich, von Banken, die sich nicht selten in jüdischem Besitz befanden. Die Juden waren diejenigen, die die Wirtschaft des Landes kontrollierten: um 1800 gab es hier etwa 2.000 Juden, seit der Unabhängigkeit des Landes war ihre Zahl auf 200.000 gestiegen. Rumänen und Juden tauschten Verachtung gegen Haß. Eine deutsche Redensart damals besagte, daß ein Walache sich die Haare wachsen läßt, ein Moldawier sie sich niemals schneiden läßt. Durch bäuerliche Revolten um das Jahr 1880 und dann, wesentlich vehementer, im Jahre 1907 zeigten die Rumänen ihren Zorn auf die ausländischen und großbürgerlichen Eindringlinge.

Der territoriale Zugewinn Rumäniens aufgrund seiner Teilnahme am Ersten Weltkrieg auf Seiten der Alliierten war enorm: ganz Siebenbürgen und große Teile des Banat fielen ihm von Ungarn zu, von Rußland erhielt es Bessarabien zurück und auch Süd Dobruja, von Bulgarien im Balkankrieg erobert, fiel jetzt wieder an Rumänien zurück.

Mit der Landreform erhielten die Bauern nun eine Existenzgrundlage. Die Landwirtschaft wurde dadurch zwar nicht effektiver, die Bauern wurden jedoch gegen den Marxismus immunisiert. Dafür fühlten sie sich nun aber zum Faschismus hingezogen. Die alte konservative Partei hatte durch die Landreform ihre Wählerschicht verloren. Rechte Bestrebungen kamen von nationalistischen Politikern, die rumänischen Minderheiten entstammten, die einst unter ungarischer Herrschaft gestanden hatten. Deren Koalition mit den Bauern in der *Nationalen Bauernpartei* war jedoch von kulturellen und persönlichen Konflikten geprägt.

Im Regat gab es praktisch keine demokratische Politiktradition, ebensowenig in Bessarabien, das, völlig verarmt aus zaristischen und bolschewistischen Händen befreit, eigentlich nicht so recht in die neue Union, der es jetzt angehörte, hineinpaßte, somit vergleichbar, dem damaligen Irland oder dem heutigen Ostdeutschland.

Dank seines relativen Reichtums war in Rumänien eine neue, gebildete Klasse entstanden, für die der Nationalismus eine Alternative zu jeglicher Ideologie darstellte und deren Enthusiasmus über die eigene Machtentfaltung sie zu potentiellen Dienern oder Herren eines totalitaristischen Regimes machte. Der Nationalismus eines *Mircea Eliade* beispielsweise, der einer der führenden Religionshistoriker seiner Zeit war, stellte im Grunde eine Art von nationalistischem Bolschewismus dar, der eine idealistisch aufgegriffene soziale Frage für ein chauvinistisches Programm der Sozialen Revolution innerhalb der rumänischen Nation mißbrauchte und dabei den internationalistischen Anspruch auf die nationale Ebene reduzierte. Dies jedoch harmonisierte aufs Beste mit dem Faschismus.

Die Wirtschaftskrise der frühen 30er Jahre ließ in Rumänien den Faschismus erstarken, den die Monarchie nun wiederum zu kontrollieren versuchte. Die Regentschaft des Thronfolgers *Michael I.* begann 1927 und wurde zweimal verlängert und er hätte sie auch weiter ausgeübt, wäre die Zeit auf seiner Seite gewesen. 1930 jedoch kehrte sein Vater, Prinz *Karl*, aus seinem selbstgewählten Exil zurück, da das Land ihm jetzt für seine eigenen skrupellosen Ambitionen reif schien. Sein Versuch, Diktatoren an die Macht zu bringen, die er seinerseits manipulieren konnte, scheiterten jedoch: der Salonfaschismus seiner auserwählten Professoren verfehlte jenes populistische Element eines demagogischen Faschismus beispielsweise der *Eisernen Garde*, die nach dem Vorbild Deutschlands und Italiens gebildet worden waren. In den Eisernen Garden erblickte König Karl die rauheste Seite des Balkans, die sich ihm derart enthüllte. Er schlug sie nieder und unterdrückte sie für einige Jahre mittels einer königlichen Diktatur und mit Unterstützung des Offizierskorps und vieler ziviler Politiker. 1938 schließlich erklärte er die Wahlen für ungültig und verhinderte so die Übernahme der Macht durch die *Eisernen Garde.*

Seine Außenpolitik war nach allen Seiten offen. 1938 gelangte er während eines Besuchs in England zu der Überzeugung, daß die englischen Vorbereitungen auf einen Krieg unzureichend waren. Im Frühjahr 1939 erschien ihm daher eine pro-deutsche Politik als einzig richtig; doch schließlich bezahlte Rumänien einen hohen Preis dafür, daß es sich der deutschen Sache zuwenig verpflichtet fühlte: es verlor seine vor kurzem erst erlangten Territorien – Bessarabien, die Bukowina, große Teile von Siebenbürgen und das Südliche Dobruja – die wieder unter seinen Nachbarn aufgeteilt wurden. Rumänien war nun nicht mehr groß. Karl ging erneut ins Exil und überließ der von den Nazis unterstützten Diktatur den jungen König *Michael* als Gefangenen. Der Eintritt des Landes in den deutschen Krieg gegen Rußland war nun unvermeidlich. Rumänien wurde dafür in Aussicht gestellt, Teile der Ukraine zu erhalten sowie die Bukovina und Bessarabien zurückzubekommen.

Die Niederlage der Deutschen war für die Rumänen eine Katastrophe, verbunden mit weiteren territorialen Verlusten an

Rußland. Michaels Bemühungen um eine Demokratisierung ließen in den Jahren 1945/46 kurzzeitig eine positive Entwicklung des Landes erahnen, doch nach der Invasion der Roten Armee wurde eine streng kommunistische Regierung etabliert, in einem Land, das weitgehend antikommunistisch eingestellt war und bislang über keine kommunistische Partei verfügte. Dieser schnelle historische Wandel – erst Triumph dann Demütigung, erst Expansion dann Verluste – hinterließ in Rumänien einen ausgeprägten Nationalismus. Das kommunistische Regime machte aus dem einst blühenden Rumänien, der Kornkammer für Europa und reichen Ölvorkommen ein armes, hungerndes Land.

Am härtesten vom Schicksal getroffen aber wurde Moldawien: Unter der sowjetischen Herrschaft wurde Bessarabien geteilt, der Norden wurde zur *Sowjetischen Volksrepublik Moldawien*, der Süden, zwischen Donau und Dnestr gelegen, fiel an die Ukraine. Nach dem Zusammenbruch des sowjetischen und rumänischen Kommunismus im Jahre 1991 versuchte Moldawien neue Wege zu gehen und sich nicht mehr mit Rumänien zu vereinigen. Dies hatte im wesentlichen zwei Gründe: die Erinnerungen an die Union mit Rumänien waren nicht ausschließlich positiv geprägt, zudem sprachen nur 66 Prozent der Bevölkerung Moldawiens rumänisch. Die slawischen Minderheiten – Russen, Ukrainer und Bulgaren sowie eine zwar russischsprachige jedoch eigentlich türkische Minderheit – ließen es problematisch erscheinen, das Land erneut in Rumänien zu integrieren. Zwar stellten die rumänisch sprechenden Moldawier am linken Ufer des Dnestr die größte Bevölkerungsgruppe, die sich jedoch tatsächlich unter der lokalen sowjetischen Herrschaft des Jahres 1991 endgültig von Rumänien lossagte. Obwohl Moldawien der Union der unabhängigen Sowjetrepubliken beitrat, agierte die russische 14. Armee als Garant des halbunabhängigen Status dieser Region am linken Ufer des Dnestr. Auch die rumänische Regierung zeigte zwischen 1991 und 1996 nur wenig Interesse an einer Wiedervereinigung mit Moldawien, die Transportverbindungen zwischen beiden Ländern sind schlecht und somit verfügt Moldawien mit seiner reichen landwirtschaftlichen Produktion auch praktisch über keinen Zugang zum westlichen Markt. Im Juni 1995 beantragte

Rumänien seine Aufnahme in die EU, mit der es seit 1994 eine Vereinbarung über wirtschaftliche Zusammenarbeit getroffen hatte. Heute hat es den Status eines der EU assoziierten Landes.

Kultur

Rumänien gehört seit den frühen Tagen der Neuzeit der orthodoxen griechischen Kirche an. Der Kirche gelang es jedoch nie, die von Hexen und Dämonen bevölkerte Vorstellungswelt der sehr stark bäuerlich geprägten Gesellschaft Rumäniens restlos zu substituieren, deren herausragender Mythos wohl jener von Dracula ist. 1864 wurde der kirchliche Landbesitz, etwa ein Drittel des damaligen Regat enteignet, wofür die Kirche erst 1893 offiziell entschädigt wurde. Diese Zeit erwies sich vor allem für die Ausbildung der Priester, die als Bauern lebten, als katastrophal. Die weltliche Elite, deren Haltung gegenüber der Kirche von französischen Vorstellungen und aufklärerischen Ideen geprägt war, fühlte sich der Kirche nur wenig verbunden.

Die rumänische Kultur ist stark beeinflußt von der Situation des Landes als einem Grenzland. Im ethnographischen Museum von Bukarest finden sich alte Häuser aus verschiedenen Teilen des Landes, meist aus dem 18. Jahrhundert, die Familiennamen in drei unterschiedlichen Schriften aufweisen, in kyrillischen, griechischen und lateinischen Buchstaben. Auf der Revolutionsfahne des Jahres 1848 war die Parole: »Freiheit, Gleichheit, Brüderlichkeit« in kyrillischen Buchstaben geschrieben. In Rumänien herrschte aufgrund des Einflusses der slawonischen Lithurgie sowie des russischen und auch bulgarischen Einflusses lange Zeit das Kyrillische vor. Erst nach 1848 setzte sich langsam die lateinische Schrift durch, ein Zeichen auch dafür, daß sich nun erneut eine rumänische Identität entwickelte, und zwar in Annäherung an die französische und italienische Kultur. Die Einführung der lateinischen Schrift wurde zudem dadurch erleichtert, daß 1899 weite Teile der Bevölkerung, circa 81 Prozent, Analphabeten waren.

Der literarische Geschmack der gebildeten Klasse Rumäniens wurde vor allem durch Bücher aus Frankreich geprägt, und zwar weit bis ins 20. Jahrhundert hinein. Noch in der Zeit zwischen den Weltkriegen unterhielten sich die Gebildeten des Landes auch im Alltag vorzugsweise auf Französisch; daneben wurde aber auch das Italienische, vor allem durch das Bildungssystem des Landes, stark gefördert. Dieses beeinflußte zudem auch die Aussprache des Rumänischen, und wenn man etwa 1930 eine rumänische Radiosendung hörte, so hatte man das Gefühl, Italienisch zu hören. Demgegenüber hörte sich das traditionelle Rumänisch der Bauern im Norden des Landes fast wie Polnisch an.

Für die Rumänen stellte die französische Kultur ein Mittel dar, sich von ihren slawischen, deutschen und ungarischen Nachbarn zu distanzieren. Ähnlich wie die Montenegriner, die proklamierten: »Zusammen mit den Russen sind wir ein Volk von 60 Millionen!« – proklamierten die Rumänen: »Zusammen mit Frankreich stellen wir die Elite Europas dar!« Der französische Einfluß prägte auch die rumänische Literatur und Kunst, in der das rumänische Nationalgefühl seinen Ausdruck fand. In der 20er Jahren erlebte dies seinen Durchbruch: die Kurzgeschichten von *Marcu Beza* schlossen die Wlachen Makedoniens in panrumänische Gefühle mit ein; die Romane von *Duiliu Zamfirescu* und *Liviu Rebreanu* sowie die Gedichte von *Ion Pillat* verarbeiteten typische Sujets des städtischen und ländlichen Lebens Rumäniens. Die rumänische Kultur entfaltete sich zu neuer Blüte – überzeugend, aber im Grunde durch das Imitieren anderer Kulturen.

Die Ruthenen

Schon die Vielfalt der Bezeichnungen für die Ruthenen – Rusyner, Karpato-Rusyner, Rusnaken – macht ein Problem deutlich. Mit dem Begriff *ruthenisch* wurden traditionell jene Länder bezeichnet, die die heutige Ukraine und Belorußland bilden, sowie jene Schriftsprache, die einst im Großherzogtum Litauen benutzt wurde. Als solches steht er also im Kontrast zum Russischen. Im Österreich des 19. Jahrhunderts wurden die Ukrainer oftmals als Ruthenen bezeichnet; heute bezeichnet man vor allem die ostslawonische Bevölkerung der Karpaten als Ruthenen, jedoch auch als Ukrainer. Für manche sind diese Begriffe austauschbar, andere wiederum halten sie für absolut verschieden.

Geschichte und Tradition

Die Ruthenen verfügten nie über einen eigenen Staat. Heute leben mehr als 1 Million Ruthenen in verschiedenen Staaten: in der Ukraine (in der transkarpatischen Provinz mit ihrer Hauptstadt Uzhhorod) etwa 997.000; in Slowakien (in der Region von Prešov) etwa 130.000; in Polen (über das ganze Land verteilt) etwa 60.000; im Nordosten Rumäniens etwa 1.000, so das Ergebnis der Volkszählung von 1977; in Wojwodina (Serbien) etwa 30.000; kleinere Gruppen in Kroatien und Bosnien.

Die Situation der Ruthenen ist stark dem politischen Kalkül einzelner Nationen unterworfen. Die Ukraine beispielsweise erkennt die ruthenische Nationalität grundsätzlich nicht an. Die tschechoslowakische Bevölkerungsstatistik von 1991 weist 17.000 Ruthenen aus, die in der Slowakei leben, sowie 14.000 Ukrainer. Wojwodina weist für dasselbe Jahr 21.000 Ruthenen aus und in Polen ist die Situation noch komplizierter, nicht zuletzt wegen des *Lemko-Problems.*

Die meisten Ruthenen sind griechisch-orthodox; ihr spezifisch »polnisches Problem« geht auf die Situation Polens zurück, das zum Teil von Ostslawen besiedelt wurde, die gegen Ende des 18. Jahrhunderts in das österreich-ungarische Reich integriert wurden beziehungsweise nach 1848 in das ungarische Königreich. Die ungarischen Landesherren waren bemüht, den Ostslawen ein nationales Bewußtsein zu vermitteln, das sich deutlich von jenem der galizischen Ukrainer Österreichs unterschied. Entsprechende Versuche erwiesen sich jedoch als wenig erfolgreich, nicht zuletzt, weil das einfache Volk eine derartige intellektuelle Bevormundung zurückwies.

1918 hielten es die Regierungen Ungarns und der Tschechoslowakei für notwendig, die Ruthenen zu hofieren. Die Region, in der sie lebten, wurde der Tschechoslowakei eingegliedert und erhielt 1938 vollständige Autonomie. Diese Region bildete später einen Teil der Sowjetischen Ukraine. Im Referendum von 1991 bezüglich der ukrainischen Unabhängigkeit sprachen sich 78 Prozent der dortigen Bevölkerung dafür aus. Die Weigerung der ukrainischen Regierung jedoch, den Ruthenen Autonomie zu gewähren, führte dazu, daß diese in Slowakien eine »Exil-Regierung« etablierten, die in Moskau über eine diplomatische Vertretung verfügt. Für die Ukrainer stellt sich diese ganze Angelegenheit als der Versuch dar, das gesamte Land zu destabilisieren und die Grenzen von 1938 zu restaurieren. In der Wojwodina, Teil des ehemaligen Jugoslawien, ist es den Ruthenen gelungen, unter den Nachfahren jener Bauern, die in der zweiten Hälfte des letzten Jahrhunderts aus den Karpaten hierhergekommen waren, eine ruthenische Identität zu bewahren. Eine derartig starke ruthenische Identität findet man darüber hinaus auch unter jenen Ruthenen, die in die USA emigrierten.

Das Fehlen einer einheitlichen ruthenischen Schriftsprache war sicherlich mit ein Grund dafür, daß die Ruthenen kein wirklich starkes Nationalgefühl entwickelten. Meist sprachen sie einen ostslawischen Dialekt, beeinflußt von der Sprache des jeweiligen Landes, in dem sie lebten. Vor dem Krieg gab es in der Tschechoslowakei Bemühungen, eine eigenständige Presse und ein eigenständiges Bildungswesen sowie ein Nationaltheater zu etablieren. Die Ruthenen versuchten auch, das Russische als Schriftsprache einzuführen. Nach dem Krieg setzte sich dann zunehmend die Tendenz durch, die Sprache des jeweiligen Landes als Standardsprache zu benutzen. Lediglich in der Wojwodina wurde eine eigenständige ruthenische Schriftsprache entwickelt und heute gibt es an der Universität von Novi Sad einen Lehrstuhl für ruthenische Sprache und Literatur. Diese wojwodinische Version des Ruthenischen nun soll angeblich auf den Backa-Dialekt der Ukraine beziehungsweise auf einen ostslowakischen Dialekt zurückgehen – diesbezügliche Einschätzungen variieren je nach Standpunkt des Betrachters. Im Januar 1995 wurde in der »Erklärung von Prešov« niedergelegt, daß das Standardruthenisch sowohl in den Schulen wie in der Verwaltung des Landes als offizielle Sprache gilt. Da es jedoch sehr viele ruthenische Dialekte gibt, bleibt abzuwarten, wie weitgehend sich – sowohl im Inland wie im Ausland – dieses standardisierte Ruthenisch durchzusetzen vermag. Bislang gibt es weder entsprechende Grammatiken noch Wörterbücher. Dennoch ist ganz sicher mit Ruthenien eine neue Nation in Europa entstanden.

Hutsulen, Boiken und Lemker

Die Ruthenen teilen sich in verschiedene Volksgruppen. In den Ostkarpaten leben die Hutsulen, ein stolzes Bergvolk, das von ehemaligen Schäfern sowie Banditen abstammt (ihr Name geht angeblich auf ein rumänisches Wort für »Bandit« zurück). Sie selbst jedoch fühlen sich als Nachfahren eines unbezwingbaren polnischen Adelsgeschlechts des Mittelalters, das sich seine Integrität nur durch das Exil in den Ostkarpaten bewahren konnte. Diese Volksgruppe ist vor allem für ihr Holzkunsthandwerk sowie ihre Stickereien bekannt: eine der wunderschönen Schürzen der Frauen herzustellen, dauert etwa 10 Jahre und entsprechend stellen sie ein wertvolles Erbe dar. Im unteren Teil der Karpaten, westlich der Hutsulen, leben die Boiken, die wahrscheinlich aus Galizien und der Bukowina hierherkamen. Eine ausführlichere ethnographische Studie über die Boiken erschien interessanterweise in den USA – auf Ukrainisch.

Noch weiter im Westen leben die Lemker Polens. In den 30er Jahren sah sich die polnische Regierung, in ihren vorwiegend ukrainischen Gebieten, mit bewaffneten Rebellionen konfrontiert. Die Regierung versuchte, den Konflikt mit einer »Politik des Teilens und Herrschens« zu lösen, indem sie den Lemkern versuchte zu suggerieren, sie seien ganz anders als die Ukrainer Galiziens, im Osten des Landes. Nach 1945 verteilten sich die Lemker über ganz Polen; seit 1956 bildeten sie mit den Ukrainern Polens im Bildungsbereich eine Union, jedoch fühlen sich viele Lemker nicht als Ukrainer. Die Unabhängigkeit eines ukrainischen Staates wird nun vielleicht die Wirkung eines Katalysators haben, was dann auch unter den Ruthenen des Auslands dazu führen könnte, ein stärkeres Gefühl der Zusammengehörigkeit zu entwickeln.

Kapitel 8

Die nordeuropäische Tiefebene

Die nördlichen Küstenregionen Kontinentaleuropas, etwa ab der Loiremündung entlang des Atlantiks, des Ärmelkanals, der Nordsee sowie der Baltischen See (Ostsee), weisen weite, flache Landschaften auf, die nur von wenigen Hügeln unterbrochen werden. Dieser gigantische Küstenbogen ist nach Süden hin von Hochebenen begrenzt, die sich von den Ardennen bis nach Zentralrußland erstrecken. Durchzogen von schiffbaren Flüssen – dem Rhein, der Weser, der Elbe, Oder, Weichsel und Drina –, entlang derer viele Siedlungen entstanden, bilden sie eine der großen Straßen, über die die Völker von alters her miteinander in Kontakt traten. In dieser nördlichen Region Kontinentaleuropas gibt es eine ganze Reihe hochindustrialisierter Zonen, darüber hinaus besteht sie in weiten Teilen aus fruchtbarem Ackerland. Dicht besiedelt ist vor allem der Westen und das Zentrum dieser Region, in der bis zur Gründung des Deutschen Reichs im 19. Jahrhundert relativ viele Kleinstaaten bestanden.

Die Geschichte dieser Region kann seit der Invasion der Mongolen im 13. Jahrhundert in drei große Phasen unterteilt werden: Im späten Mittelalter expandierten die Deutschen weit in den osteuropäischen Raum, gründeten hier Kolonien und errichteten schließlich das große Königreich Preußen; vom 15. bis 18. Jahrhundert wurde der östliche Teil dieser Region dann von dem mächtigen polnisch-litauischen Staat dominiert; schließlich führte die deutsche Expansion vom Westen her sowie die russische Expansion aus dem Osten dazu, daß Polen praktisch geschluckt wurde und viele kleinere Staaten dieser Region unterworfen wurden. Diese letzte Phase der historischen Entwicklung dauerte bis weit ins 20. Jahrhundert hinein. Denn obwohl der Zusammenbruch des Russischen wie des Deutschen Reichs zwischen 1917 und 1919 den kleineren Staaten dieser Region eine kurze Atempause verschaffte und es ihnen ermöglichte, ihre unterdrückte historische Identität wiederzufinden, entstanden doch schon bald wieder neue Superstaaten mit neuen politischen Institutionen. Die Herrschaft Berlins aber war aufgrund der Ergebnisse des Zweiten Weltkriegs endgültig gebrochen, jene der Sowjetunion jedoch erst 1991.

Die Sachsen

Der Name *Sachsen* bezeichnet zwei völlig unterschiedliche Dinge. Zunächst sind die Sachsen ein alter Volksstamm des baltischen Raums, der zum Teil nach England, zum Teil nach Nordwestdeutschland wanderte und heute praktisch nicht mehr existiert. Darüber hinaus wurde sehr viel später die Region rund um Dresden und Leipzig als Sachsen bezeichnet, das, zeitweise Königreich, heute eines der neuen Bundesländer darstellt. Diese Region ist ein Zentrum der deutschen Schwerindustrie sowie der deutschen Kultur, und seine Einwohner zeichnen sich durch ihren lebhaften Humor und ihren besonderen Dialekt aus.

Das Land

Sachsen ist eine fruchtbare Region, die sich nördlich des Erzgebirges, sanft gewellt entlang der tschechischen Grenze erstreckt. Die Elbe durchfließt hier, auf ihrem Weg nach Dresden, die Kalksteinschluchten der sogenannten Sächsischen Schweiz. Wald- und Forstwirtschaft, Vieh- und Schafzucht sind neben dem Bergbau wichtige Wirtschaftszweige. Im letzten Jahrhundert war Sachsen nach dem Ruhrgebiet die am stärksten industrialisierte Region Deutschlands, mit Schwerpunkten, beispielsweise in Chemnitz, in der Eisenbahnproduktion sowie dem Maschinenbau. Rund um Leipzig wiederum hatte sich eine bedeutende chemische sowie Druckindustrie etabliert. Viele dieser Industriebetriebe überlebten bislang trotz der derzeitigen wirtschaftlichen Probleme und auch Leipzig knüpft heute wieder mit seinen bedeutenden Messen an seine großen Handelstraditionen an. In Meißen besteht nach wie vor eine herausragende Porzellanmanufaktur und die kleineren Gemeinden des Erzgebirges produzieren immer noch ihre Spitzen und Textilien sowie ihr berühmtes Holzspielzeug.

Geschichte

Die alten Sachsen waren ein germanisches Volk, das ursprünglich im heutigen Schleswig-Holstein lebte. Einige Angehörige dieses Volkes wanderten im 3. Jahrhundert n. Chr. Richtung England aus, während sich ein Großteil der Sachsen Richtung Süden wandte und später dem Reich *Karls des Großen* eingegliedert wurde. Im Mittelalter bildete Sachsen ein Fürstentum, im Herzen Deutschlands gelegen, dessen Grenzen und Bündnispartner ständigen Veränderungen unterworfen waren. 1485 spaltete sich die Herrscherdynastie in zwei Linien und Sachsen selbst gelangte unter die Oberhoheit der albertinischen Fürsten des Ostens. Dresden wurde im 18. Jahrhundert zu einer prunkvollen Hauptstadt ausgebaut, und zwar unter dem mächtigsten Herrscher, den Sachsen je hervorgebracht hat, unter *August dem Starken*, von dem es heißt, er habe 365 Kinder gezeugt, Zeichen seiner unermeßlichen Stärke und Zeugungskraft.

1806 verbündete sich Sachsen mit Napoleon und wurde dafür von diesem zum Königreich erhoben. Doch hierfür wurde der sächsische König schon bald bestraft und im Jahre 1815 mußte Sachsen große Teile seines Territoriums an Preußen abtreten. Ähnliches geschah 1871, als Sachsen an der Seite Österreichs in den Krieg gegen Preußen eintrat und erneut dafür büßen mußte. Sachsen schloß sich dann dem von Preußen geführten Deutschen Reich an, blieb jedoch bis 1918, als es in der Weimarer Republik zu einem Freistaat umgewandelt wurde, ein eigenständiges Königreich.

Sachsen litt schwer im Zuge seiner weiteren Geschichte –unter dem Nationalsozialismus, unter den Bombardierungen der Alliierten, allen voran jener Dresdens im Jahre 1945, unter der kommunistischen Herrschaft, die Sachsen in getrennte Distrikte aufteilte. Die Sachsen gehörten 1989 zu den Oppositionellen gegen das kommunistische Regime und ihre große Kirche in Leipzig spielte in dieser Bewegung eine bedeutende Rolle. 1990 wurde Sachsen Bundesland (Freistaat Sachsen), mit eigener Flagge. Die Sachsen wählten *Kurt Biedenkopf* zu ihrem Ministerpräsidenten, der sich nun für die Interessen Sachsens einsetzte, nicht zuletzt auch in Auseinandersetzungen mit Bundeskanzler Kohl. Heute fließen die Gelder aus dem Westen und so werden die Städte restauriert und ausgebaut, Industrieanlagen erneuert. Doch das schreckliche Erbe der DDR-Umweltverschmutzung hat dazu geführt, daß viele Betriebe geschlossen werden mußten, vor allem solche der Leipziger Chemieindustrie, und somit ist auch in Sachsen, wie überall im Osten, die Arbeitslosenrate immens hoch.

Religion, Identität, Kultur

Teutonischen Ursprungs, ist die Bevölkerung Sachsens weitestgehend protestantisch. Die Sachsen sind ihrem Wesen nach sehr gelassen, jovial und humorvoll und diesbezüglich eher wie die katholischen Rheinländer oder Bayern und weniger wie ihre protestantischen Glaubensbrüder und Nachbarn, die Preußen, denen sie traditionell nicht sehr gewogen sind. Ihr Dialekt wird allgemein nicht sonderlich geschätzt, doch verfügen die Sachsen über einen scharfsinnigen Witz und über Sinn für Kultur. Bis 1945 war Leipzig das Zentrum der Verlage und der Druckindustrie, und hier fand auch die größte Buchmesse des deutschsprachigen Raums statt. Nach 1945 wurde sie nach Frankfurt am Main verlagert, jedoch hat auch Leipzig nach wie vor eine bedeutende Buchmesse.

Städte

Dresden und Leipzig, etwa beide gleich groß, waren lange Zeit Rivalen. Dresden, die ehemalige königliche Hauptstadt, strahlt zwar mehr Würde aus, ist aber auch etwas gesetzter; Leipzig, das intellektuelle sowie Geschäftszentrum Sachsens, ist lebendiger und bietet mehr Spaß und Unterhaltung. Dresden war einst eine der schönsten Städte Zentraleuropas und wurde als »Elbflorenz« bezeichnet, jedoch hat es sich von den Bombardierungen im Jahre 1945, bei denen 35.000 Zivilisten ums Leben kamen, nie mehr ganz erholt. Noch heute weist das Stadtbild Schäden und Lücken auf, auch wenn viele der bedeutendsten Bauwerke in den letzten Jahren sorgfältig restauriert wurden – der barocke Zwinger, die Kathedrale und das Opernhaus. Dresden verfügt zudem über eine Reihe herausragender Galerien.

Leipzig wiederum verfügt über eine alte Universität sowie bedeutende kulturelle Traditionen. Bach und Goethe lebten hier; Wagner wurde hier geboren; und das Gewandhausorchester ist weithin berühmt. Außerdem hat Leipzig den größten Bahnhof Europas. Im Zeichen der neugewonnenen Freiheit blühen hier Kunst und Literatur wieder auf. Dennoch wird es noch einige Zeit dauern, bis sich die stark von der Industrie geprägten Vororte Leipzigs von ihrer jahrelangen Vernachlässigung durch die DDR-Regierung erholt haben werden. Im benachbarten Sachsen-Anhalt, ehemals preußische Provinz, sind die bedeutendsten Städte Magdeburg, Dessau (einst Sitz des Bauhauses) und Wittenberg, wo Luther die Reformation proklamierte.

Die Mecklenburger

Die beiden ehemaligen Fürstentümer von Mecklenburg, am Baltischen Meer (Ostsee) gelegen, standen in enger Verbindung zu Preußen und Schweden. Rostock und andere Städte gehörten im Mittelalter zur Hanse. Ein Teil dieser typischen hanseatischen Architektur ist hier noch erhalten – große, rote Backsteinhäuser mit ihren typischen treppenförmigen Giebeln und Fassaden. Heute bildet Mecklenburg den westlichen Teil des neuen Bundeslandes Mecklenburg-Vorpommern, dessen Flagge die Farben blau-gelb-rot trägt.

Das Land

Mecklenburg, von Kiefern- und Buchenwäldern, Äckern und Weiden durchzogen, ist sehr flach. Außerhalb der wenigen größeren Städte ist das Land vergleichsweise dünn besiedelt. Die großen Bauernhöfe waren in DDR-Zeiten enteignet, wurden nach 1990 jedoch ihren ehemaligen Besitzern zurückgegeben oder werden heute als Kooperativen betrieben. Im Landesinneren liegt die Mecklenburger Seenplatte, Hunderte von Seen, die zusammen ein landschaftlich eindrucksvolles Netzwerk bilden. Die Küste Mecklenburgs mit ihren Kalkklippen, Dünen und Sandstränden war zu DDR-Zeiten ein Urlaubsrefugium vor allem der Gewerkschaften mit kollektiv betriebenem Hotel- und Erholungsbetrieb. Heute sind diese Hotels geschlossen oder wieder in Privatbesitz und so kehrt kapitalistischer Glanz auch hierher zurück.

Geschichte

Die ursprünglich teutonischen Einwohner Mecklenburgs wurden im 7. Jahrhundert von den Slawen verdrängt, die ihrerseits 1160 von *Heinrich dem Löwen*, Fürst von Sachsen, überrannt wurden und unter deutsche Oberhoheit gerieten. Die hiesigen Prinzen erhielten 1348 vom deutschen König *Karl IV.* die Fürstenwürde verliehen. Während der Reformation wurden sie zu überzeugten Lutheranern. Teile der Küstenregion, darunter Wismar, gehörten von 1648 bis 1803 zu Schweden.

Nach 1701 wurde Mecklenburg in die beiden Fürstentümer Mecklenburg Schwerin und das kleinere Mecklenburg-Strelitz geteilt. Beide traten 1815 dem Deutschen Bund bei und gleichermaßen 1871 dem Deutschen Reich. Die Bemühungen der Fürstenhäuser, demokratische Reformen durchzusetzen, wurden von den Feudalherren der riesigen Ländereien hintertrieben, und 1918 wurden die Fürstentümer, wie andere in Deutschland auch, aufgelöst und der Weimarer Republik eingegliedert. Hitler vereinigte die beiden Landesteile wieder zu einem Land Mecklenburg, das dann nach dem Krieg von der kommunistischen Regierung wieder in staatliche Distrikte aufgeteilt wurde. In Mecklenburg wurde nun auch Industrie angesiedelt, vornehmlich in Rostock, wo Schiffswerften entstanden und das zudem über den bedeutendsten Hafen der DDR verfügte, der diese über den Seeweg mit der Welt verband.

Seit 1990 ist es Mecklenburg in dem erweiterten Bundesland Mecklenburg-Vorpommern möglich, die vereitelten demokratischen Reformen seiner einstigen Fürstenhäuser, die auch von den Nazis und Kommunisten blockiert wurden, durchzuführen. Trotz Gelder aus dem Westen ist die Arbeitslosenquote des Landes sehr hoch, da sowohl in der Landwirtschaft wie im Schiffsbau und in anderen Industriezweigen viele Arbeitsplätze verlorengegangen sind.

Religion und Kultur

Mecklenburg wurde während der Reformation protestantisch und ist es seit dieser Zeit geblieben. Zu Zeiten der kommunistischen Regierung, als viele Pfarrer eine Politik der Koexistenz verfolgten und gleichzeitig eine Art subtilen geistigen Widerstand leisteten, gab vielen Christen ihr Glaube Kraft und Trost zugleich. Doch die Kommunisten verbannten die Religion aus dem gesamten öffentlichen Leben und somit gibt es heute in Ostdeutschland sehr viel weniger praktizierende Christen als in Westdeutschland.

Das Christentum vergangener Zeiten hat jedoch auch in der Architektur und Kunst des Ostens Herausragendes hinterlassen, so etwa die gotische Kathedrale in Güstrow. Die fürstliche Vergangenheit Mecklenburgs wiederum zeigt sich in Bauwerken wie dem Renaissanceschloß in Güstrow oder dem Barockschloß von Ludwigslust. Der große zeitgenössische Bildhauer *Ernst Barlach*, dessen Werk vom Humanismus geprägt ist, stammte aus Güstrow. Die Volksmusik mit ihren vielen Seemannsliedern, hat sich vor allem in kleineren Städten an der Küste, etwa in Warnemünde, bewahrt.

Städte

Schwerin, die Hauptstadt Mecklenburg-Vorpommerns, wurde 1160 gegründet und verfügt über eine schöne Altstadt, die heute, nach Jahrzehnten der Vernachlässigung, wieder restauriert wird. Die Stadt liegt wunderschön an einem See, wo sich auf einer Insel ein grandioses Schloß im gotischen Stil, 1840 errichtet und Sitz der ehemaligen Landesfürsten, erhebt. Rostock war einst ein wichtiger Handelsplatz der Hanse und seine Universität ist eine der ältesten in Nordeuropa. Die hier zu DDR-Zeiten errichteten riesigen Werften haben heute, aufgrund der ausländischen Konkurrenz, mit großen wirtschaftlichen Schwierigkeiten zu kämpfen. Rostock ist eine Stadt, die in seiner Architektur an Lübeck oder Bremen erinnert. Wismar, ebenfalls eine alte Hansestadt, zeigt Spuren seiner schwedischen Vergangenheit, zum Beispiel in seinen mit hohen Giebeln versehenen mittelalterlichen Häusern.

Die Polen

Die Polen bewohnen jene Region der nordeuropäischen Ebene, die sich im Bereich der beiden Flüsse Oder und Weichsel erstreckt. Die Weichsel durchzieht das Herzland Polens und streift auf ihrem Weg die bedeutendsten Siedlungszentren des Landes. Die polnischen Lande der letzten 1000 Jahre klar zu definieren ist keine leichte Aufgabe. Die Tatsache, daß es im 19. Jahrhundert keinen polnischen Staat gab, hat, ebenso wie die großen Völkerwanderungen des 20. Jahrhunderts, deutliche Spuren in jenem Gebiet hinterlassen, das allgemein als Polen bezeichnet wird. Das Baltische Meer (Ostsee) im Norden sowie die Berge des Sudetenlandes und der Karpaten im Süden waren stets die einzigen stabilen Grenzen, die das Land umgaben. Nach Osten und Westen hin hatte Polen jedoch praktisch nie feste Grenzen. Zwar war es stets fest verankert in jenem Gebiet, das von Oder und Weichsel durchzogen wird, die östlich und westlich von diesem Herzland gelegenen Regionen jedoch waren im Laufe der Geschichte oftmals dramatischen Veränderungen unterworfen.

Die Polen gehören zu den westslawischen Gruppen, denen auch die Tschechen und Slowaken angehören. Sie sind das größte der westslawischen Völker und leben in jener Region, die als Wiege aller slawonischen Völker gilt. Die Vorfahren der heutigen Polen blieben stets in ihren Siedlungsräumen, während andere slawonische Völker hier erst nach ihrer Migration Richtung Süden oder Osten auftauchten. Der Name *Polen* geht auf einen Stamm der Westslawen zurück, dessen Angehörige als *Polanier* – das Volk aus den Ebenen – bezeichnet wurden. Pole, Polak, und Polacy sind von einem Wort abgeleitet, das Feld bedeutet. Die linguistischen Wurzeln dieser Begriffe weisen ihrerseits auf die langandauernde Verbundenheit der Polen mit ihrem Land in der nordeuropäischen Ebene hin. Die Polen sind eine der am stärksten verankerten europäischen Nationen. Obwohl es hier einige regionale Unterschiede gibt und die Polen der polnischen Grenzlande sich aufgrund ihrer Geschichte von jenen der polnischen Herzlande unterscheiden, gibt es hier jedoch keine wirklich unterschiedlichen Volksgruppen: auch die *Kaschuben* – Sprecher einer verwandten, jedoch unterschiedlichen Sprache – wurden seit ihrer Eingliederung in den polnischen Staat nach dem Zweiten Weltkrieg nahezu vollständig assimiliert.

Sprache

Das Entstehen der polnischen Schriftsprache spiegelt die Situation auch anderer Länder Europas, in denen das westliche Christentum großen Einfluß hatte. Es dauerte Jahrhunderte, bis das Lateinische als Schriftsprache durch das Polnische ersetzt wurde. Dieser Prozeß war erst gegen Ende des 16. Jahrhunderts abgeschlossen. Die polnische Schriftsprache geht auf jenen polnischen Dialekt zurück, der im Süden des Landes gesprochen wurde, in einer Region, die als *Malepolska*, als Klein-Polen bezeichnet wurde. Ausschlaggebend hierfür war die Tatsache, daß dieser Dialekt bereits Verwaltungssprache war und unter dem Einfluß der Renaissance konnte er sich dann relativ schnell im ganzen Lande als Standardsprache durchsetzen.

Geschichte

Die Taufe von *Mieszko I.*, einem polnischen Prinzen, im Jahre 966 markierte gleichzeitig die Errichtung des ersten polnischen Königreichs. Mieszko begründete die Dynastie der Piasten, benannt nach einer legendären Figur der polnischen Geschichte, und gliederte sein Land sowohl in die christliche wie in die politische Welt des westlichen Europa ein.

Die Dynastie der Piasten regierte vom 10. bis zum 14. Jahrhundert über ein Territorium, das etwa die Größe des heutigen Polen hatte. Jedoch war das Land in dieser Zeit nicht immer geeint, sondern vielmehr etwa 150 Jahre in mehrere feudale Fürstentümer zersplittert. Die größte Bedrohung kam für die Piasten durch die Expansionsbestrebungen aus dem Deutschen Reich und aus Böhmen. Solange Polen vereint war, konnte es seinen Feinden widerstehen; als es jedoch zersplittert war, verlor es Teile seines Territoriums an seine Gegner. Der größte Verlust Polens war Schlesien, das 1335 an Böhmen fiel. Eine weitere Bedrohung Polens stellte zunächst Preußen, später dann der Deutsche Orden dar, den Polen gegen die Preußen zu Hilfe gerufen hatte. Dieses Problem konnte Polen erst mit dem Sieg in der *Schlacht von Tannenberg* im Jahre 1410 endgültig lösen.

Der berühmteste polnische König aus der Piasten-Dynastie war *Kazimierz Wielki*; *Kasimir der Große*, der letzte Piasten-Herrscher. Kasimir verdankte seine Größe nicht seinem kriegerischen, sondern vielmehr seinem diplomatischen Geschick sowie seinen verwaltungstechnischen Fähigkeiten. Er stellte die Einheit des polnischen Königreiches wieder her, indem er auf Territorien verzichtete, die dem polnischen Einfluß sowieso längst entzogen waren. Darüber hinaus erließ er ein erstes, kodifiziertes Recht und förderte den Handel und die Baukunst und hinterließ derart ein beeindruckendes Netzwerk an Burgen und Festungen. Für Polen war es ein großer Nachteil, daß er starb, ohne einen Thronfolger zu hinterlassen.

Nachdem die Dynastie der Piasten ausgestorben war, gelangten *Jagellonen* (1385–1572) an die Macht, die das polnische Königreich nun sehr rasch zu einem der mächtigsten Imperien im damaligen Zentral- und Osteuropa machte. Die Jagellonen-Dynastie war aus der Verbindung der polnischen Königstochter *Jadwiga* mit dem litauischen Prinzen *Wladislaw Jagiello* hervorgegangen. Diese Verbindung führte 1569 zur Union von Lublin, in der Polen und Litauen in der sogenannten *Rzeczpospolita* vereint wurden. Dieses neue Königreich nun repräsentierte, obwohl beide Teile sich in ihren Gesetzen und Traditionen ihre Unabhängigkeit bewahrten, eine beachtliche Konzentration dynastischer Macht.

Anders als die Piasten orientierten sich die Jagellonen in ihrer Politik nach Osten. Die Westgrenze des Reiches war seit der Niederwerfung des Deutschen Ordens gesichert. Nun begann die Expansion Polens in Richtung der heutigen Balkanstaaten Belorußland und der Ukraine. Durch die dynastische Union mit Litauen hatte Polen hier schon große Territorien gewonnen, seine expansionistischen Bestrebungen jedoch verlangten nach mehr. Auf dem Höhepunkt seiner territorialen Machtentfaltung war das Jagellonische Reich eines der größten Imperien Europas, in dessen Grenzen ein buntes Mosaik aus Völkern, Sprachen und Religionen in gegenseitiger Toleranz vereint war.

Innenpolitisch verlagerte sich in dieser Zeit die Macht mehr und mehr auf den polnischen Adel, die *Szlachta*, zahlenmäßig der größte Europas, dessen Position im Jahre 1425 mit dem von der Krone gewährten Privileg *Neminem Captivabimus*, einer Art

Habeas Corpus-Akte, weiter gefestigt wurde. Die politische Bedeutung des polnischen Adels wurde zudem durch die bedeutende soziale und ökonomische Rolle, die er spielte, gestärkt. Der Adel stellte die gesamte Klasse der Landbesitzer, deren Reichtum mit dem Export landwirtschaftlicher Produkte in andere Teile Europas ständig wuchs. Die Ausweitung der Leibeigenschaft hatte dafür gesorgt, daß die Bauern fest an Grund und Boden gebunden waren und ausschließlich den ökonomischen Interessen des Adels dienten. Genau diese strikte Form der Leibeigenschaft war es dann aber auch, die zu jener sozialen und ökonomischen Krise führte, die die wirtschaftliche Stärke Polens aushöhlte und das Land von den vielen Veränderungen, die Europa ergriffen hatten, ausschloß.

Der letzte Jagellonen-Herrscher starb im Jahre 1572; damit war nun der Weg für ein Wahlkönigtum in Polen geebnet. Bis zu seinem Niedergang im Jahre 1795 war das polnisch-litauische Reich ein wahres Paradies für den Adel, der den König aus seinen Reihen wählte und dessen Machtbefugnisse stark einschränkte. Die eigentliche politische Macht lag in den Händen des Parlaments oder *Sejm*, der die Finanzen des Landes kontrollierte und argwöhnisch über die Freiheiten des Adels wachte. Dieses Ungleichgewicht zwischen der Exekutivgewalt (dem Monarchen) und der Legislative (dem Adel) ließ jedoch mit der Zeit das Reich nahezu unregierbar werden. 1652 akzeptierte das Parlament die Einführung des *Liberum Veto*, mittels dessen ein Mitglied des Parlaments ein poltisches Vorhaben, das ihm mißfiel, zu Fall bringen konnte. Damit erhielt die gesamte Politik des Landes jedoch eine anarchistische Qualität.

Die Politik fast des gesamten 17. und zum Teil auch noch des 18. Jahrhunderts bestand dann darin, den Zerfall der polnisch-litauischen Union aufzuhalten. Ihre vielen Feinde (Kosaken, Schweden, Russen, Tataren und Türken) wurden ihr schließlich zum Verhängnis. Diese zerstörten das Land, reduzierten die Bevölkerung, verwüsteten die Felder und bedrohten die Existenz des Staates. Und obwohl das Reich fähige Führer hervorbrachte, wie etwa *Jan III. Sobieski*, stellte sich seine strategische Position als zunehmend brüchig dar.

Österreich, Preußen und Rußland dank ihrer stark zentralistisch geprägten Monarchie sehr viel stärker waren als Polen. Sie mischten sich ganz offen in die Innenpolitik Polens ein und erwogen die Teilung des polnischen Reichs. Diese politische Krise evozierte im letzten Viertel des 18. Jahrhunderts einen unglaublichen Schub an kreativer und reformerischer Energie. Die Aufklärung (*Oświecenie*) beflügelte das künstlerische und literarische Schaffen und führte vor allem zu tiefgreifenden politischen Reformen. Doch diese Reformen kamen zu spät, um den Zusammenbruch des Reichs zu verhindern. In drei Phasen – 1772, 1793 und 1795 – schluckten Polens Nachbarn große Teile des Landes. Der dritten polnischen Teilung widersetzten sich die Polen unter Führung von *Tadeusz Kościuszko*, ein Adeliger, der sowohl den Adel als auch die Bauernschaft mobilisierte, um dieses Unglück abzuwenden. Seine Bemühungen scheiterten jedoch und somit verschwand die polnisch-litauische Union von den Landkarten Europas. Ihr Zusammenbruch war Konsequenz einer tödlichen Kombination: der eigenen inneren Schwäche sowie der Stärke ihrer Nachbarn.

Der Kampf um nationale Befreiung

Das 19. Jahrhundert war für Polen gekennzeichnet durch seine Bemühungen, sich der Fremdherrschaft zu entledigen und seine Unabhängigkeit wiederzuerlangen. Der nationale Befreiungskampf aber fand in einer Situation statt, in der das Land dringend sozialer Reformen und wirtschaftlicher Modernisierung bedurfte. Im Endeffekt führte dies dazu, daß die Anstrengungen Polens, alle Probleme zu bewältigen, die Politik ihrer politischen Unterdrücker begünstigte.

Im Laufe des 19. Jahrhunderts überantworteten die Polen ihr politisches Schicksal mehrfach der einen oder anderen europäischen Großmacht, in der Hoffnung, dadurch Unterstützung bei der Wiederherstellung des polnischen Staates zu erhalten. Doch mit dieser Strategie hatten sie nur teilweise Erfolg. Das Bündnis mit Napoleon führte zur Gründung des Fürstentums Warschau (1807–1815) und anschließend zum Kongreßkönigtum (1815–1863), das jedoch lediglich einen Teil des Territoriums der ehemaligen polnisch-litauischen Union umfaßte. Beide politische Konstruktionen wurden jedoch durch Kriege beziehungsweise die Rebellion der Polen zunichte gemacht. Gegen Ende des 19. Jahrhunderts funktionierte die polnische Verwaltung nur noch im habsburgischen Galizien, wenn auch sehr eingeschränkt, wo die Polen nach 1867 ein bestimmtes Maß an Autonomie innerhalb des Habsburger Reiches erlangt hatten.

Die Bemühungen der Polen, ihre Unabhängigkeit zurückzugewinnen, verschlimmerte ihre Situation von Mal zu Mal. 1830 und 1863 rebellierten sie offen gegen die russische Herrschaft, wurden jedoch niedergeworfen, noch massiver unterdrückt als zuvor und in ihren autonomen Rechten weiter eingeschränkt. 1846 gelang es den Habsburgern, einen erneuten Aufstand dadurch niederzuschlagen, daß es die Bauern gegen den Adel mobilisierte. Die revolutionären Ereignisse von 1848 führten in Polen lediglich im preußisch besetzten Teil des Landes zu ähnlichen Aktionen, die jedoch einmal mehr am bewaffneten Gegenschlag der Okkupationsmacht scheiterten. Mit jeder Niederlage aber radikalisierte sich die national gesinnte politische Bewegung Polens, und so vergossen polnische Revolutionäre auch in den revolutionären Kämpfen Ungarns im Jahre 1848 oder in der Pariser Kommune von 1871 ihr Blut. Der polnische Wahlspruch »Für Eure Freiheit und für Unsere«, 1830 geprägt, wurde in ganz Europa gehört.

In Polen kamen die sozialen und wirtschaftlichen Reformen sehr viel langsamer voran als in anderen Ländern Westeuropas. Die brennendste soziale Frage, die Emanzipation der Bauern, wurde im preußisch kontrollierten Teil Polens am radikalsten, am wenigsten jedoch in den von den Habsburgern besetzten polnischen Gebieten in Angriff genommen. Rußland befreite die polnischen Bauern während des Aufstands von 1863 aus der Leibeigenschaft, in der Hoffnung, dadurch ihre Loyalität zu gewinnen und die Position der dortigen, eher rebellischen Landbesitzer unterminieren zu können. Das Kongreßkönigreich und Schlesien erlebten derart eine umfassende industrielle Revolution, während das habsburgische Galizien weitgehend agrarisch und rückständig blieb. Obwohl Polen also durchaus von jener Welle der Modernisierung, die Europa erfaßt hatte, bis zu einem gewissen

Grade berührt wurde, so war doch das Ausmaß, in dem dies geschah, im wesentlichen von den jeweiligen Politik der Teilungsmächte abhängig.

Polen im 20. Jahrhundert

Aufgrund der historischen Ereignisse des 19. Jahrhunderts hatte sich die Gesellschaft und die Politik Polens bis zu Beginn des 20. Jahrhunderts enorm verändert. Das Entstehen politischer Massenbewegungen beziehungsweise Massenparteien wie etwa der nationalistischen, sozialistischen und der Bauernpartei veränderte auch die Art und Weise, in der Polen nun um seine Unabhängigkeit kämpfte. Für die nationale Sache erwies es sich als sehr viel dienlicher, daß sich das Land nicht auf bewaffnete Rebellionen, sondern auf seine wirtschaftliche und soziale Entwicklung konzentrierte. Im frühen 20. Jahrhundert bildete sich so ein neues Polen heraus, das seine Wiedergeburt allerdings weniger den Anstrengungen der Polen selbst als vielmehr glücklichen geopolitischen Bedingungen verdankte.

Der Zusammenbruch des österreichisch-ungarischen Imperiums, die Niederlage Deutschlands und der Ausbruch der Russischen Revolution am Ende des Ersten Weltkrieges schufen ein politisches Vakuum, aus dem nach 1918 Polen sowie andere Staaten in Ost- und Zentraleuropa hervorgingen. Das neue Polen umfaßte nur einen Teil seines alten Staatsgebiets, es war ökonomisch schwach und verfügte über eine multinationale Bevölkerung. Der Aufstieg des modernen Nationalismus, gegen den das alte polnische Reich immun gewesen war, schwächte den Einfluß, den Polen traditionell in den östlichen Territorien hatte, deren Völker nun über eine stark ausgeprägte nationale Identität verfügten.

Verbunden mit der inneren Schwäche Polens war jedoch zusätzlich seine Bedrohung von Außen, und zwar seitens seines westlichen wie östlichen Nachbarns. Weder Nazideutschland noch Sowjetrußland akzeptierten die Existenz eines unabhängigen polnischen Staates; getragen von totalitären Ideologien machten sie Polen seinen Platz im europäischen Staatengefüge zunehmend unbequemer. Im Herbst 1939, am Vorabend des Ausbruchs des Zweiten Weltkriegs, vereinbarten sie eine erneute Teilung Polens, die das Land einmal mehr aus der europäischen Landkarte strich.

Die Okkupation Polens im Zweiten Weltkrieg war für die Polen, einem europäischen Volk, das im Jahrhundert zuvor schon so viel Leid erfahren hatte, besonders tragisch. Vor allem war schrecklich, daß die jüdische Bevölkerung Polens mehr als in jedem anderen europäischen Land, Opfer des Holocaust wurde. Millionen jüdischer Bürger Polens kamen in den Fängen der Nazis ums Leben, durch ein nie zuvor gekanntes, unvergleichliches Verbrechen gegen die Menschlichkeit. Polen verlor 20 Prozent seiner Vorkriegsbevölkerung, ein Resultat der brutalen Politik der deutschen Besatzungsmacht. Dieser Krieg brachte aber auch eine heroische Widerstandsbewegung hervor – Polen verfügte über die größte Resistance gegen die Nazi-Okkupation, während Tausende polnischer Soldaten an vielen Fronten für die Befreiung ihres Landes kämpften.

Das Ende des Krieges bedeutete für Polen dann auch das Ende seiner schlimmsten Leidenszeit, die Möglichkeit jedoch, sich nun wieder als ein unabhängiger Staat zu restituieren, blieb ihm verwehrt. Seine sogenannte Befreiung durch die Rote Armee und die zögerliche Haltung des Westens führten dazu, daß das Land in das sowjetische Lager eingebunden wurde. Die Sowjetunion sorgte zudem für eine tiefgreifende Umgestaltung des Landes. Seine Grenzen wurden mehrere hundert Kilometer weiter nach Westen verschoben und seine Bevölkerung wurde, als Ergebnis von Vertreibung und Austausch von verschiedenen Volksgruppen, zu einem homogenen Ganzen verschmolzen. Das politische, soziale und wirtschaftliche System des Landes wurde einer radikalen Umgestaltung unterworfen mit dem Ziel, das Land zu einem Abbild der Sowjetunion zu machen.

Der Kommunismus konnte sich in Polen nie einer breiten Unterstützung erfreuen. Er sah sich mit dem erbitterten Widerstand der katholischen Kirche konfrontiert sowie mit weitverbreiteten Gegenbewegungen, die durch die Wirtschaftkrise des Landes immer neue Nahrung erhielten. Dissidenten aus den Reihen der Intellektuellen unterminierten das ideologische Fundament des Regimes. Mehrere politische Krisen – im Oktober 1956, im März 1968, im Dezember 1970, im Juni 1976 und im August 1980 – bedrohten die Existenz der kommunistischen Regierung. Im Zuge der letzten Krise von 1980 entstand die Gewerkschaft *Solidarnosć*, eine Bewegung, die sich selbst in eine nationale Oppositionsbewegung transformierte. Angeführt von dem charismatischen Lech Wałęsa, Elektriker auf der Danziger Werft, stellte sie für das polnische kommunistische Regime die ernsthafteste Bedrohung der Nachkriegszeit dar. Der Aufstieg von *Solidarnosć* markierte den beginnenden Niedergang des polnischen Kommunismus.

Die kommunistische Regierung unter General *Wojcich Jaruzelski* versuchte im Dezember 1981 *Solidarnosć* zu zerschlagen. Er stellte Polen unter Kriegsrecht und ließ die gesamte Führung der Gewerkschaft verhaften mit dem Ziel, damit jeglichen organisierten Widerstand gegen die politische Vormachtstellung der kommunistischen Partei zu eliminieren. Mit dieser Politik konnte Jaruzelski einige wenige Jahre die politische Opposition unterdrücken. *Solidarnosć* jedoch organisierte sich nun im Untergrund und entwickelte Strategien, um langfristig die Macht des Regimes zu unterminieren und dessen Legitimität in Frage zu stellen. Die andauernde Wirtschaftskrise Polens trug dann ihrerseits dazu bei, die Regierung Jaruzelski zunehmend zu schwächen. Die sozialistische Wirtschaft erwies sich trotz großer Anstrengungen, sie zu effektivieren, als praktisch nicht reformierbar.

Als *Michail Gorbatschow* dann das Ende der sowjetischen Einmischung in die polnische Politik signalisierte, sah sich Jaruzelski dem wachsenden Druck der polnischen Opposition ausgesetzt und beschloß, den Weg für Verhandlungen mit der Gewerkschaft freizugeben. Diese Gespräche führten dazu, daß in Polen, wenn auch in eingeschränktem Maße, freie Wahlen stattfinden konnten. Im Ergebnis erhielt Polen im August 1989 erstmals wieder eine nichtkommunistische Regierung mit *Tadeusz Mazowiecki* als Premierminister. Seit dieser Zeit nun sehen sich alle Regierungen Polens mit der ernüchternden Herausforderung konfrontiert, das politische, soziale und wirtschaftliche System des Landes nach dem Modell westeuropäischer Länder umzugestalten.

In den 90er Jahren entpuppte sich Polen als der *Reformtiger*

Zentraleuropas. Die erste Regierung der nachkommunistischen Ära führte weitreichende, marktorientierte Wirtschaftsreformen durch, die ein beeindruckendes Wirtschaftswachstum zur Folge hatten. Der Regierung gehören heute auch ehemalige Kommunisten an, die sich dem Reformkurs jener Politiker, die aus der *Solidarnosć,* hervorgegangen sind, angeschlossen haben. Außenpolitisch bemüht sich Polen um die Mitgliedschaft in der EU sowie in der Nato. Dieses außenpolitische Ziel der vollständigen Integration des Landes in die westliche Politik und ihre Institutionen wird Polen wohl zu Beginn des nächsten Jahrtausends erreichen.

Nationale Identität

Die heutige nationale Identität der Polen basiert auf einer Mischung all jener kulturellen und politischen Entwicklungen, die das Land im letzten Jahrtausend erlebt hat. Die polnisch-litauische Union begründete den strengen Katholizismus des Landes sowie die politische Tradition eines starken Adels, der dieses Land regierte. Seit Ende des 18. Jahrhunderts erwies sich die Okkupation Polens durch die Teilungsmächte und der Widerstand gegen diese als wichtigster Faktor für die Herausbildung einer nationalen Identität. Dieses Gefühl einer nationalen Identität bezog sich darüber hinaus in jener Zeit nicht mehr nur auf eine eng definierte Zugehörigkeit zur politischen Klasse des Adels, sondern erfaßte zunehmend all jene, die polnisch sprachen beziehungsweise sich der polnischen Kultur assimiliert hatten.

Die römisch-katholische Kirche bildet ein mächtiges Element der polnischen Identität. Die Tatsache, daß das Christentum hier im 10. Jahrhundert Verbreitung fand, beeinflußte die polnische Kultur grundlegend. Die Religion erwies sich in der frühen Neuzeit insofern als bedeutend, als sie dazu beitrug, daß die Polen sich von ihren Nachbarn unterschieden. Im Laufe des 19. Jahrhunderts, als Deutschland und Rußland versuchten, jegliche polnische Identität zu eliminieren, war es die Kirche, die die nationalen Werte Polens bewahrte.

Im 20. Jahrhundert wurde »polnisch ist gleich katholisch« zur

Kurzformel für die Bedeutung der Kirche im Hinblick auf die nationale Identität des Landes. Die Beziehungen zwischen Kirche und Nation erlebten ihre härteste Bewährungsprobe während des Zweiten Weltkriegs, als viele Priester im Widerstand gegen eine unmenschliche Unterdrückung an der Seite der Verfolgten den Tod fanden. Der Kommunismus hielt zu einer Zeit Einzug in Polen, als die Kirche aufgrund ihres Verhaltens während des Krieges ein sehr hohes Prestige genoß. In den vierzig Jahren der kommunistischen Herrschaft stellte die katholische Kirche für viele Polen die einzig legitime Möglichkeit dar, dem ihnen fremden und vom Ausland importierten Kommunismus nationale Werte entgegenzusetzen. Die Wahl eines polnischen Kardinals zum Oberhaupt der katholischen Kirche, das heißt die Wahl *Johannes Pauls II.*, hatte für den polnischen Widerstand gegen den Kommunismus eine herausragende Bedeutung, da dies die Opposition gegen das Regime, die sich in der *Solidarnosć,* fokussierte, ermutigte.

Politisch gesprochen beruht die nationale Identität der Polen auf drei Traditionen: dem Erbe der politischen Macht des Adels in der polnisch-litauischen Union; dem Konzept von Nation und Nationalität, das sich im 19. Jahrhundert als ein liberaler, romantischer Nationalismus darstellte und jenem stark integrativen Nationalismus, der sich um die Wende vom 19. zum 20. Jahrhundert entwickelte. Die erste Tradition brachte Toleranz und politische Freiheit als wichtigstes Element in die nationale Identität mit ein; die zweite Tradition beinhaltete das Verständnis, daß Nationen moralische Wegbereiter des Fortschritts sind, während die dritte Tradition jenen Aspekt hervorhebt, daß Nationen, bestehend aus ethnischen Gruppen, wiederum mit anderen Nationen in Konkurrenz stehen. Die beiden ersten Traditionen beinhalten bedeutende, positive Eigenschaften einer nationalen Identität, die dritte Tradition jedoch bestärkt die Intoleranz, die sich am deutlichsten im Antisemitismus der polnischen Gesellschaft zeigte. Die heutige nationale Identität der Polen vereint Elemente aller drei Traditionslinien des polnischen Nationalismus. Viele Gründe sprechen jedoch dafür, daß die ethnische Homogenität des Landes heute die positiven Attribute des polnischen Nationalismus fördert und jene, die die nationale

Identität eher negativ belasten, eliminiert.

Die Litauer

Die Litauer leben im südlichsten Teil des Baltikums. Etwa 80% der Bevölkerung der Litauischen Republik sind Litauer, die Gesamtbevölkerung umfaßt laut einer Statistik aus dem Jahre 1989 etwa 3,675 Millionen Einwohner. Die beiden größten Gruppen nationaler Minderheiten sind die Russen (9,4 Prozent der Bevölkerung; die meisten kamen im Zuge der sowjetischen Industrialisierungsprogramme nach Litauen) und die Polen (7 Prozent der Bevölkerung, und in dieser Region ebenso beheimatet wie die Litauer). Aufgrund ihres hohen Bevölkerungsanteils besteht für die Litauer, anders als in den beiden baltischen Nachbarrepubliken Lettland und Estland keine Gefahr, daß sie eine Minderheit im eigenen Lande werden könnten.

Das Land

Wie die anderen Baltischen Republiken, ist auch Litauen ein eher flaches Land, dessen höchste Erhebung etwa 320 Meter über dem Meeresspiegel liegt. Das Land gliedert sich in die Žemaitija (eine Ebene, historisch als Samogitia dokumentiert) im Westen und die *Aukštaitija* (Hochland) im Osten. Es verfügt über mehrere große Seen und viele unzugängliche Sumpfgebiete. Letztere haben in der Geschichte Litauens eine bedeutende Rolle gespielt. Die Städte *Palanga* und *Klaipėda*, am Baltischen Meer gelegen, sind die bedeutendsten Hafenstädte Litauens, dessen Hauptstadt Vilnius das geographische Zentrum Europas darstellt.

Vor dem Zweiten Weltkrieg war Litauen vor allem ein Agrarland, doch wurde es nach 1945, in den Jahren der sowjetischen Okkupation, zunehmend industrialisiert. Die bedeutendsten Industriezweige sind die holzverarbeitende, die Textil-, Elektronik- und die Nahrungsmittelindustrie. Litauen ist fast vollständig abhängig von ausländischen Energieressourcen; im Land selbst gibt es nur einige Torf-Flöze und vermutlich Öl.

Sprache, Kultur, Folklore

Die litauische Sprache gehört zusammen mit dem Lettischen und dem inzwischen ausgestorbenen Altpreußisch zur baltischen Gruppe der indogermanischen Sprachen. Sie unterscheidet sich sehr stark von den slawonischen Sprachen, die in den Nachbarstaaten Litauens gesprochen werden. Als das Litauische im frühen 19. Jahrhundert von deutschen Philologen »entdeckt« wurde, rankten viele Mutmaßungen über Alter und Nähe dieser Sprache zum originär Indogermanischen. All diese Theorien beinhalteten ein Körnchen Wahrheit – das Litauische scheint noch weniger Veränderungen in der Aussprache und Grammatik aufzuweisen als das Lettische, mit dem es am engsten verwandt ist. Über weite Zeiträume seiner Geschichte war das Litauische eine hauptsächlich mündlich überlieferte Sprache.

Interessanterweise wurden die ersten sprachwissenschaftlichen Untersuchungen über das Litauische im 16. Jahrhundert in Königsberg (heute Kaliningrad) unternommen, der einstigen Hauptstadt Preußens und Sitz des Deutschen Ordens, der so oft versucht hatte, Litauen zu zerstören. Das erste Buch in litauischer Sprache, der Katechismus von *M. Mažvydas*, wurde ebenfalls in Königsberg, und zwar im Jahre 1547 gedruckt. Der lutherische Pastor *J. Bretkunas* übersetzte zwischen 1579 und 1590 die Bibel ins Litauische, doch wurden von dieser Übersetzung schließlich nur die Psalmen veröffentlicht. 1735 erschien erstmals eine vollständige litauische Bibelübersetzung, ein erstes Wörterbuch wurde 1620 gedruckt, die erste Grammatik 1653. *K. Donelaitis* war der erste Dichter in litauischer Sprache, der in seiner weltlichen Dichtung *Metai* (Die Jahreszeiten, 1760–1770 veröffentlicht) das ländliche Alltagsleben Klein-Litauens beschreibt. Für die Pflege und das Studium der litauischen Kultur, vor allem im nördlichen Landesteil, dem sogenannten »Klein-Litauen«, etwa der Region des heutigen Kaliningrads, spielte Preußen eine bedeutende Rolle. In Tilsit, damals preußisch, wurde dann gegen Ende des 18. Jahrhundert eine literarische Gesellschaft gegründet und als in Litauen unter zaristisch-russischer Vorherrschaft nurmehr in kyrillischer Schrift publiziert werden durfte, wurden viele litauische Bücher und Periodika in Preußen gedruckt und dann über die preußisch-russische Grenze ins Land geschmuggelt.

In Litauen selbst war das Litauische vor allem die Sprache der Bauern; der gebildete Stand sprach polnisch. In den Dörfern Litauens herrschten damals noch viele heidnische Sitten und Bräuche, mit ein Grund vielleicht, warum auch der vorwiegend polnische Klerus des Landes die litauische Sprache verachtete. Diese Situation änderte sich erst im 19. Jahrhundert, als ältere lutherische Pastoren damit begannen, ihre Predigten und Schriften auf Litauisch zu verfassen. *M. Valančius* (1801–75), Bischof von Samogitia, war der erste, der den Bauern ein gewisses Maß an Bildung zukommen ließ, ihnen das Ideal der Abstinenz predigte und Geschichten vor allem für Kinder schrieb.

Im 19. Jahrhundert wurden die litauischen Dialekte dann erstmals wissenschaftlich erforscht; anhand dieses Materials wurde eine Schriftsprache entwickelt, die für ganz Litauen Gültigkeit erhielt. Als Vater der litauischen Schriftsprache gilt allgemein der Linguist *J. Jablonski* (1860–1930). Nach 1918 entstand ein litauisches Wörterbuch, in dem auch für alle Bereiche des modernen Lebens Begriffe zu finden waren. Als Vilnius 1920 an Polen fiel, hatte dies dann jedoch zur Folge, daß auch die dortige Universität, im Jahre 1579 von Jesuiten gegründet, ihre Bedeutung als Zentrum der litauischen Bildung und Wissenschaft verlor. Als solche konnte sie erst nach 1945 – wenn auch eingeschränkt – wieder fungieren, denn nun war sie in erster Linie eine sowjetische und erst in zweiter Linie eine litauische Institution. Die heutige litauische Regierung ist derzeit dabei, im ganzen Land neue Universitäten zu gründen.

Im 19. Jahrhundert war das Studium der litauischen Sprache der wichtigste Motor für die Auseinandersetzung auch mit der vorchristlichen Kultur Litauens und ihrer Traditionen. Schon sehr früh wiesen Wissenschaftler auf die einzigartigen Melodien der litauischen Volkslieder (*daina*) hin. Für die Volkskunst bedeutend sind auch die vielen Holzschnitzarbeiten, die vor allem in Samogitia zu finden sind.

Geschichte

Zwischen dem heutigen, modernen Litauen und dem einstigen Großherzogtum Litauen, das lange Zeit der polnisch-litauischen Union angehörte, besteht ein großer Unterschied. Ungeachtet ihrer ethnischen Ursprünge und ihrer Sprache wurden die Bewohner des Großherzogtums Litauen allgemein als Litauer bezeichnet. Die Geschichte dieses Großherzogtums spiegelt jedoch sehr viel mehr die Geschichte des heutigen Polen, Belorußlands und der Ukraine als jene der modernen Litauischen Republik.

Dennoch haben auch die heutigen Litauer Anteil an der Geschichte des ehemaligen Großherzogtums. Der litauische Staat wurde im Juli 1253 von *Mindaugas* (Mendog), König von Navahrudak (heute in Belorußland), gegründet, mit Zustimmung der katholischen Kirche, deren Glauben Mindaugas zwei Jahre zuvor angenommen hatte. Der eigentliche Grund dieser Aktion war zweifellos die Bedrohung Litauens vom Norden und Westen her durch die Deutschen (den Deutschen Orden in Preußen und den Livländischen Orden), und vom Osten her durch die Mongolen.

Die Bevölkerung Litauens blieb größtenteils dem Christentum fern. Mindaugas Nachfolger *Gediminas* (der in der ersten Hälfte des 14. Jahrhunderts regierte) versuchte zweimal erfolglos, das Heidentum der Litauer zu bekämpfen. Unter der Herrschaft von *Algirdas* (Olgierd), 1345–1377, expandierte das Großherzogtum nach Osten und Süden und geriet so unter den Einfluß der slawonisch orthodoxen Kirche, der sich nun viele Litauer anschlossen. Im Großherzogtum selbst führte dies zu der allgemeinen Befürchtung, das Land könne von den Slawen buchstäblich überschwemmt werden. Doch Algirdas Nachfolger *Jogaila* (besser bekannt als Jagiello) brachte das Land durch seine Heirat mit der polnischen Königstochter *Jadwiga* unter den Einfluß sowohl Polens wie auch der katholischen Kirche. Im Jahre 1385 wurde dann die polnisch-litauische Union begründet und zwei Jahre später wurde Litauen offiziell katholisch.

Litauen spielte von nun an eine bedeutende Rolle in der europäischen Politik, vor allem als Rivale Moskaus um große Gebiete im Osten, die kurz zuvor an Kiew gefallen waren, sowie in der Regierungszeit von *Vytautas* (Vitovt, Witold) *dem Großen*

(1392 – 1430), als das Land vom Baltischen bis zum Schwarzen Meer reichte. Dennoch wuchs der Einfluß Polens und Belorußlands auf Litauen.

Dank der Tatsache, daß das Herzogtum Samogitia über ein gewisses Maß an Autonomie verfügte, konnten sich hier vor allem die litauische Sprache sowie die Traditionen Litauens bewahren. Eine Bedrohung seitens der Deutschen bestand nach deren Niederlage in der Schlacht von Tannenberg (1410) praktisch nicht mehr. Dennoch ist die Geschichte Litauens bis weit ins 19. Jahrhundert hinein eher als Kultur- denn als politische Geschichte zu fassen. Ende des 18. Jahrhunderts wurde Litauen dann in das zaristische Rußland eingegliedert. Napoleons Feldzug gegen Rußland bot Litauen eine sehr kurzfristige Möglichkeit, sich erneut als eigenständiges Großherzogtum zu etablieren.

Nationale Wiedergeburt

Das Wiedererstarken nationaler Bewegungen in vielen Teilen Westeuropas zu Beginn des 18. Jahrhunderts ermöglichte es auch Litauen wieder, die politische Bühne zu betreten. In der nationalen Bewegung des Landes waren vor allem die Gelehrten und Kirchenmänner Litauens aktiv. Besonders engagiert waren *Simanas Daukantas* (1793 – 1864), der Autor der ersten historischen Darstellung Litauens, sowie der Philologe und Priester *Antanas Baranauskas* (1831 – 1902), der zwar als Verfechter der polnisch-litauischen Union galt, jedoch seine Werke auf Litauisch verfaßte. Die herausragendste Figur in der nationalen Bewegung Litauens aber war zweifellos *Jonas Basanavičius*, der den größten Teil seines Lebens nicht in Litauen verbrachte. Er veröffentlichte von 1883 bis 1886 die Zeitschrift »Aušra«, die sich zum intellektuellen Forum der litauischen Unabhängigkeitsbewegung entwickelte. Für diese nun war aber auch die große Gemeinde litauischer Emigranten in den USA von großer Bedeutung. Deren führende Köpfe bemühten sich weltweit um die Unterstützung der nationalen Bewegung in Litauen.

Im Ersten Weltkrieg wurde Litauen sehr schnell von den Deutschen besetzt. Die deutsche Besatzungsmacht wollte Litauen ganz und gar dem deutschen Einfluß unterwerfen und beabsichtigte 1917, einen unabhängigen litauischen Staat unter der politischen Führung eines deutschen Prinzen zu etablieren. Diese Pläne scheiterten jedoch als die deutsche Westfront zusammenbrach; Litauen konstituierte sich als Republik. Doch dieser neue Staat wurde von allen Seiten bedroht. Nach dem Krieg und dem Zusammenbruch der Mittelmächte und der Revolution in Rußland waren die Westmächte nicht bereit, den Schutz Litauens wirklich zu garantieren. Zwischen Polen, Litauen und Rußland gab es keine festgesetzten Grenzen. Insbesondere Vilnius wurde von den Polen als integraler Bestandteil seines Territoriums betrachtet. Schließlich konnten die Bolschewisten Litauen unter ihre Oberhoheit stellen.

Sie errichteten nun die Sowjetische Sozialistische Republik Litauen und Belorußland, die jedoch nur wenige Monate bestand. Der Krieg zwischen Polen und Rußland führte dann dazu, daß Vilnius zunächst von Polen, dann wieder von der Sowjetunion besetzt wurde. Am 12. Juli 1920 unterzeichneten Litauen und die Sowjetunion schließlich einen Friedensvertrag, der die volle Unabhängigkeit Litauens mit Vilnius als Hauptstadt garantierte.

Litauen zwischen den Kriegen

Im Oktober 1920 besetzte Polen erneut Litauen und gliederte die Hauptstadt und ihre umliegenden Regionen wieder in den polnischen Staat ein. Litauen war nicht in der Lage, militärisch gegen Polen vorzugehen und verlagerte seine Hauptstadt nach Kaunas. Das Land befand sich jedoch mit Polen im Kriegszustand. Der Verlust von Vilnius und der Region um Vilnius traf die Wirtschaft Litauens schwer und verletzte das litauische Nationalgefühl zutiefst. Die Rückgewinnung von Klaipėda im Jahre 1923 konnte diesen Verlust zumindest ökonomisch etwas mindern.

Litauen erhielt im August 1922 eine Verfassung; die Landreformen desselben Jahres und jene von 1929 zielten darauf ab, die riesigen Landgüter, ein Erbe noch aus zaristischer Zeit, aufzuteilen. Doch politisch war das Land instabil. Im Dezember 1926 gelangte die nationalistische *Tautininkai*-Partei unter Führung von *A. Smetona* in einem Staatsstreich an die Macht und errichtete eine Diktatur. Im März 1939 besetzten die Deutschen Litauen, sechs Monate vor dem deutschen Überfall auf Polen. Die gleichzeitige Invasion der Sowjetunion in Polen führte dann zu der großzügigen Geste der Sowjets, Vilnius, gemäß dem Vertrag von 1920, wieder an Litauen zurückzugeben, eine Geste, die bestenfalls als Zynismus gewertet werden kann. Das litauische Parlament, das 1940 »gewählt« wurde, beantragte dann ganz formell die Aufnahme Litauens als Mitgliedsstaat in die Sowjetunion, gemäß dem alten Spruch: »Vilnius mūsų, Lietuvu Rusų« – Vilnius gehört uns, Litauen gehört Rußland.

Das sowjetische Litauen

Von Juli 1941 bis Januar 1945 war Litauen von den Nationalsozialisten besetzt, doch seine Befreiung bedeutete letztendlich nur seine Eingliederung in die UdSSR *Stalins.* Die Tatsache, daß der Westen de jure nie akzeptierte, daß die Baltischen Republiken zur Sowjetunion gehörten, war für all jene, die dort lebten, praktisch bedeutungslos – man schätzt, daß bis 1952 mehr als 120.000 Menschen von hier deportiert wurden. Die Regierung der Sowjetischen Republik Litauen forcierte die Industrialisierung des Landes mit dem Ziel, dieses möglichst gemäß den ökonomischen Strukturen der Sowjetunion zu organisieren. Nationale Bewegungen wurden unterdrückt und der katholischen Kirche weitreichende Restriktionen auferlegt. Einmal mehr lag es nun an den litauischen Emigranten im Ausland, die Traditionen des Landes zu bewahren.

Litauen heute

Gorbatschows Perestroika eröffnete erstmals die Möglichkeit, die dunklen Kapitel der sowjetischen Geschichte zu erforschen, insbesondere, soweit dies Litauen betraf, den Pakt mit Nazideutschland im Jahre 1939 und die Annexion des Landes im Jahre 1940. 1988 gründete sich die Litauische Volksfront, die sogenannte *Sajudis*, die bei den Wahlen von 1990 75 Prozent der Stimmen erhielt. Am 11. und 12. März 1990 stimmten 135 der 141 Abgeordneten des litauischen Parlaments für den Austritt Litauens aus der Sowjetunion (die restlichen 6 Parlamentarier enthielten sich der Stimme). Sowjetische Truppen besetzten im Januar 1991 in Vilnius wichtige Gebäude sowie die Fernsehstationen des Landes – eine Aktion, die 14 Todesopfer forderte.

Nach dem Zusammenbruch der Sowjetunion im August 1991 gab es in Moskau niemanden, der die politische Unabhängigkeit Litauens in Frage stellte – die ökonomische Unabhängigkeit zu erreichen, wird jedoch länger dauern. Die vielen Schwierigkeiten, die das Land zu meistern hat, erklären, warum der Vorsitzende der litauischen Volksfront Sajudis, *Vytautas Landsbergis*, seinen Posten als Präsident verlor und durch einen ehemaligen Kommunisten, *Algirdas Brazauskas*, ersetzt wurde. Es kann jedoch kein Zweifel darüber bestehen, daß Litauen sich seinen Platz in Europa erobert. Im Dezember 1995 hat Litauen seine Aufnahme in die EU beantragt.

Minderheiten in Litauen: Tataren und Karaiten

Zwei der in Litauen lebenden Minderheiten sind von besonderem Interesse. Zum einen die Tataren, insgesamt 5135 (von denen einige auch noch tatarisch sprechen) – Sunni-Muslime, die vor allem in Vilnius leben. Sie sind Nachfahren einer militärischen Tatareneinheit, die sich hier im 15. Jahrhundert nach ihrer Niederlage in einem Bürgerkrieg der Goldenen Horden angesiedelt hatte.

Die Karaiten, eine Volksgruppe mit nicht mehr als 289 Angehörigen, sprechen eine Turksprache, die sich vom Tatarischen unterscheidet; sie bilden eine jüdische Gemeinde, die jedoch keine Rabbis kennt. Die Karaiten leben vor allem in Trakai, unmittelbar nordwestlich von Vilnius, wo ihre Vorfahren als Wachen des fürstlichen Schlosses dienten.

Die Letten

Der Zusammenbruch der Sowjetmacht in den baltischen Staaten, der sich seit 1990 vollzog, gab den Letten die Chance, ihre Unabhängigkeit, die sie 1940 verloren hatten, wiederzuerlangen.

Das Erbe der Sowjetunion konfrontierte die neue Regierung jedoch mit einer Reihe schwerwiegender Probleme. Das wohl schwierigste Problem bestand darin, verschiedene nationale Minderheiten zu integrieren, nicht zuletzt jene der Russen, und zwar in einen lettischen Staat, in dem die Letten selbst nur eine knappe Mehrheit bilden. Weitere gravierende Probleme sind die Umweltverschmutzung, bedingt vor allem durch die alten, aus sowjetischer Zeit stammenden Industrieanlagen; die nach wie vor bestehende Präsenz von Teilen der Roten Armee; sowie die Notwendigkeit einer Landreform. All diese Schwierigkeiten geben spiegelbildlich jene Herausforderungen wider, mit denen sich schon die Regierung der ersten lettischen Republik (1918–1940) konfrontiert sah, auf deren Verfassung sich die lettische nationalistische Bewegung der späten 80er Jahre berief, und zwar in ihrem Bemühen, die Legitimität der am 4. Mai 1990 erneut proklamierten Unabhängigkeit Lettlands zu untermauern. Im Oktober 1995 beantragte Lettland seine Aufnahme in die EU.

Das Land

Die Letten leben in einem relativ flachen Gebiet der westlichen Ausläufer der nordeuropäischen Ebene – große Teile des Landes liegen nicht höher als etwa 100 Meter über dem Meeresspiegel. Die vielen Flüsse dieser Region und gleichermaßen das Baltische Meer haben die Geschichte Lettlands stark geprägt. Die bedeutendsten natürlichen Ressourcen des Landes sind die Torfvorkommen, Eisenspat, Kalkstein und die Wälder. Lettlands Wälder liefern in gleichem Maße Nutzholz wie jene Bilder und Assoziationen, die die lettischen Traditionen und Bräuche beleben; Eiche und Linde sind für die Letten heilige Bäume.

Sprache und Kultur

Die lettische Sprache ist eine von zwei noch bestehenden baltischen Sprachen der indogermanischen Sprachfamilie; am engsten ist sie mit dem Litauischen verwandt. Im Vergleich mit dem Litauischen jedoch weist das Lettische bereits viele sprachliche Neuheiten auf, was darauf zurückzuführen ist, daß in der Geschichte Lettlands wohl schon sehr früh verschiedene Volksgruppen, die unterschiedliche lettische Dialekte sprachen, miteinander in Kontakt traten und sowohl andere Volksstämme mit anderen baltischen Dialekten, wie auch finnischsprachige Livländer absorbierten. (Noch 1920 weist eine lettische Bevölkerungsstatistik 830 Letten auf, die sich selbst als Livländer bezeichnen).

Die ersten bekannten, schriftlich niedergelegten lettischen Wörter finden sich in der auf Latein verfaßten Chronik von *Heinrich von Livland* aus dem 13. Jahrhundert. Die Listen der Gilden und Handelsorganisationen Rigas aus dem 15. Jahrhundert beinhalten eine ganze Reihe lettischer Familiennamen. Der erste Text in lettischer Sprache, eine Übersetzung des »Vater unser«, erschien 1550 in Basel, das erste lettische Buch, ein katholischer Katechismus, 1585 in Vilnius. Die erste Druckerei Rigas, 1590 von einem Holländer gegründet, produzierte in den 38 Jahren ihres Bestehens 165 Bücher, von denen allerdings nur drei in lettischer Sprache geschrieben waren.

Die Übersetzung der Heiligen Schrift und religiöser Lieder sowie der Gebrauch des Lettischen bei den kirchlichen Predigten führte dazu, daß sich die Unterschiede in den Dialekten nivellierten. Im 19. Jahrhundert dann erlebte das Lettische eine sprunghafte Verbreitung in allen Bereichen der Gesellschaft. Grammatik, Aussprache und Rechtschreibung wurden zunehmend standardisiert, es entstanden eine ganze Reihe neuer

Begriffe und Wörter. Eine bedeutende Rolle in diesem Prozeß der Sprachentwicklung spielten außerdem lettische Linguisten wie beispielsweise *J. Endzelīns.* Auch Schriftsteller wie *J. Alunāns* und *J. Rainis* trugen ihren Teil zu dieser Standardisierung der lettischen Sprache bei.

Die sich so herausbildende Schriftsprache bezog sich sehr stark auf die traditionelle Sprache des Volkes, die erstmals im 17. Jahrhundert in Form von Sprichwörtern, Flüchen und magischen Formeln schriftlich dokumentiert wurde. Auch viele Schriftsteller beziehen sich heute wieder auf diese Traditionen. In den letzten 100 Jahren sind umfangreiche Sammlungen von Volksliedern und Volksmärchen entstanden, die das hartnäckige Überleben alter Glaubensinhalte und alter Traditionen unter den Letten belegen. Die meisten Letten sind lutherisch-protestantisch; einige katholisch und sehr wenige, vor allem im Osten des Landes, orthodox.

Geschichte

Das heutige lettische Territorium wurde im 6. Jahrhundert von ostbaltischen Stämmen besiedelt, die von den slawonischen *Kryvyčy* (das heutige lettische Wort für Russen: *kriev* verweist auf diese alte Wort) nach Westen vertrieben worden waren.

Die Gebiete, in denen diese Stämme siedelten, finden noch immer ihre Entsprechung in den unterschiedlichen Regionen und Dialekten des heutigen Lettlands: Latgale im Osten, Vidzeme, das sich vom Golf von Riga bis zur Grenze nach Estland erstreckt (ehemals das Gebiet der Livländer), Zemgale – die fruchtbarste Region – im Süden und schließlich Kurzeme (Kurland) im Westen.

In Lettland lebten seit frühesten Zeiten Westfinnen, Balten und Slawen in enger Beziehung miteinander. Das Baltische Meer und der Fluß Dvina (lettisch: *Daugava*) bildeten sozusagen Teilstrecken einer alten Handelsstraße, die das Wikinger Reich mit Byzanz verband. So gelangte beispielsweise auch Bernstein aus dem Baltikum in den gesamten Mittelmeerraum.

Die europäische Geschichte des 12. Jahrhunderts mit seinen großen Kreuzzügen in das Heilige Land und gegen die Muslime prägte die lettische Geschichte bis ins 20. Jahrhundert hinein. Die Deutschen, begeistert von der Idee einer militanten Kirche, waren der Überzeugung, daß das Baltikum für diese erobert werden müsse und so rüstete sich der Deutsche Orden für einen Kreuzzug gegen diese Region. Der Bischof von Livland gründete im Jahre 1201 Riga und somit bildete sich nun der deutsche Staat Livland heraus. Es ist nicht übertrieben, wenn man sagt, daß die Geschichte der Letten von diesem Zeitpunkt an im wesentlichen die Geschichte jener Staaten war, deren unglückliche Untertanen sie jeweils waren, entweder jene Livlands, Polens, Schwedens oder, zu Beginn des 18. Jahrhunderts, Rußlands.

Die religiöse Zugehörigkeit der Letten paßte sich ihrer jeweiligen politischen Zugehörigkeit an. Zunächst in weiten Teilen katholisch (wenn auch in ihrem Glauben mit starken heidnischen Traditionen verbunden) unterwarfen sie sich dem Luthertum, nachdem *Albrecht*, Großmeister des Deutschen Ordens, 1525 zum Protestantismus übergetreten war. Albrecht löste gleichzeitig den Deutschen Orden auf und wurde, dank seiner Ergebenheit gegenüber der polnischen Krone, Herzog von Preußen.

Gegen Ende des 16. Jahrhunderts wurde Lettland wieder katholisch. In Daugavpils, Riga, Dorpat (heute Tartu in Estland) entstanden nun Jesuitenkollegs. Jenes von Dorpat spielte im öffentlichen Leben Lettlands eine herausragende Rolle und wurde 1632 vom schwedischen König *Gustav II. Adolph* zur Universität erhoben.

Im frühen 17. Jahrhundert wurde Lettland in den polnisch-schwedischen Kriegen stark verwüstet und im Vertrag von Oliva (1660) schließlich unter beiden Mächten geteilt: Polen erhielt Latgalia, Schweden Livland. Im schwedischen Teil Lettlands wurde nun das Luthertum wieder Staatsreligion. Die Tatsache jedoch, daß hier zahlreiche Gesetze gegen die Schwarze Magie und Hexerei erlassen wurden und gleichzeitig der Kirchgang zwingend vorgeschrieben wurde, deutet darauf hin, daß heidnische Bräuche und Sitten in Lettland nach wie vor weit verbreitet waren. Dennoch war diese schwedische Ära, in der Bildung und Wissenschaft gefördert wurden, für Lettland in gewisser Hinsicht auch eine Art »Goldenes Zeitalter«, nicht zuletzt im Vergleich zu vorangegangenen und nachfolgenden Zeiten.

Lettland unter russischer Herrschaft

Anfang des 18. Jahrhunderts begann Rußland unter *Peter dem Großen* erneut, gegen den Westen vorzudringen. Sein Krieg gegen die Schweden hatte für Lettland verheerende Folgen: das Land zählte nurmehr 90.000 Einwohner, 40 Prozent seiner Fläche waren verwüstet. Mit dem russischen Sieg über die Schweden und der Teilung der polnisch-litauischen Union gegen Ende des Jahrhunderts erlangte Sankt Petersburg die Kontrolle über die gesamte Ostküste des Baltischen Meeres. Peter der Große stärkte den Adel und seine Rechte und schwächte damit entsprechend die Position der Bauern, die meisten von ihnen Letten, die nun, ähnlich wie in Rußland, mehr oder weniger den Status von Sklaven einnahmen. 1772 lebten 1,6 Prozent der Bevölkerung auf Kosten und zu Lasten der gesamten übrigen Bevölkerung – eine Situation, die sich 1949 wiederholte, als die herrschende bolschewistische Partei Lettlands lediglich 31.000 Mitglieder hatte, von denen 47 Prozent keine Letten waren – jene 47 Prozent stellten jedoch lediglich 1,5 Prozent der Gesamtbevölkerung.

Die Ideen und Ideale der Aufklärung des 18. Jahrhunderts erreichten Lettland mit der Ankunft deutscher pietistischer Pastoren, die auch den Gebrauch der lettischen Sprache pflegten. Obwohl diese Bewegung im Jahre 1743 verboten wurde, hatte sie doch eine große Anhängerschaft. Eine Bauernrevolte nahe der Stadt Valmiera – einem Zentrum des Pietismus – bewog dann unter anderem *Alexander I.* dazu, im Jahre 1817 die Versklavung der Bauern in Kurland und zwei Jahre später auch in Livland aufzuheben. In Latgalia blieb sie bis 1861, dem Jahr in dem in ganz Rußland die Sklaverei aufgehoben wurde, bestehen. 1849 wurde ein Gesetz verabschiedet, das den Bauern Landbesitz ermöglichte, und so entwickelte sich eine kleine bäuerliche Schicht von Landbesitzern, der 1914 etwa 40 Prozent des Grund und Bodens des späteren lettischen Staates gehörte.

Das intellektuelle Leben des Landes fand im 19. Jahrhundert seinen Niederschlag vor allem in den Ambitionen der herrschenden Klasse, die deutsche Kultur zu pflegen und zu verbreiten sowie in den nationalen Tendenzen breiter Bevölkerungsschichten. Immer mehr junge Letten gingen nach Dorpat, um an der dortigen Universität zu studieren. 1862 wurde das Rigaer Polytechnikum gegründet. Drei herausragende Persönlichkeiten dieser Zeit waren *K. Valdemārs*, *K. Barons* und *K. Kronvals*. Ersterer kämpfte für die Rechte der kleinen Landbesitzer, gründete Navigationsschulen an der baltischen Küste und begründete zudem den lettischen Journalismus; K. Barons machte sich verdient um die Pflege der lettischen Volkstraditionen und A. Kronvalds schließlich organisierte erstmals 1873 ein Festival der lettischen Musik, das dann alljährlich stattfinden sollte. Auf diese nationalen Strömungen antwortete *Alexander III.* mit einer verschärften Politik der Russifizierung Lettlands sowie, damit einhergehend, der Verfolgung lettischer Nationalisten. Führende Intellektuelle wurden in abgelegene Regionen des Landes verbannt, andere emigrierten nach Amerika. Im Jahre 1900 lebten etwa 14 Prozent der lettischen Bevölkerung außerhalb Lettlands. Nach der Revolution von 1905 modifizierte Rußland diese Politik und ermöglichte es so, daß nun auch politische Parteien in Lettland entstehen konnten. Besonders Bedeutung erlangte die sozialistische Partei, nicht zuletzt aufgrund der Tatsache, daß Riga sich zunehmend zu einem industriellen Zentrum entwickelte.

Im Ersten Weltkrieg gelang es den Deutschen, sehr schnell bis nach Riga vorzudringen. Um diesem Angriff der Deutschen zu begegnen, stellte der Oberkommandierende der russischen Armee lettische Kampftruppen zusammen, die lettische Abzeichen trugen und in lettischer Sprache kommandiert wurden. Einige dieser Kampftruppen wurden nach der Russischen Revolution 1917 in die Rote Armee integriert, andere kämpften in Sibirien gegen dieselbe. Am 18. November 1918 erklärte Lettland zwar seine Unabhängigkeit, doch war seine Situation absolut prekär. Deutsche und russische Soldaten hielten das Land noch bis 1920, bis zur Unterzeichnung eines Vertrages mit Sowjetrußland, besetzt.

Das unabhängige Lettland

Der neue lettische Staat war mit enormen Problemen konfrontiert: große Teile der Industrieanlagen waren von den Russen 1915 abtransportiert worden und der Krieg hatte 27 Prozent der Bevölkerung getötet. Die gesamte Ära der politischen Unabhängigkeit Lettland war geprägt durch die instabile Situation des Landes – zwischen 1918 und 1934 wurde das Regierungskabinett 18 mal umgebildet. Darüber hinaus wurde das Land von zwei Diktaturen bedrängt, die westlich und östlich seiner Grenzen zunehmend erstarkten – Hitlerdeutschland und Stalins Sowjetunion. Im Mai 1934 gelangte *K. Ulmanis* mit Hilfe eines Staatstreichs an die Macht, löste das Parlament auf und verbot alle politischen Parteien.

Trotzdem konnte Lettland in dieser Zeit auch beachtliche Erfolge aufweisen. Lettisch wurde zur offiziellen Sprache der Verwaltung, gleichermaßen in den Schulen sowie der Universität, die 1919 gegründet wurde. Zwischen 1918 und 1940 wurden viele Bücher in lettischer Sprache publiziert – so viele, wie zusammengenommen in den 333 Jahren davor. 1935 waren fast drei Viertel der Bevölkerung Letten. Vom ersten Tag ihres Bestehens an hatte die lettische Regierung die Landreform in Angriff genommen, denn nach wie vor befanden sich riesige Ländereien in den Händen nur weniger Großgrundbesitzer – in Livland betrug der durchschnittliche Landbesitz etwa 46 Hektar, in Latgale jedoch nur etwa 11 Hektar. Diese Landreform, die Umverteilung und Re-Nationalisierung großer Ländereien, war bis 1937 abgeschlossen: 68 Prozent des Landes gehörten nun den Bauern. Die Mehrheit der Bevölkerung lebte und arbeitete immer noch auf dem Land, lediglich 17 Prozent arbeiteten in der Industrie, darunter ein hoher Anteil an Frauen. Etwa 13 Prozent des Staatshaushalts wurden für die Bewältigung sozialer Aufgaben ausgegeben.

Die 40er Jahre begannen dann mit der erneuten Annexion des Landes durch die Sowjetunion, abermals gefolgt von Deportationen, der wiederholten Invasion deutscher Truppen, der deutschen Okkupation von 1941 bis 1944 und der anschließenden Rückeroberung des Landes durch die Rote Armee. Unter dem bolschewistischen Regime wurde der Landbesitz kollektiviert, das Land selbst industrialisiert, vorwiegend mit Hilfe von Arbeitskräften, die aus anderen Teilen der UdSSR nach Lettland gebracht wurden. 1989 bestand etwa die Hälfte der Bevölkerung Lettlands aus Nichtletten, deren Muttersprache russisch war. Doch das nationale Bewußtsein der Letten konnte sich dank der bei Festivals gepflegten Musik- und Liedtraditionen bewahren.

Die Sorben

Die Sorben, auch Wenden genannt, leben in zwei unterschiedlichen Regionen der heutigen Bundesrepublik Deutschland: die Obersorben rund um Bautzen (sorbisch: Budyšin), nahe der deutsch-tschechischen Grenze, und die Niedersorben rund um Cottbus (Chosebuz) im Nordosten Deutschlands, nahe der polnischen Grenze. Heute leben hier schätzungsweise 100.000 bis 120.000 Sorben, von denen etwa die Hälfte noch einen sorbischen Dialekt spricht. Es gibt mehr Obersorben als Niedersorben, da letztere sich stärker assimiliert haben, ein Trend, der auch weiterhin anhält. Die meisten Niedersorben sind Protestanten, nur wenige Obersorben römisch-katholisch. Die Region, in der sie leben, wird auch Lausitz genannt, nach dem sorbischen Wort *luz*, was soviel wie Wiese bedeutet.

Geschichte

Die heutigen Sorben sind die Nachfahren einer slawonischen Volksgruppe, die im 6. Jahrhundert an den Ufern der Elbe, etwa bis zur Saale, siedelte. Eine Gruppe dieser Nordslawen (darunter die Sorben sowie die ausgestorbenen Polaben, zusammen als Elbslawen bezeichnet) konvertierte nach ihrer Eroberung durch die Deutschen im Jahre 928 zum Christentum. Im Jahre 1002 fiel diese Region, die Lausitz, an Polen, 1368–70 dann schließlich an die böhmische Krone. Bis zum 14. Jahrhundert waren die meisten Elbslawen der deutschen Kultur assimiliert, mit Ausnahme der Sorben sowie einer kleinen Gruppe Polaben, die noch bis ins 18. Jahrhundert hinein in der Nähe von Hannover fortbestand.

1635 fiel die Lausitz dann an Sachsen und 1815 schließlich, in Konsequenz der Napoleonischen Kriege, an Preußen.

Preußen unternahm große Anstrengungen, die Sorben zu germanisieren, vor allem im Osten und ganz besonders nach 1871. Doch die Sorben antworteten hierauf mit der Wiederbelebung ihrer eigenen kulturellen Traditionen. Die nationalistischen Organisationen *Macica Serbska* (1847 gegründet) und *Domowina* – das serbische Wort für Heimat- (1912 gegründet), zielten darauf ab, mehr Rechte für die Sorben zu erkämpfen.

Der Vorschlag von 1919, die Lausitz der Tschechoslowakei einzugliedern, blieb ohne Konsequenzen und somit blieb die Lausitz ein Teil Deutschlands. Nach 1933 unterdrückten die Nazis jegliche Darstellung der sorbischen Identität und 1937 wurde die Organisation Domowina gezwungen, sich aufzulösen.

Nach 1945 erlebte die sorbische Kultur eine Art Wiedergeburt. Die Sorben gehörten nun zur Deutschen Demokratischen Republik, deren Regierung ihnen – nicht zuletzt um gegenüber dem Westen ihre Achtung der Menschenrechte zu demonstrieren – weitgehende Minderheitenrechte garantierte. An der Leipziger Universität wurde ein Lehrstuhl der sorbischen Sprache eingerichtet. Auch im vereinten Deutschland genießen die Sorben all diese Rechte, doch verstärkt sich zunehmend der Druck, sich an die deutsche Kultur zu assimilieren.

Sprache und Literatur

Das Sorbische weist zwei dominante Dialekte auf: Hoch- oder Obersorbisch, das rund um Bautzen gesprochen wird und die Grundlage für die sorbische Schriftsprache bildet; das umgangssprachliche oder Niedersorbisch hingegen findet sich vor allem in der Gegend um Cottbus. Ein dritter Dialekt, das Ostsorbische, hat heute noch in einigen kleineren Gemeinden rund um Muskau überlebt. Das Hochsorbische ist eng mit dem Tschechischen verwandt, das Niedersorbische mehr mit dem Polnischen. Das älteste bekannte Schriftstück in sorbischer Sprache datiert aus dem 15. Jahrhundert, die Aufspaltung in unterschiedliche Dialekte hingegen geht auf das 13. Jahrhundert zurück. Im 19. Jahrhundert wurden dann, zum Teil unter dem Einfluß der neuen nationalen Bewegungen der Sorben, viele deutsche Lehnwörter wieder aus dem Sorbischen entfernt und entweder durch neugeprägte Begriffe oder tschechische Wörter ersetzt.

Etwa zur Zeit der Reformation entwickelte sich auch eine sorbische Literatur, die jedoch bis in das 19. Jahrhundert hinein stark religiös geprägt war. Der erste bedeutende sorbische Schriftsteller war der Dichter *Handrij Zeljer* (1804–72), ein Obersorbe. *Jan Arnošt Smoler* (1816–1884), ebenfalls Obersorbe, sammelte alte Volkslieder. Das Werk des Pastors *Jakob Bart-Ćišinki* (1856–1909) aber bildet den Höhepunkt der sorbischen Literatur des 19. Jahrhunderts. Im 20. Jahrhundert haben dann die sorbischen Schriftsteller, darunter auch *Kito Lorenc*, begonnen zunehmend in deutscher Sprache zu schreiben.

Die Preußen

Es ist sehr schwierig, heute über die baltischen Deutschen oder Preußen zu sprechen. Sie wanderten einst in Richtung Westen, zunächst im Zuge von Eroberungen, später, weil sie selbst dazu gezwungen wurden und so lebten sie auch nicht länger in ihrer ursprünglichen Heimat. Mit den Pommern und Schlesiern zusammen bilden sie im Nachkriegsdeutschland jene große Gruppe der *Vertriebenen*, die mit der Wiedervereinigung Deutschlands jegliche Hoffnung aufgeben mußte, jemals wieder in ihre alte Heimat zurückkehren zu können. Trotz ihrer besonderen Ursprünge und Geschichte werden die Preußen in Deutschland selbst als Deutsche betrachtet.

Geschichte

Es gab eine Zeit in der Preußen, groß und mächtig wie es war, nahezu ein Synonym für Deutschland darstellte. Das preußische Königreich erstreckte sich über fast ganz Norddeutschland, und so wurden jene vermeintlich preußischen Charakteristika wie Disziplin, Gründlichkeit, die sprichwörtliche preußische Körperhaltung und Überheblichkeit zu Attributen für die Deutschen im allgemeinen. Doch all diese Eigenschaften waren im wesentlichen jene der herrschenden Elite und die Preußen waren im Grunde niemals ein Volk in dem Sinne, wie es etwa die Bayern sind. Heute wird der Begriff *preußisch* kaum noch verwendet, da er mit einem Deutschland assoziiert wird, das man eigentlich lieber vergessen möchte.

Der Ursprung Preußens liegt in Brandenburg. Von hier dehnte es sich rasch nach Osten aus, eroberte slawische Völker in Pommern und baltisch-deutsche Volksgruppen weiter im Osten, in einer Region, die später als Ostpreußen bezeichnet wurde. Die preußischen Herrscher, die Hohenzollern, wurden im 15. Jahrhundert Herzöge und machten Berlin zu ihrer Hauptstadt. Ihr Herzogtum gewann an Macht, Größe und Einfluß. 1701 wurde ihnen die Königswürde verliehen.

König Friedrich Wilhelm I. (1713–40) etablierte eine starke Bürokratie und Militärmacht, sein Sohn *Friedrich der Große* (1740–86), der *Philosophen-König*, förderte die Kultur, hieß *Voltaire* willkommen und ließ die Sommerresidenz in Potsdam, Schloß Sanssoucis, errichten. Doch war er auch ein kriegerischer Herrscher, der sein Imperium vergrößerte und Schlesien von den Österreichern eroberte.

Zu dieser Zeit war Preußen eine der bedeutendsten europäischen Mächte, dessen Rolle in den Napoleonischen Kriegen, das heißt bei der Zurückschlagung Napoleons, dadurch gewürdigt wurde, daß Preußen 1815 Sachsen und das Rheinland erhielt. Auch im Deutschen Bund erwies sich Preußen als derart mächtig, daß sein Ministerpräsident *Bismarck* nach der Niederlage Frankreichs im Krieg von 1870/71 in der Position war, das Deutsche Reich zusammenzufügen, dessen Kaiser nun *Wilhelm I. von Preußen* wurde. Selbst noch nach 1918, als das Deutsche Kaiserreich aufgelöst wurde, blieb Preußen das größte Land innerhalb der Weimarer Republik. Doch 1945 verlor es alle seine östlichen Gebiete an Polen und Rußland und somit existiert Preußen als solches heute nicht mehr. Seine westlichen Gebiete sind heute in die Bundesländer Brandenburg, Mecklenburg-Vorpommern, Sachsen-Anhalt und Berlin integriert. Berlin selbst, diese liberale, kreative, oftmals kaum regierbare Stadt, so lange Preußens Kapitale, war doch niemals sehr preußisch geprägt. Immer schon lebten hier viele Nichtpreußen.

Die preußische Elite bestand im wesentlichen aus den sogenannten preußischen Landjunkern, die über riesigen Grundbesitz verfügten. Sie unterstützten die Politik der preußischen Herrscher, die ihr Reich verwaltungstechnisch hocheffizient organisierten und dieses eher autoritär denn demokratisch regierten. Die Preußen galten nie als kreativ oder humorvoll, doch sie hatten Mut und einen strengen Ehrenkodex. Seit den Jahren um 1860 nutzten sie jedoch zunehmend das Militär als ein wichtiges Instrument ihrer Politik – die zerstörerischen Konsequenzen dieser Haltung zeigte dann das 20. Jahrhundert.

Religion

Die Preußen waren protestantisch, doch jene, die nach dem Zweiten Weltkrieg zu Ostdeutschland gehörten, haben sich von religiösen Bindungen weitestgehend gelöst. Auch nach der Einigung Deutschlands 1990 hat sich an dieser Haltung im Grunde nichts geändert.

Kapitel 9

Das nördliche Baltikum

Die Völker, die nördlich des Baltischen Meeres leben, sind in gewisser Hinsicht, ähnlich dem maritimen Norden Europas (siehe Kapitel 1), von der Welt abgeschnitten. Ihr Zugang zu den Ozeanen besteht lediglich aus engen Wasserstraßen und wird im Winter oftmals durch Eis behindert. Nur die Schweden in der am weitesten im Südwesten gelegenen Region des nördlichen Baltikums sind hiervon teilweise ausgenommen. Zwar wird ihre Ostküste im Winter vom Treibeis bedroht, ihre Südküste hingegen ist meist eisfrei und im Sommer wird ihr Schiffsweg in die Nordsee von der Meeresströmung unterstützt, die vom Baltischen Meer und an Schwedens Küsten entlang zur Nordsee verläuft. In den europäischen Expansionskriegen der Neuzeit spielte Schweden lediglich eine untergeordnete Rolle und seine Nachbarn an der gegenüberliegenden Küste des Baltischen Meeres überhaupt keine, es sei denn als Migranten, wie etwa Ende des 19. Jahrhunderts und während des 20. Jahrhunderts. Einzige Ausnahme bildet hier das Herzogtum Kurland, dessen Herrschaft sich für kurze Zeit in Tobago und Gambia manifestierte. Das nördliche Baltikum wurde umgekehrt stets von Menschen bevölkert, die Opfer des »Imperialismus« anderer Völker waren, allen voran des deutschen und russischen. Derart hat sich hier eine Kultur des Widerstands gegen hegemonistische Mächte und damit einhergehend der Respekt vor ethischen Minderheiten sozusagen im Gleichklang entwickelt.

In den Zeiten der Segelschiffahrt konnte das Baltische Meer aufgrund seiner Strömungen nur in bestimmten Jahreszeiten befahren werden, und die frostigen Winter ergänzten die hinderlichen Strömungen des Sommers. Trotz des Einsatzes von Eisbrechern ist der Finnische Meerbusen fast 150 Tage im Jahr für die

Schiffahrt nicht zugänglich. Der Bottnische Meerbusen hat von November bis Mai Treibeis, die meisten seiner Häfen sind normalerweise bis zu 100 Tage im Jahr gesperrt, manche, ganz hoch im Norden, sogar bis zu 200 Tage. Die *Kleine Eiszeit* des späten Mittelalters hat diese Naturphänomene noch zusätzlich akzentuiert. All dies führte mit dazu, daß das nördliche Baltikum vom restlichen Europa wie abgeschnitten schien, defensiv und in sich gekehrt. Diese Region ist immer schon ein Refugium kleiner, sehr unterschiedlicher Volksgruppen – von denen die meisten keine indogermanischen Sprachen sprechen – sowie zählebiger Traditionen.

Die Schweden

Im Hinblick auf ihre Kultur und Sprache sind die Schweden mit ihren skandinavischen Nachbarn im Süden und Norden, den Dänen und Norwegern, am engsten verwandt. Mit den Finnen, ihren Nachbarn auf der anderen Seite des Baltischen Meeres, verbindet sie jedoch historisch sehr viel. Die Schweden sind das größte Volk Skandinaviens und ihr Land war lange Zeit das reichste der skandinavischen Länder. Gegenüber ihren Nachbarn nehmen sie bisweilen, so sehen es zumindest die Dänen und Norweger, die Haltung des »Großen Bruders« ein. In ihrem Aussehen kommen sie dem Bild, das allgemein über die Skandinavier besteht, sehr nahe: 60–70 Prozent aller Schweden sind blond und haben blaue Augen. Die skandinavischen Völker insgesamt legen sehr großen Wert auf ausgleichende soziale Gerechtigkeit sowie einvernehmliches politisches Handeln, doch bei den Schweden ist dies besonders stark ausgeprägt.

Als Volk sind die Schweden ethnisch betrachtet sehr homogen, doch leben in Schweden auch verschiedene andere Volksgruppen: im hohen Norden etwa 10.000 Samen (auch Lappen genannt, zudem eine finnische Minderheit, die hier seit dem 16. Jahrhundert praktisch etabliert ist.

In den letzten 30 Jahren kamen darüber hinaus sehr viele Immigranten (zum Teil, um hier zu arbeiten, zum Teil wegen des sehr liberalen schwedischen Asylrechts) aus Südeuropa oder dem

Mittleren Osten ins Land. Die erst in letzter Zeit nach Schweden eingereisten Immigranten haben sich jedoch zum Teil einer Integration in die schwedische Gesellschaft entzogen, was zu Reibungspunkten mit den auf Kompromisse bedachten Schweden geführt hat. Einen ähnlichen Effekt hatte auch die Entscheidung der Samen, sich ihre traditionelle Lebensweise mit ihren Rentierherden zu bewahren.

Eine schwedische Minderheit lebt in Finnland, und zwar auf den Åland-Inseln, am Eingang zum Bottnischen Meerbusen, zwischen Schweden und Finnland gelegen. Da diese Minderheit auf den Inseln jedoch die Mehrheit bildet, hat sie innerhalb Finnlands einen Sonderstatus und verfügt über weitgehende Autonomie.

Obwohl das Land 1995 der EU beitrat, unterstützen die Schweden diese Mitgliedschaft nicht aus vollem Herzen. Viele fürchten, daß die Übernahme der EU-Gesetze und Vorschriften die sozialen und umweltpolitischen Standards des Landes verwischen und soziale Unterschiede verschärfen werde. Andere fürchten zudem, daß die zunehmende Integration Schwedens in Europa seine traditionelle Neutralität gefährdet.

Das Land

Obwohl Schweden das drittgrößte Land Europas ist, ist es geographisch ziemlich klar gegliedert. Im Westen bilden die Berge eine natürliche Grenze zu Norwegen und fallen von hier langsam zu den Ebenen entlang der Küste hin ab. Die einzige natürliche Barriere innerhalb Schwedens ist das südliche Hochland der Provinz Småland. Diese dichtbewaldete Landschaft mit ihren Hügeln und Seen bildete einst eine natürliche Grenze zu Dänemark, und zwar bis zum 17. Jahrhundert, als nämlich Schweden diese Region eroberte.

Trotz seiner Größe verfügt Schweden über nur wenig landwirtschaftlich nutzbare Fläche: nur 10 Prozent seines gesamten Territoriums. Die rasche Zunahme der Bevölkerung im 19. Jahrhundert überstieg die wirtschaftlichen Kapazitäten des Landes und so emigrierten zwischen 1851 und 1923 1,3 Millionen Schweden in die USA (vor allem nach Minnesota). Diese Entwicklung wurde erst durch die Industrialisierung Schwedens in den 20er und 30er Jahren gestoppt.

Das Meer hat, wie bei allen skandinavischen Ländern, auch in der Geschichte Schwedens eine bedeutende Rolle gespielt. Bis ins 16. Jahrhundert hinein verfügte Schweden über keinen nach Westen gewandten Hafen, so daß es sich in seinen politischen und wirtschaftlichen Ambitionen ganz zum Baltischen Meer hin orientierte.

Geschichte

Die Schweden erhielten ihren Namen von den *Svear* (lat. sviones, bei *Tacitus suiones* – Suionen genannt; Anm. d. Übers.; Schweden oder Sverige bedeutet »Oberhoheit der Svear«), einem skandinavischen Volksstamm, der im 9. Jahrhundert n. Chr. den größten Teil Zentralschwedens von Uppsala aus kontrollierte. Als Begründer des schwedischen Königreichs gilt allgemein König *Olof Skötkonung* (ca. 995–1020), der die Goten unterwarf und seinem Reich eingliederte.

Das 9. und 10. Jahrhundert waren geprägt von den Handelsfahrten und Raubzügen der Wikinger. Doch während sich die dänischen und norwegischen Wikinger vor allem Richtung Westeuropa wandten, zogen die Schweden nach Osten, über das Baltische Meer und die großen Flüsse Rußlands bis nach Konstantinopel und in den Mittleren Osten. Entlang dieser Handelswege gründeten sie die Städte Kiew und Novgorod und gaben schließlich auch Rußland seinen Namen, abgeleitet von *Rus*, einer ursprünglich eher abschätzigen Bezeichnung der Finnen für Schweden. Erste Versuche, Schweden zu christianisieren, setzten im 10. Jahrhundert ein, doch das Heidentum, das hier noch fest verwurzelt war, hielt sich bis ins 13. Jahrhundert.

Im 12. Jahrhundert eroberten die Schweden nach und nach Finnland, ein Prozeß der erst im späten 13. Jahrhundert wirklich abgeschlossen war. Die *Deutsche Hanse* erlangte dann im 14. Jahrhundert praktisch die Kontrolle über den gesamten Handel in Skandinavien und somit verstärkte sich auch der Einfluß der deutschen Politik und Kultur in diesen Ländern. Um diesem Einfluß zu begegnen, akzeptierten die Schweden schließlich eine dynastische Union mit Dänemark und Norwegen, die 1397 in Kalmar besiegelt wurde. Doch empfanden die Schweden schon sehr bald die dänische Oberhoheit als unzumutbar und so erkämpften sie sich nach mehreren Revolten schließlich 1523 unter König *Gustav Wasa* (Regierungszeit: 1523 – 60) erneut und endgültig ihre Unabhängigkeit.

Etwa zur selben Zeit verbreiteten sich die Ideen der Reformation in Schweden und Gustav Wasa nahm diese Gelegenheit zum Anlaß, um sich auf Kosten der Kirche zu bereichern. Unter *Gustav II. Adolf* (1611 – 32) entwickelte sich Schweden zu einer Großmacht. Gustav Adolf gilt als einer der großen Militärstrategen der Geschichte und als 1618 der Dreißigjährige Krieg ausbrach, nutzte er die Gelegenheit und machte das Baltische Meer praktisch zum Schwedischen Meer, indem er nämlich Ingermanland und Lettland sowie zahlreiche deutsche und polnische Häfen eroberte. Seine Nachfolger gliederten 1660 die dänischen Provinzen Halland, Scania und Blekinge in das schwedische Reich ein und integrierten deren Bevölkerung bis zum frühen 18. Jahrhundert vollständig in die schwedische Kultur und Lebensweise. Schwedens Großmacht-Position erfuhr im Zuge des *Großen Nordischen Krieges* (1700 – 21) ein jähes Ende, es wurde vernichtend geschlagen und verlor all seine Besitzungen östlich des Baltischen Meeres, mit Ausnahme von Finnland.

1805 trat Schweden in die Napoleonischen Kriege ein und verlor umgehend seine deutschen Besitzungen an Preußen (1805) und anschließend Finnland und die Åland-Inseln an Rußland (1807). Doch gelang es Schweden immerhin, den Krieg auf der richtigen Seite zu beenden und so fielen ihm im Vertrag von Kiel im Jahre 1814 die dänischen Hoheitsrechte über Norwegen zu. Die Norweger wiederum, die eigentlich ihre Unabhängigkeit erklärt hatten, wurden mittels einer Invasion Schwedens gezwungen, diese neue Union zu akzeptieren. Im 19. Jahrhundert entwickelten sich in Schweden liberale Tendenzen, gleichzeitig wurden soziale und konstitutionelle Reformen durchgeführt. Der König behielt jedoch die Exekutivgewalt bis 1905, als der *Riksdag* (Reichstag) nach dem Austritt Norwegens aus der Union mit

Schweden, die königliche Macht usurpierte, was zu einer Krise der Monarchie führte.

Seine bedeutendste politische Wende des 20. Jahrhunderts erlebte Schweden 1932, als die sozialdemokratische Partei des Landes an die Macht gelangte und in großem Umfang soziale und wirtschaftliche Reformen durchführte, die bis heute den grundsätzlichen Charakter der schwedischen Innenpolitik prägen. Außer einer kurzen Zeitspanne zwischen 1976–82 blieben die Sozialdemokraten bis 1991 ununterbrochen an der Macht.

In beiden Weltkriegen war Schweden neutral, wenn diese Neutralität nach der deutschen Okkupation Dänemarks und Norwegens auch stark bedroht war. Die schwedische Regierung erklärte sehr nachdrücklich, daß sich das Land gegen jegliche Invasion wehren würde, andererseits betrieb sie gegenüber Deutschland durchaus eine Beschwichtigungspolitik indem sie zuließ, daß deutsche Truppen ihren Weg nach und von Norwegen durch schwedisches Territorium nahmen, ein Tatbestand, den einige Norweger den Schweden bis heute nicht verziehen haben.

Auch nach dem Krieg hielt Schweden an seiner Politik der »bewaffneten Neutralität« fest und versuchte dabei, sich von keiner der Supermächte in den Kalten Krieg involvieren zu lassen. Daß Neutralität jedoch nicht gleichzeitig Immunität bedeutete, zeigten die Vorstöße sowjetischer U-Boote in schwedische Hoheitsgewässer zu Beginn der 80er Jahre. Schweden nutzte seine Neutralität, um als Mittler in internationalen Auseinandersetzungen zu agieren und eine bedeutende Rolle in der UNO zu spielen.

Schwedens Wirtschaft nahm im 20. Jahrhundert eine beachtliche Entwicklung: 1900 waren 80 Prozent der Schweden Bauern, heute leben 85 Prozent der Bevölkerung in Städten und nur noch 4 Prozent der Bevölkerung arbeiten in der Landwirtschaft. Die Industrialisierung Schwedens hatte bereits Ende des 19. Jahrhunderts eingesetzt, einen deutlichen Aufschwung, vor allem im Maschinenbau, nahm sie jedoch erst in der Zeit zwischen den Kriegen. Nach dem Krieg, den das Land relativ unbeschadet überstanden hatte, erlebte Schwedens Wirtschaft dann einen absoluten Boom.

In den späten 80er Jahren hatte die schwedische Wirtschaft mit schwerwiegenden strukturellen Problemen zu kämpfen: niedrige Produktivität, hohe Kosten, sinkende Investitionen – und gleichzeitig verschlang der Sozialstaat unkontrollierbare Summen. Der Lebensstandard der Schweden sank. Aufgrund ihrer Versprechungen, die Steuern zu senken und die Wirtschaft anzukurbeln gelangte 1991 eine Mitte-Rechts-Koalition an die Regierung. Dies hatte jedoch kaum Auswirkungen auf den traditionellen Konsens der schwedischen Innenpolitik, da Regierung und Opposition gemeinsam daran arbeiteten, die öffentlichen Ausgaben zu reduzieren. Darüber hinaus setzen auch heute noch die Sozialdemokraten, die 1994 wieder die Regierung übernahmen, den Sparkurs der Mitte-Rechts-Koalition fort.

Das schwedische Modell

Das schwedische Modell eines »menschlichen Kapitalismus« – eine redistributive Besteuerung und ein Wohlfahrtsstaat, der seine Bürger von der Wiege bis zum Grab versorgt – ist sehr stark im Bewußtsein der Schweden verankert, die soziale Sicherheit sehr hoch bewerten und die Interessen der Allgemeinheit über jene des Einzelnen stellen. Dies findet seinen Niederschlag in jenem Konzept von *lagom*, übersetzt etwa: »genau das richtige Maß« – sei es im Hinblick auf Besitz, Freiheit oder was auch immer – es ist grundsätzlich nicht akzeptabel, sich zu weit vom Durchschnitt wegzubewegen. Diese Haltung fördert zwar den gesellschaftlichen Konsens und auch die Gleichheit aller, worauf letztendlich das gesamte System basiert, gleichzeitig macht es die Schweden jedoch auch in gewisser Hinsicht allem Individuellen gegenüber intolerant – die Mehrheit der Schweden ist der Meinung, soziale Gleichheit sei wichtiger als persönliche Freiheit – und der soziale Druck, sich anzupassen, kann durchaus beachtliche Ausmaße annehmen.

Zwei Faktoren haben bei der Gestaltung des schwedischen Modells eine bedeutende Rolle gespielt. Zum einen war dies der Aufstieg der Sozialdemokraten in den 30er Jahren. Sie vermieden jeglichen doktrinären Sozialismus und ließen die Industrie, statt sie zu verstaatlichen, in privater Hand, wobei sie gleichzeitig deren Profite gesamtgesellschaftlich möglichst breit verteilten. Möglich wurde dies vor allem durch eine stark progressive Besteuerung, die die Einkommen weitgehend nivellierte und es dem Staat ermöglichte, das hervorragende Gesundheits- und Bildungswesen sowie Renten- und Wohlfahrtssystem zu finanzieren. Der zweite wichtige Faktor war das partnerschaftliche Verhältnis zwischen Industrie und Gewerkschaften. In den 30er Jahren waren die Arbeitsverhältnisse derart willkürlich, daß Planungen auf lange Sicht schwierig waren. Da die Regierung drohte, sich massiv in entsprechende Verhandlungen einzumischen, waren 1938 sowohl die Gewerkschaften als auch die Unternehmer bereit, kollektiv zu verhandeln und Arbeitsbedingungen verbindlich zu regeln. Dies stabilisierte das gesamte industrielle Arbeitswesen, verbesserte die wirtschaftliche Planung und dämmte sowohl die Lohnforderungen wie auch die Inflation ein. Die schwedische Wirtschaft wurde nun bis zu dem Punkt organisiert, an dem das Fehlen von Flexibilität ihre Konkurrenzfähigkeit einschränkte.

Beachtliche Fortschritte in Richtung Gleichheit sind gemacht – und bis etwa Mitte der 60er Jahre war das Klassensystem weitgehend aufgehoben. Die Löhne der ungelernten Arbeiter liegen nur etwa 25 Prozent unter jenen der Facharbeiter und effektiv gleiche Bildungschancen sind gegeben. Es wurden große Anstrengungen unternommen, die Gleichberechtigung zwischen Mann und Frau zu verwirklichen. Frauen spielen heute in Schweden eine bedeutendere Rolle in der Politik als in jedem anderen Land; etwa 30 Prozent der Parlamentarier und 25 Prozent der Regierungsmitglieder sind Frauen. Es wurden hervorragende öffentliche Einrichtungen für die Kinderbetreuung geschaffen und so arbeiten heute 75 Prozent der Frauen. Als allgemeines Prinzip gilt: gleicher Lohn für gleiche Arbeit – im Endeffekt sind Frauen jedoch nach wie vor hauptsächlich in den schlechter bezahlten Positionen zu finden.

Die schwedischsprachigen Finnen und Åländer

Die meisten Finnen mit Schwedisch als Muttersprache leben an der Süd- und Westküste Finnlands. Sie genießen besondere Rechte sowie weitgehende Autonomie. Um 1880 zählte diese Bevölkerungsgruppe etwa 294.000 Menschen (14,3 Prozent der Gesamtbevölkerung Finnlands), 1990 waren es etwa 296 700 (5,9 Prozent der Bevölkerung). Obwohl sie eine Minderheit darstellen, spielen die schwedischsprachigen Finnen im kulturellen Leben der Städte eine bedeutende Rolle, ebenso bei der Pflege der Volkskultur auf regionaler Ebene und sind somit ein integraler Bestandteil des gesellschaftlichen Lebens in Finnland. In der finnischen Verfassung von 1919 sind sowohl das Finnische wie auch das Schwedische als Landessprachen ausgewiesen und das Sprachgesetz von 1922 legt fest, daß beide Sprachen auch als Verwaltungssprachen und als offizielle Sprachen der Regionalparlamente gelten und der individuelle Gebrauch jeder der beiden Sprachen als ein grundlegendes Bürgerrecht anzusehen ist. Die schwedischsprachigen Finnen verfügen über unterschiedliche historische, soziale und geographische Wurzeln. Die meisten von ihnen stammen von schwedischen Bauern und Fischern ab, die die schwedische Krone im 13. und 14. Jahrhundert an der Süd- und Westküste Finnlands angesiedelt hat, um das Land zu kolonialisieren. Darüber hinaus gibt es auch eine ganze Reihe Finnen, die seit Jahrhunderten schwedisch sprechen, sowie Immigranten, die vor nicht so langer Zeit aus Schweden, den Baltischen Ländern oder aus Rußland nach Finnland kamen. Diese haben von den schwedischsprachigen Finnen Schwedisch gelernt und tragen nun ihrerseits zur Heterogenität dieser Bevölkerungsgruppe bei, die im Ganzen sowohl konservativ wie kreativ, innovativ und avantgardistisch ist.

Im Süden Finnlands, im Osten und Westen von Helsinki sowie auf dem Turku-Archipel und den Åland-Inseln, leben etwa 190.000 schwedischsprachige Finnen, im Norden (Ostrobothnia) etwa 100.000 und in den Städten insgesamt 175.000 – ein relativ hoher Prozentsatz also.

Kultur und Sprache

Die schwedischsprachige Geschäftswelt mit ihrem bourgeoisen Charakter unterscheidet sich vom übrigen Finnland durch die herausragende Rolle, die sie in Handel, Industrie und der Schiffahrt spielte. Die kulturelle Autonomie der schwedischsprachigen Finnen findet ihren Niederschlag im Bildungswesen, wo überall schwedisch gesprochen wird, in verschiedenen Wirtschaftsinstituten, einer Universität (Abo Akademie), in schwedischsprachigen Radio- und Fernsehsendern, einer schwedischen Diözese (Borga), einer schwedischen Militäreinheit (Nylands Briga), in schwedischsprachigen Zeitungen und Zeitschriften, in wissenschaftlichen sowie anderen Gesellschaften, in der schwedischsprachigen Literatur, in schwedischen Theatern und politischen Organisationen. Die *Schwedische Volkspartei* ist eine bürgerlich-liberale Partei, die sich für die Interessen der schwedischsprachigen Bevölkerung einsetzt; seit den Wahlen im März 1995 verfügt sie über 12 Sitze im finnischen Parlament, dazu kommen noch schwedischsprachige Abgeordnete linker Parteien.

Das in Finnland gesprochene Schwedisch ist eine etwas veraltete Form dieser Sprache, die über verschiedene Dialekte verfügt, was besonders in Ortsnamen deutlich wird. Der Staat fördert die kulturelle Autonomie, die seit dem späten 19. und frühen 20. Jahrhundert auch von privater Seite unterstützt wird. Dennoch wird es zunehmend schwieriger, die offizielle Zweisprachigkeit des Landes aufrechtzuerhalten; zum einen setzt sich Englisch als Zweitsprache immer stärker durch, zum anderen wächst der Anteil der einsprachigen Bevölkerung zusehends.

Die Åländer

Die 23.000 Einwohner der Åland-Inseln bilden eine besondere Gruppe innerhalb der schwedisch sprechenden Finnen. Der Åland-Dialekt ist dem Schwedischen, das in Stockholm gesprochen wird, sehr viel näher als die anderen schwedischen Dialekte Finnlands. 1923 entschied der Völkerbund, die Åland-Inseln mit Finnland zu vereinigen, das seinerseits der dortigen Bevölkerung

Selbstverwaltung garantierte. Åland ist, gesetzlich verankert, eine einsprachige schwedische Region Finnlands mit eigenem Parlament, eigener Verwaltung und Gesetzgebung. Auf der Insel haben nur gebürtige Åländer ein Aufenthaltsrecht, und nur sie dürfen dort Land besitzen. Im *Nordischen Rat* hat die Insel einen eigenen Sitz, sie verfügt seit 1954 über eine eigene Flagge, seit 1984 auch über eigene Briefmarken. Die Åland-Inseln bilden einen ökologisch einzigartige Archipel, der insgesamt 6.500 Inseln und 1.480 Quadratkilometer umfaßt. Etwa die Hälfte aller Åländer lebt in der Hauptstadt Mariehamn. Bedeutende Wirtschaftszweige sind die Schiffahrt sowie dazugehörige Industriezweige, der Tourismus, die Landwirtschaft sowie die Fischerei. Das kulturelle Leben findet seinen Niederschlag in Zeitungen, Radiosendungen, Theatern und Museen, in der Literatur sowie in verschiedenen Gesellschaften, die die regionale Kultur pflegen. Die Inselbewohner verfügen über eine deutlich ausgeprägte ethnische Identität, sie haben eine enge Beziehung zum Meer und zu ihrer natürlichen Umwelt und ein starkes Zugehörigkeitsgefühl zur Geschichte und Kultur Schwedens.

Die Lappen

Die Lappen oder Samen (sabme, sabmelasj) sind die Ureinwohner des nördlichen Skandinaviens und Finnlands. Sie bewohnen eine Region, die sich von der Halbinsel Kola im Osten bis nach Nordschweden und Mittelnorwegen im Westen erstreckt. Heute gibt es noch etwa 60.000 Lappen, von denen etwa 40.000 in Norwegen, 17.000 in Schweden, 4.000 in Finnland und 1.600 in Rußland leben. Entsprechend ihres geographischen Umfelds gliedern sie sich in vier Hauptgruppen: die *Meer-Lappen* an den nordnorwegischen Fjorden, *Fluß-* und *See-Lappen* im Zentralland der norwegischen Finnmarken sowie im schwedischen und finnischen Teil Lapplands, die *Wald-Lappen* im schwedischen Teil Lapplands und die *Fell-Lappen*, die mit ihren Rentierherden in Norwegen, Schweden und Finnland leben. Zwei Drittel Lapplands (Sameätnam) liegt nördlich des Polarkreises und ist acht Monate im Jahr mit Schnee bedeckt.

Geschichte

Historisch gelten die Lappen als Nachfahren von Immigranten, die während der Steinzeit aus dem Osten kamen und sich hier etwa 2000 v.Chr. niederließen. In ihrem Aussehen (sie sind ihrem Typ nach stark rundköpfig – *brachycephalisch*) unterscheiden sie sich deutlich von ihren Nachbarn. Sie sprechen finno-ugrisch, eine Sprache, die den ostbaltischen finnischen Sprachen entfernt verwandt ist, und zwar in zwölf unterschiedlichen Dialekten, deren wichtigste das Ostsamische, das Nordwestsamische und Südsamische sind. Diese Dialekte weisen derart große Unterschiede auf, daß sich ihre Sprecher gegenseitig nicht verstehen.

Die Samen waren ursprünglich Jäger und Fischer, die Rentiere und Robben jagten. *Tacitus* bezeichnet sie 98 n. Chr. in seiner »Germania« als *Fenni*, als jagendes Volk. Sie lebten in Lapp-Dörfern (*siida*) und hingen einer schamanistisch-animistischen Religion mit kultischen Riten rund um Geburt und Tod, mit Opferriten, heiligen Fellen, Seen und Steinen an, von der sich bis heute Spuren bewahrt haben.

Die stark differenzierten Handels- und Produktionsweisen der Samen sind ebenso wie ihre materiellen Kulturgüter stark geprägt von den ökologischen Bedingungen des hohen Nordens. Die See-Lappen bauen hervorragende Boote. Die Rentierhaltung der Fell-Lappen war in pränordischer Zeit beispielgebend für die Viehhaltung in den nordischen Ländern insgesamt. Die Rentierhaltung der Fell-Lappen ließ diese zu Nomaden werden, die bis zu 350 Kilometer zwischen ihren Sommer- und Winterresidenzen hin- und herzogen. Die Samen betrieben schon sehr früh einen weitreichenden Fellhandel und wurden deswegen von den nordischen Königen mit Steuern belegt.

Seit dem Mittelalter reduzierten sich die Jagdgebiete der Samen zusehends aufgrund der Kolonialisierung dieser Region durch Norweger, Schweden und Finnen. Als 1751 die Grenzen zwischen Norwegen und Schweden einerseits sowie 1826 zwischen Norwegen und Rußland andererseits festgelegt wurden, wurden den Samen mit Rücksicht auf ihre Rentierhaltung besondere Rechte eingeräumt. Im 18. Jahrhundert entwickelten sich aus der Rentierhaltung auch kulturelle Aspekte, etwa die Herstellung von Silberwaren und Schmuck. Zur selben Zeit wurde Lappland christianisiert und im 19. Jahrhundert erlebte das Land eine Art nationales Wiedererwachen (mit durchaus starken Bewegungen wie jener von *L. L. Laestadius*).

Sprache und Gesellschaft

Bis zum heutigen Tag dominieren in den Schulen Lapplands das Norwegische, Schwedische und Finnische und so wurde die eigene Landessprache weitgehend unterdrückt. Ihre Sprache ist heute für die Samen das bedeutendste Medium ihrer Identität und eigenständigen Literatur. Da es praktisch über keinen zeitgemäßen philosophischen und technischen Begriffsapparat verfügt, ist es in seinem Überlebenskampf jedoch mit großen Schwierigkeiten konfrontiert. Viele Schulen unterrichten heute in samischer Sprache, so etwa auch das Erwachsenenbildungszentrum in Jokkmokk.

Eine der wichtigsten Traditionen der Samen ist das *joik-Singen* – eine einfache Melodie, verbunden mit einem Text, der wiederholt und dabei ständig ausgeschmückt wird. Die griechisch-orthodoxen Skolt-Lappen und die finnischen Lappen (etwa 600) verfügen darüber hinaus noch über eine Vielzahl traditioneller Tänze.

Die Kultur der Samen wird heute vor allem durch die harten klimatischen Bedingungen, die extrem profitorientierte Rentierhaltung, durch Tourismus und die Sportfischerei bedroht. Ihr Land wurde und wird darüber hinaus für den Bergbau, die Nutzung von Wasserkraft sowie für die Holzwirtschaft ausgebeutet und ist durch den Bau militärischer Anlagen stark in Mitleidenschaft gezogen. Seitens Norwegen und Schweden genießen die Samen besondere Rechte im Hinblick auf ihre Rentierhaltung und in Schweden gibt es insgesamt 40 Lapp-Dörfer. Die einheimische Industrie basiert im wesentlichen auf der traditionellen Tuchherstellung, auf schön verzierten Holz- und Hornarbeiten sowie anderem Kunsthandwerk. Viele Samen sind jedoch inzwischen in die größeren Städte gezogen.

Die Samen verfügen über eigenständige politische Institutionen und Kulturorganisationen wie den *Nordisch-Samischen-Rat*

(1956) und das *Nordisch-Samische-Institut* in Kautokeino (1973). Sie haben Anteil an den internationalen Kooperationsprogrammen für Arktische und Subarktische Völker. Internationale Konflikte haben ihre Position jedoch geschwächt und heute bemühen sie sich verstärkt, durch größere kulturelle Autonomie ihre Eigenständigkeit zu unterstreichen und zu bewahren.

Die Finnen

Die Finnen stammen ursprünglich wahrscheinlich aus dem Ural. Die meisten der 5.030.000 Finnen leben in der Republik Finnland, die etwa 305.000 Quadratkilometer Landfläche umfaßt, wovon wiederum ein Viertel nördlich des Polarkreises, etwa auf der gleichen Höhe wie Sibirien und Nordkanada, liegt. Ethnisch betrachtet zählen die Finnen zu den homogensten Völkern Europas.

Geschichte

Südfinnland wurde etwa 7000 v.Chr. besiedelt, und zwar im Zuge von west-östlichen Migrationen, ausgehend vom heutigen Polen und Litauen, sowie ost-westlichen Migrationen, die im südlichen und mittleren Ural ihren Ausgangspunkt nahmen. Die finnische Sprache, die etwa 1000 v.Chr. eine Art primitiver Form des heutigen Finnisch darstellte, trägt deutliche Spuren früher Kontakte mit alten baltischen und germanischen Stämmen. 2500 v.Chr. verfügte Finnland über eine westlich geprägte Agrarkultur sowie eine östlich geprägte Jägerkultur. Diese Trennung der Bevölkerung in zwei unterschiedliche Gruppen hat sich bis zum heutigen Tage bewahrt.

Gegen Ende des 16. Jahrhunderts hatte Finnland etwa 300.000 Einwohner, die Bevölkerungszahlen vervierfachten sich dann jedoch zwischen 1750 und 1865. Seit dem 12. Jahrhundert gehörte Finnland, und zwar bis 1809, zu Schweden, danach hatte es den Status eines autonomen Großherzogtums innerhalb Rußlands. Weit davon entfernt, zwischen den schwedisch-russischen

Mühlsteinen der Geschichte zerrieben zu werden, wurden die finnische Identität und der finnische Nationalismus gerade unter der Fremdherrschaft genährt und beflügelt. Finnische Nationalisten pflegten gerne jenen Mythos, der sie zu Nachfahren eines untergegangenen Stammes der Israeliten stilisierte.

Im 19. Jahrhundert erlebte dann auch Finnland eine Art kultureller Renaissance, die gerade so viele staatenlose Minderheiten Europas in ihren Bann zog. In Finnland wurde diese vor allem durch die Veröffentlichung des finnischen Nationalepos, der »Kalevala«, im Jahre 1835 inspiriert. Der national gesinnte Romantiker *A. I. Arwidsson* appellierte nun an die »geistigen und seelischen Bande – stärker als alle äußeren Fesseln«. Die Russifizierung Finnlands, die durch das finnische Parlament von 1899 noch verstärkt wurde, evozierte eine machtvolle, nationale Gegenbewegung,
die ihren Niederschlag auch in der Musik von *Jean Sibelius* (1865 – 1957) – dessen »Finnlandia Suite« von 1899 damalige Zuhörer zu Tränen rührte – und in der Prosa von *Juhani Aho* (1861 – 1921) fand. 1917 erlangte Finnland von einem zerrütteten Rußland seine Unabhängigkeit; die blutigen aber erfolgreichen Kriege gegen die erneute russische Expansionspolitik in den Jahren 1918 und 1939/40 beeindruckten die Welt und nährten den finnischen Patriotismus. Schließlich bestärkten auch die verwandtschaftlichen Gefühle gegenüber den Kareliern, die im zaristischen, später sowjetischen und heute russischen Rußland verblieben, einmal mehr das finnische Selbstbewußtsein und die Ressentiments gegenüber dem *russischen Gespenst.*

Wirtschaft und Gesellschaft

Finnland ist eines der am wenigsten dicht besiedelten Länder Europas mit durchschnittlich 16,5 Einwohnern pro Quadratkilometer. Das Land erlebte in den 60er Jahren eine starke Urbanisierung, die eine deutliche Landflucht zur Folge hatte. Heute leben in den Städten etwa 80 Prozent der Bevölkerung. Die größte finnische Volksgruppe im Ausland lebt in Schweden und umfaßt etwa 300.000 Finnen.

Obwohl Finnland nach wie vor landschaftlich sehr bäuerlich geprägt ist, leben nur noch etwa 8 Prozent der Finnen von der Landwirtschaft, die heute weitgehend mechanisiert ist. Lediglich 8 Prozent des Landes werden landwirtschaftlich genutzt, große Höfe gibt es nur noch im Süden und Westen Finnlands und die vielen Kleinbauern, die überall anzutreffen sind, werden mit staatlichen Subventionen unterstützt. Zweidrittel des Landes sind bewaldet; bedeutende Produktionszweige sind die Metallindustrie, die Waldwirtschaft, die Nahrungsmittel- und Chemieindustrie sowie die Energiegewinnung.

Volkskultur

Die kulturellen Traditionen Westfinnlands sind stark vom bäuerlichen Leben geprägt. Im 12. Jahrhundert wurde das Land christianisiert, Zeugnisse hiervon findet man in der Architektur, in den Trachten, Bräuchen und der Musik. Entlang der Küste entwickelte sich im 17. Jahrhundert eine städtische Kultur, die deutlich von schwedischen und deutschen Einflüssen gekennzeichnet war; diese Tendenzen verstärkten sich noch im 19. Jahrhundert, bedingt vor allem durch die Industrialisierung Finnlands ab etwa 1850. Das Finnische wurde im 16. Jahrhundert Schriftsprache, als 1548 das »Neue Testament« ins Finnische übersetzt wurde. Im 19. Jahrhundert wurde vor allem Ostfinnland stark von Sankt Petersburg beeinflußt, und hier hielt sich auch noch bis ins 20. Jahrhundert die Jagd und eine auf Rodung und Brandrodung basierende Landwirtschaft, an deren Stelle dann die ständig expandierende Wald- und Holzwirtschaft trat.

1640 gründete Königin *Christina von Schweden* in Abo die erste finnische Universität, die 1828 nach Helsinki verlegt wurde, das 1812 finnische Hauptstadt geworden war. 1863 wurde das Finnische dem Schwedischen als Landessprache gleichgestellt, ein Fakt, der dann auch in der Verfassung der unabhängigen Republik Finnland von 1919 verankert wurde.

Die Finnen feiern ihre nationale Unabhängigkeit alljährlich am 6. Dezember, ihrem Nationalfeiertag; weitere wichtige Feiertage sind der 5. Februar, der dem Andenken des Nationaldichters

Johan Ludvig Runeberg gewidmet ist, der 28. Februar, in Erinnerung an *Elias Lonnrot*, der das Nationalepos »Kalevala« verfaßte und der *Aleksis-Kivi-Tag* zu Ehren des ersten bedeutenden Schriftstellers Finnlands. Der Geburtstag des Feldmarschalls *C. G. F. Mannerheim* am 4. Juni gilt als Feiertag des Militärs, weitere Feiertage sind der 1. Mai sowie Mittsommernacht, während Weihnachten, wie in vielen anderen Ländern Europas auch, heute durch christliche Traditionen moderner Konsumkultur geprägt ist. In den letzten 30 Jahren hat die finnische Kultur bedeutende Veränderungen erfahren, die ihren Ausdruck finden in vielen Widersprüchen, im Wertewandel, in der Architektur, der Eßkultur, der Kleidung und Sprache. Moderne Medien und Konsum mischen sich mit sportlichem Lebensstil und nostalgischer Idealisierung des Landlebens. Die Jahreszeiten, vor allem die langen Winter, haben großen Einfluß auf das finnische Leben. Der Unterschied zwischen Stadt und Land, ethnische Konformität, moderne Technologie und moderner Konsum – all dies prägt die heutige finnische Kultur und bildet ein breites Spektrum aus Tradition und Moderne.

Die Karelier

Die Karelier, ein ursprünglich baltisch-finnischer Volksstamm, leben unmittelbar östlich der finnisch-russischen Grenze, in einer zwischen dem Ladoga- und dem Onega-See gelegenen Region, die sich bis zum Weißen Meer hinauf erstreckt. Eine weitere Volksgruppe der Karelier findet sich rund um Tver (Kalinin), nordwestlich von Moskau. 1989 lebten in beiden Regionen zusammen 131.500 Karelier, 78.900 im Norden und 30.000 in Tver.

Geschichte

Man geht davon aus, daß die Karelier etwa 500 n.Chr. im Gebiet zwischen Ladoga- und Onega-See siedelten und von hier aus weiter nach Norden und Westen vordrangen. Sie spielten eine bedeutende Rolle im Pelzhandel und verfügten, besonders während der Eisenzeit, bereits über eine sehr hoch entwickelte Kultur. Zwischen 1000 und 1200 n.Chr. versuchten sowohl Schweden als auch Rußland, die Karelier zu unterwerfen. Im 13. Jahrhundert wurden sie von griechisch-orthodoxen Missionaren christianisiert, deren Einfluß sich mit der Gründung der Klöster in Valamo 1329 und in Solovetsk 1420 weiter manifestierte. Gegen Ende des 14. Jahrhunderts gehörte Karelia zu Novgorod, fiel dann aber 1478 unter die Oberhoheit Moskaus. Im Anschluß an den schwedisch-russischen Frieden von Stolbova im Jahre 1617 zogen viele Karelier aus der finnischen Grenzregion nach Novogorod und Tver (Kalinin), wo sie bis heute leben. Ihre Sprache ist stark vom Russischen beeinflußt.

Die Bewohner des Karelischen Isthmus, zwischen Leningrad und Wyborg, wurden 1940 und 1944, als Finnland 60 selbstverwaltete Regionen und drei Städte verlor, nach Finnland evakuiert. Insgesamt wurden damals 400.000 Karelier in jeweils kleineren Gruppen in ganz Finnland angesiedelt. Sie haben sich ihre Sitten und Bräuche, ihre Trachten und ihre Kultur bewahrt. Seit 1940 haben die Karelier einen eigenen Verband, bei dessen alljährlich stattfindenden Treffen Tausende von Karelier zusammenkommen.

Petrozavodsk (Petroskoi) am Onega-See ist die Hauptstadt der russischen autonomen Republik Karelien. In den letzten Jahren erlebten die Sprache und Kultur der Karelier hier eine neue Blüte und gleichzeitig ging der Einfluß des Russischen zurück. Auf dem Karelischen Isthmus, der 1944 evakuiert wurde, leben heute vor allem Russen und Wyborg selbst ist eine weitgehend russischsprachige Stadt.

Kultur und Sprache

Die alten karelischen Siedlungen, in der Regel an Seen und Flußläufen angelegt, bestanden meist, wie in Nordrußland üblich, aus zweistöckigen, zum Teil reichverzierten Holzhäusern, in denen Mensch und Vieh unter einem Dach lebten. Die Karelier waren Händler, Jäger und Fischer, auch Perlenfischer und seit dem Mittelalter zudem Hausierer. Ihre Ackerbaumethoden waren wenig entwickelt und so arbeiteten in diesem Bereich jeweils sehr große Gruppen von 50 bis 100 Personen zusammen. Später verlegten sie sich mehr auf Handwerkliches, arbeiteten saisonal in Sankt Petersburg sowie im Handel. Die karelische Kultur ist stark von russischen Einflüssen geprägt. Die Küche ist sehr östlich, viele Gerichte werden im Ofen gegart, ihre Fischgerichte gehen vielfach auf die katholischen Fastenriten zurück, weiter gibt es Kuchen, Pilze und Tee. Auf dem Karelischen Isthmus gab es einst sehr viele Volkstrachten, die noch aus dem 16. Jahrhundert stammten und bis weit in das 19. Jahrhundert getragen wurden. *Elias Lonnrot* sammelte um 1830 in Nordkarelien sehr viele alte Volksepen und legte sie, im *Runo-Versmaß* verfaßt, schriftlich nieder. Mit dieser Epensammlung aber, 1835 unter dem Titel »Kalevala« veröffentlicht, schuf er das finnische Nationalepos. Anders als die Russen haben die Karelier nie unter der Leibeigenschaft gelitten. Im 19. Jahrhundert wurde jedoch die russische Sprache, auch in den Schulen, offiziell eingeführt. Die karelische Sprache hat zwei Sprachzweige, den nördlichen, der sich stark an das Finnische anlehnt und den südlichen, der wiederum stark vom Russischen beeinflußt ist. Um 1930 wurden dann auch Schulbücher auf Karelisch verfaßt, die jedoch rasch wieder vom Russischen verdrängt wurden.

Innerhalb der im weitesten Sinne »karelischen Welt« gibt es einige Sprachgruppen, die gewöhnlich als finnische Dialekte klassifiziert werden, etwa Votisch, Livländisch und Ingrisch – Dialekte, die heute noch in kleineren Regionen entlang der russisch-estischen Grenze gesprochen werden.

Die Vepen

Die Vepen, die zur Volksgruppe der baltischen Finnen zählen, leben südwestlich des Onegasees und nordwestlich von Beloye Ozero, in verstreut liegenden Dörfern, die zur Republik Karelien gehören. 1931 zählte diese Volksgruppe noch 35.000 Angehörige, 1981 jedoch nur noch 16.000, von denen etwa 40 Prozent vebisch sprechen.

Geschichte und Kultur

Grabhügel aus der Zeit von 950 v. Chr. – 110 n. Chr. deuten darauf hin, daß die genannte Region von Vepen und Kareliern bewohnt wurde. Im 9. Jahrhundert waren die Vepen am Pelzhandel entlang der Wolga und ihrer östlich verlaufenden Nebenflüsse beteiligt. *Adam von Bremen* erwähnt 1075 in seiner Chronik einen Volksstamm der *Wizzi*, und der russische Mönch *Nestor* benutzt in seiner Chronik den Namen *ves*. Nach der Gründung verschiedener Klöster im 12. Jahrhundert zogen die Vepen, von den russischen und christlichen Missionaren ausgeplündert, aus der Beloye Ozero-Region in Richtung Nordwesten und 1485 wurde ihr Gebiet in das Großherzogtum Moskau eingegliedert.

Trotz des starken russischen Einflusses haben sich die Vepen bis zum heutige Tage ihre sehr alte Kultur bewahrt. Sie leben hauptsächlich vom Fischfang, an dem auch Frauen und Kinder beteiligt sind, sowie von der Viehzucht. Die Männer stellten einst sehr schöne Töpferware her sowie Fellschuhe, Steinwerkzeug, Glaswaren, sie arbeiteten im Wald und zum Teil auch in Sankt Petersburg. Noch im 20. Jahrhundert wurde hier mit der Spindel gesponnen, mit Handmühlen aus Holz gemahlen, dienten hohle Baumstämme als Boote, gab es holzbefeuerte Räucherkammern, die auch als Sauna genutzt wurden. Der Glaube an Geister, Magie und Zauber, Todesrituale und Klagelieder, das Geschichtenerzählen, traditionelle Lieder und Tänze – all dies sind bis heute integrale Bestandteile der vepischen Kultur. Die Vepen sind griechisch-orthodox.

Die vepische Sprache gehört zur nordöstlichen Gruppe der baltisch-finnischen Sprachen. Aufgrund ihrer vielen archaischen Begriffe ist sie sprachhistorisch von großem Interesse. Sie gliedert sich im wesentlichen in drei Dialekte. 1897 konnten nur 14,3 Prozent der Vepen lesen und schreiben, doch unter der sowjetischen Herrschaft wurde in den Schulen in vepischer Sprache unterrichtet. Der verbreitetste Dialekt des Vepischen ist seit 1932 auch Schriftsprache.

Die Esten

Die Esten waren zu keiner Zeit ein zahlenmäßig großes Volk. Das Land selbst erlebte unzählige Kriege und Besatzungen, und all dies reduzierte die Bevölkerung stets von Neuem. In Estland lebt eine große russische Minderheit; laut Statistik aus dem Jahre 1989 sind 61.5 Prozent der Bevölkerung, insgesamt 1,6 Millionen Menschen, Esten und 30,3 Prozent Russen. (1934 waren 88,2 Prozent der Bevölkerung Esten und damals bildeten die Deutschen und die Schweden die größten Minderheitengruppen des Landes.) Die meisten der Nichtesten leben vor allem im industrialisierten Nordosten des Landes; die Hauptstadt dieser Region, Narva, weist in ihrer Bevölkerungsstatistik nur 4 Prozent Esten auf.

Das Land

Die Esten leben im nördlichsten der drei baltischen Staaten, die inmitten der großen osteuropäischen Ebene liegen, die sich bis zum Ural hin erstreckt. Geographisch betrachtet liegt Estland in einem Becken, das die beiden Seen Peipus (etisch: Peipsi) und Pskov (Pihkva) umfaßt, die eine natürliche Grenze zu Rußland bilden. In Estland wurde vor allem Landwirtschaft betrieben, deren Erträge jedoch durch die Kollektivierung im Jahre 1949 drastisch sanken. Die bedeutendsten natürlichen Ressourcen sind der Wald sowie die Ölschiefervorkommen des Landes. In der Zeit der sowjetischen Besatzung wurden in großem Ausmaß Wälder abgeholzt. Bis heute sind die Eisenerzvorkommen des Landes praktisch unberührt. Die bedeutendsten Industriezweige sind die Ölförderung, die Erdöl- und Erdgasindustrie sowie die Textil- und Papierindustrie.

Geschichte

Die Esten sind am engsten mit den Finnen verwandt. Archäologische Funde deuten darauf hin, daß ihre Vorfahren bereits vor mindestens 9000 Jahren im Gebiet des heutigen Estland siedelten. Angehörige von Volksgruppen, deren Sprachen dem Estnischen sehr ähnelten, drangen einst bis weit in das heutige Rußland vor. Im Laufe der Jahrhunderte wurden sie von anderen Völkern absorbiert: den Balten, von Vorfahren der heutigen Litauer und Letten und von ostslawischen Stämmen. Stets waren die Esten gezwungen, sich anderen Kulturen zu assimilieren.

Bis zur Gründung des unabhängigen Staates Estland im Jahre 1918 waren die Esten ein bäuerliches Volk, das von einer deutschen Oberschicht – Landbesitzern, Stadtadel und Klerus – beherrscht wurde, sowie von deren Vorstellungen bezüglich einer nationalen Identität. Die Geschichte der Esten und der Letten weist in vielen Punkten deutliche Parallelen auf – beide Völker waren stets einer doppelten Bedrohung ausgesetzt, durch die Deutschen im Westen und die Slawen im Osten. Das heutige Tartu wurde von *Jaroslav dem Weisen*, Fürst von Kiew, im 11. Jahrhundert als Grenzstation gegründet und hieß damals Yur'yev. Die Esten wurden, wie auch die Letten, durch den Livländischen Orden missioniert, der nach der Unterwerfung der Livländer und Latgalen durch die Deutschen ins Land kam. Zwischen 1219 und 1346 gehörten große Teile des nördlichen Estland zu Dänemark. König *Waldemar II.* von Dänemark gab seiner dortigen Festung den Namen Reval, und die Esten nannten sie später Tallinn (Dänische Burg). Nach 1346 fiel Estland an Livland, darunter auch jene Gebiete, die dem Deutschen Orden gehörten sowie die Bistümer von Oesel (Saaremaa) und Dorpat.

Ähnlich wie in Lettland war die Zeit der schwedischen Vorherrschaft über Estland, nach dem Zusammenbruch Livlands und dem schwedisch-polnisch-litauischem Krieg, für das Land durchaus vorteilhaft. Zum einen vereinte es nach 1645 alle Esten unter einem einzigen Herrscher; zweitens schränkten die Schweden die Macht der deutschen Landbesitzer ein und verhalfen den Bauern zu einem rechtlich abgesicherten Status; drittens installierten die Schweden erstmals ein Bildungssystem und gründeten

1632 in Tartu eine Universität, die auch den Bauern aus dem schwedischen Livland (Letten und Esten) offenstand.

Die Geschichte dieser Universität kann als symbolhaft für die weitere Geschichte ganz Estlands gewertet werden. Als die Truppen des Moskowiter Zaren *Alexei Michailowitsch* 1656 Tartu einnahmen, mußte die Universität ihre Pforten schließen und öffnete diese erst wieder im Jahre 1690. 1699 wurde sie dann nach Pärnu an der Küste des Baltischen Meeres verlegt und 1710 erneut geschlossen, als das Baltikum im Zuge des Großen Nordischen Krieges an Rußland fiel. Zar *Peter I.* machte die Bauern wieder, wie in Rußland auch, zu Leibeigenen und gab dem deutschen Adel seine alten Rechte zurück. 1802 wurde die Universität wiedereröffnet, Deutsch war nun die Sprache von Lehre und Wissenschaft. Die Ideen der Aufklärung und die progressive Haltung des jungen Zaren *Alexander I.* ließen diese Universität zu einem intellektuellen Zentrum der gesamten baltischen Region werden. Alexander erließ auch Gesetze, die die Bauern aus der Leibeigenschaft befreiten. Die Bauern konnten nun ihrerseits Land erwerben und so entwickelte sich eine neue Schicht kleiner Landbesitzer.

Im Zuge der Politik der Russifizierung, die *Alexander III.* verfolgte, wurde das Russische auch als offizielle Sprache der Universität etabliert. Um 1900 waren die meisten Studenten Russen. Während des Ersten Weltkrieges wurde die Universität nach Voronezh, weit nach Rußland hinein, verlegt. Nach der Februarrevolution 1917 proklamierte Rußlands Provisorische Regierung Estlands Autonomie und die Esten wählten nun erstmals einen eigenständigen Nationalrat. Dieser erklärte sich nach dem Staatsstreich der Bolschewisten in Sankt Petersburg am 28. November 1917 selbst zur obersten Autorität im Lande. Doch diese Erklärung hatte lediglich symbolischen Wert: noch am gleichen Tag lösten die Bolschewisten den Nationalrat auf. Am 25. Februar 1918 besetzten dann die Deutschen das Land, einen Tag, nachdem der estnische Nationalrat die vollständige Unabhängigkeit des Landes proklamiert hatte.

Estland konnte seine völlige Unabhängigkeit erst nach Ende sowohl der deutschen wie der sowjetischen Besatzung im Frieden von Tartu, im Februar 1920 mit Sowjetrußland geschlossen, erlangen.

Das unabhängige Estland litt jedoch unter dem selben Problem wie alle anderen baltischen Staaten auch: einer instabilen Regierung. Zwischen 1919 und 1933 erlebte das Land 20 verschiedene Regierungen mit 10 unterschiedlichen Ministerpräsidenten. Zwischen 1934 und 1938 stand es dann unter der autoritären Herrschaft von *Konstantin Päts*, der nicht zuletzt aufgrund der andauernden Wirtschaftskrise und der zunehmenden Bedrohung des Landes seitens Nazideutschlands und Sowjetrußlands an die Macht gekommen war. 1938 erhielt Estland eine neue Verfassung und es schien, als bewege sich das Land wieder in Richtung Demokratie. Doch es blieb ihm nicht mehr sehr viel Zeit. Der Hitler-Stalin-Pakt überantwortete Estlands Geschicke der Sowjetunion. Das neue Parlament, das 1940 mehr ernannt als gewählt wurde, sprach sich mit überwältigender Mehrheit dafür aus, das Land zur Sowjetischen Sozialistischen Republik Estland umzugestalten. Bald darauf besetzten die Deutschen Estland, 60.000 Menschen wurden deportiert.

Die Deutschen boten den Esten kaum eine Chance, ihre nationale Integrität zu wahren. Das Eigentum, das unter sowjetischer Herrschaft verstaatlicht worden war, fiel nicht an seine ursprünglichen Besitzer zurück; junge Esten wurden für die deutsche Armee rekrutiert. Beim Einmarsch der Roten Armee 1944 wurden zwar einige rein estnische Militäreinheiten gebildet, sie widerstanden jedoch nicht der sowjetischen Invasion. Das sowjetische System, das nun wieder errichtet wurde, stand unter weitgehender Kontrolle Moskaus. Aufgrund seiner Küste zum Baltischen Meer war Estland für Rußlands Verteidigung von eminenter Bedeutung. Im Zuge der industriellen Entwicklung Estlands, ausgerichtet an den Bedürfnissen der Sowjetunion, kamen viele Arbeitskräfte ins Land, die weder die estnische Sprache lernten noch sich den kulturellen Traditionen des Landes anpaßten. Allein die Tatsache, daß Estnisch als eine schwierige Sprache gilt, ermöglichte es den Esten, sich einer allzu vehementen Russifizierung zu widersetzen. Darüber hinaus verfügten sie, da sie das finnische Fernsehen empfangen konnten, stets auch über ein »Fenster zum Westen«.

Michael Gorbatschows Politik der *Perestroika* bedeutete für Estland die Möglichkeit, sich erneut als Nationalstaat zu konstituieren. Im November 1988 erhielt Estland den Status eines souveränen Staates innerhalb der UdSSR und ein Jahr später wurde der militärische Überfall der Sowjetunion auf Estland im Jahre 1940 nach internationalem Recht als ein illegaler Akt verurteilt. Im März 1990 trennte sich die Republik Estland offiziell von der Sowjetunion und restituierte die ersten 6 Paragraphen der estnischen Verfassung von 1937. Wie andere ehemalige sowjetische Republiken auch steht Estland heute vor dem Problem, die Nachwehen des Sowjetsystems zu meistern. Ein besonders drängendes Problem ist die Frage des Umgangs mit den nichtestnischen Minderheiten im Lande: diese gilt es zu integrieren und gleichzeitig ihre Rechte als Minderheiten zu respektieren. Im Dezember 1995 beantragte Estland seine Mitgliedschaft in der EU.

Sprache

Das Estnische unterscheidet sich grundlegend von den Sprachen der beiden anderen baltischen Republiken; am engsten ist es mit dem Finnischen verwandt, ein wenig auch mit dem Ungarischen. Die ersten estnischen Wörter finden sich in der gleichen Quelle niedergelegt wie auch jene des Lettischen, nämlich in der Chronik *Heinrichs von Livonia* aus dem 13. Jahrhundert. Das älteste bekannte Buch in estnischer Sprache ist ein Katechismus aus dem Jahre 1535. Die ersten literarischen Texte in estnischer Sprache handeln alle von religiösen Themen und wurden von Nichtesten verfaßt.

Seit Mitte des 13. Jahrhunderts wurde in den Schulen auf Latein gelehrt; das erste Schulbuch in estnischer Sprache erschien 1641, estnische Schulen entstanden erstmals nach 1687. 1688 gab es etwa 45 bis 50 derartige Schulen, an denen insgesamt etwa 1100 Schüler ausgebildet wurden. Dennoch war die Zahl jener, die lesen und schreiben konnten, selbst auf dem Lande relativ hoch. 1686 erschien das »Neue Testament« in estnischer Sprache, die gesamte Bibel dann 1739. Die pietistische Bewegung um 1730 förderte zudem den Gebrauch des Estnischen in allen Bereichen des öffentlichen Lebens.

Wie in Lettland waren auch in Estland in der nationalen Bewegung des 19. Jahrhunderts vor allem Angehörige der schreibenden Zunft und Philologen aktiv. *J. V. Janssen* begründete 1857 den estnischen Journalismus, zuvor hatte es nur relativ kurzlebige Magazine gegeben. Janssen war es auch, der 1869 das alljährlich stattfindende Musikfestival etablierte. *F. R. Kreutzwald* trug zwischen 1857 und 1861 eine reiche Sammlung estnischer Überlieferungen zusammen, die er in seinem allegorischen Epos »Kalevipoeg« (Sohn des Kalev) verarbeitete, einer Geschichte Estlands, in traditionelle Verse gefaßt. Für die Standardisierung des Estnischen als Schriftsprache waren jedoch vor allem das Wörterbuch (1869) und die Grammatik (1875) von *F. J. Wiedemann* von herausragender Bedeutung. Das Estnische bietet tatsächlich die einzigartige Möglichkeit, das Phänomen einer »bäuerlichen Sprache« zu untersuchen, die sich derart entwickelt hat, daß sie für die Kommunikation aller Belange eines modernen Staatswesens nutzbar ist.

Religion

Estlands Religion orientierte sich jahrhundertelang an seiner herrschenden Klasse, gleichzeitig bewahrten sich hier jedoch viele vorchristliche Traditionen. Mit den Dänen kam erstmals der Katholizismus nach Estland und mit ihm der Deutsche Orden. Im 16. Jahrhundert folgten Reformation und Luthertum, dem noch heute die Mehrheit der estnischen Bevölkerung angehört. Das Land selbst erhielt erst 1917 eine eigenständige Kirchenverwaltung. Bis zu diesem Zeitpunkt war das gesamte religiöse Leben vorwiegend von einem deutschen Klerus geprägt. Die orthodoxe Kirche erlebte im 19. Jahrhundert einen Aufschwung, als viele Esten konvertierten, und zwar in der Hoffnung, dadurch ihre Situation im russischen Reich verbessern zu können. Heute gibt es in Estland auch noch einige kleinere katholische Gemeinden.

Kapitel 10

Die östlichen Grenzländer

Dem Osten Europas, zwischen den weiten Pripjet-Sümpfen und dem Ural, blieb eine politische Kontinuität aufgrund seiner geographischen Lage weitgehend verwehrt. Die nach allen Seiten offenen, weiten Gebiete und die guten Verbindungswege dieser nur wenig besiedelten Region liegen genau an jenen Korridoren, durch die jahrhundertelang die Invasoren von Ost nach West und West nach Ost zogen. All diese Bedingungen erleichterten es zwar, hier Staaten zu etablieren, diese waren jedoch aus den gleichen Gründen stets auch in ihrer Existenz bedroht und somit meist relativ unbeständig. Im 13. Jahrhundert waren es die Mongolen, im 14. Jahrhundert die polnisch-litauische Union und im 15. Jahrhundert Moskau, die hier vorübergehend ihre Vorherrschaft behaupten konnten. Bis ins 20. Jahrhundert hinein bewahrte sich diese Region dann relative Stabilität, die jedoch mit der Expansionspolitik des Dritten Reichs und dem spektakulären Aufstieg und Fall der Sowjetunion erneut ein Ende fand.

Die Kulturgeschichte und die ständigen demographischen Verschiebungen, die diese Region prägten, haben es verhindert, daß sich hier ein einziges Volk mit nur einer Religion herausbilden konnte. Viele Reiche entstanden und verschwanden wieder und so ist die Kulturgeschichte dieser Region eher von Kontrasten als von Kontinuität geprägt. Zwar dominierte hier überall und über lange Jahre der Einfluß des Kommunismus, doch erlangte dieser niemals die Bedeutung anderer kultureller Prägungen wie etwa jene der russischen und russisch-orthodoxen Kultur. Die großen und in ihrer nationalen Identität sehr selbstbewußten Volksgruppen wie Ukrainer, Belorussen und die Polen der polnischen Mark haben sich im wesentlichen *jeglicher Russifizierung* widersetzt. Andere nationale und religiöse Zugehörigkeiten finden sich heute kaum noch, es sei denn in weitabgelegenen Gegenden der russischen Landesteile oder in kleineren Gemeinden und Gebieten innerhalb derselben. Dennoch gibt es ganz im Norden des europäischen Rußlands auch heute noch etwa 28.000 *Nenzen* (1980), Angehörige der – weiter im Osten beheimateten – samojedischen Sprachgruppe, die hier vom Jagen, Fischen und der Rentierhaltung leben.

Andere Regionen, die einst historisch bedeutsam waren, wie etwa Padolien oder Wolynien, heute russischem beziehungsweise ukrainischem Territorium eingegliedert, könnten vielleicht in Zukunft ihrerseits wieder so etwas wie ein ethnisches Bewußtsein entwickeln, wenn sie auch bislang keine überzeugenden Hinweise darauf aufweisen können.

Die Russen sind bei weitem das größte Volk Europas. Sie siedelten ursprünglich an der Wolga, jener großen Verbindungsstraße vom Landesinnern bis hinunter zum Kaspischen Meer. Da sie sich in ihren Expansionen stets am Lauf dieses Flusses orientierten, verfügten sie jedoch, ähnlich wie Deutschland, über keinen direkten Zugang zu den Weltmeeren. Dies ist mit ein Grund, warum beide Länder stets von ihren Nachbarn gefürchtet wurden und somit auch stets Schwierigkeiten hatten, sich mit diesen zusammenzuschließen – außer in der Rolle des dominierenden Partners. Gegen Ende dieses Jahrtausends jedoch haben die führenden Politiker beider Länder diese Form der Konfrontationspolitik durch eine Politik der Zusammenarbeit mit anderen Ländern ersetzt – in der Europäischen Gemeinschaft, in der NATO, in der Russischen Föderation und in der Union der Unabhängigen Staaten. Europas weitere Entwicklung hängt davon ab, wie weit beide Länder in der Lage sind, auf ihre möglicherweise vielen Vorteile zugunsten kleinerer Partner zu verzichten und die politischen Verhaltensweisen der Vergangenheit im Hinblick auf eine gemeinsame Zukunft endgültig zu überwinden.

Die Bewohner der Polnischen Mark

Die Bewohner der Polnischen Mark lebten schon immer in einem Grenzgebiet, und sie wurden immer schon als Grenzbewohner, als *kresy* bezeichnet. Seit der zweiten Hälfte des 20. Jahrhunderts hat sich ihre Zahl verringert. Ursprünglich siedelten sie in den am weitesten im Osten gelegenen Gebieten – der *Rzeczpospolita* – der ehemaligen polnisch-litauischen Union. Westlich der heutigen Ukraine und Belorußlands gelegen, lebten in dieser Region einst Katholiken, Juden und orthodoxe Christen in einer multikulturellen, multisprachlichen Gemeinschaft, die im Zuge des sowjetischen Kommunismus und des ethischen Nationalismus des 20. Jahrhunderts vollständig unterging. Einige wenige Zeugnisse dieser kulturellen Vielfalt finden sich noch heute vereinzelt in den westlichen Regionen der ehemaligen Sowjetunion.

Geschichte

Die großen polnischen Siedlungen im Osten entstanden im Zusammenhang mit der Gründung der polnisch-litauischen Union. Im 14. Jahrhundert begann Polen, nach Osten hin, in Richtung Rot-Ruthenien (die heutige Ukraine) zu expandieren. Grundlage hierfür bildete die dynastische Union mit Litauen im Jahre 1385, die 1413 auch formal politisch verankert und später, im Jahre 1569, zur Union von Lublin erweitert wurde.

Die Voraussetzung für die Integration dieser östlichen Regionen in das polnische Reich war die Assimilation des ursprünglich litauischen und ruthenischen Adels an die polnische Kultur. Unabhängig ob Großgrundbesitzer oder kleine Landadelige – sie alle waren Teil einer politischen Nation, die weite Teile Zentral- und Osteuropas beherrschte. In den Städten entwickelte sich eine stark am Polnischen orientierte Kultur, die nun neben jenem alten und reichen kulturellen Erbe bestand, das Europas damals größte jüdische Gemeinde hier pflegte. Adel und Bürgertum spielten eine herausragende Rolle im politischen, sozialen, wirtschaftlichen und kulturellen Leben jener östlichen, weitgehend bäuerlich strukturierten Teile der Union.

Die großen polnischen Landbesitzer des Ostens holten nun auch polnische Bauern ins Land, die auf ihren Gütern arbeiteten. Diese polnischen Bauern siedelten neben den einheimischen Litauern und Ruthenen, und sie nahmen den gleichen sozialen Status ein wie alle anderen Bauern im frühen Osteuropa auch. Später jedoch, mit der allgemeinen Zunahme des nationalen Bewußtsein, erhöhte ihre Zugehörigkeit zur polnischen Union ihren sozialen Status gegenüber den belorussischen, litauischen und ukrainischen Bauern.

Mit der Teilung Polens zwischen Preußen, Österreich und Rußland gegen Ende des 18. Jahrhunderts verschwand die Polnisch-Litauische Union von der Landkarte Europas. Dies bedeutete auch das Ende der polnischen Oberhoheit über die Polnische Mark. In jenen Teilen der ehemaligen Union, die an Rußland und Österreich gefallen waren, spielten die Polen jedoch auch weiterhin eine bedeutende Rolle im sozialen, wirtschaftlichen und kulturellen Leben. Unter den Habsburgern konnten sie sich in Ostgalizien ihre Position als herrschende Minderheit weiter bewahren und festigen. Rußland betrachtete seine polnische Elite zwar als eine Bedrohung seiner westlichen Provinzen, dennoch konnte diese sich auch hier ihre wirtschaftliche und soziale Position sichern, wenn auch zum Teil gegenüber einer eher feindlich gesinnten offiziellen Politik.

Mit dem Aufkommen nationaler Bewegungen im 19. und 20. Jahrhundert verloren die Polen der östlichen Grenzländer zunehmend ihre dominierende Rolle. Ihre Anstrengungen, hier ihre ursprüngliche Position wiederzuerlangen, wurde von den rivalisierenden nationalen Bewegungen der Belorussen, Litauer und Ukrainer zunichte gemacht und heizte diese nur zusätzlich an.

Die Wiedergeburt des polnischen Staates im Jahre 1918 eröffnete den Grenzland-Polen noch einmal die Möglichkeit, politischen Einfluß auszuüben. Die zentrale politische Persönlichkeit der polnischen Zwischenkriegszeit war *Józef Pilsudski*, ein Politiker, der aus den Kresy stammte. Das neue Polen war etwa nur mehr halb so groß wie die einstige polnisch-litauische Union. Wie diese siedelte die polnische Regierungen erneut Polen in den Grenzgebieten an. Die politische Renaissance der Grenzland-Polen war jedoch nur von kurzer Dauer. Der Zweite Weltkrieg beendete nicht nur ihre Bemühungen um die Restauration ihrer politischen Macht, sondern zerstörte auch die jahrhundertealte soziale, wirtschaftliche und kulturelle Dominanz Polens in den Grenzländern.

Die Deportationen der Kriegs- und Nachkriegszeit führten dazu, daß die polnischen Siedlungen und Niederlassungen, die seit Jahrhunderten im Osten bestanden hatten, immer kleiner wurden. Zwischen 1919 und 1941 wurden schätzungsweise zwei Millionen Polen aus den Grenzgebieten weit nach Rußland hinein deportiert und weitere zwei Millionen nach Ende des Krieges in das neugeschaffene Polen. Damit reduzierte sich der polnische Anteil an der Bevölkerung dieser Grenzregionen dramatisch. 1989 wurden auf dem Territorium der ehemaligen Sowjetunion offiziell noch etwa eine Million Polen gezählt. Der größte Teil von ihnen lebt heute in Belorußland und in der Ukraine.

Kultureller Einfluß

Die Grenzland-Polen spielten im kulturellen Leben Polens eine bedeutende Rolle. Die beiden romantischen Dichter *Adam Mickiewicz* (1798–1855) und *Juliusz Slowacki* (1809–1849) stammten aus dem polnischen Grenzland, und ihr Werk spiegelt den kulturellen Einfluß ihrer Heimat. Mickiewicz' Meisterwerk »Pan Tadeusz« (Meister Thadeus) gehört zu den bedeutendsten Werken der polnischen Literatur. Der Einfluß der Literaturtraditionen der Polnischen Mark setzte sich dann im 20. Jahrhundert mit den Arbeiten von *Bruno Schultz* (1892–1942) und *Jaroslaw Iwaszkiewicz* (1894–1980) fort. Diese Tradition findet sich noch heute in den Werken von *Tadeusz Konwicki* wie auch in jenen des polnischen Literaturnobelpreisträgers *Czeslaw Milosz*, dessen Roman »Dolina Issa (Issa-Tal) sehr anschaulich die multikulturelle Welt Litauens in der Zwischenkriegszeit porträtiert.

Die Belorussen

Als Belorussen fühlen sich die Mehrheit der Einwohner der heute unabhängigen Republik Belorußland, früher Sowjetische Republik Belorußland, sowie einige Einwohner der Grenzregionen von Lettland, Litauen und Polen. Niederlassungen belorussischer Emigranten gibt es darüber hinaus in Westeuropa, in Nord- und Südamerika sowie in Australien. Die Belorussen verfügen über kein stark ausgeprägtes Nationalgefühl, und zwar vor allem deshalb, weil ihr Land über Jahrhunderte ihren östlichen und westlichen Nachbarn als kulturelles, religiöses und militärisches Schlachtfeld diente.

Der Begriff *Belaruś* « heißt wörtlich *Weißer Ruś*. Diese Bezeichnung aus der Farbenlehre könnte sich einst auf jene Region bezogen haben, die nicht von den Mongolen beherrscht wurde und wo sie entsprechend auch keine Steuern erheben konnten.

Das Land

Belorußland liegt an einem östlichen Schnittpunkt der europäischen Ebene und verfügt über keine natürlichen Grenzen. Der höchste Punkt des Landes liegt etwa 400 Meter über dem Meeresspiegel. Die wichtigsten Flüsse sind die Dwina (*Dzvina*), die in Richtung Westen durch Lettland und bis zum Baltischen Meer fließt, der Njemen (Nyoman), der seinen Weg zum Baltischen Meer durch Litauen nimmt, und der Dnjepr (Dnyapro), der in den Valdajhöhen Rußlands entspringt und südwärts, durch Belorußland und die Ukraine, ins Schwarze Meer fließt. Die größte Stadt Belorußlands ist seine Hauptstadt Minsk mit 1,5 Millionen Einwohnern.

Belorußland ist ein geographischer Begriff, der ursprünglich eine ganze Reihe unterschiedlicher Regionen bezeichnete und sich erst im 17. Jahrhundert als Name für die heutige Region Belorußland etablierte. Darüber hinaus wurde das heutige Belorußland zusammen mit dem östlichen Teil des heutigen Litauens früher auch als *Litva* (Lithunia) bezeichnet und seine Einwohner als *litśviny* (Lithunier). Bis weit ins 20. Jahrhundert hinein nannten die Belorussen sich selbst *tutyshyya* (Einheimische), um sich derart von der »Hochkultur« ihrer Nachbarn, der Polen und Russen, zu unterscheiden.

Das Land verfügt über nur wenige natürliche Ressourcen, obwohl es im Süden Öl- und Kohlevorkommen gibt sowie einige Phosphor- und Potaschevorkommen. Daher ist Belorußland von ausländischen Gas- und Öllieferungen abhängig.

Sprache und Kultur

Das Belorussische gehört zu einem Zweig der slawonischen Sprachgruppe, der in etwa zwischen dem Russischen und dem Polnischen angesiedelt ist. Die ersten bekannten schriftlichen Dokumente dieser Sprache finden sich im 13. Jahrhundert. Im 15. Jahrhundert ersetzte das Belorussische das Latein als offizielle Sprache des Großherzogtums Lithunia. Die bedeutendsten Texte des Belorussischen sind die »Lithunischen Statuten«, Gesetzestexte aus den Jahren 1529, 1566 und 1588, sowie die Bibelübersetzungen mit ihren Vorworten von *Francis Skaryna*. Nach der Auflösung des polnischen Parlaments im Jahre 1696 wurde das Belorussische als Schriftsprache vom Polnischen verdrängt, das nun als offizielle Sprache der polnisch-litauischen Union galt.

Im 19. Jahrhundert erfuhr das Belorussische dann eine Wiederbelebung, und zwar vor allem im Zusammenhang mit Untersuchungen über die Volkstraditionen der bäuerlichen Bevölkerung in jenen Teilen der polnisch-litauischen Union, die nun zu Rußland gehörten. Die eigentliche Intention dieser Nachforschungen und ihrer Initiatoren bestand darin, zu beweisen, daß die ursprüngliche Bevölkerung dieser Regionen weder polnisch noch russisch war. Und tatsächlich zeigte die reiche Ausbeute an linguistischen und ethnischen Daten, daß die Belorussen eine eigenständige Volksgruppe innerhalb der slawonischen Völker darstellen. Nach 1905 erschienen zwei Zeitungen, die »Nasha Dola« und die »Nasha Niva«, auf Belorussisch, und so setzte es sich auch wieder als Schriftsprache durch, gefördert zudem durch erste herausragende Schriftsteller wie *Kupala*, *Kolas* und *Bahdanovich*. Während des Ersten Weltkrieges unterdrückten die Deutschen erneut das Belorussische und verbannten es auch aus den Schulen. Nach 1918 entwickelten sich dann zwei unterschiedliche Formen dieser Sprache, zum einen unter den Belorussen Polens, deren intellektuelles Zentrum Vilnius war, und zum anderem im sowjetischen Belorußland.

In den 20er Jahren wurde das Belorussische im nun sowjetischen Belorußland auch von offizieller Seite gefördert, und so entwickelte sich eine zeitgemäße Terminologie für Bereiche wie die Verwaltung, das Militär oder auch die Wissenschaften. Die Revision dieser Politik in den 30er Jahren, unter Stalin, führte zu schwerwiegenden Repressionen sowie zum Niedergang des gesamten intellektuellen Lebens der Nation. Eine Änderung der Grammatik im Jahre 1933 modifizierte die Schriftsprache nach Maßgabe der russischen Grammatik und nach dem Krieg unterrichteten schließlich immer weniger Schulen in Belorussisch. Die Menschen entfernten sich mehr und mehr von jener Sprache, die offiziell als ein umgangssprachlicher, regionaler Dialekt klassifiziert wurde, und nahmen zunehmend die Sprache der eigentlichen Hochkultur, also das Russische, an. Wer Belorussisch sprach, setzte sich zudem dem Verdacht aus, einem bürgerlichen Nationalismus zu frönen, und mußte mit harten Konsequenzen rechnen. Dennoch begannen in den 70er Jahren erneut einige Intellektuelle, das Belorussische wiederzubeleben und gewissermaßen gegen das Russische zu verteidigen, allen voran der Schriftsteller *V. Karatkevich.* Heute garantiert die junge Generation der belorussischen Schriftsteller, daß sich das Belorussische erneut als ein genuines Kulturgut erneuern und bewahren kann.

Das Sprachgesetz von 1990 setzte das Belorussische wieder als einzige offizielle Landessprache ein. Es sieht weiterhin vor, daß in einem Zeitraum von 10 Jahren das Russische auf allen Ebenen der Verwaltung sowie des Bildungswesens vollständig durch das Belorussische ersetzt wird. Für viele Bereiche mußte eine neue, sehr spezielle Terminologie gefunden werden. Gegen diese Entwicklung rührte sich 1995 erstmals Widerstand, der seinen Ausdruck in einem Referendum fand. Dessen Ausgang bedeutete, daß das Russische als zweite Landessprache auch offiziell bewahrt werden sollte. Das Ergebnis dieses Referendums zeigt seine Konsequenzen bereits im Schulwesen und kann durchaus dazu führen, daß das Belorussische erneut auf den Status eines regionalen Dialektes zurückgedrängt wird.

Die unterschiedlichen Schriftzeichen, in denen das Belorussische gefaßt ist, spiegeln ihrerseits auch die komplexe Geschichte des Landes wider. Gebräuchlich ist sowohl die lateinische Schrift wie auch das kyrillische Alphabet, letzteres zudem in zwei Formen, jener von vor 1933 (sie wird von den Emigranten sowie in internen Publikationen verwendet, vor allem auch von jüngeren Leuten) und jener nach 1933 (der sowjetischen). Die belorussischen Tataren benutzten zudem auch noch das arabische Alphabet.

Geschichte

Archäologische Funde deuten daraufhin, daß das heutige Territorium Belorußlands von Balten besiedelt war, und zwar von Vorfahren der heutigen Litauer und Letten. Diese wurden von slawonischen Stämmen vertrieben beziehungsweise absorbiert. Dennoch finden sich auch heute noch im Nordwesten Belorußlands einige Dörfer, in denen noch Litauisch gesprochen wird.

Im 9. Jahrhundert wurde in dieser Region ein erstes Staatswesen gegründet, das Herzogtum Polozk. Ursprünglich war dies wahrscheinlich eine schwedische Niederlassung an der bedeutenden Handelsroute vom Baltikum nach Byzanz, doch wurde es sehr rasch von slawonischer Seite dominiert. Dieses Fürstentum ging schließlich im Großherzogtum Litauen auf, bedingt durch die Rivalitäten mit dem Herzogtum von Kiew und durch eigene dynastische Auseinandersetzungen sowie durch die Bedrohung seitens des Deutschen Ordens im Westen und der Mongolen im Osten.

Litauen wiederum ging auf König *Mindaugas* zurück, der sich 1253 zum König von Navahruduk erklärte. Diese Stadt spiegelt sehr genau den komplexen nationalen Charakter dieser Region. Heute leben hier Belorussen und Polen, und letztere können sich rühmen, daß hier ganz in der Nähe der bedeutendste Schriftsteller Polens, *Adam Mickiewicz*, geboren wurde. Im 13. Jahrhundert befand sich diese Stadt jedoch genau an der Grenze zwischen slawischen und baltischen Siedlungsgebieten, bevor Mindaugas hier die Macht übernahm, hatte diese die Fürstin *von Wolynien* inne.

Das Großherzogtum Litauen war von Anfang an – ethnisch betrachtet – eher ein slawonisches denn ein litauisches Reich und umfaßte im 14. Jahrhundert das Gebiet der heutigen Ukraine sowie Belorußlands, das es mittels Eroberungen beziehungsweise Allianzen erworben hatte. 1395 ging es eine Union mit Polen ein, wodurch der römische Katholizismus Staatsreligion wurde, wenn es auch nach wie vor orthodoxe Gemeinden gab, die weitgehende Autonomie genossen.

Zu Beginn des 16. Jahrhunderts entwickelte sich das Großherzogtum zu einer der führenden europäischen Mächte. In seinen Grenzen lebten Katholiken, Orthodoxe und Protestanten friedlich nebeneinander. Immer mehr Städte erhielten autonomen Status, den ihnen das sogenannte *Magdeburger Gesetz* zubilligte und der ihrer wachsenden ökonomischen Macht Rechnung trug. Dennoch zwang die zunehmende Machtfülle *Iwans des Schrecklichen* das Großherzogtum schließlich 1569 in eine noch engere Union mit Polen (polnisch-litauische Union) und gleichzeitig begünstigte die Gegenreformation das Ausbreiten des Katholizismus. 1579 gründeten die Jesuiten in Polozk, 1644 in Navahrudak Studienkollegien und die Synode von Brest (Biareście) begründete 1596 die Union der römisch-katholischen mit der orthodoxen Kirche des Landes (die vereinigte oder griechisch katholische Kirche).

Im Zusammenhang mit der Teilung Polens im 18. Jahrhundert zwischen Rußland, Preußen und dem österreichisch-ungarischen Kaiserreich fiel ganz Belorußland an Rußland. Die griechisch-katholische Kirche Belorußlands, der zu dieser Zeit etwa 75 Prozent der Bevölkerung angehörten, wurde nun verfolgt und unterdrückt, und so etablierte sich wieder der russisch-orthodoxe Glaube. Um den Einfluß Polens im Lande zu begrenzen, verfolgte die neue Regierung eine Politik der Russifizierung, gleichzeitig tat sie jedoch nur sehr wenig, um die drückende Armut der breiten Masse der Bauern zu lindern. Unter der Führung von *Kastuś Kalinouski* beteiligten sich belorussische Einheiten am polnischen

Aufstand von 1863. Kalinouski war es auch, der die erste Zeitung Belorußlands herausbrachte.

Mit der Deklaration der Belorussischen Nationalrepublik im Jahre 1918 erhielt Belorußland erstmals eine nationalstaatliche Verfassung. Das Land verfügte jedoch über nur wenige bewaffnete Einheiten und wurde praktisch von keiner Seite anerkannt und hatte somit auch kaum eine Überlebenschance. 1921, unmittelbar vor der Aufteilung Belorußlands zwischen Polen und der Sowjetunion, unternahm das Land mit dem Aufstand gegen die bolschewistische Vorherrschaft in der Region Slutsk einen letzten Versuch, sich als Nationalstaat zu etablieren.

In den 20er Jahren entwickelte sich in der Belorussischen Sowjetischen Sozialistischen Republik ein reges kulturelles Leben, im Zuge dessen auch das Belorussische als offizielle Landessprache in allen Bereichen des öffentlichen Lebens gefördert wurde. Im polnischen Teil Belorußlands wurden Schulen errichtet, was jedoch, wie die gesamte nationale Wiederbelebung Belorußlands, den Widerstand der dortigen politischen Autoritäten evozierte. Stalins Politik der 30er Jahre machte dann alle Bemühungen einer Wiederbelebung der belorussischen Kultur zunichte. Seine Ausrottungspoltik betraf nicht nur die belorussische Intelligenz, sondern richtete sich auch gegen die Bauern, wie die Massengräber beweisen, die man aus dieser Zeit gefunden hat.

Die deutsche Okkupation in den Jahren 1941–1944 verwandelte Belorußland erneut in ein Schlachtfeld. Bei Tage operierten hier die Deutschen, nachts die sowjetischen Partisanen im Osten und im Westen des Landes die Verbände der polnischen Heimwehr. Die deutsche Besatzungsmacht ließ in gewissem Umfang eine Wiederbelebung der belorussischen Kultur zu, es erschienen wieder belorussische Zeitungen und auch einige Schulen wurden wiedereröffnet. Doch waren es nun vor allem die Lehrer dieser Schulen, die von den sowjetischen Partisanen verfolgt und ermordet wurden.

Die Restitution der sowjetischen Staatsmacht im Jahre 1944 führte dazu, daß eine große Zahl Russen und Angehörige anderer Nationalitäten aus der Sowjetunion nach Belorußland kamen, um hier den Aufbau der Industrie beziehungsweise die militärische Präsenz der Sowjetunion zu unterstützen. Am 27. Juli 1991 proklamierte Belorußland erneut seine Unabhängigkeit, nachdem es zuvor seine Souveränität innerhalb der UdSSR erklärt hatte. Zusammen mit Rußland und der Ukraine war Belorußland eines der Gründungsmitglieder der *Gemeinschaft der Unabhängigen Staaten.*

Die jüngste Geschichte Belorußlands macht deutlich, wie wenig gefestigt und wie anfällig seine neue Unabhängigkeit noch ist. Das Referendum vom Mai 1995, das schon im Zusammenhang mit der belorussischen Sprache erwähnt wurde, beinhaltete auch Fragen zur Nationalflagge und zu nationalen Emblemen sowie zur Gestaltung engerer Beziehungen mit Rußland. Die neue Nationalflagge Belorußlands trägt die traditionellen Farben weiß-rot-weiß; das nationale Emblem ist der bekannte *Pahonya* (Pahonia), eine Ritterdarstellung, die auf die historischen Bezüge zu Litauen verweist. Diese neue Flagge und dieses neue Emblem, von Präsident *Lukashenka* offiziell bestätigt, ähnelt sehr stark jenen Symbolen, die schon in sowjetischer Zeit gültig waren. Lukashenka und *Jelzin* haben in den letzten Jahren eine ganze Reihe Verträge unterzeichnet, um die Beziehungen beider Länder miteinander zu vertiefen. In der Realität jedoch erweist sich diese belorussisch-russische Union als nur wenig effektiv und es scheint, als ob Jelzin sie im Grunde nicht sehr ernst nimmt. Belorußlands Tragödie ist einmal mehr, isoliert und auch vom *Europäischen Rat* nicht anerkannt zu sein. Darüber hinaus wird es von einem Präsidenten regiert, der die Verfassung ignoriert und immer mehr legislative und exekutive Macht an sich reißt. Belorußland läuft Gefahr, ein Polizeistaat zu werden, dessen Bevölkerung sich politisch zunehmend polarisiert, wie die Unruhen in Minsk im April 1996 zeigten. Elemente einer wirklich zivilen Gesellschaft sind zwar vorhanden, könnten jedoch sehr leicht unterdrückt werden.

Bräuche, Traditionen und Religion

Obwohl viele der alten Bräuche und Traditionen die Jahre der Sowjetherrschaft und die unvermeidliche Urbanisierung des Landes nicht überlebt haben, finden sich in den ländlichen Regionen

Belorußlands doch immer noch Zeugnisse der ursprünglichen Volkskultur des Landes; einige dieser alten Traditionen werden heute auch in entsprechenden Veranstaltungen »bühnenreif« präsentiert. Die national gesinnte Jugend Belorußlands hat zudem alte Feste wiederbelebt, so etwa *Kupale*, das Sommersonnenwendfest, oder *Dzyady*, Allerseelen, an dem zum Andenken an die Verstorbenen ein ganz spezielles Essen zubereitet wird. Erhalten geblieben sind auch alte Web- und Stickmuster, nicht zuletzt jene der breiten Schärpen, die man in der Region von Slutsk findet.

Die isolierte Lage von Palesse im Süden Belorußlands hat hier Traditionen entstehen lassen, die manche Leute dahingehend interpretieren, daß die Bewohner dieser Region praktisch eine eigenständige Volksgruppe darstellen. Die Bemühungen, entsprechend auch eine eigenständige Sprache zu konstruieren, sind bislang allerdings wenig erfolgreich.

Die meisten Belorussen sind russisch-orthodoxen Glaubens; die russisch-orthodoxe Kirche gehörte jedoch stets zu den Institutionen des Landes, die jegliche nationalen Strömungen bekämpft haben. Bis heute gibt es nur wenige Priester, die ihre Predigten auf Belorussisch halten. Dennoch gibt es auch eine eigenständige belorussische orthodoxe Kirche, die in der Diaspora agiert. In den letzten Jahren haben sich einige der ursprünglich belorussisch-orthodoxen Gemeinden der russisch-orthodoxen Kirche angeschlossen. Die katholische Kirche Belorußlands wiederum ist stark polnisch geprägt und ignoriert weitestgehend die Existenz der belorussischen Katholiken. Erste Schritte, die liturgischen Texte ins Belorussische zu übersetzen, wurden nach dem Referendum von 1995 sofort wieder zurückgenommen. In Belorußland gibt es schätzungsweise 2 Millionen Katholiken, wohingegen jedoch nur etwa 500.000 Bürger dieses Landes polnischer Nationalität sind. Einige national gesinnte Gruppierung haben nun wieder die griechisch-katholische Kirche restituiert, doch obwohl diese nur wenige Mitglieder umfaßt, begegnet ihnen die russisch-orthodoxe Kirche überaus feindselig. Bis heute gibt es keine allgemein akzeptierte moderne belorussische Bibelübersetzung.

In einigen Regionen Belorußlands gibt es kleinere Gemeinden von Altgläubigen, deren bedeutendste Vetka nahe Homel ist, wo sich deren Traditionen am stärksten bewahrt haben. Die Stadt selbst ist stark betroffen vom Reaktorunglück in Tschernobyl, aktuelle Einwohnerzahlen liegen nicht vor, doch um 1913 lebten hier 98.000 Menschen. Die heutigen Bewohner Vetkas fühlen sich in ihrer Mehrzahl als Belorussen.

Einst lebten in Belorußland auch muslimische Tataren. Im 19. Jahrhundert gab es hier noch 15 Moscheen. Zu Beginn des 20. Jahrhunderts wiesen die Tataren keine großen Unterschiede mehr zu ihren christlichen Landsleuten auf, sie hatten ihre ursprüngliche Sprache verloren und pflegten lediglich ihre eigene Religion, bis diese, wie alle anderen Glaubensrichtungen auch, von der sowjetischen Regierung unterdrückt wurde. 1970 betrachteten sich laut offizieller Statistik noch 10.031 Einwohner Belorußlands als Tataren. Heute versuchen viele jüngere belorussische Tataren wieder, ihr doppeltes kulturelles Erbe zu pflegen. Die einzige religiös genutzte Moschee des Landes findet sich heute in Iuye, Grodno (Hrodna).

Landwirtschaft und Industrie

Die traditionellen Besitzverhältnisse auf dem Lande wurden durch die Kollektivierung zur Zeit der sowjetischen Herrschaft gänzlich aufgehoben. Die Rodung der Wälder und die Wasserverschmutzung der Flüsse stellen für die Landwirtschaft ernste Probleme dar. Große Teile des Ackerlandes sind heute in Folge der Katastrophe von Tschernobyl im Jahre 1986, unter der die Bevölkerung Belorußlands noch Jahrzehnte leiden wird, verseucht und damit unbrauchbar.

Der Aufbau der belorussischen Industrie zur Zeit der Sowjetmacht erfolgte unter planwirtschaftlichen Gesichtspunkten. Dem Land wurde die Rolle eines Endproduzenten zugewiesen für Lastwagen, Traktoren, Maschinen für die Landwirtschaft, High-Tech-Produkte und elektronisches Gerät (vor allem aufgrund der starken militärischen Präsenz) sowie für Produkte der chemischen und petrochemischen Industrie (für die eigens die Stadt Navapolatsk errichtet wurde – die entsprechend unter der Umweltverschmutzung leidet) und Verbrauchsgüter wie Fernseher, Radios und Kühlschränke.

Die Wirtschaftskrise des Landes, ausgelöst durch die Aufhebung der engen wirtschaftlichen Beziehungen mit der Sowjetunion, hält nach wie vor an, und bislang gibt es keine Anzeichen dafür, daß Belorußland diese überwinden könnte. In vielen Betrieben wird kurzgearbeitet und die Belegschaften müssen oft Monate auf ihre Löhne warten. Ausländische Firmen wurden ins Land geholt, so beispielsweise der Automobilkonzern Ford, der nun die entsprechenden Industrieanlagen von Minsk neu ausstattet und modernisiert und das belorussische Parlament hat Plänen zur Reprivatisierung der Landwirtschaft zugestimmt. Dennoch wird sich die Wirtschaft Belorußlands – wie auch seine politische Situation – wohl solange nicht wirklich stabilisieren, so lange die Konfrontationen zwischen Parlament und Präsident fortdauern.

Die Ukrainer

Als die Ukraine am 24. August 1991 ihre Unabhängigkeit erklärte, entstand damit gleichzeitig ein neuer, riesiger Staat auf der Landkarte Europas. Die Ukraine umfaßt 603.700 Quadratkilometer, hier leben 52 Millionen Menschen und sie weist 5 Städte mit mehr als einer Million Einwohnern auf: die Hauptstadt Kiew (Kyiv), Kharkow (Kharkiv), Denepropetrovs'k, Odessa (Odesa) und Donetsk (Donets'k). Das Land verfügt über enormes industrielles und landwirtschaftliches Potential. Dennoch verstanden die wenigsten, warum die Ukraine für sich den Status einer eigenständigen Nation beanspruchte, und noch viel weniger ihren Wunsch nach Unabhängigkeit. Doch dies lag nicht zuletzt daran, daß man dieses Land stets nur durch die Brille der Sowjetunion betrachtete. Zweihundert Jahre lang litt die Ukraine unter diesem Blickwinkel der russischen Geschichtsschreibung, die das Land sowohl vor als auch nach 1917 lediglich zu einem Appendix Rußlands degradierte. Dieses Bild wurde auch im Westen kolportiert und zwar verbunden mit der Auffassung, daß die emigrierten ukrainischen Wissenschaftler aufgrund ihres Nationalismus das Land verlassen mußten. Die Unabhängigkeit der Ukraine macht es heute erforderlich, diese alten Vorstellungen, bedingt durch einen russozentrischen Blick, zu revidieren. Gleichzeitig ergeben sich hieraus neue Fragen, etwa jene, was die Ukrainer denn nun wirklich sind.

Das Land

Die geographischen und klimatischen Bedingungen der Ukraine variieren sehr stark. Die Steppenlandschaft der Zentralukraine wird von Ebenen und Flußtälern unterbrochen, nicht zuletzt jenem des Dnjepr (Dnipro). Im Norden erstrecken sich die Sümpfe des Pripjet-Tals bis nach Belorußland hinein und der Süden ist geprägt von den flachen Küstenlandschaften des Schwarzen und Asowschen Meeres. Die westlichen Ausläufer des Russischen Hochlandes bilden die östliche Ukraine mit dem Donetbecken und im Westen erheben sich die Berggipfel der Karpaten (höchster Berg ist der Hoverla mit etwa 2.200). Die Halbinsel Krim bildet eine eigenständige geographische Einheit. Die bedeutendsten Flüsse des Landes sind der Dnetsr und der Dnjepr, die beide vom Norden kommend ins Schwarze Meer münden.

Das Volk

Etwa 73 Prozent der Bevölkerung der Ukraine sind auch ihrer Nationalität nach Ukrainer. Darüber hinaus leben hier 11,4 Millionen Russen; Juden, Rumänen, Polen und Ungarn ihrerseits bilden jeweils zahlenmäßig relativ große Minderheitengruppen. Der Osten, der am stärksten industrialisierte Teil des Landes mit seiner vorwiegend russischen Bevölkerung, und der Süden, die Region um das Schwarze Meer mit ihrer ethnisch sehr gemischten Bevölkerungsstruktur, stellten in den ersten Jahren der ukrainischen Unabhängigkeit für die politische Stabilität des Landes eine potentielle Gefahr dar. Doch je mehr Selbstvertrauen die Ukraine als Staat entwickelte, umso enger konnte sie auch diese Landesteile an sich binden.

Die leidvolle Geschichte der Ukraine ist ein Grund dafür, warum heute so viele Ukrainer außerhalb ihrer Heimat leben;

zum Teil leben sie in ursprünglich ukrainischen Regionen, die heute zu anderen Ländern gehören, zum Teil wurden sie gezwungen, das Land zu verlassen. Mindestens 7 Millionen Ukrainer leben heute in anderen Teilen der ehemaligen Sowjetunion, vor allem in Rußland sowie der ehemaligen Sowjetrepublik Moldau, viele andere in Polen, der Slowakei und Rumänien. Nach 1945 ließen sich zudem viele Ukrainer in Westeuropa sowie in Nord- und Südamerika nieder; in Kanada und den USA gibt es darüber hinaus auch große ukrainische Volksgruppen, die bereits um 1880 hierherkamen, im Zuge der massenhaften Emigration der Ukrainer aus dem damaligen Habsburger Reich. Vor allem diese Gruppe, die die Erfahrungen der sowjetischen Herrschaft nicht teilen, sind es, die alte ukrainische Traditionen bewahrt haben und heute die neue Republik aktiv unterstützen.

Die Bedeutung der Ukraine für die Getreideversorgung der Sowjetunion führte dazu, daß sie allgemein als die Kornkammer der UdSSR galt. Die Industrie des Landes wiederum basiert auf den Eisen- und Kohlevorkommen vor allem im Donetsbecken im Osten des Landes. Die Eisen- und Stahlproduktion, die Verbrauchsgüter- und Schwerindustrie sind die bedeutendsten Wirtschaftszweige des Landes. Zwar verfügt das Land auch über kleinere Mangan- sowie Ölvorkommen. Eine der Energieversorgungsanlagen (hier besteht Abhängigkeit zum Ausland), das Kernkraftwerk in Tschernobyl im Norden von Kiew, bereitet der Ukraine seit April 1986, als einer seiner Reaktoren zerbarst, enorme Probleme. Die Folgen der radioaktiven Verseuchung werden das Land und seine unmittelbaren Nachbarn noch für Jahrzehnte, wenn nicht Jahrhunderte, belasten.

Sprache

Das Ukrainische ist eine Ostslawonische Sprache, und als solche am engsten mit dem Belorussischen und dem Russischen verwandt. Viele grammatische Strukturen sowie Wörter ähneln jedoch auch sehr stark dem Polnischen. Die heutige Schriftsprache des Ukrainischen ist das Ergebnis eines mehr als hundert Jahre andauernden Prozesses, in dem zum einen die Existenz der

Sprache verteidigt und zum anderen ein Kompromiß zwischen den vielen Dialekten gefunden werden mußte. Das Ukrainische der Emigranten wiederum ist stark von den Dialekten der Westukraine geprägt.

Die Entwicklung der ukrainischen Schriftsprache ging zeitlich einher mit der Herausbildung des ukrainischen Nationalbewußtseins im 19. Jahrhundert. Damals gab es zwei intellektuelle Zentren – Kiew, damals zum russischen Reich gehörend, und L'viv (früher Lemberg, Lwow) im ukrainischen Teil von Österreich-Ungarn – und so entwickelten sich zunächst zwei unterschiedliche Schriftsprachen. Das Kiew-Ukrainische basierte im wesentlichen auf jener Sprache, die der Dichter *Taras Shevchenko* benutzte, der seinerseits zu den bedeutendsten Köpfen der nationalen Bewegung der Ukraine gehörte. In L'viv hingegen gestaltete sich dieser Prozeß wesentlich komplexer, da das Ukrainische sich hier aus der liturgischen Sprache der orthodoxen Kirche – der slawonischen Kirche – entwickelte und gleichzeitig aus dem anti-katholischen Diskurs der vorangegangenen Jahrhunderte, der wiederum stark mit polnischen und lateinischen Sprachelementen durchsetzt war. Dieses Sprachkonglomerat der Schriftsprache hatte nun allerdings sehr wenig zu tun mit jener Sprache, die die breite Bevölkerung benutzte. Die damalige ukrainische Oberschicht sowie die gebildeten Klassen sprachen vorwiegend polnisch. Letztendlich setzte sich dann jedoch, im Zuge eines gewissermaßen demokratischen Trends, das Ukrainische in allen Bereichen des öffentlichen Lebens durch.

Diese Entwicklung manifestierte sich dann noch einmal mit der Ausrufung der Ukrainischen Sowjetrepublik und der Politik der neuen Regierung. Im Hinblick auf Wissenschaft und Verwaltung entstanden neue Wörter und Grammatik und Orthographie wurden zügig standardisiert. Dieser Prozeß wurde jedoch durch die Politik Stalins in den 30er Jahren revidiert. Das Ukrainische zu fördern oder gar seine Unterschiede zum Russischen zu betonen erwies sich in dieser Zeit als durchaus gefährlich. In der Ära Breschnew wurden ukrainische Dissidenten in Arbeitslager verbannt, und zwar gleichermaßen aufgrund der Tatsache, daß sie die ukrainische Sprache und Schriftsprache pflegten wie auch aufgrund der inhaltlichen Positionen, die sie vertraten. Heute kann man davon ausgehen, daß die Zukunft der ukrainischen Sprache ebenso gewährleistet ist wie die Unabhängigkeit der Ukraine.

Das Land hat einige herausragende Schriftsteller hervorgebracht, deren Ukrainisch von großer poetischer Kraft ist. Die Literatur des 19. Jahrhunderts prägten, neben *Shevchenko*, auch große Dichter und Autoren wie *Ivo Franko* und *Lesia Ukrainka.* Die kulturelle Blüte der Ukraine in den 20er Jahren ließ viele experimentelle Kunstformen entstehen und einer der bedeutendsten Autoren dieser Zeit ist *M. Kvyl'ovyy.* Von den vielen hervorragenden zeitgenössischen Autoren wiederum ist vor allem *Lina Kostenko* zu nennen.

Geschichte

Ukraine bedeutet wörtlich übersetzt »Grenzland«. Diese Bezeichnung geht zurück auf jene Zeit, als die Steppenlandschaft der Zentralukraine tatsächlich die Grenze zwischen dem Staat von Kiew mit seiner osteuropäisch byzantinischen Kultur und Asien bildete, dessen Nomadenvölker mit ihren Tierherden immer weiter in westliche Weidegebiete vordrangen. Doch in gewisser Hinsicht ist es auch heute noch richtig, die Ukraine als Grenzland zu bezeichnen: seit sie sich 1917 erstmals als ein moderner Staat etablierte, wurden ihre Grenzen mehrfach verschoben – und zwar stets von fremden Mächten, vor allem von Seiten Moskaus, und auch aus heutiger Sicht stellen diese vielen Grenzverschiebungen noch eine potentielle Gefahr für die Zukunft des Landes dar.

Die Erklärung der Unabhängigkeit der Ukrainischen Nationalrepublik (oder zumindest deren Autonomie innerhalb einer erhofften freien Föderation der Völker des russischen Reiches) am 22. November 1917 hatte zur Folge, daß die Bolschewisten das Land besetzten und schließlich die Ukrainische Sowjetische Sozialistische Republik etablierten. Nach Beendigung des polnisch-russischen Krieges fielen dann die ukrainischen Gebiete von Galizien und Wolynien im Vertrag von Riga im Jahre 1921 an Polen. Drei Jahre später verlor die Ukraine auch die Regionen von Taganrog und Shakhty an Rußland.

Im Zusammenhang mit dem Hitler-Stalin-Pakt wurde Rumänien 1940 gezwungen, Teile seines Territoriums an Rußland abzutreten. Diese bildeten die neugegründete Sowjetische Sozialistische Republik Moldau, in die auch Teile der linken Uferregion des Dnestr integriert wurden, die damit ihre ukrainische Zugehörigkeit verloren. (Diese Region bildet heute die *Transnistrische Republik*, die ihrerseits bemüht ist, sich von Moldau abzuspalten.)

Rumänien verlor darüber hinaus auch die Bukowina (heute die ukrainische Region von Chernivtsy) und Südbessarabien (heute aufgeteilt zwischen der Republik Moldau und der Ukraine, wo es zur Region von Odessa gehört). Nach 1945 erhielt die Ukraine dann die Region rund um die Südkarpaten, deren bedeutendste Stadt Uzhhorod ist (ursprünglich ungarisch, doch zuletzt Teil der Tschechoslowakei, und zwar bis zu deren Aufsplitterung im Jahre 1938). 1954 schließlich »schenkte« Chruschtschow, anläßlich des dreihundertsten Jahrestages der »Wiedervereinigung« der Ukraine mit Rußland, der Ukraine die Halbinsel Krim.

Die Ukraine verfügt also nicht im eigentlichen Sinne des Wortes über eine Nationalgeschichte und so beruht ihr Staatswesen heute, historisch betrachtet, im wesentlichen auf den politischen Erfahrungen, die die Ukrainer zu unterschiedlichen Zeiten in unterschiedlichen Staaten gesammelt haben. Die ukrainische Geschichtsschreibung beginnt mit dem mittelalterlichen Fürstentum Kiew, das, am Dnjepr gelegen, einen Kreuzungspunkt der ost-westlichen Handelsrouten von und nach Europa und Asien sowie der nord-südlichen zwischen Skandinavien und Byzanz darstellte. Sehr früh schon drangen die Herrscher des Nordens in diese Region vor und mischten sich unter die hiesigen ostslawonischen Völker.

988 etablierte sich in Kiew das orthodoxe Christentum und verbreitet sich von hier aus nach Belorußland und Rußland. Der Begriff *Rus*, ursprünglich eine Bezeichnung für einige der nordischen Volksgruppen, setzte sich zunehmend als Namen für all jene Völker durch, die dem orthodoxen Glauben anhingen. Andere bedeutende kulturelle und Handelszentren dieser Region, wie etwa Nowgorod und Suzdal', akzeptierten die Ober-

hoheit Kiews bis ins 12. Jahrhundert hinein, als dynastische Auseinandersetzungen und Rivalitäten zwischen diesen Staaten die Autorität Kiews erschütterten.

Kiews Autorität litt zudem unter seiner schwindenden wirtschaftlichen Bedeutung: türkische Nomaden bedrängten unaufhaltsam die Dnjepr-Region. Seine glorreiche Herrschaft endete schließlich mit dem Ansturm der Mongolen und dem Fall Kiews im Jahre 1240. Die politische Macht in diesem Teil Europas verschob sich nun nach Galizien und Wolynien, die ihrerseits enge, wenn auch zeitweise feindliche Beziehungen zum katholischen Polen und zu Ungarn unterhielten, sowie nach Litauen (das sich 1362 die noch verbliebenen Reste des Staates von Kiew einverleibte) und Rußland, dessen Expansion gerade erst einsetzte. Die Krim und das Schwarze Meer wurden nun von den Mongolen und ihren Nachfolgern, den *Goldenen Horden*, als wichtige Handelsregion genutzt, in der sich auch ausländische Handelsniederlassungen etablierten, vornehmlich von Veneziern und Genuesen.

In der zweiten Hälfte des 16. Jahrhunderts erlebte die Stadt Kiew eine wirtschaftliche Renaissance. Im Zuge der polnisch-litauischen Union von 1569 gelangte die ganze Ukraine unter polnische Vorherrschaft und zu dieser Zeit etablierte sich auch erstmals der Begriff »Ukraine« für diese Region, die nun stark von der polnischen Kultur sowie dem Katholizismus beeinflußt wurde.

Für das Selbstbild des neuzeitlichen ukrainischen Staates spielen die Kosaken eine bedeutende Rolle. Diese lebten einst als marodierende Freibeuterscharen »jenseits der Stromschnellen des Dnjepr« und waren somit jeglichem Machtzugriff entzogen. Den Ukrainern gelten sie als die Verteidiger des orthodoxen Glaubens gegen den polnischen Katholizismus. Unter der Führung von *Bohdan Khmel'nyts'kyi* kam es 1648 zum Aufstand gegen die polnisch-litauische Union und in dessen Ergebnis zur Gründung eines Kosakenstaates, der heute vielfach als ein Modell für einen wahrhaft demokratischen Staat gerühmt wird.

Ohne Verbündete jedoch konnte dieser Staat nicht überleben und so wurde er bereits 1654 gezwungen, die Autorität des Zaren von Moskau anzuerkennen. Das »linke Ufer«, das heißt all jene

Gebiete der Ukraine östlich des Dnjepr (Dnipro) einschließlich Kiews, fiel, wenn auch anfänglich mit gewissen autonomen Rechten, an das russische Reich, die restliche Ukraine aber verblieb bei Polen. Ein letzter Versuch, die Unabhängigkeit der Ukraine wiederherzustellen, erfolgte unter *Mazepa*, der Schweden in seinem Krieg gegen Rußland unterstützte. Doch der Sieg Rußlands bei Poltava in der Ukraine im Jahre 1709 besiegelte deren Schicksal. Alle staatlichen Institutionen, die noch aus der Zeit des Kosakenreichs bestanden, wurden aufgehoben und auch die kosakischen Truppen wurden als gesonderte Einheiten in die russische Armee integriert. Aufgrund ihrer höheren Bildung und ihres eher westlichen Aussehens spielten ukrainische Adelige in der russischen Verwaltung bald eine bedeutende Rolle. Mit der Teilung Polens im Jahre 1772 fiel dann auch die Restukraine an Rußland, mit Ausnahme von Galizien, das dem österreich-ungarischen Reich eingegliedert wurde. 1783 gelangten schließlich noch die Krim sowie die Schwarzmeerküste, bis dahin unter osmanischer Kontrolle, an Rußland.

Um 1820 und 1830 entstand dann erstmals so etwas wie ein ukrainisches Nationalgefühl, unterstützt nicht zuletzt durch die Werke von Historikern und Dichtern. Problematisch hierbei war jedoch die Tatsache, daß die Zentren dieser Bewegung – Kiew in Rußland und L'viv im österreichischen Galizien – untereinander kaum Kontakt hatten. Österreich unterstützte die nationalen Bestrebungen der Ukrainer, um derart dem wachsenden politischen Unmut der Polen zu begegnen. Eine relativ breite Bevölkerungsgruppe, die sich selbst als Ukrainer bezeichnete, gab es auch in Ungarn, jedoch hatte diese ebenfalls keinen Kontakt zu den Ukrainern Galiziens. Unter diesen wiederum gab es sehr viele, die eine pro-russische Orientierung favorisierten, während die ukrainischen Intellektuellen Galiziens hingegen für eine vereinte ukrainische Nation eintraten. Schließlich war es dann Rußland, das 1876 mit seinem Verbot der ukrainischen Sprache die ukrainischen Bewegungen von Kiew und L'viv miteinander vereinte. Dieses Verbot bestand bis 1906 und führte dazu, daß die ukrainischen Autoren Rußlands ihre Werke nun in L'viv publizierten, und somit entwickelte sich die nationale Bewegung nun auch zu einer gemeinsamen Sache aller Ukrainer.

Die nationale Erhebung von 1917 untermauerte dieses Bewußtsein eines gemeinsamen kulturellen Erbes aller Ukrainer, was wiederum die Vorstellung eines von Rußland unabhängigen ukrainischen Staates beflügelte. Im Januar 1918 erklärte die Ukraine ihre Unabhängigkeit und einige Wochen später wurde diese von den Zentralmächten im Zuge ihrer Verhandlungen über den Vertrag von Brest-Litowsk (heute Brest in Belorußland) anerkannt. Dennoch war die Situation der Ukraine äußerst prekär, kämpften innerhalb ihrer Grenzen doch die Truppen des ehemals zaristischen Rußlands gegen jene der Roten Armee, um das alte Zarenreich zu restaurieren beziehungsweise die Sowjetmacht zu etablieren. 1921 wurde dann die Ukrainische Sowjetische Sozialistische Republik gegründet – mit Kharkow als Hauptstadt –, Galizien und Wolynien aber fielen an Polen.

Die neue sowjetische Regierung verfolgte nun eine Politik der »Ukrainisierung« aller Bereiche des öffentlichen Lebens. Der polnische Staat hingegen unterdrückte und verfolgte jegliche Äußerung eines ukrainischen Nationalgefühls. Doch auch das ukrainische Modell einer eigenständigen sowjetischen Herrschaft fand um 1930 ein jähes Ende, als die stalinistische Unterdrückung einsetzte, zunächst gegen die Intellektuellen des Landes gerichtet, später dann gegen die gesamte Bevölkerung: eine bewußt herbeigeführte Hungerkatastrophe forderte Millionen von Menschenleben. In Polen wiederum setzten sich die Ukrainer mit Waffengewalt gegen ihre Unterdrückung zur Wehr, und dieser bewaffnete Widerstand setzte sich später in beiden Ländern während der gesamten Zeit der deutschen Besatzung fort.

Die Restitution der Sowjetmacht in der Ukraine im Jahre 1944 befriedigte in keiner Weise die Unabhängigkeitsbestrebungen der Ukrainer. Erst unter *Michael Gorbatschow* wurde es möglich, eine Diskussion über die leidvolle Geschichte der Ukraine zu eröffnen, und dies sogar obwohl die alte politische Führung des Landes noch bis 1991 in Amt und Würden war. Der Putsch in Moskau im gleichen Jahr veränderte dann das gesamte osteuropäische Gefüge. Die Ukraine gehörte zu den ersten Staaten, die ihre Unabhängigkeit von der UdSSR erklärten und im Dezember des gleichen Jahres die *Gemeinschaft der Unabhängigen Staaten* gründeten.

Die unabhängige Ukraine wurde nun direkt mit den Problemen des nuklearen Erbes der Sowjetunion konfrontiert und mußte gleichzeitig mit Rußland eine einvernehmliche Lösung bezüglich der einstigen sowjetischen Schwarzmeerflotte, die in Sevastopol auf der Halbinsel Krim stationiert war, finden. Damals gab es sehr viele Stimmen, die vehement dafür plädierten, daß die Nuklearwaffen, die sich auf ukrainischem Territorium befanden, im Lande verbleiben sollten, und zwar aufgrund des Fehlens jeglicher Sicherheitsabkommen im Falle einer Invasion ausländischer Mächte, wobei hier zunächst Rußland selbst als potentiell gefährlichster Aggressor angesehen wurde. Die Krim hat heute offiziell den Status einer autonomen Region innerhalb der Ukraine und die Verhandlungen über die Schwarzmeerflotte dauern an. Doch als insgesamt positiv ist zu werten, daß Rußland die Ukraine ganz offensichtlich als tatsächlich unabhängigen Verhandlungspartner akzeptiert. Die wirtschaftlichen Probleme des Landes sind nach wie vor ungeheuer groß, viele Schwierigkeiten, vor allem im Zusammenhang mit der Reprivatisierung des Landes sowie der Industrie, harren einer Lösung. Trotzdem findet die Ukraine auch international immer breitere Anerkennung: das Land hat für die Präsenz der UN-Truppen in Bosnien ein Truppenkontingent zur Verfügung gestellt und es ist inzwischen Mitglied des Europarates. Seine Assoziation mit den *Vyšehrad four* (Polen, Tschechien, Slowakien und Ungarn) gewinnt zunehmend an Bedeutung, da diese Länder einer Mitgliedschaft in der EU und der NATO immer näherrücken. Darüber hinaus wird die Ukraine ganz sicher eine bedeutende Rolle bei der regionalen Kooperation der Anrainerstaaten des Schwarzen Meeres spielen. Ein vielleicht optimistisch stimmendes Anzeichen für das neue Selbstbewußtsein der Ukraine war nicht zuletzt die Entscheidung von 1996, eine neue Landeswährung einzuführen, auf dem Hintergrund historischer Erwägungen *hryvna* genannt.

Religion und Regionalismus

Die Mehrheit der Ukrainer würde sich selbst wohl als orthodox bezeichnen, doch ist diese Frage im Grunde gar nicht so einfach zu beantworten. Die »offizielle« ukrainische Kirche ist aus der russischen Kirche hervorgegangen und hat sich gegenüber den ukrainischen Unabhängigkeitsbestrebungen ambivalent verhalten. Kiew aber ist die Stadt, von der aus sich der orthodoxe Glauben einst über ganz Rußland verbreitete und von daher hat diese Stadt für die orthodoxe Kirche Rußlands einen besonderen Stellenwert. Die unabhängige orthodoxe Kirche der Ukraine etablierte sich in den 20er Jahren, und zwar im Zusammenhang mit der zunehmenden »Ukrainisierung« des gesamten Landes. Anfang der 30er Jahre unterdrückte Stalin diese Entwicklung, dennoch konnte sich die Kirche in der Emigration behaupten. Heute hat sie erneut begonnen, sich neben der »offiziellen« orthodoxen Kirche zu etablieren.

Daneben gibt es die griechisch-katholische Kirche, die auf die Union der katholischen mit der orthodoxen Kirche, 1596 auf der Synode von Brest begründet, zurückgeht. In der Ukraine wurde diese Kirche zwar im 17. Jahrhundert erbittert bekämpft, in Galizien hingegen wurde sie zur offiziell ukrainischen Kirche ernannt. 1946 wurde die griechisch-katholische Kirche dann wieder mit der orthodoxen Kirche der sowjetischen Ukraine vereint, doch existierte sie im Untergrund weiter, unterstützt von Hunderttausenden ihrer emigrierten Anhänger. Heute beanspruchen die griechisch-katholischen Christen wieder jene Kirchen und Gebäude, die ihnen einst zugunsten der orthodoxen Kirche weggenommen wurden. Damit stellt die Religion als solche in der heutigen Ukraine kein einigendes Element dar, sondern trennt Russen und Ukrainer.

Da die Ukraine über so gut wie keine staatstragenden Traditionen verfügt und auch keine eigenständige Geschichte aufweist, die für das gesamte Land gleichermaßen bedeutsam wäre, ist das jeweils regionale Zugehörigkeitsgefühl der Ukrainer stark ausgeprägt. Dies gilt insbesondere für die Regionen am Schwarzen Meer, für die Krim sowie für jene östlichen Landesteile, die stark industrialisiert sind. Die Ukrainer selbst sehen sehr wohl die

Unterschiede zwischen den *Polishchuks* der Polissia-Region an der Grenze zu Belorußland, den *Wolyniern* und den Bewohnern von *Podillia* und *Galizien* – um nur vier unterschiedliche Regionen zu nennen. Geschichte, Dialekt und Traditionen – Märchen, Lieder, Stickmuster, selbst die Bemalung der Ostereier – all dies spielt bei dieser Betrachtungsweise eine Rolle. Die regionalen Unterschiede bringen zwar keine unterschiedlichen Nationen hervor und werden dies, im Kontext einer unabhängigen Ukraine, wohl auch in Zukunft nicht tun. Dennoch gibt es eine Volksgruppe, die eventuell den Anspruch auf eine nichtukrainische Identität erheben könnte, und dies sind die Ruthenen.

Die Russen

Die Russen sind, ethnisch betrachtet, ein Vielvölkergemisch, praktisch als Ergebnis einer mehr als tausendjährigen Expansions- und Eroberungspolitik, im Zuge derer sie viele Völker buchstäblich absorbiert haben, vor allem solche finnischer und Turk-Abstammung. Von daher kann man nur schwer von einem typisch russischen Aussehen sprechen, wie man etwa vom typischen Aussehen der Schweden spricht. Andererseits hat jedoch der sowjetische Lebensstil, vor allem im Bereich der Nomenklatura, einen ganz bestimmten russischen Typus hervorgebracht.

Ethnisch betrachtet sind 82,6 Prozent der Menschen, die in der Russischen Föderation leben, Russen (1987 119 Millionen von 145,3 Millionen Einwohnern). Viele Russen leben zudem in jenen Ländern, die früher zur Sowjetunion gehörten, zusammen etwa 25 Millionen: 11 Millionen in der Ukraine, 6,2 Millionen in Kasachstan und 2,3 Millionen in den baltischen Staaten, weitere in Usbekistan und Moldau. Darüber hinaus gibt es auch im Westen mehr als eine Million Russen, Nachfahren von Emigranten, die nach der Russischen Revolution das Land verließen, beziehungsweise von russischen Kriegsgefangenen, die während des Zweiten Weltkriegs in Deutschland interniert waren und später dort blieben. Die größte Gruppe russischer Emigranten findet sich heute in den USA und in Frankreich.

Nationale Identität

Die russische Identität ist heute eine fließende. Andere Nationen sind aus der Ära des Kommunismus zwar stark angeschlagen hervorgegangen, haben sich aber dennoch in ihrem Innersten ihre nationalen Traditionen und ihre Identität bewahren können, da sie sich stets bemüht haben, offen und verdeckt, ihre Traditionen vor der Zerstörung durch das sowjetische System und den Kommunismus zu bewahren.

Im Falle von Rußland war dies anders. Als die eigentliche imperiale Macht des Ostens betrachteten die Russen mit Stolz die Sowjetunion als ihren Staat und übernahmen sehr viel weitgehender die sowjetische Kultur als dies andere europäische Nationen unter sowjetischer Herrschaft taten. So prägte auch der sowjetische Lebensstil in viel größerem Umfang die russische Sprache als dies etwa vergleichsweise in Polen der Fall war. Darüber hinaus eignete sich der russische Patriotismus viele Symbole und Traditionen des russischen Nationalismus an und entwertete sie entsprechend. Junge Russen, denen diese Symbole ein Leben lang eingehämmert wurden, messen diesen Traditionen sehr viel weniger Wert bei als andere Nationen, für die die Pflege ihrer Traditionen heute gleichbedeutend ist mit der Befreiung von der kommunistischen Tyrannei. Es ist schwer vorauszusagen, welche Charakterzüge der Russen sich herausbilden werden. Das alte, vorrevolutionäre Rußland ist längst verschwunden und vieles von jenem Geist der Sowjetunion hat sich ebenfalls verflüchtigt. Das alte Bild von den gebildeten Russen, die endlos bei ihrem Wodka oder Tee zusammen sitzen und hochgeistige Gespräche führen, ist längst nicht mehr haltbar. In der Vergangenheit, sowohl unter den Zaren wie im Kommunismus, hatten diese Intellektuellen nicht sehr viel zu tun; heute sind sie derart damit beschäftigt, möglichst Geld zu verdienen, daß sie kaum noch Zeit für philosophische Auslassungen haben.

Historische Kontroversen

Da die Russen heute dabei sind, aus den Trümmern, die der Kommunismus ihnen hinterlassen hat, wieder so etwas wie eine nationale Identität zu rekonstruieren, hat auch die Geschichte einmal mehr als Diskussionsgegenstand an Bedeutung gewonnen, nicht zuletzt für die Frage: was war/ist gut, was schlecht. Einige dieser Bewegungen zur Wiederentdeckung der nationalen Vergangenheit sind sehr schön und bewegend, andere wiederum, etwa der Rückgriff der Werbung auf imperiale Symbole, sind pathetisch, und wieder andere, beispielsweise die neofaschistischen Parteien der radikalen Opposition, sind schädlich und gefährlich.

Zwei der bedeutendsten historiographischen Kontroversen Rußlands beziehen sich auf die Ursprünge der russischen Nation und des russischen Staates im 10. Jahrhundert. Eine dieser beiden Kontroversen ist heute vor allem von akademischem Interesse: die Frage nämlich, ob das Reich von Kiew von Wikingern aus Skandinavien gegründet wurde. Etwa zwei Jahrhunderte lang versuchten russische Historiker diese Frage, trotz vieler gegenteiliger Beweise, zu verneinen, denn die historische Wahrheit barg in ihren Augen die Gefahr, man könne unterstellen, daß die Russen im Grunde nicht fähig seien, selbst einen Staat zu gründen. Andererseits jedoch galt die historisch dokumentierte Klage des russischen Volkes über einen ihrer skandinavischen Herrscher: »Unser Land ist reich, es verfügt jedoch über keinerlei Ordnung« – in Rußland jahrhundertelang als Rechtfertigung für die angebliche Notwendigkeit eines autoritären Regierungsstils.

Daß man so lange und hartnäckig daran festhielt, daß das Königreich von Kiew ein ursprünglich slawisches Reich gewesen sei, verweist im Grunde jedoch nur auf das tiefsitzende Minderwertigkeitsgefühl der Russen, das diese sehr lange gegenüber dem Westen empfanden, auf ihre Sorge also, als Barbaren betrachtet zu werden. Demgegenüber waren sie bestrebt, die Überlegenheit ihrer geistigen Werte, ihrer militärischen Potenz, im Grunde ihres Systems des Sowjetkommunismus, der die Überlegenheit auf diesen beiden Gebieten vermeintlich in sich vereinte, zu demonstrieren. Heute fühlen sich die Russen mehr als jemals zuvor dem Westen gegenüber als minderwertig, und so haben bereits viele politische Beobachter ihre Befürchtung zum Ausdruck gebracht, daß sie, um dies zu kompensieren, erneut mit messianischem Eifer ihre verlorenen Positionen vertreten könnten.

Die andere große historische Kontroverse betrifft die Beziehungen zwischen Rußland und der Ukraine. Diese ist nicht zuletzt auf dem Hintergrund, daß die Ukraine heute wieder ein unabhängiger Staat ist, von großer Bedeutung. Für die große Mehrheit der Russen war das Reich von Kiew ein russisches Reich und somit ist für sie das Territorium dieses ehemaligen Reiches nach wie vor russisches Territorium – und das ist im wesentlichen die heutige Ukraine. Diese Haltung jedoch birgt im weiteren die Gefahr, daß es heute auf dem Gebiet der ehemaligen Sowjetunion zu einem wirklich großen Krieg kommen könnte. Die sprachlichen und kulturellen Unterschiede zwischen der Ukraine und Rußland werden von den meisten Russen mit der langen Zugehörigkeit, vom 14. bis zum 18. Jahrhundert, großer Teile der Ukraine zur polnisch-litauischen Union erklärt. »Die Ukraine ist ein von den Kommunisten künstlich geschaffener Staat«, oder: »Das Ukrainische ist ein russischer Dialekt mit polnischem Akzent« – lauten denn auch die gängigsten Phrasen sogar eher moderater russischer Nationalisten.

Kiew-Rußland und das Tatarenjoch

Die ostslawischen Stämme, die von den Skandinaviern im Königreich von Kiew zusammengefaßt wurden, waren Heiden und verfügten über eine eher lose Form der sozialen Organisation. Sie wurden 987 zum orthodoxen Christentum bekehrt, nachdem die Emissäre des Großfürsten *Vladimir* aus dem byzantinischen Konstantinopel zurückgekehrt waren, und Großes von dessen Glanz zu berichten wußten. Gemäß einer Chronik hat sich der Fürst für das orthodoxe Christentum deshalb entschieden, da er der Meinung war, Gott könne die Juden nicht lieben, sonst wären sie nicht dazu verdammt, überall verstreut auf dieser Welt zu leben. Den Islam wiederum hielt er deshalb für ungeeignet, weil er davon ausging, daß sein Volk nicht ohne Alkohol leben könne. So groß wie das Reich von Kiew war, brach es zunehmend in kleinere Fürstentümer auseinander, die von Nachkommen des *Hauses Rurik* regiert wurden und mit Kiew formal assoziiert waren. Kiew selbst, am Rande der großen eurasischen Steppe gelegen, war den ständigen Angriffen der Nomaden ausgesetzt, deren größter Stamm, die Mongolen, 1237 die Stadt eroberte und das alte Reich von Kiew auflöst. Die Mongolen zerstörten Kiew sowie viele andere Städte auch. Lediglich Kitzeh, jene legendäre Stadt, wurde von Gott gerettet, indem er sie in den Himmel erhob beziehungsweise in einem See versenkte. Diese Legende, die für die Russen das Bild des eigentlichen Rußlands, seiner wahren Kultur spiegelt, bewahrte sich wie durch ein Wunder durch alle Wechselfälle und Grausamkeiten der russischen Geschichte. Die Zeit des »Tatarenjochs« – Tatar, ein Begriff, der von den Turkvölkern der ostrussischen Grenzregion stammt, die sich dort mit den Mongolen vermischten – wird allgemein für das Elend der weiteren russischen Geschichte verantwortlich gemacht. Rußland wurde, so heißt es, in dieser Zeit in seiner kulturellen und wirtschaftlichen Entwicklung um Jahrhunderte zurückgeworfen und damit nicht zuletzt weit hinter die Entwicklung Westeuropas. Angeblich waren es auch die Tataren, die jenen autokratischen Regierungsstil einführten, der so viele spätere Herrschaftssysteme charakterisierte. In jüngerer Zeit versuchen einige Historiker, ein etwas differenzierteres Bild von den Tataren zu entwerfen, doch das »Tatarenjoch« ist ein Klischee, das im russischen Selbstbild tief verwurzelt ist. Aus diesem Grunde reagieren die meisten Russen heute auch mit großer Irritation auf die Vorwürfe der Tataren, die eine große Bevölkerungsgruppe darstellen, sie selbst wären Opfer des russischen Kolonialismus. Mehr als zweihundert Jahre waren die russischen Fürsten verpflichtet, den Tataren-Khans Tribut zu zollen und sie waren zudem in ihrer Machtausübung von deren Gunst abhängig. Die Tataren-Khans spielten nicht selten die russischen Fürsten gegeneinander aus und ließen den ein oder anderen von ihnen quer durch das gesamte Reich zu ihnen an den Hof kommen, lediglich um sie dort, kaum waren sie angekommen, zu töten. Die Fürsten von Moskau, damals eine völlig bedeutungslose Siedlung, gelangten wiederum umgekehrt zu großem Einfluß, da sie es ihrerseits verstanden, die Gunst der Tataren zu gewinnen.

Das zaristische Rußland

Im Jahre 1380 schlug Fürst *Domitri Donskoy* in der Schlacht von Kulikovo am Don die Tataren, denen Moskau bereits seit einhundert Jahren seine Tributpflicht verweigert hatte. 1550 schließlich eroberte *Iwan der Schreckliche* die Khanate Kasan und Astrachan an der Wolga. Auf der Halbinsel Krim hingegen konnten sich die Tataren mit Unterstützung der Türken noch bis etwa 1780 halten und von hier aus auch immer wieder nach Südrußland und in die Ukraine vordringen. Ukrainische Historiker nun vertreten die These, daß das Fürstentum Moskau, das zwischen dem 14. und dem 20. Jahrhundert fast das gesamte Territorium des ehemaligen Reichs von Kiew eroberte, nicht als legitimer Nachfolger desselben zu betrachten sei, sondern als Begründer eines völlig neuen Reiches. Russische Historiker betonen demgegenüber, daß die Fürsten von Moskau Nachfahren des Kiewer Herrscherhauses waren und Moskau sich zudem nach dem Fall Kiews unter polnisch-litauische Vorherrschaft und jenem Konstantinopels unter türkische Vorherrschaft zum neuen geistigen Zentrum der orthodoxen Kirche entwickelte. Dennoch ist es ganz sicher nicht von der Hand zu weisen, daß sich Moskaus kulturelle Traditionen deutlich von jenen Kiews unterschieden: Die demokratischen oder zumindest oligarchischen Strukturen, die die russischen Stadtstaaten wie beispielsweise Nowgorod aufwiesen, wurden unterdrückt und schließlich durch rigide autokratische Systeme ersetzt, die ihrerseits durch eine ebenso rigide orthodoxe Religion unterstützt wurden.

Unter *Iwan dem Schrecklichen* (1530–84), einer der obskursten Gestalten der russischen Geschichte, erlebte die Moskowiter Monarchie gleichermaßen ihren Aufstieg wie ihren Niedergang. Unter seiner Herrschaft expandierte Rußland bis nach Sibirien und versuchte sogar, seine Herrschaft bis zum Baltischen Meer auszudehnen. Dies und Iwans Haß auf den Adel waren der Grund, warum sowjetische und vor allem stalinistische Historiker diesen Zaren als einen Despoten porträtierten, der das Land modernisierte, den russischen Staat zentralisierte und der versuchte, die feudale Opposition niederzuwerfen. Diese offizielle Darstellung war auch Gegenstand von Eisensteins bedeutendem Film über Iwan, auch wenn Eisenstein zudem die eher manischen Züge dieses Zaren, vor allem in seinen letzten Lebensjahren, aufzeigte und damit riskierte, sich Repressalien auszusetzen.

Der Vergleich zwischen Iwan dem Schrecklichen und Stalin wird heute jedoch auch auf anderer Ebene hergestellt. Stalin, getrieben von seinen persönlichen und kommunistischen Visionen, eliminierte die besten Köpfe der sowjetischen Gesellschaft und hinterließ am Ende ein trotz seiner immensen Machtfülle erschreckend geschwächtes Rußland. Dies zeigt sich heute nicht zuletzt darin, daß Rußland im Vergleich mit den anderen osteuropäschen Ländern wesentlich größere Schwierigkeiten hat, sich vom Kommunismus zu befreien.

Iwans Grausamkeiten gegenüber seinem Volk und schließlich gegenüber seiner eigenen Familie führten im Grunde zum Untergang seiner Dynastie. Nach seinem Tod fiel die Macht in die Hände mehrerer Usurpatoren und im Zuge des nun folgenden Bürgerkriegs wurde auch Moskau für kurze Zeit besetzt. Diese Periode der russischen Geschichte gilt allgemein als die »Zeit der Wirren« – ein Begriff, der inzwischen oft benutzt wird, um das Rußland von heute zu charakterisieren.

Der Sieg über Polen einte den russischen Adel und dieser wählte im Jahre 1613 aus seinen Reihen *Michail Fjodorowitsch Romanow* zum Zaren aller Russen. Seine Dynastie blieb bis 1917 an der Macht, und diese Zeit gilt allgemein als die glorreichste Epoche Rußlands. Im Laufe des 17. Jahrhunderts gelang es den Zaren, das Land politisch zu stabilisieren und Kiew im Jahre 1654 von den Polen zurückzuerobern, wenn auch auf dem Hintergrund einer Erhebung ukrainischer Kosaken gegen Polen, die gleichzeitig das Einsetzen des ukrainischen Nationalismus markierte. Zudem erhielten die ukrainischen Kosaken vom Zaren bestimmte Privilegien, um sich der Oberhoheit Moskaus zu unterstellen. Diese wurden ihnen später jedoch nach und nach wieder entzogen.

Um das Volk für den Krieg zu organisieren, stattete die russische Monarchie den Adel mit absolut weitgehenden Machtbefugnissen über die Bauern aus, ein Prozeß, der im 18. Jahrhundert praktisch in die Sklaverei führte, als nämlich die leibeigenen Bauern wie Sklaven ge- und verkauft werden konnten. Die Leibeigenschaft hat sowohl die russische Geschichte wie auch die russische Identität in ungeheurem Ausmaß geprägt. Die Tendenz der Russen, sich schon nahezu apathisch in ihr Schicksal zu fügen, wird nicht zuletzt auf diese historische Erfahrung zurückgeführt. Die Revolten von *Stenka Razin* (gest. 1671) und *Pugachev* (gest. 1775) bilden hier lediglich die berühmte Ausnahme von der Regel. Eine weitere Konsequenz ihrer Leibeigenschaft, das heißt ihrer stets von ihnen erzwungenen Arbeitsleistung ausschließlich zum Wohle der adeligen Grundbesitzer, ist, daß sich bei ihnen im Grunde niemals so etwas wie ein Arbeitsenthusiasmus entwickeln konnte.

Die Leibeigenschaft war der eigentliche Grund, warum es in Rußland praktisch zu keiner Zeit bäuerlichen Landbesitz gab. Die Bauern lebten zusammen im Mir oder in der Commune, das Land befand sich in Gemeinschaftsbesitz und wurde regelmäßig neu verteilt. Nach der Revolution von 1905 wollte *Pyotr Stolypin*, Ministerpräsident der neuen, reformistischen Regierung, den Bauern eigenen Landbesitz ermöglichen, und zwar um diese für sich und gegen die Revolution zu gewinnen. Doch hatte er für diese Reform zu wenig Zeit. Die Tatsache, daß große Teile der russischen Bevölkerung nie über Privatbesitz verfügten und Privatbesitz stets als etwas Bedrohliches empfunden wurde, manifestierte sich dann im Kommunismus nur noch einmal. Diese Haltung jedoch stellt heute in Rußland eines der größten Hindernisse beim Aufbau einer erfolgreichen kapitalistischen Wirtschaft dar.

Der Rückzug der Kosaken in die südlichen und östlichen Grenzregionen Rußlands war zum größten Teil ein Resultat der Expansion Rußlands sowie der sich ständig verschärfenden Leibeigenschaft der Bauern, die wiederum von diesem Staat betrieben wurde. Russische Bauern, die der Leibeigenschaft entflohen, ließen sich meist in diesen Grenzregionen nieder, wo sich seit dem 16. Jahrhundert die Kosaken etabliert hatten, deren Namen auf ein Turk-Wort zurückgeht, das »Nomade« oder »Wanderer« bedeutet. Die Kosaken verteidigten, wie etwa die Grenzposten im damaligen Nordamerika, das Land gegen die Angriffe anderer Nomadenvölker und sie vollbrachten wahre Wunder bei der Erschließung neuer Territorien. Innerhalb von nur knapp 50 Jahren durchzogen sie etwa 7.200 km eines Gebietes, das bislang auf keiner Weltkarte verzeichnet war. Der Einfluß dieser Grenzregionen auf Rußland war jedoch, verglichen mit Nordamerika, äußerst minimal. Anders als in Nordamerika breitete sich von hier aus nicht jener »wilde Individualismus«, verbunden mit unabhängigen politischen Institutionen, über das restliche Land aus.

In der Regierungszeit *Peter des Großen* (1672–1725) erlangte die russische Zentralgewalt eine ungeheure Machtfülle. In dieser Zeit nahm die russische Geschichte jedoch auch eine Entwicklung, die bis zum heutigen Tage nachwirkt. Beeindruckt von der technischen und kulturellen Überlegenheit des Westens und entschlossen, Rußland in eine Großmacht zu verwandeln, begann Peter der Große, das Land gemäß dem westlichen Vorbild umzugestalten. Im Zuge dieses Prozesses gingen in großem Umfang alte russische Traditionen unter und wurden durch westlich geprägte kulturelle Werte ersetzt. Bedeutendstes »Symbol« dieser historischen Entwicklung war die Gründung von Sankt Petersburg am Baltischen Meer, einer absolut westlich geprägten Stadt mit einem durch und durch westlich konnotiertem Namen, der neuen Hauptstadt des Reiches, die als solche nun an die Stelle des mittelalterlichen Moskaus mit seiner östlich-religiösen Prägung trat.

Peter der Große war ganz sicher der bedeutendste Modernisierer Rußlands nach westlichem Vorbild, dennoch war er alles andere als ein Demokrat. Zehntausende von Gefangenen und Leibeigenen starben beim Bau der neuen Kapitale und viele russische Dichter waren aufgrund dieser Tatsache davon überzeugt, daß über dieser Stadt und seit dieser Zeit auch über der Geschichte Rußlands ein Fluch läge.

Peters Reformen machten aus Rußland zwar eine Großmacht, doch bewirkten sie auch eine tiefe Spaltung der russischen Gesellschaft und Kultur. Im Zuge der Entwicklung des 18. Jahrhunderts übernahm der russische Adel, gleichzeitig die gebildete Klasse Rußlands, immer mehr die westliche Kultur und entfernte sich damit zusehends von den Bauern, dem Klerus sowie den Kaufleuten und Händlern des Landes, die an den alten kulturellen Traditionen Rußlands festhielten. Diese Entfremdung der breiten Masse des russischen Volkes vom Staat und seiner Elite war einer der entscheidenden Gründe für die Revolution von 1917. Auf der anderen Seite inspirierte diese Erfahrung der Distanz zur russischen Kultur und zum russischen Volk die Schriftsteller des 19. Jahrhunderts, die sich nun bemühten, diese Distanz mit ihrem schriftstellerischen Schaffen zu überwinden – und so entstanden die bedeutendsten Werke der russischen Weltliteratur.

Im Laufe des 19. Jahrhunderts erstarkte zudem unter den Intellektuellen des Landes eine sozialistische, gegen die bestehende Regierung gerichtete Strömung, ihrerseits ebenfalls gefördert durch den tiefen Riß in der russischen Gesellschaft. Diese wurde zudem noch unterstützt durch jene Haltung der russischen Kirche, die, sehr viel stärker als dies im Westen der Fall war, die irdischen Probleme damit überging, daß sie den Menschen die glorreichen Verheißungen des Himmels und der kommenden Welt predigte. Derartige Verheißungen oder auch jene des Tausendjährigen Reiches Christi waren ebenfalls typisch für die vielen russischen Sekten, von denen einige aus Protest gegen die Kirchenreform Peters des Großen entstanden waren und die ablehnende Haltung des russischen Volkes gegenüber dem russischen Staat sowie gegenüber dem am Westen orientierten Reformwerk Peter des Großen unterstützten.

Im Grunde ist es paradox, daß ausgerechnet jenes Volk, dessen Nation das umfassendste Staatsgebilde der modernen Geschichte hervorbrachte, die Staatsmacht selbst eigentlich nur haßte. Im Grunde jedoch ist es Indifferenz der meisten Russen gegenüber dem Staat, die diesen in der Vergangenheit zwang, die Gesellschaft zu organisieren und die es ihm darüber hinaus erlaubte, bisweilen äußerst brutal zu agieren. Diese Brutalität des Staates wiederum entfremdete ihn dann auch weiterhin seinen Bürgern.

Die tiefe Religiosität des russischen Volkes bildete eine hervorragende Basis für den Kommunismus, und die sowjetische Rhetorik bezüglich einer perfekten kommunistischen Gesellschaft der Zukunft hatte denn auch unüberhörbare religiöse Untertöne. Eine der Schlüsselfragen im Hinblick auf die Zukunft Rußlands ist es denn auch, ob jene messianische Tradition der russischen Kultur und Politik durch die Grausamkeiten und Enttäuschungen unter sowjetischer Herrschaft praktisch ausgelöscht ist oder ob diese wieder an die Oberfläche gelangen wird, um die Welt von Neuem zu erschüttern.

Unter Peter dem Großen und unter *Katharina der Großen* (1729–96) eroberte Rußland weite Teile Polens und expandierte bis hinunter zu den Steppenregionen der Schwarzmeerküste. Im 19. Jahrhundert drang die russische Armee bis in den Kaukasus vor, bis nach Zentralasien und weit in den Osten des Kontinents, bis an die Küsten des Japanischen Meeres. 1812 erlebte das Land dann die größte Bedrohung seit jener »Zeit der Wirren«: Die

Armeen Napoleons drangen in das Land ein und rückten bis Moskau vor, wo sie schließlich, zum Teil dank der Standhaftigkeit der russischen Armee, zum Teil dank des russischen Winters, besiegt wurden.

Die Revolution, Sowjetrußland und postsowjetische Ära

Rußlands Niederlage im Krimkrieg (1854–56) machte dem Land erneut deutlich, wie weit es immer noch hinter der Entwicklung in Westeuropa zurücklag. Die Bemühungen, die Modernisierung Rußlands zu beschleunigen, fanden ihren Niederschlag in den großen Reformen um 1960 sowie in der raschen Industrialisierung des Landes.

Der Bau von Eisenbahnen und russische wie ausländische Investitionen förderten diese rasche Industrialisierung sowie das Wirtschaftswachstum und unter insgesamt günstigeren Bedingungen hätte sich in Rußland nun durchaus in eine prosperierende Marktwirtschaft entwickeln können. Doch mit dieser Entwicklung einher gingen auch soziale Unruhen, die zunächst in der Revolution von 1905 gipfelten. Im gleichen Jahr unterlag Rußland zudem im Krieg gegen Japan und all dies bewog die Regierung schließlich zu einigen politischen und sozialen Reformen. Diese reichten jedoch nicht aus, um das Land gegen die Herausforderung des Ersten Weltkriegs zu rüsten, der nun seinerseits für Rußland in die Revolution von 1917 mündete.

Angeführt von *Lenin* nutzten die Bolschewisten das Machtvakuum, das durch den Zusammenbruch des zaristischen Reiches entstanden war, und eliminierten nun ihrerseits jegliche Opposition gegen ihre politische Diktatur. Ab Ende der 20er Jahre begann *Stalin* dann die Industrialisierung und Kollektivierung des Landes unter Zwang und mit Gewalt voranzutreiben und die Bevölkerung, einschließlich der Kommunisten, seinem totalitären Sozialismus zu unterwerfen. In dieser Zeit des Terrors wurden 8 Millionen Menschen festgenommen und verhaftet und jeder Zehnte von ihnen blieb für immer verschwunden. In dieser Situation überfiel 1941 die Wehrmacht Hitlers das Land. Die Russen, traditionell stark mit ihrer Heimat verbunden, verteidigten diese und warfen die Invasoren bis weit hinter die Grenzen des Landes zurück. Die sowjetische Armee besetzte weite Teile Osteuropas, und Stalin gelang es später, diese Länder in Satellitenstaaten seines eigenen Imperiums zu verwandeln.

Die Hoffnung der Russen, daß der Sieg über Deutschland dazu beitragen könnte, die Kontrollen des Staates zu lockern, erfüllte sich erst nach dem Tod Stalins im Jahre 1953. *Chruschtschow* liberalisierte die Politik und versuchte, die Bevölkerung mit dem Versprechen, innerhalb von 20 Jahren den Kommunismus zu errichten und die USA im Bereich der Verbrauchsgüterproduktion zu überflügeln, neu zu motivieren. Nach einem Jahrzehnt tiefgreifender Reformen, die das Land zum Teil erschütterten, wurde Chruschtschow durch eine politische Führung ersetzt, die diese Dynamik zu bremsen versuchte und das Land in ruhigere Bahnen lenkte. Unter *Breschnew* verfiel das Land in politischen Konformismus. Wer seine Kritik lediglich privat äußerte, hatte nichts zu befürchten, wer sie jedoch öffentlich kundtat, wurde mit Gefängnis bestraft oder mußte das Land verlassen. Die richtige Ideologie als einziger Maßstab für die Beurteilung jeglichen Denkens und Tuns ließ die Korruption im Lande blühen. Die wirtschaftliche Stagnation, der sinkende Lebensstandard und eine sinkende Lebenserwartung weckten in der Bevölkerung die Angst vor einer drohenden Krise, verstärkt nicht zuletzt durch die Tatsache, daß die greisen Führer im Kreml, *Breschnew*, *Andropow* und *Tschernenko*, physisch bereits nicht mehr in der Lage zu sein schienen, das Land zu regieren.

Mit Gorbatschow erhielt die Sowjetunion 1985 nach langer Zeit erstmals wieder eine politische Führungspersönlichkeit, die voller Energie und in der Überzeugung agierte, daß die sowjetische Gesellschaft grundlegend umgestaltet werden müsse. Gorbatschows Vorstellung, daß eine vollständig reformierte kommunistische Partei dem sowjetischen Sozialismus neue Impulse im Hinblick auf eine Modernisierung geben könnte, wurde von vielen jüngeren Politikern und der Mehrheit der Bevölkerung geteilt. Unter dem Stichwort *Glasnost* wurde die Bevölkerung zur offenen Diskussion ermutigt, und zwar in der Hoffnung, daß damit den Konservativen im Lande begegnet und gleichzeitig die *perestroika*, die vollständige Reform des politischen und wirtschaftlichen Systems der Breschnew-Ära, vorangetrieben werden könnte. Doch die vielen nur halbherzig durchgeführten Reformen stürzten das Land in völlige Konfusion statt es zu neuer Prosperität zu beflügeln, und im Zuge von Glasnost forderten nun viele vollständige Redefreiheit und politischen Pluralismus. Gorbatschow ließ, wenn auch widerstrebend, die politische Opposition zu und 1989 in gewissem Umfang freie Wahlen. Nach seiner Wahl zum Präsidenten der Sowjetunion im Jahre 1990 versuchte er, seine Autorität vor allem auf den Staat zu stützen, gleichzeitig zögerte er jedoch, der Kommunistischen Partei ihre Führungsrolle abzusprechen, und dies selbst noch nach dem mißglückten Coup der Konservativen im August 1991. Nach seinem triumphalen Sieg über die Putschisten nutzte dann *Jelzin*, der neugewählte Präsident Rußlands, den ethnischen Nationalismus vieler Sowjetvölker, Ergebnis nicht zuletzt von Gorbatschows *perestroika*, um den Zusammenbruch der UdSSR und die Demission Gorbatschows zu betreiben.

Das heutige Rußland, seines imperialen Zugewinns aus zwei Jahrhunderten beraubt, umfaßt nur mehr etwa zwei Drittel des Territoriums der ehemaligen UdSSR und verfügt nur noch über etwa die Hälfte von deren Bevölkerung. In den ehemaligen Sowjetrepubliken außerhalb der Grenzen der Russischen Föderation leben heute etwa 23 Millionen Russen. Mit diesen Sowjetrepubliken versucht Moskau, innerhalb der Gemeinschaft der Unabhängigen Staaten enge wirtschaftliche und militärische Beziehungen zu unterhalten, nicht zuletzt auch deshalb, um sich nach wie vor eine gewisse Kontrolle über diese Länder zu bewahren. Doch für Rußland ist es derzeit selbst im eigenen Land schwierig, die Kontrolle aufrechtzuerhalten, ist doch seine Armee stark in Tschetschenien gebunden.

Die Umgestaltung der russischen Wirtschaft und Gesellschaft erweist sich aber auch deshalb als schwierig, da erstere stark kriminell geprägt ist und letztere nun frei ist in ihrer politischen Willens- beziehungsweise Unwillensäußerung und entsprechend mit ihren Politikern verfährt. Dies äußerte sich bei den Wahlen von 1993, als *Schirinovsky*, Vertreter der extremistischen Partei, breite Unterstützung fand. Zwei Jahre später dann erhielt die kommunistische Opposition, Gegner von Jelzins marktorientierten Wirtschaftsreformen, die meisten Sitze in der Duma. 1996 wiederum wurde Jelzin erneut zum Präsidenten gewählt, und zwar auf dem Hintergrund, daß man wohl befürchtete, die Kommunisten könnten dem Demokratisierungsprozeß sowie den wirtschaftspolitischen Anstrengungen in Richtung Marktwirtschaft erneut schweren Schaden zufügen. Ihre Arbeitsplätze sind bedroht, ihre Ersparnisse dahin, ihre alten Werte haben ihre Gültigkeit verloren und viele Russen suchen heute nach einer neuen Quelle politischer und geistiger Inspiration. Die schwindende Minderheit der Liberalen hofft, diese aus europäischen Traditionen zu gewinnen, eine wachsende Mehrheit jedoch wendet sich nationalistischen Ideen zu sowie den altbekannten starken Führerpersönlickeiten.

Religion

Zur Zeit der Zaren bedeutete russisch praktisch das gleiche wie orthodox. Offiziell wurde jeder, der russischer Abstammung war, nicht als Russe, sondern als Orthodoxer geführt und jeder, egal welcher Nationalität, der zum orthodoxen Glauben konvertierte, war damit offiziell ein Russe. Die russischen Bauern beispielsweise begrüßten sich gegenseitig nicht selten mit »Ye, Orthodox!«.

Nikolaus I. faßte sein Reich offiziell in die drei Schlagworte: »Autokratie, Orthodoxie, Nationalismus«. Die Identifikation von Staat und Nation mit einer bestimmten Religion und Ideologie hatte großen Einfluß auf das russische Denken des 19. und 20. Jahrhunderts und war auch für das kommunistische System von Vorteil.

Tatsächlich war diese Identifikation jedoch nie so absolut, wie es scheinen mag. Bis zu ihrer Christianisierung im Jahre 987 waren die Russen Heiden und auch viele jener Völker, die sie im Zuge ihrer Expansionspolitik des 10. Jahrhunderts unterwarfen, waren Heiden. Die Mordwinen beispielsweise, ein ursprünglich finno-ugrisches Volk, das etwa 380 km von Moskau entfernt lebt, pflegten noch bis in dieses Jahrhundert hinein ihren Bärenkult.

In der bäuerlichen Kultur Rußlands waren heidnische Vorstellungen, Sitten und Bräuche noch tiefverwurzelt und dies war mit Sicherheit ein Grund dafür, warum hier im 19. Jahrhundert so viele Sekten entstehen konnten, deren Glaubensinhalte zum Teil nur sehr wenig mit dem Christentum zu tun hatten.

1654 kam es in Rußland zu einer Glaubensspaltung in die traditionelle orthodoxe Religion sowie in jene der sogenannten Altgläubigen. Oberflächlich betrachtet war der Unterschied zwischen diesen beiden Glaubensrichtungen jedoch nicht sehr groß: Die Altgläubigen widersetzten sich einer Kirchenreform, im Zuge derer die russisch-orthodoxe Kirche ihre Riten jenen der griechisch-orthodoxen Kirche und der des Balkans anglich, beispielsweise, sich mit drei statt nur mit zwei Fingern zu bekreuzigen.

Der eigentliche Grund für das Schisma der russischen Kirche war denn auch, außer einem leidenschaftlichen Dogmatismus, die imperiale Politik des neuen russischen Staates. Denn die Vereinheitlichung der orthodoxen Kirchen diente Rußland im Grunde nur dazu, seinen Führungsanspruch innerhalb der orthodoxen Welt, nicht zuletzt im Hinblick auf den Balkan und dessen Bedrohung durch die Türken, zu legitimieren. Demgegenüber basierte der Protest der Altgläubigen in erster Linie auf ihrem Bestreben, die eigenständigen Muskowiter und russischen Traditionen ihrer orthodoxen Religion zu bewahren.

Das Schisma der russischen Kirche hatte für die russische Gesellschaft weitgehende Konsequenzen. Der Staat verfolgte zwar die Altgläubigen auf grausamste Weise, dennoch gehen einige der am stärksten ausgeprägten und tiefreligiösen Elemente im Leben der russischen Nation gerade auf die Religionsauffassung der Altgläubigen zurück. Ähnlich wie die Methodisten in England taten sich die Altgläubigen vor allem im kaufmännischen Bereich hervor und die meisten der bedeutenden russischen Kaufmannsfamilien des späten 19. Jahrhunderts waren aus dieser Kirchengemeinde hervorgegangen.

Die enge Verbundenheit der orthodoxen Kirche mit dem russischen Staat erwies sich sowohl unter den Zaren als auch unter kommunistischer Herrschaft in gewisser Hinsicht als fatal. Vor allem nachdem Peter der Große das Patriarchat von Moskau aufgelöst und die Kirche praktisch einem staatlichen Ministerium unterstellt hatte, wurden die Priester mehr oder weniger als Agenten des Staates betrachtet. Unter kommunistischer Herrschaft wurde die Kirche zunächst unterdrückt und verfolgt. Stalin gewährte ihr dann einige Freiheiten, nicht zuletzt aufgrund ihrer traditionell nationalen Bedeutung, die wiederum für die Verteidigung des Landes im Zweiten Weltkrieg durchaus förderlich war. Zudem nutzte er ihren Einfluß gegen die griechisch-katholische Kirche der Ukraine sowie gegen die Baptisten, die ihrerseits eher in Opposition zur Sowjetmacht standen. Denn die Auseinandersetzungen zwischen der orthodoxen und der griechisch-katholischen Kirche beispielsweise in der Ukraine waren eng verknüpft mit den Kämpfen zwischen den pro-russischen und den ukrainisch-nationalistischen Kräften des Landes.

Die orthodoxe Kirche, vor allem ihre gesamte Hierarchie, war stark vom KGB unterwandert. Ihre offiziellen Vertreter machten sich nicht selten zum Sprachrohr der sowjetischen Politik, etwa wenn sie den angeblichen Imperialismus und Militarismus der USA anprangerten. Priester wie *Gleb Yakunin*, der die Kirche öffentlich gegen die Sowjetmacht verteidigte, wurden deswegen nicht nur vom Staat verfolgt, sondern zudem noch von seinen eigenen kirchlichen Vorgesetzten denunziert.

Diese wenig ehrenhaften Erinnerungen, die sich mit der orthodoxen Kirche verbinden, hat ihrem Prestige geschadet und ihre Chancen, vom Untergang des Kommunismus zu profitieren, erheblich geschmälert. Die Urbanisierung und Modernisierung des Landes wie auch die Restriktionen zu Zeiten der Sowjetmacht haben dazu geführt, daß es im heutigen Rußland, wie auch im gesamten Westen, zwar immer noch sehr viele Christen gibt, die jedoch immer weniger einen Bezug zur Kirche als Institution haben.

Rein oberflächlich betrachtet erlebt die Kirche in Rußland derzeit durchaus eine deutlich sichtbare Renaissance. Viele Kirchen wurden wiedereröffnet, religiöse Symbole kommen wieder zum Tragen und kirchliche Würdenträger erscheinen in den staatlichen Medien des Landes. Doch viele Russen pflegen heute sehr viel stärker so etwas wie eine moderne Version halbmagischer Vorstellungen und Rituale, wie dies zum Beispiel an dem überwältigenden Erfolg der Wunderheiler deutlich wird. Die amerikanischen Fernseh-Prediger und religiöse Gruppierungen wie *Hare Krishna* dehnen ihren Einfluß immer weiter aus und dies hat bereits dazu geführt, daß die orthodoxe Kirche – erfolgreich – Gesetze und staatliche Maßnahmen fordert, die derartige Aktivitäten »des Auslands« unterbinden. Damit läuft die orthodoxe Kirche allerdings Gefahr, zunehmend mit solchen politischen Gruppierungen in Verbindung gebracht zu werden, die eine chauvinistische Politik betreiben, und sich dadurch selbst ihrer Möglichkeiten zu berauben, für das gesamte russische Volk zu sprechen.

Sprache und Literatur

Die russische Sprache nimmt einen sehr viel höheren Stellenwert ein als der russische Staat oder auch die russische Nation. Wie das Englische und das Französische wird das Russische heute, nicht zuletzt aufgrund der einstigen imperialen Macht der russischen Nation, von Autoren und Schriftstellern benutzt, die selber nichtrussisch sind.: etwa von dem Kirgisen *Tschingis Aitmatow* oder dem Abkasen *Fazil Iskander* und natürlich von sehr vielen Juden. Denn oftmals bot diesen Schriftstellern, wie auch ihren Vorgängern bereits, das Russische die Möglichkeit, zu einer sehr viel größeren und auch freieren Welt zu sprechen als lediglich zu jener, in die sie hineingeboren wurden.

Ihre Verbundenheit mit der russischen Sprache und der russischen Literatur manifestierte sich für russisch-jüdische Schriftsteller wie *Ossip Mandelstam* – buchstäblich bis zu seinem Tode – und *Joseph Brodsky* in ihrem ganz eigenen literarischen Patriotismus, der nichts mit russischem Nationalismus zu tun hatte, sondern vielmehr mit ihrer hohen Wertschätzung der russischen Kultur. Heute stellt sich die Frage, ob das Russische, sozusagen dem Niedergang des sowjetrussischen Imperiums folgend, entsprechend nur mehr für Rußland selbst, also auf rein nationaler Ebene eine Rolle spielen wird – ein schwerer Verlust für Rußland und die Welt – oder ob es sich sein hohes Ansehen als Sprache der Weltliteratur bewahren kann.

Das Russische entwickelte sich aus verschiedenen ostslawonischen Dialekten, die auch dem Ukrainischen und dem Belorussischen zugrunde liegen. Als erste Schriftsprache des Russischen fungierte das Kirchenslawonisch, das bis ins 18. Jahrhundert hinein verwendet wurde. Das Kirchenslawonisch war stark vom Bulgarischen beeinflußt und wies mit der Zeit immer weniger Ähnlichkeiten mit dem gesprochenen Russisch auf.

In der Kiewer Zeit entstanden historische Chroniken, das berühmte »Lied von Igors Schar« oder von »Byliny«, volkstümliche Epen, die von den *Bogatyrs* (Kriegern mit übermenschlichen Fähigkeiten) und anderen legendären Figuren erzählten. In der Kiewer, der Mongolen- und Muskowiter Zeit wurden vor allem Heiligenlegenden geschrieben. Im Gegensatz zum Westen gab es in Rußland bis zur Zeit Peter des Großen weder Dramen noch Lyrik und auch keine Romane, wie sie etwa *Cervantes* oder *Rabelais* geschrieben hatten.

Mit der Modernisierung Rußlands nach westlichem Vorbild unter Peter dem Großen öffnete sich das Land auch den Einflüssen zunächst der deutschen, dann der französischen Kultur. Bis etwa Mitte des 19. Jahrhunderts sprachen große Teile der russischen Hocharistokratie besser französisch als russisch, was *Tolstoi*, unter anderen, wiederum in seinem Werk durchaus ironisch kommentiert.

Im 18. und 19. Jahrhundert überschwemmte eine wahre Literaturflut das Land, viele Autoren orientierten sich am Stil der französischen Dichter, wenn sie auch nicht immer über deren Talent verfügten. Im 18. Jahrhundert entwickelte sich zudem ein sogenannter »hoher«, »mittlerer«, und »niedriger« Stil, gleichzeitig wurde die russische Schriftsprache standardisiert, federführend das Werk des bedeutenden Gelehrten *Mikhail Lomonosov*. Dieser legte hiermit den Grundstock für die glorreiche Ära der russischen Literatur des 19. Jahrhunderts. Einer der ersten bedeutenden russischen Dichter der Moderne war *Alexander Puschkin*, ein liberaler Denker und überzeugter russischer Patriot und somit auch unter sowjetischer Herrschaft äußerst populär und als Symbolfigur der russischen Literatur verehrt.

Der Stolz auf ihre Heimat, den die Schriftsteller des 19. Jahrhunderts empfanden, wurde jedoch dadurch beeinträchtigt, daß sie sehr wohl auch die Armut, die Korruption, die Grausamkeiten und die Rückständigkeit Rußlands wahrnahmen. Auch litten sie unter der Entfremdung von den einfachen Menschen und unter der artifiziellen Kultur, die sie mit ihrem Werk hervorbrachten. Viele Schriftsteller wie *Gogol*, *Tolstoi* oder *Turgenjew* waren selbst adelige Landbesitzer, die sich der Ausbeutung ihrer Leibeigenen schuldig machten und die sich gleichzeitig gedemütigt fühlten durch den Widerspruch zwischen ihrer nahezu absoluten Macht, mit der sie über ihre Landgüter herrschten, und ihrer absoluten Unterwerfung unter den Staat und die Monarchie. Diese vielfältigen Emotionen bedingten aber jene unvergleichliche Tiefe sowie den ungeheuren Reichtum der russischen Literatur des 19. Jahrhunderts.

Die russische Literatur diente den Schriftstellern sowie Teilen der Intelligenz des Landes traditionell als ein Forum der Kritik sowie der zwanglosen oder auch loyalen Opposition gegen ihre jeweiligen Herrscher, sei es der zaristischen oder auch der kommunistischen Ära. Darüber hinaus ist sie geprägt von den vielfältigen Formen der Eschatologie, die in der russischen Kultur und ihren Traditionen tief verwurzelt und mit den national-religiösen oder sozialistischen Werten des Landes, oder auch mit beiden, eng verknüpft ist. Selbst Befürworter der russischen Monarchie wie Gogol und Dostojewski erinnern in ihrem Werk bisweilen mehr an religiöse Propheten als an, im westlichen Sinne, konservative Pragmatiker.

Im frühen 20. Jahrhunderte orientierte sich die russische Literatur dann verstärkt am westeuropäischen Stil des *fin de siecle* – der *l'art pour 'l'art* – und verlor damit ihre für das 19. Jahrhundert so charakteristischen Merkmale. Die nach-revolutionäre Ära der russischen Literatur war dann geprägt vom Stil verschiedener modernistischer Gruppierungen, die unaufhörlich damit beschäftigt waren, sich gegenseitig zu bekämpfen. Alle diese Strömungen wurden schließlich 1932 mehr oder weniger nivelliert, als sie nämlich in einem gut kontrollierten und eng überwachten Netzwerk von Organisationen zusammengefaßt wurden, die der Schirmherrschaft des sowjetischen Schriftstellerverbandes unterstellt wurden. Der Schriftstellerverband wies die sowjetischen Schriftsteller nun an, gemäß den offiziellen Vorgaben des »sozialistischen Realismus« zu schreiben. Die Darstellung »positiver Helden« sowie des erfolgreichen Aufbaus des Sozialismus wurden großzügig belohnt, dieses zu unterlassen bedeutete hingegen nicht nur das Ende der Karriere sondern oftmals auch der Freiheit oder gar des Lebens. Der sozialistische Realismus brachte populäre Werke hervor, die ihre propagandistische Aufgabe durchaus erfüllten.

Dennoch brachte die russische Literatur immer noch einige Meisterwerke hervor, von Schriftstellern, die dem Regime gegenüber durchaus loyal waren, wie etwa *Mikhail Scholochow*. Doch die meisten der wirklich herausragenden Werke waren nonkonformistisch geprägt und konnten somit nicht publiziert werden. Romane wurden für die Schreibtischschublade geschrieben, zum Teil handschriftlich vervielfältigt und zirkulierten dann als *Samisdat* (Selbstgedrucktes) oder als verbotenerweise im Ausland Gedrucktes *Tamizdat* (Dortgedrucktes). In den späten 20er und in den 30er Jahren war es in der Sowjetunion unmöglich, die Werke so berühmter Schriftsteller wie *Jevgenij Samjatin* und *Mikhail Bulgakov* oder jene von *Osip Mandelstam* und *Anna Achmatowa* zu erhalten.

Nach Stalins Tod im Jahre 1953 gab es, bis in die sechziger Jahre hinein, mehrfach Phasen künstlerischer Freiheit sowie solche künstlerischer Restriktion. Das bemerkenswerteste literarische Ereignis dieser Zeit war ganz sicher *Alexander Solschenizyns* Buch »Ein Tag im Leben des Iwan Denisowitsch«, 1962 erschienen, eine literarische Pionierarbeit, und zwar sowohl unter thematischen wie ästhetischen Gesichtspunkten, über die sowjetischen Gefangenenlager. Chruschtschows erzwungene Demission war dann von verstärkten Restriktionen im Bereich der Kultur begleitet. In der eher bedrückenden Situation seit Ende der sechziger bis Anfang der achtziger Jahre stellten die Autoren der sogenannten »Dorf-Prosa« den einzigen Lichtblick in der russischen Literatur dar. Diese hatten es sich zur Aufgabe gemacht, jene alten russischen Traditionen wiederzubeleben, die noch in der bäuerlichen Kultur des Landes zu finden waren.

Als Gorbatschow 1985 an die Macht gelangte, erschienen neben der unterdrückten Literatur der Vergangenheit und den Werken der emigrierten russischen Schriftsteller vor allem die

Arbeiten junger Autoren, jener der »1960er Generation«, darunter *Vladimir Dudintsev*, *Anatoly Rybakov* und *Daniil Granin*. Darüber hinaus veröffentlichten nun auch *Jevgeni Jevtuschenko* und *Andrey Voznesensky*, Schriftsteller der Chruschtschow-Ära, von denen ersterer sich auch aktiv in die Politik der 80er Jahre einmischte. Als die Sowjetunion 1991 in sich zusammenbrach, wandten sich die meisten dieser politischen Intellektuellen wieder ihrem eigentlichen Metier zu.

Auch wenn seit Mitte der achtziger Jahre, als die Zensur aufgehoben wurde, sogenannte literarische »Giganten« lediglich durch Abwesenheit glänzen, so gibt es doch heute wieder eine Vielzahl herausragender russischer Autoren. Die Bücher und Theaterstücke beispielsweise von Schriftstellerinnen wie *Lyudmilla Petrushevskaya*, *Nina Sadur* und *Lyudmilla Razumovskaya*, die von den negativen und mystischen Aspekten des Alltagslebens handeln, stellten bemerkenswerte literarische Ereignisse dar.

Die sehr umstrittene und zuweilen äußerst esoterische »alternative Literatur« vor allem jüngerer Autoren wiederum demontiert ganz bewußt die Traditionen des sozialistischen Realismus. Gleichzeitig passiert, was *Viktor Yerofeyev* folgendermaßen beschreibt: »Die Perestroika der heutigen Zeit scheint, im Gegensatz zur Tauwetterperiode unter Chruschtschow, zu unerschöpflich zu sein für eine von allen Zwängen befreite Literatur und derart drohen viele literarische Werke, die gestern noch erstaunlich kühn wirkten, heute unterzugehen.« Konservative, antiwestlich eingestellte und nationalistische Schriftsteller ihrerseits nun riskieren, mit ihren Büchern von einer grauenhaft chauvinistischen Politik propagandistisch vereinnahmt zu werden.

In der post-sowjetischen Ära und nach der Auflösung des sowjetischen Schriftstellerverbandes standen die russischen Schriftsteller vor der Situation, materiell nicht mehr abgesichert, sondern vielmehr den Gesetzen des Marktes unterworfen zu sein. Aus diesem Grund schreiben heute viele sowohl Kriminalromane wie auch pornographische Literatur. Dennoch ist die defätistische Stimmung, die die literarische Debatte der frühen 90er Jahre prägte, heute einer positiveren Einstellung gewichen.

Weit davon entfernt, wirklich tot zu sein, hat sich die literarische Szene in Moskau sowie in anderen Regionen des Landes wieder sehr lebhaft entwickelt, und diese Entwicklung erlaubt die Prognose, daß die russische Literatur mit den Mitteln der Satire und mit der Beschreibung des Grotesken, des Surrealen wie auch des absolut Wirklichen und des völlig Alltäglichen sich, so wie das 20. Jahrhundert sich vollendet, aus den Fesseln ihrer sozialistisch-realistischen Vergangenheit befreien wird.

Kapitel 11

Ural und Kaukasus

Zweifel über Zweifel! Hier, wo Europa sich nahtlos mit Asien vereint, wird deutlich, wie wenig konturiert das geographische *Konzept Europa* tatsächlich ist. Der lediglich bis zu 1900 Meter hohe Ural gehört weitgehend zu Rußland, wohingegen der Kaukasus zwar an der Grenze zu Asien liegt, jedoch keine eindeutige Trennungslinie markiert. Verglichen mit den klaren Umrissen Afrikas, der Antarktis und beider Amerikas und auch jener Asiens – zumindest gegenüber dem Rest der Welt – stellt Europa in seinen östlichen Ausläufern eher ein Vorgebirge Asiens als einen klar umrissenen Kontinent dar.

Sowjetische Geographen haben die Grenzlinie Europas nördlich des Kaukasus gezogen, entlang der Manytschniederung. Dies nimmt sich heute wie eine politisch motivierte Entscheidung aus, die Völker des Kaukasus nämlich in Bezug auf ihre Nachbarn als nicht gleichberechtigt zu betrachten. So gewaltig unzugänglich und nur schwierig zu passieren der Kaukasus auch ist, so stellt er doch eine im Grunde wenig effiziente Barriere dar, was sich auch in der kulturellen Vielfalt dieser Region niederschlägt.

Dieses abgelegene, schwer zugängliche und höchst unwirtliche Gebirge, an das die Türkei, Rußland und das einstige persische Reich grenzen, war immer schon ein Refugium für kleinere, unabhängig lebende Volksgruppen und Nationen. Aufgrund der hohen Berge und engen Täler entwickelten sich hier ganz unterschiedliche politische Gemeinwesen, wenn sich auch vor allem an den fruchtbaren Südhängen dieser Berge Volksgruppen ursprünglich verschiedener Ethnien und Religionen miteinander vermischt haben.

Bezüglich der nichtrussischen Völker des Urals sind sowjetische Ethnographen stets sehr pedantisch gewesen und haben diese unter klar definierten Gesichtspunkten klassifiziert. Die meisten dieser Volksgruppen verfügen über eine sehr ausgeprägte kulturelle Identität, entweder als Muslime oder aber, ethnisch determiniert, als Angehörige hauptseitig finnisch-ugrischer Volksstämme.

Die Wolgatataren

Die Wolgatataren stellen im Hinblick auf die Geschichte der Muslime insofern eine einzigartige Volksgruppe dar, da sie sich trotz fremder Oberhoheit und nachhaltiger Bestrebungen, sich zu assimilieren, über vier Jahrhunderte ihren Glauben, ihre Kultur und ihre Sprache bewahrt haben. Ende 1992 lebten in der Republik von Tatarstan 3.695.900 Menschen, darunter 1.700.110 Tataren sowie 1.575.361 Russen. Laut einer Statistik von 1989 leben umgekehrt 6.648.760 Tataren – die einzige türkisch-muslimische Diaspora – in der ehemaligen UdSSR. Gemäß der gleichen Statistik gibt es nun wiederum in der RSFSR (Russische Republik) 5.522.096 Tataren, die damit nach den Russen die zweitgrößte Nation innerhalb der Russischen Föderation darstellen. Zwischen 1970 und 1979 wuchs die tatarische Bevölkerung nur um 6,5 Prozent – im gleichen Umfang also wie die russische Bevölkerung. Dieser äußerst niedrige Bevölkerungszuwachs hat wohl drei Gründe: die allgemein niedrige Geburtenrate in den Städten, wo etwa die Hälfte aller Tataren leben, die Assimilation in die türkischen Nationalitäten in Zentralasien und die Tatsache, daß viele Tataren aus Angst vor Diskrimierung ihre eigentliche Identität nicht preisgeben. Tatsächlich ist der Begriff *Tatar* (tatarin) im Russischen immer noch ein Schimpfwort. Die wirkliche Bevölkerungszahl der Tataren liegt also mit ziemlicher Sicherheit sehr viel höher als offizielle Statistiken ausweisen.

Ursprünge und Traditionen

Trotz ihres relativ niedrigen Bevölkerungsanteils haben die Tataren von Kasan im kulturellen, politischen und religiösen Leben der muslimischen Nationen des russischen beziehungsweise sowjetischen Imperiums seit Ende des 19. Jahrhunderts eine bedeutende Rolle gespielt. Sie waren das erste Volk der muslimischen Welt, das eine religiöse und bildungspolitische Reform initiiert und darüber hinaus ein Konzept für die nationale Befreiung kolonialisierter Nationen entwickelt hat. Dennoch hatte die tatarische Nation am Vorabend des Zusammenbruchs der Sowjetunion bereits jene kritische Situation erreicht, in der sie Gefahr lief, praktisch auszusterben, und zwar aufgrund ihrer Assimilation in ihre russischen und türkischen Nachbarn, gleichbedeutend mit dem Verlust ihrer eigenen Sprache, Kultur, ihrer Traditionen und ihrer Identität. Heute bemühen sich die Tataren um ihre Unabhängigkeit von der Russischen Föderation und ihre diesbezügliche politische Programmatik könnte durchaus Modellcharakter auch für die kleineren Republiken der Wolga-Ural-Region sowie anderer autonomer Regionen der Föderation haben. Diese mögliche Renaissance der tatarischen Nation ist vor allem den Bemühungen und dem Mut einiger weniger Intellektueller geschuldet, die entschlossen sind, ihr nationales Erbe zu bewahren.

Der eigentliche Ursprung der heutigen Wolga- oder Kasantataren ist nach wie vor unklar. Als wissenschaftlich gesichert gilt jedoch, daß sie von den Bulgaren abstammen und sich später mit türkischen Stämmen der *Goldenen Horden* und mit ostfinnischen Stämmen vermischt haben. In ihrem Typus unterscheiden sich die Wolgatataren von den Finnen (blond und blauäugig), weisen jedoch viele Ähnlichkeiten mit dem kaukasischen und, wenn auch weniger, mit dem mongolischen Typus auf. Sie sind seit langem seßhaft und haben ihre Stammes- und Clanstrukturen völlig abgelegt. Die heutige tatarische Schriftsprache geht auf das 14. Jahrhundert zurück, erste Schriftdokumente sind jedoch schon aus dem 11. Jahrhundert bekannt. Bis 1927 benutzten die Tataren das arabische Alphabet, dann, von 1927 bis 1940, das lateinische und schließlich seit 1940 die kyrillische Schrift. Viele Intellektuelle plädieren heute dafür, wieder zum lateinischen Alphabet zurückzukehren.

Das Land

Das Territorium der Republik Tatarstan, Hauptstadt Kasan, umfaßt etwa 69.000 Quadratkilometer. Über mehrere Flußläufe sowohl mit dem Baltischen wie dem Kaspischen Meer verbunden, ist Tartastan reich an landwirtschaftlich nutzbaren Flächen. Es fördert etwa 20 Prozent bis 25 Prozent des russischen Ölbedarfs und verfügt über eine gute industrielle Infrastruktur. Das Klima ist nordeuropäisch-kontinantal.

Historischer Hintergrund

Mitte des 7. Jahrhunderts drangen, nach dem Sieg der Kazaren über die Bulgarische Union in den Pontischen Sümpfen, erste bulgarische Stämme in das Gebiet der mittleren Wolga vor. Bereits gegen Ende des 9. Jahrhunderts hatte sich hier, im Zuge der territorialen und politischen Konsolidierung dieser Region, ein prosperierendes bulgarisches Staatswesen etabliert. 922 kam *Ibn Fadlan*, ein Abgesandter des Kalifen *Jafar al-Muktadir*, hierher und obwohl der Islam entlang der Wolga bereits weit verbreitet war, wurde er jetzt im Bulgarischen Königreich auch zur offiziellen Religion erklärt.

1236 eroberte und zerstörte die mongolische Armee unter *Batu* das Bulgarische Königreich, was einen völligen Umbruch in der Bevölkerungsstruktur des Landes zur Folge hatte. Doch das Land erholte sich relativ rasch. Als *Khan Berke* (1256–1266) zum Islam konvertierte, vertieften sich noch die Beziehungen zwischen der Goldenen Horde und den Muslimen der mittleren Wolgaregion, was wiederum zu einer verstärkten Zusammenarbeit letzterer mit den Türken der Goldenen Horde führte. Über ein Jahrhundert lang profitierten die Bulgaren nun, auf der Grundlage einer sogenannten *Pax Mongolica*, von der politischen Oberhoheit der Mongolen sowie dem damit verbundenen Wohlstand.

Ende des 14. Jahrhunderts kam es auf bulgarischem Territorium zum Krieg zwischen *Timur-Leng* (Timur dem Lahmen, Anm. d. Übers.) und *Tokhtamysh*, die zwischen 1391 und 1395 versuchten, die Kontrolle über die Goldene Horde zu erlangen. Diese Kriege für ihre eigenen Interessen nutzend, drangen die benachbarten russischen Fürsten 1395 in die Region ein und zerstörten sie. Die Bulgaren selbst zogen nun in Richtung Norden und ließen sich dann an den Flüssen Kasanka und Kama nieder. 1437 schließlich floh der Khan der Goldenen Horde, *Ulu Muhammad*, aus seiner Hauptstadt Saray. Sein Sohn Muhammad bestieg 1445 des Thron von Kasan beziehungsweise *Bulgar-al-Jadid* (das »neue« Bulgarien).

Das neue Khanat Kasan knüpfte nun an seinen alten Handelstraditionen, an seine Kontakte mit dem Bulgarischen Königreich und der Goldenen Horde an und errichtete ein riesiges Handelsimperium, dessen Beziehungen bis nach Moskau, bis zu den sibirischen Khanaten, zum Kaukasus, nach Persien und Zentralasien reichten. Das kulturelle Leben, im Geiste islamischer Traditionen, und die Literatur erlebten eine Blütezeit und die tatarische Sprache entwickelte sich zu einem eigenständigen Zweig der kiptschakischen Familie der Turksprachen. Aufgrund ihrer Abhängigkeit vom Handel mit Kasan und aufgrund von dessen Allianz mit der Halbinsel Krim, mischte sich Moskau zunehmend in die inneren Angelegenheiten des Khanats ein, das seinerseits durch dynastische Konflikte geschwächt war. 1552 schließlich eroberte und zerstörte die Armee *Iwans des Schrecklichen* das Khanat von Kasan.

Kasan wurde nun systematisch kolonialisiert und die tatarische Gesellschaftsstruktur vollständig zerstört. Die herrschende Klasse wurde abgesetzt, die Tataren aus Kasan vertrieben, ihr Land konfisziert. Bis Ende des 16. Jahrhunderts hatten sich hier Russen und Tataren bereits stark vermischt und gegen Ende des 18. Jahrhunderts stellten die Tataren nur mehr eine Minderheit im eigenen Lande dar. Unter Iwans Nachfolger *Zar Fjodor* wurde das Land systematisch missioniert und so traten nun viele Tataren zum orthodoxen Christentum über. Die tatarischen Muslime aber wurden, ähnlich wie die andalusischen Muslime nach der Rückeroberung Andalusiens durch die Spanier, grausam verfolgt. Unzählige Tataren flohen deshalb nach Turkestan, in die kasachische Steppe und nach Sibirien, viele von ihnen unterstützten den bewaffneten Aufstand der Baschkiren sowie die beiden großen russischen Volkserhebungen von Stanka Razin (1667–1671) und Pugachev (1773–1775).

Die Sympathie *Katharinas II.* für den Islam bewirkte die Aufhebung der anti-tatarischen Politik Moskaus. 1783 wurde in Orenburg ein muslimisches Zentrum gegründet und die Handelsbeziehungen zwischen der russischen Regierung und den tatarischen Kaufleuten wurden noch einmal für ein weiteres Jahrhundert wiederbelebt, tatarische Handelsstationen etablierten sich erneut in Zentralasien, Sibirien und China. Die Eroberung von Zentralasien in der Mitte des 19. Jahrhunderts beendete diese Partnerschaft und die russische Regierung begann nun von neuem, die Muslime zu verfolgen. Die engen Handelsbeziehungen zu Rußland unter Katharina II. hatten den Tataren jedoch zu ungeheurem Reichtum verholfen. Derart hatte sich aber auch eine neue bürgerliche Elite herausgebildet, die nun entschlossen war, sich dem Druck Moskaus nicht zu beugen. Diese tatarische Elite hatte sehr wohl verstanden, daß sie sich, um überleben zu können, wirtschaftlich und intellektuell den Russen gegenüber als ebenbürtig erweisen, daß sie den Islam als Grundlage ihrer Gesellschaft bewahren und alle inneren Konflikte vermeiden mußte. Alle ihre diesbezüglichen Anstrengungen mündeten dann in einer Reformbewegung, dem *Jadadismus*, der alle Bereiche des gesellschaftlichen Lebens betraf: Religion, Erziehung, Frauenbefreiung und so fort. Diese Bewegung ergriff die gesamte Bevölkerung und somit entwickelten sich die Tataren bis zum Vorabend der Revolution zu einer voll ausgebildeten Nation, deren Bevölkerung in weit größerem Umfang als in Rußland lesen und schreiben konnte und die über eine kapitalistisch orientierte Industrie verfügte.

In der Revolution von 1917 kämpften die Tataren an der Seite der Bolschewisten, überzeugt von den Versprechungen Lenins und Stalins, die ihnen großzügig Autonomie versprachen. Der Tatare *Mir Said Sultan Galiev* bekleidete in Stalins mächtigem Volkskomissariat für Nationalitätenfragen den höchsten Rang aller muslimischen Vertreter. Er arbeitete die Doktrin eines »nationalen Kommunismus« aus, die sich vor allem auf die kolonialisierten Nationen des Ostens bezog und auch noch das Denken späterer Kommunisten beeinflußte, etwa von *Mao Tse-tung*,

Lin Piao, Nasser oder *Ben Bella.* Ende der 30er Jahre wurde er wegen nationalistischer Verfehlungen angeklagt, ins Gefängnis gesperrt und schließlich hingerichtet. Die Hoffnungen der national gesinnten Tataren jedoch, in der Wolgaregion einen großen Staat errichten zu können, wurden mit der Gründung der Baschkirischen Autonomen Sozialistischen Sowjetrepublik am 23. März 1919 und der Tatarischen Autonomen Sozialistischen Sowjetrepublik am 27. Mai 1920 zunichte gemacht. Die Grenzen dieser Republiken wurden absolut willkürlich festgelegt und so fanden sich 75 Prozent der Tataren außerhalb ihrer eigenen Republik wieder, während sie in der Baschkirischen ASSR die Mehrheit der Bevölkerung darstellten.

Die Tataren sind Sunni-Muslime der Hanafi-Schule. Durch alle Jahrhunderte hindurch haben sie sich ihre eigenständige islamische Glaubensrichtung bewahrt. In den Jahren der Sowjetmacht war zwar jegliche Religionsausübung äußerst eingeschränkt, dennoch blieb der Islam die Grundlage der nationalen Identität der Tataren. Heute erlebt der Islam hier, wie auch in anderen Regionen der ehemaligen UdSSR, eine Wiedergeburt, doch ist er stark geprägt von den liberalen und aufgeklärten Ideen des Jadidismus.

Politische Situation

Die Perestroika und das afghanische Debakel hatten auf die nationalen Bewegungen in der UdSSR eine Art Katalysator-Effekt. Innerhalb der Russischen Föderation waren die Tataren die ersten, die die Forderung nach Föderalismus und Souveränität erhoben in der Hoffnung, damit den Status von Tatarstan von einer autonomen zu einer »Unions«-Republik erweitern zu können.

Die Unzufriedenheit mit dem »2. Klasse«-Status von Tatarstan bestand im Grunde seit 1920. Sie verstärkte sich 1936, als die neue Verfassung der UdSSR in Kraft trat und noch einmal in den 60er und 70er Jahren, was nun zu »Säuberungsaktionen« führte, die sich gegen die intellektuelle Schicht des Landes richteten. Als dann 1988 das Tatarische Öffentliche Zentrum entstand, die erste politisch bedeutsame Gruppierung der Republik seit der Perestroika, wurde diese Frage wieder aktuell. Am 30. August 1990 erklärte Tatarstan als erste autonome Republik seine volle Souveränität. Mit dieser Erklärung wurden gleichzeitig die russischen Gesetze für das Hoheitsgebiet des Republik eingeschränkt. Am 17. März 1991 wurde in der Sowjetunion über zwei Referenden abgestimmt: über jenes für den Erhalt der UdSSR sowie über das Föderations-Referendum, das das Amt eines vom Volk gewählten Präsidenten vorsah. Unter dem Druck der Nationalisten erklärte der Oberste Sowjet von Tatarstan am 28. Mai 1991, daß »die souveräne Republik von Tatarstan nicht an den Präsidentschaftswahlen der RFSR teilnehmen«, sondern stattdessen ihre eignen Präsidentschaftswahlen durchführen wird. Diese fanden am 12. Juni 1991 statt, am gleichen Tag wie in Rußland. Zum Präsidenten von Tatarstan wurde *Mintimer Shaymiyev* gewählt. Nach der Gründung der GUS forderte Tatarstan, als Gründungsmitglied der Union zugelassen zu werden, und unterstrich damit de facto seinen Anspruch, als unabhängiger Staat anerkannt zu werden. In den folgenden Monaten waren die national gesinnten Gruppen des Landes äußerst aktiv und forderten schließlich ein Referendum, in dem die Beziehungen zwischen Tatarstan und Rußland endgültig geklärt werden sollte.

Dieses Referendum fand am 21. März 1992 statt – gegen den erbitterten Widerstand Moskaus. Am 5. März richtete das russische Parlament einen Appell an Tartastan, in dem es vor der Gefahr binationaler Auseinandersetzungen sowie des Separatismus warnte, das Verfassungsgericht erklärte das Referendum für verfassungswidrig und am Tag vor dem Referendum versuchte Jelzin in einer Fernsehansprache noch einmal, diese Abstimmung zu beeinflussen, indem er die Gefahr beschwor, daß dieses Referendum zum Auseinanderbrechen der Russischen Föderation führen könne. Schließlich nahmen 82 Prozent der Bevölkerung an diesem Referendum teil, von denen sich 61,4 Prozent für die Unabhängigkeit Tartastans sowie dessen »gleichberechtigte« Position gegenüber Rußland aussprach. Dieses Ergebnis wurde in Tartastan triumphal gefeiert, da es deutlich machte, daß selbst ein Großteil der russischen Bevölkerung des Landes die Politik der Regierung unterstützte.

Im Oktober 1992 erhielt Tartastan eine neue Verfassung. Drei Artikel dieser Verfassung waren besonders umstritten: Artikel 59, der die Gesetze Tartastans über jene von Rußland stellt, Artikel 61, der Tartastans Souveränität gemäß internationalem Recht betont, jedoch eine wechselseitige Gewaltenteilung mit Rußland vorsieht, die in einem Vertrag zu regeln sei und Artikel 62, der es den Tataren erlaubt, diplomatische und wirtschaftliche Beziehungen zu anderen Ländern im Rahmen der internationalen Richtlinien aufzunehmen. Für die russischen Föderalisten, angeführt vom ehemaligen Vizepräsidenten *Alexander Rutskoy*, war diese Verfassung gleichbedeutend mit der Sezession Tartastans. Sie argumentierten, daß die Unabhängigkeit und der gleichberechtigte Status Tartastans gegenüber der Sowjetunion nicht anerkannt werden könne, und zwar weil Tartastan, da Rußland noch keine neue Verfassung habe, nach wie vor ein Staat der Russischen Föderation sei. Die national gesinnten Tataren erhoben daraufhin ihrerseits Einwendungen gegen die wechselseitige Gewaltenteilung, die sie nun schlicht so darstellten, als käme diese »einer Delegation ehelicher Rechte an den eigenen Nachbarn« gleich.

Ein weiterer Schlag gegen die hegemonialen Bestrebungen Rußlands bedeutete dann die Weigerung Tartastans, im April 1992 den Föderationsvertrag zu unterzeichnen, ein Beispiel, das auch in anderen »autonomen« Republiken und Regionen Schule machte – darunter in Baschkortostan – die nun ihrerseits mehr Zugeständnisse von Moskau forderten. Jelzins Ansehen litt darüber hinaus einmal mehr, als fast 80 Prozent der Wähler Tartastans im April 1993 jenem Referendum fernblieben, das dazu diente, den aus seiner Macht verdrängten Obersten Sowjet erneut politisch zu stützen – eine Indifferenz, die im Grunde nur als ein Zeichen des Mißtrauens gewertet werden kann.

Wirtschaft

Bis 1991 war die Wirtschaft Tartastans nach dem klassischen Muster einer »kolonialen« Ökonomie strukturiert. Dies galt im Grunde für alle ehemaligen Republiken der UdSSR, wenn auch den Unionsrepubliken wie etwa den heute unabhängigen baltischen, zentralasiatischen und transkaukasischen Staaten gestattet war, etwa 10 Prozent ihrer Wirtschaftserträge zu behalten, während die autonomen Republiken hiervon lediglich 2 Prozent einbehalten durften. Gemäß der Unabhängigkeitserklärung, die alle natürlichen Ressourcen des Landes zum Eigentum der Republik und des Volkes deklariert, und unter Berufung auf die von Moskau angeregte »Selbstfinanzierung« der Republiken, unterzeichnete Tartastan im Januar 1991 mit Rußland ein Wirtschaftsabkommen. Dieses Abkommen sieht eine weitreichende Kooperation auf dem Gebiet der Industrie, im Bereich von Wissenschaft und Technik sowie der Ökologie vor. Es legt Quoten im Hinblick auf den Warenaustausch sowie Bedingungen für den Warentransport durch die Republik fest. Dennoch gibt es einige wichtige Punkte, die nach wie vor strittig sind: die Ölindustrie sowie die militärische Infrastruktur.

Tartastan vertritt den Standpunkt, daß Rußland kein Recht zusteht, über die Ressourcen und Wirtschaftserträge des Landes zu verfügen. Dennoch ist es bereit, für alle Dienstleistungen, die Rußland für Tartastan erbringt, zu zahlen, eine Summe, die es selbst auf 4 bis 5 Milliarden Rubel schätzt, was relativ stark differiert von den von Rußland veranschlagten 17 Milliarden Rubel. Zwar hat die Regierung ihre Bereitschaft erklärt, auch einen höheren Betrag zu zahlen, sofern Rußland diesen zahlenmäßig belegen kann, doch hat Rußland dies bislang nicht getan. Die meisten Verhandlungsergebnisse in bezug auf die russisch-tartastanischen Ölgeschäfte wurden bislang geheimgehalten, feststeht lediglich, daß die Lieferquoten jährlich neu ausgehandelt werden. 1991 lieferte Tartastan 50 Prozent seiner Ölförderung an Rußland und erhielt laut vertraglicher Regelung im Gegenzug hierfür von Rußland technisches Gerät für seine Raffinerien und Bohranlagen. Seit dieser Zeit klagt Tartastan, daß Rußland seine vertraglichen Verpflichtungen nicht einhält und mit seinen Zahlungen im Rückstand ist. Am 22. Dezember 1992 beschloß das Parlament, die Ölproduktion für 1993 von 28 Millionen Tonnen auf 24,8 Millionen Tonnen zu reduzieren und die Exportquote von 5 auf 10 Millionen Tonnen zu erhöhen. Ungeachtet dessen hat das russische Ministerium für Energieversorgung die Ölförderung auf 28 Millionen Tonnen festgelegt – eine Entscheidung, die dazu führt, daß die Ölquellen Tartastans etwa 10 bis 15 Jahre früher als geplant versiegen werden. Am 28. Januar 1993 gab der Ministerpräsident von Tartastan bekannt, daß ein Kompromiß gefunden wurde, der die Ölfördermenge auf 25 Millionen Tonnen festlegt. Über die Exportquote weigerte er sich Auskunft zu geben und räumte lediglich ein, daß diese nicht unter den 5 Millionen Tonnen der letzten Jahre liegen würde. Er fügte hinzu, daß Tartastan 2 Millionen Tonnen Öl an Rußland liefern wird, was gleichzeitig seinen Beitrag zur Begleichung der Auslandsschulden darstellt. Darüber hinaus möchte Tartastan seine Rüstungsindustrie, für deren Produkte das Land keine Verwendung hat, abbauen beziehungsweise umstrukturieren und Moskau zudem die Kosten für den Unterhalt seiner militärischen Einrichtungen auf dem Territorium Tartastan in Rechnung stellen.

Seit Tartastan seine Unabhängigkeit erklärt hat, steht es mit Rußland ununterbrochen in Verhandlungen. Die Verhandlungskommission des Landes besteht aus Tataren, wird jedoch von Vizepäsident *Anatoly Likhachev* angeführt, einem Russen, der gleichzeitig Jurist ist. Alle Mitglieder dieser Kommission gehören dieser seit Beginn der Verhandlungen an, während auf Seiten Moskaus die Verhandlungspartner ständig wechseln, was ganz offensichtlich eine Verzögerungstaktik darstellt. Aufgrund der Position ihres Landes sind sich die Tataren sehr wohl im Klaren über die Komplexität ihrer Situation. Sie sind bislang den vielen Vorbehalten Moskaus sehr geschickt begegnet und haben, wenn notwendig, Kompromissen zugestimmt, etwa im Zusammenhang mit dem Sprachgesetz, das zwei offizielle Landessprachen, Tatarisch und Russisch, vorsieht. Die bislang erreichten Erfolge auf dem Weg zur Unabhängigkeit sind grundlegend und korrespondieren durchaus mit der de facto, wenn auch noch nicht de jure, gegebenen Souveränität des Landes. All dies wurde zudem von den Tataren alleine erreicht, die damit seit dem Fall von Kasan erstmals wieder die Kontrolle über ihr eigenes Land erlangt haben, und zwar trotz anfänglich erbitterter Opposition der russischen »Gemeinde« in Tartastan. Bei der Privatisierung der Wirtschaft und der Einführung der Marktwirtschaft ist die Regierung sehr sorgfältig und überlegt vorgegangen, und so ist Tartastan heute das wirtschaftlich stabilste Land dieser Region. Dies führte in der russischen Bevölkerung, und zwar unterstützt von Moskau, zu einem radikalen Nationalismus und zu einer ebensolchen Opposition gegen die Unabhängigkeit des Landes. Allgemein kann man davon ausgehen, daß Rußland in dem Augenblick, in dem es die Unabhängigkeit Tatarstans oder zumindest seinen Sonderstatus innerhalb der Föderation vertraglich akzeptiert, die Kontrolle über Tartastan verlieren wird und somit auch über seine anderen »Kolonien« in der Wolga-Ural-Region, in Sibirien und im Nordkaukasus. Die Tataren selbst gehen davon aus, daß sie, so wie sie die ersten waren, die von Rußland kolonialisiert wurden, die letzten sein werden, die ihre vollständige Freiheit erlangen.

Untergruppen der Tataren

Außer den Wolga- oder Kasantataren gibt es auch noch die sibirischen Tataren, jene von Astrachan sowie von Litauen sowie die Krimtataren, deren Geschichte und Identität sich grundlegend von jener der Wolgatataren unterscheidet. Die Wolgatataren leben in ihrem ursprünglichen Siedlungsgebiet der Mittleren Wolgaregion und des Urals in ländlichen Gemeinschaften. In jenen Sibiriens und Astrachans hingegen bilden sie lediglich kleinere Minderheiten, die dort jedoch ebenfalls meist in den Dörfern leben. Darüber hinaus leben sehr viele Tataren in den Städten der gesamten ehemaligen Sowjetunion, von deren westlichsten Grenzen bis nach China. Zwischen 1959 und 1979 emigrierten viele Tataren aus der Wolgaregion nach Leningrad und Moskau (wo der Anteil der tatarischen Bevölkerung in dieser Zeit um 36 Prozent stieg), in die zentralasiatischen Republiken, nach Westsibirien (Tyumen und Omsk verzeichneten einen Anstieg der tatarischen Bevölkerung von 42 Prozent respektive 22 Prozent) sowie nach Kuybyshev (26 Prozent Anstieg), Saratov (27 Prozent Anstieg) und Wolgograd (32 Prozent Anstieg). Der Grund hierfür lag in der Diskriminierung, der die Tataren unter sowjetischer Herrschaft ausgesetzt waren. Während in dieser Zeit russische Immigranten als Arbeitskräfte für die Rüstungsindustrie und die Industriestädte Naberezhnyye Chelny und Nizhnekamsk ins Land geholt wurden, hinderte man gleichzeitig die Tataren daran, in ihre Städte zurückzukehren. Diese Politik führte zu einer gefährlichen Polarisierung innerhalb der Gesellschaft, in der die Tataren praktisch die gesamte ländliche Bevölkerung bildeten und die Russen die städtische Arbeiterschaft sowie die politischen und technischen Kader. Dieser Trend kehrte sich erst mit dem Zusammenbruch der Sowjetunion um und seit dieser Zeit ermutigt die Regierung von Tatarstan, alle im Ausland lebenden Tataren, in ihre Heimat zurückzukehren.

Zu den Wolga- oder Kasantataren gehören außerdem:

Die Mischaren, türkisch assimilierte Ostfinnen. Sie konvertierten etwa zur Zeit des Bulgarischen Königreichs und der Goldenen Horde zum Islam. Bis heute haben sie sich ihr typisches Aussehen sowie ihren Dialekt, ein Dialekt des Kasantatarischen, bewahrt. Sie leben in ländlichen Gemeinden, und zwar zwischen Oka und Wolga, das heißt in den südlichen Regionen der Republiken Tatarstan, Tschuwasch und Mordowien. 1912 gab es noch etwa 200.000 Mischaren, seit 1926 werden sie nicht mehr als ethnisch eigenständige Volksgruppe berücksichtigt, die sie jedoch tatsächlich nach wie vor sind.

Die Teptiyaren sind Wolgatataren, die nach der Eroberung Kasans im Jahre 1532 nach Osten zogen und sich bei den Baschkiren niederließen. Obwohl sie einige Jahrhunderte unter den Baschkiren lebten, haben sie sich ihre eigenständige Identität als Tataren bewahrt. Sie sprechen einen Dialekt, der eine Mischung aus Kasantatarisch und Baschkirisch darstellt. 1912 gab es noch etwa 300.000 Teptiyaren.

Die Kryaschenen sind Wolgatataren, die zum orthodoxen Glauben konvertiert sind. Es besteht ein Unterschied zwischen den Starokryaschenen (alte Kryaschenen), die im 16. Jahrhundert konvertierten, und den Novokryaschenen (neue Kryaschenen), die im 18. Jahrhundert konvertierten. Als 1906 Religionsfreiheit gewährt wurde, kehrten viele Neukryaschenen wieder zum Islam zurück. Die Kryaschenen sprechen einen tatarischen Dialekt, der sehr viele Lehnwörter aus dem Arabischen und Persischen aufweist. Bis zur Revolution von 1917 verfügten sie über eine eigene

Schriftsprache, wobei sie hier die kyrillische Schrift und nicht die arabische benutzten. 1926 gab es laut einer Statistik 101.477 Kryaschenen und damals galten sie auch offiziell noch als eine eigenständige Volksgruppe. Die muslimischen Tataren hegen ihnen gegenüber eher Vorbehalte und so wurden sie zunehmend von den Russen assimiliert.

Andere Volksgruppen der Tataren umfassen:

Die sibirischen Tataren, deren Khanat 1582 an Rußland fiel. Sie konvertierten im 14. und 15. Jahrhundert zum Islam. Bis zur Revolution von 1917 behielten sie ihre Stammes- und Clanstrukturen bei und vermischten sich auch nicht mit den Wolgatataren. Heute gibt es schätzungsweise noch 150.000 sibirische Tataren.

Die Vorfahren der Astrachan-Tataren gründeten das Khanat von Astrachen, das 1556 zerstört wurde. Sie vermischten sich mit den Nogaiern, von denen sie vollständig assimiliert wurden. Heute unterscheiden sie sich nicht mehr von den Wolgatataren.

Die Kasymow-Tataren sind Nachfahren von Flüchtlingen aus dem Khanat Kasan, die sich in der Region von Ryasan niederließen. Die Khans von Kasymow wurden Vasallen Moskaus und dienten in der russischen Armee als Befehlshaber. Sie trugen den Titel eines Zaren und einer ihrer Khans, *Sait Bullat*, hatte auch kurze Zeit (1575–76) den Thron von Moskau inne, bis *Iwan der Schreckliche* dessen Abdankung zu seinen Gunsten erwirkte. Aufgrund ihrer engen Beziehung zum Islam haben sich die Kasymow-Tataren, stets von Nichtmuslimen umgeben, lange Zeit ihre eigenständige Identität bewahrt. 1970 gab es in Ryasan noch etwa 4.000 Kasymow-Tataren.

Die litauischen Tataren, auch als polnische oder belorusssische Tataren bezeichnet, stammen von einem kleinen Stamm der Nogaier ab, die Großfürst *Vitautis* einst um ihre Unterstützung im Kampf gegen den Deutschen Orden gebeten hatte. Nach ihrem Sieg in der Schlacht von Tannenberg im Jahre 1410 forderte man sie auf, sich in Litauen niederzulassen. Zwar mischten sie sich mit der dortigen Bevölkerung und legten so auch ihre Sprache ab, jedoch bewahrten sie sich ihren muslimischen Glauben. Heute leben sie, insgesamt etwa 5.000, über Polen (etwa 2.000 Familien), Litauen und Rußland verstreut.

Muslimisch-türkische und mongolische Völker der Wolga-Ural-Region und Dagestans

Baschkiren

Die Republik Baschkortostan (143.500 Quadratkilometer) liegt östlich von Tartastan und ist von Kasachstan durch einen schmalen Landstrich getrennt, der früher zu Baschkirien gehörte und von den Sowjets annektiert wurde, als sie am 23. März 1923 die Baschkirische Autonome Sozialistische Sowjetrepublik gründeten.

Laut einer Statistik lebten 1989 1.449.462 Baschkiren in der UdSSR; in Baschkirien selbst stellen sie heute etwa ein Drittel der Bevölkerung (3.848.000 im Jahre 1979). Die meisten Baschkiren leben in ihren ursprünglichen Siedlungsgebieten im südlichen Ural, und davon wiederum etwa 70 Prozent in der Republik Baschkirien mit ihrer Hauptstadt Ufa. Ufas Einwohnerzahl hat sich seit dem Zweiten Weltkrieg fast verdoppelt, von 547.000 im Jahre 1959 auf 969.000 im Jahre 1979, und zwar vor allem durch Einwanderer aus Rußland. Das Wasser der Hauptstadt ist stark mit Giften belastet. Verglichen mit anderen Turk-Nationen der ehemaligen UdSSR ist der Bevölkerungszuwachs Baschkiriens relativ niedrig – 25 Prozent zwischen 1959 und 1970 und 19,6 Prozent zwischen 1970 und 1979.

Die Baschkiren sind Sunni-Muslime der Hanafi-Schule. Anders als die Tataren wurden sie nicht orthodox missioniert und so mußte sich hier der Islam auch nie verteidigen und ist somit, vor allem bei den ehemaligen Nomadenstämmen des Südens, weniger stark verwurzelt als bei den Tataren.

Baschkiren und Tataren unterscheiden sich weniger in ethnischer Hinsicht als vielmehr aufgrund ihrer wirtschaftlichen und sozialen Gegebenheiten. Die baschkirischen Bauern wurden im 18. Jahrhundert von der Leibeigenschaft befreit und behielten bis zur Revolution ihre Stammesstrukturen, basierend auf einer Aristokratie, bei, weswegen sich hier auch keine Bourgeoisie herausbildete. Bis zur Zeit der Russischen Revolution hielt man die Baschkiren – im Gegensatz zu den im Flachland lebenden Tataren ein Bergvolk – für eine Volksgruppe, die ethnisch zu den

Tataren gehörte. Ihre Dialekte unterschieden sich kaum vom Wolgatatarischen und ihre Schriftsprache war das Tatarische. Die baskirische Nation »entstand« 1923, als das Baschkirische auch Schriftsprache wurde. Hätte man Tataren und Baschkiren ihrer eigenen Entwicklung überlassen und sie nicht den sozialen und ethnischen Vorstellungen der Sowjetunion untergeordnet, so hätten sie wohl mit der Zeit eine gemeinsame Nation gebildet, mit einer gemeinsamen Schrifttradition sowie einer gemeinsamen Geschichte.

Die Nord- und Westbaschkiren gehen auf finnische Volksstämme zurück, die zur Zeit der Goldenen Horde und des Khanats von Kasan unter türkischem Einfluß zum Islam übertraten. Wie die Wolgatataren sind sie seßhaft und haben ihre alten Stammes- und Clanstrukturen vollständig aufgegeben. Die Süd- und Ostbaschkiren wiederum stammen von türkischen Nomaden ab, die ihrerseits eng mit der Nogaiern und den Kasachen verwandt waren. Vor der Eroberung durch Rußland war das Land in seiner politischen Zugehörigkeit gespalten: der Westen gehörte zum Khanat von Kasan, der Osten zum Khanat Sibirien und später zur Goldenen Horde, der Süden zum Großnogaischen Reich. Die Bevölkerung des Südens, ehemalige Nomaden, gehört ethnisch zur Familie der Turkvölker, wie etwa die Mangiten, Kiptschaken, Jalairen und Tabyner, und sie hat sich noch manches aus ihrer Clangeschichte bewahrt. Ihr Zugehörigkeitsgefühl zu den Nomadenstämmen Zentralasiens ist vor allem unter Intellektuellen stark verankert und erklärt in gewisser Hinsicht, warum sich in Baschkirien trotz entsprechender Bemühungen der Sowjetmacht nie ein sehr ausgeprägtes Nationalgefühl entwickelt hat. Darüber hinaus verhalten sich die Baschkiren auch gegenüber der offiziellen Sprache ihres Landes eher indifferent, die sich als Schriftsprache praktisch nie richtig durchsetzen konnte, da viele Baschkiren nach wie vor das Tatarische als Schriftsprache benutzen. Die mündlich überlieferten Epen und Lieder sind die gleichen wie jene der Tataren.

Im 17. und 18. Jahrhundert wehrten sich die kriegerischen Baschkiren-Clans gegen die russische Oberhoheit. Sie beteiligten sich an den Aufständen von Rasin und Pugachev, dessen fähigster Heerführer *Salavat Yulaev*, ein Baschkire, war. 1919 spielte der baschkirische Präsident Zeki Velidi Togan im Bürgerkrieg der Wolgaregion eine bedeutende Rolle. Nachdem er ursprünglich auf Seiten der Konterrevolution kämpfte, lief er später mit der gesamten baschkirischen Armme – 2.000 erfahrene und disziplinierte Kämpfer, für damalige Zeit ein beachtliches Kontingent – zu den Bolschewisten über. Von ihnen enttäuscht, floh er dann nach Turkestan und schloß sich dem Aufstand der Basmachen an. Diese heldenhafte antirussische Kriegstradition bildete später wahrscheinlich das Herzstück der baschkirischen Identität.

Nach dem Zusammenbruch der UdSSR bildete sich in Baschkirien nur sehr langsam eine nationale Bewegung heraus. Dies erklärt sich aus der Tatsache, daß die Baschkiren selbst im eigenen Land eine Minderheit darstellen und keinen Anteil an der politischen Führung des Landes hatten. Darüber hinaus versuchte Moskau, jegliche nationalen Strömungen zu unterbinden, nicht zuletzt mit großzügigen wirtschaftlichen und politischen Zugeständnissen, zumindest solange, bis Baschkortostan im März 1992 den Föderationsvertrag unterschrieben hatte. Als Moskau es danach versäumte, seine Versprechungen einzuhalten, entstand eine nationale Oppositionsbewegung, die, ähnlich wie in Tartastan, nun für Baschkirien einen »Sonderstatus« fordert. Darüber hinaus fügte die Republik, um den politischen Schaden zu begrenzen, der mit Unterzeichnung dieses Vetrages entstanden war, zu Jelzins Referendum vom April 1993 folgenden Passus hinzu: »Stimmen Sie zu, daß es notwendig ist, daß die Republik Baschkortostan im Interesse aller ihrer Bürger wirtschaftlich unabhängig ist und ihre Beziehungen zur Russischen Föderation vertraglich – auf der Basis des Föderationsvertrages – regelt?«

Zwischen Tartastan und Baschkortostan vertiefte sich im Jahre 1993 die Zusammenarbeit, vor allem im Bereich der Ölindustrie, da Baschkortatstan über das technische Gerät verfügt, das Tartastan fehlt, wodurch letzteres sich zumindest teilweise aus der Abhängigkeit von Rußland befreien konnte, während Tartastan im Gegenzug überschüssige landwirtschaftliche Produkte nach Baschkortatstan liefert. Dies hat dazu geführt, daß es inzwischen in beiden Republiken Überlegungen in Richtung einer tatarisch-baschkirischen Republik gibt, so wie diese 1918 schon einmal für kurze Zeit bestanden hat.

Nogaier und Kalmüken

Laut sowjetischer Statistik von 1989 leben im Kaukasus 75.564 Nogaier, und zwar etwa die Hälfte von ihnen in der Nogaischen Steppe im Norden Dagestans, zwischen den Flüssen Terek und Kuma. Sie sind das zweitgrößte Turkvolk Dagestans; einige kleinere Gruppen leben auch in den daghestanischen Regionen Kislyar, Babyurt und Khasavyurt. Außerhalb Daghestans gibt es laut einer Statistik von 1979 nogaische Volksgruppen im Stavropol-Kray (22.402), im Mineral'nyye Vody-Kray, in Tschetschenien (5.534) und in Karatschi-Tscherkessien (1.093). Die Nogaier Astrachans und der Krim wurden im 19. Jahrhundert von den Wolgatataren assimiliert. Vergleicht man die Statistiken von 1979 und 1989, so kann man feststellen, daß ihre Zahl um 26,9 Prozent zugenommen hat im Gegensatz zur Zeitspanne von 1970 bis 1979, wo dieser Zuwachs lediglich bei 15 Prozent lag.

Die Nogaier sind Nachfahren der turko-mongolischen Nomaden der Goldenen Horde, die in die Steppengebiete des Nordkaukasus vordrangen. Sie teilen sich in zwei Gruppen: die Quara (Schwarzen) Nogaier von Daghestan, ehemalige nomadische Viehhirten, und die Aq (Weißen) Nogaier des Stavropol-Kray, die seßhafte Bauern waren. Diese Teilung entspricht dem historischen Unterschied zwischen der Großnogaischen Horde (Quara) im Osten und der Kleinnogaischen Horde (Aq) im Westen. Im 15. Jahrhundert war die Großnogaische Horde die bedeutendste Militärmacht Osteuropas. Ihr Anführer war der Schwager von Iwan dem Schrecklichen, an dessen Hofe viele nogaische Adelige verkehrten.

Der Krieg zwischen den buddhistischen Mongolen Tschungariens und den Kalmüken brachte etwa ein Jahrhundert später an der unteren Wolga ein relativ schwaches Staatsgebilde hervor, in dem Nogaier und Turk-Kasachen eine Föderation bildeten. Zwischen 1783, als Rußland den Nordkaukasus eroberte, und 1914 emigrierten die meisten Nogaier, wie auch viele Tscherkessen und Krimtataren, in das Osmanische Reich. Die Kalmüken nun wurden im Zuge ihrer Migration in ihre Heimat Tschungarien und von dieser wieder zurück (1771) sowie später durch die sowjetische Verfolgung und Massendeportation im Jahre 1943 stark dezimiert. Dennoch haben wohl etwa 150.000 Kalmüken überlebt, die nun ihrerseits an die untere Wolga zurückgekehrt sind. Sie sprechen immer noch ihre mongolischen Dialekte und sind nach wie vor buddhistischen Glaubens.

Die Nogaier teilen sich in vier große Stämme: die Bajuken, Edisen, Jambulaken und Edischkulen – sowie fünf kleinere Stämme: die Mansuren, Karamurzen, Tokhtamen und Novruzen. Das Gefühl der Zugehörigkeit zu ihrem jeweiligen Stamm überwiegt jenes eine nationalen Identität. Dies erklärt auch, warum die nogaischen Stämme kürzlich Kasachstan um Aufnahme in sein Staatswesen ersucht haben. Trotz der Tatsache, daß sie, wie ihre Nachbarn auch, Muslime der Hanafi-Schule sind, stellen sie im Nordkaukasus doch so etwas wie ein fremdes Element dar, auch wenn die Konföderation der Kaukasischen Völker große Anstrengungen unternimmt, sie in diese zu integrieren. In ihrem mongolisch geprägten Aussehen ähneln die Nogaier den Kasachen.

Die Quara und Aq Nogaier sprechen unterschiedliche Sprachen. Seit dem 16. Jahrhundert hat es immer wieder erfolglose Versuche gegeben, eine nogaische Schriftsprache auf Grundlage des arabischen Alphabets zu entwickeln. 1928 wurden dann zwei unterschiedliche Schriftsprachen auf Basis der lateinischen Schrift eingeführt. Das Nogaische gehört zum Zweig der kiptschakischen Sprachen der Familie der Turksprachen. 1938 wurde dann eine einzige Schriftsprache etabliert, das Aq-Nogaische, und zwar auf Grundlage der kyrillischen Schrift.

Kumüken

Die Kumüken sind Nachfahren der Kiptschaken (Polovtsy). Sie bilden die größte Turk-Nationalität Daghestans und, nach Awaren und Dargwaren, die drittgrößte Volksgruppe des Landes. Sie leben vorwiegend in den Ebenen des Nordens und Nordostens von Daghestan. Zusammen mit den Awaren und Dargwaren bilden sie sozusagen die »dominanten« Nationalitäten, die viele kleinere Volksgruppen assimiliert haben, unter anderem die Nogaier und Laken. In ihrem Aussehen unterscheiden sie sich durch nichts von ihren kaukasischen Nachbarn. 1989 gab es 282.178 Kumüken, die in den Ebenen von Nord- und Ostdaghestan leben, einige auch in den Bergregionen Zentraldaghestans sowie in den Städten der Republik. In sieben Distrikten des Landes bilden sie die Mehrheit: in Khasavyurt, Babayurt, Kisilyurt, Buynaksk, Karabudakhkent, Kayakent und Kaytag.

Die Kumüken teilen sich, historisch betrachtet, in drei Gruppen: die Mittelkumüken – die bedeutendste Gruppe – die das Shamkalat von Turku bildeten, die Nordkumüken und die Südkumüken der Bergregion, die vor der russischen Eroberung zum Fürstentum Utsmi von Kaitag gehörten. Viele Kumüken leben heute in den Städten, wo sie vor allem am Kaspischen Meer einen hohen Anteil an der Industriearbeiterschaft stellen. Seit dem 19. Jahrhundert war das Kumükische Schriftsprache, auf Grundlage des arabischen Alphabets. 1928 übernahmen die Kumüken die lateinische Schrift und 1938 dann die kyrillische. Vor der Revolution benutzten viele Kumüken auch das Arabische und Wolgatatarische als Schriftsprache. Zwischen 1923 und 1928 versuchten die Kommunisten in Daghestan, eine einheitliche Schriftsprache zu etablieren, und zwar auf Basis einer Turksprache. Das Kumükische, eine oghusische Sprache der Familie der Turk-Sprachen, setzte sich dann als gemeinsame Sprache der verschiedenen Volksgruppen sowie als Schriftsprache immer stärker durch. 1933 gab es 12 Zeitungen in Daghestan, von denen sieben auf Kumükisch erschienen. Doch 1934 verfügte Moskau, entgegen dem Willen der politischen Führung Daghestans, erneut die linguistische Vielfalt, womit Daghestan, zumindest offiziell, seine einheitliche Sprache verlor. Wie die meisten daghestanischen Volksgruppen sind auch die Kumüken Muslime der Hanafi-Schule.

Anders als ihre traditionellen Gegner, die Awaren, verfügten die Kumüken über ein sehr komplexes und rigides Feudalsystem, verbunden mit der *adat*, einem strikt befolgtem Gewohnheitsrecht. Die Führungsschicht dieses Gemeinwesens bildete ein fürstlicher Clan, dem jegliche Machtausübung vorbehalten war. Die nächsthöhere Schicht wiederum bestand aus den Kindern dieser Clanfamilie sowie aus einer Gruppe von Frauen, die einer niedrigeren Adelsschicht angehörten – der *chanka*. Die dritte

Schicht bestand aus Bauern, Vasallen des Schamkal, die nun ihrerseits in verschiedene soziale Klassen unterteilt waren, in Adelige, Freie und Leibeigene. Die Schamkalen, angeblich syrisch-arabischer Abstammung, herrschten seit der Mongolenzeit über Daghestan. Die Khans der Goldenen Horde hatten ihnen, wie etwa zur gleichen Zeit auch dem Großfürsten von Moskau, den Titel eines *vali* (Gouverneurs) verliehen. Vor der Eroberung durch Rußland entsprach die politische Organisation Daghestans nicht seinen sozialen, ethnischen und linguistischen Gegebenheiten.

Das Kumükische Fürstentum der Schamkalen vereinte auch Laken, Tschetschen und Awaren, Minderheiten, die ihrerseits in freien *jemaat* (Gesellschaften) organisiert waren, sowie Nogaier. 1574, nach dem Tod des Schamkalen *Surhay*, wurde es unter seinen Söhnen aufgeteilt, wodurch hier nun kleine, untereinander rivalisierende *beyliks* entstanden. Diese vereinten sich lediglich zu Zeiten äußerer Bedrohung, etwa zu Zeiten der russischen Bedrohung in den Jahren 1594, 1604 und 1605, als sich mit den Osmanen und Krimtataren gegen *Boris Godunow* verbündeten und die Russen so für ein weiteres Jahrhundert aus dem Kaukasus fernhielten. Ende des 17. Jahrhunderts hatten die Schamkulen die Kontrolle über die Bergregionen von Daghestan verloren. Seit Ende des 18. Jahrhunderts waren es die Bergawaren, die Dido-, Andi- und Tschetschen-Stämme, die sich hier gegen die russischen Angriffe zur Wehr setzten. Unter der Führung der Imams von Daghestan, *Ghazi Muhammad*, Hamzat Bek und Shamil, beteiligten sich die *Nordkamüken* am Kaukasischen Krieg (1825–59), die Mittelkamüken kämpften an der Seite Rußlands und die Südkamüken verhielten sich neutral.

Die Kumüken verfügen, anders als die sonstigen Nationalitäten Daghestans, über eine nationale Bewegung, die in den letzten Jahren viele Aktivitäten entwickelt hat. Als die von Moskau unterstützte muslimische Union des Nordkaukasus und Daghestans 1989 auseinanderbrach, wählten die Kumüken ihren eigenen Mufti und weigerten sich, die religiöse Oberhoheit der Awaren anzuerkennen. Verschiedene territoriale Streitigkeiten – ein Erbe der russischen und sowjetischen Politik der regionalen Umschichtung und auch Deportation dortiger Volksgruppen –

zwischen Kumüken, Awaren, Laken und Tschetschen konnten zwar bislang friedlich beigelegt werden, wurden jedoch von Moskau dazu benutzt, seit 1990 etwa 80.000 Soldaten in und um Daghestan zu stationieren sowie eine Miltärherrschaft zu etablieren. Heute bildet der Kaukasische Krieg des 19. Jahrhunderts – der nationale Befreiungskampf aller kaukasich-muslimischen Nationalitäten – das Fundament der pankauskasischen Einheit. Die Tatsache, daß sie weniger in diesen Konflikt involviert sind und andere soziale Strukturen sowie eine von den Turkvölkern beeinflußte Identität aufweisen, unterscheidet die Kamüken jedoch von ihren daghestanischen und nordkaukasischen Nachbarn und so sind sie hin- und hergerissen zwischen ihrer Turk-Identität auf der einen und ihrer kaukasischen Identität auf der anderen Seite.

Nichtmuslimische Völker der Wolga-Ural-Region

Im Herzland der heutigen Russischen Föderation, am Westufer der Wolga, zwischen dem Ural und den Hochebenen von Mordawien gelegen, leben heute noch Angehörige der finnischen Sprachgruppe, und zwar im Grunde in ihrem ursprünglichen Siedlungsgebiet, wie archäologische Funde aus dem 3. Jahrtausend vor Christus belegen. Diese kann man, unabhängig von ihrer eigenen diesbezüglichen Wahrnehmung, in zwei Gruppen einteilen: der nördlichen Gruppe der Komi unnd Udmurten, die im Hinblick auf ihre Sprache zum permjakischen Zweig der finnischen Sprachen gehören, und die Mari und Mordwinen des Südwestens, die traditionell als »Wolgafinnen« bezeichnet werden. Zwischen den Gebieten, die diese Volksgruppen bewohnen, liegt die Heimat der Tschuwaschen, die eine eher ungewöhnliche Variante der Turk-Sprachen sprechen, jedoch schon so lange in engen Beziehungen mit ihren Nachbarn stehen, vor allem den Mari, so daß sie praktisch mit diesen zusammen abgehandelt werden können.

Alle diese Volksgruppen leben über ein großes Gebiet verstreut, in dem sich auch eine Vielzahl russischer Ansiedlungen findet. Doch haben sie sich alle Elemente ihrer traditionellen

Kultur sowie einen gewissen Sinn für ihre eigenständige Identität bewahrt. Zwar blieben die Komi, die am weitesten im Norden angesiedelte Volksgruppe dieser Region, genau aufgrund dieser geographischen Situation im Mittelalter von der Herrschaft der Muskowiter Fürsten und der Tataren verschont, doch teilen im Grunde alle Volksgruppen dieser Region die gleichen historischen Erfahrungen: die Eingliederung in das Reich von Moskau und seiner Nachfolgestaaten sowie die Christianisierung durch orthodoxe Missionare im späten Mittelalter, die jedoch nicht sehr tiefgreifend war, weswegen die Einwohner dieser Region in den Augen der Russen stets als Anhänger des Heidentums und der Magie, des Schamanismus und Animismus betrachtet wurden.

Alle diese Volksgruppen könnten sich innerhalb der derzeitigen Russischen Föderation als eine Art Sprengkraft erweisen. Denn nach dem Zusammenbruch des Russischen Zarenreichs im Jahre 1917 wurde sie nur unter großen Schwierigkeiten in den Bannkreis der russischen Politik gezogen. Unter den Tschuwaschen wurden damals beispielsweise Stimmen laut, die sich für die Wiedererrichtung eines schon vor langer Zeit untergegangenen »Bulgarenstaates« stark machten, der Zentral- und Südrußland umfassen sollte. Udmurten und Mari garantierte man 1921/22 eigenständige autonome Regionen, um damit zu verhindern, daß sich unter ihnen ein pan-finnischer Nationalismus ausbreitet. Diese potentiell gefährliche Bewegung war besonders stark bei den Komi ausgeprägt, die sich als die Erben des mittelalterlichen finnischen Staates Biarma betrachteten, und für die Skandinavier sozusagen ihre historische und kulturelle Heimat darstellte. Hieraus ergab sich die Vision eines Großreichs der Komi, das auch Udmurten und Neneten mit einschließen sollte. Der Widerstand der Komi gegen die russische Oberhoheit in den 1920er Jahren richtete sich vor allem gegen die Ausbeutung ihrer natürlichen Ressourcen und so präsentierte die neue Landkarte, die Moskau 1929 vorlegte, die Republik der Komi als wesentlich verkleinerte und isoliert gelegene Region. Lediglich die Mordwinen schienen jeglichen pan-finnischen Sentiments und jeglichen Sezessionsbestrebungen gegenüber Rußland zu widerstehen: konsequenterweise wurden sie deshalb von Moskau praktisch ignoriert und erhielten erst 1928 autonomen Status.

All diese Völker waren im Grunde stets Willens, in jeweils großen, multinationalen Staat miteinander zu kooperieren. In den Debatten über die Zukunft der Russischen Föderation wurden sie in ihrem diesbezüglich eher destruktiven Potential praktisch nicht wahrgenommen beziehungsweise wurde dieses von den dringenderen Problemen und den insistierenderen Stimmen aus allen möglichen anderen Richtungen zumindest übertönt. Doch da sie alle gleichermaßen aus den Zeiten der Sowjetmacht politische Institutionen geerbt haben, die sie in Zukunft für ihre separatistischen Bestrebungen nutzen können, ist es nicht auszuschließen, daß sie auch zusehends an politischem Profil gewinnen.

Komi und Udmurten

Der permijakische Zweig der finnischen Sprachen hat sich bereits vor Tausenden von Jahren entwickelt. Seine noch existierenden Dialekte bilden heute die Muttersprache von fast einer Million Menschen. Eine alte Schriftform dieser Sprache, das Altpermijakische, hat in religiösen Texten aus dem 14. Jahrhundert überlebt, jener Zeit, in der diese Volksgruppen vom *Heiligen Stephanus* missioniert wurden. Russische Wissenschaftler veröffentlichten 1775 für die zwei bedeutendsten linguistischen Untergruppen dieser Sprachfamilie, für die Sprache der Komi und jene der Udmurten, jeweils eine Grammatik. Seit dieser Zeit kamen auch immer mehr russische Einwanderer, angelockt von den Bodenschätzen des Landes, hierher und beendeten damit die lange Zeit seiner völligen Isolation.

Die Udmurten leben heute vor allem in der Region der mittleren Wolga, die von den Flüssen Kama und Wyatka begrenzt wird. Englische Ethnographen bezeichneten sie einst als das »rothaarigste Volk der Welt«. Die Gegend, die sie bewohnen, war früher dicht bewaldet und aufgrund der vielen Linden, die hier wuchsen, waren sie weithin als Bienenzüchter bekannt und ähnlich wie bei den Mordwinen spielen die Bienen in ihren Dichtungen und Liedern eine herausragende Rolle. Die Udmurten lebten ursprünglich in Stammesgemeinschaften zusammen, die jeweils bis zu 40 Haushalte umfaßten, und die sie, sobald das Land nicht mehr nutzbar war, aufgaben. Dieses halbnomadische Leben vor allem jener Volksgruppen, die in den Wäldern lebten, setzte sich noch bis ins 20. Jahrhundert fort.

Die Komi breiteten sich nach Norden bis zu den Gebieten der Neneten hin aus. Ihr ursprüngliches Siedlungsgebiet liegt zwischen der oberen Dvina und den Flüssen Pechora und Kama. Die größte Gruppe der Komi, die auch am stärksten in der autonomen Republik Komi vertreten ist, spricht Zyryanisch. Südlich von diesen leben Angehörige der permijakischen Sprachgruppe, deren Sprache verschiedentlich als ein Dialekt des Zyryanischen klassifiziert wurde beziehungsweise als eine permijakische Sprache, die zwischen dem Zyryanischen und dem Udmurtischen angesiedelt ist. Einige Wissenschaftler unterscheiden zwei Dialekte des Permijakischen – einen nördlichen (Kosinko-Kama) und einen südlichen (Inven) Dialekt, der wiederum die Basis für dessen Schriftsprache darstellt, seit 1920 auf Grundlage der kyrillischen Schrift. Die Einheit der Komi-Völker wird von diesen als ein eherner Grundsatz vertreten und all jene, die Permijakisch sprechen, weisen jegliche Versuche, diese Sprache als eine von ihren Nachbarn verschiedene Sprache zu klassifizieren, als ein politisch motiviertes Unternehmen seites Moskaus zurück. Einige verstreut lebende Volksgruppen der Komi finden sich auch in benachbarten Regionen: die Zyuzda, etwa 7.000 Menschen, die normalerweise als Permijaken angesehen werden, jedoch zyryanisch sprechen und im Zyuzdinsky-Distrikt von Kirov Oblast leben die Yaswa, etwa 4.000 Menschen, leben im Yaz'va-Tal, an den Westausläufern des Ural, rund um Perm Oblast und der autonomen Republik Komi. Sie sprechen einen eigenen zyryanischen Dialekt. Die etwa 10.000 Izhmi oder Izva Tas leben in der Tundra, in der Region zwischen den Flüssen Pechora und Izhma, und ihr Dialekt wird zum Teil als eine dritte Untergruppe der Komi-Sprachen betrachtet.

Mordwinen, Mari und Tschuwaschen

Abgesehen von einigen Siedlungen der Mischaren, sind die Mordwinen dasjenige der finnischen Völker, das am weitesten im Süden lebt. Sie wurden sehr lange als eine eigenständige Volksgruppe betrachtet, und der Begriff »Mordeni«, mit dem man sie einst bezeichnete, wurde bereits Mitte des 6. Jahrhunderts von *Jordanes*, einem Geschichtsgelehrten der Goten, geprägt. »Mordeni« ist wahrscheinlich von dem permijakischen Wort murt oder mort abgeleitet und bedeutet Mensch, Mann. Die große autonome Republik Mordowien, an der mittleren Wolga gelegen, in der etwa die Hälfte aller Mordwinen leben und wo sie 35 Prozent der Bevölkerung stellen, ist nach ihnen benannt. Sie selbst unterscheiden zwei Volksgruppen der Mordwinen, die in dem Gebiet zwischen Oka und Wolga angesiedelt sind: die Erzya im Nordwesten, die im Gebiet des Flusses Oka leben, und die Mokscha, die im Südosten, im Gebiet des Flusses Sura, leben. Beide unterscheiden sich durch ihre Dialekte, zudem weisen die Mikscha eine dunklere Pigmentierung auf. Beide Gruppen haben sich traditionell kaum miteinander vermischt und leben nach wie vor jeweils in ihren eigenen Dörfern und Gemeinden, weswegen sie gegenüber kulturellen Einflüsse Rußlands und der Tataren stets sehr anfällig waren. Ein dritte Volksgruppe der Mordwinen, die Karaiten, lebten früher in Kasan, mehr oder weniger verstreut unter den Tataren: heute konzentrieren sie sich in drei Siedlungsräumen der Tatarischen Republik und sprechen Tatarisch. Die Teryukhan-Mordwinen von Gorki wiederum haben ihre mordwinische Identität vollständig verloren. Sie sprechen Russisch und betrachten sich auch als Russen. Ähnliche Tendenzen sind auch unter anderen Mordwinen feststellbar.

Auch wenn das Mordwinisische von Sprachforscher lange ignoriert wurde und erst im späten 18. Jahrhundert erkannt wurde, als nämlich die weniger verbreiteten Sprachen von Minderheiten zum bevorzugten Forschungsobjekt von Linguisten und Ethnographen wurden, verfügt Mordowien doch über eine alte und eigenständige Literatur. Seine traditionellen Lieder und Epen handeln von mordwinischen Helden, allen voran von König *Tuschtyan*, der mit Iwan dem Schrecklichen verwandt war.

Als Iwan der Schreckliche Kasan unterwarf, waren es die Mordwinen die dort für Iwan Festungen errichteten. Sie standen im Ruf, sehr gute Holzfäller zu sein und noch heute pflegen sie die Tradition der Holzschnitzerei. Zwar nahmen die Mordwinen an den Kreuzzügen gegen ihre muslimischen Nachbarn teil, doch ist ihr eigenes Christentum stets von heidnischen Elementen geprägt gewesen – und heidnische Vorstellungen und Bräuche hielten sich hier bis ins 20. Jahrhundert hinein.

Dies gilt in noch viel stärkerem Umfang für die Mari und der Tscheremi (wie die Russen sie früher nannten), deren Identität eng mit einer sykretischen Religion verknüpft ist, die sich Ende des 19. Jahrhunderts herausbildete. Diese eklektizistische religiöse Strömung, der *Kuga Sorta-Kult* – etwa Kult der Großen Kerze – entwickelte sich in Reaktion auf den zunehmenden kulturellen Einfluß russischer Immigranten und die Urbanisierung des Landes, im Zuge derer sich die einheimische Bevölkerung verstärkt ihren eigenen religiösen Traditionen zuwandte. Die entsprechenden Riten werden vorzugsweise in Waldlichtungen zelebriert und beziehen sich weniger auf transzendende Gottheiten als auf die Natur, auf Tiere und Pflanzen, denen auch Opfer dargebracht werden. Christus nimmt in dieser Art Naturreligion lediglich den Rang des größten Propheten ein. Die Tatsache, daß Mari und Tscheremi jegliche Nahrungsprodukte und jegliche Medikamente ablehnen und ausschließlich Naturprodukte sowie Naturheilmittel verwenden, hat das Interesse vor allem ökologisch orientierter Gruppen geweckt. Denn trotz der Anstrengungen sowohl der Sowjetmacht wie auch des russisch-orthodoxen Klerus sind hier noch sehr viele dieser alten Traditionen tief verwurzelt.

Die Eichenwälder, die traditionelle Siedlungsräume der Mari, wurden in der Neuzeit zunehmend von russischen Siedlern abgeholzt. Heute leben die meisten Mari in einem Gebiet, das zwischen den drei Städten Kasan, Kirow und Nitschni Nowgorod liegt. Man unterteilt sie traditionellerweise in zwei Gruppen, und zwar entsprechend ihren Dialekten: jene der Flachland-Mari (Olyk Mari) und jene der Berg-Mari (Kuryk Mari), deren Siedlungsräume durch die Wolga voneinander getrennt sind. Ihre jeweiligen Dialekte, deren Schriftform seit dem 19. Jahrhundert auf dem kyrillischen Alphabet beruht, sind untereinander nicht verständlich, wenn auch die Erzählungen und historischen Legenden, die sie transportieren, jeweils die gleichen sind. Darüber hinaus gibt es auch noch einen dritten, östlichen Dialekt (Üpo Mari), der in der Region des Flusses Kama gesprochen wird, und zum Teil auch in der Gegend von Ufa. Die Angehörigen dieser Sprachgruppe sind Nachfahren von Migranten, die im 18. Jahrhundert vom rechten Wolgaufer hierherkamen.

Mari und Tschremei sind für ihre Steinmetzarbeiten und Holzschnitzereien bekannt sowie für ihre wunderschönen Stickereien, eine Tradition, die auch von den mordwinischen Frauen gepflegt wird. Wald- und Landwirtschaft nimmt in dieser Region nach wie vor einen hohen Stellenwert ein und so gibt es in ihrer Hauptstadt Yoschka Ola auch entsprechende Schulen.

Vom linken Wolgaufer aus steigt das Land langsam zu den Hochebenen Mordowiens an. Hier leben die Tschuwaschen oder Tawas, die trotz jahrhundertelangen Beziehungen mit den Mari wohl die nationale Minderheit der Russischen Föderation sind, die sich ihre eigenständige Identität am stärksten bewahrt hat. Ein Grund hierfür ist wohl die Tatsache, daß über die Hälfte aller Mari in der nach ihnen benannten autonomen Republik leben, wo sie 70 Prozent der Gesamtbevölkerung darstellen. Darüber hinaus verfügen sie über sehr vieles, was sie von anderen Völkern unterscheidet. Entsprechend ihren Dialekten unterteilt man sie bisweilen in zwei Gruppen, in die Viryal (Ober-) und die Anatri (Unter-) Tschuwaschen. Ihre gemeinsame Sprache, die auch vorwiegend als Schriftsprache – basierend auf dem Amatri-Dialekt und seit 1870 auf dem kyrillischen Alphabet – benutzt wird, stellte für die Philologen des 19. Jahrhunderts eine unglaublich reizvolle Herausforderung dar. Zwar steht es außer Zweifel, daß diese Sprache sehr enge Bezüge zu den Turk-Sprachen aufweist, dennoch gibt es keinen einzigen bekannten Zweig der Turksprachen, in den sie tatsächlich passen würde. Laut den Überlieferungen der Tschuwaschen selbst stammen diese von Wolgabulgaren ab, die seit dem 4. Jahrhundert v. Chr. historisch dokumentiert sind. Dies nun wiederum hat zu Spekulationen Anlaß gegeben, daß das Tschuwaschische sich möglicherweise aus dieser alten, längst ausgestorbenen bulgarischen Sprache entwickelt haben könnte.

Die Völker des Kaukasus

Die relativ schmale Landenge, die das Schwarze Meer vom Kaspischen Meer trennt, bildet mit ihren schneebedeckten Gipfeln (darunter der Elbrus, der höchste Berg Europas), ihren fruchtbaren Tälern, den reißenden Flüssen und sanft hügeligen Weiden eine von vielen Geschichten und Fabeln umwobene Landschaft. Neben der bedeutenden Ölindustrie Aserbaidschans und Tschetscheniens ist die Wirtschaft dieser Region vorwiegend agrarisch geprägt. Der Kaukasus ist, ethno-linguistisch betrachtet, Europas vielgestaltigste Region. Die Gebirgskette des Großen Kaukasus erstreckt sich im Süden, zwischen Schwarzen und Baltischem Meer, über eine Länge von mehr als 1100 Kilometern und wird oft als die südliche Grenze Europas betrachtet. Dieser Blick ist jedoch nicht zuletzt durch die Vorstellung der ehemaligen Sowjetunion geprägt, daß nämlich Asien erst jenseits des nördlichen Kaukasus, also jenseits seiner transkaukasischen Grenzen beginnt. Bis zum Zusammenbruch der UdSSR war es für Westeuropäer praktisch unmöglich, irgendeinen Teil des Nordkaukasus zu bereisen, und somit muß sich ein entsprechender Lernprozeß nun in zwei Richtungen vollziehen: der Westen muß den Nordkaukasus kennenlernen und der Nordkaukasus den Westen.

Im Kaukasus leben: erstens – die dort beheimateten Völker, die insgesamt etwa 40 unterschiedliche Sprachen sprechen, die man in drei oder vier Sprachfamilien gliedern kann (Daghestanisch oder Nordostkaukasisch, Nordmittelkaukasich und Nordwestkaukasisch, die wahrscheinlich alle von einer Sprache abgeleitet sind, sowie Südkaukasisch oder Kartvelianisch, das mit den anderen Sprachen nichts zu tun hat); zweitens – Angehörige einiger indoeuropäischer Sprachen (Osseten, Taten, Talyschen und Kurden, deren Sprachen mit dem Persischen verwandt sind; Armenier, Griechen, Roma und natürlich Russen und Slawen wie auch Kosaken, die erstmals Mitte des 16. Jahrhunderts im Kaukasus auftauchten); eine Reihe turksprachiger Volksgruppen wie auch Türken, Turkmenen, Karapapaken sowie die Aserbaidschaner, die Karatschen und Balkaren im Nordwestkaukasus, die Nogaier und die Kamüken im Nordosten; nördlich von Daghestan die mongolischen Kalmüken; viertens – eine Reihe semitischer Völker (einige assyrische Volksgruppen in Georgien sowie Juden, unter ihnen die Bergjuden von Daghestan, die Tat sprechen).

In folgendem Kapitel geht es vor allem um jene Völker, die vorwiegend im Kaukasus leben; diese werden entlang von Sprachgrenzen gegliedert, auch wenn eine eindeutige Zuordnung zwischen Sprache und Ethnie nicht immer möglich ist. Mit Ausnahme der Nogaier, die in ihrem Äußeren den Mongolen gleichen, weisen alle anderen Völker des Kaukasus die typischen Merkmale der Südeuropäer auf: dunkle Augen und schwarze Haare. Ganz allgemein gesprochen haben von all diesen Völkern die Tscherkessen die hellste, die Armenier die dunkelste Hautfarbe. Eine Eigenschaft, die allen diesen Völkern gemeinsam ist, ist ihre Gastfreundschaft (besonders an westlichen Maßstäben gemessen) wie auch ihre Ehrfurcht vor dem Tod und den Gräbern ihrer Ahnen. Das traditionelle Hemd der Männer (*cherkesska*), normalerweise schwarz und mit Patronentaschen versehen, und der dazugehörige Dolch wurde von den Kosaken übernommen. Heute sieht man beides nur noch bei Aufführungen nationaler Volkstanzgruppen. Die Blutfehde war einst ein alter Brauch, um Rache zu nehmen und hat als solcher in einigen Gegenden des Kaukasus in sehr rudimentären Formen bis in heutige Zeit überlebt. Alle diese Völker, die langsam nach 70 Jahren sowjetischer Herrschaft ins Bewußtsein der Welt treten, sind damit konfrontiert, ihre jeweiligen Gesellschaftsgefüge, in denen es keine klaren ethnischen Zugehörigkeiten mehr gibt, kein funktionierendes Bildungs-, Rechts- oder auch politisches System, völlig umzugestalten. Wenn der Westen tatsächlich ein Interesse am Kaukasus zeigen würde und gezeigt hätte und ihm dabei helfen würde, seine Schwierigkeiten, Erbe der sowjetischen Herrschaft, zu meistern, dann hätten einige der schlimmsten Konflikte in dieser Regeion, etwa die um Nagorno-Karabach und Georgien, durchaus verhindert werden können.

Südkaukasus: Georgier, Mingrelier und Swanen

Von den drei kartvelischen Völkern leben drei, die Georgier, Mingrelier und Swanen, fast ausschließlich in der Republik Georgien (Georgisch sakartvelo, Hauptstadt Tbilisi), während das vierte, die Lasen, hauptsächlich in ihrem ursprünglichen Siedlungsgebiet an der türkischen Küste des Schwarzen Meeres leben; in Georgien gibt es noch eine kleine lasische Minderheit. Die letzte sowjetische Bevölkerungsstatistik Georgiens (1989) weist insgesamt 5.400.841 Einwohner aus, von denen 3.787.393 (70,1 Prozent) als Georgier aufgeführt sind. Unter dieser Nationalität sind jedoch auch Mingrelier und Swanen subsumiert. Derart wurde offiziell seit 1926 verfahren und somit ist die tatsächliche ethnische Zusammensetzung Georgiens bis zum heutigen Tage im Grunde ein Geheimnis. Gleichermaßen unklar ist, welche nun tatsächlich die erste beziehungsweise zweite Sprache der kartvelischen Völkern ist – so gibt es beispielsweise etwa eine Million Mingrelier, traditionell in den Ebenen Westgeorgiens beheimatet (Hauptstadt Zugdidi), eine Art Pufferzone zwischen Abkhasien und dem eigentlichen Georgien, die jedoch nicht alle nun ihrerseits auch mingrelisch sprechen.

Oberhalb von Mingrelien, eingebettet in eine Begwelt, die etwa die Hälfte des Jahres mit Schnee bedeckt ist, liegt Swanetien (Hauptstadt Mest'ia), wo bis zu dem Katastrophenwinter von 1986/87 etwa 50.000 Menschen lebten, von denen später etwa die Häflte in die unteren Regionen des Landes zogen, wo sie sich unter der nichtkartvelischen Bevölkerung Georgiens angesiedelt haben.

Von den vier verwandten Sprachen des Landes verfügt nur das Georgische auch über eine Schriftsprache. Unter sowjetischer Herrschaft galt das Georgische als einzige Landessprache und so diente es allen gebildeten Georgiern von der Schule bis über die Universität hinaus als erste Sprache. Die nichtkartvelischen Georgier wiederum gingen meist auf Schulen, in denen russisch als erste Sprache benutzt wurde, weswegen auch das Georgische in dieser Bevölkerungsgruppe nicht sehr weit verbreitet ist. Die klar formulierte Intention, das Georgische zur universellen Landessprache zu erheben und die Tatsache, daß man sich in Tbilisi nicht einig darüber war, wie mit den anderen Landessprachen zu verfahren sei, erklärt, warum sich Georgien erst 1989 verstärkt um seine Unabhängigkeit bemühte. Die Versuche der Russen, bereits Ende des 19. Jahrhunderts für das Mingrelische eine Schriftsprache auf Grundlage des kyrillischen Alphabets zu entwickeln, stießen auf härtnäckigen Widerstand. Gleichermaßen ablehnend reagierten die Georgier (und auch einige Mingrelier) auf die Forderung, eine mingrelische Schrift auf Grundlage des Georgischen zu etablieren, obwohl es in den 30er Jahren eine mingrelische Tageszeitung gab, deren Schrift genau auf dem Georgischen basierte. Seit dieser Zeit wird das Mingrelische nur von den Einwohnern Abkhasiens benutzt, wo die politische Führung 1995 eine dreisprachige Zeitung, die »Gal«, initiierte, und zwar speziell für die mingrelische Bevölkerung des südlichsten Provinz Abkhasiens, der Provinz Gal.

Georgiens Hinwendung zum Christentum vollzog sich um 330, als der *Heilige Nino* das Land missionierte. Einige der griechischen Kolonien in den Küstenregionen Abkhasiens, Mingreliens und Lasikas, etwa jene Region, die einst das antike Kolchis umfaßte, waren schon früher zum Christentum übergetreten. Die Einführung einer einzigen und unkomplizierten Schrift, von der drei Varianten jahrhundertelang benutzt wurden, diente ganz offensichtlich dazu, die christlichen Schriften zu verbreiten. Die georgische Schrifttradition hat dann bereits im 15. Jahrhundert eine reiche Literatur aller Gattungen hervorgebracht, die außerhalb Georgiens kaum bekannt ist (das Studium des Altgeorgischen ist für alle, die mit der Übersetzung von Bibeltexten zu tun haben, von großer Bedeutung). Die georgische Kirche ist eine unabhängige Gliederung der griechisch-orthodoxen Kirche, auch wenn diese unter zaristischer Herrschaft der russisch-orthodoxen Kirche unterstellt wurde. Als das Konzil von Chalcedon 451 die Doppelgestalt Christi verkündete, hielt die georgische Kirche (wie auch die armenische und die untergegangene kaukasisch-albanische Kirche, die dritte christliche Kirche im Osten Transkaukasiens) an der Lehre von der einzigen Gestalt Christi fest. Doch 607 gab Georgiens diese Auffassung auf und schloß sich jener des Konzils von Chalcedon an. Einige der Georgier, die an der Grenze zur Türkei lebten, traten dann, zur Blütezeit des osmanischen Reiches und seines Einflusses, zum Islam über. Heute leben die meisten Muslime Georgiens in der Region von Ach'ara (Ajaria), deren Hauptstadt Batumi ist. Die Nationalisten Georgiens tendieren jedoch dazu, die Zugehörigkeit zur georgisch-orthodoxen Kirche als einen wichtigen Bestandteil der georgischen Identität zu werten. Im November 1944 wurden über 100.000 Muslime aus der Grenzregion Meskheti nach Zentralasien deportiert. Ihre Rückkehr wurde seitens der politischen Führung Georgiens stets verhindert, und die Frage, welcher ethnischen Status ihnen zukommt – islamisierte Georgier oder Türken – wird nach wie vor diskutiert.

Stark beeinflußt von Griechen, Römern, Persern und Arabern, die 655 nach Ostgeorgien vordrangen und ein Emirat in Tbilisi etablierten, das bis 1122 bestand, wurden die kartvelischen Lande einschließlich einiger benachbarter Regionen 975 unter *Bagrat III.* geeint. Die Seljuken, die kurz zuvor aus ihrer turkestanischen Heimat aufgebrochen waren, griffen Georgien 1065 an und so fiel es *David IV.*, dem Erbauer (1089–1125), zu, die Landesgrenzen zu sichern, womit er die Voraussetzungen für das Goldene Zeitalter unter *Königin Tamar* (1184–1213) schuf. In ihrer Regierungszeit entstand das kartvelische Nationalepos, *Shota Rust(a)velis* »Mann im Pantherfell«, das aus 1.600 vierzeiligen Strophen besteht. Die politische Macht und kulturelle Blütezeit dieses Reichs wurde von den Mongolen zunichte gemacht. Viele Kulturschätze, darunter auch Handschriften, wurden in Swanetia versteckt. Nachdem die mongolische Gefahr überwunden war, zerfiel Georgien in kleinere Königreiche und Fürstentümer, die schließlich 1510 von den Türken im Westen und den Persern im Osten erobert wurden. Vor dem Hintergrund des Vertrags von Giogievsk (1783) mit Rußland annektierte dieses 1801 Ostgeorgien und 1803 Mingrelien sowie 1804 schließlich das Königreich Imereti im Westen. Während des gesamten 19. Jahrhunderts wurde die georgische Kultur und Sprache unterdrückt und letztendlich ist es nur nur den Aktivitäten von Intellektuellen wie Prinz (heute Heiliger) *Ilia Ch'avch'avadze* (1837–1907) zu verdanken, daß wieder so etwas wie ein Nationalbewußtsein der Georgier entstehen konnte.

Unter menschewikischer Herrschaft (1918–1921) war Georgien unabhängig und wurde dann unter dem Georgier *Joseph Tschukatschwili* (genannt Stalin) und unter *Sergo Orjonik'idze* mehr oder weniger in die Sowjetunion gezwungen. Die Kartvelier, überzeugte Nationalisten, anti-russisch eingestellt und sehr geschickt im Umgang mit dem System, lebten, wenn auch nicht völlig unberührt vom Terror der 30er Jahre und gemessen am sowjetischen Standard, außerordentlich gut. Die georgische Literatur und Kunst erlebten eine Blütezeit und erlangten mit dem Rustaveli-Theater unter *Robert St'urua*, dem *Sukhishvili-Ramishvili*-Tanztheater und der georgischen Filmindustrie internationale Anerkennung. Mit dem Niedergang der Sowjetmacht verfiel das Land immer mehr in einen erschreckenden Chauvinismus, der in einer Republik wie Georgien, die ethnisch absolut heterogen strukturiert ist und in deren Hauptstadt bis 1900 vorwiegend Russen und Armenier lebten, zu ungeheuren Problemen führen mußte (*Andrej Sacharow* beschrieb Georgien kurz vor seinem Tode als eines der »kleinen Imperien Rußlands«). Unmittelbar nach dem Zusamenbruch der Sowjetmacht kam es zu Kriegen zwischen den Kartveliern und den Südosseten sowie den Abkhasen und schließlich brach im Herbst 1993 auch noch unter den Kartveliern ein Konflikt aus, und zwar zwischen den mingrelischen Anhängern des abgesetzten (mingrelischen) Präsidenten *Zviad Gamsakhurdia* und den Anhängern seines Erzfeindes *Eduard Schewardnase*, dem Chef der pro-russischen Partei Georgiens (1972–85) – dies verweist letztendlich nur darauf, wie illusionär der Traum eines vereinten Georgien tatsächlich ist. Fanatisch in ihren anti-russischen Gefühlen, verweigerten die Georgier wiederholt ihren Beitritt zur post-sowjetischen Gemeinschaft der Unabhängigen Staaten, wenn auch die insgesamt prekäre Situation des Landes die georgische Regierung Ende 1993 dazu gezwungen hat, ihre Politik noch einmal zu überdenken.

Die georgischen Provinzen haben, wie dies oft typisch ist für gebirgige Länder und Regionen, sehr unterschiedliche Dialekte und Traditionen entwickelt, sowohl was ihre Trachten, ihre typischen Gerichte, ihre Architektur, die Musik, ihre Tänze und auch ihre jeweilige Mentalität betrifft – den Gurianen (im Westen, wo auch Eduard Schewardnase herkommt) bescheinigt man allgemein ein feurigeres Temperament als den anderen Volksgruppen Georgiens; die Rach'anen gelten als eher langsame Denker, die K'akheten als rückständig, die Imereten als eloquent und die Mingrelier als einfältig. Die kartvelische Musik ist unglaublich vielgestaltig, die Lieder der Swanen spiegeln die Härte des Lebens in den Bergen, und die komplexen Harmonien der mingrelischen Musik beeindruckten *Igor Stravinski* zum Beispiel derart, daß er wünschte, als Mingrelier wiedergeboren zu werden.

Georgiens Wirtschaft ist hauptsächlich agrarisch geprägt (Zitrusfrüchte, Wein, Mais, Tee, Viehzucht, Wolle und Textilien), doch sind einige der georgischen Bergregionen im Zuge der Urbanisierung des Landes fast vollständig entvölkert.

In Georgien gab es schon immer eine breitere Adelsschicht als in anderen Kaukasus-Staaten. Die Beziehungen zwischen Adel und Bauernschaft waren jedoch sehr eng, und zwar aufgrund der Tradition, daß die Kinder des Adels in Bauernfamilien großgezogen wurden – die Netzwerke zwischen Verwandten, Freunden und Bekannten waren auch noch zur Zeit der Sowjetmacht für das Funktionieren der Gesellschaft von ausschlaggebender Bedeutung. Die Kartvelier sind sehr gutmütig (die Swanen eher mißtrauisch), auch wenn dies oftmals weniger registriert wird als ihr überzogenes Überlegenheitsgefühl gegenüber den anderen Volksgruppen und ihren Unwillen, Kritik zu akzeptieren. Der georgische Prometheus heißt *Amiran*, und die bedeutendste Figur der mingrelischen Dämonologie ist *očok'oči*, ein Ungeheuer. Für die Swanen sind die Fruchtbarkeitsgottheit *barbal* und die Jagdgottheit *däl* von besonderer Bedeutung. Alle Katvelier feiern gerne Feste (*keipi*), bei denen Delikatessen wie *xač'ap'uri* (Käsebrot), *k'ak'lis muraba* (Walnußmus) und *čurčxela* (Walnüsse in Traubensaft) gereicht werden und die ganze Vielfalt der lokalen Weine (mit vielen Trinksprüchen verknüpft) aufgeboten wird, darunter auch der (kakhetische) *Kindsmarauli* und der (rach'anische) *Khvanch'k'ara*, Stalins Lieblingsweine.

Nordwestkaukasus:
Abchasien-Abasinen und Tscherkessen

Diese kleine Gruppe umfaßt Abchasien-Abasinen, Tscherkessen und Ubychen, obwohl seit dem Jahre 1864 nicht ein Ubyche mehr auf heimatlichem Boden (in der Gegend von Sochi am Schwarzen Meer) gelebt hat und die ubychische Sprache im Oktober 1992 mit dem Tod von *Tevfik Esenç*, einem Türken, praktisch ausgestorben ist. Das Gebiet, das die nordwestkaukasischen Völker besiedelten, erstreckte sich einst von den Ufern des Kuban, möglicherweise sogar des Don, bis in das nordwestkaukasische Hochland, über die Berge und entlang der Küste von Abkhasien bis hinunter zur Grenze nach Mingrelien und noch weiter in den Süden, bis Georgien. Der russisch-kaukasichen Krieg des 19. Jahrhunderts dezimierte die hiesige Bevölkerung und die danach noch verbliebenen, rudimentären Volksgruppen lebten hier praktisch völlig unbeachtet vom Westen.

Das Christentum, weitgehend vom Islam verdrängt, konnte das Heidentum nie völlig überwinden, und so spielt hier beispielsweise die Verehrung von Bäumen nach wie vor eine Rolle. Im Kaukasus selbst haben weder das Christentum noch der Islam heute irgendeine Bedeutung. Das abchasische Wort für Gott (*Anc̊a*) könnte möglicherweise vom Plural des Wortes Mutter (*an*; die heute benutzte Pluralform: *anac̊a*) abgeleitet sein, und könnte somit als Hinweis auf eine einstige matrilineare Gesellschaftsstruktur gelten, wie etwa auch die dominante Rolle der Heldenmutter *Stanay Gwasha* in der abchasischen Version des nordkaukasischen Volksepos »Die Narten«. Der abchanische Prometheus heißt *Abrsk'əl*. Den strengsten Ehrenkodes der nordkaukasischen Völker haben jene der Bergregionen: Die Tscherkessen sind im ganzen Nahen Osten für ihr ausgeprägtes Ehrgefühl bekannt – in Jordanien beispielsweise stellen sie im Rahmen des Hofzeremoniells die Leibwache des Königs. Dazu gehört der Respekt vor dem Alter ebenso wie sehr enge und gleichermaßen weitreichende Familienbande. Darüber hinaus ist es verboten, jemanden zu heiraten, der den gleichen Nachnamen wie der eigene Vater oder die eigene Mutter trägt. Geschicklichkeit im Reiten war unabdingbar sowohl für den Kampf wie für die Jagd und einst benutzte man bei der Jagd auch Geheimsprachen, um zu verhindern, daß die Beute vorzeitig die Gedanken der Jäger verstehen könnte. In Tscherkessien findet man wunderschöne Stickereien und Holzschnitzarbeiten. Eines der Grundnahrungsmittel ist Maisbrei, früher Hirse (abchasisch: *abəlsta*; tscherkessisch: *mamrəls*). Die vorrevolutionäre abchasische Gesellschaft war hierarchisch strukturiert: bis 1864 verfügten der Tscherkessen über keinerlei Zentralgewalt; die Absachen, Schapsughen und Natuchayen haben ein republikanisches System, die noch verbliebenen Stämme eher feudale Strukturen.

In Georgiens Autonomer Republik Abchasien (Hauptstadt Sukhum; abchasisch: *Aq̊'a*) lebten 1989 93.267 Abchasen, das sind 17,8 Prozent der Gesamtbevölkerung des Landes. Die Abchasen sind bekannt für ihre hohe Lebenserwartung und berühmt ist ihr Joghurt. Jenseits des Kaukasus, in der russischen Karatschaiisch-Tscherkessischen Autonomen Region (Hauptstadt Tscherkessk) leben 27.475 Abasinen (6,5 Prozentder Gesamtbevölkerung). Darüber hinaus gab es etwa 125.000 Westtscherkessen (Adyghen), von denen 95.439 in der Adyghischen autonomen Region (Hauptstadt Maykop) lebten, das waren 22 Prozent der dortigen Bevölkerung, die anderen leben im Krasnador-Distrikt, darunter auch 10.000 Schapsughen rund um Tuapse (*Zwei Flüsse* in Tschekessien).

Die Osttscherkessen leben zum Teil in Karatschai-Tscherkessien, wo sie offiziell als Tscherkessen bezeichnet werden und laut einer Statistik von 1989 mit 40.230 Einwohnern etwa 9,6 Prozent der Gesamtbevölkerung stellen, und zum Teil in der Kabardinisch-Balkarischen Autonomen Republik (Hauptstadt Nalchik), wo sie als Kabarden bezeichnet werden und mit 363.351 Einwohnern 48,2 Prozent der Gesamtbevölkerung ausmachen. Die nordkaukasischen Verwaltungseinheiten wurden von der post-sowjetischen Russischen Föderation in ihrem Status als Republiken anerkannt. Die tscherkessischen Frauen waren stets für ihre außerordentliche Schönheit berühmt und einst als türkische Haremsfrauen äußerst begehrt. Man geht davon aus, daß heute mehr als eine Million Tscherkessen und etwa 500.000 Abchasen in der Türkei und in anderen Ländern des Nahen Ostens leben.

Die Sprachen aller drei Volksgruppen sind untereinander nicht verständlich; sie sind haben eine äußerst komplizierte Phonetik sowie komplexe Strukturen. Außer einigen Wortlisten aus dem 17. Jahrhundert existierten von diesen Sprachen bis Mitte des 19. Jahrhunderts keine schriftlichen Dokumente. Damals wurden Versuche unternommen, das Tscherkessische und Abchasische in Schriftform zu fassen. Die ersten Sowjetregierungen entwickelten dann vier Schriftsprachen, für das Abchasische (auf Basis des Abschwa-Dialekts), das Abasische (auf Basis des Tap'anta), das Westtscherkessische (auf Basis des Temirgoi) und das Osttscherkessische (auf Bais des Kabardianischen). Die ersten sowjetischen Schriftdokumente des Abchasischen sind in kyrillischer Schrift verfaßt, doch 1928 ging man dann zur lateinischen Schrift über. Als dann in den Jahren 1936–38 viele der jüngeren Schriftsprachen der Sowjetunion wieder zum Kyrillischen zurückkehrten, wurde das Abchasische dem georgischen Alphabet angepaßt, das nach dem Tod Stalins, als man wieder zur kyrillischen Schrift zurückkehrte, erneut aufgegeben wurde. Das Abasische basierte 1932 ursprünglich auf der lateinischen Schriftform, übernahm dann aber 1938 eine kyrillische Schriftform (eine andere als das Abchasische). Das Westtscherkessische benutzte eine Form der arabischen Schrift, die 1928 durch eine lateinische Schriftform ersetzt wurde, der dann 1938 die heute noch gültige kyrillische Schrift folgte. Das Kabardische ersetzte 1924 die arabische durch die lateinische Schrift und übernahm 1936 eine kyrillische Schriftform (die sich wiederum von jener des Westtscherkessischen unterschied!). Keine der heute gebräuchlichen Schriftformen ist benutzerfreundlich und wahrscheinlich geht man doch wieder zur lateinischen Schriftform über – und ideal wäre es, wenn sich für alle nordkaukasischen Sprachen eine einheitliche Schriftform finden würde.

Die Abchasen wurden in frühen historischen Dokumenten als »Apsilier« bezeichnet, während sie sich selbst damals als Apswa bezeichneten. Die Abasinen, die später in Abchasien lebten, waren ursprünglich griechische Abasgen. Unter *Justinian* (543–46) wurde diese Region christianisiert, was dazu führte, daß *Leo II.* hier im 8. Jahrhundert das Königreich Abchasien etablierte, das ganz Westgeorgien umfaßte, weswegen diese Region zwischen 780 und 975 allgemein als Abchasien bezeichnet wurde.

Im 14. Jahrhundert drangen die Abasinen erstmals über den Khukor Pass in den Nordkaukasus vor, wo sie sich bis zum 18. Jahrhundert endgültig niederließen. Als Georgien dann unter dem Ansturm der Mongolen auseinanderbrach, wurde Abchasien unter der *Chachba-Dynastie* ein eigenständiges Fürstentum. In den folgenden Jahrhunderten führten sie mit dem Mingreliern entweder Kriege oder vebündeten sich mit diesen. Unter dem Einfluß der Türken traten viele Abchasen zum Islam über.

1810 wurde Abchasien ein Protektorat Rußlands, behielt jedoch bis zum Jahre 1864 seine eigene Verwaltung bei. Vor allem nach 1864 und verstärkt nach dem russisch-türkischen Krieg von 1877/78 wurden über 120.000 Abchasen in das osmanische Reich vertrieben, was zu einer Entvölkerung dieser Region führte, in der sich nun immer mehr Angehörige anderer Nationalitäten niederließen. 1921 erhielt Abchasien von der Sowjetunion den Status einer Republik und trat 1922 der Transkaukasischen Föderation bei, zu der auch Georgien, Armenien und Aserbaidschan gehörten. Diese Föderation bestand bis 1936, als Armenien, Georgien und Aserbaidschan einen Sonderstatus erhielten. Bereits im Februar 1931 hatte Stalin den Status Abchasiens dahingehend geändert, daß es nur mehr eine autonome Region innerhalb Georgiens darstellte. Der Mingrelier *Lavrent'i Beria* begann dann, diese Region immer stärker an Georgien anzubinden, indem er hier zunehmend Georgier, meist Mingrelier, ansiedelte und 1945 alle abchasischen Schulen schloß beziehungsweise durch georgische ersetzte und schließlich auch alle Publikationen in abchsischer Sprache verbot. Die meisten Abchasen, die hier nun mit den Mingreliern zusammenlebten, gingen dazu über, mingrelisch zu sprechen und nur jene, die in den 40er Jahren zur Schule gegangen waren, sprachen auch georgisch. Die Erinnerung an diese Zeit, der in den späten 80er Jahren erneut aufflammende Chauvinismus der Georgier und die Aufhebung der gesamten sowjetischen Gesetzgebung seitens Georgiens, auf Grundlage derer Abchasien Tbilisi unterstellt worden war, führten dazu, daß die Abchasen erneut darum bemüht waren, ihre Sprache und Kultur zu pflegen. Aus diesem Grunde restituierten sie am 23. Juli 1992 ihre Verfassung von 1925 und versuchten gleichzeitig, mit Georgien einen neuen Föderationsvertrag abzuschließen. Die Antwort *Eduard Schewardnases* hierauf bestand jedoch in der Inavsion georgischer Truppen am 14. August 1992. Dieser Krieg, im Zuge dessen große Teile der Bevölkerung aus Abchasien flohen, endete am 30. September 1993, und zwar mit dem Sieg der abchasich-nordkaukasischen Allianz. Obwohl nun seit drei Jahren unter UN-Beobachtung Verhandlungen zwischen Georgien und Abchasien stattfinden und obwohl Sicherheitskräfte der GUS und Militärbeobachter die UNO im Lande sind, zeichnet sich zwischen den verhandelnden Parteien keine Annäherung ab. Tbilisi, unterstützt von der internationalen Gemeinschaft und dem Kreml, besteht darauf, Georgiens territoriale Integrität wiederherzustellen. Abchasien aber, das seine Souveränität erneut mit dem in der neuen Verfassung vom 26. November 1994 verankerten Recht auf Selbsbestimmung unterstrichen hat, ist nach den Schrecken des letzten Kriegs nicht bereit, irgendetwas zu akzeptieren, was über die Beziehungen zu Georgien in den 20er Jahren hinausginge.

Tscherkessien wurde etwa zur gleichen Zeit wie Abchasien christianisiert, das heißt in einer historischen Situation, in der wohl auch die Türken bemüht waren, beide Länder für den Islam zu gewinnen. Tscherkessien unterhielt enge Beziehungen zu Byzanz und seit 1175 auch Handelsbeziehungen sowie kulturelle Beziehungen mit Italien. Das Land litt zwar nicht im gleichen Maße wie andere nordkaukasishe Regionen unter dem Ansturm der Mongolen, wurde jedoch Ende des 14. Jahrhunderts von den Tamelanen erobert, während der Handel mit Italien nach dem Fall Konstantinopels an die Türken im Jahre 1453 praktisch zum Erliegen kam. Die Mongolen verdrängten die Tscherkessen weiter nach Südosten und gleichzeitig drangen die Osseten weiter nach Osten vor. Im 13. und 14. Jahrhundert siedelten sich zudem hoch oben im Kaukasus die Karatschai-Balkaren an, ihrerseits ein Völkergemisch aus Kaukasiern, iranischen Alanen und Turk-Kiptschaken. Die Karatschai-Balkaren lebten zwar, zum Teil durch den Elbrus voneinander getrennt, in unterschiedlichen Verwaltungsdistrikten, hatten aber dennoch eine gemeiname Sprache, die 1936 eine kyrillische Schriftform erhielt.

Diese Sprache gehört zu den kiptschakischen Turksprachen und ist sehr eng mit dem Kumükischen und dem Nogaischen verwandt.

Im 16. Jahrhundert drang Rußland immer weiter nach Süden vor und errichtete hier kosakische Niederlassungen, die ihm als Bollwerk gegen die kaukasischen Bergvölker dienten. Iwan der Schreckliche heiratete schließlich eine kabardische Prinzessin. Als dann die Türkei im Vertrag von Adrianopel ihre kaukasischen Territorien an Rußland verlor, widersetzten sich die Tscherkessen, die die türkische Oberhoheit nie anerkannt hatten, der Eingliederung in das russische Reich. Es kam zum Krieg zwischen Rußland und den nordkaukasischen Völkern, der 1864 mit deren Exodus in das osmanische Exil endete, das große Teile der nordkaukasischen Bevölkerung der russischen Oberhoheit vorzogen. Das einst fruchtbare tscherkessische Land aber fiel in die Hände von Leibeigenen, die keine Ahnung hatten von den speziellen Techniken, die dessen Kultivierung erforderte.

Die Tatsache, daß die Tscherkessen (wie alle nordkaukasischen Völker) die Erinnerung an diese historische Tragödie mit den Abchasen teilen, führte dazu, daß sie die Abchasen während der erneuten Bedrohung durch die Georgier im Jahre 1989 unterstützten, im selben Jahr, in dem die Union der kaukasischen Bergvölker (seit November 1991 Konföderation) gegründet wurde. Freiwillige dieser halboffiziellen Organisation von insgesamt 16 Völkern unterstützten die Abchasen im Krieg von 1992/93 gegen Georgien. Sowohl Tscherkessen wie Abchasen teilen die Hoffung, daß sie auf lange Sicht wieder in ihre eigentlichen Heimatregionen zurückkehren können, um sich dort, nach der langen Zeit sowjetischer Vorherrschaft, als eigenständige Nationen zu rekonstituieren und zu konsolidieren. Die Konföderation selbst, der zwar auch einige muslimische Völker angehören, ist nicht generell muslimisch orientiert. Einige der nordkaukasischen Turk-Völker sind ihr bislang nicht beigetreten. Als Rußland 1994 Tschetschenien besetzte, erlitt diese Konföderation jedoch möglicherweise einen schweren Schlag, denn seit dieser Zeit hört man nur noch sehr wenig von ihr. Der Wunsch der Karatschen und der Balkaren, von Osttscherkessen jeweils unabhängige Staaten zu errichten und diese eventuell in einem karatschaiisch-balkarischen Staatswesen zu vereinen, könnte jedoch immer noch als ein Zeichen dafür gewertet werden, daß es irgendwann tatsächlich einen geeinten und weltlich orientierten Nordkaukasus geben wird (unabhänig oder auch abhängig von Rußland).

Nördlicher Zentralkaukasus: Tschetschenen, Inguschen und Baten

Die Tschetschenen, Inguschen und Baten werden bisweilen auch als Nachen (oder Veinachen) bezeichnet, was so viel wie *Volk* beziehungsweise *unser Volk* bedeutet. Die Tschetschenen selbst bezeichnen sich als *Noxčuo*, die Inguschen sich als *Ghalgai* und *Baten* sich als Bacav. Die bekanntere Bezeichnung der ersten beiden Volksgruppen kommt aus dem Russischen, und zwar abgeleitet von zwei regionalen Ortschaften (*auls*). Tschetschenien (Hauptstadt Grosny) und Inguschetien (Hauptstadt Nasran) bildeten vor dem Zusammenbruch der Sowjetunion zusammen die Tschetschenisch-Inguschische Autonome Republik, wenn sie auch in den ersten Jahren der Sowjetunion jeweils getrennte regionale Einheiten darstellten. 1989 zählte die sowjetisch-tschetschenische Bevölkerung 958.309 Menschen, die inguschische Bevölkerung 237.577. Davon lebten in der damals noch vereinten autonomen Republik 734.501 Tschetschenen und 163.711 Inguschen, zusammen 70,1 Prozent der damaligen Bevölkerung des Landes. Tschetschenische Siedlungen findet man zudem in der Türkei und in Jordanien. Für die Baten, die in einem einzigen Dorf, in Zemo Alvani in der ostgeorgischen Provinz K'acheti leben, liegen keine offiziellen Zahlen vor. Ursprünglich kamen sie aus der Bergregion von Tuscheti, weswegen die Georgier ihnen den Namen Ts'ova Tush gaben. Heute gibt es noch etwa 5.000 Baten, die jedoch georgisch sprechen und offiziell auch als Georgier gelten. Ihre eignene Sprache verfügt über keine Schriftform und ist stark vom Georgischen beeinflußt. Im Grunde ist sie zum Aussterben verdammt, auch wenn man von offizieller georgischer Seite her Versuche unternimmt, sie zu retten.

Die unterschiedlichen Dialekte des Tschetschenischen und Inguschischen sind untereinander nicht verständlich und für beide Sprachen gibt es auch jeweils eigenständige Schriftsprachen. Die erste tschetschenische Schriftsprache basierte auf der arabischen Schrift, 1925 wurde dann die lateinische Schrift eingeführt, 1938 schließlich die kyrillische und 1993 dann erneut eine lateinische Schriftform. Das Inguschische basierte ab 1923 auf der lateinischen Schrift und übernahm dann 1938 das kyrillische Alphabet.

Im Grunde zutiefst heidnisch, waren Tschetschenen und Inguschen seit dem 10. Jahrhundert durch Georgien einigen christlichen Einflüssen ausgesetzt. Doch insgesamt tendierte Tschetschenien mehr zum Islam (Sunnis der Hanfi-Schule), der seit dem 16. Jahrhundert mit den Awaren und Kumüken ins Land kam. Die Inguschen hingegen wurden erst im späten 19. Jahrhundert von Sufi-Qadiri-Anhängern missioniert. Die Sufi tariqua vertreten eine der konservativsten Formen des Islam. Dieser Sufi-Orden verbindet sich auf hervorragende Weise mit den sozialen Strukturen des noch immer vorherrschenden Clansystems (*taipa*), das oftmals quer zu jenen Linien verläuft, die Tschetschen und Inguschen trennen. Die Folklore Georgiens erzählt von vielen Schlachten mit den Kist's, wie die Georgier die Tschetschen und Inguschen nennen. Deren religiösen Grundsätze, verbunden mit dem Freiheitswillen der Bergvölker, prägten über 200 Jahre auch ihre Beziehungen zu Rußland (dem zaristischen, sowjetischen und post-sowjetischen Rußland).

Der große nordkaukasische Aufstand gegen Rußland im Jahre 1783 wurde von dem Tschetschenen *Naqshbandi Sheikh Mansur* angeführt. Noch im 19. Jahrhundert wehrten sich vor allem die Tscheteschenen vehement gegen die russische Oberhoheit, wobei sie viele ihrer Waldgebiete an die Russen verloren, die diese dann vorsätzlich zerstörten. Der Widerstand gegen jegliche Fremdherrschaft und nicht zuletzt die Rebellionen der 20er und 30er Jahre führten dann jedoch direkt in eine Tragödie. Fälschlicherweise beschuldigt mit den Nazis, die die Kontrolle über die Ölfelder Grosnys (und Bakus) zu erringen suchten, zu kollaborieren, wurden Karatschaien (Okt./Nov. 1943), Tschetschenen und Inguschen (Februar 1944), Balkaren (März/April 1944) sowie Koreaner, Wolgadeutsche, Kalmüken, Krimtataren und Meschkinen) nach Zentralasien deportiert.

Als hätte es diese Völker nie gegeben, verschwanden deren Territorien nun von den Landkarten der Sowjetunion. Der größte Teil von Karatschai (das damals nicht zu Tscherkessien gehörte) und Teile sowohl Kabardisch-Balkariens und Tschetschenisch-Inguschiens wurden von Stalin seiner Heimatrepublik Georgien eingegliedert, während das Inguschische Progorodny Raion an Nordossetien fiel. Den deportierten Volksgruppen war es nicht erlaubt, in ihrem Exil ihre Muttersprache zu lehren. In ihre Heimat durften sie (mit Ausnahme der Deutschen, der Tataren und der Meschkinen) erst Ende der 50er Jahre unter *Chruschtschow*, zurückkehren. Georgien gab die Gebiete, die es durch die Deportation dieser Volksgruppen erhalten hatte, wieder ab. Lediglich die Karatschaien wurde gezwungen, mit den sogenannten Tscherkessen eine Union zu bilden. Nordossetien behielt sein damals dazugewonnenes Territorium, auch wenn den Inguschen die Rückkehr in diese Region gestattet wurde. In Zentralasien leben heute noch immer viele Tschetschenen und Inguschen. Auf dem Hintergrund dieser historischen Erfahrung überrascht es jedoch nicht, daß *Jokhar Dudaev*, der am 27. Oktober 1991 zum Präsidenten gewählt wurde, die erstbeste Möglichkeit wahrnahm, um die Unabhängigkeit des Landes von Moskau zu proklamieren (1. November 1991). Am 4. Juni 1992 trennten sich dann die Inguschen von den Tschetschenien, in dem Glauben, Moskau würde derart ihren Anspruch auf Rückgabe ihrer Territorien eher beherzigen – doch war dies nicht der Fall: der nach wie vor bestehende Konflikt zwischen Inguschen und Nordossetien hat seit 1991 viele Menschenleben gekostet und stellte für die Nordkaukasische Konföderation, der sowohl Inguschen wie Nordosseten angehören, im Vorfeld des Krieges in Tschetschenien die heftigste innere Auseinandersetzung dar. Der territoriale Konflikt zwischen Tschetschenen und Daghestan, ein weiteres Erbe der Deportationen unter Stalin, konnte friedlich beigelegt werden. Die Beziehungen zwischen Tschetschenien und Georgien jedoch wurden stark belastet durch die Unterstützung, die die Tschetschenen Abchasien gewährten und aufgrund der Tatsache, daß *Zviad Gamsakhurdia*, der im Januar 1992 als Präsident von Georgien zurücktreten mußte, nach Grosny ins Exil ging und sich dort praktisch als Gast von Präsident Dudaev aufhält.

Die Tschetschenen (und die Georgier) stehen in dem Ruf, diejenigen zu sein, die an vorderster Front der organisierten Kriminalität stehen, die in der gesamten ehemaligen Sowjetunion ihre Netzwerke etabliert hat. Dieses Stereotyp wurde von den westlichen Medien noch bestärkt, in dem es die Luxuslimousinen am

Straßenrand von Grosny zählte. Es gab Berichte darüber, daß die Regierung die Ölreserven des Landes verschleudert und den Staat ruiniert. Wahrscheinlich stammten sie aus Quellen, die die Stimmung gegen Dudaev (nicht gegen die Tschetschenen selbst) schüren wollten. Ein Vertreter der Opposition gab für die von den westlichen Medien vermittelten Bilder im Juni 1993 folgende Erklärung: »Jeder Kaukase männlichen Geschlechts betrachtet es als sein natürliches, qua Geburt erworbenes Recht, ein Gewehr und ein schönes Pferd zu besitzen, was auch immer dies kosten mag. Es sollte also nicht der Besitz, sondern der Mißbrauch von Waffen kristisiert werden. Das Pferd der heutigen Zeit ist das Auto, ein schönes Auto zu besitzen muß aber nicht zwingend bedeuten, daß man in kriminelle Machenschaften involviert ist. Tschetschenien ist ein Land, dessen Transportwege für seine Exportgüter, in diesem Falle das Öl, alle durch Rußland führen, so daß Rußland den gesamten Warenverkehr Tschetscheniens kontrollieren kann. Rußland hat als Antwort auf die tschetschenische Unabhängigkeitserklärung eine Finanzblockade über das Land verhängt und weigert sich, seine ungeheuren Schulden aus dem Ölgeschäft zu begleichen.« Als Jelzins anti-tschetschenische Propaganda, seine Blockadepolitik und die Unterstützung der pro Moskau eingestellten Opposition gegen Dudaev nicht nur ihr Ziel verfehlten, die Regierung Dudaevs zu schwächen, sondern im Gegenteil, seine Position in der Republik Tschetschenien-Itschkeria festigte, kam es im Dezember 1994 zum Krieg zwischen Rußland und Tschetschenien. Grosny wurde fast ganz zerstört, Tausende von Zivilisten wurden getötet, viele Menschen waren auf der Flucht. Dudaev wurde im Dezember 1996 ermordet. Der Waffenstillstand, der von Jelzins damaligen Sicherheitsbeauftragten General *Lebed* erwirkt wurde, läßt hoffen, daß dieser Konflikt gelöst werden kann.

Nordostkaukasus: Awaren, Laken, Dargwa und Lesgier

Daghestan (Hauptstadt Machatschkala) bietet, wie dies die Araber schon festgestellt haben, eine ungeheure Sprachenvielfalt. Zwar gilt dies im Grunde für den gesamten Kaukasus, in Daghestan jedoch ist diese besonders stark ausgeprägt. In allen Regionen des Landes, vom höchsten Gipfel bis hinab ins Tal, sprechen alle Dörfer und Gemeinden nicht nur ihre je eigene Sprache, sondern auch die ihrer unmittelbaren Nachbarn. Die einheimischen Sprachen, die im Süden von Daghestan zum Teil auch noch jenseits der Landesgrenzen gesprochen werden, werden im folgenden aufgeführt. In Klammern ist angegeben, wieviele Menschen jeweils diese Sprache sprechen, und zwar auf Grundlage einer Statistik von 1989; wo keine Zahlen angegeben sind, bedeutet dies, daß alle, die diese Sprachen sprechen, in diesem Falle meist zwischen ein paar hundert und einigen tausend Menschen, sich selbst einer ethnischen Gruppe zuordnen, die eine andere Sprache spricht (so zählen zu den awarischsprachigen Einwohnern auch alle, die andisch oder tsezisch sprechen). Jene Sprachen, deren Schriftform auf dem Kyrillischen basiert, sind mit einem Sternchen gekennzeichnet:

Gruppe der awarisch-andisch-tsezischen Sprachen: Awarisch: Awaren (604.202); Andisch: Anden, Botlichen, Godoberen, Karata, Achwachen, Bagvalalen, Tinden, Tschmalalen; Tsezisch: Tsezen (Dido), Chwarschen, Hinuck, Bezhta, Hunzib.

Gruppe der lakisch-dargischen Sprachen: Lakisch: Laken (118.386); Dargisch: Dargwa (365.797), Kubatschen, Tschirag.

Gruppe der lesgischen Sprache: Lesgier (466.833); Tabasaran (98 448), Rutulen (20.672), Tsachuren (20.055), Agulen (19.936), Uden (8.849), Artschen, Buduchen, Chinalugen, Kryz.

Zwar gibt es einige Schriftdokumente der Awaren, Laken und Dargwer aus dem 19. Jahrhundert in arabischer Schrift, jedoch grundsätzlich erhielten alle diese Sprachen erst 1928 eine Schriftform (lateinische Schrift), die ab 1938 auf dem kyrillischen Alphabet basierte. Das Tabasaran erhielt sogar erst 1932 seine Schriftform, während entsprechende Bemühungen für die Schrift der Rutulen, Tsachuren und Agulen fehlschlugen. Heute gibt es erneut Versuche, auch diese Sprachen schriftlich zu fixieren. Den Uden, von denen manche Wissenschaftler annehmen, sie seien Nachfahren der früheren Kaukasus-Albaner, wurde in den 30er Jahren ebenfalls angeboten, ihre Sprache schriftlich zu fixieren, und dies obwohl ihre Sprache nur in drei Dörfern (zwei in Aserbeidschan, eines in Georgien) gesprochen wird. Vor der Zeit der sowjetischen Oberhoheit waren das Arabische, das Awarische und das Azerische die *linguae francae* dieser Region. In den ersten Jahren der Sowjetmacht versuchten offizielle Stellen, das Arabische mit seinen religiösen Konnotationen durch das Turk-Kumükische im Norden und das Azerische im Süden zu ersetzen, jedoch setzte sich seit den 30er Jahren immer mehr das Russische als wichtigste überregionale Sprache durch. Eine Ausnahme bilden hier lediglich die Bergsiedlungen, die nach wie vor sehr stark mit ihren jeweiligen Sprachen verbunden sind.

Mit den Arabern kam im 8. und 9. Jahrhundert der Islam in diese Region und Daghestan, dessen Einwohner Sunnis der Shafi-Schule sind, entwickelte sich zu einem bedeutenden religiösen Zentrum der arabischen Welt, in dem es bis zur Revolution über 2.000 Koranschulen gab. Die Uden wiederum sind orthodox (armenisch-orthodox in Aserbaidschan, georgisch-orthodox in Georgien). Bis heute sind die Menschen hier stark ihrem Glauben verbunden, besonders die Awaren und Laken, weniger die Lesgier des Südens. Ähnlich wie in Tschetschenien harmonisiert der Islam auch hier sehr gut mit den traditionellen Gesellschaftsstrukturen, dem Clan beziehungsweise der Dorfgemeinschaft.

Die für Daghestan ruhmreichste Epoche seiner Geschichte (vor allem jener der Awaren) war jene des Widerstands gegen die Russen, und zwar im kaukasischen Krieg des 19. Jahrhunderts, an dem sie unter Führung ihres charismatischen dritten Imam *Awar Shamil* (1797, Gimri-aul – 1871, Medina), einem der erfolgreichsten Guerillakämpfer der Geschichte, teilnahmen. Ihre wichtigsten Stützpunkte damals waren Dargho und Vedeno in Tschetschenien, von wo sie nach Ghunib in Awarien zurückgeschlagen wurden. Hier ergaben sie sich schließlich am 25. August 1859, woraufhin die zaristischen Truppen sich gänzlich auf den Westkaukasus konzentrieren konnten. Wäre es Shamil in den 40er

Jahren gelungen, den Widerstand der Daghestanis und Tscherkessen zusammenzufassen, wäre dieser Krieg eventuell anders ausgegangen – der Westen war um das Jahr 1850 zu sehr mit dem Balkan beschäftigt, als daß er sich um den Kaukasus hätte kümmern können (im Grunde genauso wie 1990) – aber die Tatsache, daß das christliche Ossetien nicht in diesen Krieg involviert und praktisch der Sache der Kabarden im Zentralkaukasus verpflichtet war, bedeutete, daß der Ost- und Westkaukasus einen erfolglosen Krieg führte. Shamils ältester Sohn *Jemal-Ed-Din* geriet 1839 in russische Gefangenschaft und Shamil konnte ihn erst 1855 befreien, nachdem er zwei georgische Prinzessinnen mit einigen Mitgliedern ihres Hofstaats praktisch als Geißeln entführte. Die Zeit, die diese in Shamils Bergresidenz verbrachten, wurde später von der französischen Gouvernante einer dieser Prinzessinnen, *Ana Drancy*, beschrieben. Jemal-Ed-Din aber, am Hofe des Zaren aufgewachsen, verstand weder die Sprachen Daghestans noch war er dessen Lebensweisen gewohnt und so starb er innerhalb eines Jahres. Später wurde dann auch der Aufstand der Daghestani von 1920/21 gegen die Bolschewisten von diesen grausam niedergeschlagen.

Trotz seiner großen Vielfalt hat das post-sowjetische Daghestan keine großen Probleme. Auch jene Awaren, die von den georgischen Nationalisten davon »überzeugt« wurden, Ostgeorgien zu verlassen, haben in Daghestan Aufnahme gefunden. Zwar gibt es Berichte darüber, daß die zunehmende religiöse und sprachliche Dominanz der Awaren bei anderen Volksgruppen des Landes zu Unzufriedenheit führt, das größte Problem Daghestans jedoch stellen die Lesgier dar. Deren ursprüngliche Heimat liegt im Süden Daghestans sowie in den nördlichen Regionen Aserbaidschans (wo schätzungsweise 130.000 Lesgier und 45.0000 Awaren leben), was bedeutet, daß diese nicht mehr nur durch eine innersowjetische, sondern heute durch eine international anerkannte Grenze zwischen der Russischen Föderation und dem unabhängigen Aserbaidschan geteilt wird. Die Bewegung *Sadwal* – Einheit – nun fordert ein vereintes Lesgistan, eine andere Bewegung, *Samur*, tritt für den Anschluß der lesgischen Gebiete Daghestans an Aserbaidschan ein. Es bleibt also abzuwarten, wie dieses Problem gelöst werden wird.

Osseten

Die Osseten sind Nachfahren der Alanen, die mit den Skythen und Sarmaten verwandt waren die in der Antike die Steppengebiete Südrußlands bewohnten. Das Ossetische gehört zum nordöstlichen Zweig der iranischen Sprachen. Seine einstige Bedeutung manifestiert sich noch heute in vielen Ortsnamen (*don* ist ossetisch und bedeutet Fluß, Wasser). Einige Wissenschaftler gehen davon aus, daß das nordkaukasische Heldenepos »Die Narten« ossetischen Ursprungs ist. 1989 lebten in der Nordossetischen Autonomen Republik und in Georgien zusammen 597.802 Osseten; in der Nordossetischen Republik (Hauptstadt: früher Ordzhonikidze, heute Wladikawkaz, der russische Begriff für Herrscher über den Kakasus) 334.737, das waren 53 Prozent der Gesamtbevölkerung. In der Südossetischen Autonomen Republik (Hauptstadt Tskhinval), die von Nordossetien durch die zentrale Bergkette des Kaukasus getrennt ist, lebten 1989 65.195 Osseten, damals 62,2 Prozent der Gesamtbevölkerung.

Im Norden gibt es zwei Dialekte, Iron (im Osten) und Digor (im Westen). Der Dialekt Südossetiens unterscheidet sich von diesen nördlichen Dialekten und ist zudem stark vom Georgischen beeinflußt, Ergebnis der langen Symbiose dieser beiden Länder. Als Georgien seine Unabhängigkeit erklärte, kam es zu Diskussionen über die Frage, seit welcher Zeit die Osseten die Südflanke des Kaukasus bewohnen. Besonders extreme Georgier befanden, daß die Osseten erst 1921, sozusagen im Troß der Bolschewisten, in diese Region gekommen seien. Einige Wissenschaftler (Nichtosseten), Spezialisten auf dem Gebiet der Geschichte des Iran, wiederum gehen davon aus, daß die Osseten zwischen dem 6. Jahrhundert v. Chr. und dem 1. Jahrhundert n. Chr. in den Süden des Kaukasus vorgedrungen sind, und auch georgische Wissenschaftler vertreten die Auffassung, daß Osseten bereits seit dem 13. Jahrhundert in signifikanter Größenordnung in dieser Region gesiedelt haben – Königin *Tamar* beispielsweise stammte von einem ossetischen Elternteil ab. Dieser Streit führte zu offenen Auseinandersetzungen und schließlich zum Krieg, und zwar nachdem der georgische Präsident Gamsakhurdia den autonomen Status Südossetiens aufgehoben hatte, woraufhin dieses wiederum im Dezember 1990 seine Unabhängigkeit erklärte. Seit dieser Zeit bezeichnen die Georgier Südossetien offiziell als *Shida Kartli* (»Innerkartli«), als *Samachablo* (Lehensgut der Machabelis«) oder bestenfalls tatsächlich als Süossetien. Der blutige Krieg zwischen Georgien und Südossetien veranlaßte auf beiden Seiten tausende Menschen zur Flucht und zerstörte jegliches Vertrauen der Osseten in die georgische Regierung. Vier Jahre nach dem Waffenstillstand vom Sommer 1992 wird diese Region noch immer von russisch-georgisch-ossetischen Patrouillen kontrolliert und nach wie vor gibt es keine vertraglichen Regelungen im Hinblick auf den Status dieser Region. Führende ossetische Politiker propagieren den totalen Bruch mit Georgien und die Vereinigung dieser Region mit Nordossetien.

Das erste Buch in ossetischer Sprache erschien 1798, und zwar in kyrillischer Schrift. Publikationen des 19. Jahrhunderts waren entweder in kyrillischer oder georgischer Schrift verfaßt. Darüber hinaus gab es auch Texte im Digor-Dialekt, die in arabischer Schrift niedergelegt waren. 1923 wurde eine lateinische Schriftform eingeführt und 1938 dann für das Nordossetische die kyrillische und für das Südossetische die georgische Schrift. Nach Stalins Tod übernahmen auch die Südosseten die kyrillische Schrift. Digor als Schriftsprache wurde 1939 abgeschafft.

Als bedeutendstes Zentrum der Christenheit im Nordkaukasus (bereits im 6. Jahrhundert wurde hier die östlich-orthodoxe Kirche von Byzanz etabliert, auch wenn im 17. und 18. Jahrhundert in Kabardia der Islam eingeführt wurde) hatte Ossetien immer sehr enge Beziehungen zu Rußland, im Gegensatz zu allen anderen autonomen Regionen des Nordkaukasus. Dies erklärt auch, warum das »Inguschische Progorodny Raion« nach der Rückkehr der Inguschen aus Zentralasien bei Ossetien verblieb. In dem Augenblick jedoch, in dem die Völker des Nordkaukasus dem Beispiel Tschetscheniens folgen und aus der Russischen Föderation austreten, wird sich zeigen, wie es sich mit der Loyalität der Osseten (und Kosaken) gegenüber Rußland beziehungsweise dem Nordkaukasus verhält.

Aserbaidschaner

Von den 6.791.106 Aserbaidschaner der UdSSR lebten 1989 5.800.994 in der Republik Aserbaidschan (Hauptstadt Baku), wo sie 82,6 Prozent der Bevölkerung stellten. Mindestens ebensoviele Aserbaidschaner leben im Nordwesten des Iran. Diese Aufteilung aserbaidschanischen Territoriums zwischen dem (zaristischen) Rußland und Persien wurde 1813 im Vertrag von Gulistan und 1828 im Vertrag von Turkmantschay geregelt. Das heute unabhängige, ehemalige sowjetische Aserbaidschan hat bislang auch keine Wünsche dahingehend geäußert, beide Landesteile wieder zu vereinen. Das Parlament in Baku hat zwar, obwohl es anfänglich hierfür durchaus Interesse zeigte, die Mitgliedschaft Aserbaidschans in der Gemeinschaft der Unabhängigen Staaten nach wie vor nicht ratifiziert, doch scheint sich diese Haltung seit Ende 1993 unter Federführung von *Haidar Aliev* zu ändern. Am Kaspischen Meer gelegen, hat Aserbaidschan, ähnlich wie Daghestan, ein herausragendes Interesse am Kaviarhandel. Drei Viertel der Aserbaidschaner sind Shi'a-Muslime, alle anderen, vor allem im Norden des Landes, sind Sunnis der Hanafi-Schule. Die Geburtenrate ist im Vergleich mit den anderen muslimischen Staaten der ehemaligen UdSSR eine der niedrigsten. Die Aserbaidschaner sind weniger vom Russischen beeinflußt als andere (ehemalige sowjetische) Turk-Völker. Das alte Clansystem Aserbaidschans ist praktisch völlig aufgehoben.

Die azerische Sprache (aserbaidschanisch) gehört zum südwestlichen Zweig (Oghuz) der Turksprachen und ist dem Türkischen sehr verwandt. Bereits im 14. Jahrhundert wurde es Schriftsprache, und zwar auf Basis des arabischen Alphabets. Das Azerische war schon vor der Zeit der Sowjetmacht auch in Daghestan sehr weit als *lingua franca* verbreitet und sein allgemeiner Gebrauch wurde hier in den frühen 20er Jahren zusätzlich gefördert. Diese Politik änderte sich allerdings 1928, da sich die sowjetische Führung von einem pantürkischen Nationalismus bedroht fühlte. Dennoch ist das Azerische auch heute noch in Daghestan, vor allem im Süden des Landes, geläufig. 1929 wurde die Schrift latinisiert, 1939 dann wurde das kyrillische Alphabet eingeführt und heute wird erneut die lateinische Schrift restituiert.

Ethnisch betrachtet gehen die Aserbaidschaner auf eine Art Völkergemisch zurück, so auf die Kaukasusalbaner sowie auf verschiedene iranischsprachiger Volksgruppen und Turkvölker (Kimmerier, Skythen, Hunnen, Bulgaren, Khasaren, Oghuzen, Patschaniken), nicht zuletzt auf die seljukischen Türken, die zwischen dem 11. und 13. Jahrhundert ins Land kamen. Nach einer kurzen Zeit der Unabhängigkcit unmittelbar nach der Revolution, wurde Aserbaidschan nach den Einmarsch der Roten Armee am 28. April 1920 in das Sowjetreich eingegliedert.

Als die Grenzen zwischen den nun sowjetischen, transkaukasischen Republiken neu gezogen wurden, erhielt Aserbaidschan zwei Provinzen, in der zu dieser Zeit vorwiegend Armenier lebten: Nachitschevan (Hauptstadt Nachitschevan) und Berg-Karabach (Hauptstadt Stepanakert) und zusätzlich die Region von Zakatala, wo muslimisch-georgische Ingilos leben. 1989 lebten in der dann Autonomen Republik Nachitschevan 281.807 Aserbaidschaner und 1.858 Armenier, während in der autonomen Region Berg-Karabach 145.450 Armenier und 40.632 Aserbaidschaner lebten. Die Armenier von Karabach nun nutzten die Perestroika, um ihrem Unmut über die Politik Bakus kundzutun und ihre Eingliederung in die armenische Republik zu fordern. Dies führte zu einem jahrelang erbittert geführten Krieg, in dem Armenien etwa 20 Prozent des aserbaidschanischen Territoriums besetzte. Im Zusammenhang mit den darauf einsetzenden Massakern an Armeniern in und um Baku flohen nahezu alle Armenier (nicht aus Karabach) aus Aserbaidschan (1989 lebten noch 390.505 Armenier in Aserbaidschan), und alle Aserbaidschaner aus Armenien.

1989 wurde in Georgien öffentlich Kritik laut an der Art und Weise, wie Baku einerseits mit den georgisch muslimischen Ingilos umging (die Unterdrückung deren Sprache, die Weigerung, georgische Gruppen zu den archäologischen Sehenswürdigkeiten des Landes einreisen zu lassen) sowie mit den georgischen Muslimen (im Grunde Georgiens aserbaidschanische Minderheit, die 307.556 Menschen umfaßt, die hauptsächlich in den südlichen Distrikten von Marneuli und Dmanisi leben), deren Geburtenrate Aserbaidschan dahingehend berechnete, daß die Georgier im eigenen Land nur mehr einen Minderheitenstatus einnahmen.

Im Juli 1989 kam es in Südgeorgien zu offenen Auseinandersetzungen, die jedoch sehr schnell durch den georgisch-abchasischen Konflikt in den Hintergrund traten. Heute sind die Beziehungen zwischen Georgiern und den georgischen Aserbaidschanern nach wie vor ungeklärt. In dieser Region flogen mehrfach die Öl- und Gaspipelines, die hier von Georgien nach Armenien verlaufen, in die Luft, ein Umstand, der vermuten läßt, daß die Georgier entweder nicht willens oder nicht in der Lage sind, in diesem Gebiet für Ruhe zu sorgen. Andererseits scheint es, daß die Beziehungen zwischen Armenien und Georgien, den beiden ältesten christlichen Nationen der Welt, auf dem Hintergrund der politischen Situation in dieser Region stark belastet sind: Aserbaidschan verfügt über Öl, Armenien nicht; eine Unterstützung Armeniens über Karabach wiederum würde Georgiens Position im Hinblick auf seine Kontrolle über Abchasien und Südossetien schwächen. Ein ähnliches Problem nun haben auch die Russen im Hinblick auf Abchasien: die offene Unterstützung der dortigen russischen Minderheit, die mit Abchasien sympathisiert (gleichermaßen alarmiert durch den georgischen Chauvinimus), würde wiederum ihre eigenen zahlreichen russischen Siedlungen gefährden, wohingegen eine Aufgabe Abchasiens dazu führen würde, daß im gesamten Nordkaukasus offener Aufruhr ausbrechen würde, eine Gefahr, die tatsächlich besteht. In welcherart Beziehungen Aserbaidschan nun gegenüber Georgien, Daghestan und Rußland treten wird, ist eine Frage, die in nächster Zukunft zu klären sein wird.

Armenier

Das Armenische, das man lange Zeit aufgrund der vielen iranischen Lehnwörter für eine Untergruppe dieser Sprache hielt, ist jedoch, wie man seit Ende des 19. Jahrhunderts weiß, ein eigenständiger Zweig der indogermanischen Sprachfamilie. Armenien, das seit dem Jahre 301 christianisiert ist, verfügt bereits seit dem 4. Jahrhundert über eine Schriftsprache und seit dieser Zeit auch über eine ununterbrochene Schrifttradition. Eine kleine Gruppe Armenier, die sogenannten *Hemshinli*, gehören dem Islam an. Die Hemshinli Südwestgeorgiens und Armeniens wurden 1944 zusammen mit den *Meschchinen* sowie einigen anderen kleineren Gruppen von Muslimen aus dieser Region nach Zentralasien deportiert.

Die heutige Republik Armenien (Hauptstadt Eriwan) umfaßt nur den geringsten Teil jenes Territoriums, das einst das historische Großarmenien bildete, zu dem auch große Teile der heutigen Osttürkei gehörten. Hier hatte sich das alte Königreich von *Urartu* etabliert, das um 600 v. Chr. von iranischen Stämmen sowie einem anatolischen Volksstamm, den Hayasa, erobert wurde – und so nennen sich die Armenier heute noch selbst *Hayk* und ihr Land *Hayastan*. Etwa hundert Jahre später taucht dann in persischen und griechischen Dokumenten ein Volk auf, das als *Armenia* beziehungsweise *Armenioi* bezeichnet wird.

Armenien unterhielt sowohl zu Byzanz wie auch zu Rom weitreichende Beziehungen, das Volk jedoch, das die schicksalhafteste Rolle in seiner Geschichte spielen sollte, waren die Türken, die erstmals in der ersten Hälfte des 11. Jahrhunderts in diese Gegend kamen. Deren Angriffe auf armenische Städte nach der Schlacht von Manzikert im Jahre 1071 führten zu einer Massenflucht der Armenier aus ihrer Heimat in die Provinz Cilicia, das sich im Laufe des Mittelalters zu einer der bedeutendsten Siedlungen der Armenier entwickeln sollte. Einige Armenier zogen auch nach Norden, wo sie sich auf der Halbinsel Krim, in Südrußland, Rumänien und teilweise sogar in Polen niederließen. Armenien blieb auch von den Mongolen nicht verschont, doch seit etwa dem 16. Jahrhundert entwickelte sich Karabach unter den Meliken zu einem Zentrum der armenischen Kultur, und zwar bis Ostarmenien schließlich im frühen 19. Jahrhundert von zaristischen Rußland annektiert wurde. Gegen Ende des 19. Jahrhunderts entstand dann in Armenien eine nationalistische Partei, *Dashnaktsuthiun* (Allianz), die sowohl von Russen wie Türken mit großem Argwohn betrachtet wurde. 1895 beschloß der türkische Herrscher *Abdul Hamid*, gegen den armenischen Nationalismus vorzugehen. Die nun einsetzenden, offiziell sanktionierten Massaker an den Armeniern wurden noch durch den Haß der Türken beflügelt, den diese gegenüber dem urbanisierten, christlichen und in Finanzdingen geschickten Armenien hegten. Die russische Revolution von 1905, im Zuge derer Armenier und Aserbaidschaner gegeneinander kämpften, forderte noch einmal viele Todesopfer. Während des Ersten Weltkrieges hielten dann türkische Nationalisten die Zeit und die Möglichkeit für gekommen, Abdul Hamids Werk zu vollenden: den Völkermord an den Armeniern – so wie die Armenier dies selbst bezeichnen. Damals wurden schätzungsweise eine Million Armenier ermordet, die armenische Bevölkerung der Türkei wurde praktisch ausgerottet – in Syrien, Frankreich, England und Amerika aber entstanden erste Siedlungen von Armeniern. Die Türkei hat bis zum heutigen Tage keine Verantwortung für alle diese Verbrechen übernommen. Viele Armenier flohen damals auch in das russische Armenien, wo sie jedoch neue Not (Mangel an Nahrungsmitteln, Bekleidung und Wohnungen) erwartete.

Nach der Oktoberrevolution war Armenien drei Jahre lang unabhängig und hegte die Hoffnung, seine an die Türkei verlorenen Distrikte zurückzubekommen, nicht zuletzt aufgrund der weitreichenden, wenn auch letztendlich leeren Versprechungen damaliger westlicher Politiker wie *Lloyd George, Clemenceau* und *Woodrow Wilson*. 1920 gaben dann die Briten sogar die Ölfelder Bakus auf und so war auch Armeniens Schicksal besiegelt: Ende 1920 wurde es von der Roten Armee eingenommen. Am 2. April 1921 wurde die Sowjetisch-Armenische Republik etabliert, die nun, nach dem Verlust von Nachitschevan und Karabach, noch kleiner als das einst unabhängige Armenien war. darüber hinaus verlor Armenien auch noch die territorialen Auseinandersetzungen mit Georgien und somit seine Provinzen Lori und Borchalo im heutigen Südwesten Georgiens, wo es seit dessen Unabhängigkeit allerdings großen Unmut über die Regierung in Tiflis (Tbilisi) gibt.

Die Armenier sind weltweit als erfolgreiche Unternehmer bekannt, nicht zuletzt aufgrund von Namen wie beispielsweise *Gulbenkian*, und sie haben weltweit eine gut funktionierende Lobby, wenn diese auch nicht so stark vernetzt und mächtig ist wie jene der Juden. Die Armenier im Ausland tun sehr viel für ihre Heimat, wie man beispielsweise nach dem Erdbeben von 1988 sehen konnte. Wo auch immer sie leben, versuchen sie, sich so viel wie möglich von ihrer Kultur und Sprache zu bewahren.

Ethnisch betrachtet ist Armenien die homogenste Nation des Kaukasus (tatsächlich im Grunde der gesamten ehemaligen Sowjetunion), und dies, obwohl gleichzeitig der Prozentsatz der im Ausland lebenden Armenier (sogar das westliche Ausland ausgenommen) gemessen an der Gesamtheit aller Armenier im Vergleich mit anderen Nationen der höchste ist. 1989 lebten in der ganzen Sowjetunion 4.627.227 Armenier, davon 3.081.920 in Armenien selbst, das waren damals 93,2 Prozent der armenischen Gesamtbevölkerung, eine Zahl die inzwischen gestiegen sein dürfte und zwar aufgrund der Auswanderung vieler Aserbaidschaner respektive der Einwanderung vieler Armenier aus Aserbaidschan. Die Tatsache, daß Armenien nach dem Zusammenbruch der UdSSR seinerseits nicht durch innere Konflikte erschüttert wurde, bedeutet nicht, daß es nun eine neue Blütezeit erlebte. Das Erdbeben von 1988 hatte ganze Städte dem Erdboden gleichgemacht (etwa Leninakan), und der Krieg mit Aserbaidschan, den alle Armenier unterstützten, hat das Land von aserbaidschanischen Warenlieferungen abgeschnitten. Der westliche Nachbar Armeniens ist die Türkei, sein nördlicher Nachbar ist Georgien, in der Regel ein zuverlässiger Warenlieferant, doch wurden die Zugverbindungen zwischen Georgien und Rußland seit Anfang 1992 in Mingrelien ziemlich oft von den Anhängern *Gamsakhurdias* blockiert, wobei sich das mingrelische Problem durch den Krieg in Abchasien weiter zuspitzte. Zur Zeit besteht von Armenien und durch Georgien nach Rußland nur noch eine Straßenverbindung (die Route, die normalerweise vom georgischen Militär befahren wird), die jedoch im Winter nicht befahrbar ist und zudem unmittelbar nördlich des Iran verläuft.

Auf dem Hintergrund dieser höchst prekären Situation ist es wohl kaum überraschend, daß Armenien alles tut, um einen offenen Konflikt mit Georgien zu vermeiden, wo 1989 437.211 Armenier lebten (11.000 weniger als 1979), und zwar vor allem im Südwesten der Republik, allerdings auch 76.541 in Abchasien (11.000 weniger als 1979). Die Armenier hatten jedoch durchaus ihre Probleme mit dem georgischen Chauvinismus, so beispielsweise in der Frage, wem die Kirchen im Südwesten gehören, sowie im Hinblick auf die ethnische Zugehörigkeit der örtlichen Präfekten von Gamsakhurdia oder die Anzahl der Stunden für den Armenischunterricht an den Schulen. Diese Schwierigkeiten werden jedoch nicht allzu öffentlich diskutiert, obwohl die Armenier Abchasiens ihrerseits wiederum die Abchasen weitestgehend unterstützen – so gründeten die Armenier beispielsweise 1989, als die Kartvelianer zusammen mit den Russen die staatliche Universität Abchasiens, wo sie jeweils die größten Sektionen bildeten, verließen, um eine Dependance der Universität Tbilisi zu gründen, an der abchasischen Universität sofort eine armenische Sektion, um diesen Verlust auszugleichen.

Sollte Georgien auseinanderbrechen, was auf dem Hintergrund der Konflikte um Ossetien, Abchasien und Mingrelien möglich ist, ist es wahrscheinlich, daß auch die Armenier des Südwestens sich mit Armenien vereinen, ebenso wie die ihnen benachbarten Aserbaidschaner sich Aserbaidschan anschließen werden. Sollte es Georgien jedoch irgendwie gelingen, seine derzeitige Krise zu überwinden, werden die Armenier zweifellos weiterhin bemüht sein, mit ihrem alten Rivalen im Norden gute Beziehungen zu pflegen. Die Europäische Union hat am 22. April 1996 mit allen nordkaukasischen Republiken Kooperationsverträge abgeschlossen.

Taten

1989 lebten in der Sowjetunion 30.817 Taten, die meisten von ihnen verstreut über Aserbaidschan und Daghestan. Ihre Sprache gehört zur iranischen Familie der indogermanischen Sprachen. In den kaukasischen Bergen lebten 1989 19.516 jüdische Taten, die einen vom Hebräischen beeinflußten Dialekt der tatischen Sprache sprechen, der seinerseits als einziger Dialekt dieser Sprache über eine Schriftform verfügt. Vor der Revolution basierte diese auf der hebräischen Schrift, danach bis 1929 auf der lateinischen und schließlich seit 1939 auf der kyrillischen. Die meisten Taten sind Shi'a-Muslime, einige gehören auch dem Christentum an. Die Kultur und der Lebensstil der Taten ähnelt sehr stark jener beziehungsweise jenem der Aserbaidschaner. Außer in der ehemaligen Sowjetunion leben auch im Iran Taten.

Talüschen

Zwischen 1926 und 1989 galten die Talüschen offiziell als Aserbaidschaner. 1989 bezeichneten sich selbst 21.914 Einwohner der Sowjetunion als Talüschen, und zwar vor allem in Aserbaidschan selbst – 1926 waren dies noch 77.000. Das bedeutet, daß entweder ein sehr intensiver Assimilierungsprozeß stattgefunden hat, oder aber daß viele Talüschen sich heute, nach 63 Jahren als Aserbaidschaner, nicht mehr als Talüschen bezeichnen wollen (ein ähnliches Problem besteht im Hinblick auf die Mingrelier und Swanen in Georgien). Kürzlich veröffentlichten Angaben Aserbaidschans zufolge leben dort tatsächlich 200.000 bis 250.000 Talüschen. Ihre Sprache gehört zur iranischen Sprachfamilie und verfügt seit 1921 über eine Schriftform, der wiederum seit 1930 die lateinische Schrift zugrundeliegt. Die Talüschen sind Shi'a-Muslime und leben im südlichsten Teil von Aserbaidschan (und im Nordiran).

Kurden

1989 lebten 152.952 Kurden in der UdSSR, davon Zweidrittel im Transkaukasus: 56.028 in Armenien (von denen einige *Yesiden* sind, sogenannte Teufelsanbeter), 33.327 in Georgien und 12.221 in Aserbaidschan. Sie sind Sunni-Muslime und sprechen eine iranische Sprache.

Assyrer

Die Assyrer sind Nachfahren jener Aramäer, die den alten syrischen Dialekt sprachen, der auch über eine Schriftform verfügte. Heute sprechen sie eine semitische Sprache, die zu Zeiten der Sowjetmacht auch in einigen Schulen Georgiens gelehrt wurde. 1989 lebten in der gesamten ehemaligen Sowjetunion 26.289 Assyrer, davon 6.183 in Armenien und 5.286 in Georgien. Sie sind Christen (Jakobiten, Nestorianer Katholiken und Orthodoxe).

Kapitel 12

Völker in der Diaspora

Sinti und Roma waren traditionell umherziehende Völker, während sich im Hinblick auf die historische Erfahrung der Juden der Begriff des »wandernden Juden« geprägt hat, wobei dieser Begriff alles andere als zutreffend ist. Denn die Juden haben im Grunde immer festgefügte Gemeinschaften gebildet, wurden jedoch oftmals gezwungen, von Verfolgungen und Ausrottung bedroht, sich auf die Flucht zu begeben. Sinti und Roma hingegen tendieren heute mehr und mehr dazu, ihr nomadisches Leben aufzugeben und seßhaft zu werden. Doch lange Zeit galten sie – in der Wahrnehmung der *anderen* – als unbeständig, entwurzelt, als eine Volksgruppe, die zwischen »den eigenen« festgefügten sozialen Gemeinschaften umherzog, ohne sich mit diesen zu vermischen. Dies prägte ihre besondere historische Erfahrung, die sie untereinander und bezogen auf ganz Europa teilen, wo sie nie im herkömmlichen Sinne über heimatlichen Grund und Boden verfügten: die Erfahrung der Ausgeschlossenheit und der Feindseligekiet, mit der andere ihnen begegneten.

Andere Völker – etwa die Deutschen, von denen im Zusammenhang mit den kürzlich erfolgten Umbrüchen und Umsiedlungen viele wieder in ihre alte Heimat zurückgekehrt sind, und im Mittelalter einige italienische Volksgruppen – lebten zeitweise ebenfalls weit über den europäischen Kontinent verstreut. Andere Volksgruppen, etwa Schwarze, Nordafrikaner, sowie Asiaten, sind erst in den letzten Jahren in größerer Zahl nach Europa gekommen. Sinti, Roma und Juden unterscheiden sich von Letztgenannten jedoch in mehrfacher Hinsicht: im Grunde gehören sie seit Jahrhunderten zu Europa, sie leben hier über den ganzen Kontinent verstreut und sie haben den Wunsch, hier auch eine

Heimat zu finden. Daß sie Europäer sind, steht außer Zweifel, nicht zuletzt aufgrund ihrer langen »europäischen Geschichte« und ihres weitreichenden Beitrags, den sie für die europäische Zivilisation geleistet haben. Ihr Status sollte den anderen europäischen Völker, die bekanntermaßen einst fast alle aus allen möglichen Regionen dieser Welt nach Europa kamen, immer wieder bewußt machen, daß der Prozeß der Gestaltung Europas niemals abgeschlossen sein wird, da immer wieder von neuem Migranten nach Europa kommen und die alten, vermeintlich festgefügten Gemeinschaften umgestalten und neustrukturieren werden.

Die Juden

Das europäische Judentum ist aufgrund historisch und geographisch bedingter Aufsplitterungen und durch religiöse Schismen sowie – in den letzten zwei Jahrhunderten – durch Assimilation an unterschiedlichste Nationen und Staaten sehr heterogen. Viele Gründe sprechen dafür, die europäischen Juden nicht als eine in sich geschlossene, historisch gewachsene Volksgruppe zu betrachten, sondern vielmehr vor dem Hintergrund ihrer jeweiligen europäischen Heimatländer, etwa England, Frankreich oder Deutschland. Andererseits birgt das Judentum jedoch eine sehr ausgeprägte, vollkommen eigenständige Identität, die im wesentlichen auf vier Charakteristika beruht: erstens das spezifische Selbstbewußtsein der Juden als Angehörige des jüdischen Volkes und der jüdischen Religion; zweitens die lange und beständig sich fortsetzende Geschichte des Antisemitismus, die es den Juden unmöglich macht, ihr historisches und kulturelles Erbe quasi zu vergessen, auch wenn es dem einzelnen möglich sein mag, sich diesem zu entziehen; drittens der Zionismus – das Verlangen nach beziehungsweise die Verteidigung ihrer jüdischen Heimat, des jüdischen Staates – eine der bedeutendsten Diskussionen in der jüdischen Geschichte und Politik der letzten einhundert Jahre, eine Diskussion, die alle Juden gleichermaßen bewegt; und schließlich das kollektive Bewußtsein, das *Auserwählte Volk Gottes* zu sein, von der Vorsehung zu einer langen und leidvollen Geschichte bestimmt, die sich in der jüdischen Tradition als eine Reihe von »schicksalhaften Glaubensprüfungen« darstellt. Das jüdische Selbstbewußtsein wurde darüber hinaus in der Neuzeit auch dadurch bestärkt, daß zahlreiche Juden im Bereich der Philosophie, der Künste und der Wissenschaften Außerordentliches leisteten – und dies zudem überproportional häufig, gemessen an der Gesamtzahl der jüdischen Weltbevölkerung.

Jüdische Religion – Jüdisches Volk

Das jüdische Volk ist insofern einzigartig, als daß es das einzige Volk der Neuzeit ist, dessen Identität mit dem Erbe nur einer Religion verknüpft ist. Wie alle anderen Religionen auch, kann das Judentum sowohl in theologischen wie auch soziologischen Kategorien gefaßt werden, jedoch ist es wohl am sinnvollsten und präzisesten, es als ein komplexes System besonderer Traditionen zu definieren. Kernstück dieses Systems sind »das Gesetz (die Gebote) und die Propheten« – uralte Texte, die wahrscheinlich erstmals im 10. Jahrhundert vor Christus schriftlich niedergelegt wurden. Die Thora, die bis heute überlieferte Form des »Gesetzes« beziehungsweise der Gebote, ist das bedeutendste Buch der jüdischen Lehre. Die Thora legt die Prinzipien der »Rechtschaffenheit« fest und umreißt damit sowohl einen zivilen wie auch religiösen Verhaltenskodex. Dazu gehören das Verbot bestimmter Speisen – Blut und »unreines« Fleisch – das bis heute Bestandteil der jüdischen Identität ist, das Gebot der Beschneidung der männlichen Kinder, das Sabbatgebot sowie das Bußopfer. Mit der Thora beginnt die göttlich bestimmte Geschichte der Juden – eine Geschichte der göttlichen Erwählung, der Verfolgung und der Wanderung, der schicksalhaften Glaubensprüfungen sowie der Verheißung, eines Tages das *Gelobte Land* zu erreichen. Darüber hinaus wird hier die hebräische Vorstellung von Gott als die einzig gültige festgeschrieben: Gott als universeller Schöpfer, der alles aus dem Nichts erschuf; Gott als strenger Richter der Menschheit, der auf Grundlage der Gebote der »Rechtschaffenheit« richtet, Gott als »Stammesgott« eines »auserwählten Volkes« und als kosmischer Nährvater der gesamten Schöpfung, dessen Pläne unergründlich sind.

Wenn Religion und Identität derart stark miteinander verknüpft sind, stellt sich die Frage nach dem Status, den nichtgläubige Juden einnehmen. Viele Juden, angefangen bei den *Aposteln Christi* bis hin zu *Benjamin Disraeli* oder Bischof *Hugh Montefiore* hielten das Christentum – das als eine Häresie des Judentums entstand – für die Erfüllung jüdischer Traditionen und somit als mit dem Judentum absolut vereinbar. Umgekehrt wurde jedoch ein Karmeliter, der die israelische Staatsbürgerschaft annehmen wollte, von der Kirche praktisch als Abtrünniger hingestellt. Im 19. und 20. Jahrhundert haben sich viele prominente Juden dem Christentum zu- und wieder abgewandt, oder auch dem Agnostizismus oder Atheismus – für *Heinrich Heine* (1797–1856) beispielsweise hatte die Taufe den Stellenwert einer »Eintrittskarte in die europäische Kultur«, während seine gesamte Dichtung stark geprägt ist von seiner Selbstwahrnehmung und seinen Erfahrungen als Jude. *Karl Marx* (1818–83), dem seine jüdische Herkunft völlig unbedeutend war, wird nach wie vor von der ganzen Welt als Jude – bisweilen sogar als »typischer Jude« – bezeichnet.

Dieses Dilemma mündet in das Paradoxon, das »jüdisch« zu sein zwar in religiöser Hinsicht aufhebbar ist, es jedoch trotzdem etwas bleibt, was praktisch »durch das Blut« fortbesteht, und zwar – gemäß rabbinischer Überlieferung – vererbt über die weibliche Linie. Daraus ergibt sich jedoch umgekehrt das Problem, welchen Status nun konvertierte Juden einnehmen, wenn diese auch aufgrund der Tatsache, das die Juden keinen Bekehrungseifer an den Tag legen, relativ wenige sind. Ein anderes, wesentlich unbegreiflicheres Paradoxon ist die Tatsache, daß dieses Volk, das selbst dem schrecklichsten Völkermord der Neuzeit zum Opfer gefallen ist, sich selbst nach wie vor und der Tradition gemäß als das »auserwählte Volk« betrachtet.

Im frühen 19. Jahrhundert kam es auf dem Hintergrund der sozialen Entwicklungen in Europa unter den europäischen Juden zu einer religiösen Spaltung. Für jene Juden, die die Ghettos, in denen sie bislang gelebt hatten, verließen, war es sozusagen Bestandteil ihrer Selbstemanzipation, daß sie sich in ihrer Kleidung und Lebensweise dem jeweiligen Land anpaßten, in denen sie lebten, ohne daß sie deshalb jedoch notwendigerweise auch ihren Glauben und ihre Sitten aufgaben. Eine »Reformbewegung«, die sich 1810 in Seesen nahe Hildesheim gründete, führte auch in den Synagogen Neuerungen ein, etwa Orgelmusik, Gesänge und Predigten. Einige jüdische Gemeinden verlegten sogar den Sabbat auf den Sonntag und *Samuel Holdheim* (1806–60), einer der führenden Köpfe der Reformbewegung, wollte sogar die Beschneidung abschaffen. Insgesamt bildeten sich drei Hauptströmungen dieser Reformbewegung heraus, die heute allgemein als »liberale«, »vereinte« und »konservative« Richtung bezeichnet werden, entsprechend der Haltung, die sie zu weltlichen und religiösen Fragen einnehmen.

Sprachen

Die europäischen Juden sprechen als Muttersprache jeweils die Sprache des Landes, in dem sie leben – Ergebnis ihrer Assimilation der letzten Jahrzehnte. Es ist jedoch nach wie vor eine religiöse Verpflichtung, zumindest für männliche Juden – in den traditionellen Gemeinden – das liturgische Hebräisch zu beherrschen. Die eigentlichen jüdischen Sprachen Europas, das Jiddische und das Ladino, ebenso wie das Knaanische, ein jüdischer Dialekt des Slawischen, der im Mittelalter vom Jiddischen verdrängt wurde, werden heute immer weniger gesprochen. Dennoch verfügen sie über eine reiche Geschichte sowie über interessante Texte und sind als solche sowohl Gegenstand wissenschaftlicher Forschung wie auch sentimentaler Erinnerungen. Das Jiddische ist eine deutsche Sprache, die normalerweise in hebräischer Schrift geschrieben wurde. Die ältesten bekannten Dokumente des Jiddischen sind Bibeltexte aus dem 12. Jahrhundert. Seit 1530 gibt es auch viele gedruckte Bücher, vor allem Bibeln, die in metrischer Versform einzelne Bibelgeschichten erzählen. Damit erreichte das Jiddische schon sehr früh eine einheitliche, standardisierte Form, was besonders auf dem Hintergrund der Tatsache, daß die Juden verstreut über Europa lebten, durchaus bemerkenswert ist. Eine fiktionale Literatur des Jiddischen entstand jedoch erst im späten 19. Jahrhundert, vor allem in den Vereinigten Staaten, wo das Jiddische quasi als Muttersprache der dortigen Juden überlebte (und mit einigen Begriffen auch das Englische bereicherte). Jiddische Druckschriften für Europa erscheinen heute in einer Auflage von etwa 30.000 Exemplaren in Paris. Bis zum Zweiten Weltkrieg war das Jiddische die gemeinsame Sprache von etwa 10 Millionen Menschen. In Zentral- und Nordeuropa, in Ungarn und Rumänien war es, bis zur katastrophalen Ausrottung jüdischen Lebens in den Jahren 1933 bis 1945 die am weitesten verbreitete jüdische Sprache, sowohl im Alltag wie in der religiösen Unterrichtung der männlichen Jugend, im Zuge derer sie auch lernten, Bibeltexte zu übersetzen. Jene jüdischen Gemeinden, deren Ursprünge auf das mittelalterliche Spanien zurückgehen, benutzten in gleicher Weise das Ladino, eine romanische Sprache, die eng mit dem Kastilischen verwandt ist, und deren Schriftform normalerweise auf dem hebräischen oder arabischen Alphabet basiert. Einige Begriffe dieser Sprache finden sich in Schriftdokumenten aus dem 10. Jahrhundert. In Bulgarien und in der Türkei hat das Ladino als Alltagssprache einiger kleiner Volksgruppen überlebt sowie in einigen Familien, in denen traditionell Ladino gesprochen wird. Die letzte bedeutende Gruppe ladinosprachiger Juden wurde jedoch während des Zweiten Weltkrieges zusammen mit der jüdischen Gemeinde von Saloniki, die damals 60.000 Menschen umfaßte, ausgerottet.

Geschichte

Obwohl es unzählige diesbezügliche Theorien gibt, weiß im Grunde niemand genau, wie oder wann die Juden nach Europa kamen. Ihre Zahl, ihre Verschiedenheit und die Tatsache, daß sie über ganz Europa verstreut leben, verlangt allerdings geradezu nach einer Erklärung und hat die kuriosesten Theorien hervorgebracht, nicht zuletzt jene von *Arthur Koestler*, der die Meinung vertrat, die Juden stammten von den Chasaren ab – einem Nomadenvolk asiatischen Ursprungs, das an der Nordküste des Schwarzen Meeres lebt und dessen Herrscher im 8. Jahrhundert dort aus politischen Erwägungen das Judentum etablierten. Die Vertreibung der Juden aus ihrem biblischen Heimatland im Mittleren Osten wurde häufig mit katastrophalen Ereignissen der Heiligen Geschichte in Zusammenhang gebracht, wie etwa der babylonischen und der römischen Eroberung des alten jüdischen Königreichs, jedoch war es wohl eher so, daß die Migration der Juden sich langsam und mit Unterbrechungen über einen sehr langen Zeitraum hin erstreckte.

Die Auswanderung der Juden in den mittleren und östlichen Mittelmeerraum hatte bereits in vorchristlicher Zeit begonnen. Aus einem einzigen historischen Dokument geht hervor, daß bereits im Jahre 321 in der Gegend von Köln Juden lebten. Tatsächlich bedeutende jüdische Siedlung hat es in Europa aber erst in der Spätantike gegeben, und zwar vor allem in den europäischen Küstenregionen sowie im Hinterland der Mittelmeeranrainer. Hier lebten die Juden, wie auch andere Migranten aus dem Osten, etwa Griechen, Syrer und später die Araber, vorwiegend in den Städten, wo sie sich nicht selten als Kaufleute niedergelassen hatten und nur wenig Kontakt mit ihren einheimischen Nachbarn pflegten. Die Reisebeschreibungen des jüdischen Kaufmanns *Benjamin von Tudela* aus dem Jahre 1168 zeigen seine im Grunde eng begrenzte Welt auf, deren familiäre Strukturen, verbunden mit einem religiösen Gemeinschaftsgefühl, den Juden viele kommerzielle Vorteile verschaffte und es ihnen ermöglichte, Handel auch zwischen der sich feindlich gesinnten christlichen und muslimischen Welt zu betreiben.

Die jüdischen Niederlassungen im Mittelmeerraum waren möglicherweise das Sprungbrett, von dem aus die Juden sich zwischen dem 6. und 11. Jahrhundert in den Städten Nordeuropas ansiedelten, so an der Garonne, der Loire und der Rhône, an der Seine, dem Rhein, der Elbe und der oberen Donau sowie in England. Wo auch immer sie hingingen, waren die Juden entweder privilegiert oder sie wurden verfolgt: privilegiert, weil Herrscher aller Länder produktive Untertanen brauchten, die sie dann mit entsprechenden Privilegien belohnten, und verfolgt deshalb, weil die einheimische Bevölkerung derart privilegierte Neuankömmlinge meist als Eindringlinge betrachtete. Der Antisemitismus wurde vor allem von jüdischen Historikern oft auf den Einfluß des Christentums zurückgeführt. Tatsächlich war es so, daß der Antisemitismus des Mittelalters viele christliche Vorurteile ausnutzte. Auf dem Hintergrund einer in keiner Weise gerechtfertigten Interpretation des Evangeliums gab man den Juden kollektiv die Schuld am Tode Christi und so war die Karwoche, die *Heilige Woche*, für die jüdischen Gemeinden stets eine äußerst fatale Zeit. Generell gesprochen war der mittelalterliche Antisemitismus jedoch ganz offensichtlich Bestandteil jener Antipathien, die hierarchisch strukturierte Gesellschaften allen nichtassimilierten Bevölkerungsgruppen entgegenbringen, seien es die Aussätzigen, die »Mohren« oder später die Sinti und Roma.

Die Schriften von *Asher ben Jehiel* unterscheiden bereits um 1320 zwei jüdische Kulturen in Europa, deren Zentren in Spanien bzw. in Deutschland lagen. Erstere, die Kultur der *Sepharden*, abgeleitet von Sefarad, dem jüdischen Namen für Spanien, profitierten sozusagen von ihrem Siedlungsgebiet im Herzen des ehemaligen Römischen Reiches und lernten somit sehr genau sowohl die christlich-römische Kultur wie auch die islamischen Traditionen kennen.

Die Sepharden entwickelten vor diesem Hintergrund so etwas wie eine Überlegenheit gegenüber den übrigen Juden in Europa, die auch noch ihre Nachfahren selbst bis in jüngste Zeit prägte. Obwohl sie heute nur mehr eine relativ kleine Gruppe darstellen, bilden sie doch noch immer eine Art selbstbewußter Aristokratie, die über ihre eigenen religiösen Hierarchien verfügt und mancherorts sogar über eigene Synagogen, die eine exklusive Atmosphäre ausstrahlen. Jene jüdische Kultur, deren Zentrum Deutschland bildete, wurde als *Ashkenazi* bezeichnet, abgeleitet von Ashkenaz.

Dieser biblische Name für eine Region in oder nahe Armenien wurde im 11. Jahrhundert von den Rabbinern als Bezeichnung für Deutschland eingeführt, möglicherweise aufgrund einer phonetischen Verwandtschaft mit »Saxonia« oder »Scania«, den angeblichen Stammlanden der Germanen. Die Ashkenazi, unabhängig, ob innerhalb oder außerhalb der Grenzen des ehemaligen Römischen Reiches, waren im Vergleich mit den Sepharden kulturell eher benachteiligt, wenn auch *Asher ben Jehiel* seinerseits dazu aufforderte, »unsere askhenazische Lebensweise vorzuziehen«. Aufgrund ihrer weiten Verbreitung in Nord- und Osteuropa waren die Askhenazi rein demographisch wesentlich bedeutender, und als dann die deutsche Zivilisation im 19. Jahrhundert weltweite Anerkennung fand, begannen sie, auch ihre attavistischen Gefühle der Minderwertigkeit zu überwinden.

Die zunehmende Verfolgung der Juden im Mittelalter führte dazu, daß sich nun neue jüdische Zentren bildeten. Um 1290 wurde die Juden, die nicht zum Christentum konvertierten, vertrieben: England, aus Frankreich im frühen 14. Jahrhundert und aus Deutschland im frühen 15. Jahrhundert, aus Spanien und Portugal wiederum in den 1490er Jahren. Die jüdischen Zentren verlagerten sich nun nach Osten, nach Polen und an die obere Donau sowie in den zentralen und östlichen Mittelmeerraum. Viele Juden kehrten jedoch in der frühen Neuzeit wieder nach Frankreich, die Niederlande, England und Deutschland zurück, nachdem dort die entsprechenden Restriktionen aufgehoben oder zumindest gelockert worden waren.

Als im Zusammenhang mit dem ersten Kreuzzug die Judenverfolgungen zunahmen, kamen böhmische Juden nach Polen, wo sie erstmals seit dem Jahre 1098 historisch dokumentiert sind. Als Polen nach der Deportation der Mongolen um das Jahr 1240 nahezu entvölkert war, ließen sich hier erneut Juden nieder, wie auch noch einmal im 14. und 15. Jahrhundert, als die Juden aus Deutschland fließen mußten. Auch in Polen gab es antisemitische Strömungen; einige Städte verfügten beispielsweise über das »Privileg, Juden nicht tolerien zu müssen,« und so wurden im Jahre 1490 alle Juden aus Krakau vertrieben, dennoch waren andere Länder noch wesentlich weniger gastfreundlich.

In Litauen war es den Polen bis 1321 verboten, sich dort anzusiedeln, in Ostpreußen bis 1309 und danach unterstanden sie dort bis ins 16. Jahrhundert hinein ständigen Kontrollen. In Polen und Litauen stieg der Anteil der jüdischen Bevölkerung bis Mitte des 18. Jahrhunderts auf 20 bis 30 Prozent der Gesamtbevölkerung. Beide Länder waren hauptsächlich agrarisch strukturiert und so arbeiteten hier viele Juden in der Landwirtschaft, als Leibeigene (Gutsbesitzern war es erlaubt, unter der Maßgabe, die Juden vor dem Antisemitismus zu schützen, zu Leibeigenen zu machen), und stellten somit die einzige jüdische Bauernschaft

Europas; hier lebten im 18. Jahrhundert mehr als ein Drittel aller Juden auf dem Lande.

Das Europa des 18. Jahrhunderts war geprägt von den Ideen der Aufklärung sowie der religiösen Toleranz, wovon auch die Juden profitierten, vor allem in England, Frankreich und in den Habsburger Landen. Mit dem Triumph »aufgeklärter« Prinzipien in der Französischen Revolution und deren Verbreitung durch die Napoleonischen Kriege wurden dann auch den Juden die »Menschenrechte« zuerkannt und die Einschränkungen ihrer Bürgerrechte sowie steuerliche Benachteiligungen gelockert. Einzige Ausnahme hier bildete die iberische Halbinsel, wiederum ausgenommen Gibraltar, sowie Rußland (in dem bis zur Annexion großer Teile Polens im 18. Jahrhundert jedoch kaum Juden lebten), wo die Juden in ihren Siedlungsrechten eingeschränkt waren sowie in ihrem Zugang zur schulischen Ausbildung und zudem bestimmte Berufe nicht ausüben durften.

Einen entscheidenden Schritt in Richtung Selbstemanizpation war dann die Aufforderung der Juden an ihre Glaubensbrüder, die traditionelle Absonderung durch die Ghettos zu durchbrechen und sich der europäischen Kultur zu assimilieren. Dies bedeutete jedoch oftmals auch den Verlust der Identität wie des Glaubens. *Moses Mendelssohn* (1729–86), allgemein als einer der führenden Köpfe dieser Bewegung angesehen, war derart sozusagen der Urvater einer späterhin christlichen Dynastie. Demgegenüber zeigt das Beispiel der Bankiersbrüder *Nathan* (1777–1836) und *James* (1792–1868) *Rothschild*, daß es auch möglich war, bedeutende Positionen in der englischen beziehungsweise französischen Gesellschaft einzunehmen, ohne den jüdischen Glauben aufzugeben. Das Ghetto hinter sich zu lassen bedeutete für den Einzelnen oftmals, große Reichtümer anzuhäufen, wie etwa im Falle der Familie Rothschild, oder auch, im Zuge der Aufhebung rechtlicher Einschränkungen für Juden, einflußreiche politische Ämter zu erlangen. Im 19. und 20. Jahrhundert leistete der jüdische Genius, emanzipiert qua Gesetz und angestrebter Assimilation, seinen größten Beitrag zur europäischen Zivilisation seit der Zeitenwende – vor allem im Bereich der Naturwissenschaften, der Politik und Wirtschaft, jedoch auch in den Geisteswissenschaften sowie in der bildenden und darstellenden Kunst.

Diese Morgendämmerung erwies sich jedoch als trügerisch. Die Toleranz der europäischen Nationen nahm ab in dem Maße, in dem die Zahl der Juden stieg. Insgesamt ist es schwierig, demographische Aussagen zu treffen im Hinblick auf die historische Entwicklung der Juden in Europa. Doch im 19. Jahrhundert schien der Trend dahinzugehen, daß die Geburtenrate bei den Juden deutlicher höher sowie die Sterberate deutlich niedriger lag als im gesellschaftlichen Durchschnitt allgemein. Gleichzeitig entwickelte sich in dieser Zeit in Europa ein pseudowissenschaftlicher Rassismus. Waren zu Beginn des Jahrhunderts antisemitische Gewalttaten noch eher vereinzelt, so häuften sich diese um 1870 vor allem in Rußland und ab 1880 auch in Polen. Als dann aus diesen Ländern viele jüdische Flüchtlinge nach Westeuropa kamen, breitete sich der Antisemitismus auch in Deutschland und sogar in Frankreich aus, wo die Juden bis zu diesem Zeitpunkt in die Gesamtgesellschaft integriert schienen und man davon ausgehen konnte, »daß es keine Juden oder Christen gab, mit Ausnahme zu jenen Stunden, in denen sie beteten«.

Wie jegliche Ressentiments gegenüber Minderheiten wurde auch der Antisemitismus durch die sich verschlechternden wirtschaftlichen Bedingungen angeheizt. Mit der europäischen Wirtschaftskrise der 20er und frühen 30er Jahre breitete sich der Antisemitismus wie unaufhaltsam aus, geschürt von Politikern, von denen einige an ihre eigenen politischen Aussagen zu glauben schienen, daß nämlich Wohlstand und Sicherheit unvereinbar sei mit der jüdischen Präsenz in Europa. Rechte Demagogen denunzierten die Juden als Kommunisten, linke Demagogen als Kapitalisten. Noch jedes antisemitische Regime hat versucht, das sogenannte »jüdische Problem« dadurch zu lösen, daß es dieses »Problem« schlichtweg eliminierte – durch hermetische Ausgrenzung in Ghettos, durch erzwungene Christianisierung oder Massenvertreibungen. Die Vernichtungsmaschinerie der Nazis jedoch stellte den extremsten Höhepunkt einer langen Entwicklung und »Tradition« dar. Zunächst schien die nationalsozialistische Bewegung zu abgehoben und irrational, als daß man sie wirklich hätte ernstnehmen können. Dennoch mobilisierte sie breite Unterstützung im verzweifelten und verarmten deutschen Proletariat sowie in ansehnlichen Teilen der Bourgeoisie, und auch die einflußreichen Rechtsparteien unterstützten die Nazis als eine Art Bollwerk gegen den Kommunismus. 1933 kamen die Nazis in Deutschland an die Macht, die sie dann in den ersten Jahren des Zweiten Weltkrieges über jene Gebiete ausdehnten, in denen die meisten Juden Europas lebten. Insgesamt ermordeten die Nazis 6 Millionen Juden – darunter auch viele, die Widerstand leisteten – durch Erschießen, Vergasen, durch Folter und Zwangsarbeit, in einem beispiellosen Völkermord, dessen Planmäßigkeit und schreckliche Effizienz in der Geschichte der Menschheit einzigartig ist. In ganz Europa, bis zur Westgrenze der Sowjetunion, überlebten weniger als zwei Millionen Juden.

Aus jüdischer Perspektive bestand die »Problemlösung« im Hinblick auf den europäischen Antisemitismus in der Flucht: in die Vereinigten Staaten, weniger häufig nach Argentinien, oder in einen jüdischen Staat, den es zu gründen galt, und zwar nach Möglichkeit in Palästina, der alten Heimat der Juden. Seit Beginn des 19. Jahrhunderts waren in Palästina bereits zionistische Niederlassungen entstanden und eine kleine, wenn auch ständig wachsende Minderheit jüdischer Intellektueller verfolgten und propagierten ihrerseits dieses Projekt. Doch erst unter der Wucht der Judenpogrome entwickelte sich der Zionismus zu einer Massenbewegung, angeführt von *Theodor Herzl* (1860–1904) und *Chaim Weizmann* (1874–1952). Weizmann überzeugte während des Ersten Weltkrieges die britische Regierung – die seit langem Sympathien für den Zionismus hegte – Palästina, das die Briten dem auseinandergebrochenen türkischen Reich entrissen hatten, zur »nationalen Heimstatt« der Juden zu erklären. Dennoch verhielten sich auch jetzt noch viele Juden, wohl die meisten, Palästina gegenüber distanziert. Doch der Holocaust des Zweiten Weltkrieges und die heroischen Kämpfe der Juden gegen den britischen Imperialismus und den arabischen Expansionismus ließen dann 1948 den Staat Israel entstehen, im selben Jahr als solcher proklamiert und seit dieser Zeit ein Fokus jüdischer Emotionalität. Im Ergebnis hat sich hier die Identität einer nun allerdings andersgearteten europäischen Assimilation der Juden erneuert und hat sich ihre Zahl durch Zuwanderungen deutlich erhöht.

Die Juden im heutigen Europa

In Polen, wo es vor dem Krieg etwa 2 Millionen Juden gab, haben, so wird allgemein angenommen, etwa 225.000 Juden den Holocaust überlebt. Bis Ende der 1960er Jahre verließen die meisten von ihnen jedoch unter dem Eindruck des polnischen Antisemitismus das Land. In Ungarn, wo etwa 200.000 Juden überlebten beziehungsweise in ihre alten Gemeinden zurückkehrten, die traditionell, mit Ausnahme der Grenzregionen, in die ungarische Gesellschaft integriert waren, verminderte sich ihre Zahl etwa im gleichen Zeitraum auf 90.000. Selbst in England, wo sich die Juden relativ sicher fühlten, sank deren Zahl von etwa 400.000 am Ende des Zweiten Weltkrieges auf etwa 300.000 in den 1980er Jahren, bedingt durch demographische Schwankungen, durch Emigration und Assimilation. Aus Rumänien, wo die Juden jahrhundertelang eine bedeutende Rolle spielten, emigrierten die meisten Überlebenden des Holocaust nach Israel. Die einst riesige Jüdische Gemeinde der tschechischen und slowakischen Republiken verringerte sich auf 30.000 Mitglieder, etwa ein Zehntel der Vorkriegszeit. Heute finden sich die größten Jüdischen Gemeinden Europas in Frankreich, wo sie 660.000 Mitglieder (1989) umfaßt, nicht zuletzt aufgrund des Zustroms nordafrikanischer Juden, die in den 50er und 60er Jahren vor den Muslimen geflohen sind, sowie aus der ehemaligen Sowjetunion, wo vor deren Zusammenbruch im Jahre 1991 über eineinhalb Millionen Juden lebten. Obwohl hier die Juden in den 1980er Jahren wegen angeblicher »Wirtschaftskriminalität« angegriffen wurden, blieb ihre Zahl konstant – die Ausreise wurde ihnen meist unmöglich gemacht oder verboten. Ein eher paradoxer Effekt des Holocaust war die Tatsache, daß viele Juden als Asylsuchende erneut nach Spanien kamen, wo es heute wieder einige kleine Jüdische Gemeinden sowie auf nationaler Ebene eine Jüdische Organisation gibt.

Die meisten Juden, die sich dazu entschlossen haben, in Europa zu bleiben, haben sich hier ganz offensichtlich für den Weg der »Tarnung« entschieden: weitestgehende Assimilation in die jeweilige Gesellschaft, in der sie leben, um den Preis, praktisch alles »Jüdische« aufzugeben, mit Ausnahme eines tiefsitzenden jüdischen Gefühls; ein wenig ausgeprägtes Gefühl jüdischer Zugehörigkeit; eine möglichst diskrete Befolgung religiöser Gebote (meist sowieso bereits sehr liberal ausgelegt) und – politische Sympathie gegenüber Israel. Die Gefahren einer solchen »Politik« sind vielfältig: erstens – die Heirat außerhalb der Jüdischen Gemeinde läßt das jüdische Zugehörigkeitsgefühl von Generation zu Generation schwinden; zweitens – der Kompromiß mit der nichtjüdischen »Gemeinde« erleichtert den Übertritt zum christlichen Glauben. Und schließlich verstärkt sich für all jene, die sich ihr jüdisches Selbstbewußtsein bewahren und sich als Juden zu erkennen geben, die Angst vor einem erneuten Antisemitismus. Einst konnten selbst so reiche, sozial erfolgreiche und alteingesessene anglojüdische Familien, wie sie von *Somerset Maugham* in »The Alien Corn« beschrieben werden, nicht gewissen Schmähungen und Demütigungen entgehen, und dies in einem Land, wo der »institutionalisierte Antisemitismus« und die Gewalt des Pöbels kaum vorhanden war.

Sinti, Roma und Kale

Sinti, Roma und Kale, gelten als ein umherziehendes Volk (jahrhundertelang als »Zigeuner« diffamiert;) indischen Ursprungs, das über die ganze Welt, wenn auch vor allem über Europa verstreut lebt. Ihre seit langer Zeit andauernde Assoziation mit den europäischen Völkern hat unverkennbar ihre Sprache, ihre Kultur und ihre sozialen Strukturen geprägt. Gleichzeitig haben sie sich immer abseits gehalten und sich ihr Selbstbewußtsein als Sinti und Roma bewahrt – oder auch ihr Anderssein im Vergleich zu all jenen, die sie selbst als *gadjé* bezeichnen, als Nichtsinti beziehungsweise Nichtroma oder Nichtkale.

Als der biologische Determinismus seine Hochblüte erlebte, hat man das Nomadentum der Sinti, Roma und Kale oft auf deren Instinkt und Atavismus zurückgeführt. Derartige Einschätzungen werden heute kaum noch geteilt. Wenn Sinti, Roma und Kale heute noch als Nomaden leben, kann dies mit ihren sozialen, wirtschaftlichen und politischen Strukturen erklärt werden. Dieses »kommerzielle« Nomadentum, das sie pflegen, ist im Grunde ein ökonomisches Phänomen: sie liefern sozusagen Dinge, die lediglich periodisch benötigt werden. Diese Bedürfnisse zu befriedigen, ist am besten durch Mobilität zu gewährleisten. Heute leben die meisten Sinti, Roma und Kale jedoch seßhaft. Aber auch wenn sie über Jahre an dem gleichen Ort leben, bewahren sie sich doch meist ihre Gruppenidentität und gehen Tätigkeiten nach, die immer noch mit Mobilität verknüpft sind. Das Nomadentum kann durchaus sehr viel stärker im Kopf als in der Realität verankert sein.

Seit den 60er Jahren verzeichnet Europa eine Zunahme von nationalen Gruppierungen der Sinti, Roma und Kale – politisch, sozial und kulturell – die für deren Selbstbestimmungsrecht eintreten, sich gegen jegliche Diskriminierung und auch gegen eine Assimilierung wenden. Der Begriff »national« hat hier nichts zu tun mit der Vorstellung eigenen Territoriums oder der eines Nationalstaates, sondern vielmehr damit, daß die Welt der *gadjé* anerkennt, daß Sinti, Roma und Kale ein eigenständiges, nicht territorial gebundenes Volk darstellen, mit einer eigenen Geschichte, einer eigenen Sprache und einer eigenen Kultur.

Geschichte und Migrationsmuster

Die Geschichte der Sinti, Roma und Kale liegt etwa zur Hälfte im Dunkeln. Da es nur sehr wenige schriftliche Dokumente gibt, muß man sich mit linguistischen und genetischen Betrachtungen behelfen. Die Sprache der Sinti, Roma und Kale, das Romani, enthält unzählige Lehnwörter. Daraus lassen sich einige Anhaltspunkte ableiten im Hinblick auf die Route, die sie bei ihrer Migration in den Westen genommen haben und im Hinblick darauf, wie lange sie sich jeweils in bestimmten Ländern aufgehalten haben.

Ihre Sprache weist viele Ähnlichkeiten – im Basiswortschatz, in den grammatischen Strukturen und in der Phonetik – mit den modernen indischen Sprachen auf und somit ist anzunehmen, daß Sinti, Roma und Kale in postsanskritischer Zeit vom indischen Subkontinent aufbrachen, wahrscheinlich vor weit mehr als eintausend Jahren. Zwar müssen diese sprachlichen Ähnlichkeiten nicht zwingend auf einer ethnischen Verwandtschaft beruhen, doch weisen genetische Merkmale, etwa die Daten über Blutgruppen, darauf hin, daß diese Verwandtschaft tatsächlich besteht. Es ist zumindest wahrscheinlich, daß die indische Komponente im Blut der Vorfahren von Sinti, Roma und Kale auf die drawidischen Bewohner des Subkontinents zurückgeht, die später, als die Aryan-Völker ins Land kamen, deren Sprache übernahmen. Seit damals jedoch hatten nicht nur Sinti, Roma und Kale unendlich viel Zeit, ihr Blut mit anderen Völker zu mischen.

Keine linguistische und auch keine genetische Betrachtung klärt jedoch die Ursache für den ursprünglichen Exodus dieses Volkes. Hierüber können lediglich Vermutungen angestellt werden, etwa eine Hungersnot, Feindseligkeiten oder Krieg. Mehr Klarheit besteht jedoch über die Migrationsroute, zumindest für die Vorfahren von Sinti, Roma und Kale, das heißt all jener Volksgruppen, die Europa erreichten. Aufgrund lexikalischer Begriffe, die diese unterwegs in ihre Sprache integrierten, kann man davon ausgehen, daß sie wahrscheinlich den Hindukusch passierten, dann iranischsprachiges Territorium sowie den südlichen Kaukasus, von wo aus sie in das Byzantinische Reich gelangten. Diese Migration dauerte einige Jahrhunderte. Nachdem Sinti, Roma und Kale Byzanz erreicht hatten, sind sie erstmals höchstwahrscheinlich auch historisch dokumentiert. Seit dem 11. Jahrhundert verweisen byzantinische Quellen auf ein Volk, das mit zunehmender Sicherheit als jenes der Sinti, Roma und Kale betrachtet werden kann.

Offensichtlich verschlug es dann viele von ihnen im Zuge der türkischen Expansion in den Nahen Osten und über den Bosporus und die Dardanellen nach Thrakien und auf das griechische Festland sowie die griechischen Inseln. Als dann 1415 die Türken erneut nach Westen vordrangen, zogen einige Sinti, Roma und Kale ihrerseits weiter nach Westen, sehr viele blieben jedoch auch in den türkischen Gebieten zurück, zu denen auch Transsilvanien und Ungarn gehörten. Hier wurden sie nicht selten in die Leibeigenschaft oder sogar Sklaverei gezwungen, etwa in der Wallachei und in Moldawien.

Nachdem Sinti, Roma und Kale erst einmal im Westeuropa des 15. Jahrhunderts angekommen waren, zunächst im Heiligen Römischen Reich, in Frankreich und den damaligen Nieder-Landen (heute Niederlande, Belgien und Luxemburg; Anm. d. Übers.), in Italien und Spanien – weisen sie im Grunde dieselbe Geschichte wie diese Völker auf. Sie zogen in kleineren Gruppen umher, angeführt von Männern mit grandiosen Titeln – Fürst, Graf, Baron oder auch Klein Ägypten (eigentlich »Kleiner Ägypter«; die falsche Benennung, die dann als »Little Egypt« statt »Little Egyptian« übersetzt wurde, begründete den englischen Namen für »Zigeuner«: »gipsy«; Anm. d. Übers.). Dieses Umherziehen erklärten sie sich selbst untereinander damit, daß sie sich als Strafe dafür, daß sie das Christentum verweigerten, eine siebenjährige Pilgerschaft auferlegt hätten. Zu einer Zeit, als Europa tief in einer religiös geprägten Kultur verwurzelt war, erhielten sie von allen Seiten Almosen, zusätzlich zu ihren Einnahmen aus dem Pferdehandel, der Kesselflickerei, der Volksvergnügung, dem Heilen und Wahrsagen. Vom Südosten her verbreiteten sich immer mehr Sinti, Roma und Kale über den europäischen Kontinent. Sie trafen sich mit anderen herumziehenden Volksgruppen, die entlang der Straßen Handel betrieben und deren Lebensstil sich mit ihrem deckte.

Doch waren diese Volksgruppen meist weniger stark familienbezogen strukturiert und auch nicht derart weit über Europa verbreitet wie Sinti, Roma und Kale. Was sie jedoch in den Augen der seßhaften Völker miteinander verband, war ihre angebliche Entwurzelung und ihre »Herrenlosigkeit«, womit sie sich in krassen Widerspruch zu jenen festgefügten, dominierenden Werten stellten, die sich auf den Landbesitz gründeten. Die Haltung offizieller Stellen aller Länder der Christenheit verhärtet sich ihnen gegenüber, verbunden mit Repressalien, die alle vagabundierenden, bettelnden Menschen traf. Ein Land nach dem anderen wies die »Zigeuner« zurück, vertrieb sie oder zwang sie zur Assimilation. Viele Sinti, Roma und Kale ließen sich unter diesem Druck, oftmals mit drakonischen Strafen verbunden, in festen Siedlungen nieder, vor allem in Ungarn und in Spanien. Dennoch blieben sie auch hier unter sich, lebten in ihren Enklaven, egal ob in den Städten oder Dörfern, hielten an ihren sozialen Strukturen fest und mieden einen allzu intensiven Kontakt mit der restlichen Bevölkerung, auch bedingt und noch verstärkt durch ihr striktes Tabusystem. All dies bildete gleichzeitig die Garantie dafür, daß sie sich ihre Eigenständigkeit bewahrten.

Die ökonomischen und sozialen Veränderungen, die Europa im 19. Jahrhundert erfaßten, hatten auch deutliche Auswirkungen auf die Lebensweise von Sinti, Roma und Kale. Seit sie sich darauf eingestellt hatten, daß andere ihre Waren und Dienstleistungen abkauften, zogen sie damit zu den Märkten, paßten ihre Lebensweise bestimmten saisonalen Gegebenheiten an, gewannen dichter besiedelte Regionen entsprechend größere Bedeutung für sie. Dennoch hielten sie weiterhin an den Idealen ihrer Gemeinschaft fest, an ihrer Unabhängigkeit sowie an ihrer eigenständigen Arbeit. Feste Anstellungen oder eine feste Lohnarbeit blieb ihnen fremd. Zwar bedeutete die Tatsache, daß sie sich in Städten und Dörfern niedergelassen hatten, nicht, daß sie ihr Nomadentum vollständig aufgegeben hätten, dennoch wurden die Entfernungen, die sie zurücklegten, kürzer, entsprechend der geographischen Konzentration der sonstigen Bevölkerung, denen sie ihre Waren verkauften.

Sinti, Roma und Kale waren auch auf internationaler Ebene an den Massenmigrationen beteiligt, die im Zuge des ökonomischen Fortschritts in Westeuropa und den Vereinigten Staaten, durch verbesserte Eisenbahn- und schnellere und billigere Seeverbindungen einsetzten und ermöglicht wurden. In der zweiten Hälfte des 19. Jahrhunderts breiteten sich vom Balkan aus erneut vor allem Roma über den ganzen Kontinent aus. Zu diesen Roma, oder Rom, wie sie sich selbst bezeichnen, gehören als bedeutendste Untergruppen die Kalderasha, Lovara und Churara. (Dies sind alte Berufsbezeichnungen – Kupferschmiede, Pferdehändler und Korbflechter. Im 19. Jahrhundert hatten diese Berufe eine größere Bedeutung als heute). Die Sprache der Rom war stark vom Rumänischen beeinflußt, das heißt, sie lebten sehr lange in rumänischsprachigen Ländern. Heute leben sie in fast allen europäischen Ländern sowie in Amerika und einigen andern Staaten.

Diese neuerlichen Ost-West-Migrationen führten zu einer verstärkten Repression gegen die »Zigeuner«, und schließlich im Zweiten Weltkrieg zu ihrem Völkermord. Die »Zigeuner« wurden von den Nazis, wie die Juden, als eine Gefahr für die Reinheit der deutschen Rasse gebrandmarkt. Im Deutschen Reich sowie in all jenen Gebieten, die die Deutschen erobert hatten, wurden sie in Konzentrations- beziehungsweise Todeslager deportiert. In den militärisch besetzten Gebieten wurden sie in der Regel an Ort und Stelle von Spezialeinheiten der SS getötet. Insgesamt wurden etwa eine halbe Million Sinti, Roma und Kale ermordet.

Nach dem Krieg kam es erneut zu Massenmigrationen verschiedenster Volksgruppen nahezu aus allen und in alle europäischen Länder. Die Migrationen der Nachkriegszeit von Sinti, Roma und Kale hatten jedoch vor allem ökonomische Ursachen. Seit etwa der 60er Jahre setzte erneut eine Migrationswelle von Ost nach West ein, ausgehend vor allem von Jugoslawien, dessen Grenzen im Vergleich mit anderen östlichen Ländern relativ offen waren. Mit dieser Zuwanderung kamen sowohl seßhafte Sinti, Roma und Kale wie auch solche, die nach wie vor umherzogen.

Die Politik der Länder, in denen Sinti, Roma und Kale leben, zielt darauf ab, deren Nomadentum, so weit noch vorhanden, einzuschränken. In den kommunistischen Ländern wurden sie dazu aufgefordert, sich zu integrieren, da alle Lebensweisen, die von der gesellschaftlichen Norm abwichen, die Konzepte einer zentralistischen Planung durcheinanderbrachten. Bei der

Abschaffung des Nomadentums waren die kommunistischen Regierungen auch durchaus erfolgreich, dennoch haben sich Formen eines Halbnomadentums bewahrt. Jugoslawien war der einzige kommunistische Staat, in dem Sinti, Roma und Kale nicht gezwungen wurden, sich niederzulassen. Dort ließen sie sich in erster Linie aus ökonomischen Gründen nieder, so wie sie dies schon ein Jahrhundert früher auch im Zuge der Industrialisierung der westlichen Länder getan hatten.

In Westeuropa erwies sich der Einfluß staatlicher Stellen als wesentlich diffuser, so daß viele Familien, die mit ihren Wohnwagen durch die Lande ziehen, im Grunde ihre Lebensweise bewahren konnten, allerdings bedroht durch die Tatsache, daß sie immer weniger Plätze finden, wo sie sich niederlassen können, bedroht von Gesetzen wie jenem bezüglich der Landstreicherei und des öffentlichen Wohls, von Maßnahmen der Städte- und Kommunalplanung. Das Nomadentum selbst ist zwar nicht mehr verboten, jedoch können Gesetze, die auf eine seßhafte Gesellschaft zugeschnitten sind, für Nichtseßhafte den gleichen Effekt wie Verbote haben. Sie können jederzeit aufgefordert werden, von dort, wo sie sich niedergelassen haben, wegzugehen, man kann sie jedoch auch tolerieren. Man kann ihnen gestatten oder verbieten, sich auf öffentlichen Campingplätzen niederzulassen, man kann sie wegen illegalen Zeltens verfolgen oder auch nicht.

Mit dem Zusammenbruch des Kommunismus in Osteuropa im Jahre 1989 haben die Ressentiments gegen die »Zigeuner« wieder deutlich zugenommen. Als die neuen Demokratien des Ostens ihre Grenzkontrollen lockerten, kamen unzählige Migranten nach Westeuropa, darunter auch Zehntausende vor allem Roma aus Rumänien, wo es ihnen besonders schlecht gegangen ist. Als dann in Jugoslawien der Krieg ausbrach, kamen viele auch aus dieser Region nach Westeuropa und, wie zuvor schon, vor allem nach Deutschland. Dort brach 1992 eine Welle von fremdenfeindlichen Angriffen aus, und die Regierung vereinbarte mit Rumänien ein Rückführungsabkommen, das es ihr ermöglichte, rumänische Asylsuchende, darunter viele Roma, wieder nach Rumänien zu deportieren. Der Unmut über die Immigranten, sowohl über legale wie illegale, ist in den westeuropäischen

Ländern sehr weit verbreitet und die Europäische Gemeinschaft bemüht sich immer stärker, ihre Politik gegenüber Menschen aus nicht EG-Ländern zu koordinieren und mit härteren Maßnahmen gegen Asylsuchende vorzugehen.

Geographische Verteilung und Dialekte

Sinti, Roma und Kale leben in ganz Europa, im Mittleren Osten, in Nord- und Südamerika, in Australien sowie in Teilen Afrikas. Schätzungen bezüglich ihrer Zahl für Europa schwanken zwischen drei, sechs und acht Millionen, zum Teil auch mehr. Exakte Zahlen liegen für kein Land vor, in Osteuropa liegt ihr Anteil an der Bevölkerung jedoch deutlich höher als in Westeuropa. Etwa Zweidrittel aller europäischen Roma, Sinti und Kale leben im ehemaligen Jugoslawien, in der ehemaligen Sowjetunion, in Rumänien, Ungarn, Bulgarien und der Slowakei. In Westeuropa leben die meisten von ihnen in Frankreich und Spanien. Ihre Geburtenrate ist oft höher als im sonstigen Durchschnitt.

Das Wort »Zigeuner« bezieht sich auf verschiedene Gruppen, grundsätzlich unterschieden nach jenen, die schon seit langem hier leben und jenen, die erst im letzten Jahrhundert nach Westeuropa kamen (wie etwa die Roma aus Rumänien oder Jugoslawien). Die verschiedenen Gruppen unterscheiden sich auch in ihrer Lebensweise und ihrer Sprache. All jene, die Romani sprechen, sind zweisprachig; gleichzeitig gibt es im Romani sehr viele Lehnwörter, die aus den jeweiligen Landessprachen übernommen sind. Aus diesem Grunde weisen die Romani-Dialekte oft sehr große Unterschiede auf, auch wenn ihr Basiswortschatz jeweils der gleiche ist. Ein weiterer bedeutender Dialekt ist das Sinti, das, stark vom Deutschen beeinflußt, heute auch außerhalb der deutschsprachigen Länder verbreitet ist.

Gesellschaft und Kultur

Wenn auch bestimmte Traditionen und Bräuche nicht mehr bestehen, so bedeutet dies nicht, daß damit auch schon das, was

Sinti, Roma und Kale von anderen Völkern unterscheidet, aufgehoben ist. Untereinander unterscheiden sie sich zudem in ihren sozialen Strukturen, etwa die spanischen *Gitanos*, die über keine festgefügten Organisationsformen verfügen, von den Roma, die relativ klar umrissene soziale Institutionen aufweisen, so beispielsweise das *kris romani*, eine Art Gerichtsverfahren zur Beilegung von Streitigkeiten. Allen gemeinsam ist jedoch ihr ausgeprägter Familiensinn und ihr Gemeinschaftsgefühl. Hochzeiten, Taufen, Feste und auch Beerdigungen sind so etwas wie ein gesellschaftliches Ereignis. Sehr wichtig ist darüber hinaus jenes Tabusystem, durch das sie sich ihre Eigenständigkeit und Besonderheit bewahrt haben.

Dieses Tabusystem betrifft sowohl Personen, Gegenstände, Teile des Körpers, Lebensmittel sowie bestimmte Themen der Konversation wie auch Hygienebestimmungen. Es regelt im Grunde jegliche Beziehungen zwischen Männern und Frauen sowie zwischen Sinti, Roma und Kale einerseits und den *gadjé* andererseits. Da die gadjé dieses Tabusystem völlig ignorieren, gelten sie normalerweise als »unrein«. Eine oder einen *gadjé* zu heiraten, bedeutet eine Gefahr und auch bei Eheschließungen untereinander müssen bestimmte Richtlinien und Verbote eingehalten werden.

Es wird zunehmend schwieriger, darüber zu urteilen, inwieweit ihre Kultur noch wirklich einzigartig ist. Im Bereich der volkstümlichen Kultur haben sie viele Elemente anderer Kulturen übernommen, mit denen sie in Kontakt standen, beispielsweise Lieder oder auch Erzählungen. Diese sind vielleicht im Laufe der Zeit woanders längst in Vergessenheit geraten, und so fällt es den Sinti, Roma oder auch Kale zu, dieses Erbe zu bewahren. In ihren Volksmärchen haben sie zudem viele Motive aus anderen, gängigen Märchen der verschiedensten Länder übernommen, und diese auf ihre, ihnen spezifische Weise konnotiert und interpretiert. Ihre Musik wiederum, meist weniger für sie selbst als zur allgemeinen Unterhaltung dargeboten, verweist auf die typische Musik jener Länder, aus denen sie hierherkamen, und gleiches gilt auch für ihre Instrumente. Im 19. Jahrhundert gab es in Ungarn, Rußland und Spanien bedeutende Musiker aus den Reihen der Sinti, Roma und Kale, deren Musik sogar zum Bestandteil des nationalen Kulturguts dieser Länder wurde. In vielen Regionen des Balkans ist ihre Musik auch heute noch bei Festen und Feierlichkeiten, beispielsweise bei Hochzeiten und Taufen, sehr gefragt.

Die Religion ist ein weiterer Bereich, in dem Sinti, Roma und Kale die Welt der *gadjé*, in der sie jeweils leben, sozusagen spiegeln: sie haben jeweils die Religion angenommen, die um sie herum praktiziert wird – die muslimische, die orthodoxe, katholische oder auch protestantische. Seit einiger Zeit hat sich unter ihnen jedoch auch das Wiedertäufertum ausgebreitet, dessen Grundsätze und Regeln jedoch im Grunde nicht vereinbar sind mit ihrer Kultur.

Weitverbreitet unter Sinti, Roma und Kale ist die Ehrfurcht vor dem Tod und gegenüber dem Geist der Toten. Dennoch pflegen sie sehr unterschiedliche Begräbnisrituale, die zum Teil auch geprägt sind von den jeweiligen religiösen Bräuchen ihrer unmittelbaren Umgebung.

Berufe

Im Leben von Sinti, Roma und Kale spielt der Begriff »Anpassungsfähigkeit« eine große Rolle, dies zeigt sich besonders in ihren Tätigkeiten zum Gelderwerb. Hier vermeiden sie es zwar nach Möglichkeit, solche Berufe auszuüben, durch die sie in zu engen Kontakt mit den gadjé kommen, um nach Möglichkeit ihre Unabhängigkeit zu bewahren. Am besten vereinbar mit ihrem Lebensstil sind solche Tätigkeiten, denen man nicht ständig nachgehen muß. Ihren Lebensunterhalt verdienen sie auf unterschiedlichste Art und Weise, wobei sie auch jederzeit bereit sind, diesbezüglich radikale Brüche zu vollziehen. In vielen Ländern haben sie inzwischen den Kleinhandel aufgegeben, ebenso ihre vielfältigen Reparaturleistungen, und sind dafür im Altwarenhandel oder Bauhandwerk zu finden. Neue berufliche Tätigkeiten haben sich entwickelt und weiter verbreitet, traditionelle Tätigkeiten werden jedoch nach wie vor gepflegt, so das Musizieren, das Wahrsagen oder auch (meist als Nebentätigkeiten) Saisonarbeiten im Gartenbau und der Landwirtschaft. Doch auch wenn sich diese beruflichen Aktivitäten im Grunde ständig ändern, so ändert sich doch nichts an ihrer Vorliebe, möglichst unabhängig zu bleiben.